普通高等教育会计专业精品课程系列教材

公司财务·习题与案例

（第二版）

主　编　王　霞　王金平
副主编　黄　松　吕雅慧　王嘉瑶

上海财经大学出版社

目 录

CONTENTS

第一章 财务管理绪论

一、重点与难点

1. 重点:理解财务管理的概念、目标、环节。
2. 难点:理解财务管理的环境。

二、练习题

(一)判断题

1. 企业与政府之间的财务关系体现为受资与投资的关系。（　）
2. 金融市场的纯利率是指没有风险和通货膨胀情况下的平均利率。（　）
3. 西方财务管理发展的第二阶段是投资管理阶段。（　）
4. 以每股利润最大化作为财务管理的目标,考虑了货币的时间价值,但没有考虑投资的风险价值。（　）
5. 企业财务管理是基于企业再生产过程中客观存在的资金运动而产生的,是企业组织资金运动的一项经济管理工作。（　）
6. 企业财务活动的内容,也是企业财务管理的基本内容。（　）
7. 企业组织财务活动中与有关各方所发生的经济利益关系称为财务关系,但不包括企业与职工之间的关系。（　）
8. 期限风险附加率是指为了弥补因偿债期长而带来的风险,由债权人要求附加的利率。（　）
9. 财务公司是一种特殊的商业银行。（　）
10. 股票市价是一个能够较好地反映企业价值最大化目标实现程度的指标。（　）

(二)单项选择题

1. 企业筹措和集中生产经营所需资金的财务活动是指(　　)。

A. 分配活动　B. 投资活动　C. 决策活动　D. 筹资活动

2. 企业财务管理的核心工作环节为(　　)。

A. 财务预测　B. 财务决策　C. 财务预算　D. 财务控制

3. 以企业价值最大化作为财务管理目标存在的问题是(　　)。

A. 没有考虑资金的时间价值　B. 没有考虑投资的风险价值

C. 企业的价值难以评定　D. 容易引起企业的短期行为

4.(　　)是财务预测和财务决策的具体化,是财务控制和财务分析的依据。

A. 财务预测　B. 财务决策　C. 财务控制　D. 财务预算

5. 财务管理的目标是(　　)。

A. 现金流量最大化　B. 市场份额最大化　C. 预期盈利最大化　D. 股价最大化

6. 股东与经营者发生冲突的原因可归结为(　　)。

A. 信息不对称　B. 权益不同　C. 地位不同　D. 行为目标不同

7. 企业价值最大化目标强调的是企业(　　)。

A. 预期获利能力　B. 实际获利能力　C. 现有生产能力　D. 潜在销售能力

8. 作为企业财务管理目标，每股利润最大化目标较之利润最大化目标的优点是(　　)。

A. 考虑了资金的时间价值　B. 考虑了投资风险价值

C. 反映了创造利润与投入资本之间的关系　D. 能够避免企业的短期行为

9. 财务管理的目标可用股东财富最大化来表示，能表明股东财富的指标是(　　)。

A. 利润总额　B. 每股利润　C. 资本利润率　D. 每股股价

10. 出资者对债务负有无限连带责任的经济组织是(　　)。

A. 上市公司　B. 股份有限公司　C. 独资企业　D. 有限责任公司

(三)多项选择题

1. 企业财务活动主要包括(　　)。

A. 筹资活动　B. 投资活动　C. 人事管理活动　D. 分配活动

2. 由于(　　)，以企业价值最大化作为财务管理目标，通常被认为是一个较为合理的财务管理目标。

A. 更能揭示市场认可企业的价值　B. 考虑了资金的时间价值

C. 考虑了投资风险价值　D. 企业价值容易确定

3. 企业财务管理目标如果定为利润最大化，它存在的缺点有(　　)。

A. 没有考虑资金的时间价值　B. 没有考虑投资风险价值

C. 不能反映利润与投入资本的关系　D. 可能导致企业短期行为

4. 企业财务管理环节包括(　　)。

A. 财务预测、决策　B. 财务预算　C. 财务控制　D. 财务分析

5. 财务管理环境主要包括(　　)。

A. 经济环境　B. 法律环境　C. 金融市场环境　D. 政治环境

6. 为协调经营者与所有者之间的矛盾，股东必须支付(　　)。

A. 约束成本　B. 监督成本　C. 激励成本　D. 经营成本

7. 为协调所有者与债权人的矛盾，可采取的措施包括(　　)。

A. 规定资金的用途　B. 规定信用条件　C. 提高利率　D. 规定担保条件

8. 我国现行的税收法律法规，把税金分为所得税、流转税和(　　)。

A. 行为税　B. 占用税　C. 财产税　D. 资源税

9. 金融市场利率由(　　)构成。

A. 名义利率　B. 纯利率　C. 通货膨胀补偿　D. 风险收益

10. 财务管理十分重视股价的高低，其原因有(　　)。

A. 股价代表了公众对企业价值的评价　B. 股价反映了资本与获利之间的关系

C. 股价反映了每股利润和风险的大小　D. 股价反映了财务管理目标的实现程度

三、复习思考题

1. 企业财务管理的目标是什么？其理由何在？

2. 为什么说“企业价值最大化”目标考虑了风险与时间价值？

3. 所有者和经营者为什么会产生矛盾？如何协调？

4. 财务管理有哪些工作环节？其核心是什么环节？能起到承上启下作用的是什么环节？

5. 财务管理的法律环境主要包括哪些内容？

6. 非银行金融机构主要包括哪些？

四、案例分析题

案例一

77 925 千米铁路、13 781 千米公路、九千多座大桥，近万项大型工程，中国中铁股份有限公司走过的辉煌60 年，同时也是伴随业务或项目的极度分散，中铁财务管理积极探索的 60 年。

时任中国铁路工程总公司财务部部长杨良介绍说，因为中铁业务的特点，中铁财务管理工作面临诸多的难题，如每年 3 400 个项目，涉及上万核算主体，地域跨度大，造成财务管理中沟通协调难；中铁的业务种类越来越多，当前业务中有 40%左右的业务量为新业务，造成精细化管理的困难；中铁很多项目在人迹罕至的地方，造成集团财务管理集中管控的困难；另外，中铁财务战线共有 1.6 万名财会人员，人员层次多，管理企业也颇为困难。

这样点多面广的业务模式，使得中铁连完成一个会计核算时点的快速响应都有较大难度，而且，一项制度的落实往往也会有所折扣，中铁管理层感到集团管理链条亟待扁平化。

要做到这一点，首要的就是财务管理的转型和统一，而财务管理的转型首先就是会计核算这一基础工作。为此，中铁用了 1 年左右的时间，对集团的会计政策进行重新梳理，编写了由 59 章内容构成的、140 万字的《中国中铁会计核算手册》。这本手册综合考虑了中铁内核算、决算、税务等多方面的需要，并实现了准则、内控、信息化的有机结合，将 15 个业态、33 个业务流程处理程序标准化。

如果说，这次会计核算方面手册的编写是一次统一集团内财会政策的尝试，那么在此之后，中铁推出的财务信息化系统，则是中铁为实现财务管理目标打造的一个统一集成平台。这个平台充分实现了横向的业务融合和纵向的财务管控。

正是在统一政策和统一平台的基础上，中铁有效实现了财务管理对决策的支持作用。现在，中铁财务部门的财务数据分析已经实现了业务分析、主题分析、对标分析、反思分析等多角度的分析，从而使得财务管理真正成为企业经营发展的管控者、监督者和推动者。据了解，目前，中铁历时 10 个月编撰的、70 万字的《中国中铁全面预算管理手册》，正在总部及 6 家二级单位试点。这部结合了国际最新理论前沿、借鉴了多家央企先进经验、联合国际领先咨询团队打造的全面预算管理“宝典”，必将为中铁开启更高层次、全新的财务管理时代。

【思考】

(1)通过分析该案例，你能否推断该公司的财务管理目标？

(2)通过阅读该案例，你得到哪些启示？

案例二

随着中国城镇化水平和百姓消费水平的提高，家居建材流通业无疑已驶上一条高速路。在这条高速路上太快不安全，慢了又会被别人赶超，还要注意别开错路。对于全国最大的家居建材流通企业红星美凯龙而言，想要一路领先，还得看管理层的“车技”如何。

很多人会认为油门和刹车的作用是相对立的，其实不全然如此，因为只有在刹车灵敏的情况下，驾驶员才能放心地加足马力行驶。而对于快速发展中的企业，有效的财务管控就如同这样一个刹车，不仅能在危急关头给予保护，也能在扩张过程中给予支持和信心。

1986 年创业，将一家地方家具专营店发展成为今天的体验式一站购物中心；从一家店到九十多个城市的 124 家商场，这样的发展速度让红星美凯龙抓住了很多机遇，同时也对企业的管理者提出了更高要求。在企业快速发展中如何保持财务管控的有效性？如何利用财务来协同业务的发展？红星美凯龙集团 CFO 席世昌的体会是：

1. 财务、业务并驾齐驱

在行驶过程中，驾驶员不能一直踩着刹车，掌握时机很重要。而在企业中，CFO 想要找准节奏，知道什么时候该减速，什么时候该放手，了解企业的业务活动是根本。在席世昌刚来到红星美凯龙时，集团的业务比较简单，财务工作也主要以财务核算和资金管控为主。随着集团的不断发展，对于财务职能也有了更高的要求。席世昌认为现在财务的作用已经远远超越了简单的会计核算，“通过数据和报表的分析来发现业务中存在的问题，进行业务的调整和纠正，成为一个管理决策支持型的业务合作伙伴”才是当下财务的价值所在。所以在他加入红星美凯龙后，便立志要让财务转型。

为此，从 2012 年开始，在公司每次财务大会上，席世昌都会从思想、观念上给财务人员灌输，让他们做懂业务的财务人员，不要只懂准则和做账。不懂业务的话，财务就是一堆数字，没有任何价值。告诉他们如果以后想走得更高，必须要懂业务，会财务管控。另外，席世昌还要求财务人员每个月必须跟当地的商场总经理、区域总经理讨论分析财务报表，按照财务分析的模板来分析这个商场或者区域的业务情况。改变财务人员的工作习惯，让他们透过管理报表、财务报告的业绩结果去分析预算完成情况还有整个业务存在的问题，慢慢变成商场总经理和区域总经理的合作伙伴。他说：“作为公司的首席财务官，我可能更关注的是业务，我更主要的精力花在研究集团的各类业务，参与各个业务团队的会议，了解业务的现状和未来的走势，基于满足业务需要的角度出发来提供各类管理报表供决策使用。”

席世昌认为，财务成为业务合作伙伴并不是财务强势介入业务，去控制业务的决策，而是一种渗透和引导。他希望财务扮演的是一种支持者的角色，可以运用自己的职能和力量让业务人员感受到财务对他们的支持和帮助，这样也能避免业务人员对于财务渗透的抵触，使财务能够充分发挥出作用。正如同刹车并不是为前行提供阻力，而是另一种形式的支持。

2. ERP 推动企业愿景

早在 2010 年，红星美凯龙董事长便表示争取在 2020 年全国商场达到 200 家，并跻身世界 500 强企业，席世昌认为 ERP 系统是实现这个愿景的必经之路。为此，红星美凯龙在 2013 年 3 月启动了 ERP 计划，11 月与 SAP 签订战略合作协议，引入 SAP 系统。红星美凯龙决心在 2014 年 6 月 30 日之前实现 ERP 系统的全部上线，完成由当前的 6 家商场到全部一百多家商场的推广。

正是看到了“大数据”的巨大推动力，集团管理层有了加速完成 ERP 系统构建的魄力和决心。ERP 系统是公司获取大数据的基础，用大数据来挖掘业务的问题，形成各类分析报表，包括基于业务、财务、管理等纬度的报表，来做好整个集团的业务发展的支持和财务的管控，这就是席世昌对未来 ERP 系统建成后公司加强财务管控和实现财务增值的设想。

当然，ERP 对红星美凯龙的作用远不止于此，首先在控制方面，ERP 可以帮助公司实现硬控制，同时实现从事后控制转向事前和事中控制。以前的资金申请都是人为控制，存在舞弊和随意的可能性。ERP 系统上线之后，不满足预算要求的资金申请会直接被退回去。另外，可以随时拉出预算管控的各种报表，不用等到期末再来分析，这就强化了财务的内控，降低了风险。

其次，在全面预算管理方面，“大数据”使得预算能够充分有效地发挥作用，为科学地编制全面预算提供基础。席世昌举了这样一个例子，以前有关企划费用都是用脑袋凭空想，业务提出 500 万元的活动企划预算，财务不知道到底合理不合理。ERP 上线后，就能够很清楚地看到 500 万元的企划费用在这个时间、这个地方到底可以带来多少销售额的提升，用数据说话，财务的预算管理就更有底气了。

在 SAP 系统上线的同时，席世昌希望把他“预谋已久”的财务共享中心也一起完成。财务共享中心也是“大数据”的产物，通过集成的 SAP 来做账，共享中心可以把所有的应收、应付、资产核算、固定资产折旧、摊销计提、利息费用、税务处理等收归总部，保证所有会计基础性工作的准确，保证向投资者公布的报表符合准则的规定，也能保证向董事会提供的管理报表的准确。另外，通过财务共享中心，原有的地方财务团队将从传统的简单烦琐的核算中解放出来，转型成为管理型的财务团队，成为各地业务合作伙伴。

3. CFO 中的“探险者”

财务转型不仅是对企业的改变，对于 CFO 也是一项挑战。幸运的是，席世昌向来乐于接受挑战。从大学毕业后，席世昌成为一名大学老师，5 年后转投了审计实务；在自己熟知的审计行业干了 10 年之后，不安于平滑的职业发展道路，想寻求挑战的席世昌来到了自己从未涉足的公司财务领域，并最终通过自身的努力成为红星美凯龙的 CFO。

席世昌个人的风格领导着公司财务的风格，为了满足公司发展的需要，公司财务所控制的范围越来越广，面临的挑战也越来越大。ERP 系统、财务共享中心、全面预算管理、集团集中采购业务合作伙伴、IPO、管理决策支持，这一个个财务管控的新名词无疑都是席世昌为公司财务和他本人带来的挑战，但是他乐于迎接挑战，也努力帮助财务部门去迎接挑战。用他自己的话来说：“既然我坐在了这个位置上，那我就必须承受这个压力，别人能顶住的我也能够顶住，我首先要把自己调整好，要把团队管理好。”

集团的多元化发展也给财务提出了挑战，红星美凯龙正在利用自己的资源尝试很多新的业务，如电子商务、自营业务、家装业务、民营金融和物流业务等。这些业务是席世昌本人和公司财务都没有尝试过的新领域。

为了在应对挑战时能做到胸有成竹，席世昌为自己和整个财务团队都做足了准备。

首先，他让自己不断地学习新的业务，参加各种论坛，与优秀企业学习交流，应对财务管控的新需求。

其次，他努力培训现有的团队，让他们多担责任、多学习、多成长，适宜集团日益快速发展的需要。除了业务上的困难，挑战带来的更多是心理上的压力。在团队中，席世昌常常调整员工的心态，让他们知道最痛苦的时候也是成长最快的时候；同时，也会努力创造一个良好的团队氛围，与大家联络感情，让大家愿意跟着干，迎接挑战，战胜挑战。

席世昌和他的团队正在挑战中实现成长，红星美凯龙也正在挑战中发展壮大，不管是从理念上还是从行动上，红星美凯龙都已经走在了财务变革的前沿，朝着他们的愿景不断前进。

【思考】　通过阅读该案例，你得到哪些启示？

第二章 财务管理基础知识

一、重点与难点

1. 重点：货币时间价值的基本概念以及相关现值、终值和年金的计算。
2. 难点：理解投资风险和风险类型；掌握衡量风险程度的几个重要指标。

二、练习题

(一)判断题

1. 资金的时间价值是指随着时间的推移而发生的增值。 ( )
2. 在终值与利率一定的情况下，计息期越多，复利现值就越小。 ( )
3. 永续年金可视作期限无限的普通年金，终值与现值的计算可在普通年金的基础上求得。 ( )
4. 政府债券利率可视为资金的时间价值。 ( )
5. 单利与复利是两种不同的计息方式，因此单利终值与复利终值在任何情况下都不同。 ( )
6. 年度内的复利次数越多，实际利率高于名义利率的差额就越大。 ( )
7. 财务管理中的风险主要是指那些无法达到预期报酬的可能性。 ( )
8. 对于不同的投资方案，其标准差越大，风险越大；标准差越小，风险越小。 ( )
9. 风险是一种危险，也是一种不确定性。 ( )
10. 风险和收益是对等的。风险越大，获得高收益的机会也越多，期望的收益率也越高。 ( )

(二)单项选择题

1. 在利息不断资本化的条件下，货币时间价值的计算基础是( )。

A. 单利　　B. 复利　　C. 资金的供给与需求　　D. 年金

2. 下列各项中，互为倒数关系的是( )。

A. 复利现值系数与复利终值系数　　B. 年金现值系数与年金终值系数

C. 复利现值系数与年金现值系数　　D. 复利终值系数与年金终值系数

3. 某一债券的面值为1 000元，票面年利率为10%，如果1年内按季计息，则实际收益率为( )。

A. 10.17　　B. 10.38　　C. 10.25　　D. 10.43

4. 某人准备给学校设立专项奖学金。假设存款利率为10%，预计每年发放奖学金200 000元，则应该存入的金额为( )元。

A. 900 000　　B. 2 000 000　　C. 100 000　　D. 1 000 000

5. 对于不同经济情况报酬率的概率分布与投资风险的关系，下列表述中正确的是( )。

A. 概率分布越均匀，风险越低　　B. 概率分布越集中，风险越低

C. 概率分布越分散，风险越低　　D. 概率分布越均匀，风险越高

6. 若使复利终值经过4年后是本金的2倍，每半年计息一次，则年利率应该是( )。

A. 18.10%　　B. 18.92%　　C. 37.84%　　D. 9.05%

7. 资金的时间价值相当于没有风险和没有通货膨胀下的(　　)。

A. 社会平均资金利润率　　B. 企业利润率

C. 复利下的利息率　　D. 单利下的利息率

8. 企业财务风险的形成来自(　　)。

A. 市场销售　　B. 生产技术　　C. 生产质量　　D. 对外举债

9. 在期望值不同时,比较风险的大小,可采用(　　)。

A. 标准差　　B. 标准差系数　　C. 期望值　　D. 概率

10. 投资者愿意冒风险去投资,是因为(　　)。

A. 可获得报酬　　B. 可获得利润　　C. 可获得风险报酬　　D. 可获得无风险报酬

(三)多项选择题

1. 对于资金的时间价值来说,下列表述中正确的有(　　)。

A. 资金的时间价值不可能由时间创造,只能由劳动创造

B. 只有把货币作为资金投入生产经营才能产生时间价值,即时间价值是在生产经营中产生的

C. 时间价值的绝对数是资金在生产经营过程中带来的增值额

D. 时间价值的相对数是不考虑风险和通货膨胀情况下的社会平均资金利润率

E. 时间价值是对投资者推迟消费的耐心给予的报酬

2. 年金具有(　　)等特点。

A. 等额性　　B. 系列性　　C. 连续性　　D. 固定性

3. 影响资金时间价值大小的因素包括(　　)。

A. 风险　　B. 期限　　C. 本金　　D. 利率

4. 下列各项中,可看作是永续年金的有(　　)。

A. 普通股股利(固定股利分配政策)　　B. 国库券利息

C. 优先股股利　　D. 长期债券利息

5. 若甲的期望值高于乙的期望值,且甲的标准离差小于乙的标准离差,则下列表述中不正确的有(　　)。

A. 甲的风险小,应该选择甲方案

B. 乙的风险小,应该选择乙方案

C. 甲的风险与乙的风险相同

D. 难以确定,因期望值不同,需要进一步计算标准差系数

6. 下列风险中,属于市场风险的有(　　)。

A. 战争　　B. 自然灾害　　C. 罢工　　D. 利率变化

7. 衡量风险时,应考虑的因素有(　　)。

A. 利率　　B. 概率　　C. 期望值　　D. 标准差

8. 某企业为了扩大生产规模,向银行借入了一笔贷款,因借款而增加的风险称为(　　)。

A. 市场风险　　B. 财务风险　　C. 经常风险　　D. 筹资风险

E. 商业风险

9. 在不考虑通货膨胀的情况下,投资报酬率的构成要素有(　　)。

A. 资金的时间价值　　B. 风险报酬率斜率　　C. 通货膨胀率　　D. 风险程度

10. 关于风险报酬,下列表述中正确的有(　　)。

A. 风险报酬有风险报酬率和风险报酬额两种表示方法,在实际工作中,通常以相对数即风险报酬率进行计算

B. 风险越大,获得的风险报酬可能越高

C. 风险报酬额是指投资者因冒风险进行投资所得到的超过资金时间价值的额外收益

D. 风险报酬率是风险报酬额与原投资额的比例

(四)计算分析题

练习一

1. 目的:理解终值与现值的计算。

2. 资料:某企业年初投资100万元生产一种新产品,预计每年年末可得净收益10万元,投资年限为10年,年利率为5%。

3. 要求:

(1)计算该投资项目年收益的现值和终值。

(2)计算年初投资额的终值。

(3)对该投资项目做出评价。

练习二

1. 目的:理解年金的计算。

2. 资料:某公司向银行申请按揭贷款100万元,贷款年利率8%,分10年等额偿还。

3. 要求:

(1)计算按年复利下每年的还款额。

(2)计算按季复利下每季的还款额。

练习三

1. 目的:理解递延年金的计算。

2. 资料:某企业20×8年年初投资一个项目,预计从20×1年起至20×5年每年年末可获得净收益20万元,年利率为5%。

3. 要求:计算该投资项目年净收益的终值和现值。

练习四

1. 目的:货币时间价值的综合应用。

2. 资料:某企业投资一个项目,需连续3年于每年年初向银行借款1 000万元,年借款利率为5%,投资项目于第4年年初建成投产。

3. 要求:

(1)计算该项目3年后的投资总额。若将上述投资额于年初一次性投入,计算投资总额的现值。

(2)若项目投产后,分5年等额归还银行全部借款的本息,计算每年年末应归还的数额。

(3)若企业在项目建成后,连续5年每年可获净利分别为1 000万元、1 000万元、1 000万元、1 200万元、1 300万元,计算相当于项目建成时的现值。

(4)若企业在项目投产后,将每年的净利全部归还银行的借款本息,计算需多少年还清。

练习五

1. 目的:理解投资项目风险与报酬的衡量。

2. 资料:某企业现有A、B两个投资项目,投资额为1 000万元,预计这两个项目收益的概率如下表所示。

市场状况	概　率	A项目收益额(万元)	B项目收益额(万元)
好	0.2	2 000	3 000
中	0.5	1 000	1 000
差	0.3	500	−500

3. 要求:

(1)计算两个投资项目的标准差系数。

(2)判断两个投资项目的优劣。

三、复习思考题

1. 货币时间价值的概念与实务中银行的存贷款利率有何区别?
2. 货币时间价值的实质是什么?它在财务管理中有什么作用?
3. 如何计算现值、终值、年金?各自的含义是什么?
4. 如何理解风险定义、风险与报酬的关系?
5. 简述衡量风险程度的几个指标,它们之间存在哪些关系?

四、案例分析题

案例一

某企业准备投资一项目,需向银行贷款 2 000 万元,贷款金额可分 10 年、15 年、20 年或 25 年归还,每年年末还款金额如下表所示:

年　限	年还款额(万元)
10	300
15	230
20	210
25	180

【思考】 结合资金的时间价值,计算分析哪种还款方式最有利。

案例二

今天是你的父亲 40 岁生日,如果父亲 65 岁生日的时候退休,目前你父亲投资和储蓄的组成如下:房产投资 400 000 元、股票投资 100 000 元、现金 10 000 元。

房产投资预期的回报率为 3%,股票投资除了原有的金额外,还打算从今年开始每年继续投入 8 000 元,预计股票市场长期投资的回报率为 9%;现金资产除了现有的金额以外,你打算未来的 10 年每年储蓄 2 000 元,随后的 15 年每年储蓄 10 000 元,预期的货币资金市场回报率为 5%。假设当父亲 65 岁生日的时候,重新安排整个投资组合,那时的回报率为 7%。

【要求】

(1)计算在父亲 65 岁生日时的资产总价。

(2)假定现在父亲要安排退休后 20 年的生活,并打算将 100 000 元捐给当地的红十字会,计算分析每年最大消费的金额是多少时,才能在父亲 85 岁生日的那天使所有的财产金额为零。

第三章 财务预测

一、重点与难点

1. 重点：理解和掌握财务预测的程序和基本方法。
2. 难点：掌握混合成本的分解方法，理解本量利分析法的含义及其应用。

二、练习题

(一)判断题

1. 预测就是对不确定的或不知道的事件做出叙述和描述。 (　　)
2. 预测是为决策服务的，有时候也可以代替决策。 (　　)
3. 定性分析法与定量分析法在实际应用中是相互排斥的。 (　　)
4. 因为本量利分析的各种模型是建立在各种假定的前提条件下，因而它们都存在一定的局限性。 (　　)
5. 边际贡献首先用于补偿固定成本，之后若有余额，才能为企业提供利润。 (　　)
6. 若单价与单位变动成本同方向、同比例变动，则盈亏平衡点业务量不变。 (　　)
7. 单价、单位变动成本和固定成本同时变化，则利润也必定发生变化。 (　　)
8. 固定成本在任何条件下，其总额均不随业务量的增减变动发生变化。 (　　)
9. 在进行本量利分析时，不需要任何假设条件。 (　　)
10. 因果预测法就是回归分析法。 (　　)

(二)单项选择题

1. 将全部成本分为固定成本、变动成本和混合成本所采用的分类依据是(　　)。
A. 成本核算目标　B. 成本的可辨认性　C. 成本的经济用途　D. 成本的性态
2. 下列费用中，属于酌量型固定成本的是(　　)。
A. 房屋及设备租金　B. 技术研发费　C. 行政管理人员的薪金　D. 不动产税金
3. 下列费用中，属于约束性固定成本的是(　　)。
A. 照明费　B. 广告费　C. 职工教育培训费　D. 业务招待费
4.(　　)被称为本量利分析的基础，也是本量利分析最基本的出发点。
A. 成本性态分析假设　B. 相关范围及线性假设
C. 产销平衡假设　D. 品种结构不变假设
5. 进行本量利分析，必须把企业全部成本区分为固定成本和(　　)。
A. 税金成本　B. 材料成本　C. 人工成本　D. 变动成本
6. 已知企业只生产一种产品，单价 5 元，单位变动成本 3 元，固定成本总额 600 元，则盈亏平衡销售量为(　　)件。
A. 200　B. 300　C. 120　D. 400

7. 某公司生产的产品，其盈亏平衡量为 20 万件，单价 2 元，边际贡献率为 40%，其固定成本为（　　）万元。

A. 50　　B. 100　　C. 8　　D. 16

8. 下列各项中，不属于定量分析法的是（　　）。

A. 判断分析法　　B. 算术平均法　　C. 回归分析法　　D. 平滑指数法

9. 下列各项中，属于因果预测分析法的是（　　）。

A. 趋势平均法　　B. 移动平均法　　C. 销售百分比法　　D. 平滑指数法

10. 在 $Y=a+bX$ 中，Y 表示总成本，a 表示固定成本，X 表示销售额，则 X 的系数 b 应是（　　）。

A. 单位变动成本　　B. 单位边际贡献　　C. 变动成本率　　D. 边际贡献率

（三）多项选择题

1. 下列各项中，属于预测内容的有（　　）。

A. 销售预测　　B. 利润预测　　C. 成本预测　　D. 资金预测

E. 定性预测

2. 下列各项中，可用于销售预测的定量分析方法的有（　　）。

A. 判断分析法　　B. 时间序列预测法　　C. 本量利分析法　　D. 因果预测分析法

E. 德尔菲法

3. 下列各项中，属于时间序列预测法的有（　　）。

A. 简单平均法　　B. 简单移动平均法　　C. 加权平均法　　D. 综合判断法

E. 全面调查法

4. 下列各项中，属于企业为实现目标利润应采取措施的有（　　）。

A. 在其他因素不变的情况下，提高单价　　B. 在其他因素不变的情况下，增加销售量

C. 在其他因素不变的情况下，降低固定成本　　D. 在其他因素不变的情况下，降低单位变动成本

5. 下列各项中，属于本量利分析内容的有（　　）。

A. 单一产品下的盈亏平衡分析　　B. 盈利条件下单一品种的本量利分析

C. 单一品种下的本量利关系图　　D. 多品种下的本量利分析

E. 目标利润的预测

6. 本量利分析的基本假设包括（　　）。

A. 总成本由固定成本和变动成本两部分组成的假设

B. 销售收入与业务量呈完全线性关系的假设

C. 产销平衡假设

D. 品种结构不变假设

E. 目标利润假设

7. 下列项目中，属于本量利分析研究内容的有（　　）。

A. 销售量与利润的关系　　B. 销售量、成本与利润的关系

C. 成本与利润的关系　　D. 产品质量与成本的关系

E. 设备质量与成本的关系

8. 下列各式中，计算结果等于边际贡献率的有（　　）。

A. 单位边际贡献/单价　　B. 1－变动成本率

C. 边际贡献/销售收入　　D. 固定成本/盈亏平衡销售量

E. 固定成本/盈亏平衡销售额

9. 在相关范围内固定不变的有（　　）。

A. 固定成本　　B. 单位产品固定成本　　C. 变动成本　　D. 单位变动成本

E. 历史成本

10. 分解混合成本的方法有(　　)。
A. 高低点法　　B. 散布图法　　C. 最小二乘法　　D. 线性规划法
E. 矩阵法

(四)计算分析题

练习一

1. 目的:掌握简单平均法和加权平均法在预测中的作用。
2. 资料:已知某企业生产一种产品,20×9 年 4 个季度的销售量资料如下表所示。

季　度	1	2	3	4
销量(吨)	9	12	13	10

3. 要求:分别按以下方法预测 20×5 年 1 月份的销售量:
(1)简单平均法。
(2)加权平均法(假设各期的权重分别为 1,2,3,4)。

练习二

1. 目的:掌握高低点法分解混合成本的计算。
2. 资料:讯达工厂过去一年 12 个月中最高业务量和最低业务量下的制造费用总额如下表所示。

摘　要	高点(10 月)	低点(3 月)
业务量(机器小时)	75 000	50 000
制造费用总额(元)	176 250	142 500

上表制造费用总额中包括变动成本、固定成本和混合成本三类。该厂会计部门对低点月份业务量为 50 000 机器小时的制造费用总额做了分析,其各类成本的组成情况如下:

变动成本总额　　50 000 元
固定成本总额　　60 000 元
混合成本总额　　32 500 元
制造费用总额　　142 500 元

3. 要求:
(1)采用高低点法将该厂的混合成本分解为变动成本与固定成本,并写出成本公式。
(2)若该厂计划期的生产能量为 65 000 机器小时,则其制造费用总额将为多少?

练习三

1. 目的:掌握回归分析法分解混合成本的计算。
2. 资料:宏达公司 20×9 年下半年各月的机器设备维修费资料如下表所示。

月　份	业务量(千机器小时)	维修费(元)
7	40	580
8	32	500
9	52	700
10	48	660
11	56	740
12	44	625

3. 要求：

(1)根据上述资料，采用回归分析法将维修费分解为固定成本和变动成本，并写出成本公式。

(2)20×5 年 1 月，该公司计划使用机器时数为 55 千机器小时，则预计的机器设备维修费应为多少？

练习四

1. 目的：理解盈亏平衡点的计算。

2. 资料：设 A 企业生产和销售单一产品，该产品单位售价为 80 元，单位变动成本为 50 元，固定成本总额为 60 000 元，预计正常销售量 4 000 件。

3. 要求：计算盈亏平衡点的销售量和销售额。

练习五

1. 目的：理解边际贡献率及其计算过程。

2. 资料：某企业盈亏平衡点的月销售额为 50 000 元，在其他指标不变而固定成本增加 5 000 元时，为了实现盈亏平衡需要增加销售额 8 000 元。

3. 要求：

(1)计算原固定成本总额。

(2)计算边际贡献率。

三、复习思考题

1. 财务预测的目的和意义是什么？
2. 财务预测的程序有哪些？
3. 在财务预测的基本方法中，有哪些定性预测法？它们各有什么优缺点？
4. 成本按照其习性能分为几种？
5. 本量利分析的基本假设有哪些？

四、案例分析题

案例一

某公司 20×9 年的简明损益表如下表所示：

简明损益表(20×9)　　单位：元

项　目	金　额
销售收入	160 000
减：销售成本	120 000(其中变动成本占 60%)
销售毛利	40 000
减：营业费用	50 000(其中固定成本占 50%)
净利润	－10 000

经过分析，公司亏损的原因是对产品的广告宣传不够，20×0 年如果能增加广告费 4 000 元，可使销量大幅度增加，就能扭亏为盈。

【思考】

(1)该公司 20×0 年至少需要获得多少销售收入才能实现扭亏为盈？

(2)如果该公司 20×0 年计划实现利润 14 000 元，那么其销售额为多少才能实现计划利润？

案例二

某公司生产和销售 A、B 两种产品，单位售价 A 产品为 5 元，B 产品为 2.50 元，A 产品边际贡献率为

40%，B产品边际贡献率为30%，全月固定成本为72 000元。

【思考】

(1)如果本月份各产品的预计销售量A产品为30 000件，B产品为40 000件，那么盈亏平衡点销售额为多少？A、B两种产品的盈亏平衡点销售量为多少？本月的预计利润为多少？

(2)设本月增加广告费9 700元，可使A的销售量增加到40 000件，而B的销售量下降到32 000件，请具体分析采取这一措施是否合算。

(3)如果采取了增加广告费的措施，那么新的盈亏平衡点销售额是多少？

第四章 财务预算

一、重点与难点

1. 重点:理解和掌握财务预算的程序和基本方法。

2. 难点:掌握财务预算的类型和编制方法。

二、练习题

(一)判断题

1. 生产预算是规定生产期内有关产品生产数量、产值和结构的一种预算。 ( )

2. 销售预算是以生产预算为依据编制的。 ( )

3. 在实务中,企业并不需要每年都按零基预算方法来编制预算,而是每隔几年才按此方法编制一次预算。 ( )

4. 在编制生产预算时,应考虑产成品期初、期末存货水平。 ( )

5. 企业在编制零基预算时,需要以现有的费用项目为依据,但不以现有的费用水平为基础。 ( )

6. 现金预算属于财务预算。 ( )

7. 零基预算编制程序的第一步是提出预算期内各种活动内容及费用开支方案。 ( )

8. 特种决策预算包括经营决策预算和投资决策预算,一般情况下,特种决策预算的数据要纳入日常业务预算和现金预算。 ( )

9. 滚动预算的基本特点是预算期是连续不断的。 ( )

10. 编制弹性成本预算的关键在于将所有成本划分为固定成本与变动成本两大类。 ( )

(二)单项选择题

1. 可以保持预算的连续性和完整性,并能克服传统定期预算缺点的预算方法是( )。

A. 弹性预算　B. 零基预算　C. 滚动预算　D. 固定预算

2. 以预算期内正常的、可实现的某一业务量水平为唯一基础来编制预算的方法是( )。

A. 零基预算　B. 定期预算　C. 静态预算　D. 滚动预算

3. 下列各项中,没有直接在现金预算中得到反映的是( )。

A. 期初、期末现金余额　B. 现金筹措及运用　C. 预算期产量及销量　D. 预算期现金余缺

4. 在下列各项中,能够同时以实物量指标和价值量指标分别反映企业经营收入和相关现金收支的预算是( )。

A. 现金预算　B. 销售预算　C. 生产预算　D. 产品成本预算

5. 下列项目中,原本属于日常业务预算,但因其需要根据现金预算的相关数据来编制因此被纳入财务预算的是( )。

A. 财务费用预算　B. 预计利润表　C. 销售费用预算　D. 预计资产负债表

6. 全面预算编制的起点是( )。

A. 财务费用预算　B. 销售预算　C. 销售费用预算　D. 现金预算

7. 下列预算中,不属于财务预算内容的是(　　)。

A. 现金预算　B. 生产预算　C. 预计利润表　D. 预计资产负债表

8. 在成本习性分析的基础上,分别按照一系列可能达到的预计业务量水平编制的能适应多种情况的预算是(　　)。

A. 固定预算　B. 弹性预算　C. 增量预算　D. 滚动预算

9. 相对于固定预算而言,弹性预算的主要优点是(　　)。

A. 机动性强　B. 稳定性强　C. 连续性强　D. 远期指导性强

10. 在基期成本费用水平的基础上,结合预算期业务量及有关降低成本的措施,通过调整有关原有成本项目而编制的预算,称为(　　)。

A. 弹性预算　B. 零基预算　C. 增量预算　D. 滚动预算

(三)多项选择题

1. 相对定期预算而言,滚动预算的优点有(　　)。

A. 透明度高　B. 及时性强

C. 预算工作量小　D. 连续性、完整性和稳定性突出

2. 在编制现金预算的过程中,可作为其编制依据的有(　　)。

A. 日常业务预算　B. 预计利润表　C. 预计资产负债表　D. 特种决策预算

3. 与编制零基预算相比,编制增量预算的主要缺点包括(　　)。

A. 可能不加分析地保留或接受原有成本支出　B. 可能按主观臆断平均削减原有成本支出

C. 容易使不必要的开支合理化　D. 增加了由预算编制的工作量,容易顾此失彼

4. 相对固定预算而言,弹性预算的优点有(　　)。

A. 预算成本低　B. 预算工作量小　C. 预算可比性强　D. 预算适用范围宽

5. 产品成本预算编制的基础是(　　)。

A. 生产预算　B. 直接材料预算　C. 直接人工预算　D. 制造费用预算

6. 下列各项中,属于日常业务预算的有(　　)。

A. 销售预算　B. 现金预算　C. 生产预算　D. 销售费用预算

7. 下列各项中,属于财务预算内容的有(　　)。

A. 销售预算　B. 生产预算　C. 现金预算　D. 预计利润表

8. 预算的编制方法主要有(　　)。

A. 零基预算　B. 弹性预算　C. 滚动预算　D. 定期预算

9. 定基预算的缺点有(　　)。

A. 远期指导性差　B. 预算的灵活性差　C. 预算的重点不突出　D. 预算的连续性差

10. 下列各项中,属于全面预算作用的有(　　)。

A. 明确工作目标　B. 协调部门关系　C. 开展日常活动　D. 考核业绩标准

(四)计算分析题

练习一

1. 目的:掌握固定预算的编制方法。

2. 资料:某公司20×9年度分季度预计A产品销售量分别为100吨、120吨、150吨、130吨,销售单价为1万元/吨,预计当季收回80%货款,剩余下季收回。预算期初应收账款余额为0。

3. 要求:根据以上资料,编制固定销售预算。

练习二

1. 目的:掌握弹性预算的编制方法。

2. 资料:某公司销售部门某产品在正常情况下,全年销售量预计为50 000件。

成本项目	费用与销售量的关系
销售佣金	按销量每件支付 2 元津贴
包装费	按销量每件支付 1 元津贴
装卸费	基本工资 2 100 元,另按销量每件支付 1.5 元津贴
管理人员工资	基本工资 3 000 元,另按销量每件支付 0.1 元津贴
保险员	2 000 元
广告费	30 000 元
办公费	40 000 元

3. 要求:根据上述资料,在其 70%～120%间按间隔 10%的销售量以及按表中各项成本费用的标准编制其弹性预算。

练习三

1. 目的:掌握现金预算的编制方法。

2. 资料:某公司 20×9 年的现金预算简表如下表所示。现假定企业没有其他现金收支业务,也没有其他负债。预计 20×9 年年末的现金余额为 7 000 万元。

3. 要求:根据表中资料,填写表中用字母表示的部分。

现金预算表

项　目	单位	1 季度	2 季度	3 季度	4 季度
期初现金余额	万元	6 000			
本期现金流入	万元	45 000	48 000	E	50 000
本期现金支出	万元	A	50 400	40 000	41 000
现金余缺	万元	9 000	C	(1 800)	G
资金筹措与运用	万元	(2 000)	1 800	6 000	H
取得借款	万元		1 800	6 000	
期末现金余额	万元	B	D	F	I

练习四

1. 目的:掌握直接材料预算的编制方法。

2. 资料:某企业全年生产 B 产品,计划每季度的产量分别为 1 400 件、1 800 件、1 600 件、1 500 件。B 产品每件耗用原材料 5 千克,每千克的材料单价 12 元。年初有原材料 800 千克,要求每季末保持下季生产用量的 15%,年末保持 1 000 千克的存量。购买材料的款项当季支付 60%,第二季度支付 40%。年初有应付账款 35 000 元。

3. 要求:根据上述资料,编制直接材料预算。

练习五

1. 目的:掌握直接人工预算的编制方法。

2. 资料:凯泰公司 20×9 年的公司计划全年销售 100 000 支产品,其中 1 季度 1 万支,2 季度 3 万支,3 季度 4 万支,4 季度 2 万支。管理层根据各季度工作量变化随时调整用工量。单位产量直接工时 0.8 小时/支,单位小时直接人工成本 7.5 元/小时。

3. 要求:根据上述资料,编制直接人工预算。

三、复习思考题

1. 什么是预算？企业为什么要编制预算？
2. 什么是弹性预算？它有什么优缺点？
3. 什么是零基预算？它有什么优缺点？
4. 日常业务预算有哪几种？
5. 特种决策预算有哪几种？
6. 试述财务预算编制的基本内容和体系。

四、案例分析题

案例一

某企业以前年度采用固定预算编制方法，随着公司的发展，公司管理者发现每年的实际销售收入、利润等财务指标与年初的预算目标相差非常大，于是公司开始采用弹性预算的编制方法编制 20×9 年的预算。

关于制造费用的预算，有如下数据：

业务量范围	5 400～6 600 机器工时	
费用项目	固定费用(元/月)	变动费用元/机器工时
运输费用		0.20
电力费用		0.80
材料费用		0.10
修理费用	800	0.85
油料费用	1 000	0.20
折旧费用	2 500	
人工费用	1 000	
合　计	5 300	2.15

备注：当业务量超过 6 000 工时后，修理费中的固定费用将由 800 元上升为 1 000 元。

【思考】

(1)企业应当如何编制弹性预算？

(2)企业在采用弹性预算之后，有什么优势？

(3)企业编制预算时采用的一般编制方法和程序是什么？

案例二

20×9 年 11 月 8 日至 11 月 27 日，三泰集团内部审计部联合管理咨询公司依据《企业内部控制基本规范》等有关规定，对三泰公司预算执行方面的风险点进行识别。

1. 识别预算执行方面的风险点：

(1)未形成全方位的财务预算执行责任体系。

(2)未将年度预算细分为季度和月份预算，以分期预算控制确保年度财务预算目标的实现。

(3)未严格执行销售或营业、生产和成本费用预算。

(4)对预算执行中出现的异常情况，有关部门未及时查明原因，提出解决办法。

(5)对于预算内的资金拨付，未按照授权审批程序执行。

(6)各预算执行单位未定期报告预算的执行情况。

2. 提出预算执行方面的控制点、控制部门及控制措施如下表所示：

三泰公司预算执行方面的控制点、控制部门及控制措施表

控制点	控制部门	控制措施
分解	财务部门	划分各部门的业务范围，核实各项业务的费用；充分考虑不可预见事项，并预留一定的应急费用；分析、平衡各部门的预算，编制公司的年度执行预算草案，并下达各部门征求意见
分解	归口管理部门	核定各部门的业务费用；分析、平衡各业务部门的预算，并下达各业务部门征求意见
分解	业务部门	核定各班组的业务，进一步核实各项业务的费用；分析、平衡本部门的预算，并征求各班组意见
审核	班组	根据下达的费用预算修订业务计划
审核	业务部门	审核各班组的业务计划，修订本部门的业务计划
审核	归口管理部门	审核各业务部门的业务计划，修订本部门的业务计划
审核	财务部门	重新审定各业务部门的业务计划；平衡各项预算；编制年度执行预算
审批	见《管理授权手册》	审查年度执行预算草案的编制是否符合公司的年度预算；批准实施年度执行预算
审核	班组	审核各项业务的执行是否与预算保持一致；审核各项业务支出是否控制在预算范围之内，并对差异进行分析；登记班组费用台账
审核	业务部门	审核各项业务的执行是否与预算保持一致；审核各项业务支出是否控制在预算范围之内，并对差异进行分析；登记部门费用台账
审核	归口管理部门	审核各项业务的执行是否与预算保持一致；审核各项业务和各部门的支出是否控制在预算范围之内，并对差异进行分析；登记归口业务费用台账，通过 OA 反馈到各业务部门
审核	财务部门	审核各项支出的手续是否齐全，内容是否完整；审核各项支出是否控制在预算范围之内；审定费用支出渠道
审批	见《管理授权手册》	全面审查各项费用支出；批准列支各项费用
分析	班组	按月对预算执行情况进行分析，形成班组经济活动分析报告
分析考核	业务部门	按月对各班组和本部的预算执行情况进行检查分析，草拟本部门的经济活动分析报告，提交修改意见；对超预算的班组进行考核，出具考核通报
分析考核	归口管理部门	按月对各业务部门的预算执行情况进行检查分析，草拟经济活动分析报告，提交整改意见；对超预算的业务部门进行考核，出具考核建议书，报审批人批示
分析考核	财务部门	按月对各业务部门和公司的预算执行情况进行检查分析，提交整改意见；对超预算的部门进行考核，出具考核建议书，报审批人批示
审批	见《管理授权手册》	对财务部门考核建议书进行批示，形成公司考核通报

3. 明确预算执行方面的控制政策：

(1)应当加强对预算执行环节的控制，对预算指标的分解方式、预算执行责任制的建立、重大预算项目的特别关注、预算资金支出的审批要求、预算执行情况的报告与预警机制等做出明确规定，确保预算严格执行。

(2)预算一经批准下达，各预算执行单位必须认真组织实施，将预算指标层层分解，从横向和纵向落实到各部门、各环节和各岗位。

(3)应当建立预算执行责任制度，对照已确定的责任指标，定期或不定期地对相关部门及人员责任指标完成情况进行检查，实施考评。

(4)应当以年度预算作为预算期内组织、协调各项生产经营活动和管理活动的基本依据，可将年度预算细分为季度、月度等时间进度预算，通过实施分期预算控制，实现年度预算目标。

(5)对重大预算项目和内容，应当密切跟踪其实施进度和完成情况，实行严格监控。

(6)应当加强对货币资金收支业务的预算控制，及时组织预算资金的收入，严格控制预算资金的支付，调节资金收付平衡，严格控制支付风险。

(7)纳入企业预算的货币资金支出项目，按照授权审批程序办理支付业务。

(8)未纳入企业预算且未经调整批准的货币资金支出项目，不得办理支付。

(9)虽已纳入企业预算，但支付手续不健全、凭证不合规的货币资金支出项目，不得办理支付。

(10)办理采购与付款、工程项目、对外投资、成本费用、固定资产、存货、筹资等业务，应当严格执行预算标准。

(11)应当健全凭证记录，完善预算管理制度，严格执行生产经营月度计划和成本费用的定额、定率标准，并对执行过程进行监控。

(12)各预算责任部门应当加强与有关业务部门的沟通和联系，确保相关业务预算的执行情况能够相互监督、核对一致。

(13)应当建立预算执行情况内部报告制度，及时掌握预算执行动态及结果。

(14)预算管理部门应当运用财务报告和其他有关资料监控预算执行情况，及时向企业决策机构和各预算执行企业报告或反馈预算执行进度、执行差异及其对企业预算目标的影响，促进企业完成预算目标。

(15)应当建立预算执行情况预警机制，通过科学选择预警指标，合理确定预警范围，及时发出预警信号，积极采取应对措施。

(16)应当建立预算执行结果质询制度，要求预算执行单位对预算指标与实际结果之间的重大差异做出解释，并采取相应措施。

【思考】

(1)企业在执行预算的过程中需要注意哪些？

(2)企业应当如何结合预算做好内部控制？

第五章 财务分析

一、重点与难点

1. 重点：理解和掌握财务能力分析的内容，包括偿债能力分析、营运能力分析、盈利能力分析和发展能力分析。

2. 难点：掌握财务分析中各种财务比率的计算及杜邦分析法的运用。

二、练习题

(一)判断题

1. 财务分析是在企业经济分析上形成的一门综合性、边缘性学科。 (　　)

2. 财务分析与财务管理的相同点在于两者都将财务问题作为研究的对象。 (　　)

3. 财务分析作为一个全面系统的分析体系，通常包括分析理论、分析方法、具体分析及分析应用。 (　　)

4. 财务活动及其结果都可以直接或间接地通过财务报表来反映体现。 (　　)

5. 财务指标分析就是指财务比率分析。 (　　)

6. 产权比率为5/6，则权益乘数为6/5。 (　　)

7. 通过对企业收益情况的分析，可评价企业的盈利能力和资本保值、增值能力。 (　　)

8. 主营业务收入并不能很好地代表总资产、流动资产和固定资产的周转额，以此为依据计算出来的周转率意义不大。 (　　)

9. 总资产增长率指标越高，表明企业一个经营周期内资产经营规模扩张的速度越快，企业发展后劲也就越大。 (　　)

10. 股票价格的变动对每股收益不产生影响。 (　　)

(二)单项选择题

1. 企业投资者进行财务分析的根本目的是关心企业的(　　)。

A. 盈利能力　　B. 营运能力　　C. 偿债能力　　D. 增长能力

2. 财务分析的对象是(　　)。

A. 财务报表　　B. 财务报告　　C. 财务活动　　D. 财务效率

3. 一般情况下，企业财务状况比较稳定可靠的流动比率应保持在(　　)。

A. 4 ∶ 1　　B. 3 ∶ 1　　C. 2 ∶ 1　　D. 1 ∶ 1

4. 某企业税后净利润为67万元，所得税费用为33万元，利息费用为50万元，则该企业利息保障倍数为(　　)。

A. 3　　B. 1.73　　C. 2.78　　D. 1.3

5. 某企业资产总额为600万元，负债总额为400万元，则权益乘数为(　　)。

A. 1.5　　B. 3　　C. 2　　D. 1

6. 产权比率与权益乘数的关系是(　　)。

A. 产权比率×权益乘数=1　　B. 权益乘数=1/(1-产权比率)

C. 权益乘数=(1+产权比率)/产权比率　　D. 权益乘数=1+产权比率

7. 某公司20×9年销售收入为315 000元,应收账款年末余额为18 000元,年初余额为16 000元,则应收账款周转率(次数)是(　　)次。

A. 10　　B. 15　　C. 18.5　　D. 20

8. 在企业总资产周转率为1.6次时,会引起该指标下降的经济业务是(　　)。

A. 销售商品取得收入　　B. 借入一笔生产资金借款

C. 用银行存款购入一台设备　　D. 用银行存款支付购材料款

9. 根据企业连续几个会计期间(至少三期)的分析资料,运用指数或动态比率的计算,比较与研究不同会计期间相关项目的变动情况和发展趋势的财务分析方法是(　　)。

A. 水平分析法　　B. 垂直分析法　　C. 趋势分析法　　D. 比率分析法

10. 杜邦财务分析体系的核心指标是(　　)。

A. 总资产周转率　　B. 销售净利率　　C. 权益乘数　　D. 净资产收益率

(三)多项选择题

1. 可以作为财务报表分析的主体包括(　　)。

A. 债权人　　B. 投资者　　C. 经理人员　　D. 注册会计师

E. 内部员工

2. 财务分析的作用在于(　　)。

A. 评价企业过去　　B. 反映企业现状　　C. 评估企业未来　　D. 进行全面分析

E. 进行专题分析

3. 如果流动比率过高,意味着企业(　　)。

A. 存在闲置现金　　B. 存在存货积压　　C. 应收账款周转缓慢　　D. 短期偿债能力很差

E. 长期偿债能力越强

4. 下列项目中,属于速动资产的有(　　)。

A. 现金　　B. 应收账款　　C. 其他应收款　　D. 固定资产

E. 存货

5. 资产负债率低,对其正确的评价是(　　)。

A. 说明企业财务风险大　　B. 说明企业财务风险小

C. 不能充分发挥财务杠杆的作用　　D. 能够充分发挥财务杠杆的作用

E. 说明企业债务负担重

6. 存货周转率提高,意味着企业(　　)。

A. 流动比率提高　　B. 短期偿债能力增强

C. 现金比率提高　　D. 企业存货管理水平提高

E. 速动比率提高

7. 影响应收账款周转率的因素有(　　)。

A. 销售收入　　B. 销售成本　　C. 应收账款期初余额　　D. 应收账款期末余额

E. 销售毛利

8. 对总资产周转率指标,下列表述中正确的有(　　)。

A. 该指标是指企业在一定时期营业收入净额同总资产平均余额的比值

B. 该指标反映举债形成的资产的利用效率

C. 该指标反映企业全部资产的使用效率

D. 该指标综合反映了企业整体资产的营运能力

E. 该指标计算值越高越好

9. 某公司的经营利润很多，却不能偿还到期的债务，为查清原因，应检查的财务比率包括(　　)。

A. 资产负债率　　B. 流动比率　　C. 存货周转率　　D. 应收账款周转率

E. 利息保障倍数

10. 反映上市公司盈利能力的指标有(　　)。

A. 每股收益　　B. 普通股权益报酬率　　C. 股利发放率　　D. 总资产报酬率

E. 价格与收益比率

(四)计算分析题

练习一

1. 目的：理解各财务比率公式及其与财务报表项目的关系。

2. 资料：某公司年末资产负债表简略形式如下表所示。

某公司资产负债表　　单位：万元

资　产	期末数	负债与所有者权益	期末数
货币资金	500	应付账款	(3)
应收账款	(6)	应交税费	600
存货	(7)	非流动负债	(4)
固定资产净值	4 000	负债总额	(2)
		实收资本	500
		未分配利润	(5)
资产总计	6 000	负债及所有者权益总计	(1)

已知：(1)期末流动比率＝2

(2)期末资产负债率＝50%

(3)本期应收账款周转率(次数)＝40(次)

(4)本期销售收入＝40 000(万元)

(5)期初应收账款＝期末应收账款

3. 要求：根据上述资料，计算并填列资产负债表的空项。

练习二

1. 目的：理解偿债能力相关财务比率的计算。

2. 资料：某公司20×9年年末资产总额为307万元，负债总额为134万元，股东权益总额为173万元，净利润为40万元，所得税费用为10万元，利息费用为3万元。

3. 要求：计算该公司20×9年的下列指标：

(1)资产负债率。

(2)产权比率。

(3)股东权益比率。

(4)利息保障倍数。

练习三

1. 目的：理解相关财务比率的计算。

2. 资料：某公司相关资料如下表所示。

某公司相关资料表

单位:万元

项　目	20×9 年	20×8 年
净利润	3 800	3 500
营业收入	31 000	26 000
年末资产总额	36 500	32 000
年末股东权益总额	24 500	22 000
年末普通股股数	18 000	18 000

假设该公司普通股加权平均股数与年末普通股股数相同,20×9 年的股票市价为 12 元。

3. 要求:计算该公司 20×9 年的下列指标(要求所涉及的资产负债表的数字取平均数):

(1)销售净利率。

(2)总资产周转率。

(3)权益乘数。

(4)每股净资产。

(5)每股收益。

(6)市盈率。

练习四

1. 目的:理解相关财务比率的计算。

2. 资料:某商业企业 20×9 年销售收入为 4 000 万元,销售成本为 3 200 万元;年初、年末应收账款余额分别为 400 万元和 800 万元;年初、年末存货余额分别为 400 万元和 1 200 万元;年末速动比率为 1.2,年末现金比率为 0.7。假定该企业流动资产由速动资产和存货组成,速动资产由应收账款和现金资产组成,一年按 360 日计算。

3. 要求:

(1)计算 20×9 年应收账款周转天数。

(2)计算 20×9 年存货周转天数。

(3)计算 20×9 年年末流动负债余额和速动资产余额。

(4)计算 20×9 年年末流动比率。

练习五

1. 目的:理解因素分析法和杜邦分析体系的计算。

2. 资料:根据某公司 20×8 年度和 20×9 年度的资产负债表、利润表及相关资料,给出以下分析数据:

某公司相关资料表

单位:万元

项　目	20×9 年	20×8 年
总资产	15 150	14 590
净资产	6 735	6 325
营业收入	21 320	19 340
净利润	1 345	1 295

假设计算时均使用资产期末数,而不使用平均数。

3. 要求:计算净资产收益率及用连环替代法计算各因素变动对净资产收益率的影响程度。

三、复习思考题

1. 为什么要使用财务分析？财务信息使用者进行财务分析有哪些目的？
2. 简述流动比率、速动比率和现金比率之间的关系。
3. 为什么要使用趋势分析法？趋势分析法包括哪些具体方法？
4. 为什么要使用杜邦分析体系？杜邦分析体系的局限性体现在哪些方面？

四、案例分析题

案例一

2013 年 8 月华盛顿邮报集团宣布，该公司已经把包括《华盛顿邮报》在内的报纸发行业务作价 2.5 亿美元出售给亚马逊首席执行官杰夫・贝佐斯。而沃伦・巴菲特的伯克希尔哈撒韦公司是《华盛顿邮报》最大的元老级的股东，该公司持有《华盛顿邮报》一系列其他的资产，包括专业教育及职业培训教育集团 Kaplan。巴菲特已经在华盛顿邮报董事会任职 25 年。巴菲特在 1973 年开始持有《华盛顿邮报》股份，截至 2004 年，他以 1 100 万美元的代价持有 170 万股《华盛顿邮报》股份。根据伯克希尔哈撒韦最近的财报，巴菲特现在仍然持有相同数量的股份。在交易消息宣布后的交易日，华盛顿邮报公司股价创下 598 美元高价，巴菲特 170 万股价值高达 10.1 亿美元。假设巴菲特投资成本真的是 1 100 万美元，那这笔投资的回报率高达 9 080%。这样成功的投资例子在巴菲特身上频繁发生，其曾被誉为是“历史上最优秀的投资者”。

巴菲特投资成功的最重要经验是注重对公司的分析研究，阅读大量的年刊、季报和各类期刊，了解公司的发展前景及策略，仔细评估公司的投资价值，把握好入市时机。可见，财务报表分析对于投资决策的重要性所在。当然财务报表分析的应用领域不仅仅是投资决策。

【思考】 结合本案例，说明企业投资者进行财务分析的依据及目的。

案例二

资料：B 公司为一家从事药品生产企业，自 20×0 年成立以来，市场口碑一直不错，具有一定的市场占有率和较高的知名度，销售收入逐年增长。其 20×6～20×0 年的主要财务比率列示如下：

B 公司主要财务比率比较表

项　目	20×6 年	20×7 年	20×8 年	20×9 年	20×0 年
流动比率	2.02	2.03	2.06	2.07	2.38
速动比率	0.56	0.55	0.53	0.52	0.75
资产负债率	10.12%	11.57%	12.74%	13.82%	43.92%
存货周转率	0.75	0.73	0.65	0.55	0.61
应收账款周转率	5.82	6.12	6.45	6	4.26
销售净利率	25.73%	26.09%	27.31%	26.97%	23.07%
销售毛利率	60%	58.96%	62.33%	61.67%	55.98%
净资产收益率	4.79%	4.91%	5.35%	5.98%	5.56%

【要求】 根据上述资料，比较 B 公司近 5 年的主要财务比率，对其偿债能力、营运能力及盈利能力的变化趋势进行分析。

第六章 权益资本筹资决策

一、重点与难点

1. 重点：理解和掌握权益资本筹资的各种方式及其优缺点。

2. 难点：理解股票发行条件、程序及销售，认股权证理论价值及其计算。

二、练习题

(一)判断题

1. 公司对公开发行股票所募集的资金可以随意更改用途，无需经股东大会决议。（　　）

2. 某股份有限公司认股权证上市公告书中对认股权的行权比例规定为 1 ∶ 3，这意味着投资者持有一份认股权证可认购该公司 3 股普通股股票。（　　）

3. 美式认股权证，是指权证持有人在到期日前，可以随时提出履约要求以买进约定数量的标的资产。美式认股权证为我国香港最常见的股证类别。（　　）

4. 股份有限公司只要发行股票筹资，就会稀释公司原有股东的控制权。（　　）

5. 普通股筹资没有固定的到期还本付息的压力，一般也不用支付固定的股利，所以普通股筹资没有成本。（　　）

6. 优先股，是指公司发行的优先于普通股股东分取股利和公司剩余财产的股票，其含义主要体现在“优先权利”上。（　　）

7. 股份公司在发行股票筹资时应引入战略筹资者，便于提升公司形象，提高资本市场认同度。（　　）

8. 代销和包销是股份有限公司发售股票所普遍采用的两种承销方式。（　　）

9. 2014 年修订后的《公司法》推进注册资本由实缴登记制改为认缴登记制，降低开办公司成本，公司注册时需要提供验资报告。（　　）

10. 认股权证选择权的行使增加公司资本总量，不改变公司资本结构。（　　）

(二)单项选择题

1. 下列各项中，不能作为无形资产出资的是（　　）。

A. 专利权　　B. 商标权　　C. 非专利技术　　D. 特许经营权

2. 下列企业投入资本的筹资方式中，潜在风险最大的是（　　）。

A. 筹集货币资产　　B. 筹集实物资产　　C. 筹集专有技术　　D. 筹集土地使用权

3. 企业外部筹资的方式很多，但不包含（　　）。

A. 投入资本筹资　　B. 发行股票筹资　　C. 留存收益筹资　　D. 认股权证筹资

4. 下列各项中，不属于认股权证特点的是（　　）。

A. 认购股票之前拥有股票认购权

B. 不利于公司发行新股票

C. 在认购股票之前，既不拥有公司股权，也不拥有公司债权

D. 购买普通股的价格低于市价

5. 留存收益的来源渠道(　　)。

A. 只有盈余公积　　B. 只有未分配利润

C. 包括盈余公积和未分配利润　　D. 指的是分配的股利

6. 下列各项中,不属于普通股股东权利的是(　　)。

A. 表决权　　B. 股份转让权

C. 分享盈余权　　D. 优先财产分配权

7. 利用认股权证筹资的最大优点是(　　)。

A. 取得节税利益　　B. 提高筹资速度

C. 降低筹资成本　　D. 能获得财务杠杆利益

8. 下列关于认股权证的影响因素中,表述不正确的是(　　)。

A. 换股比率越大,认股权证的理论价值越大　　B. 普通股市价越高,认股权证的理论价值越大

C. 执行价格越高,认股权证的理论价值越大　　D. 剩余有效期越长,认股权证的理论价值越大

9. 当股票以溢价发行时,发行公司获得的发行价格超过股票面额的溢价应列入(　　)。

A. 资本公积　　B. 盈余公积　　C. 未分配利润　　D. 营业外收入

10. 筹集股权资本是企业筹集(　　)的一种重要方式。

A. 长期资本　　B. 短期资本　　C. 债券资本　　D. 以上都不是

(三)多项选择题

1. 下列各项中,能够为企业筹集权益资金的包括(　　)。

A. 投入资本筹资　　B. 利用留存收益　　C. 融资租赁　　D. 利用商业信用

E. 发行认股权证

2. 以公开、间接方式发行股票的特点有(　　)。

A. 发行范围广,易募足资本　　B. 股票变现性强,流通性好

C. 有利于提高公司知名度　　D. 有利于确定公司增发新股的发行价格

E. 发行成本低

3. 筹集投入资本时,下列各项中,应该采用一定的方法重新估值的资产有(　　)。

A. 现金　　B. 应收账款　　C. 存货　　D. 固定资产

E. 无形资产

4. 关于股票发行,下列表述中正确的有(　　)。

A. 同次发行的股票,每股的发行条件和价格应当一致

B. 股票的发行价格可以按票面金额,也可以超过票面金额,但不得低于票面金额

C. 向发起人、国家授权投资的机构及法人发行的股票应当记为记名股票,向社会公众发行的股票应当记为无记名股票

D. 发行无记名股票的公司应当记载其股票的数量、编号和发行日期

E. 股份有限公司的资本划分为股份,每一股的金额相等

5. 作为战略投资者的基本要求有(　　)。

A. 拥有比较雄厚的资金

B. 要有较强的投融资能力

C. 要出于长期投资目的而较长时期地持有公司股票

D. 要持股数量较多

E. 要与公司的经营业务联系紧密

6. 股票按照股东权利和义务的不同,可以分为(　　)。

A. 始发股　　B. 新股　　C. 普通股　　D. 优先股

E. 法人股

7. 我国《证券法》规定，股份有限公司申请股票上市，应当符合的条件有(　　)。

A. 股票经中国证监会核准已公开发行

B. 公司股本总额不少于人民币 3 000 万元

C. 公开发行的股份达到公司股份总额的 25%以上；公司股本总额超过人民币 4 亿元的，公开发行股份的比例为 10%以上

D. 公司在最近 3 年内无重大违法行为，财务会计报告无虚假记载

E. 公司在最近 2 年内无重大违法行为，财务会计报告无虚假记载

8. 利用留存收益筹资的特点包括(　　)。

A. 不发生筹资费用　　B. 筹资数额有限

C. 信息沟通与披露成本较大　　D. 分散公司的控制权

E. 容易尽快形成企业的生产力

9. 股票按照发行对象和上市地区不同，可以分为(　　)。

A. A 股　　B. B 股　　C. H 股　　D. ST 股

E. N 股

10. 认股权证按照权利行使期限不同，分为(　　)。

A. 欧式权证　　B. 美式权证　　C. 百慕大式权证　　D. 证券给付结算型权证

E. 现金结算型权证

(四)计算分析题

练习一

1. 目的：理解股票发行定价的计算。

2. 资料：某公司 20×9 年净利润为 330 万元，流通在外普通股加权平均股数为 400 万股，无优先股股票。结合发行公司的经营状况及其成长性，根据投资银行专家的建议，拟定发行市盈率为 18 倍。

3. 要求：根据上述资料，计算该公司新发行股票的价格。

练习二

1. 目的：理解股权资本筹集以及股票定价法的计算。

2. 资料：某国有企业拟改制为独家发起的股份有限公司。现有净资产经评估价值为 6 000 万元，全部投入新公司，折股比例为 1。按其计划经营规模需要总资产 3 亿元，合理的资产负债率为 30%。预计改制当年税后利润为 4 500 万元。

3. 要求：根据上述资料，计算以下问题：

(1)通过发行股票应筹集多少股权资金？

(2)如果市盈率不超过 15 倍，每股盈利按 0.40 元规划，最高发行价格是多少？

(3)若按每股 5 元发行，至少要发行多少社会公众股？发行后，市盈率是多少？

练习三

1. 目的：理解认股权证价值的计算。

2. 资料：旗瑞股份有限公司发行认股权证筹集资金，规定每张认股权证可按照 20 元认购 1 股普通股股票，公司普通股每股市价是 23 元。

3. 要求：根据上述资料，计算该公司认股权证的理论价值是多少？

练习四

1. 目的：理解认股权证价值的计算。

2. 资料：ABB 公司 20×9 年 8 月 8 日发售认股权证筹资，每份认股权证初步认购价为 10 元(假设认股权证售价与理论价值一致)，行权比例为 1 ∶ 1，即每份认股权证可以认购该公司 1 股普通股。当股票价格为 15 元时，甲用 7 500 元进行该认股权证投资。

3. 要求：

(1)当公司每股市价为 21 元时，甲的投资收益率为多少？

(2)假设甲投资者在股票价格为 15 元时，用 7 500 元进行股票投资，请问当股票价格为 15 元时，甲的投资收益率为多少？

练习五

1. 目的：理解认股权证的定价。

2. 资料：星海公司是一家高成长的公司，目前公司总价值 2 000 万元，没有长期负债，发行在外的普通股 100 万股，目前股价 20 元/股。现在急需筹集债务资金 400 万元，准备发行 20 年期限的公司债券。投资银行认为，目前长期公司债的市场利率为 10%，星海公司风险较大，按此利率发行债券并无售出的把握。经投资银行与专业投资机构联系后，建议债券面值为每份 1 000 元，期限 20 年，票面利率设定为 8%，同时附送 20 份认股权证，认股权证在 10 年后到期，在到期前每份认股权证可以按 22 元的价格购买 1 股普通股。假定公司所得税税率为 25%。

3. 要求：根据上述资料，计算公司发行认股权证时，每份认股权证的价值。

三、复习思考题

1. 普通股股票具有哪些特点？其中的风险性表现在哪几个方面？
2. 股份公司发行股票必须具备哪些要求？
3. 股票上市的目的和条件有哪些？
4. 什么是认股权证？分析其特点。
5. 筹集股权资本的主要方式有哪些？各自有哪些优缺点？

四、案例分析题

案例一

认股权证(Warrant)俗称“窝轮”，作为一种变相期权，已被证券市场公认为是风险最高的投资工具之一。其最大的魅力在于涨跌幅远远超越股票，单日涨跌幅度更可高达数倍，具有短期内快速积累财富的杠杆效应，正因如此，数以万计的投资者趋之若鹜。

通俗来讲，认股权证就好比一张出入境的通行证，持有者只有据此才有资格出入境，而反映在金融市场上，就是赋予了持有者可以在一定条件下换取某上市公司股票的权利或资格。

王力集团常年使用钢材作为其产品的生产材料，有各种因素都表明钢材价格在未来的一年内有持续上升的可能，该工厂为了有效地控制生产成本，与钢材供应商签订了一份钢材认购的期权合约，合同约定，自合同签订之日起 6 个月，王力集团可以 1 800 元/吨的价格购进钢材，并交付了 5%的定金。

【思考】 若你是王力集团的采购部负责人，请回答以下问题：

(1)若钢材价格上涨到 2 300 元/吨，你将采取什么措施？有何影响？

(2)若钢材价格下跌至 1 500 元/吨，你将采取什么措施？有何影响？

(3)这份合约与认股权证有何异同？

案例二

小肥羊餐饮连锁有限公司(简称小肥羊)于 1999 年 8 月成立于内蒙古包头市，以经营小肥羊特色火锅及特许经营为主业，兼营小肥羊调味品及专用肉制品的研发、加工及销售。2008 年 6 月小肥羊在我国香港上市，成为内地首家在香港上市的品牌餐饮企业，被誉为“中华火锅第一股”。截至 2010 年 1 月 31 日，公司拥有 431 家连锁店，其中包括 157 间自营餐厅及 274 间特许经营餐厅，并在美国、加拿大、日本、我国港澳等地拥有二十多间餐厅。小肥羊在十年的快速发展历程中，一直把权益融资作为外部融资的主要方式，很少利用负债融资。据公司 2008 年年报及招股章程显示，2008 年的有息负债为零，2007 年的资产负债率为 0.37，2006 年的有息负债为零。

【思考】

(1)这种融资偏好对公司的发展带来了哪些影响？能够给其他企业带来什么启示？

(2)什么是战略投资者？引入战略投资者对公司有何意义？

(3)你将对公司提出怎样的筹资方式建议？

第七章 长期债务筹资决策

一、重点与难点

1. 重点:理解和掌握长期债务筹资的各种方式及其优缺点。

2. 难点:理解发行债券的相关规定、债券发行价格的确定、可转换债券性质及基本要素、融资租赁租金及其计算。

二、练习题

(一)判断题

1. 企业在享用周转信贷协定时,必须对贷款限额向银行付一笔承诺费。 ( )

2. 信贷额度,是指银行对借款企业规定的可以发放贷款的最高限度,是银行控制信贷规模的一种方式。 ( )

3. 银行对信贷用额度协议负有必须履行的法律义务。 ( )

4. 当债券票面利率高于市场利率时,债券溢价发行。 ( )

5. 从出租人的角度来看,杠杆租赁与售后回租或直接租赁并无区别。 ( )

6. 利用可转换债券筹资,如果转换为普通股,则会导致股数变动,因此不利于稳定股票市价。 ( )

7. 从理论上说,债权人不得干预企业的资金投向和股利分配方案。 ( )

8. 每张可转换债券的面值为 1 000 元,转换比率为 20,由此可知每张可转换债券能够转换成 50 股普通股。 ( )

9. 转换价格高于转换期内的股价,会降低公司的股本筹资规模。 ( )

10. 公司申请债券上市,其债券期限可以短于 1 年。 ( )

(二)单项选择题

1. 对于投资者而言,可转换债券可在一定时期内,依据特定的转换条件,将其转换成( )。

A. 其他债券　　B. 优先股　　C. 普通股　　D. 收益债券

2. 下列筹资方式中,不属于筹集长期资金的是( )。

A. 发行股票　　B. 发行债券　　C. 商业信用　　D. 融资租赁

3. 某债券的面值为 1 000 元,票面年利率为 12%,期限为 6 年,每半年付息一次,若市场利率为 12%,则此债券发行时的价格将( )。

A. 高于 1 000 元　　B. 等于 1 000 元　　C. 低于 1 000 元　　D. 不确定

4. 按规定有资格发行债券的公司,发行前公司资产总额为 15 200 万元,负债总额为 3 200 万元,则其累计发行债券的总额不应超过( )万元。

A. 4 500　　B. 4 600　　C. 4 700　　D. 4 800

5. 一般而言,与融资租赁筹资相比,发行债券的优点是( )。

A. 财务风险较小　　B. 限制条件较少　　C. 资本成本较低　　D. 融资速度较快

6. 相对于债务筹资方式而言,采用投入资本筹资的优点是(　　)。

A. 有利于降低资本成本　　B. 有利于集中企业控制权

C. 有利于降低财务风险　　D. 有利于发挥财务杠杆作用

7. 某公司按年利率 8%向银行借款 10 万元,银行要求维持贷款限额 15%的补偿性余额,则该项贷款的实际利率为(　　)。

A. 8%　　B. 8.5%　　C. 9%　　D. 9.4%

8. 债务筹资的三个基本形式是(　　)。

A. 发行债券、银行借款、经营租赁　　B. 发行债券、经营租赁、融资租赁

C. 发行债券、银行借款、商业信用　　D. 发行债券、银行借款、融资租赁

9. 下列关于可转换债券基本要素的说法中,错误的是(　　)。

A. 标的股票既可以是发行公司自己的股票,也可以是其他公司的股票

B. 票面利率一般会低于普通债券,高于同期银行存款利率

C. 我国上市公司发行可转换公司债券,以发行前 1 个月股票的平均价格为基准,上浮一定幅度作为转股价格

D. 赎回条款最主要的功能是强制债券持有者积极行使转股权

10. 下列有关抵押借款和无抵押借款的说法中,不正确的是(　　)。

A. 抵押借款的资本成本通常低于无抵押借款　　B. 银行主要向信誉好的客户提供无抵押借款

C. 银行对于抵押借款一般还要收取手续费　　D. 抵押借款是一种风险贷款

(三)多项选择题

1. 发行公司债券筹资与发行普通股股票筹资相比,(　　)。

A. 普通股筹资的风险较低

B. 债券筹资的资本成本相对较高

C. 公司债券利息可以在税前列支,而普通股股利必须在税后支付

D. 公司债券可以利用财务杠杆作用

E. 普通股股东在公司清算时的要求权要滞后于债券投资者

2. 债券的基本要素包括(　　)。

A. 债券票面价值　　B. 债券票面利率　　C. 债券偿还期限　　D. 债券发行价格

E. 债券发行的市场利率

3. 补偿性余额的约束使借款企业所受的影响有(　　)。

A. 减少了可用资金　　B. 提高了筹资成本　　C. 减少了应付利息　　D. 增加了可用资金

E. 降低了筹资成本

4. 以下各项中,可以作为贷款担保的抵押品的有(　　)。

A. 股票　　B. 债券　　C. 机器设备　　D. 存款单

E. 不动产

5. 下列关于融资租赁的说法中,正确的有(　　)。

A. 租赁期满后,租赁资产一般要归还给出租人　　B. 租赁期较长,接近于资产的有效使用期

C. 租赁期间双方无权取消合同　　D. 承租企业负责设备的维修、保养

E. 出租企业负责设备的维修、保养

6. 根据《公司法》规定,公司债券募集办法中应当载明的主要事项有(　　)。

A. 发行公司名称　　B. 债券募集资金的用途

C. 债券总额和债券的票面金额　　D. 债券利率的确定方式

E. 还本付息的期限和方式

7. 与股票相比,债券的特点包括(　　)。

A. 债券代表的是一种债权关系　　B. 债券的求偿权优先于股票

C. 债券持有人无权参与公司决策　　D. 债券投资的风险小于股票

E. 可转换债券按规定可转换为股票

8. 根据相关法律、法规规定，发行公司债券应当符合下列条件：(　　)。

A. 股份有限公司的净资产不低于人民币 3 000 万元，有限责任公司的净资产不低于人民币 6 000 万元

B. 累计债券余额不超过公司净资产的 30%

C. 最近 3 年平均可分配利润足以支付公司债券 1 年的利息

D. 筹集的资金投向符合国家产业政策

E. 公司内部控制制度健全，内部控制制度的完整性、合理性、有效性不存在重大缺陷

9. 融资租赁业务的程序主要包括(　　)。

A. 选择租赁公司　　B. 办理租赁委托　　C. 签订租赁合同　　D. 办理验货、付款与保险

E. 支付租金

10. 债券发行价格的高低，取决于(　　)。

A. 债券发行日　　B. 债券到期日　　C. 债券利率　　D. 市场利率

E. 债券面值

(四)计算分析题

练习一

1. 目的：考察补偿性余额的计算。

2. 资料：永利建材有限公司按年利率 5.8%向银行借款 300 万元，期限 3 年；根据公司与银行签订的贷款协议，银行要求保持贷款总额的 15%作为补偿性余额，不计复利。

3. 要求：

(1)计算永利公司实际可使用的借款额。

(2)计算永利公司实际负担的年利率。

练习二

1. 目的：理解债券发行价格的确定。

2. 资料：ABC 公司拟于 20×9 年 4 月 1 日发行面额为 1 000 元的债券，其票面利率为 8%，每年 4 月 1 日计利息一次，并于 5 年后的 3 月 31 日到期，当时的市场利率为 10%。

3. 要求：根据上述资料，计算该债券的发行价格。

练习三

1. 目的：理解可转换债券的转换价格。

2. 资料：假设某公司发行了期限为 15 年、票面价值为 100 元的债券。在 10 年间任何时候，公司债券的持有者都可以每份债券调换公司普通股 5 股，即转换比率为 5。

3. 要求：根据上述资料，计算债券的转换价格。

练习四

1. 目的：理解可转换债券的转换比率。

2. 资料：思达公司发行的可转换债券每份 1 000 元，转换价格为每股 27 元，某人持有 20 份可转换债券。

3. 要求：根据上述资料，计算该债券持有人可转换的股数。

练习五

1. 目的：理解融资租赁租金的计算。

2. 资料：甲公司于 20×6 年 1 月 1 日从租赁公司租入一套专用设备，该设备价值 100 万元，预计可以使用 4 年，与租期相等。租赁期满时预计残值为 4 万元，归甲公司所有。租金于每年年末等额支付，假定基准折现率为 10%。

3. 要求：

(1)计算甲公司该设备每年年末应支付的租金额。

(2)编制甲公司该设备租金摊销计划表。

三、复习思考题

1. 借款合同中的保护性条款主要有哪几类?
2. 企业从银行取得长期借款有哪些程序?
3. 如何理解可转换债券的“双重”性质?可转换债券筹资的优缺点有哪些?
4. 如何确定债券的发行价格?
5. 融资租赁分别有哪三种形式?

四、案例分析题

案例一

海云公司是一家主营家电产品的上市公司。目前,公司发行在外的普通股股数为10 000万股,市场上每股价格为10元,没有负债。公司现急需筹集资金16 000万元,用于投资液晶显示屏项目,有如下两个备选方案:

方案一:按照目前的市场价格公开增发1 600万股。

方案二:发行10年期的公司债券,债券面值为每份1 000元,票面利率为9%,每年年末付息一次,到期还本,发行价格拟定为950元/份。目前风险类似的普通债券市场利率为10%。

假设两种方案发行费用均忽略不计。

【思考】

(1)如果方案一可行,公司应在净资产收益率方面满足什么条件?应遵循的公开增发新股的定价原则是什么?

(2)如果方案二可行,公司应在净资产、累计债券余额和利息支付能力方面满足什么条件?计算每份债券的价值,判断拟定的债券发行价格是否合理并说明原因。

案例二

某特种钢铁上市公司20×8年年末公司总股份为8 000万股,公司当年实现的净利润为3 500万元,现准备投资一条新的生产线,投资总额为6 000万元,经考察该项目具有可行性。为了筹集新生产线的投资金额,财务部门制定了两个筹资方案供董事会进行选择:

方案一:全部资金通过发行可转换公司债券筹集,每张面值100元,规定的转换价格为每股10元,债券期限为5年,年利率为4.5%,可转换日为自该可转换公司债券发行结束之日(20×9年1月25日)起满1年后的第一个交易日(20Y0年1月25日)。

方案二:全部资金通过发行一般公司债券筹集,每张面值100元,债券期限为5年,年利率为7.5%。

【思考】

(1)自该可转换公司债券发行结束之日至可转换日止,与方案二比较,该钢铁公司发行可转换公司债券节约了多少利息?

(2)预计在转换期公司市盈率将维持在20倍的水平(以20×8年的每股收益计算),如果公司希望可转换公司债券进入转换期后能够实现转股,那么公司20×9年的净利润及其增长率至少应达到多少?

(3)如果转换期内公司股价在8～9元间波动,请说明该公司将面临何种风险?

第八章 资本成本与资本结构

一、重点与难点

1. 重点:掌握个别资本成本、综合资本成本的计算;掌握杠杆利益与风险在财务管理中的运用;掌握最佳资本结构决策的三种方法。

2. 难点:掌握边际资本成本率的规划;掌握杠杆的风险与收益;掌握资本结构理论;掌握最佳资本结构决策的三种方法。

二、练习题

(一)判断题

1. 资本成本的高低是公司筹资决策的核心内容。（　　）

2. 对于单一筹资方案的评价,需要计算个别资本成本;对于企业总体资本成本水平的评价,需要计算企业的平均资本成本。（　　）

3. 一般来说,企业在初创阶段,尽量在较低程度上使用财务杠杆;而在扩张成熟时期,可以较高程度地使用财务杠杆。（　　）

4. 在销售处于盈亏临界点后的阶段,经营杠杆系数随着销售额的增加而递减。（　　）

5. 超过筹资突破点筹集资金,只要维持现有的资本结构,其资本成本率就不会增加。（　　）

6. 当经营杠杆系数和财务杠杆系数都为1.5时,总杠杆系数为3。（　　）

7. 如果企业没有负债,全部使用权益资本,企业就没有财务风险,则企业的财务杠杆系数为零。（　　）

8. 边际资本成本是加权平均资本成本的一种形式。（　　）

9. 当预计息税前利润大于每股利润无差异点利润时,采取负债筹资对企业有利,这样可降低资本成本。（　　）

10. 在计算债券筹资成本时,债券筹资额应按发行价确定,而不应按面值确定。（　　）

(二)单项选择题

1. 某公司经营风险较大,准备采取系列措施降低经营杠杆程度,下列措施中,无法达到这一目的的是（　　）。

A. 降低利息费用　　B. 降低固定成本水平　　C. 降低变动成本　　D. 提高产品销售单价

2. 下列有关资本成本的说法中,正确的是（　　）。

A. 资本成本是指企业在筹集资金时付出的代价,包括筹资费用和用资费用

B. 不考虑时间价值时,资本成本率=年资金占用费/筹资总额

C. 总体经济环境变化的影响,反映在无风险报酬率上

D. 资本成本是资本所有权与资本使用权分离的结果,对于筹资者而言,资本成本表现为取得资本所有权所付出的代价

3. 某公司普通股目前的股价为10元/股,筹资费率为4%,上年支付的每股股利为2元,股利固定增长

率为 3%，则该企业利用留存收益的资本成本为(　　)。

A. 23%　　B. 23.83%　　C. 24.46%　　D. 23.6%

4. 进行筹资方案组合时，边际资本成本计算采用的价值权数是(　　)。

A. 账面价值权数　　B. 市场价值权数　　C. 评估价值权数　　D. 目标价值权数

5. 财务杠杆说明(　　)。

A. 息税前利润的增加对每股收益的影响　　B. 企业经营风险的大小

C. 销售收入的增加对每股收益的影响　　D. 可通过扩大销售影响息税前利润

6. 每股利润无差异点是指两种筹资方案下，普通股每股利润相等时的(　　)。

A. 成本总额　　B. 筹资总额　　C. 资金结构　　D. 息税前利润

7. 某公司全部资本为 10 万元，负债比率为 10%，借款利率为 10%，息税前利润为 30 万元，则财务杠杆系数接近(　　)。

A. 0.8　　B. 1.2　　C. 1.0　　D. 3.1

8. 某公司负债和权益筹资额的比例为 2 ： 5，综合资金成本率为 12%，若资金成本和资金结构不变，当发行 100 万元长期债券时，筹资总额分界点为(　　)万元。

A. 1 200　　B. 200　　C. 350　　D. 100

9. 经营杠杆给企业带来的风险是指(　　)。

A. 成本上升的风险　　B. 利润下降的风险

C. 业务量变动导致息税前利润更大变动的风险　　D. 业务量变动导致息税前利润同比例变动的风险

10. 以下关于资本结构的叙述中，正确的是(　　)。

A. 保持经济合理的资本结构是企业财务管理的目标之一

B. 资本结构与资本成本没有关系，它指的是企业各种资本的构成及其比例关系

C. 资本结构是指企业各种短期资金来源的数量构成比例

D. 资本结构在企业建立后一成不变

(三)多项选择题

1. 下列关于财务风险的说法中，正确的有(　　)。

A. 财务风险是由于经理经营不善引起的

B. 财务杠杆放大了资产报酬变化对普通股收益的影响，财务杠杆系数越高，财务风险越大

C. 只要存在固定性筹资成本，就存在财务杠杆效应

D. 在其他因素一定的情况下，固定财务费用越高，财务杠杆系数越大

E. 在其他因素一定的情况下，资本规模不会影响财务杠杆系数的变化

2. 早期资本结构理论有(　　)。

A. 净收益理论　　B. 净营业收益理论　　C. 传统理论　　D. MM 理论

E. 优序融资理论

3. 下列说法中，正确的有(　　)。

A. 在固定成本不变的情况下，经营杠杆系数说明销售额增长(减少)所引起的利润增长(减少)的程度

B. 当销售额达到盈亏临界点时，经营杠杆系数趋近于无穷大

C. 财务杠杆表明债务对投资者收益的影响

D. 财务杠杆系数表明息税前利润增长所引起的每股收益的增长幅度

E. 经营杠杆程度较高的公司不宜在较低的程度上使用财务杠杆

4. 下列关于总杠杆的描述中，正确的有(　　)。

A. 用来估计销售量变动对息税前利润的影响　　B. 用来估计营业收入变动对每股收益造成的影响

C. 揭示经营杠杆与财务杠杆之间的相互关系　　D. 揭示企业面临的风险对企业投资的影响

E. 为达到某一个既定的总杠杆系数，经营杠杆和财务杠杆可以有很多不同的组合

5. 资本结构分析所指的资本包括(　　)。

A. 长期债务　B. 优先股　C. 普通股　D. 短期借款

E. 应付账款

6. 决定资本成本高低的因素有(　　)。

A. 资金供求关系变化　B. 预期通过膨胀率的高低

C. 证券市场价格波动程度　D. 企业风险的大小

E. 企业对资金的需求量

7. 如果债券溢价发行并假定没有发行费用,以下关于债券资本成本的说法中,不正确的有(　　)。

A. 大于票面利率　B. 小于票面利率　C. 等于票面利率　D. 等于税后票面利率

E. 不确定

8. 下列陈述中,符合 MM 资本结构理论假设的有(　　)。

A. 公司在无税环境中经营

B. 公司营业风险的高低由息税前利润标准差来衡量,公司营业风险决定其风险等级;投资者对所有公司未来盈利及风险的预期相同

C. 投资者不支付证券交易成本,所有债务利率相同

D. 公司为零增长公司,即年平均盈利额不变

E. 个人和公司均可发行无风险债券,并有无风险利率

9. 筹资费用是指企业为筹集资金付出的代价,下列各项中属于筹资费用的有(　　)。

A. 发行广告费　B. 股票、债券印刷费　C. 债券利息　D. 优先股股利

E. 普通股股利

10. 下列关于最佳资本结构的表述中,正确的有(　　)。

A. 在最佳资本结构下,公司总价值最大

B. 在最佳资本结构下,公司综合资本成本率最低

C. 在最佳资本结构下,公司个别资本成本率最低

D. 若不考虑风险价值,销售量高于每股收益无差别点时,运用负债筹资,可实现最佳资本结构

E. 若不考虑风险价值,销售量高于每股收益无差别点时,运用股权筹资,可实现最佳资本结构

(四)计算分析题

练习一

1. 目的:掌握债务资本成本率的计算。

2. 资料:华润公司拟发行 5 年期,票面利率为 6%,面额为 1 000 元的债券;预计发行价格为 550 元,发行费用率为 2%,公司所得税税率为 25%。

3. 要求:计算华润公拟发行债券的资本成本率。

练习二

1. 目的:掌握权益资本成本率的计算。

2. 资料:W 公司普通股现行市价为每股 20 元,先准备增发 8 万股新股,预计发行费用率为 5%,第一年每股股利 1 元,以后每年股利增长率为 5%。

3. 要求:试计算 W 公司本次增发普通股的资本成本率。

练习三

1. 目的:掌握综合资本成本率的计算。

2. 资料:某企业共有资金 2 000 万元,其中银行借款 100 万元、长期债券 500 万元、普通股 1 000 万元、留存收益 400 万元,以上四种资金的资本成本率依次为 5%、6%、12%、11%。

3. 要求:计算该企业的综合资本成本率。

练习四

1. 目的:理解杠杆在财务管理中的运用。

2. 资料:西海公司 20×8 年销售甲产品 100 000 件,单价 100 元/件,单位变动成本 55 元,固定经营成本 2 000 000 元。该公司平均负债总额 4 000 000 元,年利息率 8%。20×9 年公司计划销售量比上年提高 20%,其他条件均保持上年不变,该公司适用的所得税税率为 25%。

3. 要求:

(1)计算该公司 20×8 年的边际贡献、息税前利润和净利润。

(2)计算该公司 20×8 年的经营杠杆系数、财务杠杆系数和总杠杆系数。

(3)计算该公司 20×9 年的息税前利润变动率和每股收益变动率。

练习五

1. 目的:理解资本结构决策的每股收益法。

2. 资料:甲股份有限公司 20×8 年长期资本总额为 1 亿元,其中普通股 7 000 万元(250 万股),长期债务 3 000 万元,利率为 10%。假定公司所得税税率为 25%。20×9 年公司预计将长期资本总额增至 1.28 亿元,需要追加筹资 2 800 万元。现有两个追加筹资方案可供选择:(1)发行公司债券,票面利率为 12%;(2)增发普通股 100 万股。预计 20×9 年息税前利润为 2 000 万元。

3. 要求:

(1)计算两个追加筹资方案下无差别点的息税前利润。

(2)计算无差别点的普通股每股收益。

(3)计算两个追加筹资方案下公司 20×9 年普通股每股收益,并据此做出选择。

三、复习思考题

1. 试说明资本成本中筹资费用和用资费用的不同点。
2. 常见的个别资本成本率包括哪些?如何计算?
3. 试说明杠杆利益与杠杆风险的关系。
4. 早期的资本结构理论和现代资本结构理论的主要观点有哪些?
5. 资本结构决策的常见方法有哪些?各自都有哪些优缺点?

四、案例分析题

案例一

美国杜邦公司成立于 1802 年。在整个 19 世纪,公司致力于化学制品和纤维制品的开发和生产,逐渐成为美国最大的化学制品公司和行业的技术领先者。1980 年,公司被《幸福》杂志评选为全美 500 家最大工业企业中的第 15 位。

过去,杜邦公司一直以保守的财务政策而著名。但是,到 20 世纪 60 年代末,纤维和塑料行业的竞争增加了杜邦公司维持其保守的财务政策的难度。化学制造行业的迅速扩大引起了产品价格的大幅下降,使得杜邦公司的毛利和资本报酬率一路下滑,尽管处于销售量扩张期间,但这种情况并没有改善,反而更加恶化。1973～1975 年,公司的净利润、总资本报酬率和每股收益的下降均超过 50%,自身积累资金的能力大大不足。

为了应付经营中资金短缺和降低成本,公司削减了股票发行计划和营运资本的数量,但是资金短缺问题仍然没有解决。杜邦公司被迫转向债务筹资。公司增加了短期借款,发行了长期债券,使得公司的负债比率从 1972 年的 7%上升到 1975 年的 27%,利息保障倍数从 38.4 下降到 4.6。此后的 5 年中,公司不断努力削减债务,提升经营业绩,使得 1979 年年末负债比率下降到 20%,利息保障倍数也回升到 11.5。在此期间,虽然公司遇到困难,但其债券仍然保持了 AAA 级债券的地位。

然而,1981 年的收购案使得杜邦公司完全偏离了原有的财务政策。80 亿美元的收购价格使得杜邦公司不得不发行了 39 亿美元普通股和 38.5 亿美元浮动利率债券。此外,还要承担被收购公司科纳克 19 亿美元的负债。杜邦公司的负债比率急增到40%,债券等级首次从AAA级下滑到AA级。

1982年石油价格波动和行业经济衰退对合并后的杜邦公司无疑是雪上加霜,尽管公司收入是1979年的2.5倍,但净利润却低于合并之前,总成本报酬率下降了50%,每股收益下降了40%。为了恢复公司以前的融资环境,杜邦公司利用固定利率的长期债务替换了浮动利率债务,负债比率下降到36%,但利息保障倍数仍很低,公司债务仍然处于AA级债券之列。

20世纪80年代后半叶,杜邦财务管理人员面临新的困惑:是保持传统的财务政策,努力维持低负债率(如25%)和AAA级债券等级;还是永久放弃传统的保守财务政策,保持40%的负债比率。

要达到前一目标,只有依靠发行大量的权益资本,但是由于受到失败的收购案和经济衰退的影响,资本市场对杜邦股票的评价不高。此外,权益资本的高成本也加重了筹集大额权益资本的困难。而如果采用负债率40%的资本结构政策,企业的许多财务指标可能好转。在经济复苏假设下,高负债政策会获得较高的每股收益、股利和权益报酬率。但是在经济衰退假设下,每股收益报酬率在高负债政策下会下滑得更快。

【思考】

(1)结合案例,说明公司资本结构的形成受到哪些因素的影响。

(2)分析杜邦公司保守资本结构的利弊。

(3)如果你是杜邦财务经理,你会向董事会建议采用哪些财务政策?

案例二

某旅游公司市场部调研发现,现在的大学生学习压力比较大,周末除了上网就是逛街,越来越没有新意。有的学生想约朋友一起外出踏青,却又苦于找不到好的去处,即使找到,却又被交通因素所困扰。为了缓解大学生的压力,尽早摆脱心理亚健康的纠缠,陶冶性情,并借外出机会放松心情、观赏美景,项目部门实地考察后提出三种投资方案,准备开发一条为大学生量身定制的旅游路线。经咨询,每个方案的投资成本与预期报酬率如下表所示:

投资方案	投资成本(万元)	预期报酬率
A	15	15%
B	21	13.2%
C	13	11.8%

公司的目标资本结构为:债务资本占40%,权益资本占60%。如果公司以负债方式筹集资金在12万元以内,则债务资本成本率为7%;超过12万元,债务资本成本率上升到11%。公司以前年度留存收益有18万元,其资本成本率为19%;若新发行普通股股票筹集更多资金,资本成本率为22%。

【思考】

(1)计算边际资本成本率。

(2)该旅游公司应该接受哪个方案的投资?

第九章 项目投资决策

一、重点与难点

1. 重点：理解和掌握现金流量和项目投资决策评价方法的内容及其计算。
2. 难点：理解项目投资决策评价方法及其应用，理解项目风险投资决策。

二、练习题

（一）判断题

1. 项目投资的特点主要包括投资金额大、投资决策风险大和投资回收期长。（　）
2. 投资决策中的现金流量，一般由初始现金流量、经营净现金流量和期末净现金流量构成。（　）
3. 项目投资中进行相关现金流量的判断时要考虑机会成本和沉没成本。（　）
4. 折旧是企业的非付现成本，也是企业的现金流出。（　）
5. 当净现值大于 0 时，现值指数必定大于 1。（　）
6. 净现值法、现值指数法和内含报酬率法，都不便于在不同投资规模的方案之间进行对比。（　）
7. 如果存在多个独立投资方案，其内含报酬率均大于要求的最低投资报酬率，则应选择内含报酬率最高的投资方案。（　）
8. 对于一个投资项目，只要净现值大于 0，则现值指数大于 1，其内含报酬率必然高于资本成本率，均说明该项目是有利的，因此，采用这三个指标评价各投资项目，结论相同。（　）
9. 某企业正在讨论更新现有的生产线，有两个备选方案 A 和 B，A、B 方案的原始投资不同：A 方案的净现值为 400 万元，年均净现值为 100 万元；B 方案的净现值为 300 万元，年均净现值为 110 万元，据此可以认为 A 方案较好。（　）
10. 风险调整贴现率法是用调整净现值公式分母的办法来考虑风险。（　）

（二）单项选择题

1. 项目投资决策中，完整的项目计算期是指（　　）。

A. 建设期　　B. 生产经营期　　C. 建设期＋达产期　　D. 建设期＋运营期

2. 企业投资决策中的现金流量是指与投资决策有关的（　　）。

A. 现金收入和现金支出量　　B. 货币资金支出和货币资金收入量
C. 流动资金增加和减少量　　D. 现金流入和现金流出的数量

3. 某公司当初以 100 万元购入一块土地，当前市价为 80 万元，如欲在这块土地上兴建厂房，应（　　）。

A. 以 100 万元作为投资分析的机会成本考虑　　B. 以 80 万元作为投资分析的机会成本考虑
C. 以 20 万元作为投资分析的机会成本考虑　　D. 以 180 万元作为投资分析的沉没成本

4. 在考虑所得税因素以后，下列公式中能够计算出现金流量的是（　　）。

A. 现金流量＝营业收入－付现成本－所得税
B. 营业现金流量＝税后净利－折旧

C. 现金流量＝收入×(1－税率)＋付现成本×(1－税率)＋折旧×税率

D. 营业现金流量＝税后收入－税后成本

5. 一个投资方案的年销售收入为400万元，年付现成本为300万元，年折旧额为40万元，所得税税率为25%，则该方案经营净现金流量应为(　　)万元。

A. 65　　B. 95　　C. 85　　D. 105

6. 如果其他因素不变，一旦折现率提高，下列指标中数值将会变小的是(　　)。

A. 净现值　　B. 内含报酬率　　C. 投资回收期　　D. 平均报酬率

7. 内含报酬率是使投资项目的净现值(　　)的贴现率。

A. 大于0　　B. 等于0　　C. 小于0　　D. 不确定

8. 投资决策评价方法中，对于互斥方案来说，最好的评价方法是(　　)。

A. 内含报酬率法　　B. 现值指数法　　C. 净现值法　　D. 平均报酬率法

9. 某投资项目初始投资额为12 000元，当年完工投产，预计使用年限为3年，每年可获得现金净流量4 600元，则该项目的内含报酬率为(　　)。

A. 6.68%　　B. 7.68%　　C. 8.32%　　D. 7.33%

10. 某企业计划投资100万元建一生产线，预计投资后每年可获得净利润15万元，生产线使用寿命为10年，期末无残值，按直线法进行折旧，则投资回收期为(　　)年。

A. 3　　B. 4　　C. 5　　D. 6

(三)多项选择题

1. 企业项目投资主要包括(　　)。

A. 新建项目　　B. 有价证券投资　　C. 更新改造项目　　D. 收购和重组项目

E. 设备的购置和更新

2. 投资项目的现金流入包括(　　)。

A. 营业收入　　B. 回收固定资产余值　　C. 固定资产折旧　　D. 回收流动资金

E. 补贴收入

3. 折现的项目投资决策评价指标包括(　　)。

A. 净现值　　B. 投资回收期　　C. 现值指数　　D. 内含报酬率

E. 动态投资回收期

4. 确定一个投资方案可行的必要条件包括(　　)。

A. 内含报酬率大于1　　B. 净现值大于零　　C. 现值指数大于1　　D. 回收期大于1年

E. 内含报酬率大于设定折现率

5. 下列评价指标的计算中与项目事先给定的折现率有关的包括(　　)。

A. 内含报酬率　　B. 净现值　　C. 净现值率　　D. 静态投资回收期

E. 现值指数

6. 下列关于现值指数的表述中，正确的有(　　)。

A. 它是绝对数

B. 它是相对数

C. 考虑了资金的时间价值

D. 有利于在初始投资额不同的投资方案之间的比较

E. 它是投资项目未来报酬总现值与初始投资额的现值之比

7. 内含报酬率指标的含义为(　　)。

A. 投资报酬与总投资的比例　　B. 项目投资者实际期望达到的报酬率

C. 投资报酬现值与总投资现值的比率　　D. 使投资方案净现值之和为零的折现率

E. 使未来现金流入的现值等于现金流出的现值的折现率

8. 静态投资回收期法的弊端有(　　)。

A. 没有考虑时间价值因素　　B. 忽视回收期满后的现金流量

C. 无法利用现金流量信息　　D. 计算方法过于复杂

E. 不易理解

9. 若有两个投资方案,原始投资额不相同,彼此相互排斥,各方案项目计算期不同,可以采用(　　)进行选优。

A. 净现值法　　B. 最小公倍数法

C. 差额投资内含报酬率法　　D. 年均净现值法

E. 现值指数法

10. 下列说法中,正确的有(　　)。

A. 在其他条件不变的情况下,提高折现率会使得净现值变小

B. 在利用动态指标对同一个投资项目进行评价和决策时,会得出完全相同的结论

C. 在多个方案的组合排队决策中,如果资金总量受限,则应首先按照净现值的大小进行排队,然后选择使得净现值之和最大的组合

D. 项目投资决策中所使用的现金不仅包括各种货币资金,而且还包括项目需要投入企业拥有的非货币资源的变现价值

E. 计算净现值时的折现率可以是银行存款利率

(四)计算分析题

练习一

1. 目的:理解现金流量以及净现值和投资回收期的计算。

2. 资料:某公司要进行一项投资,需投入 600 万元,并在第 1 年垫支营运资金 60 万元,在项目期末收回,采用直线法计提折旧,无残值。项目寿命期为 5 年,每年销售收入为 360 万元,付现成本 120 万元,企业所得税税率为 25%,资金成本率为 10%。

3. 要求:根据上述资料,计算该项目的投资回收期和净现值。

练习二

1. 目的:理解净现值和现值指数的计算。

2. 资料:某企业某项目的初始投资额为 2 000 万元,资本成本率为 10%,现有甲、乙两个方案可供选择,有关资料如下表所示。

某企业项目现金流量资料表　　单位:万元

年　份	甲方案净现金流量	乙方案净现金流量
第 1 年	350	800
第 2 年	480	630
第 3 年	600	550
第 4 年	650	400
第 5 年	800	300

3. 要求:根据上述资料,计算甲、乙两个方案的净现值和现值指数,并判断应采用哪个方案。

练习三

1. 目的:理解内含报酬率的计算。

2. 资料:某公司有 A 和 B 两个项目,其他有关资料如下表所示:

某公司项目的净现金流量

单位:元

年　份	净现金流量	
	A	B
0	−2 000	−1 500
1	2 000	500
2	1 000	1 000
3	500	1 500

假设项目计算的折现率及现值系数如下表所示(假设现值系数保留 3 位小数):

相关折现率及现值系数

折现率	1 年的现值系数	2 年的现值系数	3 年的现值系数
35%	0.741	0.549	0.406
40%	0.714	0.510	0.364
50%	0.667	0.444	0.296

若项目 A 计算时运用 40%和 50%的折现率,而项目 B 计算时运用 35%和 40%的折现率。

3. 要求:根据上述资料,计算两个项目的报酬率,并判断应采用哪个方案。

练习四

1. 目的:理解净现值的相关计算。

2. 资料:某企业现有资金 100 000 元,可用于以下投资方案 1 或方案 2:

方案 1:购入国库券(5 年期,年利率 14%,不计复利,到期一次支付本息)。

方案 2:购买新设备(使用期 5 年,预计设备残值为设备投资额的 10%,设备按直线法计提折旧;设备交付使用后每年可实现 12 000 元的税前利润)。

假设该企业的资金成本率为 10%,适用的所得税税率为 25%。

3. 要求:

(1)计算投资方案 1 的净现值。

(2)计算投资方案 2 的各年现金流量及净现值。

(3)运用净现值法对上述投资方案进行选择。

练习五

1. 目的:理解相关项目投资评价指标的计算和应用。

2. 资料:某公司有一投资项目,该项目投资总额为 6 000 万元,其中 5 400 万元用于设备投资,600 万元用于流动资金垫付,预期该项目当年投资后可使销售收入增加为第一年 3 000 万元、第二年 4 500 万元、第三年 6 000 万元。每年追加的付现成本为第一年 1 000 万元、第二年 1 500 万元、第三年 1 000 万元。该项目有效期为 3 年,项目结束收回流动资金 600 万元。该公司所得税税率为 25%,固定资产无残值,采取直线法计提折旧,公司要求的最低报酬率为 10%。

3. 要求:

(1)计算确定该项目的各年现金流量。

(2)计算该项目的净现值。

(3)计算该项目的回收期。

(4)如果不考虑其他因素,你认为该项目是否应该被接受?

三、复习思考题

1. 项目投资的概念是什么？其主要特点有哪些？
2. 现金流量包括哪些内容？现金流量估计的原则有哪些？
3. 进行相关现金流量的判断需要注意什么问题？现金流量的计算有哪些内容？
4. 净现值法、现值指数法和内含报酬率法是如何进行计算的？三种方法之间的比较有哪些内容？
5. 项目投资评价决策方法的应用包括哪些内容？项目投资风险决策有哪些方法？

四、案例分析题

案例一

某快餐公司在一家公园内租用了一间售货亭向游人出售快餐。快餐公司与公园签订的租赁合同的期限为3年，3年后售货亭作为临时建筑将被拆除。经过一个月的试营业后，快餐公司发现每天午饭和晚饭时间来买快餐的游客很多，但是因为售货亭很小，只有一个售货窗口，所以顾客不得不排起长队，有些顾客因此而离开。为了解决这一问题，该快餐公司设计了四种不同的方案，试图增加销售量，从而增加利润。

方案一：改装售货亭，增加窗口。这一方案要求对现有售货亭进行大幅度的改造，所以初始投资较多，但是因为增加窗口吸引了更多的顾客，所以收入也会相应增加较多。

方案二：在现有售货窗口的基础上更新设备，提高每份快餐的供应速度，缩短供应时间。

以上两个方案并不互斥，可以同时选择。但是，以下两个方案则要放弃现有的销货亭：

方案三：建造一个新的售货亭。此方案需要将现有的售货亭拆掉，在原来的地方建一个面积更大、销货窗口更多的售货亭。此方案的投资需求最大，预期增加的收入也最多。

方案四：在公园内租一间更大的售货亭。此方案的初始支出是新售货亭的装修费用，以后每年的增量现金流出是当年的租金支出净额。该快餐公司可用于这项投资的资金需要从银行借入，资金成本率为15%。

与各个方案有关的现金流量如下表所示：

各个方案的现金流量 单位：元

方案	投资额	第1年	第2年	第3年
增加售货窗口	−75 000	44 000	44 000	44 000
更新现有设备	−50 000	23 000	23 000	23 000
建造新的售货亭	−125 000	70 000	70 000	70 000
租入更大的售货亭	−10 000	12 000	13 000	14 000

若与1.705和1.786相邻近的两个年金现值系数分别为1.816和1.696，其所对应的折现率分别为30%和35%。

【思考】

(1)如果运用内含报酬率指标，该快餐公司应该选择哪个方案？

(2)如果运用净现值指标，该快餐公司应该选择哪个方案？

(3)如何解释用内含报酬率指标和净现值指标进行决策时所得到的不同结论？哪个指标更好？

案例二

东方公司是中型的橙汁饮料生产企业，公司成立于2008年，到20×9年，公司业务不断增长。公司出于成本效益方面的考虑，考虑是否用一台新的、效率更高的设备来代替旧设备，以减少成本，增加收益。

旧设备原购置成本为40 000元，使用5年，估计还可以使用5年，已提折旧20 000元，假定使用期满后无残值，如果现在销售可得价款20 000元，使用该设备每年可获收入50 000元，每年付现成本为30 000元。

新设备购置成本为 60 000 元，估计可使用 5 年，期满有残值 10 000 元，使用新设备后，每年收入可达 80 000 元，每年付现成本为 40 000 元。

假设该公司资本成本率为 10%，所得税税率为 25%，新、旧设备均用直线折旧法计提折旧。

【要求】 试做出该公司是继续使用旧设备还是对其进行更新的决策。

第十章 证券投资决策

一、重点与难点

1. 重点:理解和掌握债券投资和股票投资的相关内容,包括债券和股票的种类、计价等,同时理解证券投资组合的内容。

2. 难点:掌握债券和股票价值的计算以及债券和股票收益率的相关计算。

二、练习题

(一)判断题

1. 证券投资的风险就是未来收益状况的不确定性,即发生盈利和亏损的可能性,分为系统性风险和非系统性风险。 (　　)

2. 债券流通时间越接近到期日,其市场价格越接近面值。 (　　)

3. 债券的票面利率是评价债券收益的标准。 (　　)

4. 只要平价发行债券,其到期收益率与票面利率总是相等的。 (　　)

5. 因为股票本身具有价值,所以它才能给股票投资者带来报酬。 (　　)

6. 股票带给持有人的现金流入有两部分:一是股利收入,二是资本利得。一般投资者最为关心的是前者。 (　　)

7. 股票投资的市场风险是无法避免的,不能用多角化投资来回避,而只能靠更高的报酬率来补偿。 (　　)

8. 市盈率指标的高低,代表投资者愿用每股盈余多少倍的货币来购买该种股票。 (　　)

9. 如果不考虑影响股价的其他因素,股票的价格与市场利率成反比,与预期股利成正比。 (　　)

10. 基金反映的是一种信托关系,是一种受益凭证,投资者购买基金份额就成为基金的受益人。 (　　)

(二)单项选择题

1. 下列各项中,不属于证券投资风险的是(　　)。

A. 违约风险　　B. 流动性风险　　C. 经营风险　　D. 期限风险

2. 一般而言,证券风险最小的是(　　)。

A. 政府证券　　B. 金融证券　　C. 公司证券　　D. 股票

3. 投资于国库券时可不必考虑的风险是(　　)。

A. 利率风险　　B. 违约风险　　C. 购买力风险　　D. 再投资风险

4. 债券投资的特点是(　　)。

A. 债券投资者有权参与企业的经营决策　　B. 债券投资的风险高于股票投资

C. 债券投资能获得稳定收益　　D. 债券投资的购买力风险小

5. 某企业于20××年12月1日以10 000元购得面额为10 000元的新发行债券,票面利率为12%,2年后一次还本,每年支付一次利息,该公司若持有该债券至到期日,其到期收益率为(　　)。

A. 12%　　B. 16%　　C. 8%　　D. 10%

6. 某公司发行的股票，预期报酬率为 20%，最近刚支付的股利为每股 1 元，估计股利年增长率为 10%，则该种股票的价格为(　　)元。

A. 20　　B. 24　　C. 11　　D. 18

7. 对于债券和股票，以下说法中不正确的是(　　)。

A. 债券的求偿权优先于股票

B. 债券的投资风险小于股票

C. 债券持有人不能参与公司决策，而普通股东有权参与公司决策

D. 债券的成本高于股票成本

8. 一张面额为 100 元的长期股票，每年可获利 10 元，如果折现率为 8%，则其估价为(　　)元。

A. 100　　B. 125　　C. 110　　D. 80

9. 某公司股票每股盈利 4 元，市盈率为 12，行业类似股票的平均市盈率为 15，则该股票的价格为(　　)元。

A. 48　　B. 60　　C. 12　　D. 5

10. 开放型基金的申购是指(　　)。

A. 基金管理人赎回基金份额的行为　　B. 投资者卖出基金份额换回现金

C. 投资者购买的基金份额　　D. 投资者卖出的基金份额

(三)多项选择题

1. 证券投资的目的包括(　　)。

A. 暂时存放闲置资金　　B. 与筹集长期资金相配合

C. 满足未来的财务需求　　D. 满足季节性经营现金的需求

E. 获得对相关企业的控制权

2. 在复利计息、到期一次还本的情况下，债券票面利率与到期收益率不一致的情况有(　　)。

A. 债券平价发行，每年付息一次　　B. 债券平价发行，每半年付息一次

C. 债券溢价发行，每年付息一次　　D. 债券折价发行，每年付息一次

E. 债券溢价发行，每半年付息一次

3. 下列各项中，能够影响债券内在价值的因素有(　　)。

A. 债券的价格　　B. 债券的计息方式(单利或复利)

C. 当前的市场利率　　D. 票面利率

E. 债券的付息方式(分期付息或到期一次付息)

4. 与股票投资相比，债券投资的主要缺点有(　　)。

A. 购买力风险大　　B. 变现力风险大

C. 没有经营管理权　　D. 投资收益不稳定

E. 投资渠道少

5. 与股票内在价值呈反方向变化的因素有(　　)。

A. 股利年增长率　　B. 年股利　　C. 预期报酬率　　D. β 系数

E. 未来股票价格

6. A 公司去年支付每股 0.22 元现金股利，固定成长率为 5%，现行国库券收益率为 6%，市场平均风险条件下股票的必要报酬率为 8%，股票的 β 系数为 1.5，则(　　)。

A. 股票价值为 5.775 元　　B. 股票价值为 4.4 元

C. 股票预期报酬率为 8%　　D. 股票预期报酬率为 9%

E. 股票预期报酬率为 7%

7. 股票投资与债券投资相比，其特点包括(　　)。

A. 风险大　　B. 易变现　　C. 收益高　　D. 价格易波动
E. 具有所有权

8. 投资基金作为一种集合投资制度，它的创立和运行主要涉及(　　)。
A. 投资人　　B. 发起人　　C. 管理人　　D. 托管人
E. 商业银行

9. 按照投资基金的组织形式不同，可以分为(　　)。
A. 契约型投资基金　　B. 公司型投资基金
C. 封闭型投资基金　　D. 开放型投资基金
E. 平衡型投资基金

10. 下列有关证券投资风险的表述中，正确的有(　　)。
A. 证券投资组合的风险有公司特别风险和市场风险两种
B. 公司特别风险是不可分散风险
C. 股票的市场风险不能通过证券投资组合加以消除
D. 当投资组合中股票的种类特别多时，非系统性风险几乎可以全部分散掉
E. 公司的市场风险也叫系统性风险

(四)计算分析题

练习一

1. 目的：理解债券的发行价格和收益率的计算。

2. 资料：W公司20×9年5月1日发行面值为1 000元、票面利率为8%、期限为5年的债券，债券每年5月1日付息，5年后还本。

3. 要求：

(1)如果发行时市场利率为5%，债券发行价格为1 100元，问是否应投资购买该债券？

(2)若该债券发行价格为1 080元，则债券的到期收益率是多少？

练习二

1. 目的：理解股票内在价值的计算。

2. 资料：假设某公司在2018年支付的每股股利为2.1元，预计在未来该公司股票的股利按每年8%的速率增长，假定必要收益率为12%。

3. 要求：计算该股票目前的内在价值。

练习三

1. 目的：理解不同股票价值模型下的价值和收益率的计算。

2. 资料：A公司股票的β系数为2.5，无风险利率为6%，市场上所有股票的平均报酬率为10%。

3. 要求：

(1)计算该公司股票的预期收益率。

(2)若该股票为固定成长股票，成长率为6%，预计一年后的股利为1.5元，则该股票的价值为多少？

(3)若股票未来三年股利为零成长，每年股利额为1.5元，预计从第4年起转为正常增长，增长率为6%，则该股票价值为多少？

练习四

1. 目的：理解股票内在价值和预期报酬率的相关计算。

2. 资料：甲投资者拟投资购买A公司的股票。A公司去年支付的股利是1元/股，根据有关信息，投资者估计A公司年股利增长率可达10%。A股票的β系数为2，证券市场所有股票的平均报酬率为15%，现行国库券利率为8%。

3. 要求：

(1)计算该股票的预期报酬率。

(2)计算该股票的内在价值。

练习五

1. 目的:理解投资组合风险收益和必要收益率的计算。

2. 资料:某公司持有 A、B、C 三种股票构成的股票组合,它们的 β 系数分别为 2.1、1.0、0.5,它们在证券组合中所占的比例分别为 50%、40%、10%,股票的市场收益率为 14%,无风险收益率为 10%。

3. 要求:

(1)计算投资组合的风险收益率。若投资组合为 30 万元,风险收益额是多少?

(2)计算投资组合的必要收益率。

三、复习思考题

1. 证券投资的意义是什么?
2. 如何衡量股票、债券的投资风险?
3. 股票、债券的投资收益评价方法有哪些?
4. 基金投资有哪些分类?
5. 如何正确理解投资组合的收益与风险问题?

四、案例分析题

案例一

可转换公司债券是指在一定条件下可以被转换成公司股票的债券。可转换债券具有债权和期权的双重属性,其持有人可以选择持有债券到期,获取公司还本付息;也可以选择在约定的时间内转换成股票,享受股利分配或资本增值。投资界一般戏称,可转换债券对投资者而言是保证本金的股票。

1. 传统可转换债券的出现

中国宝安企业股份有限公司为解决业务发展所需要的资金,于 1992 年底向社会发行 5 亿元可转换债券,并于 1993 年 2 月 10 日在深圳证券交易所挂牌交易。宝安可转换债券是我国资本市场第一张 A 股上市可转换债券。

宝安可转换债券具体发行情况如下:发行总额:5 亿元人民币;面值:5 000 元;期限:3 年(1992 年 12 月～1995 年 12 月);票面利率:年息 3%,每年付息一次;宝安公司 A 股市价:21 元。债券载明两项限制性条款:其中可转换条款规定债券持有人自 1993 年 6 月 1 日起至债券到期日前可选择以每股 25 元的转换价格转换为宝安公司的人民币普通股 1 股;推迟可赎回条款规定宝安公司有权利但没有义务在可转换债券到期前半年内以每张 5 150 元的赎回价格赎回可转换债券。债券同时规定,1993 年 6 月 1 日前若增加新股,则调整转股价格。

宝安可转换债券发行时的市场有关情况是:中国人民银行规定的 3 年期银行储蓄存款利率为 8.28%;3 年期企业债券利率为 9.94%;1992 年发行的 3 年期国库券的票面利率为 9.5%。

2. 分离交易可转换债券

2006 年 11 月 6 日,中国证监会根据马钢股份公司的申请,核准马钢股份公司向社会公开发行分离交易的可转换债券 55 亿元人民币。发行完成后,马钢将成为 A 股市场公开发行该品种债券的第一家。马钢此次申请发行的认股权证和债券分离交易的可转换公司债券,是中国证监会 2006 年 5 月 6 日发布,并于 5 月 8 日起施行的《上市公司证券发行管理办法》中推出的一个创新品种。

分离交易可转换债券由债券与认股权证两部分构成,债券按面值发行,每年付息,到期还本,权证无偿派送。分离交易可转换债券上市后,债权和认股权证分离,成为债券与认股权证两个品种在市场上分别交易。投资者如果购买了分离交易可转换债券,既可卖掉权证、保留债券,又可卖掉债券、保留权证。

【思考】

(1)结合案例,说明传统可转换债券的特点。

(2)根据案例,对比分析分离交易可转换债券和传统可转换债券的区别以及分离可转换债券的优点。

案例二

前进公司持有A、B、C三种股票，该三种股票均在上海证券交易所上市，在由上述股票组成的证券投资组合中，各股票所占的比重分别为50%、30%、20%，其β系数分别为2.0、1.0和0.5。市场收益率为15%，无风险收益率为10%。A股票当前每股市价为12元，刚收到上一年度派发每股1.2元的现金股利，预计股利以后每年将增长8%。

【要求】

(1)计算以下指标：甲公司证券组合的β系数；甲公司证券组合的风险收益率(R_p)；甲公司证券组合的必要投资收益率(K)；投资A股票的必要投资收益率。

(2)利用股票估价模型分析当前出售A股票是否对甲公司有利。

第十一章 营运资金管理

一、重点与难点

1. 重点：理解和掌握最佳现金持有量的计算，理解应收账款的信用政策，掌握存货成本和经济订货量的计算。

2. 难点：掌握最佳现金持有量和经济订货量的计算，以及经济订货量模型的扩展。

二、练习题

(一)判断题

1. 营运资金的管理是指流动资产的管理。 (　　)

2. 一个财务管理者必须作两个决策：一是企业运营需要多少营运资金，二是如何筹集企业运营所需要的营运资金。 (　　)

3. 利用成本分析模式控制现金持有量时，若现金持有量超过总成本线最低点，机会成本上升的代价大于短缺成本下降的好处；反之，则相反。 (　　)

4. 经济订货批量越大，进货周期越长。 (　　)

5. 订货提前期对经济订货量不产生影响，因而存在或不存在订货提前期下的订货批量、订货次数、订货间隔期都是一样的。 (　　)

6. 一般来讲，当某种存货数量比重达到 70%左右时，可将其划分为 A 类存货，进行重点管理和控制。 (　　)

7. 因为应收账款的收账花费与坏账损失一般成反比关系，所以制定收账政策时就要在收账费用与所减少的坏账损失之间做出权衡。 (　　)

8. 如果在折扣期内将应收账款用于短期投资所得的投资收益率低于放弃折扣的隐含利息成本，则应放弃折扣而去追求更高收益。 (　　)

9. 作为一种筹资方式，向银行借款是指向政策性银行和商业银行借入款项。 (　　)

10. 商业信用筹资的最大优越性在于容易取得。对于多数企业来说，商业信用是一种持续性的信用形式，且无须办理复杂的筹资手续。 (　　)

(二)单项选择题

1. 下列关于流动资产和流动负债的说法中，错误的是(　　)。

A. 流动资产具有占有时间短、周转快、收益高等特点

B. 企业拥有较多的流动资产，可在一定程度上降低财务风险

C. 流动负债又称短期负债，具有成本低、偿还期短的特点

D. 流动负债以应付金额是否确定为标准，可以分成应付金额确定的流动负债和应付金额不确定的流动负债

2. 企业为了使其持有的交易性现金余额降到最低，可(　　)。

A. 力争现金流量同步　B. 使用现金浮游量　C. 加速收款　D. 推迟应付款的支付

3. 假设某企业明年需要现金 8 400 万元,已知有价证券的报酬率为 7%,将有价证券转换为现金的转换成本为 150 元,则最佳现金持有量和此时的相关最低总成本分别是(　　)。

A. 60 万元,4 万元　B. 60 万元,4.2 万元

C. 80 万元,4.5 万元　D. 80 万元,4.2 万元

4. 甲公司规定在任何条件下其现金余额不能低于 5 000 元,现已知现金返回线的数值为 6 250 元,则其现金量的控制上限应为(　　)元。

A. 8 750　B. 11 250　C. 6 250　D. 5 000

5. 下列各项中,不属于信用条件构成要素的是(　　)。

A. 信用期限　B. 现金折扣(率)　C. 现金折扣期　D. 商业折扣

6. 放弃现金折扣的成本大小与(　　)。

A. 折扣百分比的大小呈反方向变化

B. 信用期的长短呈同方向变化

C. 折扣百分比的大小、信用期的长短均呈同方向变化

D. 折扣期的长短呈同方向变化

7. 下列各项中,不属于应收账款成本构成要素的是(　　)。

A. 机会成本　B. 管理成本　C. 坏账成本　D. 短缺成本

8. 下列各项中,与再订货点无关的因素是(　　)。

A. 经济订货量　B. 日耗用量　C. 交货日数　D. 保险储备量

9. 企业目前信用条件“$n/30$”,赊销额为 3 000 万元,预计将信用期延长为“$n/60$”,预计赊销额将变为 6 000 万元,若该企业变动成本率为 70%,资金成本率为 10%,则该企业应收账款占用资金将(　　)。

A. 增加 525 万元　B. 增加 634 万元　C. 增加 455 万元　D. 增加 565 万元

10. 某企业按年利率 6%向银行借款 1 000 万元,银行要求保留 10%的补偿性余额,则这项借款的实际利率约为(　　)。

A. 6.67%　B. 6.38%　C. 7.14%　D. 6%

(三)多项选择题

1. 公司持有现金主要是为了满足(　　)。

A. 交易性需要　B. 预防性需要　C. 投机性需要　D. 收益性需要

E. 增值性需要

2. 下列说法中,正确的有(　　)。

A. 现金持有量越多,机会成本越高　B. 现金持有量越少,短缺成本越大

C. 现金持有量越多,管理成本越大　D. 现金持有量越多,收益越高

E. 现金持有量越多,信用损失越大

3. 下列关于现金管理中成本模型的说法中,正确的有(　　)。

A. 成本模型强调持有现金是有成本的,最优的现金持有量是使得现金持有成本最小的持有量

B. 现金的机会成本,是指企业因持有一定现金余额而丧失的再投资收益

C. 管理成本在一定范围内和现金持有量之间没有明显的比例关系

D. 现金持有量越少,进行证券变现的次数越少,相应的转换成本越少

E. 最佳现金持有量的计算不需要考虑管理成本

4. 下列关于最佳现金持有量存货模式的表述中,正确的有(　　)。

A. 现金的交易成本与现金的平时持有量成反比

B. 现金的机会成本与现金的平时持有量成正比

C. 机会成本与交易成本相等时的现金持有量是最佳现金持有量

D. 存货模式的假定是现金流出量是不稳定的

E. 存货模式的假定是现金流出量是不变的

5. 下列关于最佳现金持有量确定的随机模型的说法中，正确的有（　　）。

A. 若现金持有量在控制的上下限之间，就不需要进行现金和有价证券的转换

B. 控制下限的确定，要受到企业每日的最低现金需要、管理人员的风险承受倾向等因素的影响

C. 该模式建立在企业的现金未来需求总量和收支不可预测的前提下，因此计算出来的现金持有量比较保守

D. 企业可以根据历史经验和现实需要，测算出一个现金持有量控制的上下限

E. 现金持有量随机模型计算出的最佳现金持有量比存货模型谨慎

6. 下列各项中，属于建立存货经济进货批量基本模型假设前提的有（　　）。

A. 一定时期的进货总量可以较为准确地预测　　B. 允许出现缺货

C. 仓储条件不受限制　　D. 存货的价格稳定

E. 商品陆续入库

7. 经济订货批量（　　）。

A. 与存货的年度总需求量成正比　　B. 与每次订货的变动成本成反比

C. 与单位存货的年储存成本成反比　　D. 与存货的购置成本成正比

E. 与单位存货的年储存成本成正比

8. 下列项目中，属于应收账款管理成本的有（　　）。

A. 对客户的资信调查费用　　B. 收账费用

C. 坏账成本　　D. 账簿记录费用

E. 坏账准备

9. 企业的信用条件包括（　　）。

A. 现金折扣率　　B. 折扣期限　　C. 商业折扣　　D. 信用期限

E. 企业资本

10. 商业信用筹资最大的优越性在于（　　）。

A. 不负担成本　　B. 不用担保　　C. 容易取得　　D. 使用方便

E. 金额较大

(四)计算分析题

练习一

1. 目的：理解存货模型下最佳现金持有量的计算。

2. 资料：已知某公司现金收支平稳，预计全年（按 360 日计算）现金需要量为 250 000 元，现金与有价证券的转换成本为每次 500 元，有价证券年利率为 10%。

3. 要求：

(1)计算最佳现金持有量。

(2)计算最佳现金持有量下的全年现金管理总成本、全年现金转换成本和全年现金持有机会成本。

(3)计算最佳现金持有量下的全年有价证券交易次数和有价证券交易间隔期。

练习二

1. 目的：理解随机模型下最佳现金持有量的计算。

2. 资料：某企业根据公司具体情况测算的现金最低控制额为 20 000 元，现金流量的标准差为 2 100 元。每日持有现金的机会成本为 0.04‰，证券与现金的每次转换成本为 250 元。目前的现金持有额为 120 000 元。

3. 要求：

(1)根据随机模型计算现金回归线和最高控制线的现金持有量。（保留整数）

(2)根据第(1)问的计算结果判断该企业是否需要卖出或购进有价证券,转换额为多少?

练习三

1. 目的:理解经济订货量及再订货点的计算。

2. 资料:已知宏达公司每年需要甲材料 36 000 吨,单位进价每吨 150 元,每次订货成本 1 250 元,每吨甲材料每年储存成本 10 元。

3. 要求:

(1)计算甲材料的经济订货量。

(2)计算经济订货量的相关存货成本。

(3)计算最优订货批数。

(4)若一年生产周期为 300 日,据以往经验,甲材料从发出订单到货物验收完毕一般需要的交货期为 3 日,企业建立的保险储备为 200 吨,则该材料的再订货点为多少?

练习四

1. 目的:理解应收账款成本的计算。

2. 资料:A 企业目前采用 30 日按发票金额(无现金折扣)付款的信用政策,拟将信用期限放宽至 60 日,仍按发票金额付款。假设等风险投资的最低报酬率为 15%,其他有关数据见下表:

信用期项目	30 日	60 日
销售量(件)	100 000	120 000
销售额(元)(若单价 5 元)	500 000	600 000
变动成本(若每件 4 元)	400 000	480 000
固定成本(元)	50 000	52 000
可能发生的收账费用(元)	3 000	4 000
可能发生的坏账损失(元)	5 000	9 000

3. 要求:计算 A 企业是否改变信用期。

练习五

1. 目的:理解现金折扣相关内容的计算。

2. 资料:假定该公司在放宽信用期的同时,为了吸引顾客尽早付款,提出了 0.8/30,n/60 的现金折扣条件,估计会有一半的顾客(按 60 日信用期所能实现的销售量计)将享受现金折扣优惠。

项　目	30 日	0.8/30,n/60
销售量(件)	100 000	120 000
销售额(元)(单价 5 元)	500 000	600 000
销售成本(元)		
变动成本(每件 4 元)	400 000	480 000
固定成本(元)	50 000	50 000
毛利(元)	50 000	70 000
可能发生的收账费用(元)	3 000	4 000
可能发生的坏账损失(元)	5 000	9 000
可能发生的折扣(元)		600 000×50%×0.8%

3. 要求：该公司是否放宽信用期？

三、复习思考题

1. 什么是营运资本？营运资本的管理有何要求？
2. 最佳现金持有量的分析方法有哪些？
3. 应收账款的信用政策包含哪些内容？
4. 什么是经济订货批量模型？如何计算经济订货量？

四、案例分析题

案例一

A公司是一个家用电器零售商，现经营约500种家用电器产品。该公司正在考虑经销一种新的家电产品。据预测，该产品年销售量为1 080台，一年按360日计算，平均日销售量为3台。固定的储存成本为2 000元/年，变动的储存成本为100元/台(一年)；固定的订货成本为1 000元/年，变动的订货成本为74.082 000元/次；公司的进货价格为每台500元，售价为每台580元；如果供应中断，单位缺货成本为80元。

订货至到货的时间为4日，在此期间销售需求的概率分布如下表所示：

需求量	9	10	11	12	13	14	15
概率	0.04	0.08	0.18	0.4	0.18	0.08	0.04

【思考】 在假设可以忽略各种税金影响的情况下，计算以下指标：

(1)该商品的进货经济批量。

(2)该商品按照经济批量进货时存货所占用的资金(不含保险储备资金)。

(3)该商品按照经济批量进货的全年存货取得成本和储存成本(不含保险储备成本)。

(4)该商品含有保险储备量的再订货点。

案例二

A公司各部门目前都存在一定的怨言，主要是：

采购部门的人抱怨：财务部门特别抠门，每次采购资金都不能足额及时提供，导致不能进行大批量采购，供应商给的数量折扣很难享受到，而且每次还得和供应商谈谈能不能给点赊购。再看看别的企业采购人员，每次米购的数量不仅多，还是付现款，供应商可把他们当上帝看了。

仓储部门抱怨：生产这么多产品，已经库存近半年了，每个月管理费用都不得了。

销售部门抱怨：生产部门总是让人担心，每次交货都是快到合同期了。一旦哪次没有及时完成生产，订单就泡汤，还得造成客户不信任。

生产部门抱怨：仓库每次都不能及时发料。

财务部门抱怨：销售总是回款太慢，有些应收账款都逾期快半年了，销售部门也不管，反正我们是没有时间和人去收。

【思考】

(1)针对公司以上各部门存在的抱怨，请分析公司日常营运管理存在哪些问题？

(2)如果你作为公司财务经理，你会向公司提供什么样的管理建议？

第十二章 利润分配管理

一、重点与难点

1. 重点:理解利润分配内容及顺序、股利政策的主要类型、现金股利和股票股利、股票分割。
2. 难点:正确理解各种股利理论、各种股利政策的确定。

二、练习题

(一)判断题

1. 股份有限公司的股利分配政策应当遵循“无利不分”的原则,当年无盈利就不能发放股利。 (　　)
2. 资本公积和盈余公积属于企业的经营积累。 (　　)
3. 投资者在除息日购入股票无权领取本次股利。 (　　)
4. 发放股票股利并不引起股东权益总额的变化,发放现金股利会减少股东权益总额。 (　　)
5. 股利无关论认为,只要公司的经营与投资是盈利的,那么这些盈利是否以股利的形式支付给股东并不重要。 (　　)
6. 股票分割后对股东权益总额、股东权益各项目的金额及相互间的比例没有影响,这与发放股票股利有相同之处。 (　　)
7. 税收差别理论认为,公司实行较低的股利支付率政策可以给股东带来税收利益,有利于增加股东财富。 (　　)
8. “一鸟在手”理论认为,相对于资本利得而言,投资者更偏好现金股利。 (　　)
9. 采用剩余股利政策可以保证公司各年的股利水平比较均衡。 (　　)
10. 公司采用股票回购的方式来代替发放现金股利,可以为股东带来税收利益。 (　　)

(二)单项选择题

1. 企业的法定公积金应当从(　　)中提取。

A. 利润总额　　B. 税后利润　　C. 营业利润　　D. 营业收入

2. 我国上市公司不得用于支付股利的权益资本是(　　)。

A. 资本公积　　B. 法定盈余公积　　C. 任意盈余公积　　D. 上年未分配利润

3. 关于股票股利,下列说法中正确的有(　　)。

A. 股票股利会导致股东财富的增加
B. 股票股利会引起所有者权益各项目的结构发生变化
C. 股票股利会导致公司资产的流出
D. 股票股利会引起负债的增加

4. 相对于其他股利政策而言,既可以维持股利的稳定性,又有利于优化结构的股利政策是(　　)。

A. 剩余股利政策　　B. 固定股利支付率政策
C. 固定股利政策　　D. 低正常股利加额外股利政策

5. 某公司现有发行在外的普通股100万股，每股面值1元，资本公积300万元，未分配利润800万元，股票市价20元，若按10%的比例发放股票股利并按市价计算，公司资本公积项目金额为(　　)万元。

A. 190　　B. 290　　C. 300　　D. 490

6. 极易造成股利的支付与公司盈余脱节的股利政策是(　　)。

A. 剩余股利政策　　B. 固定股利支付率政策

C. 固定股利政策　　D. 低正常股利加额外股利政策

7. 股利政策产生客户效应的重要原因是(　　)。

A. 投资者的偏好不同　　B. 投资者的风险承受能力不同

C. 投资者的边际税率不同　　D. 公司的风险水平不同

8. 下列关于股票分割的论述中，正确的是(　　)。

A. 股票分割可以增加股东财富

B. 股票分割不会使股票价格下降

C. 股票分割可以使股票股数增加，但股票面值不变

D. 股票分割不会影响到资产负债表中股东权益各项目金额的变化

9. 下列股票回购方式中，不需要支付大量现金的是(　　)。

A. 公开市场回购　　B. 要约回购　　C. 协议回购　　D. 转换回购

10. 某公司发行在外普通股100 000股，拟发放10%的股票股利，并按分配股票股利后的股数支付了275 000元的现金股利，若该股票当时市价为25元，则股票报酬率(每股股利与每股市价的比值)为(　　)。

A. 2.27%　　B. 6%　　C. 10%　　D. 8.24%

(三)多项选择题

1. 下列各项目中，属于税后利润分配项目的有(　　)。

A. 法定盈余公积金　　B. 任意盈余公积金　　C. 资本公积金　　D. 债权人的利息支出

E. 股利支出

2. 影响股利政策的股东因素有(　　)。

A. 控制权的考虑　　B. 资本保全约束　　C. 避税考虑　　D. 规避风险

E. 稳定的收入

3. 股份有限公司股利支付程序包括(　　)。

A. 财务报告日　　B. 股利宣告日　　C. 股权登记日　　D. 除息日

E. 股利发放日

4. 下列股利理论中，属于股利相关理论的有(　　)。

A. MM股利理论　　B. "一鸟在手"理论　　C. 税差理论　　D. 信号传递理论

E. 代理理论

5. MM理论认为完全资本市场必须符合的条件包括(　　)。

A. 公司的投资政策已确定并且已经为投资者所理解

B. 不存在股票的发行和交易费用

C. 不存在个人或公司所得税

D. 不存在信息不对称

E. 经理与外部投资者之间不存在代理成本

6. 发放股票股利，会产生下列影响中的(　　)。

A. 引起每股盈余下降　　B. 使公司留存大量现金

C. 股东权益各项目的比例发生变化　　D. 股东权益总额发生变化

E. 股东财富增加

7. 公司实施剩余股利政策，意味着(　　)。

A. 公司接受了股利无关理论
B. 公司可以保持理想的资本结构
C. 公司统筹考虑了资本预算、资本结构和股利政策等财务基本问题
D. 兼顾了各类股东、债权人的利益
E. 公司每年发放的股利比较稳定

8. 在股份有限公司中,与股利政策有关的代理问题主要有(　　)。
A. 股东与债权人之间的代理问题　　B. 股东与经理之间的代理问题
C. 控股股东与中小股东之间的代理问题　　D. 经理与职工之间的代理问题
E. 经理与政府之间的代理问题

9. 公司常用的股利政策类型包括(　　)。
A. 剩余股利政策　　B. 固定股利政策
C. 稳定增长股利政策　　D. 固定股利支付率政策
E. 低正常股利加额外股利政策

10. 股票回购的方式主要有(　　)。
A. 公开市场回购　　B. 强制回购　　C. 协议回购　　D. 转换回购
E. 要约回购

(四)计算分析题

练习一

1. 目的:理解剩余股利政策的计算。

2. 资料:F公司20×9年税后利润为1 500万元,下年拟投资一新项目,需要投资2 000万元,公司的目标资本结构为负债与权益之比2 ∶ 3,公司现流通在外的普通股为200万股,公司采用剩余股利政策。

3. 要求:

(1)计算公司本年可发放的股利额。

(2)计算每股股利。

(3)计算股利支付率。

练习二

1. 目的:理解股利支付率及股票价值。

2. 资料:远大公司为一家食品业上市公司,20×9年年末股本总额为2 400万元,每股账面价值4.50元,每股面值1元,资产负债率为60%,平均利息费用为负债总额的10%。当年公司息税前利润为6 000万元,股利支付率为60%,假定公司适用的所得税税率为25%。该公司市场稳定,预计在很长时期内无增长率,未来股利支付率不变,预期股票必要报酬率为15%。

3. 要求:根据上述资料,计算远大公司股票的每股价值。

练习三

1. 目的:理解发放股利对股东权益及股票价格的影响。

2. 资料:东方公司20×9年年末股东权益如下表所示:

东方公司所有者权益情况表(发放股利前)　　单位:万元

项　目	金　额
股本(每股面值10元,5 000万股)	50 000
资本公积	34 000
盈余公积	36 000

续表

项　目	金　额
未分配利润	35 000
所有者权益总额	155 000

假定目前东方公司股票的市场价格为30元/股。公司有以下两种不同的股利分配方案：

方案一：每10股用资本公积转增2股、分派股票股利3股。

方案二：每股分配现金股利1.20元，现金股利的个人所得税税率为10%。

3. 要求：

(1)不同方案下，公司股东权益、股份数额会有怎样的变化？

(2)不考虑信号效应，在不同方案下，公司股价会如何变化？

练习四

1. 目的：理解股利支付程序的时间界限。

2. 资料：假定某公司于20×9年3月6日发布公告："20×9年3月6日，本公司在某地召开的股东大会上通过了董事会关于每股普通股分配股利0.5元的20×8年度股利分配方案；本公司将于20×9年5月8日将股利支付给已在20×9年4月6日登记在册的股东。"

3. 要求：根据上述资料，确定与股利支付相关的时间界限。

练习五

1. 目的：理解股票分割与股利发放对股东权益和股东财富的影响。

2. 资料：新华公司20×9年12月31日的股东权益如下表所示。

新华公司股东权益　　单位：万元

项　目	金　额
股本(面值10元，8 000万股)	80 000
资本公积	48 000
盈余公积	36 000
未分配利润	54 000
股东权益合计	218 000

目前公司的股票价格为68元/股，公司决定先按照1股分割为2股的比例进行股票分割，然后再分配20×9年的股利。股利分配方案是：每10股分派1股的股票股利，并且每股分派现金股利0.20元。

3. 要求：

(1)请列表显示股票分割和分配股利后股东权益的各项金额。

(2)如果你在20×9年12月31日持有新华公司普通股5 000股，那么股票分割和股利分配以后，你的财富有何变化？请简要说明。

三、复习思考题

1. 公司利润分配的基本原则有哪些？
2. 常见的股利无关理论和股利相关理论有哪些？
3. 常见的股利政策类型有哪些？
4. 股利有哪些形式？我国主要有哪些股利形式？
5. 发放股票股利并不直接增加股东的财富，这样做的意义何在？

四、案例分析题

案例一

苹果公司是美国的一家高科技公司，创立于 1976 年，2007 年由美国苹果电脑公司(Apple Computer Inc.)更名为苹果公司。公司首次公开发行股票上市是在 1980 年，上市后公司得到快速成长，1980～1986 年，公司的净利润年增长率达到 53%。1986 年，苹果公司与马克公司联合进入办公用电脑市场，其主要竞争对手是实力强大的 IBM 公司。尽管竞争非常激烈，1987 年，苹果公司仍然取得了骄人的成绩，销售收入实现了 42%的增长。但是，人们对苹果公司能否持续增长表示怀疑。为了增强投资者的信心，特别是吸引更多的机构投资者，苹果公司在 1987 年 4 月 23 日宣布首次分配季度股利，每股支付现金股利 0.12 美元，同时按 1 ∶ 2 的比例进行股票分割。股票市场对苹果公司的首次分红反应强烈，股利分配方案宣布当天，股价就上涨了 1.75 美元，在 4 个交易日里，股价上涨了约 8%。在之后的三年多时间里，苹果公司的经营业绩保持良好的增长：1987～1990 年，公司的净利润平均年增长率为 33%。1990 年后，公司业绩开始逐年下滑，直到 1996 年、1997 年连续亏损超过 10 亿美元，股票价格也从 1990 年的 48 美元/股跌落到 1997 年的 24 美元/股。苹果公司从 1987 年首次分配股利开始，一直坚持每年支付大约每股 0.45 美元的现金股利，直到 1996 年不得不停止发放股利。

1997 年下半年，苹果公司重新调整战略，逐渐重新“红”起来。苹果公司自 2010 年已连续三年成为全球市值最大的公司，在 2012 年曾经创下 6 235 亿美元的纪录，2013 年后企业市值缩水 24%为 4 779 亿美元，但仍然是全球市值最大的公司。不仅如此，苹果囤积的现金量日益庞大，2011 年底已达近 980 亿美元。

2012 年 3 月 19 日公司宣布，未来三年内将斥资 450 亿美元用于分红和回购股票，这是苹果自 1995 年以来首次分红。苹果定于 2012 年 7 月 1 日起每股每季度派放股息 2.65 美元，年化分红额为 10.60 美元，相当于苹果当前股价的 1.8%；同时，苹果决定自 2012 年 9 月 30 日起回购股票，计划持续 3 年，回购股票总价值为 100 亿美元。苹果 1.8%的分红率在美国市值超过 100 亿美元的科技类公司中排名第十，略低于微软的 2.5%和惠普的 2%。在苹果宣布分红后，谷歌成为美国唯一一家市值超过 1 000 亿美元但不分红的科技企业。

【思考】

(1)苹果公司为什么决定 1987 年首次发放股利，并进行股票分割？

(2)苹果公司 1987 年至 1995 年实施的是何种股利政策？简要说明该股利政策的利弊。

(3)苹果公司为什么决定 2012 年再次斥资分红，并进行股票回购？

案例二

四川沱牌舍得酒业股份有限公司(以下简称公司)经董事会审议的报告期(2013 年)利润分配预案或公积金转增股本预案如下：

经信永中和会计师事务所(特殊普通合伙)审计，公司 2013 年度共实现归属于母公司合并报表净利润 11 774 193.80 元，母公司净利润 285 598 835.97 元，根据《公司章程》规定按母公司净利润 10%提取法定盈余公积金 28 559 883.60 元，加上 2012 年度未分配利润 873 320 781.47 元，2013 年度可供股东分配的利润合计 856 535 091.67 元。公司拟以年末股份总数 337 300 000 股为基数，按每 10 股派发现金 0.20 元(含税)向全体股东分配股利 6 746 000.00 元，结余的未分配利润 849 789 091.67 元全部结转至下年度。公司本年度不进行资本公积金转增股本。

该利润分配方案已经 2014 年 5 月 29 日召开的 2013 年年度股东大会审议通过。利润分配具体方案为：

(1)发放年度：2013 年度。

(2)发放范围：截至 2014 年 7 月 17 日下午 3 时上海证券交易所收市后，在中国证券登记结算有限责任公司上海分公司登记在册的全体股东。

(3)发放金额及比例：本次分配以 337 300 000 股为基数，向全体股东每 10 股派发现金红利 0.20 元(含税)，共计派发股利 6 746 000 元，剩余未分配利润结转下年度。

(4)实施日期：股权登记日为 2014 年 7 月 17 日；除息日为 2014 年 7 月 18 日；现金红利发放日为 2014 年

7 月 18 日。

(5)实施办法:本公司股东四川沱牌舍得集团有限公司、四川省射洪广厦房地产开发公司、四川省射洪顺发贸易公司的现金红利由本公司直接发放。除上述股东之外的其他无限售条件流通股的红利,本公司委托中国证券登记结算有限责任公司上海分公司通过其资金清算系统向股权登记日登记在册并在上海证券交易所各会员办理了指定交易的股东派发。已办理指定交易的投资者可于红利发放日在其指定的证券营业部领取现金红利,未办理指定交易的股东红利暂由中国证券登记结算有限责任公司上海分公司保管,待办理指定交易后再进行派发。

【思考】

(1)结合案例,说明利润分配的顺序。

(2)结合案例,说明股利支付程序中的几个重要日期有何意义?

(3)公司发放现金股利必须具备怎样的条件?

第十三章 财务控制

一、重点与难点

1. 重点：理解各成本中心的考核指标、内部转移价格的主要类型。

2. 难点：理解各责任中心业绩考核，会编制责任报告；理解内部转移价格的制定。

二、练习题

(一)判断题

1. 财务控制的最终效率取决于管理者的职业道德。（　）

2. 企业内部个人不能构成责任实体，因而不能作为责任中心。（　）

3. 同一成本项目，对有的部门来说是可控的，而对另一个部门则可能是不可控的。也就是说，成本的可控与否是相对的，而不是绝对的。（　）

4. 一般而言，对于激励性指标采用最高控制标准，对于约束性指标采用最低控制标准。（　）

5. 纠正性控制是指针对某些环节不足或缺陷而进行的财务控制措施。（　）

6. 某项会导致个别投资中心的投资报酬率提高的投资，不一定会使整个企业的投资报酬率提高；某项会导致个别投资中心的剩余收益指标提高的投资，则一定会使整个企业的剩余收益提高。（　）

7. 采用协商价格作为内部转移价格的，一般假定中间产品有完全竞争的外部市场。（　）

8. 为了体现公平性原则，内部转移价格双方必须一致，否则将有失公平。（　）

9. 利润中心必然是成本中心，投资中心必然是利润中心，所以投资中心首先是成本中心，但利润中心并不都是投资中心。（　）

10. 在其他因素不变的条件下，一个投资中心的剩余收益的大小与企业最低投资报酬率呈相反方向变动。（　）

(二)单项选择题

1. 责任会计核算的主体是（　）。

A. 责任中心　B. 产品成本　C. 生产部门　D. 管理部门

2. 进行责任成本内部结转的实质，就是将责任成本按照经济损失的责任归属结转给（　）。

A. 发生损失的责任中心　B. 发现损失的责任中心

C. 承担损失的责任中心　D. 下游的责任中心

3. 下列各项中，不属于责任成本基本特征的是（　）。

A. 可以预计　B. 可以计量　C. 可以控制　D. 可以对外报告

4. 在责任会计中，企业办理内部交易结算和内部责任结转所采用的价格是（　）。

A. 变动成本　B. 责任成本　C. 内部转移价格　D. 重置价格

5. 企业的各责任中心中权力最大的是（　）。

A. 成本中心　B. 自然利润中心　C. 人为利润中心　D. 投资中心

6. 下列说法中,错误的是(　　)。

A. 成本中心对可控的成本或费用承担责任

B. 利润中心既对可控的成本负责,又对可控的收入和利润负责

C. 投资中心只对投资效果负责

D. 投资中心既对成本、收入和利润负责,又对投资效果负责

7. 对成本中心而言,下列各项中,不属于该类中心特点的是(　　)。

A. 只考核成本中心的责任成本　　B. 只对成本中心的可控成本负责

C. 只对责任成本进行控制　　D. 只对直接成本进行控制

8. 不论利润中心是否计算共同成本或不可控成本,都必须考核的指标是(　　)。

A. 该中心的剩余收益　　B. 该中心的边际贡献总额

C. 该中心的可控利润总额　　D. 该中心的可控边际贡献

9. 在投资中心的主要考核指标中,能使个别投资中心的利益与整个企业的利益统一起来的指标是(　　)。

A. 投资利润率　　B. 可控成本　　C. 利润总额　　D. 剩余收益

10. 某企业甲责任中心将A产品转让给乙责任中心时,厂内银行按A产品的单位市场售价向甲支付价款,同时按A产品的单位变动成本向乙收取价款。据此可以为该项内部交易采用的内部转移价格是(　　)。

A. 市场价格　　B. 协商价格

C. 双重价格　　D. 以成本为基础的内部转移价格

(三)多项选择题

1. 财务控制按照控制的功能,可以分为(　　)。

A. 预防性控制　　B. 侦查性控制　　C. 纠正性控制　　D. 事前控制

E. 事后控制

2. 常见的不相容职务包括(　　)。

A. 财产保管与记录职务相分离　　B. 记录总账与明细账职务相分离

C. 财产保管与财产核对职务相分离　　D. 业务授权与执行职务相分离

E. 经营责任与记账责任相分离

3. 财务控制的方式包括(　　)。

A. 职务分离控制　　B. 授权批准控制　　C. 财产保全控制　　D. 业绩评价控制

E. 销售量控制

4. 责任中心按其责任权限范围及业务活动的特点不同,可以分为(　　)。

A. 收入中心　　B. 成本中心　　C. 利润中心　　D. 资产中心

E. 投资中心

5. 以下关于剩余收益的计算公式中,正确的有(　　)。

A. 剩余收益=利润-投资额×预期最低投资报酬率

B. 剩余收益=利润-总资产占用额×预期总资产息税前利润率

C. 剩余收益=息税前利润-总资产占用额×预期最低投资报酬率

D. 剩余收益=息税前利润-净资产占用额×预期最低投资报酬率

E. 剩余收益=投资额×(部门投资报酬率-预期最低投资报酬率)

6. 收入中心的职责包括(　　)。

A. 将产品或劳务推向市场　　B. 保证现金回收率

C. 降低坏账比例　　D. 实现销售目标

E. 降低成本

7. 作为利润中心的业绩考核指标,下列“利润中心负责人可控制利润总额”的计算公式正确的有(　　)。

A. 利润中心负责人可控制利润总额=利润中心销售收入总额-利润中心变动成本总额

B. 利润中心负责人可控制利润总额=利润中心边际贡献总额-利润中心负责人可控固定成本

C. 利润中心负责人可控制利润总额=利润中心销售收入总额-利润中心变动成本总额-利润中心负责人可控固定成本

D. 利润中心负责人可控制利润总额=利润中心边际贡献总额-利润中心负责人不可控固定成本

E. 利润中心负责人可控制利润总额=利润中心边际贡献总额-利润中心负责人不可控固定成本-分配的公司管理费用

8. 甲利润中心常年向乙利润中心提供劳务,在其他条件不变的情况下,如果提高劳务的内部转移价格,可能出现的结果有(　　)。

A. 甲利润中心内部利润增加

B. 乙利润中心内部利润减少

C. 企业利润总额增加

D. 企业利润总额不变

E. 不确定

9. 下列各项中,属于揭示自然利润中心特征的表述包括(　　)。

A. 直接面向市场

B. 具有独立的产品销售权

C. 对投资效果负责

D. 对外销售产品、提供劳务而取得收入

E. 具有相对独立的经营管理权

10. 成本中心的特点包括(　　)。

A. 成本中心只考评成本费用,不考评收益

B. 成本中心只对可控成本承担责任

C. 成本中心只对责任成本进行考核和控制

D. 成本中心的考核需要兼顾一些不可控成本

E. 成本中心的责任成本与产品成本一致

(四)计算分析题

练习一

1. 目的:理解成本中心的考核指标。

2. 资料:W公司甲车间专门生产A产品,公司将其作为一个成本中心,该中心的预算产量为10万件,单位成本200元;实际产量为11万件,单位成本为210元。

3. 要求:

(1)计算该成本中心的成本变动额。

(2)计算该成本中心的成本变动率。

练习二

1. 目的:理解利润中心的考核指标。

2. 资料:某百货公司下设的鞋帽部20×9年销售收入为180万元,变动成本率为55%,固定成本为30万元,其中折旧10万元。若该鞋帽部为利润中心,其固定成本中只有折旧不可控。

3. 要求:试评价该部门经理业绩,以及该部门对百货公司的贡献有多大?

练习三

1. 目的:理解利润中心的考核指标。

2. 资料:久久食品公司有A、B、C三个利润中心,其中A利润中心的甲产品生产线在2018年年底进行了改进,公司预计20×9年销售净利润能够增长20%。已知A利润中心20×8年年末获得净利润16万元,20×9年A利润中心实现销售收入110万元,销售产品的变动成本和变动销售费用为50万元,并且A利润中心经理可控固定成本为20万元,不可控成本为12万元,分配公司共同费用3万元。公司适用的所得税税率为25%。

3. 要求:

(1)计算A利润中心经理可控利润总额。

(2)计算A利润中心可控利润总额。

(3)试分析 A 利润中心是否实现了公司的目标。

练习四

1. 目的:理解投资中心的考核指标。

2. 资料:某公司的平均报酬率为 13%,其所属 A 投资中心占用的全部资产为 800 万元,息税前利润为 130 万元。

3. 要求:

(1)计算 A 投资中心的投资报酬率和剩余收益。

(2)假定对该投资中心追加投资 300 万元,追加投资后该投资中心的剩余收益达到 33 万元,计算追加投资增加的净利润。

练习五

1. 目的:理解公司对投资中心的考核。

2. 资料:三信集团是一家房地产开发有限公司,下设的三个投资中心有关资料如下表所示。

指　标	集团公司	A 投资中心	B 投资中心	C 投资中心
净利润(万元)	34 650	10 400	15 800	8 450
净资产平均占用额(万元)	315 000	94 500	145 000	75 500
规定的最低投资报酬率	10%			

3. 要求:

(1)计算该集团公司和各投资中心的投资利润率,并据此评价各投资中心的业绩。

(2)计算各投资中心的剩余收益,并据此评价各投资中心的业绩。

(3)综合评价各投资中心的业绩。

三、复习思考题

1. 财务控制的意义是什么?
2. 什么是责任中心?
3. 责任中心主要有哪几大类?各责任中心的主要评价指标是什么?
4. 什么是内部转移价格?
5. 如何合理制定内部价格?

四、案例分析题

案例一

百利公司是一家专门生产餐具的企业,其中有开发酒店餐盘、高档会所餐盘的甲、乙两个投资中心。甲投资中心每年发生的固定成本为 9 万元,生产的 A 产品单位变动成本为 6 元,如果直接对外销售,其市场价格为 10 元/件,不考虑销售费用;乙投资中心也可将 A 产品进一步加工出售给高档会所,每年最多可将 1 万件 A 产品深加工为 1 万件 B 产品,单价为 20 元,并追加单位变动成本 5 元,乙投资中心每年发生固定成本 4 万元。A 产品的市场容量为 3 万件。

【思考】

(1)假定甲投资中心全年最多可生产 3 万件 A 产品,试分析甲、乙投资中心内部转移价格是否能够采用市场价格。

(2)假定甲投资中心的最大生产能力为 4 万件,试分析甲、乙投资中心内部转移价格是否应该采用市场价格。

(3)假定甲投资中心的最大生产能力为 4 万件,A 产品的协商价格为 8 元/件,试分析甲、乙投资中心内部转移价格是否应该采用协商价格。

案例二

盛元电子公司以所属的各事业部为利润中心，其电子部的一种多功能计时器，年产销量为400 000件，其中60%按每件18元对外销售，另40%则按每件15元供应公司的家电部。其上年度的利润资料如下表所示：

上年度利润资料

单位：元

项目	金额
销售收入	6 720 000
减：变动成本	3 600 000
边际贡献	3 120 000
减：固定费用	1 600 000
税前利润	1 520 000

由于电子行业的竞争非常激烈，最近有一家厂商以每件12元的价格向家电部推销一种同样功能和质量的电子计时器。经调查，该企业确有保证正常供应的能力，因此，家电部要求电子部将计时器的转让价格至少降至不高于12元的水平，否则，将不再接受其转让而从外部采购。

但电子部宁可放弃此项内部转让业务，也不同意降低转让价格的要求，因为经过测算确认，如果按照12元的价格转让，每件将亏损1元。其计算资料如下表所示：

成本利润核算资料

单位：元

项目	金额
变动成本总额(400 000件)	3 600 000
固定费用总额	1 600 000
成本总额	5 200 000
单位成本(5 200 000÷400 000)	13
预计内部转让亏损[(12－13)×400 000]	400 000

【思考】

(1)该电子部关于按12元内部转让每件亏损1元的计算资料是否正确？如不正确，请指出其错误之处。

(2)比较电子部按12元的价格转让和放弃内部转让(不能增加对外销量)两者的效果，指出哪种方式对公司更加有利？

(3)如果继续转让较为有利，为尽可能排除外部竞争，你认为转让价格应该确定为多少较为合理？

第十四章 公司并购、重组与破产

一、重点与难点

1. 重点：理解和掌握公司并购的概念和类型、公司重组的种类以及公司破产的相关程序，掌握破产债权等概念。

2. 难点：理解公司价值的评估、破产债权的划分等。

二、练习题

(一)判断题

1. 新设合并是指两家或两家以上的公司合并成为一家单一的公司。（　）

2. 杠杆并购是指收购公司仅利用少量的自有资本，而主要以被收购公司的资产和将来的收益作抵押筹集大量的资本用于收购的并购行为。（　）

3. 股票互换式并购是指并购企业直接向目标企业的股东发行股票，以换取目标企业股票的并购方式。（　）

4. 杠杆收购是指并购企业不用目标企业的自有资金及营运所得来支付或担保并购价金的并购方式。（　）

5. 公司并购后，文化和制度的整合是件比较重要也比较容易完成的工作，应该尽快启动。（　）

6. 敌意收购是指收购公司在目标公司管理层对其收购意图尚不知晓或持反对态度的情况下，对目标公司强行进行收购的行为。（　）

7. 资本重整策略包括并购、改组改制、股权置换、资产置换、国有股减持、管理层收购(MBO)、职工持股基金(ESOP)。（　）

8. 达到破产界限的企业，整顿期满后仍不能按照和解协议清偿债务时，可由法院裁定宣告破产。（　）

9. 企业在破产前为维持生产经营，向职工筹借款项形成的资产，不属于破产财产，视为破产企业所欠职工工资处理。（　）

10. 公司终止的原因有两种：一种是公司的解散；另一种是公司的破产，即公司基于宣告破产而终止。（　）

(二)单项选择题

1. 以下关于兼并与合并之间关系的描述中，正确的是(　　)。

A. 广义兼并就是合并　　B. 狭义兼并就是合并

C. 狭义兼并就是吸收合并　　D. 广义兼并就是新设合并

2. 下列合并形式中，需要编制合并财务报表的是(　　)。

A. 吸收合并　　B. 控股合并　　C. 新设合并　　D. 以上三种形式都是

3. 既有债权特点又有股权特点的证券是(　　)。

A. 优先股　　B. 认股权证　　C. 公司债券　　D. 可转换债券

4. 以下说法中不正确的是(　　)。

A. 要约收购一般是敌意并购　　B. 善意收购一般是协议收购

C. 敌意收购一般会引发目标公司的反收购　　D. 直接并购又称要约收购

5. 下列关于可转换债券的说法中,不正确的是(　　)。

A. 当股票市场猛涨而且高于普通股转换价格时,发行可转换债券会使公司遭受财务损失

B. 可转换债券是指可被持有人转换为普通股的债券或优先股

C. 可转换债券被持有人转换成普通股之后,需要支付现金

D. 可转换债券是一种极好的筹集长期资本的工具

6. 以下关于公司重组和资产重组的说法中,错误的是(　　)。

A. 公司重组包括并购　　B. 分拆上市是公司重组策略之一

C. 资产置换是公司重组策略之一　　D. 资产重组就是公司重组

7. 假设某公司净资产为 10 亿元,净利润 5 亿元,如果按照 15 倍市盈率对其进行估值,那么该公司价值为(　　)亿元。

A. 150　　B. 75　　C. 10　　D. 5

8. 公司内在价值是指(　　)。

A. 以历史成本为基础进行计量的会计概念,即在资产负债表中表现为资产总和减去负债总和

B. 公司二级市场股票价格乘以公司的总股数

C. 企业在其剩余的寿命中可以产生的现金流量的折现值

D. 企业在破产清算时的价值

9. 下列关于企业价值评估的说法中,不正确的是(　　)。

A. 公司实体价值等于股本价值加上债务价值

B. 市盈率=每股市价/每股收益,反映了投资者对公司未来前景的预期

C. 企业整体资产评估值与企业单项资产评估值之和一定相吻合

D. 企业整体价值来源于要素结合方式,只有在运行中才能体现出来

10. 根据《中华人民共和国企业破产法(试行)》的有关规定,下列各项中,属于破产债权的是(　　)。

A. 破产企业未履行合同的对方当事人,因清算组解除合同受到的损失额

B. 债权人参加债权人会议的差旅费用

C. 有财产担保的债权

D. 破产宣告前工商行政管理部门对破产企业的罚款

(三)多项选择题

1. 按照并购双方的行业关系不同,并购可分为(　　)。

A. 纵向并购　　B. 横向并购　　C. 混合并购　　D. 协议并购

E. 敌意并购

2. 在具体实务中,并购的动因归纳起来主要有(　　)。

A. 提升在产业链中的谈判能力和控制力　　B. 提升行业战略地位

C. 规模经济效应　　D. 提升企业形象和品牌知名度

E. 提高反收购能力

3. 狭义的并购包括(　　)两种形式。

A. 吸收合并　　B. 新设合并　　C. 恶意并购　　D. 杠杆收购

E. 善意并购

4. 公司重组一般有(　　)。

A. 业务重组　　B. 资产重组　　C. 债务重组　　D. 股权重组

E. 人员重组

5. 以下各项中，属于破产的费用有（　　）。

A. 破产案件的诉讼费
B. 管理、变价和分配债务人财产的费用
C. 管理人执行职务的费用、报酬
D. 聘用工作人员的费用
E. 因债务人不当得利产生的债务

6. 公司并购的相关理论中，属于公司并购的效率理论有（　　）。

A. 效率差异化理论
B. 非效率管理理论
C. 经营协同效应理论
D. 多元化经营理论
E. 管理层自负假说

7. 下列说法中，不正确的有（　　）。

A. 以自由现金流量法和股权自由现金流量法计算的净现值无实质区别
B. 自由现金流量包含财务风险，比股东的现金流量风险大
C. 如果市场是完善的，增加债务比重会降低平均资本成本
D. 股权自由现金流量法比自由现金流量法简洁
E. 以自由现金流量法和股权自由现金流量法计算的净现值存在区别

8. 运用资本收缩策略进行公司重组，可实现公司规模的迅速收缩和精简。资本收缩策略有（　　）。

A. 资产剥离
B. 分拆上市
C. 公司分立
D. 股票回购
E. 公司合并

9. 整顿期间，债务人企业有下列（　　）情形时，应经人民法院裁定，终结企业整顿，宣告其破产。

A. 因客观原因致使债务人无法执行和解协议
B. 因债务人的过错不执行和解协议
C. 财务状况继续恶化，债权人会议申请终结整顿
D. 对整顿期间产生的债权人单独清偿债权
E. 因主观原因致使债务人无法执行和解协议

10. 资产剥离的原因有（　　）。

A. 剔除盈利业务
B. 适应公司战略目标
C. 经营环境的改变
D. 改变公司形象，提升股价
E. 剔除亏损业务

（四）计算分析题

练习一

1. 目的：理解通过市盈率法计算公司价值及并购收益的计算。

2. 资料：甲公司每股收益 2 元，市盈率 20 倍，共发行 100 万股股票，而乙公司每股收益为 1 元，市盈率为 10 倍，共发行 80 万股股票。现甲公司准备并购乙公司，预计并购后的新公司价值为 5 100 万元，经过谈判，乙公司的股东同意以每股 11.25 元的价格成交，并购中发生谈判费用 50 万元、法律顾问费 30 万元、其他固定费用 10 万元。

3. 要求：

（1）运用市盈率法计算甲、乙两公司的价值。

（2）计算并购收益和并购净收益，并依据并购净收益做出甲公司应否并购乙公司的判断。

练习二

1. 目的：理解相关比率和并购价值的计算。

2. 资料：甲公司因经营发展需要并购乙公司，甲公司目前的资产总额为 50 000 万元，负债与权益之比为 2 ∶ 3，息税前利润为 8 000 万元，股票市价为 72 元，发行在外的股数 1 000 万股；乙公司的资产总额为 30 000 万元，息税前利润为 3 500 万元，负债与权益之比为 1 ∶ 1，股票市价为 12 元，发行在外的股数 1 000

万股。两公司的所得税税率为40%，两公司的负债均为长期银行借款，银行借款年利率为10%，预计并购后乙公司能获得与甲公司相同水平的权益净利率和市盈率。

3. 要求：

(1)计算甲、乙两家公司并购前各自的权益净利率和市盈率。

(2)采用收益法计算目标企业乙公司的并购价值。

练习三

1. 目的：理解并购收益和并购溢价的计算。

2. 资料：甲公司拟收购乙公司，甲公司目前的市场价值为8 000万元，乙公司目前的市场价值为2 000万元，估计合并后新公司的市场价值将达到15 000万元。乙公司股东要求以2 500万元成交，并购的交易费用为500万元。

3. 要求：

(1)计算并购的收益。

(2)计算并购的溢价。

(3)计算并购的净收益。

练习四

1. 目的：理解贴现现金流量法的计算。

2. 资料：A公司拟采用并购方式取得对B公司的控制权。B公司生产经营特点决定其未来创造现金流量的能力较强，鉴于此，A公司的最高决策层决定采用贴现现金流量法对B公司进行估价。有关B公司预测数据如下：

2014年B公司实现现金净流量100万元，估计今后现金净流量将持续每年以4%的幅度递增；B公司资本结构为：负债占50%，普通股股本占50%。

证券市场无风险报酬率为8%，平均风险股票必要报酬率为13%，B公司股票的β系数为2，负债资金成本率为10%。

3. 要求：若A公司只有现金1 000万元，能否实现对B公司的购买并购？

练习五

1. 目的：理解股票回购对股票价格和股票净资产的影响的计算。

2. 资料：假定ABC公司的股本为50 000万元，每股面值为1元，全部为可流通股，每股净资产15元，若假设公司回购前后的市盈率保持为20不变，回购前后的净收益保持不变，若目前股票市价为10元。

3. 要求：按现行市价回购10%的股票会引起该公司每股净资产怎样的变化？引起该公司股票市价怎样的变化？

三、复习思考题

1. 什么是公司并购？有哪几种形式和分类？
2. 公司并购的动因是什么？
3. 什么是公司并购的价值评估？其方法有哪些？
4. 什么是公司重组？重组方式一般有哪些？
5. 什么是公司破产？什么情况下必须进行公司破产清算？
6. 破产清算的程序是什么？

四、案例分析题

案例一

东方股份有限公司为上市公司(下称A公司)是一家以餐饮为主业的大型企业，主要从事饭店、自助酒店、中西餐、娱乐服务，兼营商场(限百货)、旅行社等经营管理。有关资料如下：

(1)A公司为了扩大市场份额，提高餐饮主业的核心竞争力，进行了如下并购业务：

20×9 年 A 公司收购了甲出租汽车公司。A 公司拥有 6 000 辆出租汽车，在当地拥有较大的市场份额。甲出租汽车公司与 A 公司同属永华企业集团，甲出租汽车公司因规模小，有 200 辆出租汽车，经济效益较差。经协商，本次收购以 20×9 年 3 月 31 日为基准日，按会计师事务所审计后的甲公司净资产的 120%作为对价，A 公司取得甲出租汽车公司的全部股权，所需的审计费用 10 万元由 A 公司承担。

经会计师事务所审计，甲公司 20×9 年 3 月 31 日总资产为 2 300 万元，负债总额为 500 万元，净资产为 1 800 万元。A 公司按净资产的 120%即 2 160 万元用银行存款支付给了母公司。20×9 年 4 月 1 日，A 公司派出管理人员，全面接收了甲公司，作为 A 公司的一个业务分部，进行吸收合并。

(2)20×9 年 A 公司其他长期股权投资情况如下：

①A 公司经过 18 个月的谈判之后签署了一项重要协议，根据此项协议，A 公司通过现金、股票支付以及偿债等方式并购了同地规模相当的乙饭店，拥有乙饭店 80%的表决权资本。乙饭店注册资本 5 亿元，地处繁华地段，20×9 年实现净利润 3 亿元。

②A 公司投资于丙度假村，20×9 年 6 月 30 日持股比例为 30%；7 月 1 日再投资后持股比例为 70%。按照丙度假村公司章程规定：股权以其持股比例享有相应的表决权。

③A 公司于 20×9 年 8 月 1 日支付 500 万美元收购了境外丁餐馆，丁餐馆位于北美，注册资本 600 万美元，A 公司收购后拥有丁餐馆 70%的表决权资本。丁餐馆 20×9 年度实现净利润 100 万美元，其中，1～7 月份实现净利润 40 万美元。

④A 公司投资于戊旅行社，拥有戊旅行社 80%的表决权资本。戊旅行社注册资本 500 万元，由于市场竞争激烈，20×9 年年末已资不抵债，净资产为－100 万元。

⑤A 公司投资于申汽车修理公司，拥有该公司 5%的表决权资本，对申公司没有重大影响。申公司注册资本为 4 000 万元，拥有先进的修理设备，在竞争中占据有利地位，A 公司的大部分出租汽车均在申汽车修理公司修理。

【思考】 根据资料(2)，分析以下问题：

(1)分析、判断 A 公司并购乙饭店，从并购双方行业相关性、并购的形式和意愿上划分指出上述并购分别属于哪种类型。

(2)分析该并购可能给 A 公司带来的利益。

(3)分析 A 公司可能采取的筹资方式并简述各种方式的优缺点。

案例二

资料一：A 公司是一家具有 40 年历史、以尿素为核心产品的企业。20×2 年公司完成改制，20×6 年底成功上市。

20×6 年底，A 公司的生产能力为年产合成氨 35 万吨、尿素 120 万吨，已成为较大的尿素生产企业，在全国具有一定的规模优势。

由于尿素单价不高而无法承受长距离运输的成本，因此，一个尿素生产厂不可能覆盖太大的市场区域。专家预测，从长期趋势来看，国内氮肥需求的长期增长率仅有 1.5%～2%，需求增长缓慢，同时，国家限制化肥产品出口的政策又使企业产品外销受到制约。

国内尿素企业有五六百家，绝大多数是中小企业，不具有竞争力，其中至少 30%处于亏损状态。目前国际化肥巨头已开始在中国进行产业布局，国内部分企业也开始参与化肥企业的产业整合。

A 公司经过对企业内外环境的分析，董事会决定通过兼并收购方式扩大尿素的产能，以获得企业持续发展的能力。

资料二：DBX 公司为 A 公司初步拟定的一家收购对象，预计收购之后，经过 1 年的停产改造，年可产生自由现金流量 400 万元，并能保持 4%的速度增长。经有关专业人员测算，适用于该项目的资本成本率为 8%。

【思考】

(1)根据资料一，你是否赞同 A 公司董事会决定通过收购兼并方式扩大产能的决策？简要说明理由。

(2)根据资料二，计算 DBX 公司并购后的企业价值。

第十五章 跨国公司财务管理

一、重点与难点

1. 重点：理解和掌握跨国公司的概念；理解跨国公司的投资、筹资和营运的管理；理解外汇风险的管理。
2. 难点：理解跨国公司的投资和筹资管理、外汇风险的管理。

二、练习题

(一)判断题

1. 跨国公司对外投资与资本输出都是为了追求利润的最大化。（　）
2. 跨国公司财务管理的核心问题是资金、资本的跨区域、跨时间的配置问题。（　）
3. 国际直接投资资本形式多样、投资风险相对较小。（　）
4. 在国际贸易中常采用“收软付硬”的原则防范汇率风险。（　）
5. 跨国公司发行债券投资可以提高其在国际市场上的知名度。（　）
6. 跨国公司利用内部转移价格可以提高某一子公司的利润份额。（　）
7. 跨国企业可采取多种货币计价，以防范外汇风险。（　）
8. 远期外汇交易是指允许交易者按照事先约定好的汇率在未来的某天进行交割的外汇交易。（　）
9. 母公司为提高子公司的竞争水平，会以较低价格向子公司提供服务和商品。（　）
10. 掉期外汇交易的两笔买卖金额相等、方向相反。（　）

(二)单项选择题

1. 跨国公司子公司向母公司的资金流动有（　）。
A. 股利　B. 贷款资金　C. 初始投资　D. 按转移价格购进商品
2. 跨国公司营运资本管理的优势体现不包括（　）。
A. 转移资金的能力　B. 资金的合理配置　C. 股利支付的能力　D. 丰富的套利机会
3. 下列各项中，不属于国际货币市场的是（　）。
A. 银行短期信贷市场　B. 短期证券市场　C. 贴现市场　D. 国际债券市场
4. 跨国公司筹资战略目标不包括（　）。
A. 总体筹资成本最小化　B. 避免或降低筹资风险
C. 设定最优筹资结构　D. 筹集资金最多
5. 从长期讲，影响一国货币币值的因素是（　）。
A. 国际收支状况　B. 经济实力　C. 通货膨胀　D. 利率高低
6. 国际理财的硬环境包括（　）。
A. 政策法规　B. 技术水平　C. 环境保护　D. 经营管理水平
7. 国际理财的软环境不包括（　）。
A. 政策法规　B. 技术水平　C. 经营管理水平　D. 环境保护

8. 外汇交割的日期称为交割日，标准交割日是指即期外汇成交后的(　　)。

A. 第二个营业日交割　B. 第一个营业日交割

C. 当日进行交割　D. 第三个营业日进行交割

9. 外汇汇率风险不包括(　　)。

A. 国家风险　B. 换算风险　C. 交易风险　D. 经济风险

10. 外汇风险管理策略不包括(　　)。

A. 完全不抵补策略　B. 部分抵补策略

C. 完全抵补策略　D. 部分不抵补策略

(三)多项选择题

1. 与跨国公司有关的名称有(　　)。

A. 母公司　B. 子公司　C. 母国　D. 东道国

E. 世界银行

2. 跨国公司财务转移的手段有(　　)。

A. 集团内部相互贷款　B. 汇回股利

C. 对等购买　D. 支付专利使用费和劳务费

E. 支付利息

3. 按照跨国公司的产品种类和经营结构，可分为(　　)。

A. 横向型跨国公司　B. 混合型跨国公司　C. 垂直型跨国公司　D. 集权型跨国公司

E. 分权型跨国公司

4. 欧洲货币市场的基本特点包括(　　)。

A. 经营自由　B. 资金庞大

C. 经营以银行间交易为主　D. 独特的利率体系

E. 资金调度灵活手续简便

5. 跨国公司筹资主要有(　　)。

A. 国际信贷筹资　B. 吸收外国直接投资　C. 国际证券筹资　D. 国际租赁筹资

E. 国际补偿贸易筹资

6. 国际筹资风险中最主要的两个风险是(　　)。

A. 环境风险　B. 政治风险　C. 汇率风险　D. 利率风险

E. 法律风险

7. 国际债券融资最主要的特点有(　　)。

A. 利率低　B. 审查严格　C. 风险小　D. 利息固定

E. 期限长

8. 跨国公司财务的研究内容有(　　)。

A. 跨国理财环境分析　B. 外汇风险管理　C. 国际筹资管理　D. 国际投资管理

E. 国际营运管理

9. 与国内企业比较，跨国公司财务管理面临的环境特点包括(　　)。

A. 环境差异大　B. 环境变化频繁　C. 文化环境特殊　D. 民族问题多

E. 政局的不稳定

10. 影响汇率变动的主要因素有(　　)。

A. 环境因素　B. 经济因素　C. 文化因素　D. 政治因素

E. 社会因素

(四)计算分析题

练习一

1. 目的:理解外汇风险的相关计算。

2. 资料:20×9 年 6 月 1 日汇率为 \$1=¥6.25,12 月 31 日汇率为 \$1=¥6.15。A 跨国公司于该年 6 月 1 日在美国投资 1 000 万美元开办了一家子公司,若美国子公司在当年 12 月 31 日账面资产仍为 1 000 万美元,A 公司的母公司按账面价值全部收回投资并将收到的美元兑换成人民币。

3. 要求:计算该公司损失金额。

练习二

1. 目的:理解相关期货合约损益的计算。

2. 资料:某人预计英镑对美元将升值,于是在 1 月 10 日买进 10 份 3 月份到期的英镑期货合约,买价为 \$1.584 1/£。

3. 要求:

(1)3 月 7 日他决定将原有合约卖出,卖价为 \$1.601 2/£。请问:此人的损益情况如何?

(2)若 3 月 7 日的卖价为 \$1.552 3/£,则其损益情况又将如何?

练习三

1. 目的:理解远期外汇合约的计算。

2. 资料:A 公司与银行签订 3 个月远期外汇买卖合同,银行卖出 200 万美元,最初即期汇率为 \$1=¥6.20,远期汇率为 \$1=¥6.15,到时中国公司只需支付 1 230 万元人民币(200×6.15)便能获得 100 万美元。

3. 要求:假定在交割日的汇率为 \$1=¥6.18,则该公司因签订了远期合同能减少多少损失?

练习四

1. 目的:理解外汇期货合约的计算。

2. 资料:A 公司 9 月 1 日向美国某公司进口一批货物,付款日期 12 月 1 日,货款金额为 200 万美元,9 月 1 日即期汇率为 \$1=¥6.1,3 个月交割的远期汇率为 \$1=¥6.17。该公司预测在 9 月份后美元会升值,为避免美元升值的风险,从外汇期货市场中买进远期美元 200 万元。假定在现货市场,12 月 1 日公司在支付货款时,汇率为 \$1=¥6.2。

3. 要求:分别说明公司在现货市场和期货市场的损益。

练习五

1. 目的:理解外汇掉期法的计算。

2. 资料:A 公司向外汇指定银行卖出 200 万美元,即期汇率为 \$1=¥6.2,获得人民币 1 240 万元,同时该公司又买进 3 个月的远期外汇 200 万美元,远期汇率为 \$1=¥6.1,以降低风险。

3. 要求:该公司的做法如何体现了外汇掉期法的思想?

三、复习思考题

1. 什么叫跨国公司?其经营特点和经营方式有哪些特殊性?
2. 如何认识国际金融市场、国际外汇市场、欧洲货币市场在跨国公司财务管理中所起的作用?
3. 跨国公司筹资渠道和筹资方式有哪些?
4. 如何有效开展跨国公司的外汇风险管理?

四、案例分析题

案例一

布鲁斯伯里草药制品有限公司坐落于英格兰中部,靠近威尔士边界,是一家经营药茶、调料盒药品的老厂商,其产品覆盖整个英国以及欧洲大陆的许多地方。

布鲁斯伯里草药制品有限公司在向国外客户出售商品时,一般都用英镑结算,这样做是为了防范不力的汇率变动。然而，该公司刚刚收到了来自法国中部的一家大批发商的价值为 320 000 英镑的订单，条件是 3 个月付款并以欧元结算。

布鲁斯伯里的财务长埃尔顿·彼得斯需要考虑接下来的 3 个月里英镑对欧元是否会升值，以便弄清楚再以欧元付款时会不会抵销掉公司全部或大部分利润，虽然他认为这种可能性不大，但他仍然决定向公司的银行就如何规避汇率风险征求意见。

彼得斯先生从公司的银行处了解到目前欧元/英镑的即期汇率是 1.453 7 欧元/1.00 英镑，因此交易量应该是 465 184 欧元。彼得斯先生还了解到英镑和欧元对美元的 3 个月远期汇率分别是 1.899 0 美元/1.00 英镑和 1.315 4 美元/1.00 欧元。银行建议根据两种外汇对美元的远期汇率所暗含的欧元/英镑的套算远期汇率，建立一个套期保值，卖出应收欧元、买入英镑。

【思考】 如果你是彼得斯先生，你会怎么做呢？

案例二

2016 年 6 月 16 日，上海迪士尼乐园正式开园。有别于以往迪士尼的投资模式，上海迪士尼项目将由中美双方各成立一家投资控股公司，代表各自出资，然后根据建设、运营不同职能分别成立数家合资企业公司，完成迪士尼乐园从建设到运营的全过程。美国迪士尼公司将持有上海迪士尼乐园 43%的股份，上海市政府所有的一家合资控股企业(上海申迪旅游度假开发有限公司)则将持有 57%的股份，美国迪士尼公司的股权主要以文化品牌和商业设计等形式获得。尽管实际的出资方式尚无定论，此前的报道也众说纷纭，但从国家发改委公布"上海迪士尼乐园项目通过核准"中可知，上海迪士尼项目将采用直接投资方式，这和我国香港迪士尼类似。

然而，就在两年前，有关报道显示：上海迪士尼将不会沿用香港模式，而是采用迪士尼与日本的合作模式。即由政府提供土地和绝大部分的建设资金并控股，日常管理交给美方团队，同时每年向迪士尼公司支付品牌费和经营收入提成。迪士尼方面即使出资，金额也不会很大。在短短的两年时间，最初人们猜测的日本模式被否定，上海迪士尼项目合作模式最终定格为直接投资方式。

【思考】 为什么上海迪士尼项目合作模式仍然采用直接投资方式，而不是最初人们猜测的日本模式？跨国公司直接投资具有哪些优缺点？

参考答案

第一章　财务管理绪论

二、练习题

(一)判断题

1. ×　2. √　3. ×　4. ×　5. ×　6. √　7. ×　8. √　9. ×　10. √

(二)单项选择题

1. D　2. B　3. C　4. D　5. D　6. D　7. A　8. C　9. D　10. C

(三)多项选择题

1. ABD　2. ABC　3. ABCD　4. ABCD　5. ABC　6. BC
7. ABD　8. ACD　9. BCD　10. ABCD

三、复习思考题

略。

四、案例分析题

略。

第二章　财务管理基础知识

二、练习题

(一)判断题

1. ×　2. √　3. ×　4. ×　5. ×　6. √　7. √　8. ×　9. ×　10. √

(二)单项选择题

1. B　2. A　3. B　4. B　5. B　6. A　7. A　8. D　9. B　10. C

(三)多项选择题

1. ABCD　2. AC　3. BCD　4. AC　5. ABC　6. ABD
7. BCD　8. BD　9. ABD　10. ABCD

(四)计算分析题

练习一

(1)该投资项目年收益的现值＝77.217(万元)
　　该投资项目年收益的终值＝125.78(万元)
(2)年初投资额的终值＝162.89(万元)
(3)不应该投资该项目。

练习二

(1)按年复利下每年的还款额＝14.90(万元)
(2)按季复利下每季的还款额＝3.66(万元)

练习三

投资项目年净收益的终值＝110.512(万元);现值＝74.80(万元)

练习四

(1)3 年后的投资总额＝3 310.13(万元);投资总额的现值＝2 859.26(万元)
(2)每年年末应归还的数额＝764.55(万元)
(3)相当于项目建成时的现值＝4 728.99(万元)

(4)需要 4 年。

练习五

(1)A 项目的预期收益额＝1 050(万元)

B 项目的预期收益额＝950(万元)

A 项目的标准差＝522.02(万元)

B 项目的标准差＝1 213.47(万元)

A 项目的标准差系数＝49.72%

B 项目的标准差系数＝127.73%

(2)从风险来看,B 项目的风险高于 A 项目;从风险收益来看,A 项目高于 B 项目。所以投资者应选择 A。

三、复习思考题

略。

四、案例分析题

略。

第三章　财务预测

二、练习题

(一)判断题

1. × 2. × 3. × 4. √ 5. √ 6. × 7. √ 8. × 9. × 10. ×

(二)单项选择题

1. D 2. B 3. A 4. A 5. D 6. B 7. D 8. A 9. C 10. C

(三)多项选择题

1. ABCD 2. BD 3. ABC 4. ABCD 5. ABCDE 6. ABCD 7. ABC 8. ABC 9. AD 10. ABC

(四)计算分析题

练习一

(1)20Y0 年 1 月份销售量＝(9＋12＋13＋10)/4＝11(吨)

(2)20Y0 年 1 月份销售量＝(9×1＋12×2＋13×3＋10×4)/(1＋2＋3＋4)＝11.2(吨)

练习二

(1)由低点的成本性态数据可知,制造费用中:

单位变动成本＝50 000/50 000＝1(元)

固定成本＝60 000(元)

故高点的制造费用中:

变动成本总额＝1×75 000＝75 000(元)

固定成本总额＝60 000(元)

混合成本总额＝176 250－75 000－60 000＝41 250(元)

设混合成本的数学模型为:$Y=a+bx$

$b=(41\ 250-32\ 500)/(75\ 000-50\ 000)=0.35$

$a=41\ 250-0.35\times 75\ 000=15\ 000$

混合成本的数学模型为:$Y=15\ 000+0.35x$

(2)当计划期的生产能量为 65 000 机器小时时:

变动成本总额=1×65 000=65 000(元)

固定成本总额=60 000(元)

混合成本总额=15 000+0.35×65 000=37 750(元)

所以,制造费用=65 000+60 000+37 750=162 750(元)

练习三

(1)假设总成本 $y=a+bx$,a 为固定成本,b 为单位变动成本。

$$a=\frac{\sum X_i^2\sum Y_i-\sum X_i\sum Y_i}{n\sum X_i^2-(\sum X_i)^2}$$

将题目中数据代入公式,可得:

$a=181.74$

$b=9.98$

成本公式为:$y=181.74+9.98x$

(2)当机器时数为 55 千机器小时,也就是 $x=55$ 时,代入成本公式可得 $y=730.64$

维修费为 730.64 元。

练习四

盈亏平衡点的销售量=60 000/(80-50)=2 000(件)

盈亏平衡点的销售额=80×2 000=160 000(元)

练习五

(1)由于盈亏平衡的销售收入=固定成本/边际贡献率

变动前:50 000=固定成本/边际贡献率

变动后:50 000+8 000=(固定成本+8 000)/边际贡献率

联立解方程组,则固定成本=31 250(元)

(2)边际贡献率=31 250/50 000×100%=62.5%

三、复习思考题

略。

四、案例分析题

略。

第四章 财务预算

二、练习题

(一)判断题

1.× 2.× 3.× 4.√ 5.√ 6.√ 7.√ 8.× 9.√ 10.√

(二)单项选择题

1.C 2.C 3.C 4.B 5.C 6.B 7.B 8.B 9.A 10.C

(三)多项选择题

1.ABD 2.AD 3.ABC 4.CD 5.BCD 6.ACD

7.CD 8.ABCD 9.ABD 10.ABCD

(四)计算分析题

练习一

销售预算表

项　目	单位	1季度	2季度	3季度	4季度	全　年
A产品销量	吨	100	120	150	130	500
销售单价	万元	1	1	1	1	1
销售收入	万元	100	120	150	130	500
1季度现金收入	万元	80	20			100
2季度现金收入	万元		96	24		120
3季度现金收入	万元			120	30	150
4季度现金收入	万元				104	104
现金收入合计		80	116	144	134	474

练习二

制造费用预算表

单位:元

业务量(件)	35 000	40 000	45 000	50 000	55 000	60 000
占正常生产能力的百分比	70%	80%	90%	100%	110%	120%
变动成本:						
销售佣金	70 000	80 000	90 000	100 000	110 000	120 000
包装费	35 000	40 000	45 000	50 000	55 000	60 000
装卸费	52 500	60 000	67 500	75 000	82 500	90 000
管理人员工资	3 500	4 000	4 500	5 000	5 500	6 000
合　计	161 000	184 000	207 000	23 000	25 300	276 000
固定成本:						
装卸费	2 100	2 100	2 100	2 100	2 100	2 100
管理人员工资	30 000	30 000	30 000	30 000	30 000	30 000
保险费	2 000	2 000	2 000	2 000	2 000	2 000
广告费	30 000	30 000	30 000	30 000	30 000	30 000
办公费	40 000	40 000	40 000	40 000	40 000	40 000
合　计	104 100	104 100	104 100	104 100	104 100	104 100
总　计	265 100	288 100	311 100	334 100	357 100	380 100

练习三

A＝6 000＋45 000－9 000＝42 000(万元)

B＝9 000－2 000＝7 000(万元)

C＝7 000＋48 000－50 400＝4 600(万元)

D＝4 600＋1 800＝6 400(万元)

6 400＋E－40 000＝－1 800,E＝31 800(万元)

F=−1 800+6 000=4 200(万元)

G=4 200+50 000−41 000=13 200(万元)

I=7 000(万元)

H=13 200−7 000=6 200(万元)

练习四

直接材料预算表

项　目	单位	1 季度	2 季度	3 季度	4 季度	全　年
预计产量(件)	千克	1 400	1 800	1 600	1 500	6 300
每件耗材料量	千克	5	5	5	5	5
生产需用材料量	千克	7 000	9 000	8 000	7 500	31 500
加:预计期末存量	千克	1 350	1 200	1 125	1 000	4 675
合　计	千克	8 350	10 200	9 125	8 500	36 175
减:预计期初存量	千克	800	1 350	1 200	1 125	4 475
预计材料采购量	千克	7 550	8 850	7 925	7 375	31 700
单价	元	12	12	12	12	12
预计采购金额	元	90 600	106 200	95 100	88 500	380 400
上年应付账款	元	35 000				35 000
1 季度	元	54 360	36 240			90 600
2 季度	元		63 720	42 480		106 200
3 季度	元			57 060	38 040	95 100
4 季度	元				53 100	53 100
全　年	元	89 360	99 960	99 540	91 140	380 000

练习五

直接人工预算表

项　目	1 季度	2 季度	3 季度	4 季度	全　年
预计产量(支)	14 000	32 000	36 000	19 000	101 000
单位产品工时(小时/支)	0.8	0.8	0.8	0.8	0.8
人工总工时(小时)	11 200	25 600	28 800	15 200	80 800
每小时人工成本(元/小时)	7.5	7.5	7.5	7.5	7.5
人工总成本(元)	84 000	192 000	21 6000	114 000	60 6000

三、复习思考题

略。

四、案例分析题

略。

第五章　财务分析

二、练习题

(一)判断题

1.×　2.√　3.√　4.√　5.×　6.×　7.√　8.×　9.×　10.√

(二)单项选择题

1.A　2.C　3.C　4.A　5.B　6.D　7.C　8.B　9.C　10.D

(三)多项选择题

1. ABCDE　2. ABC　3. ABC　4. ABC　5. BC　6. BD
7. ACD　8. ACDE　9. BCD　10. ABCDE

(四)计算分析题

练习一

(1)负债及所有者权益＝资产总额＝6 000(元)
(2)资产负债率＝负债总额/6 000×100％＝50％
负债总额＝3 000(万元)
(3)流动比率＝(6 000－4 000)/流动负债＝2
流动负债＝1 000(万元)
应付账款＝1 000－600＝400(万元)
(4)非流动负债＝3 000－600－400＝2 000(万元)
(5)未分配利润＝6 000－(2 000＋400＋600＋500)＝2 500(万元)
(6)应收账款周转率＝40 000/应收账款平均余额＝40
应收账款＝1 000(万元)
(7)存货＝6 000－4 000－1 000－500＝500(万元)

练习二

(1)资产负债率＝负债总额/资产总额＝134/307×100％＝43.65％
(2)产权比率＝负债总额/股东权益总额＝134/173×100％＝77.46％
(3)股东权益比率一1一资产负债率＝56.35％
(4)利息保障倍数一(净利润＋所得税费用＋利息费用)/利息费用＝(40＋10＋3)/3＝17.67

练习三

(1)销售净利率＝净利润/营业收入＝3 800/31 000×100％＝12.26％
(2)总资产周转率＝营业收入/平均资产总额＝31 000/34 250＝0.91
(3)权益乘数＝资产总额/股东权益总额＝36 500/24 500＝1.49
(4)每股净资产＝股东权益总额/流通在外的普通股股数＝24 500/18 000＝1.36(元)
(5)每股收益＝净利润/流通在外的普通股加权平均股数＝3 800/18 000＝0.21(元)
(6)市盈率＝每股市价/每股收益＝12/0.21＝57.14

练习四

(1)应收账款周转天数＝{360×[(400＋800)÷2]}/4 000＝54(日)
(2)存货周转天数＝{360×[(400＋1 200)÷2]}/3 200＝90(日)
(3)年末速动资产/年末流动负债＝1.2
年末现金资产/年末流动负债＝0.7
速动资产＝应收账款＋现金资产
年末应收账款＝800(万元)
解之得：

年末流动负债＝1 600(万元)

年末现金＝1 120(万元)

年末速动资产＝800＋1 120＝1 920(万元)

(4)流动比率＝(1 920＋1 200)/1 600＝1.95

练习五

项　目	20×9 年	20×8 年
销售净利率	6.308 6%	6.696 0%
总资产周转率	1.407 3	1.325 6
权益乘数	2.249 4	2.306 7
净资产收益率	19.97%	20.47%

分析对象:19.97%－20.47%＝－0.5%

销售净利率的影响:(6.308 6%－6.696 0%)×1.325 6×2.306 7＝－1.18%

总资产周转率的影响:6.308 6%×(1.407 3－1.325 6)×2.306 7＝1.19%

权益乘数的影响:6.308 6%×1.407 3×(2.249 4－2.30 67)＝－0.51%

三、复习思考题

略。

四、案例分析题

略。

第六章　权益资本筹资决策

二、练习题

(一)判断题

1.×　2.√　3.×　4.×　5.×　6.√　7.√　8.√　9.×　10.×

(二)单项选择题

1.D　2.C　3.C　4.B　5.C　6.D　7.B　8.C　9.A　10.A

(三)多项选择题

1. ABE　2. ABC　3. BCDE　4. ABDE　5. ABCDE　6. CD
7. ABCD　8. AB　9. ABCE　10. ABC

(四)计算分析题

练习一

每股收益＝属于普通股净利润/发行在外普通股股数＝330/400＝0.825(元)

发行价格＝每股收益×发行市盈率＝0.825×18＝14.85(元)

由此,该公司的股票发行价格为 14.85 元/股。

练习二

(1)股权资本＝3×(1－30%)＝2.1(亿元)

筹集股权资金＝2.1－0.6＝1.5(亿元)

(2)发行价格＝0.40×15＝6(元/股)

(3)社会公众股数＝1.5/5＝0.3(亿股)

每股盈余=0.45/(0.3+0.6)=0.5(元/股)

市盈率=5/0.5=10(倍)

练习三

认股权证理论价值 $V=(P-E)/N$=(23－20)/1=3(元)

练习四

(1)由于假定权证的售价与理论价值一致:

当股票价格为 15 元时,权证的价格为:15－10=5(元)

当股票价格为 21 元时,权证的价格为:21－10=11(元)

所以,甲的投资收益率为:(11－5)/5×100%=120%

(2)若甲投资于股票,则甲的投资收益率为:(21－15)/15×100%=40%

练习五

投资者投资 1 000 元后,同时持有 1 张债券和 20 份认股权证。

根据货币时间价值原理以及债券估价的原理可以知道:

每张债券的价值=1 000×8%×(P/A,10%,20)+1 000×(P/F,10%,20)

=80×8.513 6+1 000×0.148 6=830(元)

该投资者支付了 1 000 元,超出债券价值的部分,就应当是认股权证的价值。

20 份认股权证的价值=(债券价格+认股权证价格)－债券价值

=1 000－830=170(元)

每份认股权证的价值=170/20=8.5(元)

三、复习思考题

略。

四、案例分析题

略。

第七章　长期债务筹资决策

二、练习题

(一)判断题

1. × 2. ✓ 3. × 4. ✓ 5. × 6. × 7. × 8. × 9. ✓ 10. ×

(二)单项选择题

1. C 2. C 3. B 4. D 5. C 6. C 7. D 8. D 9. B 10. A

(三)多项选择题

1. CDE 2. ABCD 3. AB 4. ABCDE 5. BCD 6. ABCDE

7. ABCDE 8. ACDE 9. ABCDE 10. CDE

(四)计算分析题

练习一

(1)永利公司实际可使用的借款额=300×(1－15%)=255(万元)

(2)永利公司实际负担的年利率=300×5.8%/255=6.82%

练习二

ABC 公司债券的发行价格=1 000×(P/F,10%,5)+1 000×8%×(P/A,10%,5)

=1 000×0.621+1 000×8%×3.791=621+303.28=924.28(元)

练习三

债券的转换价格＝100÷5＝20(元)

练习四

可转换的股数＝1 000×20÷27＝740(股)…20(元)

债券发行公司应对该债券持有人交付740股，另付20元现金。

练习五

(1)甲公司每年年末应支付的租金＝100/(P/A,10%,4)＝100/3.170＝31.545 7(万元)

(2)为便于有计划地安排租金的支付，甲公司该设备租金摊销计划表如下：

甲公司租入设备租金摊销计划表

单位：元

日　期	支付租金 (1)	应计租金 (2)＝(4)×10%	偿还本金 (3)＝(1)－(2)	本金余额 (4)
20×6年1月1日	—	—	—	1 000 000
20×6年12月31日	315 457	100 000	215 457	784 543
20×7年12月31日	315 457	78 454	237 003	547 540
20×8年12月31日	315 457	54 754	260 703	286 837
20×9年12月31日	315 457	28 620*	286 837	0
合　计	1 261 828	261 828	1 000 000	—

注：* 含小数尾差。

三、复习思考题

略。

四、案例分析题

略。

第八章　资本成本与资本结构

二、练习题

(一)判断题

1. ×　2. √　3. √　4. √　5. ×　6. ×　7. ×　8. √　9. √　10. √

(二)单项选择题

1. A　2. C　3. D　4. D　5. A　6. D　7. C　8. C　9. C　10. A

(三)多项选择题

1. BCD　2. ABC　3. ABD　4. BCE　5. ABC　6. ABCDE
7. ACDE　8. ABCDE　9. AB　10. ABD

(四)计算分析题

练习一

华润公司拟发行债券的资本成本率＝1 000×6%×(1－25%)÷550×(1－2%)＝8.35%

练习二

W公司增发普通股的资本成本率＝1÷20×(1－5%)＋5%＝10.26%

练习三

综合资本成本率＝100÷2 000×5%＋500÷2 000×6%＋1 000÷2 000×12%＋400÷2 000×11%
＝9.95%

练习四

(1)边际贡献＝(100－55)×100 000＝4 500 000(元)
息税前利润＝4 500 000－2 000 000＝2 500 000(元)
利息费用＝4 000 000×8%＝320 000(元)
净利润＝(2 500 000－320 000)×(1－25%)＝1 635 000(元)
(2)经营杠杆系数＝4 500 000÷2 500 000＝1.8
财务杠杆系数＝2 500 000÷(2 500 000－320 000)＝1.15
复合杠杆系数＝1.8×1.15＝2.07
(3)经营杠杆系数＝息税前利润变动率÷销售量变动率
息税前利润变动率＝经营杠杆系数×销售量变动率＝1.8×20%＝36%
复合杠杆系数＝每股收益变动率÷销售量变动率
每股收益变动率＝复合杠杆系数×销售量变动率＝2.07×20%＝41.4%

练习五

(1)发行公司债券方案下公司应负担的利息费用＝3 000×10%＋2 800×12%＝636(万元)
增发普通股方案下公司应负担的利息费用＝3 000×10%＝300(万元)
假设两个方案下的无差别点利润为:$\overline{EBIT}$

$$\frac{(\overline{EBIT}-636)\times(1-25\%)}{250}=\frac{(\overline{EBIT}-300)\times(1-25\%)}{250+100}$$

$\overline{EBIT}=1\ 476$(万元)

(2)无差别点下的每股收益＝$\frac{(1\ 476-636)\times(1-25\%)}{250}=2.52$(元/股)

(3)发行债券方案下公司的每股收益＝$\frac{(2\ 000-636)\times(1-25\%)}{250}=4.09$(元/股)

发行普通股方案下公司的每股收益＝$\frac{(2\ 000-300)\times(1-25\%)}{250+100}=3.64$(元/股)

由于发行债券方案下公司的每股收益较高,因此应选择发行债券作为追加投资方案。

三、复习思考题

略。

四、案例分析题

略。

第九章　项目投资决策

二、练习题

(一)判断题

1.√　2.√　3.×　4.×　5.√　6.×　7.√　8.×　9.×　10.√

(二)单项选择题

1.D　2.D　3.B　4.A　5.B　6.A　7.A　8.C　9.D　10.B

(三)多项选择题

1.ACE　2.ABDE　3.ACDE　4.BCE　5.BCE　6.BCDE

7. BDE　　8. AB　　9. BD　　10. ABD

(四)计算分析题

练习一

项目年折旧额＝600/5＝120(万元)

NCF_0＝－660(万元)

$NCF_{1\sim4}$＝(360－120－120)×(1－25%)＋120＝210(万元)

NCF_5＝210＋60＝270(万元)

投资回收期＝3＋30/210＝3.14(年)

净现值＝210×3.790 8＋60×0.620 9－660＝796.07＋37.25－660＝173.32(万元)

练习二

(1)甲方案净现值＝350×0.909 1＋480×0.826 4＋600×0.751 3＋650×0.683 0＋800×0.620 9－2 000＝106.31(万元)

甲方案的现值指数＝2 106.31÷2 000＝1.05

(2)乙方案净现值＝800×0.909 1＋630×0.826 4＋550×0.751 3＋400×0.683 0＋300×0.620 9－2 000＝120.6(万元)

乙方案的现值指数＝2 120.6÷2 000＝1.06

由于乙方案净现值大，现值指数也大，因此，应该接受乙方案。

练习三

(1)计算方案A。

当折现率 r＝40%时：

NPV_A＝－2 000＋2 000×(P/F,40%,1)＋1 000×(P/F,40%,2)＋500×(P/F,40%,3)
＝ －2 000＋2 000×0.714＋1 000×0.510＋500×0.364＝120(元)

当折现率 r＝50%时：

NPV_A＝－2 000＋2 000×(P/F,50%,1)＋1 000×(P/F,50%,2)＋500×(P/F,50%,3)
＝－2 000＋2 000×0.667＋1 000×0.444＋500×0.296＝－74(元)

采用插值法求得下式：(r_a－40%)/(50%－40%)＝(0－120)/(－74－120)

解得 r_a≈46.2%，则方案A的内含报酬率为46.2%。

(2)计算方案B。

当折现率 r＝35%时：

NPV_B＝－1 500＋500×(P/F,35%,1)＋1 000×(P/F,35%,2)＋1 500×(P/F,35%,3)
＝－1 500＋500×0.741＋1 000×0.549＋1 500×0.406＝28.5(元)

当折现率 r＝40%时：

NPV_B＝－1 500＋500×(P/F,40%,1)＋1 000×(P/F,40%,2)＋1 500×(P/F,40%,3)
＝－1 500＋500×0.714＋1 000×0.510＋1 500×0.364＝－87(元)

采用插值法求得下式：(r_b－35%)/(40%－35%)＝(0－28.5)/(－87－28.5)

解得 r_b≈36.2%，则方案B的内含报酬率为36.2%。

由于方案A的内含报酬率比方案B的大，因此，应选择方案A进行投资。

练习四

(1)购买国库券于到期日所获的本利和＝100 000×(1＋14%×5)＝170 000(元)

按10%折算的现值＝170 000×0.620 9＝105 553(元)

则该方案的净现值＝105 553－100 000＝5 553(元)

(2)①计算各年现金流量。

初始投资现金流量(第1年年初)＝－100 000(元)

设备年折旧＝100 000×(1－10%)/5＝18 000(元)

税后净利润＝12 000×(1－25%)＝9 000(元)

经营净现金流量(第1～5年)＝9 000＋18 000＝27 000(元)

期末净现金流量(第5年年末)＝100 000×10%＝10 000(元)

②该投资方案的净现值＝27 000×3.790 8＋10 000×0.620 9－100 000

＝102 351.6＋6 209－100 000＝8 560.6(元)

(3)根据上述计算,由于方案2的净现值大于方案1的净现值,故应选择方案2。

练习五

(1)计算税后现金流量。具体计算如下表所示:

项目现金流量 单位:万元

时 间	0	1	2	3	期 末
初始投资额	－6 000				
销售收入		3 000	4 500	6 000	
付现成本		1 000	1 500	1 000	
折旧		1 800	1 800	1 800	
税前利润		200	1 200	3 200	
所得税费用		50	300	800	
税后利润		150	900	2 400	
折旧		1 800	1 800	1 800	
现金流量	－6 000	1 950	2 700	4 200	600

(2)净现值＝1 950×0.909 1＋2 700×0.826 4＋(4 200＋600)×0.751 3－6 000

＝1 772.75＋2 231.28＋3 606.24－6 000＝1 610.27(万元)

(3)投资回收期＝2＋(6 000－1 950－2 700)/4 200＝2.32(年)

(4)由于净现值为1 610.27万元,大于零,因此该项目是可以接受的。

三、复习思考题

略。

四、案例分析题

略。

第十章 证券投资决策

二、练习题

(一)判断题

1.√ 2.× 3.× 4.× 5.× 6.× 7.√ 8.√ 9.√ 10.√

(二)单项选择题

1.C 2.A 3.B 4.C 5.A 6.C 7.D 8.B 9.A 10.A

(三)多项选择题

1. ABCDE 2. BCDE 3. BCDE 4. AC 5. CD 6. AD

7. ACDE 8. ABCDE 9. AB 10. ACDE

(四)计算分析题

练习一

债券价值=1 000×8%×(P/A,5%,5)+1 000×(P/F,5%.5)=1 129.86(元)

因市价低于债券价值,所以应购买债券。

运用插值法得出债券到期收益率为6.15%。

练习二

$V=D_1/(R-g)$=2.1×(1+8%)/(12%-8%)=56.7(元)

练习三

(1)股票的预期收益率=6%+2.5×(10%-6%)=16%

(2)固定成长股票价值=1.5/(16%-6%)=15(元)

(3)非固定成长股票价值=1.5×(P/A,16%,3)+1.5×(1+6%)/(16%-6%)×(P/F,16%,3)
=13.56(元)

练习四

(1)股票预期报酬率=8%+2×(15%-8%)=22%

(2)内在价值=1×(1+10%)/(22%-10%)=9.17(元/股)

练习五

(1)投资组合的β系数=50%×2.1+40%×1.0+10%×0.5=1.5

投资组合的风险收益率=1.5×(14%-10%)=6%

投资组合的风险收益额=30×6%=1.8(万元)

(2)投资组合的必要收益率=10%+1.5×(14%-10%)=16%

三、复习思考题

略。

四、案例分析题

略。

第十一章　营运资金管理

二、练习题

(一)判断题

1.×　2.√　3.√　4.√　5.√　6.×　7.×　8.×　9.√　10.√

(二)单项选择题

1.A　2.A　3.B　4.A　5.D　6.D　7.D　8.A　9.A　10.C

(三)多项选择题

1.ABC　2.AB　3.ABC　4.ABCE　5.ABCDE　6.ACD
7.AC　8.ABD　9.ABD　10.BCD

(四)计算分析题

练习一

(1)最佳现金持有量=$[(2\times250\ 000\times500)/10\%]^{1/2}$=50 000(元)

(2)最佳现金管理总成本=$(2\times250\ 000\times500\times10\%)^{1/2}$=5 000(元)

转换成本=250 000/50 000×500=2 500(元)

持有机会成本=50 000/2×10%=2 500(元)

(3)有价证券交易次数=250 000/50 000=5(次)

有价证券交易间隔期＝360/5＝72(日)

练习二

(1)现金回归线 $R=\sqrt[3]{\frac{3b\delta^2}{4i}}+L=\sqrt[3]{\frac{3\times250\times2\ 100^2}{4\times0.000\ 04}}+20\ 000=47\ 445$(元)

最高控制线 $H=3R-2L=3\times47\ 445-2\times20\ 000=102\ 335$(元)

(2)由于目前持有的现金额大于最高控制线 102 335 元，所以应购进有价证券。

购进有价证券的数额为：120 000－47 445＝72 555(元)

练习三

(1)甲材料的经济订货量：

$Q^*=\sqrt{\frac{2KD}{K_c}}=\sqrt{\frac{2\times36\ 000\times1\ 250}{10}}=3\ 000$(吨)

(2)经济订货量的相关存货成本：

$TC(Q^*)=\sqrt{2KDK_c}=\sqrt{2\times36\ 000\times1\ 250\times10}=30\ 000$(元)

(3)最优订货批数＝36 000/3 000＝12(次)

(4)甲材料平均每日耗用量＝36 000÷300＝120(吨/日)

再订货点＝120×3＋200＝560(吨)

练习四

(1)计算盈利的增加

盈利增加＝增加的边际贡献－增加的固定成本

＝(120 000－100 000)×(5－4)－(52 000－50 000)＝18 000(元)

(2)计算增加的成本费用

变动成本率＝4/5×100％＝80％

改变信用期间导致的机会成本的增加

＝60 日信用期应计利息－30 日信用期应计利息

＝600 000/360×60×80％×15％－500 000/360×30×80％×15％＝7 000(元)

(3)计算收账费用和坏账损失的增加

收账费用的增加＝4 000－3 000＝1 000(元)

坏账损失的增加＝9 000－5 000＝4 000(元)

(4)计算增加的税前利润

放宽信用期增加的税前损益＝盈利的增加－成本费用的增加＝18 000－7 000－1 000－4 000＝6 000(元)

可以改变信用期。

练习五

(1)收益的增加

收益的增加＝增加的销售收入－增加的变动成本＝(600 000－500 000)－80 000＝20 000(元)

(2)就收账款占用资金的应计利息增加

30 日信用期应计利息＝500 000/360×30×400 000/500 000×15％＝5 000(元)

平均收现期＝30×50％＋60×50％＝45(日)

提供现金折扣的应计利息＝(600 000÷360)×45×80％×15％＝9 000(元)

应计利息增加＝9 000－5 000＝4 000(元)

(3)收账费用和坏账损失增加

收账费用增加＝4 000－3 000＝1 000(元)

坏账损失增加＝9 000－5 000＝4 000(元)

(4)估计现金折扣成本的变化

现金折扣成本增加=新的销售水平×新的现金折扣率×享受现金折扣的顾客比例−旧的销售水平×旧的现金折扣率×享受现金折扣的顾客比例=600 000×0.8%×50%−500 000×0×0=2 400(元)

(5)提供现金折扣后的税前损益

收益增加−成本费用增加=20 000−(4 000+1 000+4 000+2 400)=8 600(元)

由于可获得税前收益,故应当放宽信用期,提供现金折扣。

三、复习思考题

略。

四、案例分析题

略。

第十二章　利润分配管理

二、练习题

(一)判断题

1.×　2.×　3.√　4.√　5.√　6.×　7.√　8.√　9.×　10.√

(二)单项选择题

1.B　2.A　3.B　4.D　5.D　6.C　7.C　8.D　9.D　10.C

(三)多项选择题

1.ABE　2.ACDE　3.BCDE　4.BCDE　5.ABCDE　6.ABC

7.BC　8.ABC　9.ABCDE　10. ACDE

(四)计算分析题

练习一

(1)在目标资本结构下,投资所需的权益资本额=2 000×3÷5=1 200(万元)

F公司本年可发放股利额=1 500−1 200=300(万元)

(2)F公司每股股利=300÷200=1.5(元/股)

(3)F公司20×9年每股利润=1 500÷200=7.5(元/股)

股利支付率=1.5÷7.5×100%=20%

练习二

公司总股数=2 400÷1=2 400(万股)

权益资本总额=4.50×2 400=10 800(万元)

20×9年利息费用=10 800×10/4×60%×10%=1 620(万元)

根据股利支付率 $P_d=\frac{DPS}{EPS}\times 100\%$

公司每股股利(DPS)=60%×(6 000−1 620)×(1−25%)÷2 400=0.821 25(元)

每股股票价值=0.821 25÷15%=5.475(元)

练习三

(1)实施方案一后股东权益及股份数额的变化情况如下:

资本公积=34 000−5 000÷10×2×10=24 000(万元)

未分配利润=35 000−5 000÷10×3×10=20 000(万元)

股本总额=50 000+10 000+15 000=75 000(万元)

股份数额=75 000÷10=7 500(万股)

股东权益总额=75 000+24 000+36 000+20 000=155 000(万元)

实施方案二后股东权益及股份数额的变化情况如下：
未分配利润＝35 000－5 000×1.20＝29 000(万元)
其他各项目金额不变，股份数额仍为 5 000 万股。
股东权益总额＝155 000－6 000＝149 000(万元)
(2)实施方案一后股票价格＝30÷1.5＝20(元/股)
实施方案二后股票价格＝30－1.20＝28.80(元/股)

练习四

股利宣告日：20×9 年 3 月 6 日
股权登记日：20×9 年 4 月 6 日
除息日：20×9 年 4 月 7 日
股利发放日：20×9 年 5 月 8 日

练习五

(1)股票分割后股东权益的各项金额如下表所示：

股票分割后股东权益情况表 单位：万元

项　目	金　额
股本(面值 5 元，16 000 万股)	80 000
资本公积	48 000
盈余公积	36 000
未分配利润	54 000
股东权益合计	218 000

分配股利后：
未分配利润＝54 000－16 000/10×5－16 000×0.2＝42 800(万元)
股本＝80 000＋16 000/10×5＝88 000(万元)
分配股利后股东权益的各项金额如下表所示：

分配股利后股东权益情况表 单位：万元

项　目	金　额
股本(面值 5 元，17 600 万股)	88 000
资本公积	48 000
盈余公积	36 000
未分配利润	42 800
股东权益合计	214 800

(2)股票分割和股利分配以后，持有公司的普通股股数为 11 000 股。
原来的财富＝68×5 000＝340 000(元)
现在的财富＝68×8 000/17 600×11 000＝340 000(元)
所拥有的财富不会因为股票分割和股利分配而发生变化。

三、复习思考题

略。

四、案例分析题

略。

第十三章　财务控制

二、练习题

(一)判断题

1. × 2. × 3. √ 4. × 5. × 6. √ 7. × 8. × 9. √ 10. √

(二)单项选择题

1. A 2. C 3. D 4. C 5. D 6. C 7. D 8. B 9. D 10. C

(三)多项选择题

1. ABC 2. ABCDE 3. ABCD 4. ABCE 5. AE 6. ABCD
7. BC 8. ABD 9. ABD 10. ABC

(四)计算分析题

练习一

(1)成本变动额＝实际责任成本－预算责任成本＝11×200－11×210＝－110(万元)

(2)成本变动率＝－110/(11×210)×100%＝－4.76%

值得注意的是:在进行成本预算时,如果预算产量与实际产量不一致,应该现行调整预算指标,把预算指标调整到实际指标,然后再计算成本变动额和成本变动率。

练习二

部门经理业绩可以通过可控边际贡献指标进行考核。

可控边际贡献＝部门边际贡献－部门经理可控固定成本

＝180×(1－55%)－(30－10)＝61(万元)

部门对公司的贡献可以通过部门可控利润指标进行考核。

部门可控利润＝可控边际贡献－部门经理不可控固定成本＝61－10＝51(万元)

练习三

(1)经理可控利润总额＝110－50－20＝40(万元)

(2)利润中心可控利润总额＝40－12＝28(万元)

(3)没有。A利润中心2019年实现的净利润＝(28－3)×(1－25%)＝18.75(万元)

A利润中心的净利润增长率＝(18.75－16)/16×100%＝17.19%

练习四

(1)A投资中心的投资报酬率＝130÷800×100%＝16.25%

A投资中心的剩余收益＝130－800×13%＝26(万元)

(2)追加投资增加的净利润＝33＋(800＋300)×13%－130＝46(万元)

练习五

(1)集团公司投资利润率＝34 650/315 000×100%＝11%

A投资中心投资利润率＝10 400/94 500×100%＝11%

B投资中心投资利润率＝15 800/145 000×100%＝10.90%

C投资中心投资利润率＝8 450/75 500×100%＝11.19%

C投资中心最好,高于集团公司投资利润率;B投资中心最差,低于集团公司投资利润率;A投资中心与集团公司投资利润率保持一致。

(2)集团公司剩余收益＝34 650－315 000×10%＝3 150(万元)

A投资中心剩余收益＝10 400－94 500×10%＝950(万元)

B投资中心剩余收益=15 800－145 000×10%=1 300(万元)

C投资中心剩余收益=8 450－75 500×10%=900(万元)

通过对剩余收益的计算可见,B投资中心最好,A投资中心次之,C投资中心最差。

(3)由于以投资利润率作为评价标准存在很多局限性,而采用剩余收益为评价标准可以克服投资利润率的某些缺陷,所以,当投资利润率的决策结果和剩余收益的决策结果不一致时,应当以剩余收益的决策结果为准,因此,总的来说,B投资中心业绩最优,A投资中心次之,C投资中心最差。

三、复习思考题

略。

四、案例分析题

略。

第十四章　公司并购、重组与破产

二、练习题

(一)判断题

1.×　2.✓　3.✓　4.×　5.×　6.✓　7.×　8.✓　9.×　10.✓

(二)单项选择题

1.C　2.B　3.A　4.D　5.C　6.D　7.B　8.C　9.C　10.A

(三)多项选择题

1. ABC　2. ABCDE　3. AB　4. ABCDE　5. ABCD　6. ABCD

7. BCDE　8. ABCD　9. ABC　10. BCDE

(四)计算分析题

练习一

(1)甲公司价值=2×20×100=4 000(万元)

乙公司价值=1×10×80=800(万元)

(2)并购收益=5 100－(4 000＋800)=300(万元)

并购费用=50＋30＋10=90(万元)

并购溢价=11.25×80－800=100(万元)

并购净收益=300－100－90=110(万元)

因为并购净收益大于零,所以,甲公司应并购乙公司。

练习二

(1)

甲、乙公司的权益净利率和市盈率　　单位:万元

项　目	甲公司	乙公司
所有者权益	50 000×(3/5)=30 000	30 000×(1/2)=15 000
负债	50 000－30 000=20 000	30 000－15 000=15 000
利息	20 000×10%=2 000	15 000×10%=1 500
税后净利润	(8 000－2 000)×(1－40%)=3 600	(3 500－1 500)×(1－40%)=1 200
每股收益	3 600/1 000=3.6	1 200/1 000=1.2
市盈率	2/3.6=20	12/1.2=10
权益净利率	3 600/30 000=12%	1 200/15 000=8%

(2)目标企业价值=估价收益指标×标准市盈率

乙公司的预计净利润=乙公司所有者权益×预计权益净利率=15 000×12%=1 800(万元)

目标企业价值=1 800×20=36 000(万元)

练习三

(1)并购收益=并购后的市场价值-并购前各公司的市场价值

=15 000-(8 000+2 000)=5 000(万元)

(2)并购溢价=2 500-2 000=500(万元)

(3)并购净收益=并购收益-并购溢价-并购费用

=5 000-(2 500-2 000)-500=4 000(万元)

或:

并购净收益=并购后的企业价值-并购前甲的市场价值-并购交易价格-并购费用

=15 000-8 000-2 500-500=4 000(万元)

练习四

加权平均资本成本=50%×10%+[8%+2×(13%-8%)]×50%=14%

B公司价值=[100×(1+4%)]/(14%-4%)=1 040(万元)

A公司尚有资金缺口40万元,如不运用其他融资方式或改变并购方式,则无法实现并购。

练习五

回购的股份数=50 000×10%=5 000(万股)

回购后流通在外的股份数=50 000-5 000=45 000(万股)

回购前:

每股收益=每股市价/市盈率=10/20=0.5(元)

净利润=0.5×50 000=25 000(万元)

净资产收益率=0.5/15×100%=3.33%

回购后:

公司净资产=50 000×15-5 000×10=700 000(万元)

每股净资产=700 000÷45 000=15.55(元)

回购后每股净资产比回购前增加了0.55元(15.55-15)。

因为净收益不变,回购后每股收益=25 000/45 000=0.56(元)

回购后每股市价=市盈率×每股收益=20×0.56=11.2(元)

回购后股票市价上升1.2元(11.2-10)。

三、复习思考题

略。

四、案例分析题

略。

第十五章 跨国公司财务管理

二、练习题

(一)判断题

1.× 2.√ 3.× 4.× 5.√ 6.× 7.× 8.√ 9.× 10.√

(二)单项选择题

1.A 2.C 3.D 4.D 5.B 6.C 7.D 8.A 9.A 10.D

(三)多项选择题

1. ABCD　2. ABCDE　3. ABC　4. ABCDE　5. ABCDE　6. CD
7. BD　8. ABCD　9. AB　10. ABD

(四)计算分析题

练习一

该公司损失金额＝(1 000×6.25－1 000×6.15)＝100(万元)

练习二

(1)(＄1.601 2/£－＄1.584 1/£)×£62 500×10＝＄10 687.5
(2)(＄1.552 3/£－＄1.584 1/£)×£62 500×10＝－＄19 875

练习三

减少的损失＝200×6.18－200×6.15＝6(万元)

练习四

在现货市场，12 月 1 日公司在支付货款时，汇率为＄1＝￥6.2，需支出人民币 1 240 万元，比 9 月 1 日的远期汇率多支出 6 万元，即由于汇率变动，公司损失了 6 万元人民币。

在期货市场，12 月 1 日公司以＄1＝￥6.17 的汇率将人民币兑换成美元，这时兑换成 200 万美元只需支付人民币 1 234 万元，之后立刻将 200 万美元按＄1 美元＝￥6.2 的即期汇率换成人民币，这里可得人民币 1 240 万元，这一笔外币期货合同使公司又赚回 6 万元人民币。

练习五

到期只需支付 1 220 万元人民币就可得到 200 万美元，赚取不同时期外汇汇率的差价人民币 20 万元。

三、复习思考题

略。

四、案例分析题

略。

普通高等教育会计专业精品课程系列教材

Corporate Finance

公司财务

第二版

王　霞　王金平　主　编
黄　松　吕雅慧　王嘉瑶　副主编

上海财经大学出版社

图书在版编目(CIP)数据

公司财务/王霞,王金平主编.—2版.—上海:上海财经大学出版社,2020.2
(普通高等教育会计专业精品课程系列教材)
ISBN 978-7-5642-3446-1/F·3446

Ⅰ.①公… Ⅱ.①王…②王… Ⅲ.①公司-财务管理-高等学校-教材 Ⅳ.①F276.6

中国版本图书馆CIP数据核字(2019)第287265号

□ 责任编辑 林佳依
□ 封面设计 张克瑶

公司财务
(第二版)

主　编　王　霞　王金平
副主编　黄　松　吕雅慧　王嘉瑶

上海财经大学出版社出版发行
(上海市中山北一路369号 邮编200083)
网　址:http://www.sufep.com
电子邮箱:webmaster @ sufep.com
全国新华书店经销
上海华业装璜印刷厂有限公司印刷装订
2020年2月第2版　2024年12月第2次印刷

787mm×1092mm　1/16　25.25印张　730千字
(习题与案例 6.25印张 207千字)
印数:8 001—8 500　定价:65.00元
(本教材免费赠送配套习题与案例,请直接向售书单位索取)

前 言

PREFACE

公司财务又称公司财务管理或简称财务管理，是会计学专业和财务管理专业的必修课程。通过学习《公司财务》，学生能够掌握财务管理的基本知识、基本方法和基本技能，为进行会计专业课程和财务管理专业课程或其他财经类课程的学习奠定基础。为此，本书在编写主线、编写特点与编写结构上涵盖了这些目的。本教材全套分为两册，分别为《公司财务》和《公司财务·习题与案例》。

编写主线

按照本教材的编写目标，其主线是：依据我国财政部《企业财务管理通则》、以公司制企业为对象，在概括现代财务管理原理的基础上，系统阐述了企业筹资、投资、日常资金运营和利润分配等基本理论与方法。本书以简明易懂的文字，阐述了公司财务的概念、目标与环境以及财务管理基础知识；在这个基础上，阐述了财务预测、预算和财务分析、权益资本筹资决策与长期债务筹资决策、资本成本与资本结构、项目投资决策与证券投资决策、营运资金与利润分配管理、财务控制、公司并购重组破产与跨国公司财务管理等。企业的生存与发展离不开良好的财务管理环境和先进的财务管理手段，通过这门课与这本教材的学习，使学生能够基本掌握企业财务管理涉及的筹资、投资、日常资金运营和利润分配的综合性财务管理的知识。本教材可以作为高等财经类院校开设财务管理课程的专业教材，也可以作为公司财务管理的培训教材。

编写特点

为便于学生在学习本章之前对讲授内容有一个大致了解，在每一章之首，阐述了本章学习目标，提纲挈领地让读者了解每一章的内容，并在每一章之末，对本章的重点部分进行小结，便于学生进行课后重点复习与领会。

本教材以简洁、通俗易懂的方式设计了"知识链接"与"课堂思考"栏目。"知识链接"栏目主要是为了扩展学生的知识面以及提高学生的学习热情；设置"课堂思考"栏目的目的是使学生能够正确理解每一个章节的知识点，培养学生勤于思考、善于思考的能力，使学生知其然，也知其所以然。

为方便教师的教学与学生的自学，与本教材配套的《公司财务·习题与案例》阐述了各章节的教学重点与难点、练习题与案例分析题。

各章作者

本教材由上海财经大学会计学院王霞副教授、上海财经大学浙江学院会计系王金平讲师任主编，黄松讲师、吕雅慧讲师、王嘉瑶助教任副主编，负责全书提纲的拟定以及全书定稿前的修改、补充和总纂。本书各章的作者是：第一、二章由上海财经大学会计学院王霞副教授执笔；第三、四章由上海财经大学浙江学院会计系徐锐讲师执笔；第五、九、十五章由上海财经大学浙江学院会计系黄松讲师执笔；第六、七章由上海财经大学浙江学院会计系王嘉瑶助教执笔；第八、十章由上海财经大学浙江学院会计系王金平讲师执笔；第十一、十二章由上海财经大学浙江学院会计系吕雅慧讲师执笔;第十三、十四章由上海财经大学浙江学院会计系陆怡倩助教执笔。

致谢和结语

上海财经大学教授、上海财经大学浙江学院教授王黎明博士自始至终地关心本教材的编写进度与编写质量,在此,我们全体编写人员表示衷心的感谢。

目前市场上财务管理的同类教材很多,为了使本教材的编写有其特色,在写作过程中借鉴了近年来有影响力的一些教材和相关文献,使我们受益匪浅,在此深表谢意。由于受篇幅限制和编写水平有限,本教材不可能包括得很全面,疏漏之处在所难免,希望各位同仁多多赐教,以修正不足之处。

编 者

2020 年 2 月

目　录

CONTENTS

第一章 财务管理绪论

学习目标

通过本章的学习，了解财务管理的基本概念内容，重点理解财务活动的主要内容以及企业的内、外部财务关系；了解企业财务管理目标的选择与财务管理目标之间的矛盾与协调；掌握财务管理工作环节以及影响企业财务管理的法律环境、经济环境与金融环境等因素。

第一节 财务管理概述

一、财务管理的产生与发展

财务管理是社会经济管理发展的必然要求，并随社会经济管理而产生和发展。财务管理概念、理论和方法的形成，经历了较为漫长的过程。

在西方，财务管理的萌芽可以追溯到 15、16 世纪。那时，地中海沿岸的一些城市商业已迅速发展，商业企业经营的产生和发展需要商业资本，因此出现了一些商业组织，向社会公众筹资入股，按股分红。这就是最原始的企业财务活动。

17、18 世纪，随着资本的原始积累和生产规模的扩大，股份公司逐渐发展成为一种典型的企业组织形式。尤其是 19 世纪 50 年代以后，随着西方国家产业革命的完成、制造业的迅速崛起，企业规模不断扩大，企业生产经营发展所需的资金越来越多，股份公司迅速发展，专业化的财务管理应运而生。财务管理实践的发展，促使财务管理的理论和方法逐渐成形。1897 年，美国著名财务学家格林出版了《公司财务》专著，标志着财务管理理论的初步形成。

西方国家的财务管理发展主要经历了以下三个阶段：

第一阶段：筹资财务管理阶段。20 世纪初期，随着资本主义的发展，企业迅速发展壮大，竞争更加激烈。为了扩大规模、应对竞争，企业需要筹措大量资本。因此，这一阶段，企业财务管理的主要任务是如何有效筹集企业发展所需要的资本以及合理安排资本结构。

第二阶段：内部管理阶段。20 世纪 30 年代爆发了世界性的经济危机，使得破产倒闭的企业空前增多，企业面临生存危机，企业间的市场竞争日益激烈，为了企业的生存、发展，财务管理的重心从外部扩张的资本筹集转到内部财务管理上。这一阶段，企业财务管理更注重合理运用企业拥有或控制的经济资源，加强财务分析和规划，提高资本的使用效益。

第三阶段：投资财务管理阶段。20 世纪 50 年代以后，随着企业经营及环境的深刻变化，市场竞争更趋激烈，企业经营更具风险。企业财务管理的成败不仅取决于合理的资本筹集和有效的资本运用，还取决于企业有利的投资决策。因此，财务管理的重心由资本筹集和资本运用转向风险投资决策。

我国财务管理理论与实践同样也有一个逐步演变的过程。总体而言，1978 年以前，企业财务管理工作是在高度集中的计划经济体制和相应的财政体制下建立与发展起来的，政府对企业财务管理工作的开展起直接作用；1978 年之后，随着经济体制和企业经营机制改革的不断深化，财务管理逐步回归企业，财务管理的内容也日益丰富。

二、财务管理的概念

任何企业的生产经营活动，都是运用人力、资金、物资与信息等各项生产经营要素来进行的，其中包含生产经营的业务活动和财务活动两个方面。与之对应，企业中必然存在两种基本管理活动，即生产经营管理活动和财务管理活动。财务管理是组织企业财务活动、处理财务关系的一项经济管理工作。因此，财务管理的基本概念由企业的资金运动、财务活动以及财务关系等构成。

知识链接

资金是企业生产经营过程中商品价值的货币表现，其实质是再生产过程中运动着的价值。企业再生产过程是实物商品的使用价值的生产和交换与价值的形成和实现过程的统一。货币资金转化成实物商品，一般需经过采购、生产和销售三个基本环节，最终又回到货币资金形态，其实物形态依次从原材料转化为在产品、产成品，资金运动过程如图 1—1 所示。

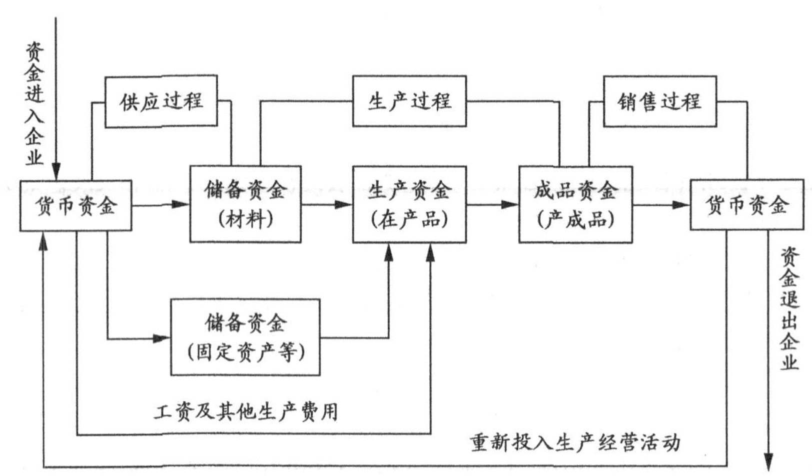

图 1—1　资金运动过程

货币资金转化为非货币资金，又回到货币资金，这一过程循环往复，构成了企业的资金运动。企业资金运动过程总是与一定的财务活动相联系并通过一系列的财务活动实现的。财务活动由资金筹集、资金投放与收回、资金营运以及资金分配等一系列活动组成。资金筹集活动又称筹资活动，是企业为满足投资与用资需要筹措和集中所需资金的过程，其主要来源是权益资金与债务资金。资金投放与收回又称投资活动，是企业资金筹集后为谋求最大经济效益而进行的各项经济活动。资金营运又称营运活动，是企业在日常生产经营活动中发生的一系列资金收付活动。资金分配又称利润分配，是基于企业取得各项收入在补偿成本、缴纳税金之后对企业实现的资金增值进行分配的过程。财务活动的四个方面是相互联系、相互依存的，也是企业财务管理的基本内容。

知识链接

筹资是企业投资活动的基础，在企业发展过程中，筹资及筹资管理是贯穿始终的。无论是在企业创立之时，还是在企业成长过程中追求规模扩张，甚至在日常经营周转过程中，都可能需要筹措资金。在筹资过程中，企业一方面要确定筹资的总规模，以保证投资所需要的资金；另一方面要选择筹资方式，降低筹资的代价和筹资的风险。投资是企业为了获得收益或规避风险而进行的资金投放活动。在投资过程中，企业必须考虑投资规模；同时，企业还必须通过投资方向和投资方式的选择，确定合理的投资结构，以提高投资效益、降低投资风险。利润分配要解决的问题，是在企业获得的税后利润中，有多少分配给投资者，有多少留在企业作为再投资之用。如果利润发放过多，会影响企业再投资能力，使未来收益减少，不利于企业长期发展；如果利润分配过少，可能引起投资者不满。

三、企业的财务关系

企业的财务活动是以企业为主体进行的，企业作为法人，在组织财务活动过程中，必然与企业内、外部有关各方发生广泛的经济利益关系，这就是企业的财务关系。企业的财务关系可概括为企业与政府之间的财务关系、企业与投资者之间的财务关系、企业与债权人之间的财务关系、企业与受资者之间的财务关系、企业与债务人之间的财务关系、企业内部各单位之间的财务关系以及企业与职工之间的财务关系等。

（一）企业与政府之间的财务关系

作为国家行政管理者，政府担负着维护社会正常秩序、保卫国家安全、组织和管理社会活动等任务。政府为完成这些任务，必然无偿参与企业利润的分配。企业则必须按照国家税法规定缴纳各种税款，包括所得税、流转税和计入成本的税金。这种关系体现为一种强制和无偿的分配关系。

（二）企业与投资者之间的财务关系

这主要是指企业的所有者向企业投入资本形成的所有权关系，企业的所有者主要有国家、个人和法人单位，其具体表现为独资、控股和参股关系。企业作为独立的经营实体，独立经营，自负盈亏，实现所有者资本的保值与增值。所有者以出资人的身份，参与企业税后利润的分配，体现为所有权性质的投资与受资的关系。

（三）企业与债权人之间的财务关系

这主要是指债权人向企业贷放资金，企业按借款合同的规定按时支付利息和归还本金所形成的经济关系。企业的债权人主要有金融机构、企业和个人。企业除利用权益资金进行经营活动外，还要借入一定数量的资金，以便扩大企业经营规模，降低资金成本。企业同债权人的财务关系在性质上属于债务与债权关系。在这种关系中，债权人不像资本投资者那样有权直接参与企业经营管理，对企业的重大活动不享有表决权，也不参与剩余收益的分配，但在企业破产清算时享有优先求偿权。因此，债权人投资的风险相对较小，收益也较低。

（四）企业与受资者之间的财务关系

这主要是指企业以购买股票或直接投资的形式向其他企业投资所形成的经济关系。随着市场经济的不断深入发展、企业经营规模和经营范围的不断扩大，这种关系将会越来越广泛。企业与受资方的财务关系体现为所有权性质的投资与受资的关系。企业向其他单位投资，依其出资额，可形成独资、控股和参股情况，并根据其出资份额参与受资方的重大决策和利润分配。企业投资的最终目的是取得收益，但也存在一定的投资风险。投资风险大，要求的收益高。

（五）企业与债务人之间的财务关系

这主要是指企业将资金以购买债券、提供借款或商业信用等形式出借给其他单位所形成的经济关系。企业将资金借出后,有权要求其债务人按约定的条件支付利息和归还本金。企业同其他债务人的关系体现为债权与债务关系。企业在提供信用的过程中,一方面会产生直接的信用收入,另一方面也会发生相应的机会成本和坏账损失的风险,企业必须考虑两者的对称性。

(六)企业内部各单位之间的财务关系

这主要是指企业内部各单位之间在生产经营各环节中相互提供产品或劳务所形成的经济关系。企业内部实行责任预算、责任考核与评价的情况下,企业内部各责任中心之间相互提供产品与劳务,应以内部转移价格进行核算。这种在企业内部形成的资金结算关系,体现了企业内部各单位之间的利益均衡关系。

(七)企业与职工之间的财务关系

这主要是指企业向职工支付劳动报酬过程中形成的经济关系。职工是企业的劳动者,他们以自身提供的劳动作为参加企业分配的依据。企业根据劳动者的劳动情况,用其收入向职工支付工资、津贴和奖金等,体现着职工个人和集体在劳动成果上的分配关系。

第二节 财务管理的目标

一、财务管理目标的选择

任何管理都是有目的的行为,财务管理也不例外。财务管理目标是企业财务管理工作,尤其是财务决策所依据的最高准则,是企业财务活动要达到的最终目标。目前,人们对财务管理目标的认识尚未统一,主要有三种观点:利润最大化、资本利润率最大化(或每股利润最大化)和企业价值最大化(或股东财富最大化)。

(一)利润最大化

这种观点认为,利润代表了企业新创造的财富,利润越多,说明企业的财富增加得越多,越接近企业的目标。这种观点的缺陷是:(1)利润最大化是一个绝对数指标,没有考虑企业的投入与产出之间的关系,难以在不同资本规模的企业或同一企业的不同期间进行比较。(2)没有区分不同时期的收益,没有考虑资金的时间价值。投资项目收益现值的大小,不仅取决于其收益将来值总额的大小,还要受取得收益时间的制约。因为早取得收益,就能早进行再投资,进而早获得新的收益,利润最大化目标则忽视了这一点。(3)没有考虑风险问题。一般而言,某一投资项目可能的收益越高,伴随的风险也越大。例如,投资股票的期望收益比投资债券的期望收益高,但相应的风险也大。追求最大利润,有时会为了追求高收益而增加企业风险,但利润最大化的目标不考虑企业风险的大小。(4)利润最大化可能会使企业财务决策带有短期行为,即片面追求利润的增加,不考虑企业长远的发展。

(二)资本利润率最大化(或每股利润最大化)

这种观点认为,应该把企业利润与投入的资本相联系,用资本利润率(或每股利润)作为企业财务管理目标。其观点本身概念明确,将企业实现的利润与投入的资本或股本进行对比,可以在不同资本规模的企业或同一企业不同期间进行对比,揭示其盈利水平的差异。但是,这种观点本质上还是以利润为基础的,因此仍然存在三个问题:一是没有考虑资金的时间价值,二是没有考虑风险问题,三是企业财务决策会出现短期行为。

(三)企业价值最大化(或股东财富最大化)

投资者建立企业的重要目的在于创造尽可能多的财富,这种财富首先表现为企业的价值。企业价值的大小取决于企业潜在或预期的获利能力。该观点认为,企业价值最大化可以通过企业的合理经营,采用最优的财务决策,充分考虑资金的时间价值和风险与报酬的关系,在保证企业长期稳定发展的基础上,使企业总价值达到最大。这是现代西方财务管理理论公认的财务目标,认为这是衡量企业财务行为和财务决策的合理标准。本书采纳这种观点,并在此基础上讨论财务管理的理论和实务。

对于股份制企业,企业价值最大化可表述为股东财富最大化。对于上市的股份公司,股东财富最大化可用股票市价最大化来代替。股票市价是企业经营状况及业绩水平的动态描述,代表了投资大众对公司价值的客观评价。股票价格是由公司未来的收益和风险决定的,其股价的高低,不仅反映了资本和获利之间的关系,而且体现了预期每股收益的大小、取得的时间、所冒的风险以及企业利润分配政策等诸多因素的影响。企业追求其市场价值最大化,有利于避免企业在追求利润上的短期行为,因为不仅目前的利润会影响企业的价值,预期未来的利润对企业价值的影响所起的作用更大。

由于企业价值最大化是一个抽象的目标,在运用时也存在一些缺陷:(1)非上市企业的价值确定难度较大。虽然通过专门评估(如资产评估)可以确定其价值,但评估过程受评估标准和评估方式的影响,使估价不易客观和标准,从而影响企业价值的准确性与客观性。(2)股票价格的变动除受企业经营因素影响之外,还要受其他企业无法控制的因素影响。

二、财务管理目标之间的矛盾和协调

企业从事财务管理活动,必然发生企业与各个方面的经济利益关系,在企业财务关系中,最重要的关系是所有者、经营者与债权人之间的关系。企业必须处理、协调好这三者之间的矛盾与利益关系。

(一)所有者与经营者的矛盾和协调

1. 所有者与经营者的矛盾

企业是所有者的企业,企业价值最大化代表了所有者的利益。现代公司制企业所有权与经营权完全分离,经营者不持有公司股票或持有少量的股票,其经营的积极性就会降低,因为经营者努力工作的所得不能全部归自己所有,此时他会选择干得轻松点,不愿意为提高股价而冒险,并设法用企业的钱为自己谋福利,如乘坐豪华轿车、奢侈的出差旅行等,因为这些开支可计入企业成本,由全体股东分担。有的甚至蓄意压低企业股票价格,以自己的名义买回,从中渔利,导致其他股东财富受损。由于两者追求目标不同,必然导致经营者利益和股东财富最大化的冲突,即经营者(经理)个人利益最大化和股东财富最大化的矛盾。

2. 所有者与经营者矛盾的协调

为了协调所有者与经营者的矛盾,防止经营者背离股东目标,一般有两种方法:

(1)监督。经营者背离股东目标的条件是双方的信息不一致。经营者掌握企业实际的经营控制权,对企业财务信息的掌握远远多于股东,因而容易出现“内部人控制”的现象。为了协调这种矛盾,就要加强对经营者的监督,并采取必要的措施。第一,股东要求经营者定期公布财务报表,及时向股东通报企业的经营情况和财务状况。第二,对经营者实行定期审计制度,若发现经营者有损害企业利益的行为,及时予以纠正,如果情况严重,可考虑将其解聘甚至追究法律责任。但监督只能减少经营者违背股东意愿的行为,因为股东是分散的,得不到充分的信息,全面监督实际上做不到,还会受到合理成本的制约。

(2)激励。这是指将经营者的管理绩效与其所得的报酬联系起来,使经营者分享企业增加的财富,鼓励他们自觉采取符合股东目标的行为,如允许经营者在未来某个时期以约定的固定价格购买一定数量的公司股票,股票价格提高后,经营者自然获取股票涨价收益;或以每股收益、资产报酬率、净资产收益率以及资产流动性指标等对经营者的绩效进行考核,以其增长率为标准,给经营者以现金、股票奖励。但激励作用与激励成本相关,报酬太低,不起激励作用;报酬太高,又会加大股东的激励成本,减少股东的自身利益。可见,激励也只能减少经营者违背股东意愿的行为,不能解决全部问题。

通常情况下，企业采用监督和激励相结合的办法使经营者的目标与企业目标协调起来，力求使监督成本、激励成本和经营者背离股东目标的损失之和最小。

3. 所有者与经营者矛盾协调的外部作用

除了企业自身的努力之外，由于外部市场竞争的作用，也促使经营者把公司股票价格最高化作为其经营的首要目标。这种外部作用主要表现在三个方面：

(1)经营者人才市场评价。经营者人才作为一种人力资源，其价值是由市场决定的。来自资本市场的信息反映了经营者的经营绩效，公司股价高说明经营者经营有方，股东财富增加，同时经营者在人才市场上的价值也高，聘用他的公司会向他付出高报酬。此时经营者追求利益最大的愿望便与股东财富最大的目标一致。

(2)经营者被解聘的威胁。现代公司股权的分散使个别股东很难通过投票表决来撤换不称职的总经理。同时，由于经营者被授予了很大的权力，他们实际上控制了公司，股东即使看到他们经营企业不力、业绩欠佳也无能为力。进入20世纪80年代以来，许多大公司为机构投资者控股，养老基金、共同基金和保险公司在大企业中所占的股份，足以有能力解聘总经理。由于总经理会受到被解聘的威胁，这就能促使他们不断创新、努力经营，为股东的最大利益服务。

(3)公司被兼并的威胁。如果公司经营者经营不力或决策错误，将导致股票价格下跌，当股票价格下跌到一定水平时，就会有被其他公司兼并的危险。被兼并公司的经营者在合并公司的地位一般都会下降，甚至被解雇，这对经营者利益的损害是很大的。因此，经营者为保住自己的地位和已有的权力，会竭尽全力使公司的股价最大化，这是与股东利益一致的。

(二)所有者与债权人的矛盾和协调

1. 所有者与债权人的矛盾

债权人把资金借给企业，其追求的目标是安全、及时地收回本金和利息。由于投资回报是固定的，因此债权人不希望企业投资高风险项目，也不希望企业因为举新债而降低偿债能力。所有者(股东)的目标是公司价值(股东财富)最大化，因此，所有者有可能未经债权人同意，要求经营者投资于比债权人预计风险要高的项目，这会增加负债的风险。若高风险的项目成功，额外利润就会被所有者独享；若失败，债权人却要与所有者共同负担由此造成的损失，这对债权人来说风险与收益是不对称的。此外，所有者(股东)未征得现有债权人同意，而要求经营者发行新债券或借新债，会加大企业破产的风险，致使旧债券或老债的价值降低，损害债权人的利益。因此，在企业财务拮据时，所有者和债权人之间的利益冲突加剧。

2. 所有者与债权人矛盾的协调

所有者与债权人的上述矛盾协调，一般通过以下方式解决：(1)限制性借款。通过限制借款的用途，防止企业擅自投资于高风险项目，同时还可对企业举新债的条件及金额做出限制。(2)收回借款，不再借款。当债权人发现公司有侵蚀其债权价值的意图时，采取收回债权和不给予公司重新放款的措施来保护自身的权益。

除债权人外，与企业经营者有关的各方都与企业有合同关系，都存在着利益冲突和限制条款。企业经营者若侵犯雇员、客户、供应商和所在社区的利益，都将影响企业目标的实现。所以说，企业是在一系列限制条件下实现企业价值最大化的。

第三节 财务管理的环节

财务管理的环节是指财务管理的工作步骤和一般程序。企业财务管理一般包括以下五个环节：

一、财务预测

财务预测是企业根据财务活动的历史资料，考虑现实条件与要求，运用特定方法对企业未来的财务活动和财务成果做出的科学预计或测算。财务预测是进行财务决策的基础，是编制财务预算的前提。

知识链接

财务预测采用的方法主要有两种：一是定性预测，是指企业在缺乏完整的历史资料或有关变量之间不存在较为明显的数量关系条件下，专业人员进行的主观判断与推测。二是定量预测，是指企业根据比较完备的资料，运用数学方法，建立数学模型，对事物的未来进行的预测。在实际工作中，通常将两者结合起来进行财务预测。

二、财务决策

财务决策是企业财务人员按照企业财务管理目标，采用专门方法对各种备选方案进行比较分析，并从中选出最优方案的过程。它不是拍板决定的瞬间行为，而是提出问题、分析问题和解决问题的全过程。正确的决策可使企业起死回生，错误的决策可导致企业毁于一旦，所以，财务决策是企业财务管理的核心，其成功与否直接关系到企业的兴衰成败。

三、财务预算

财务预算是企业运用科学的技术手段和数量方法，对未来财务活动的内容及指标进行综合平衡与协调的具体规划。财务预算以财务决策确立的方案和财务预测提供的信息为基础进行编制，是财务预测和财务决策的具体化，是财务控制和财务分析的依据，贯穿于企业财务活动的全过程。

四、财务控制

财务控制是在财务管理过程中，利用有关信息和特定手段，对企业财务活动施加的影响进行的调节。实行财务控制是落实财务预算、保证预算实现的有效措施，也是责任绩效考评与奖惩的重要依据。

五、财务分析

财务分析是根据企业核算资料，运用特定方法，对企业财务活动过程及其结果进行分析和评价的一项工作。财务分析既是本期财务活动的总结，也是下期财务预测的前提，具有承上启下的作用。通过财务分析，可以掌握企业财务预算的完成情况，评价财务状况，研究和掌握企业财务活动的规律，改善财务预测、财务决策、财务预算和财务控制，提高企业财务管理水平。

第四节　财务管理的环境

企业存在于一定的社会、文化、政治、法律和经济环境中，并与其发生各方面的联系。企业的发展离不开环境，作为企业管理的一个重要组成部分，财务管理不可避免地受到社会、文化、政治、法律和经济环境的影响。企业财务管理环境是指对企业财务活动和财务管理产生影响作用的企业内、外部的各种条件。通过环境分析，可以提高企业财务行为对环境的适应能力、应变能力和利用能力，以便更好地实现企业财务管理目标。

企业财务管理内部财务环境的主要内容包括企业资本实力、生产技术条件、经营管理水平和决策者的素质四个方面。由于内部财务环境存在于企业内部，因此，企业可以从总体上采取相应的措施进行控制和改变。而企业财务管理的外部环境，无论是有形的硬环境，还是无形的软环境，企业都难以控制和改变，更多的是适应和因势利导，因此，本章主要介绍外部财务环境。影响企业外部财务环境的有多种因素，其中最主要的有法律环境、经济环境和金融环境等。

一、法律环境

财务管理的法律环境是指企业与外部发生经济关系时应遵守的各种法律、法规和规章。市场经济是一种法制经济，企业的一切经济活动总是在一定法律规范范围内进行的。一方面，法律提出了企业从事一切经济业务所必须遵守的规范，从而对企业的经济行为进行约束；另一方面，法律也为企业合法从事各项经济活动提供了保护。

(一)与企业相关的法律与法规

企业是市场经济的主体，不同组织形式的企业适用的法律是不同的。现代企业组织的主要形式有：(1)独资企业。独资企业是由一个自然人投资的企业，业主对企业有绝对控制权，同时对全部债务负有无限连带责任。(2)合伙企业。由两个或两个以上合伙人出资的企业，称为合伙企业。合伙企业由合伙人共同拥有企业资产的所有权，共同经营，共担风险，共负盈亏。合伙企业的合伙人对企业债务负有无限连带责任。(3)公司制企业。公司是指按公司法登记设立，由众多投资者出资组建的法人组织。公司享有由股东投资形成的全部法人财产权，依法自主经营、自负盈亏。公司股东按其所持股份或出资比例分享收益和其他权利并承担有限责任。公司制企业主要有两种形式：一是有限责任公司，是指由50个以下股东共同出资，每个股东以其出资额为限对公司承担有限责任，公司以其全部资产对债务承担有限责任的企业法人组织。二是股份有限公司，是指其全部资本分为等额股份，股东以其所持股份为限对公司承担责任，公司以其全部资产对债务承担有限责任的企业法人组织。

每个国家均有相应的法律来规范上述三类企业的行为。因此，不同组织形式的企业在进行财务管理时，必须熟悉其企业组织形式对财务管理的影响，从而做出相应的财务决策。

(二)税收法规

税法是税收法律制度的总称，是调整税收征纳关系的法规规范。与企业相关的税种主要有以下五种：(1)所得税类，包括企业所得税、个人所得税。(2)流转税类，包括增值税、消费税。(3)资源税类，包括资源税、城镇土地使用税、土地增值税。(4)财产税类，指财产税。(5)行为税类，包括印花税、车船税、屠宰税。

(三)财务法规与其他法规

企业财务法规制度是规范企业财务活动、协调企业财务关系的法规文件。我国目前企业财务管理法规制度有企业财务通则、行业财务制度和企业内部财务制度三个层次。其他法规包括证券交易法、票据法、银行法等。

知识链接

法律环境对企业财务管理的影响和制约主要表现在以下方面：(1)在筹资活动中，国家通过法律规定了筹资的最低规模和结构。(2)在投资活动中，国家通过法律规定了投资的方式和条件。(3)在分配活动中，国家通过法律来约束企业的利润分配。在生产经营活动中，国家规定的各项法律也会引起财务安排的变动或者说在财务活动中必须予以考虑。

二、经济环境

财务管理作为一种微观管理活动，经济环境对财务管理的主要影响有经济管理体制、经济结构、经济发展状况、宏观经济调控政策等。

(一)经济管理体制

经济管理体制是指在一定的社会制度下，生产关系的具体形式以及组织、管理和调节国民经济的体系、制度、方式和方法的总称。经济管理体制分为宏观经济管理体制和微观经济管理体制两类。宏观经济管理体制是指整个国家宏观经济的基本经济制度，而微观经济管理体制是指一国的企业体制及企业与政府、企业与所有者关系的经济制度。宏观经济体制对企业财务行为的影响主要体现在企业必须服从和服务于宏观经济管理体制，在财务管理的目标、财务主体、财务管理的手段与方法等方面与宏观经济管理体制的要求相一致。微观经济管理体制对企业财务行为的影响与宏观经济体制相联系，主要体现在如何处理企业与政府、企业与所有者之间的财务关系。

(二)经济结构

经济结构一般是指从各个角度所反映的社会生产和再生产的构成，包括产业结构、地区结构、分配结构和技术结构等。经济结构对企业财务行为的影响主要体现在产业结构上。一方面，产业结构会在一定程度上影响甚至决定财务管理的性质，不同产业所要求的资金规模或投资规模不同，不同产业所要求的资本结构也不一样；另一方面，产业结构的调整和变动要求财务管理做出相应的调整和变动，否则企业日常财务运作艰难，财务目标难以实现。

(三)经济发展状况

任何国家的经济发展都不可能呈现长期的快速增长之势，而总是表现为“波浪式前进，螺旋式上升”的状态。当经济发展处于繁荣时期时，经济发展速度较快，市场需求旺盛，销售额大幅度上升。企业为了扩大生产，需要增加投资，与此相适应，则需筹集大量的资金以满足投资扩张的需要。当经济发展处于衰退时期时，经济发展速度缓慢，甚至出现负增长，企业的产量和销售量下降，投资锐减，资金时而紧缺、时而闲置，财务运作出现较大困难。另外，经济发展中的通货膨胀也会给企业财务管理带来较大的不利影响，主要表现在：资金占用额迅速增加；利率上升，企业筹资成本加大；证券价格下跌；筹资难度增加；利润虚增，资金流失。

(四)宏观经济调控政策

政府具有对宏观经济发展进行调控的职能。在一定时期，政府为了协调经济发展，往往通过计划、财税、金融等手段对国民经济总运行机制及子系统提出一些具体的政策措施。这些宏观经济调控政策对企业财务管理的影响是直接的，企业必须按国家政策办事，否则将寸步难行。例如，当国家采取收缩的调控政策时，会导致企业的现金流入减少、现金流出增加、资金紧张、投资压缩；反之，当国家采取扩张的调控政策时，企业财务管理则会出现与之相反的情形。

三、金融环境

金融环境是企业财务管理最为重要的环境因素之一。一般影响财务管理的主要金融环境因素有金融机构、金融工具、金融市场和利率等。

(一)金融机构

社会资金从资金供应者手中转移到资金需求者手中，大多要通过金融机构。金融机构包括银行业金融机构和其他金融机构。

1. 银行业金融机构

银行的主要职能是充当信用中介、企业之间资金的支付中介，提供信用工具，发挥投资功能和国民经济的宏观调控手段。我国银行业主要包括中国人民银行、各种商业银行和政策性银行。

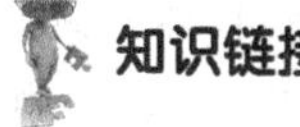

知识链接

中国人民银行是我国的中央银行，它代表政府管理全国的金融机构和金融活动，经理国库。商业银行是以经营存款、放款、办理转账结算为主要业务,以营利为主要经营目标的金融企业。我国商业银行有国有独资商业银行、股份制商业银行,如中国工商银行、交通银行、招商银行等。政策性银行是指由政府设立,以贯彻国家产业政策、区域发展政策为目的,不以营利为目的的金融机构。我国目前有三家政策银行:中国国家开发银行、中国进出口银行、中国农业发展银行。

2. 其他金融机构

其他金融机构包括金融资产管理公司、保险公司、信托投资公司、证券机构、财务公司、金融租赁公司等。

(二)金融工具

金融工具是在金融活动中产生的、能够证明债权债务关系并据以进行货币市场交易的合法凭证,它对于债权债务双方所应承担的义务与享有的权利均具有法律效力。金融工具一般具有期限性、流动性、风险性和收益性四个特征。

(三)金融市场

金融市场是指资金供应者和资金需求者双方通过金融工具进行交易的场所。金融市场可以是有形的市场,如银行、证券交易所等,也可以是无形的市场,如利用电脑、电传、电话等设施通过经纪人进行资金融通活动。金融市场有广义与狭义之分。广义的金融市场是指一切资本流动(包括实物资本和货币资本)的场所,其交易对象为:货币借贷、票据承兑和贴现、有价证券的买卖、黄金和外汇买卖、办理国内外保险、生产资料的产权交换等。狭义的金融市场一般是指有价证券市场,即股票和债券的发行和买卖市场。企业从事投资活动所需要的资金,除了所有者投入以外,主要从金融市场取得。金融政策的变化必然影响企业的筹资与投资,所以,金融市场环境是企业最为主要的环境因素。

知识链接

金融市场环境对企业财务活动的影响主要有:(1)金融市场为企业提供了良好的投资和筹资的场所。当企业需要资金时,可以在金融市场上选择合适的方式筹资,而当企业有闲置的资金时,又可以在市场上选择合适的投资方式,为其资金寻找出路。(2)金融市场为企业的长短期资金相互转化提供方便。企业可通过金融市场将长期资金,如股票、债券,变现转为短期资金;也可以通过金融市场购入股票、债券等,将短期资金转化为长期资金。(3)金融市场为企业财务管理提供有意义的信息。金融市场的利率变动反映资金的供求状况,有价证券市场的行情反映投资人对企业经营状况和盈利水平的评价。这些都是企业生产经营和财务管理的重要依据。

(四)利率

利率是利息占本金的百分比指标。从资金借贷关系看,利率是一定时期运用资金资源的交易价格。资金作为一种特殊商品,实质上是资源通过利率实行的再分配,因此利率在资金分配及企业财务决策中起着重要作用。

1. 利率的类型

利率可以按照不同的标准进行分类。

(1)按照利率之间的变动关系,分为基准利率和套算利率。基准利率又称基本利率,是指在多种利率并存的条件下起决定作用的利率,它的变动将会影响其他利率的变动。基准利率在西方通常就是中央银行的再贴现率,在我国则是中国人民银行对商业银行的贷款利率。套算利率是指在基准利率确定之后,各金融机构根据基准利率和借贷款项的特点换算出来的利率。例如,某金融机构规定,贷款 AAA 级、AA 级、A 级企业的利率,应该分别在基准利率的基础上加 0.5%、1%和 1.5%,加总计算所得的利率便是套算利率。

(2)按照利率在借贷期内是否可以调整,分为固定利率和浮动利率。固定利率是指在借贷期内固定不变的利率。受通货膨胀的影响,实行固定利率会使债权人的利益受到损失。浮动利率是指在借贷期内可以调整的利率。在通货膨胀条件下,可使债权人减少损失。

(3)按照利率形成机制不同,分为市场利率和法定利率。市场利率是指根据资金市场上的供求关系,随着市场而自由变动的利率。法定利率是指由政府金融管理部门或者中央银行确定的利率。

2. 利率的一般计算公式

正如任何商品的价格由供求双方来决定一样,资金这一特殊商品的价格,即利率,也主要是由供求双方来决定,除此之外,经济周期、通货膨胀、国家货币发行政策和财政政策、国际政治关系、国家利率管制程度等对利率的变动均会产生不同程度的影响。因此,资金的利率通常由三部分组成:纯利率、通货膨胀补偿率和风险收益率。

知识链接

纯利率是指在没有风险和通货膨胀情况下的平均利率。在没有通货膨胀时,国库券的利率可以视为纯利率。通货膨胀补偿率是指由于通货膨胀会降低货币的实际购买力,为弥补其购买力损失而在纯利率的基础上加上的补偿率。风险收益率是指由于存在违约风险、流动性风险和期限风险而要求在纯利率和通货膨胀之外补偿的利率。其中,违约风险附加率是指为了弥补因债务人无法按时还本付息而带来的风险,由债权人要求附加的利率;流动性风险附加率是指为了弥补因债务人资产流动性差而带来的风险,由债权人要求附加的利率;期限风险附加率是指为了弥补因偿债期长而带来的风险,由债权人要求附加的利率。

本章小结

财务管理的基本概念由企业的资金运动、财务活动以及财务关系等构成。企业资金运动过程总是与一定的财务活动相联系并通过一系列的财务活动实现的,财务活动由资金筹集、资金投放与收回、资金营运以及资金分配等相互联系、相互制约的活动组成。企业的财务关系可概括为企业与政府之间的财务关系、企业与投资者之间的财务关系、企业与债权人之间的财务关系、企业与受资者之间的财务关系、企业与债务人之间的财务关系、企业内部各单位之间的财务关系以及企业与职工之间的财务关系等。

财务管理目标存在三种选择:利润最大化、资本利润率最大化(或每股利润最大化)和企业价值最大化(或股东财富最大化)。本书采纳企业价值最大化观点,并在此基础上讨论财务管理的理论和实务。为达到企业价值最大化这一目标,企业必须处理并协调好经营者、所有者、债权人三者之间的矛盾与利益关系。

企业财务管理一般包括五个环节:财务预测、财务决策、财务预算、财务控制和财务分析。

企业财务管理环境是指对企业财务活动和财务管理产生影响作用的企业内、外部的各种条件。企业财务管理内部财务环境的主要内容包括企业资本实力、生产技术条件、经营管理水平和决策者的素质四个方面。影响企业外部财务环境的有多种因素,其中最主要的有法律环境、经济环境和金融环境等。

复习思考题

1. 企业财务管理的基本内容是什么?分析其原因。
2. 企业常见的财务管理目标有哪些?阐述其内容并分析存在的缺陷。
3. 如何协调所有者、债权人和经营者三者之间的关系?
4. 财务管理的工作环节有哪些?分析这些环节的相互作用。
5. 财务管理的法律环境主要包括哪些内容?
6. 金融环境变化将如何影响企业的财务管理?

第二章 财务管理基础知识

学习目标

通过本章的学习，掌握货币时间价值的基本概念以及相关现值、终值和年金的计算；理解投资风险和风险类型；掌握衡量风险程度的几个重要指标。

第一节 货币时间价值

货币时间价值是财务管理的一个重要价值观念，它能正确地揭示不同时点上货币之间的换算关系，企业在筹资、投资和利润分配等活动中都需要考虑货币时间价值。如果离开了时间价值因素，就无法正确计算不同时期的财务收支，也无法正确评价企业的盈亏。因此，货币时间价值是学习财务管理的基础，只有掌握了货币时间价值的基本概念和计算方法，才能理解它们在筹资、投资、资金营运和利润分配中的具体作用。

一、货币时间价值的内涵

（一）货币时间价值的概念

货币时间价值是指一定量的资金在不同时点上价值量的差额，也称为资金的时间价值。

在日常生活中，经常会遇到这样一种现象：一定量的资金在不同时点上具有不同价值，现在的1元钱比将来的1元钱更值钱。例如，现在有1万元，银行的年利率为5%，那么1年后可得到1.05万元，于是现在的1万元就与1年后的1.05万元相等。这是因为现在的1万元经过1年时间增值了500元，这增值的500元就是资金在周转使用过程中经过1年时间产生的新价值。同样，企业的资金投入到生产经营中，经过生产过程的不断运行、资金的不断运动，会创造新的价值，使资金得以增值。因此，一定量的资金投入生产经营或存入银行，会取得一定的利润或利息，从而产生资金的时间价值。

（二）货币时间价值的来源和产生条件

货币时间价值是资金在周转过程中随着时间的推移而发生的价值增值，它是在生产经营中产生的、来源于劳动者在生产过程中创造的剩余价值。资金时间价值产生的前提条件，是由于商品经济的高度发展和借贷关系的普遍存在，出现了资金使用权与所有权的分离，资金的所有者把资金使用权转让给使用者，而使用者必须把资金增值的一部分支付给资金的所有者作为报酬。资金占用的金额越大、使用的时间越长，所有者所要求的报酬就越高。资金在周转过程中的价值增值是资金时间价值产生的根本源泉。

（三）货币时间价值的表现形式

货币时间价值有两种表现形式：一种是绝对数的表现形式，是资金在周转使用过程中产生的增值额；另一种是相对数的表现形式，是在没有风险和没有通货膨胀条件下的社会平均资金利润率或通货膨胀率很低时的政府债券利率。资金的时间价值是企业资金利润率的最低限度，也是企业使用资金的最低成本率，通常用相对数表示。

值得注意的是，货币时间价值与利率是有明显差别的，利率不仅包括时间价值，而且还包括风险因素和通货膨胀因素。由于资金时间的增长过程与利息的计算过程在数学上相似，因此，在换算时采用利息的各种计算方法。

二、货币时间价值的计算

与货币时间价值计算相关的要素有四个：现值、终值、利率与计息期数。

现值又称本金，是指未来某一时点上的一定量现金折算到现在的价值。终值又称未来值，是指现在一定量的现金在将来某一时点上的价值，又称本利和。利率代表每一期间的货币时间价值大小，一定量的货币乘以利率就是每期货币的增值量，即利息。计算利息有两种方式：单利与复利。单利方式下，每期都按初始本金计算利息，当期利息既不取出也不计入下期本金，计算基础不变。复利方式下，以当期末本利和为计息基础计算下期的利息。期数是指一定量货币现值与终值之间的时间间隔。

(一)单利终值和单利现值

单利是指一种不论时间长短只按本金计息，其所生利息不加入本金重复计算利息的方法。为计算方便，特设定如下符号标志：P 表示现值，即本金或期初金额；F 表示终值，即本利和；I 表示每期利息总和；i 表示每一计息期的利率；n 表示计算利息的期数。

1. 单利终值

单利终值是指现在收入或支出一笔资金按单利计算的未来价值。单利终值的计算公式为：

$$F=P+I=P+P\cdot i\cdot n=P\cdot(1+i\cdot n)$$

【例 2—1】 某人将 10 000 元存入银行，期限为 4 年，银行存款利率为 6%。按照单利计算，则到期时的本利和为：

$F=10\ 000\times(1+6\%\times4)=12\ 400$(元)

2. 单利现值

单利现值是指未来收入或支出一笔资金按单利折算的现在价值。单利现值的计算公式为：

$$P=F/(1+i\cdot n)$$

【例 2—2】 某人打算在 4 年后用 12 400 元支付一笔款项，目前银行存款利率为 6%。按照单利计算，则现在他需要存入银行的款项为：

$P=12\ 400/(1+6\%\times4)=10\ 000$(元)

由此可见，在单利计息的方式下，终值与现值的计算是互逆的。本书除非特别指明，给出的利率均为年利率，不足一年的按 360 日计算。

课堂思考

某企业持有一带息票据，期限为 90 日，面额为 5 000 元，票面利率为 5%，则到期日票据利息为多少？假设该企业因急需用款，凭该票据向银行贴现 60 日，银行贴现率为 6%，则银行收取的贴现利息为多少？

(二)复利终值和复利现值

复利是计算利息的另外一种方法，货币时间价值通常都是按照复利方式计算的。所谓复利，就是指不仅对本金要计息，而且对本金所产生的利息在下一个计息期也要计入本金一起计息的方法，即“利滚利”。这里的计息期是指相邻两次计息的时间间隔，如年、月、日等。除非特别指明，计息期一般为1年。

1. 复利终值

复利终值是指现在一定量的资金按复利计算的未来价值。例如，将一笔资金P存入银行，年利率为i，如果每年按复利方式计息一次，则n年后的本利和就是复利终值，其计算公式为：

$$F=P\cdot(1+i)^n$$

上式中的$(1+i)^n$称为复利终值系数或1元的复利终值，用符号$(F/P,i,n)$表示。复利终值的计算公式也可写为：

$$F=P\cdot(F/P,i,n)$$

复利终值系数可以通过查阅本书附录一"复利终值系数表"直接获得。

【例2—3】 某人将10 000元存入银行，期限为4年，银行存款利率为6%。按照复利计算，则到期时的本利和为多少？

复利终值 $F=P\cdot(F/P,i,n)=10\,000\times(F/P,6\%,4)=10\,000\times1.262\,5=12\,625$(元)

2. 复利现值

复利现值是指未来特定时间的一定量资金按复利折算的现在价值，相当于为了取得将来一定本利和所需的原始本金。复利现值和复利终值的计算也是互逆的，实际上它是在已知F、i、n的情况下，依据复利计息原理计算的现值P。其计算公式为：

$$P=F\cdot(1+i)^{-n}$$

上式中的$(1+i)^{-n}$称为复利现值系数或1元的复利现值，用符号$(P/F,i,n)$表示。复利现值的计算公式也可写为：

$$P=F\cdot(P/F,i,n)$$

复利现值系数可以通过查阅本书附录二"复利现值系数表"直接获得。

【例2—4】 某人打算在4年后用12 625元支付一笔款项，目前银行存款利率为6%。按照复利计算，则现在他需要存入银行的款项为多少？

复利现值 $P=F\cdot(P/F,i,n)=12\,625\times(P/F,6\%,4)=12\,625\times0.792=10\,000$(元)

【例2—5】 某人存入银行10 000元，问年利率为多少时，所存款项在第2年年末的本利和为12 000元？

分析：本例中，已知$P=10\,000$，$n=2$，$F=12\,000$

可以列式如下：$10\,000=12\,000\times(1+i)^{-2}$，则 $i=\left(\dfrac{12\,000}{10\,000}\right)^{1/2}-1=9.54\%$

但是，有时很难直接计算利率，在这种情况下需要采用插值法进行计算。

【例2—6】 假设某人存款2 000元，每半年计息一次，10年后本利和为5 000元。试计算存款利率。

分析：本例每半年计息一次，10年共有20个利息期，且现值和终值都已知，要求计算利率。可以用复利现值表计算，依该公式：$P=F\cdot(P/F,i,n)$

$2\,000=5\,000\times(P/F,i,20)$

$(P/F,i,20)=2\,000/5\,000=0.4=\alpha$

查复利现值表$n=20$那一行，并没有$\alpha=0.4$的现值。由此可知，该现值表上所列利率并非本例求算的利率，此时应该用插值法计算。插值法的原理是：设需查找的系数值为α，在复利现值表中n行上找出与α最接近的两个临界系数值，分别设β_1、β_2(应该满足$\beta_1<\alpha<\beta_2$或$\beta_1>\alpha>\beta_2$的条件)，查出与β_1、β_2对应的两个临界利率，分别为i_1、i_2，再用插值法公式计算利率i，可表示为：

$$i=i_1+\frac{\alpha-\beta_1}{\beta_2-\beta_1}\times(i_2-i_1)$$

本例利率的现值系数为$\alpha=0.4$，查表$n=20$期那一行，最接近$\alpha=0.4$上、下两数值分别为$\beta_1=0.456\,4$(比0.4大)，及$\beta_2=0.376\,9$(比0.4小)，β_1对应的利率为$i_1=4\%$，β_2对应的利率为i_2

$=5\%$，依据插值法公式：$i=i_1+\frac{\alpha-\beta_1}{\beta_2-\beta_1}\times(i_2-i_1)$，则：

$i=4\%+\frac{0.4-0.4564}{0.3769-0.4564}\times(5\%-4\%)=4.71\%$（半年利率）

利率年化为：$4.71\%\times2=9.42\%$

插值法也可以应用于普通年金或预付年金利率的计算。

知识链接

如果利息期数小于1年，如有时按照存贷款合同规定每半年或每季度支付，此时利率也应随之做出相应的换算。

【例2—7】 续【例2—3】，某人将10 000元存入银行，期限为4年，银行存款利率为6%。按照每半年复利计算，则复利终值即到期时的本利和为多少？

复利终值 $F=P\cdot(F/P,i/2,n\times2)=10\ 000\times(F/P,3\%,8)=10\ 000\times1.267=12\ 670$（元）

【例2—8】 续【例2—4】，某人打算在4年后用12 625元支付一笔款项，目前银行存款利率为6%。按照每半年复利计算，则现在他需要存入银行的款项为多少？

复利现值 $P=F\cdot(P/F,i,n)=12\ 625\times(P/F,3\%,8)=12\ 625\times0.789=9\ 961.13$（元）

课堂思考

【例2—7】和【例2—8】的计算说明了什么？

多笔不等额的款项按复利方式计算终值和现值，也可以根据上述原理进行。

【例2—9】 甲公司有一投资项目，投资期为4年。预计未来4年可获得的投资收益分别为：第1年20万元、第2年30万元、第3年40万元、第4年20万元。如果按年率9%计算，则该项目投资收益的现值为：

$$\begin{aligned}P&=20\times(1+9\%)^{-1}+30\times(1+9\%)^{-2}+40\times(1+9\%)^{-3}+20\times(1+9\%)^{-4}\\&=20\times(P/F,9\%,1)+30\times(P/F,9\%,2)+40\times(P/F,9\%,3)+20\times(P/F,9\%,4)\\&=20\times0.917+30\times0.842+40\times0.772+20\times0.708=88.64\text{（万元）}\end{aligned}$$

(三)年金终值和年金现值

在现实经济活动中，经常会发生一定时期内多次收付的款项，即系列收付款项。如果每次收付的款项金额相等，则这样的系列收付款项即称为年金。年金是指一定时期内每次等额收付的系列款项，通常记为A。年金收付形式多种多样，如债券利息、折旧、租金、等额分期付款、养老金、保险费、零存整取等都属于年金问题。年金根据每次收付发生的时点不同，可分为普通年金、预付年金、递延年金和永续年金四种。

1. 普通年金

普通年金是指一定时期内，在每期期末、间隔相等时间、收入或支出相等金额的系列款项。由于普通年金是在期末这个时点上发生收付的，故又称后付年金。普通年金有普通年金终值与普通年金现值之分。

(1)普通年金终值。普通年金终值是指一定时期内每期期末等额收付款项的复利终值之和，即每期期末收入或支出的相等款项，按复利计算，在最后一期期末所得的本利和。如果普通年金终值用 F_A 表示，每期期初收入或支出的款项用 A 表示，利率用 i 表示，期数用 n 表示，则公式为：

$$\begin{aligned}F_A&=A(1+i)^0+A(1+i)^1+A(1+i)^2+\cdots+A(1+i)^{n-2}+A(1+i)^{n-1}\\&=A[(1+i)^0+(1+i)^1+(1+i)^2+\cdots+(1+i)^{n-2}+(1+i)^{n-1}]\end{aligned}$$

$$=A\cdot\frac{(1+i)^n-1}{i}$$

式中，$\frac{(1+i)^n-1}{i}$称为年金终值系数，表示为$(F/A,i,n)$。年金终值系数可以通过查阅本书附录三“年金终值系数表”求得有关数值。

上式也可以简化为：

$$F_A=A\cdot(F/A,i,n)$$

【例2—10】 某人在5年间每年年末存入银行10 000元，存款利率为8%，则第5年年末这笔存款单本息总额可计算如下：

$F_A=A\cdot(F/A,i,n)=10\ 000\times5.867=58\ 670$（元）

(2)普通年金现值。普通年金现值是指一定时期内每期期末等额收付款项的复利现值之和，即为了在每期期末收入或支出的相等款项，按复利计算，现在需要一次投入或借入多少资金。如果普通年金现值用P_A表示，每期期末收入或支出的款项用A表示，利率用i表示，期数用n表示，则公式为：

$$\begin{aligned}P_A&=A\frac{1}{(1+i)^1}+A\frac{1}{(1+i)^2}+\cdots+A\frac{1}{(1+i)^{n-1}}+A\frac{1}{(1+i)^n}\\&=A[(1+i)^{-1}+(1+i)^{-2}+\cdots+(1+i)^{-(n-1)}+(1+i)^{-n}]\\&=A\cdot\frac{1-(1+i)^{-n}}{i}\end{aligned}$$

式中，$\frac{1-(1+i)^{-n}}{i}$称为年金现值系数，可用$(P/A,i,n)$表示。年金现值系数可以通过查阅本书附录四“年金现值系数表”求得有关数值。

上式也可以简化为：

$$P_A=A\cdot(P/A,i,n)$$

【例2—11】 某人考虑到在未来4年期间，每年年末需要支出5 000元，打算在现在就存入银行一笔款项用于4年后的这笔支出，如果存款利率为8%，则现在他应该存款的金额计算如下：

$P_A=A\cdot(P/A,i,n)=500\times\frac{1-(1+8\%)^{-4}}{8\%}=5\ 000\times(P/A,8\%,4)=5\ 000\times3.312$

$=16\ 560$（元）

2. 预付年金

预付年金是指从第一期起，在一定时期内每期期初、间隔相等时间、收入或支出相等金额的系列款项。由于预付年金是在期初这个时点上发生收付的，故又称先付年金。预付年金与普通年金的计算方式相同，有预付年金终值与预付年金现值之分。

(1)预付年金终值。预付年金终值是指其最后一期期末的本利和。与普通年金终值的利息期相比较，预付年金终值要多计一期的利息，因此，可以在普通年金终值的基础上，乘以$(1+i)$便可以计算预付年金的终值。如果预付年金终值用F表示，每期期初收入或支出的款项用A表示，利率用i表示，期数用n表示，则公式为：

$$F=A\cdot\frac{(1+i)^n-1}{i}\cdot(1+i)=A\cdot\left[\frac{(1+i)^{n+1}-1}{i}-1\right]$$

式中，$\left[\frac{(1+i)^{n+1}-1}{i}-1\right]$称为预付年金终值系数，可用$[(F/A,i,n+1)-1]$表示。预付年金终值系数可以通过查阅本书附录三“年金终值系数表”计算出有关数值。

因此，上式也可以简化为：

$$F=A\cdot[(F/A,i,n+1)-1]$$

【例2—12】 某人在10年间每年年初存入银行10 000元，存款利率为8%，则第10年年末这笔存款本金和利息的总额计算如下：

$F=10\ 000\times[(F/A,8\%,11)-1]=10\ 000\times15.645=156\ 450$(元)

(2)预付年金现值。预付年金现值是指其最后一期期末的本利和折现的价值。与普通年金现值的利息期相比较，预付年金现值要少折现一期利息，因此，可以在普通年金现值的基础上，乘以$(1+i)$便可以计算预付年金的现值。如果预付年金现值用P表示，每期期初收入或支出的款项用A表示，利率用i表示，期数用n表示，则公式为：

$$P=A\cdot\frac{1-(1+i)^{-n}}{i}\cdot(1+i)=A\cdot\left[\frac{1-(1+i)^{-(n-1)}}{i}+1\right]$$

式中，$\left[\frac{1-(1+i)^{-(n-1)}}{i}+1\right]$称为预付年金现值系数，表示为$[(P/A,i,n-1)+1]$。预付年金现值系数可以通过查阅本书附录四"年金现值系数表"计算出有关数值。

上式也可以简化为：

$$P=A\cdot[(P/A,i,n-1)+1]$$

【例2—13】 某企业租用一台生产设备，在5年租期内每年年初等额支付租金为20 000元，设年利率为10%，则所付租金的现值计算如下：

$P=20\ 000\times[(P/A,10\%,4)+1]=20\ 000\times4.169\ 9=83\ 398$(元)

3. 递延年金

递延年金是指递延若干期之后才开始收付的年金。递延年金是普通年金的特殊形式，因此其终值或现值可以在普通年金基础上进行调整再计算。

(1)递延年金终值。递延年金终值的大小与递延期无关，只与年金收付多少期有关，可以依据普通年金终值公式，即$A\cdot(F/A,i,n)$进行计算。假设若干期之前为m期，m期以后的每期期末，即$m+1$至$m+n$期末均发生n期系列等额收支款项，则只要将这n期年金折算到期末，即可以得到递延年金终值。

如果递延年金终值用F表示，每期期末收入或支出的款项用A表示，利率用i表示，递延期数用m表示，实际发生的现金流期数用n表示，则公式与普通年金一致，表达为：

$$F=A\cdot(F/A,i,n)$$

【例2—14】 某企业年初投资一项目，希望从第5年开始每年年末获得100万元投资收益，投资期限为10年，假设年利率为5%，计算该企业投资项目的终值。

$F_A=A\cdot(F/A,i,n)=100\times(F/A,5\%,6)=100\times6.801\ 9=680.19$(万元)

(2)递延年金现值。计算递延年金现值时，可以先计算n期的普通年金的现值，再依据该现值计算m期的复利现值而得。

递延年金的现值计算方法有两种：

第一种方法，是把递延年金视为n期普通年金，求出递延期末的现值，然后再将此现值折现调整到第一期期初。公式为：

$$P=A\cdot(P/A,i,n)\cdot(P/F,i,m)$$

第二种计算方法，是假设递延期间也进行收付，先求出$(m+n)$期的年金现值，然后，扣除实际并未收付的递延期间(以m表示递延期数)的年金现值，即可得出最终结果。公式为：

$$P=A\cdot(P/A,i,m+n)-A\cdot(P/A,i,m)$$

【例2—15】 续【例2—14】，某企业年初投资一项目，希望从第5年开始每年年末获得100万元投资收益，投资期限为10年，假设年利率为5%，计算该企业年初应投资的金额。

第一步：计算第5～10年的普通年金现值。

$P=A\cdot(P/A,i,n)=100\times(P/A,5\%,6)=100\times5.075\ 7=507.57$(万元)

第二步：将普通年金现值视为终值，再一次折算为复利现值，该现值即为企业年初应投资的金额：

$P=F\cdot(P/F,i,m)=507.57\times(P/F,5\%,4)=507.57\times0.822\ 7=417.58$(万元)

除了上述计算递延年金现值的方法之外，还有哪些方法？

4. 永续年金

永续年金是指无限期等额收付的特种年金，即期限趋于无穷的普通年金。例如，优先股有固定的股利但没有到期日，其股利可视作永续年金；有些债券为无限期债券，其利息也可视作永续年金；另外，利率较高、持续时间较长的年金，也可视作永续年金。实际上，永续年金是普通年金的一种特殊形式，由于永续年金的期限趋于无限，没有终止时间，因而没有终值，只有现值。永续年金的现值计算公式为：

$$P=A\cdot\frac{1-(1+i)^{-n}}{i}$$

当 $n\rightarrow\infty$ 时，$(1+i)^{-n}\rightarrow 0$，因此，永续年金的现值为 $P=A/i$。

【例 2—16】 某企业要建立一项永久性帮困基金，计划每年拿出 20 万元帮助失学儿童，年利率为 5%，则该企业现应筹集的资金数额为多少？

应筹集的金额＝20÷5%＝400(万元)

第二节　风险与报酬分析

前述第一节阐述的货币时间价值原理，是假设在没有风险和没有通货膨胀条件下的一种投资回报率，在现实经济活动中，投资风险是客观存在的，因此分析投资风险与报酬是企业财务决策的基础。

一、风险与财务决策

(一)风险的概念

风险是一个非常重要的财务概念。任何决策都有风险，这使得风险观念在财务管理中具有普遍意义。风险最简单的定义是："风险是发生财务损失的可能性。"发生损失的可能性越大，风险越大。在对风险进行深入研究以后，人们发现风险不仅可以带来超出预期的损失，也可能带来超出预期的收益。于是，出现了一个更正式的定义："风险是预期结果的不确定性。"风险不仅包括负面效应的不确定性，还包括正面效应的不确定性。新的定义要求区分风险和危险。危险专指负面效应，是损失发生及其程度的不确定性。人们对于危险，需要识别、衡量、防范和控制，即对危险进行管理。保险活动就是针对危险的，是为同类危险聚集资金，对特定危险的后果提供经济保障的一种风险转移机制。风险的概念比危险广泛，包括了危险，危险只是风险的一部分。风险的另一部分即正面效应，可以称为"机会"。人们对于机会，需要识别、衡量、选择和获取。财务管理活动不仅要管理危险，还要识别、衡量、选择和获取增加企业价值的机会。风险的新概念，反映了人们对财务现象更深刻的认识，也就是危险与机会并存。

不断精确定义风险概念是为了明确风险和收益之间的权衡关系，并在此基础上给风险定价。因此，风险概念的演进，实际上是逐步明确什么是与收益相关的风险，与收益相关的风险才是财务管理中所说的风险。

知识链接

风险有其自身的特点。首先，风险具有客观性。对于特定的投资活动而言，其风险大小是客观存在的，但是人们可以选择是否冒风险或者冒多大的风险。例如，投资国库券，其收益的不确定性较小；投资股票，则收益的不确定性大得多。到底是投资国库券还是投资股票，这是由人的主观决定的，但是一旦决定下来，风险的大小就无法再改变了。其次，风险的大小会随着时间延续而变化。例如，某投资项目的成本，事先预计可能不是很准确，实际成本与预计成本的差异可能较大，风险也较大，但越接近项目完工，预计的成本越准确。随着时间的延续，不确定性在缩小，风险也在缩小，项目完成，其结果也就完全肯定了。因此，风险是“一定时期内”的风险。

(二)财务决策

企业的财务决策，几乎都是在风险和不确定性的情况下进行的。离开了风险，就无法正确评价企业投资报酬的高低。按照风险的大小，企业财务决策可以分为确定性决策、风险性决策和不确定性决策三种类型。

1. 确定性决策

决策者对未来的情况是完全已知并确定的决策，称为确定性决策。例如，某公司用500万元投资利率为5%的3年期国债，由于国债是国家发行的债券，获得5%的报酬几乎是肯定的。因此，一般认为这种投资决策为确定性决策。

2. 风险性决策

决策者对未来的情况不能完全确定，但知道可能出现的结果及每种结果出现的概率，这种情况下的决策为风险性决策。例如，购买股票，已知这种股票在经济繁荣时能获得20%的报酬，在经济状况一般时能获得10%的报酬，在经济萧条时只能获得2%的报酬。现在根据各种资料分析，明年经济繁荣的概率为50%，经济状况一般的概率为30%，经济萧条的概率为20%。这种决策便属于风险性决策。对于这种投资，其相应的报酬可能是20%，也可能是10%或2%，到底是哪一种结果，决策者并不能完全肯定，但是决策者知道每一种情况出现的可能性——有50%的可能获得20%的报酬，有30%的可能获得10%的报酬，有20%的可能获得2%的报酬。

3. 不确定性决策

决策者对未来的情况不但不能完全确定，而且对其出现的概率也不清楚，这种情况下的决策为不确定性决策。例如，企业准备投资煤炭开发工程，如果能找到理想的煤层可获得100%的收益率，如果找不到理想的煤层则将发生亏损，但是能否找到理想的煤层、获利与亏损的可能性各有多少事先都很难预料，这种投资决策便属于不确定性决策。

知识链接

企业的大多数财务决策是风险性决策和不确定性决策，其中更多的是不确定性决策。由于不确定性决策对各种情况出现的可能性不清楚，无法计量，因此在实务中，通常对不确定性决策先估计一个大致的概率，这样，不确定性决策就转化为风险性决策了。在财务管理中，对风险性和不确定性不做严格区分。讲到风险，可能是指一般意义上的风险，也可能是指不确定性问题。

二、风险的类型

企业面临的风险主要有两种：系统风险和非系统风险。

(一)系统风险

系统风险是指影响所有企业的风险，又称市场风险或不可分散风险。它由企业外部因素引起、涉及所有的投资对象、企业无法控制且不能通过多元化投资来分散，如战争、自然灾害、利率的变化、经济周期的变化、通货膨胀等。

(二)非系统风险

非系统风险是指由于个别企业的特有事件造成的风险，又称企业特有风险或可分散风险。它是随机发生的，不涉及所有企业和所有项目，只与个别企业和个别投资项目有关，且可以通过多元化投资来分散，如开发新产品失败、销售份额减少、工人罢工、诉讼失败等。非系统风险根据风险形成的原因，可进一步分为经营风险和财务风险。

1. 经营风险

经营风险又称商业风险，是指由于生产经营条件的变化对企业收益带来的不确定性。这些生产经营条件的变化可能来自企业内部，也可能来自企业外部。这些内、外部变化，使企业的生产经营产生不确定性，最终引起收益变化。例如，由于原材料价格变动，新材料、新设备的出现等因素给供应方面带来的影响；由于产品生产方向不符合市场需求，生产组织不合理等因素给生产方面带来的影响；由于产品销售失策，广告推销不佳，货款回收不及时给销售方面带来的影响；等等。

2. 财务风险

财务风险又称筹资风险，是指由于企业举债而给经营成果带来的不确定性。企业在资金不足的情况下，或者为了充分利用财务杠杆的作用，就会运用负债方式进行筹资。但是用负债进行筹资，不论企业是否盈利，都须按时偿还债权人的利息和本金，如果企业的营业利润不足以支付债务本金和利息，企业就会陷入财务危机，严重的可能导致破产，这就是负债经营的风险。如果一家企业没有负债，全部用自有资金经营，那么，该企业只有经营风险，没有财务风险。

企业负债经营，虽然可解决资金短缺的困难、提高自有资金的盈利能力，但同时也改变了企业的资金结构。在全部资金来源中，借入资金所占的比重大，企业的财务负担就重、破产风险也就增加；借入资金所占的比重小，企业的财务负担就轻、破产风险也就减小。因此，保持合理的资金结构，维持适当的债务水平是风险管理的关键。企业既要充分利用举债经营来获得财务杠杆收益，提高自有资金的盈利能力，同时要防止过度举债而引起的财务风险的增大。

三、风险报酬

风险广泛地存在于企业的财务活动和经营管理活动中，并影响着企业的财务目标。一般情况下，企业会尽量回避风险，但有的企业却会冒着风险进行投资，这是为什么呢？更多的额外报酬即风险报酬的获得往往需要承担更大的风险。因此，风险报酬是指投资者冒着风险投资而获得的超过无风险报酬的额外报酬，也称为风险价值或风险价格。投资者从事风险活动的实际结果与预期结果(期望值)会发生偏离，这种偏离可能是反方向的(低于期望值)，也可能是正方向的(高于期望值)。即一方面可能会蒙受损失，产生不利影响；另一方面也可能会取得成功，获得风险报酬，并且风险越大，失败后的损失也越大，成功后的风险报酬也越高。由于这种巨大风险背后隐藏着巨大成功和高回报的可能，因此成为人们冒风险从事各项经济活动的一种动力。

风险报酬通常有绝对数(风险报酬额)或相对数(风险报酬率)两种表现形式，实务中一般以相对数(风险报酬率)来表示。如果不考虑通货膨胀，那么，投资者冒着风险进行投资所希望得到的投资报酬率是无风险报酬率与风险报酬率之和，即：

期望投资报酬率＝无风险报酬率＋风险报酬率

无风险报酬率就是货币时间价值，是在没有风险状态下的投资报酬率。无风险报酬率具有预期报酬的确定性，与投资时间的长短，市场环境有关。

知识链接

通常认为，政府债券没有违约风险，政府债券利率可以代表无风险报酬率。风险报酬率是超过货币时间价值的额外报酬，具有预期报酬的不确定性，与风险程度成正比关系。

四、风险程度的衡量

风险具有普遍性和广泛性，会影响企业的财务活动和经营活动，因此正确地衡量风险，将风险程度予以量化就显得十分重要。由于风险是可能值对期望值的偏离，我们可利用概率、概率分布、期望值、标准差和标准差系数来计算与衡量风险的大小。

(一)概率及概率分布

在完全相同的条件下，某一事件可能发生也可能不发生，可能出现这种结果也可能出现另外一种结果，这类事件称为随机事件。概率就是用来反映随机事件发生的可能性大小的数值，一般用 X 表示随机事件，X_i 表示随机事件的第 i 种结果，P_i 表示第 i 种结果出现的概率。随机事件的概率必须满足下列两个条件：(1)$0 \leqslant p_i \leqslant i=1,2,3,\cdots,n$；(2)$\sum_{i=1}^{n} p_i=1$。每个随机事件发生的概率最小为 0，最大为 1，概率越大，表示该事件发生的可能性越大；反之，概率越小，表示该事件发生的可能性越小。如果某一事件肯定发生，则概率为 1；肯定不发生，则概率为 0。随机事件所有可能结果出现的概率之和一定为 1，即包括全部可能发生的情况。

【例 2—17】 某企业投资 A、B 两个项目，计划投资额均为 1 000 万元，在不同的市场状况下，各种可能的预期报酬率及概率如表 2—1 所示。

表 2—1　　项目预期报酬率及概率

市场状况	概率 p_i	A 项目预期报酬率 X_i	B 项目预期报酬率 X_i
好	0.2	20%	30%
中	0.6	10%	10%
差	0.2	5%	−5%

在表 2—1 中，假定市场经济状况只存在好、中、差三种。实际上，可能出现的经济状况有无数种，如果对每种可能出现的经济情况都给予相应的概率(所有的概率之和等于 1)，并分别预计其报酬率，然后把它们绘制在直角坐标系中，构成分布图，则称为概率分布。

概率分布一般用坐标图来反映，横坐标表示某一事件的结果，纵坐标表示每一结果相应的概率。在预期收益相同的情况下，投资的风险程度同收益的概率分布有密切的联系。概率分布越集中，实际可能的结果就会越接近预期收益，实际收益率低于预期收益率的可能性越小，投资的风险程度也越小；反之，概率分布越分散，投资的风险程度也越大。

概率分布有两种类型：一是离散型(非连续型)概率分布，其特点是各种可能结果只有有限个值，概率分布在几个特定的随机变量点上，概率分布图是不连续图像，如图 2—1 所示；二是连续型概率分布，其特点是各种可能结果有无数个值，概率分布在连续图像上的两点之间的区间上，概率分布图形成由一条曲线覆盖的平面，如图 2—2 所示。

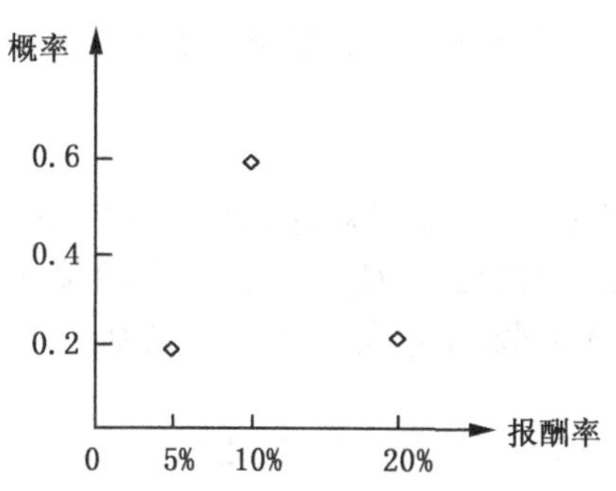

图 2—1　A 项目离散型概率分布

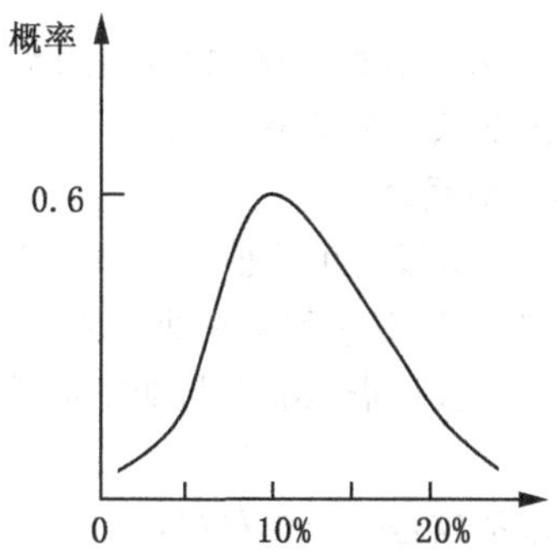

图 2—2　A 项目连续型概率分布

(二)期望值

随机变量的各个取值,以相应的概率为权数的加权平均数,叫作随机变量的期望值(数学期望或均值),它反映随机变量取值的平均化,也即投资者的合理预期,用 $\overline{E}$ 表示。根据概率统计原理,一个随机变量的期望值的计算公式为:

$$\overline{E} = \sum_{i=1}^{n} X_i P_i$$

【例 2—18】 续【例 2—17】,计算 A、B 两个项目报酬率的期望值。

A 项目:$\overline{E}=20\%\times0.2+10\%\times0.6+5\%\times0.2=11\%$

B 项目:$\overline{E}=30\%\times0.2+10\%\times0.6+(-5\%)\times0.2=11\%$

两个项目的期望值相同,但其概率分布不同,风险程度也就不同。为了定量地衡量风险大小,还要应用离散程度进行分析。

(三)离散程度

离散程度是用以衡量风险大小的统计指标。一般而言,离散程度越大,风险越大;离散程度越小,风险越小。反映随机变量离散程度的指标包括平均差、方差、标准差、标准差系数和全距等。这里主要介绍常用的标准差和标准差系数两项指标。

1. 标准差

标准差是用来衡量概率分布中各种可能值与期望值的偏离程度,它反映风险的大小,用 σ 表示。标准差的计算公式为:

$$\sigma = \sqrt{\sum (X_i - \overline{E})^2 \cdot P_i}$$

标准差用来反映决策方案的风险,是一个绝对数,用来比较期望值相同情况下的投资项目的风险程度。在多个方案的情况下,若期望值相同,则标准差越大,表明各种可能值偏离期望值的幅度越大,结果的不确定性越大,风险也越大;反之,标准差越小,表明各种可能值偏离期望值的幅度越小,结果的不确定性越小,则风险也越小。

【例 2—19】 续【例 2—17】,计算 A、B 两个项目报酬率的标准差。

A 项目:

$$\sigma = \sqrt{\sum (X_i - \overline{E})^2 \cdot P_i} = \sqrt{(20\%-11\%)^2\times0.2+(10\%-11\%)^2\times0.6+(5\%-11\%)^2\times0.2}$$
$$= 4.9\%$$

B 项目:

$$\sigma = \sqrt{\sum (X_i - \overline{E})^2 \cdot P_i} = \sqrt{(30\%-11\%)^2\times0.2+(10\%-11\%)^2\times0.6+(-5\%-11\%)^2\times0.2}$$
$$= 11.14\%$$

由于 A、B 项目的投资额相同,期望报酬率也相同,但 A 项目的标准差小于 B 项目,表明 A 项目的风险比 B 项目的风险小。

2. 标准差系数

标准差作为反映可能值与期望值偏离程度的一个指标,可以用来衡量风险,但它是绝对数,而不是一个相对量,只适用于在期望值相同条件下风险程度的比较,对期望值不同的决策方案则不适用。标准差系数是指标准差与期望值的比值,也称离散系数,用 q 表示,计算公式为:

$$q = \sigma / \overline{E}$$

标准差系数是一个相对数,可用来衡量期望值不同时,投资项目的风险程度。标准差系数越大,表明可能值与期望值偏离程度越大,结果的不确定性越大,风险也越大;反之,标准差系数越小,表明可能值与期望值偏离程度越小,结果的不确定性越小,风险也越小。

【例 2—20】 续【例 2—17】,计算 A、B 两个项目报酬率的标准差系数。

A 项目：$q=\sigma/\overline{E}=4.9\%/11\%=0.45$

B 项目：$q=\sigma/\overline{E}=11.14\%/11\%=1.01$

从标准差系数中也可看出，A 项目的风险比 B 项目的风险小。A、B 两个项目的期望值相同，可以直接根据标准差来比较风险程度。如果期望值不相同，则必须计算标准差系数才能对比风险程度。

有了期望值和标准差(系数)，我们可以利用这两个指标比较选择方案。对单个方案，可以将标准差(系数)与设定的可接受的此项指标最高值比较来决策，若前者小于后者，应该选择该方案。对多个方案，决策的总原则是选择标准差低、期望值高的方案，但是具体情况还要做具体分析。

知识链接

本章关于风险报酬的内容主要是针对单项资产的风险报酬，有关投资组合的风险报酬详见本书第十五章第五节“证券投资组合”。

本章小结

货币时间价值是财务管理的一个重要价值观念，它能正确地揭示不同时点上货币之间的换算关系，企业在筹资、投资、资金营运和利润分配等活动中都需要考虑货币时间价值。如果离开了时间价值因素，就无法正确计算不同时期的财务收支，也无法正确评价企业的盈亏。因此，掌握货币时间价值的计算是学习财务管理的基础。货币时间价值涉及现值、终值、利率与计息期数等相关要素。其计算主要包括：单利与复利、复利终值与复利现值、年金终值与年金现值以及由此派生的普通年金、预付年金、递延年金和永续年金的终值与现值。

风险是预期结果的不确定性。企业的财务决策，几乎都是在风险和不确定性的情况下进行的。离开了风险，就无法正确评价企业投资报酬的高低。按照风险的大小，企业财务决策可以分为确定性决策、风险性决策和不确定性决策三种类型。企业面临的风险主要有两种：系统风险又称市场风险或不可分散风险；非系统风险又称企业特有风险或可分散风险。风险具有普遍性和广泛性，将影响企业的财务活动和经营活动，因此正确地衡量风险，将风险程度予以量化就显得十分重要。风险程度的衡量指标主要有概率、概率分布、期望值、标准差和标准差系数等。

复习思考题

1. 货币时间价值的概念与实务中银行的存贷款利率有何区别？
2. 货币时间价值的实质是什么？它在财务管理中有什么作用？
3. 如何计算现值、终值、年金？各自的含义是什么？
4. 如何理解风险定义、风险与报酬的关系？
5. 简述衡量风险程度的几个指标，它们之间存在哪些关系？

第三章 财务预测

学习目标

通过本章的学习，理解财务预测的基本含义、财务预测的目的和意义，以及财务预测的程序；掌握财务预测的基本方法；理解成本的习性及其分类，掌握混合成本的分解方法；理解本量利分析法的含义，并掌握其应用。

第一节 财务预测概述

预测是科学决策的前提。在环境日益复杂多变的情况下，如何科学地预测，进而合理地做出决策已成为当今管理人员必须具备的能力。企业的财务状况对于企业的经营活动有着至关重要的影响。是否能够科学、合理地进行财务预测成为决定财务管理成败的重点环节。所谓财务预测，就是基于企业历史财务活动的资料，结合公司未来的财务目标，以及面临的环境的变化，运用数理统计的方法，预测企业未来的财务状况。

一、财务预测的目的和意义

在现代财务管理中，财务预测作为必不可少的"望远镜"，帮助财务人员把握未来的不确定性，使财务计划的预期目标同可能变化的周围环境和经济条件保持一致，并对财务计划的实施效果做到心中有数。财务预测能为企业进行财务决策、编制财务预算、实施财务控制提供依据。

财务预测对于改善企业的经营管理水平、提高企业的经济效益有着十分重要的意义，具体包括以下几个方面：

（一）财务预测是企业进行经营决策的依据

企业的经营活动会影响企业的财务状况，同时，财务状况也会反过来对企业未来的经营活动产生重大的影响。企业在进行经营决策时，必然要考虑未来的财务状况。财务预测通过向决策者提供大量关于企业未来财务状况的数据，帮助其在各方案间权衡利弊，做出合理的选择。例如，对预期营业收入的预测可以帮助决策者了解企业未来预计的资金流入量，帮助其进行决策。

（二）财务预测是企业进行融资规划的前提

在了解了企业未来预计的资金流入量的同时，还需要对企业未来资金的流出量进行预测。在掌握了企业在计划期内有哪些资金的流入、流出后，预测企业能否达到收支平衡。当企业的支出大于收入时，需要通过内源及外源融资来支持，财务工作者要提前做好融资规划，使财务管理工作处于主动地位。

（三）财务预测有助于改善企业的投资决策

通过科学的预测手段，对投资项目的现金流量、投资收益、资本成本等进行预测，为企业进行合理的投资决策提供相关信息，帮助企业使用投资决策相关评价指标，优化投资项目及投资顺序，从而改善企业的投资决策。

（四）财务预测是提高企业管理水平的手段

财务预测不仅为科学的财务决策和财务计划提供支持，而且通过对经营活动全面的事先思考，加深企业的管理人员对未来各种可能前景的认识和思考，提高企业对不确定事件的反应能力，从而降低经营风险。同时，企业管理人员在运用财务预测中涉及的科学方法和现代管理手段的过程中，逐步提高了素质和能力，从而从根本上提高了企业的管理水平。

在进行实际的财务预测工作时，由于各种主观和客观因素的影响，预测的情况与实际情况可能有所出入。财务预测在企业经营管理中的作用与预测的准确性息息相关。因此，财务预测工作者需要通过实践，积累大量的经验，运用科学方法提高预测能力，提高预测的准确性。

知识链接

预测是指在掌握现有信息的基础上，依照一定的方法和规律对未来的事情进行测算，以预先了解事情发展的过程与结果。预测的方法与形式多种多样，包括古代玄门术数对吉凶祸福的占卜与推演、现代科学在对现有信息资料进行精密分析后所做出的对自然状况的预报，以及各种政治理论学说对人类社会发展的推断。财务预测是预测的一种。

二、财务预测的环节

财务预测主要包括明确预测对象和目标、制订预测计划、搜集整理资料、确定预测方法、进行实际预测、评价与修正预测结果几个环节。

（一）明确预测对象和目标

财务预测首先要明确预测对象和目标，然后才能根据预测的目标、内容和要求确定预测的范围和时间。

（二）制订预测计划

预测计划包括预测工作的组织领导、人事安排、工作进度、经费预算等。

（三）搜集整理资料

资料搜集是预测的基础。企业应根据预测的对象和目的，明确搜集资料的内容、方式和途径，然后进行搜集。对搜集到的资料要检查其可靠性、完整性和典型性，分析其可用程度及偶然事件的影响，做到去伪存真、去粗取精，并根据需要对资料进行归类和汇总。

（四）确定预测方法

财务预测工作必须通过一定的科学方法才能完成。公司应根据预测的目的以及取得信息资料的特点，选择适当的预测方法。使用定量方法时，应建立数理统计模型；使用定性方法时，要按照一定的逻辑思维，制定预算的提纲。

（五）进行实际预测

运用所选择的科学预测方法进行财务预算，并得出初步的预算结果。预测结果可用文字、表格或图形等形式表示。

（六）评价与修正预测结果

预测毕竟是对未来财务活动的设想和推断，难免会出现预测误差。因此，对于预测结果，要经过经济分析评价之后，才能予以采用。分析评价的重点是影响未来发展的内外因素的新变化。若误差较大，就应进行修正或重新预测，以确定最佳预测值。

三、财务预测的程序

完成财务预测的程序一般包括：销售预测，估计所需资产，估计收入、费用及留存收益，估计所需融资量。

(一)销售预测

销售预测是财务预测的起点,一般由销售部门完成。如果实际低于预测,则会造成设备闲置、存货积压,导致资金浪费,收益率降低;如果实际高于预测,企业没有足够资金购置设备、储备存货,则会失去新的机会和已有的市场。

(二)估计所需资产

资产和销量是一组对应变量,通过历史数据分析,可以导出函数关系,利用函数和预测的销量得出预测其所需资产量。同时某些流动负债量(如应付账款等)也存在和销量对应的函数关系,根据销售增长量可以推导出流动负债的增长量,这部分金额可以抵减对外融资的数量。

(三)估计收入、费用及留存收益

根据收入、费用与销售量的函数关系确定收入、费用;按照股利政策确定留存收益(留存收益,是企业从历年实现的利润中提取或留存于企业的内部积累,它来源于企业的生产经营活动所实现的净利润,包括企业的盈余公积和未分配利润两个部分,其中盈余公积是有特定用途的累积盈余,未分配利润是没有指定用途的累积盈余)。

(四)估计所需融资量

资金是企业的"血液",是企业持续从事生产经营活动的基本条件。但资金并不是越多越好,筹集的资金过多会增加融资成本,影响资金的利用效率。当然,资金过少不能满足企业生产经营活动对资金的需要。根据预计资产总量,减去已有资金来源、负债增长和自有资金供应量,可得出对外融资的数量。

知识链接

融资即是一家企业的资金筹集的行为与过程,也就是公司根据自身的生产经营状况、资金拥有的状况,以及公司未来经营发展的需要,通过科学的预测和决策,采用一定的方式,从一定的渠道向公司的投资者和债权人筹集资金,组织资金的供应,以保证公司正常生产需要、经营管理活动需要的理财行为。

第二节　财务预测方法

在实际工作中,财务预测方法多种多样,主要在企业的资金需求量预测、成本费用预测、销售收入预测和利润预测等方面发挥重要作用。财务预测的方法可以归纳为两大类:定性预测法和定量预测法。

一、定性预测法

定性预测法,是指依靠预测者丰富的经验和综合分析能力,根据已掌握的历史资料和直观材料,对企业未来的财务状况做出判断的方法。定性预测法一般在企业缺乏完备、准确的历史资料时使用,着重预测企业财务状况发展的大方向,具有较大的灵活性,且简单迅速,节约时间和成本。但是由于它缺乏客观依据,主要依靠预测者的个人经验和主观判断能力,因而结果易受主观因素影响,缺乏准确性。经常采用的定性预测方法有集合意见法、专家小组法、德尔菲法等。

(一)集合意见法

集合意见法也称主观判断法,是指由预测人员根据事先拟好的提纲,向熟悉预测目标情况及相关变化信息的企业内部经营管理人员、业务人员开展调查,广泛征求意见,并就判断意见加以汇总、

分析、整理,从而做出预测结论的方法。

由于企业经营管理人员和业务人员通过日常工作,积累了丰富经验,掌握着大量的实际资料,凭经验判断,对预测目标提出个人预测意见,一般情况下较符合实际,预测的正确性也就有了一定的保障。同时这一方法还有着节约时间和费用、运用灵活,并能根据影响预测目标因素的变化情况,及时对预测数据进行调整等优点。它的缺点是,由于预测结果是基于个人的主观判断的,因此预测结果不但有较强的主观性,对于一些专门问题,容易出现意见不一的情况,使预测变得困难。

(二)专家小组法

对于预测中遇到的一些比较复杂的问题,由于涉及面广,需要企业组织各有关方面的专家组成预测小组,通过召开各种形式座谈会的方式,共同研究、分析有关资料,进行充分的讨论,根据专家小组的集体研究成果做出最后的预测。

这一方法避免了个别专家意见的单一性和限制性,在专家们面对面地讨论和研究中,对预测目标进行全面而深入的分析,充分运用了专家小组的集体智慧,保证预测结果的全面性和可靠性。它的缺点是,由于参加座谈会的专家人数有限,其代表性较差。同时,参加会议的专家有可能碍于情面而无法充分、自由地表达自己的意见,或者小组中各专家的意见可能会受到权威专家意见的影响,从而影响了判断结果的客观性。

(三)德尔菲法

德尔菲法也称专家调查法,是一种采用通信方式分别将所需解决的问题单独发送到各个专家手中,征询意见,然后回收汇总全部专家的意见,并整理出综合意见。随后将该综合意见和预测问题再分别反馈给专家,再次征询意见,各专家依据综合意见修改自己原有的意见,然后再汇总。这样多次反复,逐步取得比较一致的预测结果的方法。

德尔菲法的优点是各个专家能充分表达自己的意见,不受他人干扰,能把各位专家意见的分歧点表达出来,取各家之长,避各家之短。德尔菲法避免了专家小组法的缺点,使预测的结果更客观。它的缺点是过程复杂,花费的时间长、费用高。

知识链接

德尔菲法是在20世纪40年代由O.赫尔姆和N.达尔克首创,经过T.J.戈尔登和兰德公司进一步发展而成的。德尔菲这一名称起源于古希腊有关太阳神阿波罗的神话。传说中阿波罗具有预见未来的能力,因此,这种预测方法被命名为德尔菲法。1946年,兰德公司首次用这种方法进行预测,后来该方法被迅速广泛采用。

二、定量预测法

定量预测法,是指根据企业历史财务数据,找出其内在规律,运用连贯性和类推性原则,采用统计方法和数学模型,对企业未来的财务状况进行预测的方法。与定性预测法相比,定量预测法由于掌握了大量的客观数据,运用了逻辑严密的统计数学方法,其预测结果也较为准确、客观。应用比较广泛的定量预测方法主要有:时间序列预测法(简单平均法、简单移动平均法、加权平均法等)和因果关系预测法(销售百分比法、直线回归法等)。

(一)时间序列预测法

时间序列预测法也称历史引申预测法,是以过去一段时间的资料按照年或月排列成一个时间数列,以时间数列所能反映的社会经济现象的发展过程和规律性,再将发展趋势加以引申,从而推断未来的方法。

时间序列预测法主要包括简单平均法、简单移动平均法,以及加权平均法等。

1. 简单平均法

简单平均法就是将过去一段时间的历史资料进行简单算术平均，来推断预测结果的方法。简单平均法的计算公式为：

$$\tilde{X}=\frac{\sum_{i=1}^{n}x_i}{n}$$

式中，$\tilde{X}$ 表示预测值；X_i 表示第 i 期的销售值；n 表示期数。

【例 3—1】 某企业 20×9 年 1～6 月份的销售额分别为 100 万元、110 万元、115 万元、103 万元、102 万元、120 万元。根据上述资料，预测 7 月份的销售额。

$$7\text{月份销售额}=\frac{100+110+115+103+102+120}{6}=108.33(\text{万元})$$

采用简单平均法进行预测有着简单易行、通俗易懂的优点，特别适合对每月销售额变化不大的产品进行销售预测。但是这种方法将历史资料的数据在预测中的作用同等对待，容易使预测偏离实际，影响预测结果的准确性。

2. 简单移动平均法

简单移动平均法是用靠近预测期的各期观察值的平均值来预测未来时期的数值。

【例 3—2】 续【例 3—1】，当移动平均期数为 3 时，预测 7 月份和 8 月份的销售额。

$$7\text{月份销售额}=\frac{103+102+120}{3}=108.33(\text{万元})$$

$$8\text{月份销售额}=\frac{102+120+108.33}{3}=110.11(\text{万元})$$

简单移动平均法的优点在于其计算较为简便，和简单平均法一样，适用于预测对象波动不大的情况。

3. 加权平均法

加权平均法就是根据各时期历史资料对预测期的影响大小，给予时间序列中的每一个数据不同的权数，在此基础上进行加权平均，并以此加权平均数作为下期预测者的方法。其计算公式如下：

$$\tilde{X}=\frac{\sum_{i=1}^{n}x_i\omega_i}{\sum_{i=1}^{n}\omega_i}$$

式中，$\tilde{X}$ 表示预测值；X_i 表示第 i 期的销售值；ω_i 表示观察期中第 i 期的加权因子。n 表示期数。

【例 3—3】 续【例 3—1】，假设各期权数分别为 1、2、3、4、5、6，用加权平均法预测 7 月份的销售额。

$$7\text{月份销售额}=\frac{100\times1+110\times2+115\times3+103\times4+102\times5+120\times6}{1+2+3+4+5+6}=109.86(\text{万元})$$

与简单算术平均法相比，加权平均法具有一定的优越性，它能够较好地反映时间序列的发展规律。但是，加权平均法预测的准确性受到权数的制约，而确定各时期的权数恰恰是最为困难的环节。在制定权数时，并没有统一的、现成的标准，而需要通过全面考虑各种影响因素，对权数进行反复的测试和比较。

(二)因果关系预测法

因果关系预测法是利用预测变量与其相关变量之间固有的因果关系，建立一定的数学模型，来进行预测的一种方法。常用的具体方法包括销售百分比法和直线回归法。

1. 销售百分比法

销售百分比法是一种常用的财务预测方法。销售百分比法假设企业的利润表和资产负债表中的各个项目(成本、费用、资产、负债)和销售收入之间存在着稳定的百分比关系。也就是说，一定量的销售收入的形成，需要对应的销货成本、营业费用的支出，还需要相对应的应收账款、存货等作为支持，与此同时，也会产生相应的应付账款、应付费用等。因此，根据预测的销售收入，可以对利润表和资产负债表中的其他项目进行预测，并根据预期财务报表推算出资产、负债和权益的预期数据，再利用会计恒等式确定企业的融资需求。

销售百分比法作为一种较为简单的财务预测方法，它的基本假设决定了它需要企业有较为稳定、规律的历史财务资料作为支撑。因此，销售百分比法较为适用于传统的、业务稳定的、发展平稳的企业的财务预测。

销售百分比法一般有以下四个步骤：

第一步，根据历史数据，对资产负债表项目进行分析，确定哪些项目与销售收入之间存在较为稳定的关系。资产负债表中随着销售收入的变化成比例变化的项目称为敏感项目，敏感项目包括敏感性资产和敏感性负债。

一般情况下，敏感性资产包括流动资产中的库存现金、银行存款以及其他货币资金、应收账款、应收票据、预付款项和存货等项目。流动负债中自发增长的项目也会随着销售收入的增长而增长，如应付账款、应付票据、预收款项、应付职工薪酬等项目都属于敏感性负债。

销售收入的增长有时除了需要增加流动资产来支持，还需要增加固定资产。因此，固定资产项目是否增加，需要视预测期的生产经营规模是否超过原有固定资产的生产能力而定。如果销售收入增长的规模超过了原有固定资产的生产能力，则需要增加固定资产，扩大生产经营；如果销售收入增长的规模仍在原有固定资产的生产能力之内，则不需要增加固定资产。

除了上述资产负债表项目外，其他项目，如交易性金融资产、应收股利、应付利息、长期股权投资、无形资产、长期借款、实收资本和留存收益等项目一般与销售收入的关系并不明显，不属于敏感项目。

第二步，根据基期数据计算敏感项目和销售收入之间的比例关系。敏感项目只有与销售收入存在稳定的百分比关系，才能用已经存在的收入、费用、资产、负债及所有者权益等历史数据来预测将来的相关数据。但是，这种稳定的比例关系是一种理想状态。现实生活中，这种比例关系在不同年份之间是不可能相同的，但在特定时期、特定企业中，相近的年份之间的某些项目与当年销售额的百分比是比较接近的。

第三步，预测企业增加的留存收益。留存收益率(或股利分配率)是计算企业留存收益的必要条件，有了这一条件，就可以结合预计的净利润计算出预测期企业内部资金来源。

留存收益是指企业从历年的利润中提取或留存于企业的内部积累，它来源于企业生产经营活动所实现的净利润，包括企业的盈余公积和未分配利润两部分。通过预测企业的净利润，结合企业的股利分配政策，可预测出企业留存收益的增加情况。

第四步，计算预测期需要追加的外部融资数额。根据第三步预测的留存收益的增加量得出企业内部资金来源，再用企业预测期的资金需求总额减去内部资金来源，就可以得出企业外部融资需求。

【例 3—4】 20×8 年度 F 公司简化的资产负债表见表 3—1。该公司 20×8 年的销售收入为 10 000 万元，预计 20×9 年的销售收入增长率为 100%，且预计的销售净利率为 10%，董事会决定其股利支付率维持在 30%。根据上述资料，采用销售百分比法预测该公司 20×9 年需要外部融资的数额。

表 3—1　　资产负债表

编制单位:F 公司　　20×8 年 12 月 31 日　　单位:万元

资　产		负债和所有者权益	
项　目	金　额	项　目	金　额
现金	500	应付票据	1 100
应收账款	1 000	应付账款	1 400
存货	2 000	长期借款	2 500
长期股权投资	1 000	股本	250
固定资产	4 000	留存收益	3 750
无形资产	500		
资产总计	9 000	负债和所有者权益总计	9 000

第一步,对资产负债表项目进行分析,确定哪些属于敏感项目,哪些属于不敏感项目。其中,流动资产和流动负债的全部项目(现金、应收账款、存货、应付票据、应付账款)与销售收入之间存在稳定的比例关系,应该属于敏感项目。而其他项目(长期股权投资、固定资产、无形资产、长期借款、股本、留存收益)与销售收入变动无关,不属于敏感项目。

第二步,计算敏感项目和销售收入之间的比例关系。其中,现金占销售收入的 5%,应收账款占 10%,存货占 20%,资产合计占销售收入的 35%;应付票据占 11%,应付账款占 14%,负债合计占销售收入的 25%。

预测期的各项资产(负债)=预计销售收入×各项目销售收入百分比

F 公司预计 20×9 年的销售收入增长率为 100%,则预测年度的销售收入为 20 000 万元,根据预测期销售收入以及销售收入百分比可以计算出:

20×9 年资产增加总额=20 000×35%-(500+1 000+2 000)=3 500(万元)

20×9 年负债增加总额=20 000×25%-(1 100+1 400)=2 500(万元)

第三步,预测企业增加的留存收益。

预测期留存收益增加额=预计销售收入×预期销售净利润×(1-股利支付率)

F 公司预计的销售净利率为 10%,董事会决定其股利支付率维持在 30%。

20×9 年留存收益增加额=20 000×10%×(1-30%)=1 400(万元)

第四步,计算预测期需要追加的外部融资数额。

20×9 年需要追加的外部融资数额=3 500-2 500-1 400=-400(万元)

由于需要追加的资金数额为负数,因此预计 F 公司 20×9 年不需要追加外部融资。如果该公司现有的生产能力无法满足 20×9 年度销售收入增长的需求,需要增加固定资产 900 万元,计算该公司需要追加的外部融资数额。

20×9 年需要追加的外部融资数额=3 500+900-2 500-1 400= 500(万元)

2. 直线回归法

直线回归法是对客观事物数量依存关系的分析,是数理统计中的一个常用方法,是处理两个变量之间相互关系的一种数学方法。它利用两个变量之间的因果关系,根据已知的自变量的数据预测因变量的数值。

如果自变量 X 和因变量 Y 存在线性关系,那么需要建立 X 与 Y 的线性回归方程进行预测:

$$Y=a+bX$$

利用已知的自变量 X 和因变量 Y 的历史数据,通过最小二乘法,可以确定常数项 a 和系数 b

的值,公式如下:

$$a=\frac{\sum Y_i-b\sum X_i}{n}$$

$$b=\frac{n\sum X_iY_i-\sum X_i\sum Y_i}{n\sum X_i^2-(\sum X_i)^2}$$

在确定线性回归方程后,可以根据预测期已知的自变量 X 求出预测因变量 Y。

【例 3—5】 20×8 年度,M公司计划预测资金需求量,有关资料如表 3—2 所示,7 月份预计销售收入为 100 万元。试根据销售收入预测该公司 7 月份营运资金需要量。

表 3—2　　**资金需要量**　　单位:万元

月　份	销售收入	营运资金
1	90	30
2	80	35
3	85	37
4	95	40
5	110	45
6	95	40
合　计	555	227

根据上述资料,预测该公司 7 月份营运资金需要量 Y 与销售收入 X 之间的关系为 $Y=a+bX$,资金需要量预测表如表 3—3 所示。

表 3—3　　**资金需要量预测表**　　单位:万元

月　份	销售收入(X_i)	营运资金(Y_i)	X_iY_i	X_i^2
1	90	30	2 700	8 100
2	80	35	2 800	6 400
3	85	37	3 145	7 225
4	95	40	3 800	9 025
5	110	45	4 950	12 100
6	95	40	3 800	9 025
合　计	555	227	21 195	51 875

$$b=\frac{n\sum X_iY_i-\sum X_i\sum Y_i}{n\sum X_i^2-(\sum X_i)^2}=\frac{6\times 21\,195-555\times 227}{6\times 51\,875-555^2}=0.37$$

$$a=\frac{\sum Y_i-b\sum X_i}{n}=\frac{227-0.37\times 555}{6}=3.6$$

$Y=3.6+0.37\times 100=40.6$(万元)

知识链接

最小二乘法(又称最小平方法)是一种数学优化技术。它通过最小化误差的平方和寻找数据的最佳函数匹配。利用最小二乘法可以简便地求得未知的数据,并使得这些求得的数据与实际数据之间误差的平方和为最小。最小二乘法还可用于曲线拟合。

1801 年,意大利天文学家朱赛普·皮亚齐发现了第一颗小行星——谷神星。经过 40 日的跟踪观测,由于谷神星运行至太阳背后,使得皮亚齐失去了谷神星的位置。随后全世界的科学家利用皮亚齐的观测数据开始寻找谷神星,但是根据大多数人计算的结果来寻找谷神星都没有结果。时年 24 岁的高斯也计算了谷神星的轨道。奥地利天文学家海因里希·奥尔伯斯根据高斯计算出来的轨道重新发现了谷神星。

高斯使用的最小二乘法的方法发表于 1809 年他的著作《天体运动论》中,而法国科学家勒让德于 1806 年独立发现"最小二乘法",但因不为时人所知而默默无闻。两人曾为谁最早创立最小二乘法原理发生争执。

1829 年,高斯提供了最小二乘法的优化效果强于其他方法的证明。

第三节 成本习性

成本习性又称成本性态,是指成本的变动与产品产销量变动之间的依存关系。根据成本与产销量之间关系的不同,通常可以把成本划分为固定成本、变动成本和混合成本三大类(如表 3—4 所示)。

表 3—4 成本习性表

固定成本	变动成本	混合成本
房屋租金	直接材料	水电费
机器设备的折旧费	直接人工	煤气费
保险费	销售佣金	修理费
管理人员工资		

一、固定成本

固定成本,是指在一定时期和一定业务量范围内,不随产销量变动而发生任何变动的那部分成本。固定成本还可以进一步分为约束性固定成本和酌量性固定成本。

约束性固定成本主要属于经营能力成本,它是和整个企业经营能力的形成及其正常维护直接相联系的,不因管理层短期决策行动而改变。一般来讲,房屋租金、机器设备的折旧费、保险费等都属于约束性固定成本。约束性固定成本通常被认为是企业维持经营能力的最低成本,因此,它和企业管理水平无关,在短期内也很难发生改变,因而又被称作"经营能力成本"。同时需要注意的是,企业的经营能力一旦形成,即便经营活动暂时停止,约束性固定成本仍然维持不变。

酌量性固定成本则是企业管理层的短期决策行为可以改变其数额的那部分固定成本。酌量性固定成本通常包括研究开发费、广告宣传费、职工培训费等。这些费用的多少能够由管理层决策行动决定并改变。酌量性固定成本一般与企业的竞争力密切相关,企业要重视酌量性固定成本的预算,合理确定这部分成本的数额。

固定成本习性模型如图 3—1 所示。

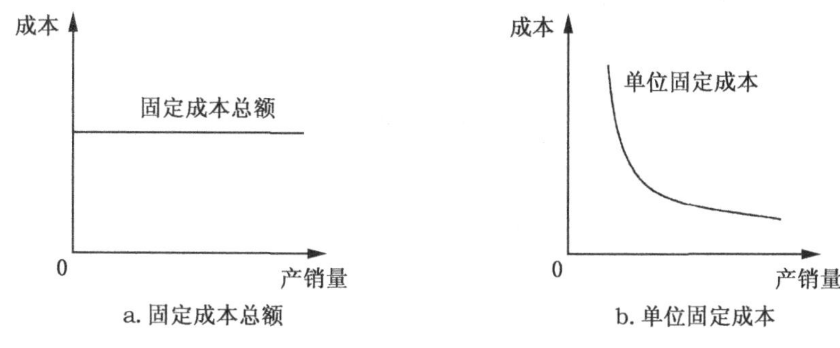

图 3—1　固定成本习性模型

二、变动成本

变动成本，是指在一定的业务量范围内，其总额随着产销量的变动而成正比例变动的成本。例如，直接材料、直接人工、销售佣金等都属于变动成本，其总额随着产销量的变动而发生变动，且变动的幅度和方向都与产销量相同。因此，变动成本具备以下两个特点：第一，其总额与产销量成正比例变动；第二，单位变动成本不因产销量变动而变动，始终维持在某一特定水平上。

变动成本习性模型如图 3—2 所示。

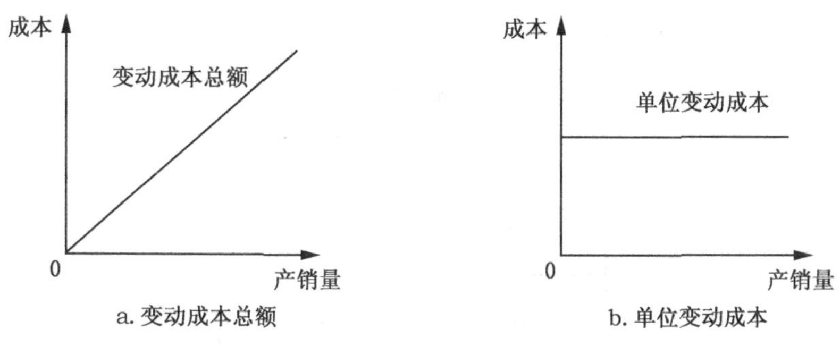

图 3—2　变动成本习性模型

三、混合成本

在现实生活中，绝大多数成本习性介于固定成本和变动成本之间。这种成本总额随着产销量的变动而不成正比例变动的成本，称为混合成本。混合成本的变动受产销量变动的影响：产销量增加，混合成本总额也增加；产销量减少，混合成本总额也减少。但是，混合成本的这种变动还受除产销量之外的其他因素的影响，因此，混合成本与产销量呈现同方向但不同比例的变动。

（一）混合成本的分类

根据混合成本各自的特点，可以将其细分为以下几类：

1. 半变动成本

半变动成本一般有一个固定的、与产销量无关的初始值，这部分与固定成本相似；在这个初始值之上，随着产销量的变化，这部分成本随着产销量的增加成正比例增加，呈现变动成本的特点。混合成本中的水电费、煤气费等均可视为半变动成本。

例如，热处理的电炉设备，每班需要预热，因预热而耗电的费用，属于固定成本性质；而预热后进行热处理的耗电费用，随着业务量的增加而逐步增加，又属于变动成本性质。

半变动成本习性模型如图3—3所示。

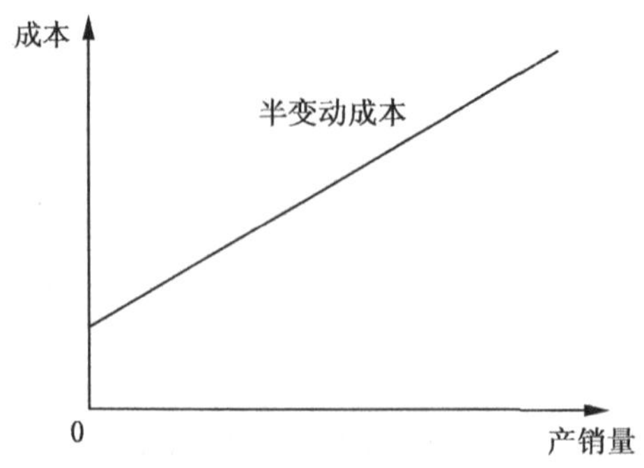

图3—3 半变动成本习性模型

2. 半固定成本

半固定成本也称阶梯式变动成本，当产销量在一定的范围内变动时，这类成本暂时不发生变动，但当产销量超出这一范围时，其总额突然跳跃到一个新的水平，又继续保持不变，直到发生下一次跳跃，从而使其变动轨迹类似于阶梯状。其中，企业的管理员、运货员、检验员的工资等成本都属于半固定成本。

半固定成本习性模型如图3—4所示。

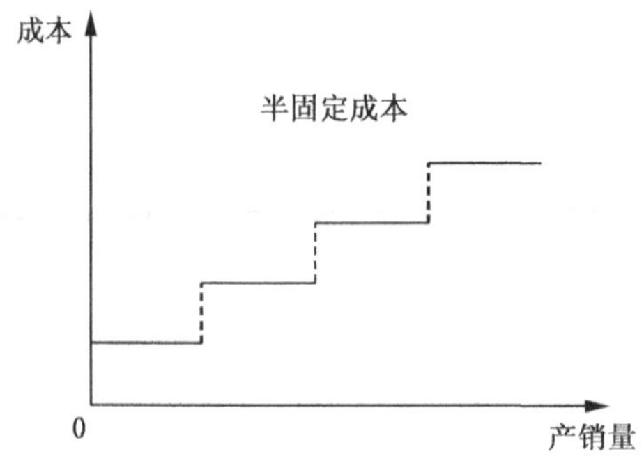

图3—4 半固定成本习性模型

知识链接

半固定成本与半变动成本是混合成本的内容。要分清这两个概念，必须抓住关键的一点：

半变动成本有一个初始量，在这个初始量的基础上随产量的增长而增长。而半固定成本不是超过初始量后成本随产量的增长而增长，而是随着产量的增加呈阶梯式增长，即在一定范围内保持不变，产量提高到另一个范围内时，成本提高到另一个档次后再保持不变，这样呈阶梯式增长。

区分的最简单的方法是，如果可以写成$Y=a+bX$的形式，就是半变动成本。比如一个工人保底工资1 000元，然后每加工一个零件得0.5元，一个月下来其工资可写为$Y=1\ 000+0.5X$，所以是半变动成本。

3. 延期变动成本

延期变动成本在一定的产销量范围内有一个固定不变的值，但随着产销量超出这一范围，成本也发生了变化。例如，在正常工作时间下的固定工资，由于需要增加工作时间，超出部分的加班工资往往和加班时间长短成正比，这就是典型的延期变动成本。

延期变动成本习性模型如图 3－5 所示。

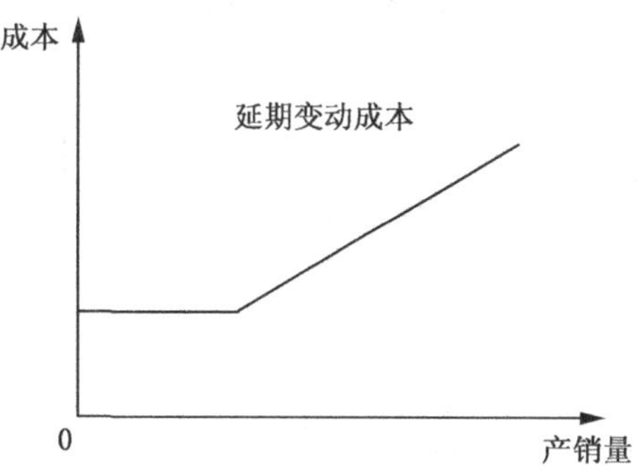

图 3－5　延期变动成本习性模型

4. 曲线变动成本

曲线变动成本通常和半变动成本一样，有一个与产销量无关的初始值，随着产销量的增加，其总额也发生变化，但是两者的变化并非是线性关系，而是一种曲线关系。曲线变动成本可以分为递增曲线成本和递减曲线成本两种。递减曲线如企业的采购成本，其初始量是维持采购机构的基本费用，随着采购量的增加，采购成本并非呈直线上升，在价格折扣和优惠条件的影响下，采购成本在达到顶点后就会下降或持平。递增曲线如累进计件工资、违约金等，随着产销量的增加，其总额逐步增加，并且其上升率也逐步升高。

曲线变动成本习性模型如图 3－6 所示。

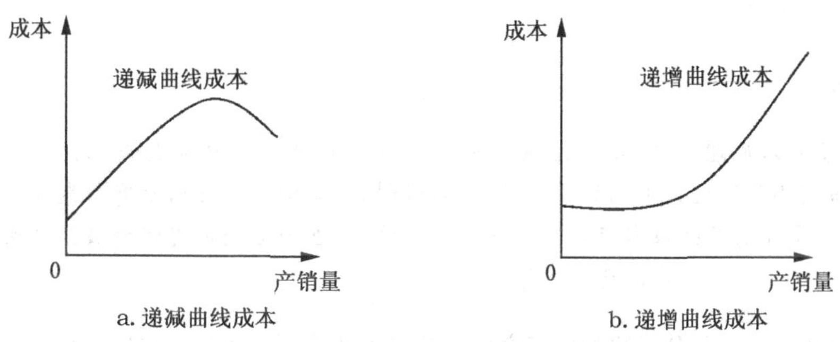

图 3－6　曲线变动成本习性模型

(二)混合成本的分解

在现实生活中，由于经营管理的需求，必须把大量的混合成本分解为固定成本和变动成本两部分。最常用的混合成本的分解方法有以下几类：

1. 历史成本分析法

历史成本分析法，就是采用一定的数学方法，对过去某一会计期间的总成本与产销量的历史数据进行分解，从而确定其中固定成本和单位变动成本的成本分析方法。在历史成本分析法中，着重介绍常用的高低点法和回归分析法。

(1)高低点法。高低点法，就是选取历史资料中产销量的最高点和最低点及其对应的混合成本总额作为依据，计算混合成本中的固定成本和单位变动成本。假设混合成本模型为：

$$Y=a+bX$$

式中，a 表示固定成本；b 表示单位变动成本。

只要将最高点和最低点的数据代入模型，就可求出 a 和 b。

【例 3—6】 假设某公司产量和设备维修费的情况如表 3—5 所示。

表 3—5 **产量和设备维修费**

年　度	产量(万件)	维修费(元)
20×5	58	50 000
20×6	55	46 000
20×7	50	48 000
20×8	60	53 000
20×9	65	54 000

采用高低点法分解混合成本——维修费如下：

根据表 3—5 的资料，首先找出相关数据：产量最高点 65 万件，其对应的混合成本为 54 000 元；产量最低点 50 万件，其对应的混合成本为 48 000 元。代入模型可得：

高点：$54\ 000=a+65b$

低点：$48\ 000=a+50b$

其次，求出单位变动成本。

$b=(54\ 000-48\ 000)\div(65-50)=400$(元/万件)

再次，求出固定成本总额。

$a=(54\ 000-400\times65)=(48\ 000-400\times50)=28\ 000$(元)

最后，得出混合成本即维修费的分解模型为：

$Y=28\ 000+400X$

知识链接

与高低点法基本原理一样，散布图法认为混合成本的性态可以被近似地描述为 $Y=a+bX$。不同的是，散布图法是根据若干期的业务量、成本资料，在坐标图中标出所有各期的成本点，再用目测的方法画出一条能够反映成本变动的平均趋势直线，并在图上确定直线的截距即固定成本，然后据以计算单位变动成本的一种混合成本分解方法。

(2)回归分析法。回归分析法相对于高低点法更为精确，它根据一定时期内产销量和混合成本的数据，利用最小二乘法，计算出最能代表产销量和混合成本总额关系的回归直线。这种方法同样假设混合成本模型为：

$$Y=a+bX$$

式中，a 表示固定成本；b 表示单位变动成本。

计算 a 和 b 的公式如下：

$$a=\frac{\sum X_i^2\sum Y_i-\sum X_i\sum X_iY_i}{n\sum X_i^2-(\sum X_i)^2}$$

$$b=\frac{n\sum X_iY_i-\sum X_i\sum Y_i}{n\sum X_i^2-(\sum X_i)^2}$$

【例 3—7】 续【例 3—6】，采用回归分析法分解混合成本——维修费如下：

首先，计算 X、Y、XY、X^2 的和，如表 3—6 所示。

表 3—6　　回归分析法分解混合成本

年　度	产量 X(万件)	维修费 Y(元)	XY	X^2
20×5	58	50 000	2 900 000	3 364
20×6	55	46 000	2 530 000	3 025
20×7	50	48 000	2 400 000	2 500
20×8	60	53 000	3 180 000	3 600
20×9	65	54 000	3 510 000	4 225
合　计	288	251 000	14 520 000	16 714

其次，将 $n=5$ 以及表 3—6 中的数据代入公式，求 a 和 b。

$$a=\frac{16\ 714\times251\ 000-288\times14\ 520}{5\times16\ 714-288^2}\approx21\ 492(\text{元})$$

$$b=\frac{5\times14\ 520\ 000-288\times251\ 000}{5\times16\ 714-288^2}\approx498(\text{元/万件})$$

最后，得出分解后的混合成本的模型为：

$$Y=21\ 492+498X$$

2. 技术测定法

技术测定法又称工程法，是通过对生产过程中各种材料和人工成本消耗量的技术测定来划分固定成本和变动成本的方法。通过技术测定，将随着产量变化而变化的成本归集为变动成本，与产量变化不相关的成本归集为固定成本。随着信息技术和人工智能的发展，这种方法也逐渐变得可行，且其结果相对准确，但前期投资成本较高。

账户分析法又称会计分析法，它是根据有关成本账户及其明细账的内容，在成本发生的同时，按照其与产量的依存关系，做出判断，直接将其归入固定成本或者变动成本。

3. 合同确认法

合同确认法是根据企业签订的供需合同中规定的支付标准和费用的性质，来确认哪些项目属于固定成本，哪些项目属于变动成本。合同确认法通常配合账户分析法一起使用。

课堂思考

在使用账户分析法时，一般来说，哪些成本费用账户被认为是变动成本？哪些成本费用账户被认为是固定成本？哪些成本费用账户被认为是混合成本？

第四节　本量利分析

本量利分析又称为量本利分析，是成本—业务量—利润关系分析的简称。显然，企业的利润和成本、业务量之间有着密切的关系。本量利分析揭示的是这三者之间的内在规律，为企业的财务预测提供了一种有效的、定量的方法。本量利分析在现代企业中应用广泛，企业将其应用到全面预算、生产决策、定价决策和投资决策，以及成本控制等过程中。

一、本量利分析的基本假设

在本量利分析中，建立和使用的有关数学模型是建立在一系列假设基础上的。这些假设一方面在一定程度上简化了本量利分析的研究，另一方面在现实生活中很难被满足，因此也使得本量利分析在实践中具有一定的局限性。本量利分析的基本假设是本量利分析的基础，主要有四个基本假设前提：

(一)总成本由固定成本和变动成本两部分组成的假设

本量利分析是建立在成本习性划分基础上的一种分析方法，上一节成本习性介绍了成本按照其性态可以划分为固定成本和变动成本。其中，固定成本保持不变。也就是说，企业在一定期间、一定经营能力的范围内，固定成本保持不变。而变动成本与业务量则完全呈现线性相关。假定企业的单位变动成本不变，而变动成本总额则随着产销量的增加而增加。本量利分析的基本前提条件就是按照成本习性划分成本，是将成本和产销量变化联系起来的重要依据。

(二)销售收入与业务量呈完全线性关系的假设

这一假设等于假定销售价格不发生变化。该假设要求销售收入必须随着业务量的变化而变化，两者之间呈现完全的线性关系。这一假设要求产品的单价不发生变化，但在现实生活中，物价受多种因素的影响而上下波动。当销售量增长的时候，销售收入的增长速度可能会放慢，因为通常只有通过降价才能扩大销售量。而在通货膨胀率较高的市场条件下，产品单价也会随着物价上涨而上涨，很难保持一个常数。

(三)产销平衡假设

在本量利分析中，假设当期的产量和销量是完全平衡的，而不考虑存货水平变动对利润的影响。本量利分析的核心是分析收入和成本之间的对比关系，因此通常只考虑“销量”而不考虑“产量”。但在现实生活中，产销量往往是不平衡的，一旦两者有较大的差别，就必须考虑产量因素对本期利润的影响。

(四)品种结构不变假设

在一个同时生产和销售多种产品的企业中，假设各种产品的销售收入在总收入中所占的比重不会发生变化。因为在同时产销多种产品的情况下，利润会受到多种产品的获利能力不同的影响，只有在产品品种结构不变的情况下，本量利分析才是有效的。但实际上，企业很难始终按照一定的品种结构模式均匀销售各种产品，在产品品种结构发生较大变化的情况下，理论值和实际值就会有较大的差异。

二、本量利分析的基本原理

(一)本量利分析的基本关系式

本量利分析主要考虑销售量、单价、销售收入、单位变动成本、固定成本、营业利润等相关因素，以成本习性和变动成本法为基础。营业利润的计算公式可表示如下：

营业利润＝销售收入－总成本
＝销售收入－变动成本－固定成本
＝销售量×单价－销售量×单位变动成本－固定成本
＝ 销售量×(单价－单位变动成本)－固定成本

(二)边际贡献

边际贡献也称贡献毛益，是指某产品售价和变动成本之间的差额。边际贡献衡量的是产品盈利的能力，通常有两种表现形式:单位边际贡献和边际贡献总额。

单位边际贡献是指产品单价减去单位变动成本后的余额，其公式可以表示为：

单位边际贡献＝单价－单位变动成本

边际贡献总额是指产品销售收入总额减去变动成本总额之后的余额，其公式可以表示为：

边际贡献总额＝销售收入－变动成本总额
＝销售量×单位边际贡献

边际贡献率是指边际贡献总额占销售收入总额的百分比，或单位边际贡献占单价的百分比，反映了产品为企业创利的能力，其公式可以表示为：

$$边际贡献率=\frac{边际贡献总额}{销售收入}\times 100\%=\frac{单位边际贡献}{单价}\times 100\%$$

根据成本、业务量、利润三者之间的关系，边际贡献在弥补了固定成本后的余额就是企业的营业利润，其公式可以表示为：

$$\begin{aligned}营业利润&=边际贡献总额-固定成本\\&=销售量\times 单位边际贡献-固定成本\end{aligned}$$

【例3－8】 A企业生产甲产品，售价为20元/件，单位变动成本为12元，固定成本为2 400元，每月的产销量为400件。求甲产品的单位边际贡献、边际贡献总额及营业利润。

单位边际贡献＝单价－单位变动成本＝20－12＝8(元)

边际贡献总额＝销售量×单位边际贡献＝400×8＝3 200(元)

营业利润＝边际贡献总额－固定成本＝3 200－2 400＝800(元)

三、盈亏平衡分析

盈亏平衡分析就是根据销售收入、成本、利润等因素之间的关系，预测企业在何种状况下能达到收支相抵、损益平衡的状态。盈亏平衡是企业继续经营的基础条件，只有先做到盈亏平衡，才能进一步考虑盈利。盈亏平衡分析的关键在于计算盈亏平衡点。

(一)盈亏平衡点的计算

盈亏平衡点又称保本点，是指某种产品的边际贡献总额刚好等于固定成本时，营业利润恰巧等于零时的状态。盈亏平衡销售量的计算公式为：

$$盈亏平衡销售量=\frac{固定成本}{单位边际贡献}=\frac{固定成本}{单价-单位变动成本}$$

$$盈亏平衡销售额=单价\times 盈亏平衡销售量$$

【例3－9】 续【例3－8】，计算甲产品的盈亏平衡销售量和盈亏平衡销售额。

$$盈亏平衡销售量=\frac{固定成本}{单位边际贡献}=\frac{2\ 400}{8}=300(件)$$

盈亏平衡销售额＝单价×盈亏平衡销售量＝20×300＝6 000(元)

除了盈亏平衡的销售量和销售额，盈亏平衡点的另一种表达方式为盈亏平衡点作业率，即盈亏平衡点的销售量占企业正常销售量的百分比，其计算公式为：

$$盈亏平衡点作业率=\frac{盈亏平衡销售量}{正常销售量}\times 100\%$$

盈亏平衡点作业率表明企业实现盈亏平衡的销售量在正常销售量中所占的比重。由于企业通常应该按照正常的销售量来安排产品的生产，在合理库存的条件下，产品生产量与正常的销售量应该大体相同。所以，该指标也表明了企业在盈亏平衡状况下对生产能力的利用程度。

【例3－10】 续【例3－8】，假设该企业的正常销售量为700件，计算该企业的盈亏平衡点作业率。

$$盈亏平衡点作业率=\frac{盈亏平衡销售量}{正常销售量}\times 100\%=\frac{300}{700}\times 100\%\approx 42.86\%$$

知识链接

安全边际，是指产品的现有或预计销售量超过盈亏平衡点的销售量，它表明现有或预计的销售量与平衡点的销售量有多大差距，这个差距反映了产品盈利的安全程度。

安全边际＝现有或预计销售量(金额)－盈亏平衡点销售量(金额)

安全边际率＝安全边际(金额)÷现有或预计销售量(金额)

(二)盈亏平衡分析图

盈亏平衡分析图就是将盈亏平衡分析反映在直角坐标系中，通过图形来表示达到盈亏平衡时的销售量、销售额与成本、收入之间的关系。与公式和数据相比，图示法更直观、明了。通过盈亏平衡分析图，不仅可以观察到盈亏平衡的销售量和销售收入，还可以一目了然地观察到相关因素变动对利润的影响，为企业管理层的经营决策提供信息。

盈亏平衡分析图如图 3—7 所示。

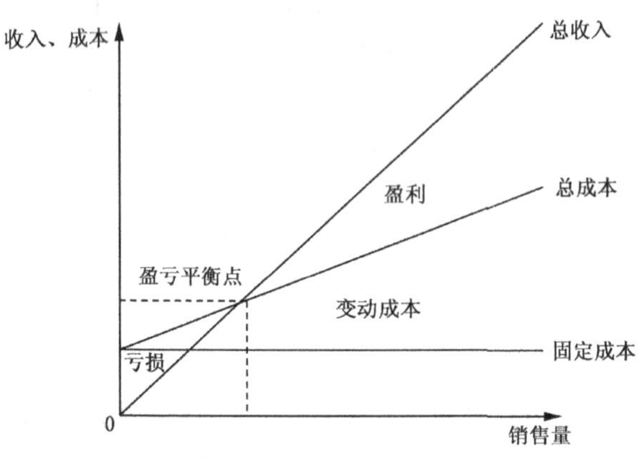

图 3—7 盈亏平衡分析

在盈亏平衡分析图中，可以观察到盈亏平衡点为总收入线和总成本线的交点，因此，只有总收入线的斜率大于总成本线的斜率时，才存在盈亏平衡点。也就是说，当产品的单价大于生产该产品的单位变动成本时，才有单位边际贡献，才能弥补固定成本，达到盈亏平衡。盈亏平衡点的位置则取决于固定成本、单位变动成本、单价这几个因素。

(1)在固定成本、单位变动成本、单价不变的情况下，即在盈亏平衡点不变的情况下，当销售量超过盈亏平衡点时，企业实现盈利，而且销售量越大，实现的利润就越多；反之，当销售量没有达到盈亏平衡点时，企业亏损，而且销售量越小，亏损越多。

(2)当总成本不变时，产品的单价和盈亏平衡点呈现逆向变动，即产品单价越高，也就是产品的单位边际贡献越大，盈亏平衡点越低；反之，则盈亏平衡点越高。

(3)单位变动成本和产品的单价都固定不变时，固定成本和盈亏平衡点呈现正向变动，固定成本越高，盈亏平衡点越高；反之，则盈亏平衡点越低。

(4)固定成本和产品的单价都固定不变时，单位变动成本和盈亏平衡点呈现正向变动，单位变动成本越高，即单位边际贡献越小，盈亏平衡点越高；反之，则盈亏平衡点越低。

盈亏平衡分析主要研究盈亏平衡时企业的产销量或金额，分析哪些参数发生多大变化时，企业能扭亏为盈，以及这些参数对利润的影响程度。盈亏平衡分析是本量利分析的核心内容。

知识链接

在现实的企业管理活动中，要获取关于固定成本和变动成本的精确数据较为困难，同时也由于日常管理决策常常改变盈亏平衡点，在多产品综合性的企业中，获得的数据往往是粗略而模糊不清的，因而所得出的关于固定成本、变动成本、产量等项目的粗略数字使许多重要细节不是那么清晰，因此我们对公司盈亏平衡“点”的最佳估计，实际上也只是一个相当大的包括该点本身的“斑块”。

因此，即使存在严重的问题，整个公司的状况还是可以接受的。例如，在计算通用汽车公司的总营业额时，必须包括汽车、大型内燃机、货车、火花塞、冰箱、洗衣机和其他许多项目。一个产品或一个部门的良好成绩会掩盖其他产品或部门的不良情况。

尽管存在着这些困难，但对于形成有关预算控制、利润计划和生产过程选择的概念框架，盈亏平衡点的分析是很重要的，它使管理部门能够获悉产量变化或准备采取的行动路线将怎样影响盈亏平衡点和利润。

(三)多品种条件下的本量利分析

在现实生活中，企业生产单一产品的情况十分罕见，绝大多数企业都同时生产和经营着多种不同的产品。每种产品由于其性质不同，导致其销售价格、变动成本和固定成本各不相同，从而拥有不同的边际贡献。对于多品种条件下的本量利分析，一般采取加权平均法、顺序法、联合单位法和分别计算法。

1. 加权平均法

加权平均法，是指在掌握每种产品本身的边际贡献的基础上，按各种产品预计的销售额的比重进行加权平均，据以计算综合边际贡献，进而计算多品种保本点销售额的一种方法。

采用加权平均法计算多种产品保本点销售额的关键在于求出各产品的边际贡献和各自销售额的比重。

$$\text{加权平均边际贡献率}=\frac{\sum(\text{某种产品销售额}-\text{某种产品变动成本})}{\sum\text{各种产品销售额}}\times 100\%$$

$$=\sum\text{某种产品的边际贡献率}\times\text{某种产品的销售比重}\times 100\%$$

$$\text{综合盈亏平衡销售额}=\frac{\text{固定成本总额}}{\text{加权平均边际贡献率}}$$

【例3—11】 某公司生产A、B、C三种产品，销售单价分别为10元、20元、50元；预计销售量为100 000件、25 000件、10 000件；预计各产品的单位变动成本分别为8.5元、16元、25元；预计固定成本总额为300 000元。采用加权平均法求该产品的盈亏平衡点的销售额。

表3—7 多品种条件下保本额的计算

产品	销售收入(元)	销售收入(百分比)	变动成本(元)	边际贡献(元)	边际贡献率
A	1 000 000	50%	850 000	150 000	15%
B	500 000	25%	400 000	100 000	20%
C	500 000	25%	250 000	250 000	50%
合计	2 000 000	100%	1 500 000	500 000	

加权平均边际贡献率＝15%×50%＋20%×25%＋50%×25%＝25%

综合盈亏平衡销售额＝300 000÷25%＝120(万元)

2. 顺序法

顺序法，是指按照事先确定的各品种产品销售顺序，每一次用各种产品的边际贡献补偿整个企业的全部固定成本，直至全部由产品的边际贡献补偿完为止，从而完成本量利分析的一种方法。

顺序法通常要求事先掌握各种产品的边际贡献和销售收入资料，以确定各产品的边际贡献率，并根据各种产品的边际贡献率的高低来确定各种产品的销售顺序。由于人们对于风险的态度千差万别，因此，在确定产品的销售顺序时，会产生完全不同的两种结果：一种是较为乐观的排列顺序，即按照边际贡献率由高到低对产品销售顺序进行排列，边际贡献率高的产品先销售、先补偿；另一种是较为悲观的排列顺序，即按照边际贡献率由低到高对产品销售顺序进行排列，边际贡献率低的产品先销售、先补偿。另外，企业还可以按照市场实际销路是否顺畅来确定销售顺序。

【例3—12】 续【例3—11】，按照边际贡献率从高到低和从低到高编制顺序分析表，并求出顺序法下的盈亏平衡点的销售额和销售量。

(1)按照边际贡献率从高到低编制顺序分析表,如表3—8所示。

表3—8 顺序分析表(降序) 单位:元

顺序	品种	边际贡献率	销售收入	累计销售收入	边际贡献	累计边际贡献	固定成本补偿额	累计固定成本补偿额	累计损益
1	C	50%	500 000	500 000	250 000	250 000	250 000	250 000	—50 000
2	B	20%	500 000	1 000 000	100 000	350 000	50 000	300 000	50 000
3	A	15%	1 000 000	2 000 000	150 000	500 000	0	300 000	200 000

由表3—8可以看出,固定成本由产品C、B来补偿,那么企业要想达到盈亏平衡状态,销售额和销售量需达到:

销售额=500 000+500 000×50%=750 000(元)

销售量=10 000+25 000×50%=22 500(件)

当产品C的销售额达到500 000元、销售量达到10 000件,产品B的销售额达到250 000元、销售量达到12 500件时,企业达到盈亏平衡。

(2)按照边际贡献率从低到高编制顺序分析表,如表3—9所示。

表3—9 顺序分析表(升序) 单位:元

顺序	品种	边际贡献率	销售收入	累计销售收入	边际贡献	累计边际贡献	固定成本补偿额	累计固定成本补偿额	累计损益
1	A	15%	1 000 000	1 000 000	150 000	150 000	150 000	150 000	—150 000
2	B	20%	500 000	1 500 000	100 000	250 000	100 000	250 000	—50 000
3	C	50%	500 000	2 000 000	250 000	500 000	50 000	300 000	200 000

由表3—9可以看出,固定成本由产品A、B、C来补偿,那么企业要想达到盈亏平衡状态,销售额和销售量需达到:

销售额=1 000 000+500 000+500 000×20%=1 600 000(元)

销售量=100 000+25 000+10 000×20%=127 000(件)

当产品A的销售额达到1 000 000元、销售量达到100 000件,产品B的销售额达到500 000元、销售量达到25 000件,产品C的销售额达到100 000元、销售量达到2 000件时,企业达到盈亏平衡。

3. 联合单位法

联合单位法,是指在进行多品种条件下的本量利分析时,根据企业各种产品间产销量的比例关系,将这一比例关系的产品组合为一个联合单位,然后确定每一联合单位的售价和单位变动成本。

所谓联合单位,是指以企业各种产品产销量的比例构成的一组产品。例如,企业同时生产甲、乙、丙三种产品,且三种产品之间的销量长期保持固定的比例关系,产销量比为1∶2∶3。那么,1件甲产品、2件乙产品和3件丙产品就构成一组产品,简称联合单位。

使用联合单位法,将多品种条件下的本量利分析转化为单一产品的盈亏平衡分析。根据历史资料确定企业各种产品的产销量的比例,可以计算出一个联合单位的联合单价和联合单位变动成本,并据此计算出联合保本点销售量。其计算公式为:

$$\text{联合盈亏平衡销售量}=\frac{\text{固定成本总额}}{\text{联合单价}-\text{联合单位变动成本}}$$

【例3—13】 续【例3—11】,按照产销量的比重组成联合单位,并求出联合单位法下盈亏平衡的销售量。

产品销售量比＝A∶B∶C＝20∶5∶2

联合单价＝10×20＋20×5＋50×2＝400(元)

联合单位变动成本＝8.5×20＋16×5＋25×2＝300(元)

联合盈亏平衡销售量＝$\frac{300\ 000}{400-300}$＝3 000(件)

A产品盈亏平衡的销售量＝3 000×20＝60 000(件)

B产品盈亏平衡的销售量＝3 000×5＝15 000(件)

C产品盈亏平衡的销售量＝3 000×2＝6 000(件)

4. 分别计算法

分别计算法是指通过将固定成本按照一定的标准在各产品间进行合理的分配，分别求出每件产品的保本销售量和销售额，再最终确定企业总的保本点的销售量和销售额的一种多品种条件下的本量利分析方法。

【例3－14】 续【例3－11】，假定固定成本按照边际贡献的比重进行分配，并求出分别计算法下的盈亏平衡的销售量。

固定成本分配率＝$\frac{300\ 000}{500\ 000}$＝0.6

分配给A产品的固定成本＝150 000×0.6＝90 000(元)

分配给B产品的固定成本＝100 000×0.6＝60 000(元)

分配给C产品的固定成本＝250 000×0.6＝150 000(元)

A产品盈亏平衡的销售量＝$\frac{90\ 000}{1.5}$＝60 000(件)

B产品盈亏平衡的销售量＝$\frac{60\ 000}{4}$＝15 000(件)

C产品盈亏平衡的销售量＝$\frac{150\ 000}{25}$＝6 000(件)

课堂思考

在进行多品种条件下的本量利分析时，有哪几种不同的方法可供选择？不同的方法下求得的盈亏平衡的销售量相同吗？如果不同，有什么区别？

(四)相关因素变动对盈亏平衡点的影响

如前所述，在计算盈亏平衡点时，我们曾假设销售单价、固定成本、单位变动成本以及产品品种构成等因素保持不变。在现实生活中，这些因素往往会发生变动。当这些因素发生变动时，对盈亏平衡点的高低会产生很大的影响。

1. 销售单价变动对盈亏平衡点的影响

从盈亏平衡点的计算公式来看，在一定的成本水平条件下，销售单价提高会使单位边际贡献上升，也就是使计算公式中的分母部分变大，从而使盈亏平衡点降低。因此，销售单价越高，盈亏平衡点越低，同样的销售量下实现的利润也越高；反之，销售单价越低，盈亏平衡点越高，同样的销售量下实现的利润也越低。

【例3－15】 假设某公司生产和销售单一产品，产品的售价为100元，单位变动成本为60元，全年固定成本为120 000元，则盈亏平衡点的销售量为：

盈亏平衡点销售量＝$\frac{120\ 000}{100-60}$＝3 000(件)

如果其他条件不变，只是销售价格增加10元/件，则盈亏平衡点的销售量由原来的3 000件变为：

$$盈亏平衡点销售量=\frac{120\ 000}{110-60}=2\ 400(件)$$

由此可见，单位价格越高，盈亏平衡点越低。

2. 单位变动成本变动对盈亏平衡点的影响

从盈亏平衡点的计算公式可以看出，在其他条件不变时，单位变动成本的上升会使单位边际贡献下降，从而使得盈亏平衡点升高；反之，盈亏平衡点下降。

【例 3－16】 如果【例 3－15】中的其他条件不变，只是单位变动成本增加 10 元/件，则盈亏平衡点的销售量由原来的 3 000 件变为：

$$盈亏平衡点销售量=\frac{120\ 000}{100-70}=4\ 000(件)$$

由此可以看出，单位变动成本越高，盈亏平衡点越高。

3. 固定成本变动对盈亏平衡点的影响

虽然固定成本在一定的产销能力范围内保持相对的稳定，但是企业经营能力的变化和管理决策都会导致固定成本的升降，特别是固定成本中酌量性固定成本的部分。

在固定成本和盈亏平衡点的关系中，在边际贡献不变的情况下，固定成本越高，弥补固定成本所需的产销量也就越高，盈亏平衡点也越高；反之，固定成本越低，盈亏平衡点就越低。

【例 3－17】 如果【例 3－15】中的其他条件不变，只是固定成本下降了 20 000 元，则盈亏平衡点的销售量由原来的 3 000 件变为：

$$盈亏平衡点销售量=\frac{100\ 000}{100-60}=2\ 500(件)$$

由此可见，固定成本越低，盈亏平衡点越低。

4. 产品品种构成变动对盈亏平衡点的影响

当企业产销的产品不是单一品种时，由于每种产品的获利能力不同，有时甚至差异较大，因此，当产品品种构成发生变化时，对盈亏平衡点势必造成影响。一般来说，在其他条件不变的情况下，盈亏平衡点与取决于以各种产品的销售收入比例为权数的加权平均边际贡献相关。改变品种结构则意味着改变企业加权平均边际贡献，企业加权平均边际贡献越高，盈亏平衡点越低，盈利能力越强；反之，加权平均边际贡献越低，盈亏平衡点越高，盈利能力越弱。

【例 3－18】 设某企业固定成本为 300 000 元，同时生产甲、乙、丙三种产品。每种产品的产量分别为 45 000 件、45 000 件和 30 000 件(假定产销一致)，单位产品的有关资料如表 3－10 所示。

表 3－10　　某企业产品产销量、单价及单位变动成本

项目＼产品	甲	乙	丙
产销量(件)	45 000	45 000	30 000
单价(元)	20	10	5
单位变动成本(元)	15	6	2

根据表 3－10 的数据资料所计算的甲、乙、丙三种产品的品种构成及各自的边际贡献如表 3－11 所示。

表 3—11　某企业产品的品种构成及各自的边际贡献

项目 产品	销售收入 (元)	占销售收入总数 的百分比(%)	边际贡献额 (元)	边际贡献率 (%)
甲	900 000	60	225 000	25
乙	450 000	30	180 000	40
丙	150 000	10	90 000	60
合　计	1 500 000	100	495 000	

以各种产品的销售收入占总收入的比例(即产品的品种构成)为权数,计算该企业产品的加权平均边际贡献率如下:

加权平均边际贡献率=60%×25%+30%×40%+10%×60%=33%

根据加权平均边际贡献率可以计算出该企业全部产品盈亏平衡点的销售额为:

$$盈亏平衡点销售额=\frac{固定成本}{加权平均贡献毛益率}=\frac{300\ 000}{33\%}=909\ 090(元)$$

也就是说,在产品品种结构不变的条件下,当销售额达到 909 090 元时,企业处于盈亏平衡状态。

改变品种结构将会改变企业加权平均的边际贡献率,从而使企业的盈亏平衡点发生相应的变动。假如品种结构由原来的 60∶30∶10 改变为 40∶40∶20,则加权平均的边际贡献率可通过表 3—12 进行计算。

表 3—12　某企业产品的品种构成及各自的边际贡献

项目 产品	销售收入 (元)	占销售收入总数 的百分比(%)	边际贡献额 (元)	边际贡献率 (%)
甲	600 000	40	150 000	25
乙	600 000	40	240 000	40
丙	300 000	20	180 000	60
合　计	1 500 000	100	570 000	

计算该企业产品的加权平均边际贡献率如下:

加权平均边际贡献率=40%×25%+40%×40%+20%×60%=38%

此时,根据加权平均边际贡献率可以计算出该企业全部产品盈亏平衡点的销售额为:

$$盈亏平衡点销售额=\frac{固定成本}{加权平均边际贡献率}=\frac{300\ 000}{38\%}=789\ 474(元)$$

可见,由于产品的品种结构变了,盈亏平衡点也变了。在甲、乙、丙这三种产品中,品种结构的变动是由于边际贡献率较高的乙、丙两种产品的比重有所提高,而边际贡献率较低的甲产品的比重有所下降,因而使加权平均的边际贡献率有所提高,也使盈亏平衡点相应下降了,盈利增加了。由此可见,对一个生产多品种的企业来说,适当地增大边际贡献率较高的产品的比重,从结果上看与提高产品的销售价格有相似之处。

课堂思考

当以上几种影响盈亏平衡点变动的因素中的两种或两种以上共同作用时,对盈亏平衡点有什么影响?

四、实现目标利润分析

盈亏平衡分析是指企业在盈亏平衡(利润为零)的状态下进行的本量利分析,但是企业经营的目标并非为了保本,而是为了盈利。在现代企业管理中,本量利分析常被用于企业目标利润的预测。在本量利的盈亏平衡模式基础上引入目标利润,可以得到实现目标利润的本量利分析。

(一)目标利润分析

目标利润分析是盈亏平衡分析的延伸和拓展,在假定单价和成本水平不变的前提下,确定为实现一定的目标利润所需达到的产销量。为了分析和预测目标利润,揭示成本、产销量和利润之间的关系,需要建立实现目标利润的本量利分析模型。

$$\text{实现目标利润的销售量}=\frac{\text{目标利润}+\text{固定成本}}{\text{单位边际贡献}}$$

$$\text{实现目标利润的销售额}=\frac{\text{目标利润}+\text{固定成本}}{\text{边际贡献率}}$$

【例3－19】 假设某企业只生产和销售一种产品,该产品售价为80元,单位变动成本为30元,固定成本为30 000元,目标利润为20 000元,则有:

$$\text{实现目标利润的销售量}=\frac{20\ 000+30\ 000}{80-30}=1\ 000(\text{件})$$

$$\text{实现目标利润的销售额}=\frac{20\ 000+30\ 000}{62.5\%}=80\ 000(\text{元})$$

值得注意的是,在实现目标利润的本量利分析模型中,实现目标利润的销售量公式只能用于单一产品的实现目标利润分析,而实现目标利润的销售额公式却可以同时被应用于单一产品和多产品的实现目标利润分析。

同时,上述公式中的目标利润均为所得税前的利润。由于所得税对于一家企业而言是必不可少的支出,因此,从企业生产经营需要的角度出发,从税后利润来进行目标利润分析更为适用。税后利润和税前利润的关系如下列公式所示:

$$\text{税后利润}=\text{税前利润}\times(1-\text{所得税税率})$$

$$\text{税前利润}=\frac{\text{税后利润}}{1-\text{所得税税率}}$$

$$\text{实现目标利润的销售量}=\frac{\dfrac{\text{税后利润}}{1-\text{所得税税率}}+\text{固定成本}}{\text{单位边际贡献}}$$

$$\text{实现目标利润的销售额}=\frac{\dfrac{\text{税后利润}}{1-\text{所得税税率}}+\text{固定成本}}{\text{边际贡献率}}$$

【例3－20】 假设【例3－19】中其他条件不变,税后目标利润为15 000元,所得税税率为25%,则有:

$$\text{实现目标利润的销售量}=\frac{\dfrac{15\ 000}{1-25\%}+30\ 000}{80-30}=1\ 000(\text{件})$$

$$\text{实现目标利润的销售额}=\frac{\dfrac{15\ 000}{1-25\%}+30\ 000}{62.5\%}=80\ 000(\text{元})$$

知识链接

所得税(我国香港称“入息税”,我国大陆、台湾,日本和韩国称“所得税”,英文为Income Tax)以自然人、公司或者法人为课税单位。世界各地有不同的课税率系统,如有累进税率,也有单一平

税率多种。

所得税，是指对所有以所得额为课税对象的总称。有些国家以公司为课税的称作企业课税，这经常被称为公司税，或公司收入税，或营利事业综合所得税。

有些国家以个人收入课税。个人所得税为法律规定自然人应向政府上缴的收入的一部分。各地政府在不同时期对个人应纳税收入的定义和征收的百分比不尽相同，有时还分稿费收入、工资收入以及偶然所得（如彩票中奖）等情况分别纳税。全世界所有的国家中仅有巴林和卡塔尔这两个中东小国民众不用缴纳所谓的所得税。

中国企业所得税纳税人在中华人民共和国境内，企业和其他取得收入的组织（以下统称企业）为企业所得税的纳税人（个人独资企业、合伙企业除外）。

（二）相关因素变动对实现目标利润的影响

在实现目标利润的本量利分析中，实现目标利润的模型是盈亏平衡点模型的拓展和延伸，一般假定单价和成本水平等因素固定不变。但在现实经济环境中，这些因素是经常发生变动的。

1. 固定成本变动对实现目标利润的影响

从实现目标利润的本量利分析模型中可以看出，如果假定其他因素固定不变，固定成本和目标利润之间呈现反向变动的关系，即目标利润随着固定成本的增加而减少，随着固定成本的减少而增加。

【例 3—21】 假设甲企业只生产 A 产品，该产品销售单价为 100 元，单位变动成本为 60 元，发生固定成本 10 000 元，本期实现销售 500 台，则本期的目标利润为：

目标利润＝(100－60)×500－10 000＝10 000(元)

【例 3—22】 假设【例 3—21】中其他条件不变，只是固定成本减少了 2 000 元，则可以实现利润为：

利润＝(100－60)×500－8 000＝12 000(元)

目标利润不仅可以得到实现，还能超过目标利润 2 000 元，或者在销售量较低的情况下也能实现目标利润：

实现目标利润的销售量＝(8 000＋10 000)÷(100－60)＝450(件)

由此可见，固定成本的减少使得在相同产销量下的利润增加，或者实现目标利润的销售量减少，固定成本的减少是企业获得更多利润的有利因素。

2. 单位变动成本变动对实现目标利润的影响

【例 3—23】 假设【例 3—21】中其他条件不变，只是单位变动成本从 60 元减少到 50 元，此时，可实现的利润为：

利润＝(100－50)×500－10 000＝15 000(元)

预计可实现利润 15 000 元，即比原定目标多实现 5 000 元，或者在销售量较低的情况下也能实现目标利润：

实现目标利润的销售量＝(10 000＋10 000)÷(100－50)＝400(件)

单位变动成本和目标利润之间呈反向变动关系，单位变动成本减少，使得企业能够从相同的销售量中获得更多的利润，同时，如果目标利润不变，单位变动成本的减少使得实现目标的销售量也相应减少。

3. 单位售价变动对实现目标利润的影响

【例 3—24】 假设【例 3—21】中其他条件不变，只是销售单价从 100 元下降到 90 元，此时，可实现的利润为：

利润＝(90－60)×500－10 000＝5 000(元)

此时，所获得的利润比目标利润要少 5 000 元，只有在销售量提高的情况下才能达到目标利润：

实现目标利润的销售量＝(10 000＋10 000)÷(90－60)＝667(件)

单位售价和目标利润之间呈正向变动关系，单位售价降低，目标利润也相应减少。

五、本量利分析的扩展

(一)不确定条件下的本量利分析

如前所述，企业的利润受到销售价格、销售数量、单位变动成本和固定成本等因素的影响。这些因素的变动必然引起利润的变动。如果这些因素在计划期内的变动情况可以确定，利润由此变化的数值也就可以确定。但在实际经济生活中，销售价格、销售数量、单位变动成本和固定成本因素的未来变动情况受多种因素影响，对它们未来变动情况的估计往往很难在事前准确掌握，只能进行粗略的估计，也就是只能估计它们在什么样的范围内，以及有关数值在这个范围内出现的概率是多少。概率是指某一事件发生的可能性，这种可能性的大小可以用 0～1 间的数来表示。

对于不确定情况下的本量利分析，首先确定影响利润的各因素的预计数值，然后计算各因素可能值的每一种组合下的盈亏平衡点或目标利润。最后，再以各种组合下的组合概率为权数，计算盈亏平衡点或目标利润的组合期望值，最终计算出各期望值的合计数，也就是盈亏平衡点或目标利润的预测值。

1. 不确定状况下的盈亏平衡点分析

【例 3－25】 假设甲企业只生产 A 产品，预测期的单价、单位变动成本和固定成本的估计值及相应的概率如表 3－13 所示。

表 3－13　　A 产品明细资料

项　目	单价(元)		单位变动成本(元)		固定成本(元)	
估计值	100	90	60	50	10 000	8 000
概率(*P*)	0.8	0.2	0.7	0.3	0.3	0.7

根据表 3－13 的资料预测盈亏平衡点的过程，如表 3－14 所示。

表 3－14　　A 产品盈亏平衡点计算表

单价(元)	单位变动成本(元)	固定成本(元)	组合	盈亏平衡点(件)	组合概率	期望值
100 (*P*＝0.8)	60 (*P*＝0.7)	10 000 (*P*＝0.3)	1	250	0.168	42
		8 000 (*P*＝0.7)	2	200	0.392	78.4
	50 (*P*＝0.3)	10 000 (*P*＝0.3)	3	200	0.072	14.4
		8 000 (*P*＝0.7)	4	160	0.168	26.88
90 (*P*＝0.2)	60 (*P*＝0.7)	10 000 (*P*＝0.3)	5	334	0.042	14.028
		8 000 (*P*＝0.7)	6	267	0.098	26.166
	50 (*P*＝0.3)	10 000 (*P*＝0.3)	7	250	0.018	19.5
		8 000 (*P*＝0.7)	8	200	0.042	8.4
合计(预期盈亏平衡点的销售量)					1.000	229.774

从表 3—14 可以看出，考虑了各种不确定因素后，可能出现的盈亏平衡点的情况共有 8 种，每一种情况都是由单价、单位变动成本和固定成本三个因素在各自出现的可能性下进行组合计算所得。

本章前面的盈亏平衡点的预测都是在确定的条件下进行的，而考虑概率因素的结果比不考虑的要更合理。同时，在预测各种情况出现的概率时，由于概率是人为确定的，具有一定的主观性，其准确性对于盈亏平衡点的准确性具有重要的影响。

知识链接

期望值理论的基础是：人之所以能够从事某项工作并达成目标，是因为这些工作和组织目标会帮助他们达成自己的目标，满足自己某方面的需要。

期望理论(Expectancy Theory)，又称作“效价—手段—期望理论”，是北美著名心理学家和行为科学家维克托·弗鲁姆于 1964 年在《工作与激励》中提出来的激励理论。激励(Motivation)取决于行动结果的价值评价(即“效价”，Valence)和其对应的期望值(Expectancy)的乘积。弗鲁姆认为，某一活动对某人的激励力量取决于他所能得到结果的全部预期价值乘以他认为达成该结果的期望概率。

2. 不确定状况下的利润预测

【例 3—26】 假设甲企业只生产 A 产品，预计预测期的销售量可以达到 500 件，预测期的单价、单位变动成本和固定成本的估计值及相应的概率，仍如表 3—13 所示，则预测期的利润预测过程如表 3—15 所示。

表 3—15　　**A 产品利润预测表**

单价(元)	单位变动成本(元)	固定成本(元)	组合	利润(元)	组合概率	期望值
100 (P=0.8)	60 (P=0.7)	10 000 (P=0.3)	1	10 000	0.168	1 680
		8 000 (P=0.7)	2	12 000	0.392	4 704
	50 (P=0.3)	10 000 (P=0.3)	3	15 000	0.072	1 080
		8 000 (P=0.7)	4	17 000	0.168	2 856
90 (P=0.2)	60 (P=0.7)	10 000 (P=0.3)	5	5 000	0.042	210
		8 000 (P=0.7)	6	7 000	0.098	686
	50 (P=0.3)	10 000 (P=0.3)	7	10 000	0.018	180
		8 000 (P=0.7)	8	12 000	0.042	540
合计(预期销售量为 500 件时的利润)					1.000	11 900

从表 3—15 可以看出，不确定状况下利润预测的基本方法与盈亏平衡分析的方法基本一致。分别求出每一种组合下的利润，再利用组合概率求出期望值，最终得到预计销售量下的预期利润。

课堂思考

如果销售量有了多种可能性，那么组合的数量将发生怎样的变化？如何预测其期望利润？

(二)非线性关系下的本量利分析

在前面的本量利分析中，都假定收入、成本和产销量之间呈现线性关系，但是，在现实生活中，企业面临的情况往往是错综复杂的。收入、成本和产销量之间的关系非但不是线性的，甚至不能比较接近线性关系。在这种情况下，一般采用曲线方程公式来描述收入、成本和产销量之间的关系，再建立非线性关系下的本量利模型，进行本量利分析。

当收入、成本和产销量之间呈现非线性关系时，需要应用非线性回归方程式。最常用的非线性回归方程式是：

$$y=a+bx+cx^2$$

式中，y 表示收入或成本；x 表示业务量；a 表示常数；b 和 c 表示自变量的系数。

在非线性关系下的本量利分析中，企业可以根据销售量、销售额和成本等历史数据的搜集和加工，计算出非线性回归方程的系数，然后分别计算 x 的一阶和二阶导数，以分别求出盈亏平衡点和预计目标利润。

【例 3—27】 某公司只生产和销售单一产品，会计人员根据对过去销售量、销售额和成本数据的分析，发现总成本和产销量、总收入和产销量均为非线性关系，进行回归分析后，确定了总成本和总收入的非线性回归方程，分别是：

总成本方程：$TC=10-0.4x+0.7x^2$

总收入方程：$TR=5.6x-0.05x^2$

其中，TC 为总成本，TR 为总收入，x 为产销量。

有关本量利分析如下：

(1)计算盈亏平衡点。设 P 为利润，则有：

$P=TR-TC=(5.6x-0.05x^2)-(10-0.4x+0.7x^2)=-0.75x^2+6x-10$

令 $P=0$，则有：

$-0.75x^2+6x-10=0$

解方程，可得：

$x_1=2.367$(万件)；$x_2=5.633$(万件)

这意味着总收入线和总成本线共有两个交点，即当销售量为 2.367 万件和 5.633 万件时，企业实现盈亏平衡。

(2)计算利润最大化下的销售量和最大利润。求 x 的一阶导数 Px'，当 $Px'=0$ 时，可实现利润最大化，即：

$Px'=(-0.75x^2+6x-10)'=-1.5x+6$

令 $Px'=0$，则有：

$x=4$(万件)

也就是说，当产销量达到 4 万件时，企业实现利润最大化。此时的利润为：

$P=-0.75x^2+6x-10=2$(万元)

(3)计算最优销售价格。当 $x=4$ 万件时，则有：

$TR=5.6x-0.05x^2=5.6\times4-0.05\times4^2=21.6$(万元)

则产品的最优销售价格为：

$SP=\frac{TR}{x}=\frac{21.6}{4}=5.4$(元/件)

知识链接

所谓回归分析法，是指在掌握大量观察数据的基础上，利用数理统计方法建立因变量与自变量之间的回归关系函数表达式(称回归方程式)。

回归分析中，当研究的因果关系只涉及因变量和一个自变量时，称为一元回归分析；当研究的因果关系涉及因变量和两个或两个以上自变量时，称为多元回归分析。

此外，回归分析中，又依据描述自变量与因变量之间因果关系的函数表达式是线性的还是非线性的，分为线性回归分析和非线性回归分析。通常线性回归分析法是最基本的分析方法，遇到非线性回归问题可以借助数学手段转化为线性回归问题处理。

六、Excel 电子表格在本量利分析中的应用

在本量利分析过程中，往往通过手工计算盈亏平衡点，十分麻烦，也不直观。而且，当一些企业生产经营环境变化时，也不容易调整。实际上，利用 Excel 电子表格可以制作出非常直观精确的散点图，并且结合 Excel 的其他功能，可以实现动态调整。下面就以某公司甲产品的盈亏平衡点散点图制作为例，来介绍具体的操作方法。

第一步，设计盈亏测算表。由于每个企业的生产经营状况均不同，而测算盈亏平衡点，就必须根据企业的具体实际情况来编辑一份盈亏测算表，主要涉及企业的固定成本、变动成本、销量、销售单价等因素。盈亏平衡点实际上就是销售收入与总成本相等时的数值，在图表上就表现为两者的交叉点，因此要设计盈亏平衡点动态图，就必须确定总成本、销售收入以及盈亏平衡点坐标值，而依据以上公式，就可以通过计算得到这些数据。

启动 Excel 2007，新建一个工作表，将其命名为“盈亏平衡点测算表”，在此表的 B9:K9 区域内输入序号、固定成本、单位变动成本、月销量、销售单价、销售收入、变动成本、总成本、盈亏平衡点 X 轴值、盈亏平衡点 Y 轴值等内容，然后在此表第一行的 C10 中输入固定成本数值，D10 中输入单位变动成本值，E10 中输入月销量初始值，F10 中输入销售单价，G10 中输入计算销售收入的公式“=E10 * F10”，H10 中输入计算变动成本的公式“=E10 * D10”，I10 中输入计算总成本的公式“=C10+H10”，并将这三个公式复制至对应的 G11、H11、I11 单元格中(见图 3－8)。

某公司盈亏平衡点测算表

单位：元、件

序号	固定成本	单位变动成本	月销量	销售单价	销售收入	变动成本	总成本
1	11 000	100	0	210	0	0	11 000
2	11 000	100	20	210	4 200	2 000	13 000
3	11 000	100	40	210	8 400	4 000	15 000
4	11 000	100	60	210	12 600	6 000	17 000
5	11 000	100	80	210	16 800	8 000	19 000
6	11 000	100	100	210	21 000	10 000	21 000
7	11 000	100	120	210	25 200	12 000	23 000
8	11 000	100	140	210	29 400	14 000	25 000
9	11 000	100	160	210	33 600	16 000	27 000
10	11 000	100	180	210	37 800	18 000	29 000

图 3－8 盈亏平衡点测算

通过以上计算，我们就可以得出月销量和销售收入这两个坐标点值，如(0,0)、(20,4 200)，月

销量和总成本这两个坐标点值，如(0,11 000)、(20,13 000)。

从“某公司盈亏平衡点测算表”中，可以明显看出，当销售收入等于总成本时，公司实现盈亏平衡，此时的销售收入和销售成本都是 21 000 元，月销量为 100 件。当然，以上案例只是盈亏平衡点测算中的一种特殊情况。绝大多数时候，盈亏平衡点不会在表中直接显示，此时，可以利用本章中学习的知识，求出盈亏平衡点。同时，也可以通过 Excel 软件生成盈亏平衡点图，再从图中读出盈亏平衡点的数值。

第二步，利用计算数据，制作盈亏平衡点图。需要制作盈亏平衡点图时，单击“插入”菜单，从弹出的功能区中选择“图表”中的散点图，然后选择其中的“带直线的散点图”类型(见图 3－9)。当插入一个图表后，右键选择“源数据”，进行如下设置：“系列名称”为“总成本”，“X 值”为“＝Sheet1！E10：E19”，“Y 值”为“＝Sheet1！ I10：I19”。另一个“系列名称”为“销售收入”，“X 值”为“＝Sheet1！ E10：E19”，“Y 值”为“＝Sheet1！ G10：G19”。这样一个盈亏平衡点计算图表雏形就做出来了，在图中盈亏平衡点就为总成本与销售收入的交叉点，其坐标值为(100,21 000)，即销量为 100 件时达到盈亏平衡。

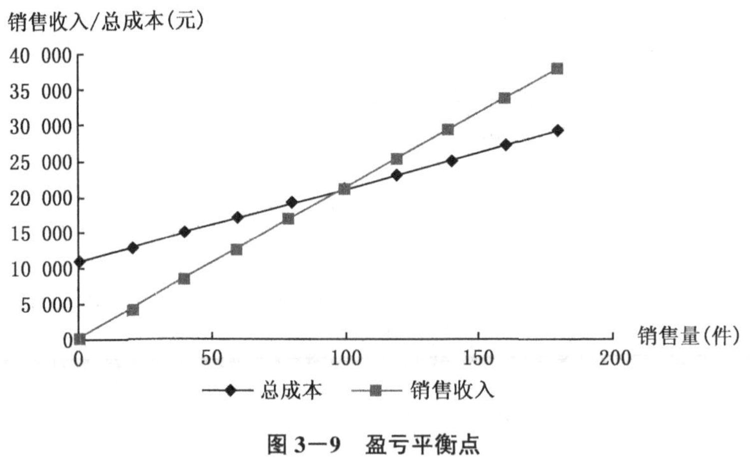

图 3－9 盈亏平衡点

第三步，在盈亏平衡点图中标注 X 轴、Y 轴，以及盈亏平衡点。首先，右击当前图表，选择图表选项，在图表选项中输入图表名称为“某公司盈亏平衡点图”，数值 X 轴为“销售量(件)”，数值 Y 轴为“销售收入/总成本(元)”。其次，右击当前图表，选择源数据，点击系列选项卡，添加一个新的系列，名称为“盈亏平衡点”，X 值为“＝{100}”，Y 值为“＝{21 000}”，生成盈亏平衡点图，如图 3－10 所示。

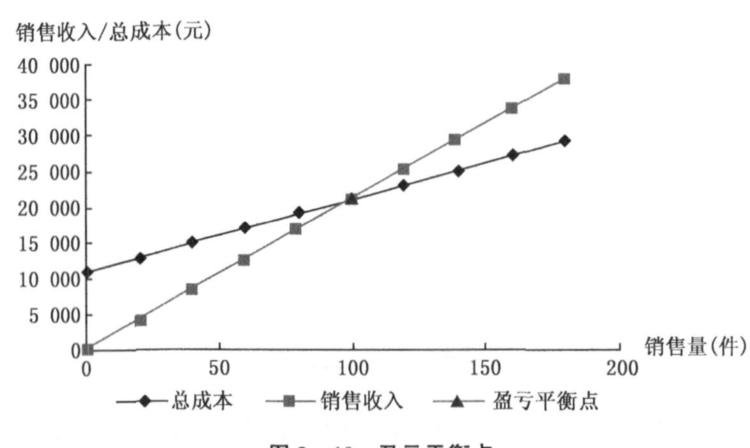

图 3－10 盈亏平衡点

本章小结

在现代财务管理中，财务预测帮助财务人员把握未来的不确定性，使财务计划的预期目标同可能变化的周围环境和经济条件保持一致，并对财务计划的实施效果做到心中有数。财务预测能为企业进行财务决策、编制财务预算、实施财务控制提供依据。

财务预测的意义包括：财务预测是企业进行经营决策的依据；财务预测是企业进行融资规划的前提；财务预测有助于改善企业的投资决策；财务预测是提高企业管理水平的手段。财务预测主要包括明确预测对象和目标、制订预测计划、搜集整理资料、确定预测方法、进行实际预测、评价与修正预测结果几个环节。完成财务预测的程序一般有销售预测，估计所需资产，估计收入、费用及留存收益，估计所需融资量。

在实际工作中，财务预测方法多种多样，主要在企业的资金需求量预测、成本费用预测、销售收入预测和利润预测等方面发挥重要作用。财务预测的方法可以归纳为两大类：定性预测法和定量预测法。

定性预测法是指依靠预测者丰富的经验和综合分析能力，根据已掌握的历史资料和直观材料，对企业未来的财务状况做出判断的方法。定性预测法一般在企业缺乏完备、准确的历史资料时使用，着重预测企业财务状况发展的大方向，具有较大的灵活性，且简单迅速，节约时间和成本。但是由于它缺乏客观依据，主要依靠预测者的个人经验和主观判断能力，因而结果易受主观因素影响，缺乏准确性。经常采用的定性预测方法有集合意见法、专家小组法、德尔菲法等。

定量预测法是指根据企业历史财务数据，找出其内在规律，运用连贯性和类推性原则，采用统计方法和数学模型，对企业未来的财务状况进行预测的方法。与定性预测法相比，定量预测法由于掌握了大量的客观数据，运用了逻辑严密的统计数学方法，其预测结果也较为准确、客观。应用比较广泛的定量预测方法主要有：时间序列预测法（简单平均法、简单移动平均法、加权平均法等）和因果关系预测法（销售百分比法、直线回归法等）。

成本习性又称成本性态，是指成本的变动与产品产销量变动之间的依存关系。根据成本与产销量之间关系的不同，通常可以把成本划分为固定成本、变动成本和混合成本三大类。固定成本，是指在一定时期和一定业务量范围内，不随产销量变动而发生任何变动的那部分成本。固定成本还可以进一步分为约束性固定成本和酌量性固定成本。变动成本，是指在一定的业务量范围内，其总额随着产销量的变动而成正比例变动的成本。在现实生活中，绝大多数成本的习性都介于固定成本和变动成本之间。这种成本总额随着产销量的变动而不成正比例变动的成本被称为混合成本。

本量利分析，又称为量本利分析，是成本—业务量—利润关系分析的简称。显然，企业的利润和成本、业务量之间有着密切的关系。在本量利分析中建立和使用的有关数学模型是建立在一系列假设基础上的。这些假设主要有：总成本由固定成本和变动成本两部分组成的假设，销售收入与业务量呈完全线性关系的假设，产销平衡假设，品种结构不变假设。

复习思考题

1. 财务预测的目的和意义是什么？
2. 财务预测的程序有哪些？
3. 在财务预测的基本方法中，有哪些定性预测法？它们有什么优缺点？
4. 成本按照其习性分为几种？
5. 本量利分析的基本假设有哪些？

第四章 财务预算

学习目标

通过本章的学习，理解财务预算的含义和财务预算的作用；掌握财务预算的基本编制方法；了解日常业务预算与特种决策预算；熟悉并且会应用现金预算和预计资产负债表。

第一节 财务预算概述

在企业的各项活动中，如何安排资金是至关重要的。现实生活中，不论是在金融和会计领域，还是在企业市场开发、产品开发、生产部门，财务预算都起着举足轻重的作用。财务预算涵盖了成本管理、销售管理、资金管理等诸多方面的内容，是企业经济链条中的首要环节，也是在市场经济条件下，财务工作由被动的核算型向主动的管理型转变的一项突破。

一、财务预算的含义

财务预算，是指企业在预测、决策的基础上，围绕着企业的目标，以货币形式反映企业未来一定时期内经营、投资、财务等活动的具体计划。企业通过财务预算，对预算年度内企业各类经济资源和经营行为进行合理的预计、控制和监督。财务预算管理，是指企业开展的财务预算编制、报告、执行、调整与控制等一系列管理活动，是企业将经营目标及其资源配置规划加以量化并使之得以实现的过程。

财务预算管理是将企业的资本计划和营运计划进一步具体化，使之成为企业内部各部门、各单位的具体目标，并且据此对各部门、各单位的各种财务和非财务资源进行分配、考核、控制，以便有效地组织、协调和控制企业各部门的生产运营活动，实现企业既定的经营目标。

财务预算主要具备两大特征：第一，财务预算是围绕着企业的目标制定的，因此一定要始终与企业的既定经营目标保持一致。第二，作为企业资本计划和营运计划的具体化方案，财务预算是数量化的并且具有可执行性。只有数量化的、可执行的财务预算才能成为企业评定各管理者、各部门、各单位的预算执行情况，并且据此实施有效的激励制度，才能将企业的战略目标、经营计划和日常业务紧密结合。

财务预算包含了对企业财务工作的方方面面的预算，主要有：反映企业销售活动的销售预算；反映企业生产活动的生产预算(包含直接材料预算、直接人工预算、制造费用预算、期间费用预算)；反映企业资本支出活动的资本支出预算；反映企业现金活动的现金预算等。这些预算活动并不是相互独立的，而是相互关联的，它们共同构成了一个有机整体。这种以企业的发展战略目标为原则，并以良好的组织架构、明确的职责分工和权限划分以及完善的流程为基础，对企业整体经营活动的一系列量化的计划安排，被称为全面预算，也称作财务总预算。

二、财务预算的作用

财务预算是企业各部门、各单位工作的目标、协调的工具、控制的标准和考核的依据，是贯彻企业经营管理战略的有效工具。财务预算的作用主要表现在以下四个方面：

(一)明确企业各部门工作的目标

财务预算是财务目标的具体化。企业各部门的目标实际上是企业总的经营目标的层层分解，预算可以量化各职能部门的努力方向和奋斗目标，他们可以根据各自的目标安排各自的活动，从而避免经营活动漫无目的、随心所欲。科学的预算管理体系必须具有战略导向性，必须依据经济规律和企业自身情况制定，具有规划、控制、引导企业经济活动有序进行的作用。

(二)协调各部门工作的工具

在企业中，由于各部门的职责不同，往往会出现相互冲突的现象。编制财务预算可以将企业内部各部门、各单位的日常工作严密地组织起来，使它们能够紧密结合、协调发展。企业内部各职能部门必须协调一致，才能最大限度地实现企业预算。

(三)控制企业日常活动的标准

财务预算不仅限于编制，还包括预算的执行。企业一旦制定了预算，就进入了实施阶段，管理工作的重心就进入了控制过程，即设法使经济活动按计划进行。企业在实施预算的过程中，必然会出现执行情况与预算有偏差的情况。企业应该将预算与执行情况进行对比和分析，确定两者的差异，找出产生差异的原因并做出及时调整，以确保企业经营目标能够最终实现。

(四)考核各部门业绩的依据

业绩考核是落实责任制度的重要手段，也是企业员工加薪晋升的重要指标，而有效的业绩考核需要依靠合理、客观、科学的考核标准。在制定业绩考核标准的过程中，首先应将企业的战略目标层层传递和分解，使企业中每个职位被赋予战略责任，每个员工承担各自的岗位职责。企业预算正是企业经营目标的量化指标，其充分考虑了未来的发展变化，因此作为业绩考核的标准具有现实意义。

三、财务预算工作的组织

预算管理是一项科学的管理控制制度，其运行的有效性依赖于这项管理控制制度实施的制度基础。因此，为了使全面预算真正发挥效果，企业需要针对不同的组织结构设立不同的全面预算组织体系。预算工作的组织包括决策层、管理层、执行层和考核层。其中，居于主导地位的是企业董事会及预算委员会。企业董事会对企业预算管理负总责。企业董事会可以根据情况设立预算委员会或指定财务管理部门负责预算管理事宜，并对企业法定代表人负责。预算管理委员会是预算管理的中枢，它主要负责制定预算管理政策、规定、制度，审定预算目标，提出预算编制的方针和程序，审查各部门编制的预算草案及整体预算方案，提出必要的改善对策。同时，预算管理委员会还需要协调、监督、解决预算编制和执行过程中出现的问题，督促企业完成预算目标。

企业财务管理部门，在预算管理委员会的领导下，在确定、提交预算方案之前，对各部门提交的预算草案进行必要的初步审查、协调和综合平衡，具体负责预算的汇总编制，并处理日常事务。同时负责企业预算的跟踪管理，监督预算的执行情况，分析预算与实际执行的差异及原因，提出改进管理的意见与建议。

企业内部生产、投资、物资、人力资源、市场营销等职能部门具体负责本部门业务涉及的预算编制、执行、分析等工作，并配合预算委员会或财务管理部门做好企业总预算的综合平衡、协调、分析、控制与考核等工作。其主要负责人参与企业预算委员会的工作，并对本部门预算执行结果承担责任。

知识链接

在核算型财务工作模式中，将财务职能等同于会计核算，工作人员终日忙于应付会计核算，忙于收集其他部门的报销凭证等信息来源，确保在事件结束后完成事后记账的工作就可谓履行好了财务职能，从而导致财务管理永远处在“人推着数字走”的被动局面中，根本无法预知、掌握和反映事件的过程。

管理型财务工作以现在和未来的资金运动为对象，以提高经济效益为目的，以一系列特定技术、方法为手段，对企业生产经营活动进行规划和控制。我们平常提到的成本控制、企业业绩评价与激励机制、全面预算管理等都属于财务管理职能范畴。

在时间概念上，核算型财务工作是反映过去的数据，而管理型财务工作能反映未来的数据和过程。在服务对象上，核算型财务工作的主要使用者是企业外部的投资者、债权人和政府主管部门，而管理型财务工作的使用者主要是企业内部的管理者。在表现形式上，核算型财务工作就是所谓的“账房先生”，而管理型财务工作把核算和管理有机地结合起来，帮助企业管理者及时地制定政策、合理地利用资源、有效地强化内部管理，为提高企业的经济效益提供服务，是实现企业管理现代化的重要手段。

第二节 财务预算的编制方法与程序

一、预算的编制方法

常见的预算编制方法主要有增量预算法与零基预算法、固定预算法与弹性预算法、定期预算法与滚动预算法。

(一)增量预算法与零基预算法

1. 增量预算法

增量预算法是在基期成本费用的基础上，根据预计的业务量水平及有关降低成本的措施，再结合管理需求，调整有关费用项目而编制预算的一种方法。

增量预算法源于以下三项假设：

(1)现有的业务活动是企业必需的。企业的经营活动要得到正常的开展，必须保留企业现有的每项业务活动。

(2)原有的各项开支都是合理的。既然企业现有的业务活动都必须保留，企业基于现有业务活动所产生的各项开支都必须是合理的，并予以保留。

(3)以企业现有的各项业务活动的开支水平为基础，确定预算期各项活动的预算数。

增量预算法以过去的业务活动水平为基础，假定了过去业务水平和一切开支的合理性，在编制预算的过程中不需要在预算内容上做较大改动，使预算的过程较为简单和容易理解。增量预算法也有不足之处。首先，当预算期的情况发生变化的时候，受原有成本费用项目限制，可能导致保护落后的情形。不合理的费用在这种预算下往往是不加分析地得以保留，对企业的费用开支造成了一定的浪费。其次，在增量预算法下，各部门预算人员往往对部门预算进行增加，而不是减少，结果使得某些项目的预算数远远高出实际需求，不利于调动各部门降低开支的积极性，对希望降低成本的企业尤其不利。最后，由于未来的不确定性没有在编制预算的过程中得到充分考虑，预算数额有可能受到基期不合理因素的干扰，导致预算的不准确、不合理，造成一部分预算不能满足未来实际的需求，不利于调动各部门达成预算目标的积极性。

2. 零基预算法

零基预算法是一种不考虑以往期间的费用项目和费用数额，从实际出发评价企业内部各项活动的重要程度，按照预算期的需要和可能分析每项费用和数额的合理性，综合平衡编制费用预算的方法。

零基预算的编制须明确以下三点：

第一，确定计划期内应该发生费用的项目及其金额。企业内部各级、各部门的员工，根据企业的经营目标，共同确定预算期内可能发生的开支费用项目及其数额。

第二，划分不可避免费用项目与可避免费用项目。在各开支费用项目中，应严格区分不可避免项目和可避免项目，对不可避免项目的资金需求要加以保障，而对可避免项目则要进行控制，尽量避免其进入到预算当中。

第三，确定费用项目发生的时间，是当期必须支付还是可以延期。在编制预算过程中，对各项目的轻重缓急进行区分。优先满足必须当期支付的项目费用，再根据预算的整体情况确定是否支付那些可延期的项目。

零基预算法的优点在于：

第一，不受上一期费用项目和费用水平的制约，所有支出预算以零为起点，有利于合理、有效地进行资源分配。

第二，以既定的业务量为基础，确定成本费用的支出水平，将生产经营活动与财务收支有机结合，有助于对企业内部各项财务支出进行控制，节约成本。

第三，有助于企业内部的沟通、协调，促使基层各单位精打细算，调动各基层单位节约费用的积极性和主动性。

第四，根据企业的经营目标，对各项费用的重要性加以区分，对重要的项目给予充分的资金支持，对次要的和不必要的项目加以控制，使企业的资金得到更充分的应用。

零基预算法的缺点在于：零基预算法以零为起点，在编制的过程中耗费大量的人力、物力，成本较高。因此，从节约成本的角度，可以将零基预算法和增量预算法相结合，简化预算编制工作，增强预算有效性。

(二)固定预算法与弹性预算法

1. 固定预算法

固定预算法又称静态预算法，是指在编制预算时，只根据预算期内正常的、可实现的某一固定业务量(如生产量、销售量)水平作为唯一基础，而不考虑预算期内生产经营活动可能发生的变动情况来编制预算的一种方法。固定预算法是一种传统的预算编制方法。

固定预算法的特点有：

第一，适应性差。固定预算法是在预测的业务量的基础上进行编制的，不考虑预算期内业务量水平可能发生的变动，对实际业务量与预测业务量发生较大差别的情况没有准备。

第二，可比性差。固定预算法将预算的实际执行结果与预算数进行比较，并进行考核评价。但当实际的业务量和预测的业务量发生较大差异时，其实际的发生额与预算数之间会因业务量基础不同而失去可比性。

【例4—1】 ABC公司预计某产品20×9年的销售量为15 000件，预计单位销售价格为10元/件，销售成本为6元/件，其中，直接材料为3元/件，直接人工为2元/件，制造费用为1元/件。按照固定预算法编制销售利润预算表，如表4—1所示。

表 4—1　　**销售利润预算表**　　单位：元

项　目	金　额
销售收入	150 000
销售成本	90 000
直接材料	45 000
直接人工	30 000
制造费用	15 000
销售利润	60 000

2. 弹性预算法

(1)弹性预算法的概念

弹性预算法又称变动预算法或滑动预算法，是指在成本性态分析的基础上，考虑预算期内企业业务量的不同水平，编制能够适应多种情况的、有伸缩性的预算的一种方法。编制弹性预算，首先要确定预算所依据的生产经营活动水平的计量单位。编制弹性预算所依据的业务量的计量单位可以是产量、销售量、直接人工工时、机器工时、材料消耗量和直接人工工资等。

理论上弹性预算法适用于编制全面预算中所有与业务量有关的预算，但实务中主要用于编制成本费用预算和利润预算，尤其是成本费用预算。

弹性成本预算指的是对生产成本和管理费用进行弹性预算，即选择一定的业务量计量单位并确定其有效变动范围，测算业务量范围内的成本费用。弹性成本预算的编制方法主要有公式法和列表法两种。

公式法根据成本性态模型，假设成本与业务量之间的关系用公式表示为：

$$y=a+bx$$

式中，y 表示预算期内某项预算总成本；a 表示该项成本中的固定成本；b 表示该项成本中的单位变动成本；x 表示预计业务量。

列表法通过列表的方式，将相关业务量范围内的业务量分为若干水平，然后按照不同的业务量水平编制预算。

(2)弹性预算的修正

第一，将作业成本法引入弹性预算。

传统的弹性预算法，通常是选择一个最能代表本部门生产经营活动水平的业务量作为计量单位。如今，随着高新技术的日益普及、生产自动化水平的不断提高，单一采用人工工时或机器工时作为一个业务量水平已经不能满足预算编制的需要。

作业成本法的核心在于强调“作业”的动因。这里的“作业”，是指会发生成本且具有附加价值的经济活动。它将每个已确认的“作业”看成是一个成本中心，通过对每个“作业”进行成本动因分析，使得传统弹性预算法中不能控制的间接成本变成了可以控制的直接成本。这样，预算和实际之间所产生的差异更加一目了然，使企业的管理人员可以将精力集中于差异产生的动因上，避免了传统预算中间接费用责任不清的弊端，从而更加有利于进行预算后的业绩评价，提高预算的准确性和有用性。

第二，固定成本的相对固定性。

在传统的弹性预算法中，固定成本是作为一个常数固定不变的。这是因为此时的弹性预算被局限在一个相关的业务量范围之内。超出了这个范围，固定成本就不是固定不变的了，弹性预算也就失去了准确性。

在以买方市场为主的今天，企业通常是根据市场的实际情况随时调整产销策略，加之一些内部自身的原因，使得实际业务量与预算的业务量有时会相差很多，如果仍以原先的预算进行决策，就会使实际数量与预算数量相差很远，失去了预算的意义，有时还会造成不必要的损失。

因此，我们应对弹性预算进行修正。在编制预算的时候，不应仅关注企业内部的变化，更应关注竞争市场的变化。根据市场的预测信息，有针对性地扩大弹性预算的适用范围，从而提高预算的弹性。比如，我们可以根据预测的市场销售情况，编制激进的、基本的和保守的三套弹性预算表，或者根据企业的内部情况，分别编制在亏损的、不盈不亏的和盈利的三种情况下的弹性预算表。在这些表中，固定成本不再固定不变，而是体现为相对的固定性，即呈现阶梯式的跳跃状，打破固定成本的绝对固定，使企业管理人员能根据环境的变化，适时选择合适的预算方案对成本进行预测，提高了成本预算的效率和效果。

第三，编制单位成本的弹性预算。

在弹性预算的编制中，通常只编制总成本预算或制造成本预算，很少提及单位成本弹性预算的编制。总成本预算和单位成本预算的区别在于：在总成本弹性预算中，固定成本保持不变，变动成本随业务量的上升而上升；在单位成本弹性预算中，单位变动成本保持不变，固定成本随业务量的上升而下降。

我国目前成本计算实行“完全成本法”，即产品成本中不仅包括变动成本，也包括固定成本。在产销量不平衡的情况下，产品的单位成本会随着产销量的变化而变化。这时，如果仅仅是编制总成本的弹性预算，就不能预测出销售产品单位成本的变动情况，从而对利润的预测产生影响。同时，由于实际产销量与预测产销量的不同，也使得产品单位成本失去了可比的基础，不利于产品成本的控制。

因此，我们应将单位成本的弹性预算也列入企业弹性预算体系之中，从而进一步提高成本预测的准确性和实用性。

第四，考虑资金的价值。

考虑资金的价值，即资金的机会成本，是现代财务管理的基础观念之一，也是现代企业理财中需要考虑的一个重要问题，当然也要在编制预算的过程中予以体现。

在现行的弹性预算中，随着业务量由70%～110%不断变化，固定成本始终保持不变(在相关业务量范围内)。而在变动成本中，仅考虑了直接材料、直接人工等单位变动费用，没有考虑资金的价值。在实际业务活动中，70%的业务量所占用的资金与110%的业务量所占用的资金是不同的。后者一定大于前者，而现行的弹性预算中对这点差别没有进行预测和反映。因此，应根据企业以往的业务量占用资金情况，在变动成本中添加“资金利息”一栏单独予以反映。

与固定预算法相比，弹性预算法有两个显著特点：第一，弹性预算是按一系列业务量水平编制的，扩大了预算的适用范围。第二，弹性预算是按成本性态分类列示的，在预算执行中可以计算一定实际业务量的预算成本，以便于预算执行的评价和考核。

【例4—2】 ABC公司某产品制造费用与所耗费的人工工时密切相关，采用公式法编制制造费用预算表如表4—2所示。

表4—2 **制造费用预算表**

业务量范围	1 200～1 980(直接人工，小时)	
项　目	固定成本(元/每月)	变动成本(元/人工工时)
运输费		0.2
电力费		0.3
材料费		0.1
修理费	100	0.4
油料费	250	0.3
折旧费	400	
管理人员工资	500	
合　计	1 250	1.3
备注：当业务量超过1 800小时后，修理费中的固定费用由100元上升至200元		

通过表 4—2 的计算可以看出，业务量为 1 200～1 800 人工工时时，制造费用的弹性预算公式可以表示为：$y=1\ 250+1.3x$；业务量为 1 800～1 980 人工工时时，制造费用的弹性预算公式可以表示为：$y=1\ 350+1.3x$。因此，如果业务量为 1 500 人工工时，制造费用的预算为 3 200 元（1 250 ＋1.3×1 500）；如果业务量增加到 1 980 人工工时，制造费用的预算为 3 924 元（1 350＋1.3× 1 980）。

【例 4—3】 续【例 4—2】，用列表法编制制造费用预算表如表 4—3 所示。

表 4—3　　制造费用预算表　　单位：元

业务量（直接人工工时）	1 260	1 440	1 620	1 800	1 980
占正常生产能力的百分比	70%	80%	90%	100%	110%
变动成本：					
运输费（$b=0.2$）	252	288	324	360	396
电力费（$b=0.3$）	378	432	486	540	594
材料费（$b=0.1$）	126	144	162	180	198
合　计	756	864	972	1 080	1 188
混合成本：					
修理费	604	676	748	920	992
油料费	628	682	736	790	844
合　计	1 232	1 358	1 484	1710	1 836
固定成本：					
折旧费	400	400	400	400	400
管理人员工资	500	500	500	500	500
合　计	900	900	900	900	900
总　计	2 888	3 122	3 356	3690	3 924

列表法与公式法相比，由于其能够直接在表中查找到相关业务量的总成本，更一目了然。在一定程度上，列表法比公式法更为精确，但其在编制过程中的工作量更大。

（三）定期预算法与滚动预算法

1. 定期预算法

定期预算法简称定期预算，也称为阶段性预算，是指在编制预算时以不变的会计期间（如日历年度）作为预算期的一种编制预算的方法。采用定期预算法编制预算的优点在于，定期预算能够使预算期间与会计期间在时间上一一对应，便于依据会计报告的实际数据与预算数进行对比，有利于对预算的执行结果进行考核和评价。

与此同时，定期预算法也有着自身固有的缺陷。首先，由于定期预算法的预算期在一定的会计期间内，使得经营管理者的视野局限在预算期内，从而容易重视眼前利益而忽视了长远利益。其次，由于定期预算往往是年初甚至提前两三个月编制的，因此很难对于整个预算期的生产经营活动做出准确的估计，从而导致了预算数字的准确性差，缺乏实际的指导意义，给预算的实现增加了困难。最后，定期预算往往不能随预算期内情况的变化而做出及时调整，当预算中所规划的各种活动在预算期内发生重大变化时（如预算期临时中途转产），就会造成预算滞后过时，使预算的灵活性变差。

2. 滚动预算法

滚动预算法也称连续预算法或永续预算法，是指在编制预算时，使预算期脱离会计期间，随着企业生产经营活动的延续不断滚动下去的一种预算编制方法。滚动预算在编制的过程中应使前期的预算编制做到尽量详尽，后期的预算可略为简单，随着时间的推移，再将粗略的预算变得更为详尽。滚动预算法的预算期间长度始终保持不变。

相对于定期预算法而言，滚动预算法克服了预算期间相对间断的缺陷，有利于保持预算的连续性，使经营管理者将企业的眼前利益和长远利益相结合，统筹兼顾，通盘考虑。滚动预算法还可以根据时间的推移和企业实际情况的变化适时调整预算方案，灵活性和准确性相对于定期预算大大增强，使得预算数字更符合现实，有利于发挥预算的指导意义。

滚动预算根据预算期的长度不同，一般可以分为逐月滚动、逐季滚动和混合滚动三种方式。

逐月滚动，是指在预算编制过程中，以月份作为预算编制和滚动的单位，每个月调整一次预算的方法。例如，在20×8年1月至12月的预算执行过程中，应该在1月末视1月份预算的执行情况，对20×8年余下月份的预算进行调整，并补充20×9年1月的预算；在2月末根据2月份预算执行情况，调整3月至次年1月的预算数据，并增加次年2月的预算数据；以此类推。图4－1为逐月滚动预算方式示意图。

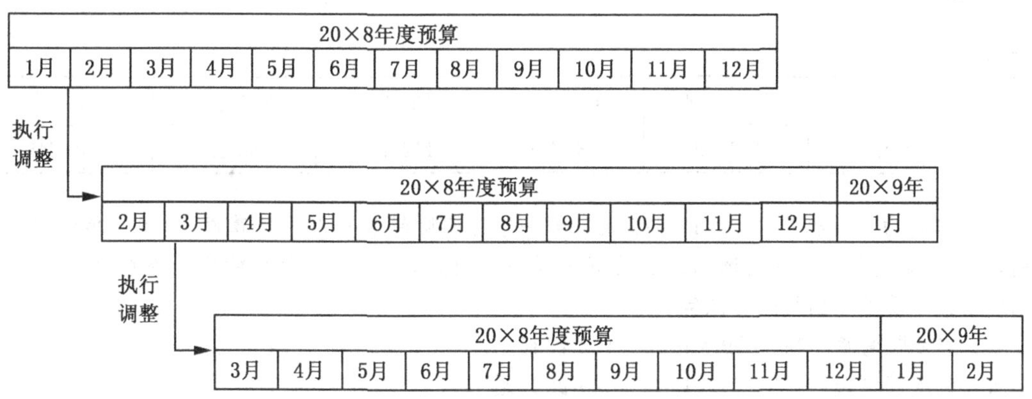

图4－1　逐月滚动预算方式示意图

逐季滚动，是指在预算编制过程中，以季度作为预算编制和滚动的单位，每个季度调整一次预算的方法。与逐月滚动相比，逐季滚动的预算编制过程的工作量有所减少，但精确度也有所降低。

混合滚动，是指在编制预算的过程中，同时使用月份和季度作为预算编制和滚动单位的方法。混合滚动综合了逐月滚动和逐季滚动的优点，根据人们对未来的把握随着时间的推移逐渐减少的特点，将企业的近期目标和长期目标有机结合起来，使预算与实际情况更为适应，充分发挥预算的指导意义。图4－2为混合滚动预算方式示意图。

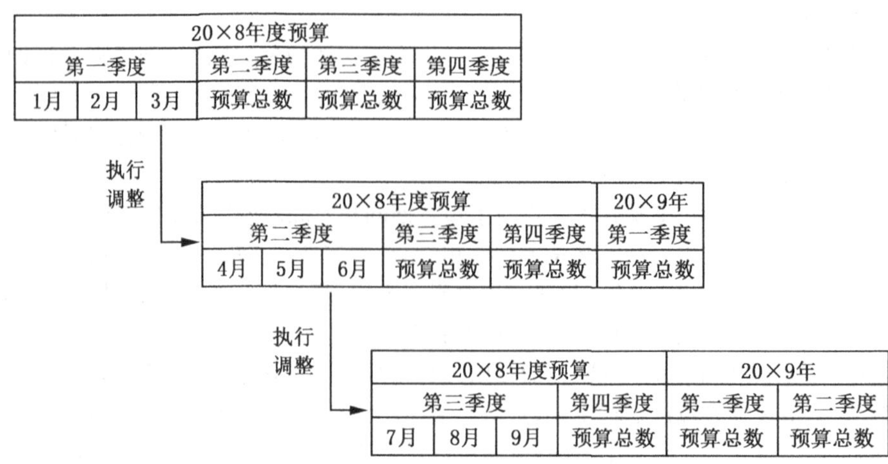

图 4—2　混合滚动预算方式示意图

【例 4—4】 假设 B 公司采用滚动预算，20×8 年第一季度到第四季度的销售预算编制如表 4—4 所示。

表 4—4

	第一季度	第二季度	第三季度	第四季度	总　计
销售收入(元)	122 000	131 760	142 301	153 685	549 746

第一季度的实际销售额为 117 879 元。第一季度实际销售额低于预算额，说明销售状况不如预期，市场竞争比预想的更为激烈。公司管理层研究决定，每季度销售额的增长率应定为 5%，据此编制从第二季度开始的销售预算。

第二季度销售额＝117 879×1.05＝123 773(元)

第三季度销售额＝123 773×1.05＝129 962(元)

第四季度销售额＝129 962×1.05＝136 460(元)

20×9 年第一季度销售额＝136 460×1.05＝143 283(元)

课堂思考

比较各种预算方法各自的优缺点，并且思考在什么样的情况下适用怎样的预算方法？

二、预算的编制程序

第一，企业决策机构根据企业发展的战略和对预算期内经济形势的初步预测，利用本量利分析等工具，在决策的基础上，提出企业下一预算期的总目标，包括销售或营业目标、成本费用目标、利润目标和现金流量目标等，并确定预算编制的政策，由预算管理委员会下达规划指标给各单位、各部门。

第二，各单位、各部门的基层成本控制人员根据预算管理委员下达的预算目标和政策，结合自身的特点和情况，自行草编详细的本单位、本部门的预算方案，上报企业财务管理部门，从而使预算较为可靠、较为符合实际。

第三，企业财务管理部门对基层各单位、各部门上报的预算方案进行汇总、审查、平衡，对发现的问题提出修改、调整意见，并将其意见反馈给各单位、各部门予以修正，使各单位、各部门的预算方案与企业的总预算目标保持一致。

第四，企业财务管理部门对审查、平衡过的各基层单位预算进行汇总，编制出企业整体的总预算，并将其提交给审议机构进行审议。审议机构对不符合企业发展战略或者预算总目标的事项，责成有关单位、部门做进一步修正、调整。

第五，将审议通过的企业年度预算草案报告给董事会，由董事会讨论通过或者驳回修改。

第六，将董事会审议批准后的企业年度总预算的指标层层分解，并且下达给基层各单位、各部门执行。

第三节　日常业务预算与特种决策预算

一、日常业务预算

日常业务预算又称经营预算，是指在企业日常经营活动中发生的各项活动的预算。日常业务预算一般包括销售预算、生产预算、直接材料预算、直接人工预算、制造费用预算、产品成本预算、销售及管理费用预算等。

(一)销售预算

销售预算，是指在销售预测的基础上，为规划一定预算期内销售活动而引起的一种日常业务预算。销售预算是整个预算编制的起点和关键，其他预算都是以销售预算为基础的。

销售预算主要通过预测预算期内的销售量、销售单价，来预测当月的销售收入。预测期内某产品的销售收入为预测销售单价和销售量的乘积，用公式表示如下：

某产品预计销售收入＝预计单价×销售量

预算期内的销售收入总额为该预测期内所有产品销售收入的总和，用公式表示如下：

$$\text{预算期所有产品的预计销售收入总额}=\sum \text{某产品预计销售收入}$$

预算期内的现金收入总额为当期的现金销售收入与回收的应收账款的总和，用公式表示如下：

预算期现金收入＝该期现金销售收入＋该期回收的应收账款

【例4—5】 表4—5是K公司今年的销售预算(为方便计算，本章忽略了增值税)。

表4—5　　**销售预算**　　单位：元

季　度	一	二	三	四	全　年
预计销售量(件)	1 000	2 000	1 500	1 800	6 300
预计单位售价	25	25	25	25	25
销售收入	25 000	50 000	37 500	45 000	157 500
上年应收账款	15 000				15 000
第一季度	15 000	10 000			25 000
第二季度		30 000	20 000		50 000
第三季度			22 500	15 000	37 500
第四季度				27 000	27 000
现金收入合计	30 000	40 000	42 500	42 000	154 500

为了给编制现金预算提供资料，销售预算通常包含了现金收入的计算。每个季度的现金收入包含了当月的现金收入和收回的应收账款两个部分。在本例中，K公司假定每个季度的销售收入

中，有60%为现金交易，40%为信用交易，应收账款假定下个季度收回。

(二)生产预算

生产预算，是指以销售预算为基础，根据预计的预算期内的销售量，为规划预算期生产规模而编制的一种业务预算。生产预算在编制的过程中需要考虑预算期销售量、期初存货和期末存货、生产量等因素。

生产预算是所有日常业务预算中唯一使用实物量计量单位而非货币计量单位的预算。在生产预算中，某产品预计的生产量应该是其预算期内预计销售量与期末库存和期初库存差额的和，用公式表示如下：

某产品预计生产量＝预计销售量＋预计期末存货量－预计期初存货量

【例4—6】 表4—6是K公司今年的生产预算。

表4—6　　生产预算　　单位：件

季　度	一	二	三	四	全　年
预计销售量	1 000	2 000	1 500	1 800	6 300
加：预计期末产成品存货	200	150	180	200	200
合计	1 200	2 150	1 680	2 000	6 500
减：预计期初产成品存货	100	200	150	180	100
预计生产量	1 100	1 950	1 530	1 820	6 400

本例中，为了使企业能够按时供货，不产生因缺货引起的成本和不良影响，假定期末产成品库存为下期预计销售量的10%。除了存货的影响因素，在编制生产预算的过程中，还要充分考虑到企业的生产能力，如果预计的生产量超出了企业现有的生产能力，则需要修订生产预算或者增加生产能力，而生产能力的增加必定带来固定成本的增加；如果预计的生产量远远低于企业的生产能力，闲置的生产能力也会造成一定的浪费。

(三)直接材料预算

直接材料预算，是指在预算期内，根据生产预算所确定的生产量，同时考虑原材料的存货水平，确定原材料采购数量和材料采购金额的计划。直接材料采购预算以生产预算为基础，在编制预算期原材料采购计划时，不仅要考虑预算期内预计生产量、单位产品的材料消耗定额，计划期间的期初、期末材料存量，还要考虑原材料的计划单价以及采购材料的付款条件等具体因素。

编制直接材料预算时首先应按材料类别不同，分别计算其预计采购量，用公式表示如下：

预计材料采购量＝预计生产需要量＋预计期末材料存量－预计期初材料存量

【例4—7】 表4—7是K公司今年的直接材料预算。

表4—7　　直接材料预算

季　度	一	二	三	四	全　年
预计生产量(件)	1 100	1 950	1 530	1 820	6 400
单位产品材料用量(千克/件)	10	10	10	10	10
生产需要量(千克)	11 000	19 500	15 300	18 200	64 000
加：预计期末存量(千克)	1 950	1 530	1 820	2 000	2 000
减：预计期初存量(千克)	1 000	1 950	1 530	1 820	1 000
预计材料采购量(千克)	11 950	19 080	15 590	18 380	65 000

续表

季　度	一	二	三	四	全　年
单价(元/千克)	5	5	5	5	5
预计采购金额(元)	59 750	95 400	77 950	91 900	325 000
预计现金支出(元)					—
上年应付账款(元)	26 000				26 000
第一季度(元)	29 875	29 875			59 750
第二季度(元)		47 700	47 700		95 400
第三季度(元)			38 975	38 975	77 950
第四季度(元)				45 950	45 950
合　计	55 875	77 575	86 675	84 925	305 050

本例中，预计直接材料期末存量为下一期预计生产需要量的10%，预计金额中，假定50%当期现金支付，50%下一期付清，假定上年年末应付账款为26 000元。

(四)直接人工预算

直接人工预算是根据生产预算，对一定预算期内人工工时的消耗水平和人工成本开支所做的经营预算。其主要内容有预计产量、单位产品工时、人工总工时、每小时人工成本和人工总成本。“预计产量”数据来自生产预算。在编制直接人工预算的过程中，预计产量来自生产预算，单位产品工时和每小时人工成本数据来自标准成本资料。人工总工时和人工总成本在直接人工预算中计算出来，用公式表示如下：

人工总成本＝预计生产量×单位产品工时定额×每小时人工成本

【例4—8】 表4—8是K公司今年的直接人工预算。

表4—8　　直接人工预算

季　度	一	二	三	四	全　年
预计产量(件)	1 100	1 950	1 530	1 820	6 400
单位产品工时(小时/件)	10	10	10	10	10
人工总工时(小时)	11 000	19 500	15 300	18 200	64 000
每小时人工成本(元/小时)	5	5	5	5	5
人工总成本(元)	55 500	97 500	76 500	91 000	320 000

(五)制造费用预算

制造费用预算是一种以生产预算为基础编制的、反映直接人工预算和直接材料预算以外的所有产品成本的预算。制造费用通常可按其成本性态分为变动制造费用、固定制造费用两部分，因此编制过程相对于直接人工预算和直接材料预算更为复杂。

固定制造费用一般需要按照零基预算法进行逐项预计，与预计的生产量无关，按照预算期的情况进行预计。变动制造费用根据预计生产量乘以单位产品标准的制造费用分配率进行预计。

在编制制造费用预算的过程中，一般还要计算预计的制造费用现金支出额。在制造费用中，由于折旧是唯一不需要支付现金的项目，应该在计算预计制造费用现金支出额时，将折旧额从中扣除。

【例 4—9】 表 4—9 是 K 公司今年的制造费用预算。

表 4—9　　制造费用预算　　单位：元

季　度	一	二	三	四	全　年
变动制造费用：					
预计产量(件)	1 100	1 950	1 530	1 820	6 400
间接人工(1 元/件)	1 100	1 950	1 530	1 820	6 400
间接材料(2 元/件)	2 200	3 900	3 060	3 640	12 800
修理费(1 元/件)	1 100	1 950	1 530	1 820	6 400
水电费(1 元/件)	1 100	1 950	1 530	1 820	6 400
小计	5 500	9 750	7 650	9 100	32 000
固定制造费用：					
修理费	800	900	850	900	3 450
折旧	2 000	2 000	2 000	2 000	8 000
管理人员工资	500	500	500	500	2 000
保险费	50	50	50	50	200
财产税	100	100	100	100	400
小计	3 450	3 550	3 500	3 550	14 050
合　计	8 950	13 300	11 150	12 650	46 050
减：折旧	2 000	2 000	2 000	2 000	8 000
现金支出的费用	6 950	11 300	9 150	10 650	38 050

(六)产品成本预算

产品成本预算，是指为规划一定预算期内每种产品的单位产品成本、生产成本、销售成本等内容而编制的一种日常业务预算，是生产预算、直接材料预算、直接人工预算、制造费用预算的汇总。产品成本预算的主要内容是产品的总成本与单位成本。

【例 4—10】 表 4—10 是 K 公司今年的产品成本预算。

表 4—10　　产品成本预算

项　目	单位成本			总成本(元)
	单价	投入量	成本(元/件)	
直接材料	5 元/千克	10 千克/件	50	320 000
直接人工	5 元/小时	10 小时/件	50	320 000
变动制造费用			5	32 000
固定制造费用				14 050
合　计				686 050

(七)销售及管理费用预算

销售及管理费用预算，是指为实现销售和开展一般管理业务所需支付的费用而编制的一种业务预算。销售费用预算以销售预算为基础，分析销售收入、销售利润和销售费用之间的相互关系，以实现销售费用使用效率的最大化。管理费用预算以生产预算为基础，在过去的实际开支的基础上，根据预算期可预见的变化做出调整。一般来说，随着生产规模的扩大，管理费用也相应有所增加。销售及管理费用可以根据成本的性态，分为固定成本和变动成本。另外，在销售和管理费用预算的最后，为了给现金预算提供现金支出资料，还可预计预算期管理费用的现金支出数额。在销售及管理费用中，如折旧费、计提坏账准备金、无形资产摊销和递延资产摊销等不需要现金支出的项目，在预计管理费用现金支出时，应予以扣除。

【例 4—11】 表 4—11 是 K 公司今年的销售及管理费用预算。

表 4—11 **销售及管理费用预算** 单位：元

费用明细项目		金　额
变动费用	销售佣金(1×6 400)	6 400
	办公费(0.5×6 400)	3 200
	包装、运输费(1×6 400)	6 400
	保管费(0.5×6 400)	3 200
	变动费用小计	19 200
固定费用	广告费	10 000
	管理人员工资	5 000
	保险费	800
	财产税	400
	固定费用小计	16 200
销售及管理费用总额		35 400

二、特种决策预算

特种决策预算又称专门决策预算，是指企业为不经常发生的长期投资项目或者一次性专门业务所编制的预算，通常是指与企业投资活动、筹资活动或收益分配等相关的各种预算。特种预算主要包括经营决策预算和投资决策预算两种。

(一)经营决策预算

经营决策预算是指与短期经营决策密切相关的特种决策预算。这类预算通常是在短期经营决策寻求最佳方案的基础上进行编制的，是企业业务预算体系的一部分，同时也能影响企业的财务预算。

(二)投资决策预算

投资决策预算又称资本支出预算，是指与项目投资决策密切相关的特种决策预算。这类预算往往涉及长期建设项目的资金投放与筹措，并经常跨年度。因此，除个别项目外，一般不纳入日常业务预算。投资决策预算主要应用于项目财务可行性分析以及企业筹资决策，同时也是编制有关现金预算与预计资产负债表的依据。投资决策预算能准确地反映项目资金投资支出与筹资计划。

【例 4—12】 表 4—12 是 K 公司今年的投资决策预算。

表 4—12 **投资决策预算** 单位：元

项　目	一季度	二季度	三季度	四季度	全　年
投资支出预算	100 000	120 000	—	80 000	300 000
借入长期借款	60 000	70 000	—	50 000	180 000

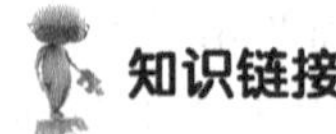

知识链接

投资决策预算一般需要单独编制，作为投资决策参考依据。在企业投资决策时，一切影响企业投资活动的环境因素均构成企业投资决策依据，包括企业投资目标等内部因素，也包括构成投资环境的外部因素。

投资决策预算主要是针对企业长期投资决策编制的预算，包括固定资产投资预算、权益性资本投资预算和债券投资预算；一次性专门业务预算主要有资金筹措及运用预算、缴纳税金与发放股利预算等。

第四节　现金预算与预计资产负债表运用实例

W机械公司主要生产一种机械设备。根据企业的需求，编制20×9年预计财务报表。其中，包括现金预算、预计利润表和预计资产负债表三个部分。

一、现金预算的编制

现金预算，是指为了预测组织库存现金，以及在不同时点上对现金支出的需要量而编制的预算，是财务预算的重要组成部分。由于企业的现金预算涉及企业生产经营活动和投资、筹资等方面，现金预算的编制必须以日常业务预算和特种决策预算为基础。现金预算包括现金收入预算和现金支出预算两大部分。

(一)现金收入预算的编制

现金收入包括营业现金收入和其他现金收入。其中，营业现金收入是企业现金收入的重要组成部分，因此，销售预算是编制现金预算的起点。

由于W机械公司只产销一种产品，20×9年一、二、三、四季度预计销售量分别为160件、210件、280件、250件，全年销售900件，预计单位售价200元。

W机械公司的销售预算如表4－13所示。

表4－13　　销售预算　　单位：元

季　度	一	二	三	四	全　年
预计销售量(件)	160	210	280	250	900
预计单位售价	200	200	200	200	200
销售收入	32 000	42 000	56 000	50 000	180 000
上年应收账款	7 300				7 300
第一季度	25 600	6 400			32 000
第二季度		33 600	8 400		42 000
第三季度			44 800	11 200	56 000
第四季度				40 000	40 000
现金收入合计	32 900	40 000	53 200	51 200	177 300

销售预算的主要内容是销量、单价和销售收入。销量是根据市场需求预测或者销售合同结合企业的生产能力确定的，单价则是通过价格决策确定的。销售预测通常可以按照不同的产品，按照

月份、销售区域、销售员分别编制，在本案例中，由于只有一种产品，按照季度来进行预算编制。

销售预算中的预计现金收入部分根据销售收入的当期现金收入和当期收回的应收账款编制。W 机械公司假设每个季度的销售收入中，本季度收到 80%，下季度收到 20%，年初应收账款总额为 7 300 元，年末应收账款总额为 10 000 元。

(二)现金支出预算的编制

现金支出主要包括直接材料采购支出、支付直接人工工资、支付制造费用、销售和管理费用等支出。

1. 生产预算

W 机械公司 20×9 年一、二、三、四季度预计销售量分别为 160 件、210 件、280 件、250 件，全年销售 900 件。该企业在每季度末保持下季销售量的 10%作为存货，期初和期末的存货量分别为 11 件和 21 件。据此编制 W 机械公司 20×9 年的生产预算，如表 4—14 所示。

表 4—14 **生产预算** 单位：件

季　度	一	二	三	四	全　年
预计销售量	160	210	280	250	900
加：预计期末产成品存货	21	28	25	21	21
合计	181	238	305	271	921
减：预计期初产成品存货	11	21	28	25	21
预计生产量	170	217	277	246	910

2. 直接材料预算

直接材料预算以生产预算为基础进行编制，同时考虑原材料的存货水平。W 机械公司 20×9 年一、二、三、四季度预计生产量分别为 170 件、217 件、277 件、246 件，全年共计 910 件。根据企业的历史资料，该产品每件消耗材料 10 千克，每千克材料售价 6 元。每季度规定期末材料库存为下季度需求量的 10%，全年期初库存为 200 千克，期末库存预计 300 千克。采购材料货款当季支付 50%，其余下季支付，期初应付账款为 2 519 元。

据此编制的直接材料预算如表 4—15 所示。

表 4—15 **直接材料预算**

季　度	一	二	三	四	全　年
预计生产量(件)	170	217	277	246	910
单位产品材料用量(千克/件)	10	10	10	10	10
生产需要量(千克)	1 700	2 170	2 770	2 460	9 100
加：预计期末存量(千克)	217	277	246	300	300
减：预计期初存量(千克)	200	217	277	246	200
预计材料采购量(千克)	1 717	2 230	2 739	2 514	92 00
单价(元/千克)	6	6	6	6	6
预计采购金额(元)	10 302	13 380	16 434	15 084	55 200
预计现金支出(元)					
上年应付账款(元)	2 519				2 519

续表

季　度	一	二	三	四	全　年
第一季度(元)	5 151	5 151			10 302
第二季度(元)		6 690	6 690		13 380
第三季度(元)			8 217	8 217	16 434
第四季度(元)				7 542	7 542
合　计	7 670	11 841	14 907	15 759	50 177

3. 直接人工预算

直接人工预算也是以生产预算为基础编制的。W 机械公司 20×9 年一、二、三、四季度预计生产量分别为 170 件、217 件、277 件、246 件，全年共计 910 件。根据企业的历史资料，该产品单位产品工时定额为 10 工时，标准工资率为 4 元/工时。据此编制的直接人工预算如表 4—16 所示。

表 4—16　　**直接人工预算**

季　度	一	二	三	四	全　年
预计产量(件)	170	217	277	246	910
单位产品工时(小时/件)	10	10	10	10	10
人工总工时(小时)	1 700	2 170	2 770	2 460	9 100
每小时人工成本(元/小时)	4	4	4	4	4
人工总成本(元)	6 800	8 680	11 080	9 840	36 400

4. 制造费用预算

制造费用预算通常分为变动制造费用和固定制造费用两部分。变动制造费用以生产预算为基础编制。固定制造费用通常与本期产量无关，需要逐项预计。

表 4—17 表示的是 W 机械公司 20×9 年制造费用预算。

表 4—17　　**制造费用预算**　　单位：元

季　度	一	二	三	四	全　年
变动制造费用：					
间接人工	340	434	554	492	1 820
间接材料	680	868	1 108	984	3 640
修理费	510	651	831	738	2 730
水电费	170	217	277	246	910
小计	1 700	2 170	2 770	2 460	9 100
固定制造费用：					
修理费	800	1 000	1 400	1 200	4 400
折旧	1 600	1 600	1 600	1 600	6 400
管理人员工资	400	400	400	400	1 600
保险费	90	150	180	230	650
财产税	150	150	150	150	600

续表

季 度	一	二	三	四	全 年
小计	3 040	3 300	3 730	3 580	13 650
合 计	4 740	5 470	6 500	6 040	22 750
减:折旧	1 600	1 600	1 600	1 600	6 400
现金支出的费用	3 140	3 870	4 900	4 440	16 350

5. 产品成本预算和销售成本预算

产品成本预算是将直接材料预算、直接人工预算、制造费用预算进行汇总。在产品成本预算编制的基础上,考虑预算期期初产成品存货和期末产成品存货,可以编制销售成本预算。作为财务预算的重要组成部分,产品成本和销售成本预算既能反映企业生产和销售成本状况,也是编制预计利润表的基础。

表4—18表示的是W机械公司20×9年产品成本和销售成本预算。

表4—18　　产品成本和销售成本预算

成本项目	单位成本			总成本(910件)	期末存货(21件)	销货成本(900件)
	单价	投入量	成本(元)			
直接材料	6元/千克	10千克	60	54 600	1 260	54 000
直接人工	4元/小时	10小时	40	36 400	840	36 000
变动制造费用	1元/小时	10小时	10	9 100	210	9 000
固定制造费用	1.5元/小时	10小时	15	13 650	315	13 500
合 计			125	113 750	2 625	112 500

6. 销售及管理费用预算

销售费用预算以销售预算为基础,分析销售收入、销售利润和销售费用的关系,力求实现销售费用的最有效使用。管理费用多属于固定成本,一般以过去的实际开支为基础,再按照预算期的实际情况进行调整。

表4—19表示的是W机械公司20×9年销售及管理费用预算。

表4—19　　销售及管理费用预算　　单位:元

费用明细项目		金 额
变动费用	销售佣金	4 000
	办公费	1 800
	包装、运输费	3 500
	保管费	800
	变动费用小计	10 100
固定费用	广告费	8 000
	管理人员工资	8 000
	保险费	2 700
	财产税	1 000
	固定费用小计	19 700
销售及管理费用总额		29 800

7. 预计其他现金支出

企业除了上述经营方面现金支出以外，还包括其他方面现金支出，如利息支出、分配股利支出、缴纳所得税支出和购买股东资产支出等。

W 机械公司 20×9 年预计在第二季度和第四季度分别向股东支付现金股利 8 000 元，每季度预计应交所得税税款 3 000 元，同时，公司打算在第二季度购入一台价值 11 000 元的机器。

表 4—20 表示的是 W 机械公司 20×9 年预计其他现金支出表。

表 4—20 **预计其他现金支出表** 单位：元

季 度	一	二	三	四	全 年
应付股利		8 000		8 000	16 000
应交所得税	3 000	3 000	3 000	3 000	12 000
购买固定资产		11 000			11 000
合 计	3 000	22 000	3 000	11 000	39 000

(三)现金预算表的编制

现金预算反映的是预算期内预计的现金收入与现金支出，以及为满足理想现金余额而进行筹资或归还借款等的预算。W 机械公司 20×9 年现金预算建立在前面业务预算的基础之上。该公司 20×9 年期初现金余额为 10 000 元，为了保障企业生产经营所需现金，规定每季度末需保留的现金余额为 8 000 元，不足时向银行借款，借款和还款的数额为 1 000 元的倍数。其借款年利率为 5%，期初借，期末还。

表 4—21 是 W 机械公司 20×9 年现金预算表。

表 4—21 **现金预算表** 单位：元

季 度	一	二	三	四	全 年
期初现金余额	10 000	14 840	8 999	12 462	10 000
加：销货现金收入	32 900	40 000	53 200	51 200	177 300
可供使用资金	42 900	54 840	62 199	63 662	187 300
减：各项支出					
直接材料	7 670	11 841	14 907	15 759	50 177
直接人工	6 800	8 680	11 080	9 840	36 400
制造费用	3 140	3 870	4 900	4 440	16 350
销售及管理费用	7 450	7 450	7 450	7 450	29 800
所得税	3 000	3 000	3 000	3 000	12 000
购买设备		11 000			11 000
股利		8 000		8 000	16 000
合计支出	28 060	53 841	41 337	48 489	171 727
现金多余和不足	14 840	999	20 862	15 173	15 573
向银行借款		8 000			8 000
偿还银行借款			8 000		8 000
借款利息			400		400
合计			8 400		8 400
期末现金余额	14 840	8 999	12 462	15 173	15 173

二、预计利润表的编制

预计利润表用来综合反映企业在预算期内预期的经营成果，可以预测企业在预算期内的盈利能力。编制预计利润表的依据是各业务预算、专门决策预算和现金预算。

值得注意的是，在编制预计利润表时，一般不考虑不具有可持续性的项目，如"公允价值变动收益""资产减值损失""营业外收支"都不具有可持续性。因此，编制预计利润表时，不能考虑这些项目。

根据上述各有关预算编制的 W 机械公司 20×9 年预计利润表，如表 4—22 所示。

表 4—22 **预计利润表** 单位：元

项 目	金 额
销售收入	180 000
销售成本	112 500
毛利	67 500
销售及管理费用	29 800
利息	400
利润总额	37 300
所得税费用	12 000
净利润	25 300

其中，"销售收入"数据来自销售收入预算表的预算金额，"销售成本"数据来自产品成本和销售成本预算，"销售及管理费用"数据来自销售及管理费用预算，"利息""所得税费用"数据则来自现金预算表。

三、预计资产负债表的编制

预计资产负债表是依据当前的实际资产负债表和全面预算中的其他预算所提供的资料编制而成的、反映企业预算期末财务状况的总括性预算。

在编制预计资产负债表的基础上，企业可以通过分析，判断预算反映的财务状况的稳定性和流动性，如果某些预计财务比率与企业的目标和要求不符，也可以考虑对相关预算做进一步修改。

预计资产负债表的编制需要以计划期开始日的资产负债表为基础，结合计划期间各项业务预算、专门决策预算、现金预算和预计利润表进行编制。它是编制全面预算的终点。

W 机械公司 20×9 年预计资产负债表如表 4—23 所示。

表 4—23 **预计资产负债表** 单位：元

资 产	年末余额	负债和所有者权益	年末余额
流动资产：		流动负债：	
货币资金	15 173	应付账款	7 542
应收账款	10 000	流动负债合计	7 542
存货	4 425	所有者权益：	
流动资产合计	29 598	实收资本	70 000

续表

资　产	年末余额	负债和所有者权益	年末余额
非流动资产：		留存收益	31 084
固定资产	79 028	所有者权益合计	101 084
非流动资产合计	79 028		
资产总计	108 626	负债和所有者权益总计	108 626

“货币资金”的数据来自表 4—21 中第四季度的“期末现金余额”。

“应收账款”年末余额是第四季度赊销收入(即第四季度销售收入的 20%)。

“存货”包括直接材料和产成品两个部分。年末直接材料余额来自表 4—15 中第四季度的“预计期末存量”。

年末直接材料余额＝300×6＝1 800(元)

年末产成品余额来自表 4—14 中第四季度的“预计期末产成品存货”的件数和表 4—18 中的“单位成本”125 元/件。

年末产成品余额＝21×125＝2 625(元)

因此存货年末余额为：

年末存货余额＝1 800＋2 625＝4 425(元)

“固定资产”的年末余额由年初余额加上年内预计购置新设备，再减去全年预计计提折旧而得，数据来自表 4—17 中的“折旧”和表 4—20 中的“购买固定资产”。

固定资产年末余额＝74 428＋11 000－6 400＝79 028(元)

“应付账款”的年末余额来自表 4—15 中第四季度的“预计采购金额”中未付清的部分(15 084 元的 50%)。

“留存收益”由年初余额加上预计净利润减去预计本年应付股利而得，数据来自表 4—20 和表 4—22。

留存收益年末余额＝21 784＋25 300－16 000＝31 084(元)

课堂思考

简要说明在编制预计资产负债表时，留存收益的数据来源和计算方法是什么？

第五节　预算的执行与考核

一、预算的执行

预算执行是指将通过审查和批准的预算进行具体实施的过程，是把预算由计划变为现实的具体实施步骤。预算执行工作是实现企业目标的关键步骤，也是整个预算管理工作的中心环节。

在企业中，一旦预算经过批复下达到各单位、各部门，各预算执行单位就必须认真组织实施，将预算层层分解、落实到企业内部的各单位、各部门、各环节和各岗位，形成预算执行责任体系，使预算管理得到有效执行，确保实现企业目标。

预算执行过程中的控制主要有外部控制和自我控制两种形式。

外部控制是指预算执行过程中上级对下级的控制，自我控制是指各单位、各部门对自身预算执行过程的控制。

自我控制的好处在于，在预算编制过程中，各单位、各部门都参与预算的编制，使得预算更具可实现性。同时，由于企业中的各个层级都参与到了预算编制的过程中，各级管理者和员工在预算执行中更能发挥其主观能动性。在预算管理过程中，以自我控制为主的方式不但通过预算目标的分解，明确了各单位、各部门的目标和责任，同时使他们拥有了相应的权力，与激励制度相配合，把责、权、利紧密结合起来。

在利润预算管理过程中，只有严格执行销售、生产和成本费用预算，才能最终完成利润预算指标。企业通常采取自我控制和外部控制相结合的方法，完善管理过程中的各项规章制度，健全凭证记录，严格执行预算中的各项指标。同时，对预算执行过程中出现的偏差及时进行调查，并提出解决办法，使预算活动有序而高效地运行。

预算执行过程中，要求各预算执行单位要及时检查、追踪预算执行情况，对于预算执行过程中发现的新情况、新问题及出现偏差较大的重大项目，应定期向预算管理专职部门报告，由其汇总整理后形成综合的预算执行情况追踪报告，上报给预算管理委员会，为预算管理委员会对整个预算的执行情况实现动态控制提供资料依据。同时，企业财务管理部门以及预算管理委员会应就预算执行过程中出现的新情况、新问题及出现偏差较大的重大项目责成有关预算执行单位查找原因，提出改进经营管理的措施和建议。

企业财务管理部门应当利用财务报表监控预算的执行情况，及时向预算执行单位、企业预算委员会以至董事会或经理办公会等提供财务预算的执行进度、执行差异以及对企业预算目标的影响等财务信息，促进企业完成预算目标。

二、预算的调整

预算管理是企业内部控制制度的一项重要控制方法，它为企业各级部门明确了未来的工作目标和任务，并通过这些目标与任务来监控战略目标的实施进度，控制企业的开支。

企业正式下达执行的预算，一般不予调整。而在预算执行过程中，由于主、客观条件的发展变化，要保证预算的科学性、严肃性与可操作性，对预算进行适当的调整是必要的。特别是当预算在执行过程中遇到市场环境、经营条件、政策法规等发生重大变化时，致使预算的编制基础不成立，或者将导致预算执行结果产生重大偏差，调整是有必要的，有时调整的幅度可能会较大。但是这种调整同预算的制定一样，必须基于一定的规范。若稍有变化便调整预算，企业目标便无从实现，预算也就失去了本身的控制意义，为此必须建立严格、规范的调整控制。

对于预算执行单位提出的预算调整事项，企业进行决策时，应当遵循一定的原则，具体包括以下三项要求：

第一，预算调整事项应当符合企业的发展战略和年度生产经营目标。

第二，预算调整方案应当客观、可行，即在经济上能够实现最优化。

第三，预算调整重点应当放在预算执行中出现的重要的、非正常的、不符合常规的关键性差异方面。

对于不符合上述要求的预算调整报告和调整方案，单位预算管理部门和单位决策机构应当予以否决。

预算调整的范围，可划分为预算目标调整和预算内部调整两大类。为了保证预算管理的权威性，各企业应当结合自身的实际情况，严格界定预算的调整范围。只有当受到不可控因素影响，或单位预算管理部门和单位决策机构认可的其他原因时，才允许调整预算。

由于预算目标调整会对公司的战略目标产生一定的影响，在调整时要尤其谨慎。一般对于预算目标的调整应当规定十分严格的限制条件，同时需要经过有关决策机构的批准，才可以进行调整。另外，还应对调整的时间和次数进行严格规定。由于预算内部调整对企业的经营目标不产生影响，属于企业内部资源的调整，对于这类预算调整的条件可以适当放宽，但是要鼓励各预算执行单位采取有效的经营对策，确保预算目标的完成。

对于预算调整的权限，应进行严格的控制。预算委员会或企业最高决策机构作为预算管理的最高权力机构，应统一行使预算标准的制定、审核，预算调整的审批等权力。

为了保证预算的稳定性，预算的调整应当经过一定的程序，不得随意更改。在调整预算时，应当由预算执行单位逐级向预算委员会提出书面报告，阐述预算执行的具体情况。各单位的主管部门可根据预算中未规定的事项、超过预算限额的事项以及执行预算差异较大的事项和客观因素变化情况及其对预算执行造成的影响程度等情况，对提出的申请进行审议并提出预算的调整幅度。预算委员会应当对经过审议后的预算执行单位提交的预算调整报告进行审核分析，集中编制单位年度预算调整方案，提交企业最高决策机构审议批准，然后下达执行。

三、预算的分析和考核

企业应当加强对预算分析与考核环节的控制，通过建立预算执行分析制度、审计制度、考核与奖惩制度等，确保预算分析的科学、及时，预算考核的严格、有据。

企业应当建立预算执行分析制度。企业预算管理部门应当定期召开预算执行分析会议，通报预算执行情况，研究、解决预算执行中存在的问题，提出改进措施。

开展预算执行分析。企业管理部门及各预算执行单位应当充分收集有关财务、业务、市场、技术、政策、法律等方面的信息资料，根据不同情况分别采用比率分析、比较分析、因素分析、平衡分析等方法，从定量与定性两个层面充分反映预算执行单位的现状、发展趋势及其存在的潜力。

针对预算的执行偏差，企业财务管理部门及各预算执行单位应当充分、客观地分析产生的原因，提出相应的解决措施或建议，提交董事会或经理办公会研究决定。

企业预算委员会应当定期组织预算审计，纠正预算执行中存在的问题，充分发挥内部审计的监督作用，维护预算管理的严肃性。

预算审计可以采用全面审计或者抽样审计。在特殊情况下，企业也可组织不定期的专项审计。审计工作结束后，企业内部审计机构应当形成审计报告，直接提交预算委员会以至董事会或经理办公会，作为预算调整、改进内部经营管理和财务考核的一项重要参考。

预算年度终了，预算委员会应当向董事会或者经理办公会报告预算执行情况，并依据预算完成情况和预算审计情况对预算执行单位进行考核。

企业内部预算执行单位上报的预算执行报告，应经本部门、本单位负责人按照内部议事规范审议通过，作为企业进行财务考核的基本依据。企业预算按调整后的预算执行，预算完成情况以企业年度财务会计报告为准。

企业预算执行考核是企业绩效评价的主要内容，应当结合年度内部经济责任制进行考核，与预算执行单位负责人的奖惩挂钩，并作为企业内部人力资源管理的参考。

课堂思考

在什么样的情况下，可以对企业的预算目标进行调整？

本章小结

财务预算是指企业在预测、决策的基础上，围绕着企业的目标，以货币形式反映企业未来一定时期内经营、投资、财务等活动的具体计划。企业通过财务预算，对预算年度内企业各类经济资源和经营行为进行合理的预计、控制和监督。财务预算管理是指企业开展的财务预算编制、报告、执行、调整与控制等一系列管理活动，是企业将经营目标及其资源配置规划加以量化并使之得以实现的过程。

财务预算包含了反映企业销售活动的销售预算；反映企业生产活动的生产预算(包含直接材料预算、直接人工预算、制造费用预算、期间费用预算）；反映企业资本支出活动的资本支出预算；反映企业现金活动的现金预算等。这些预算活动并不是相互独立的，而是相互关联的，它们共同构成了一个有机整体。这种以企业的发展战略目标为原则，并以良好的组织架构、明确的职责分工和权限划分以及完善的流程为基础，对企业整体经营活动的一系列量化的计划安排，被称为全面预算，也称作财务总预算。

财务预算的作用主要表现在：第一，明确企业各部门工作的目标；第二，协调各部门工作的工具；第三，控制企业日常活动的标准；第四，考核各部门业绩的依据。

常见的预算编制方法主要有增量预算法与零基预算法、固定预算法与弹性预算法、定期预算法与滚动预算法。

增量预算法是在基期成本费用的基础上，根据预计的业务量水平及有关降低成本的措施，再结合管理需求，调整有关费用项目而编制预算的一种方法。零基预算法是一种不考虑以往期间的费用项目和费用数额，从实际出发评价企业内部各项活动的重要程度，按照预算期的需要和可能分析每项费用和数额的合理性，综合平衡编制费用预算的方法。

固定预算法又称静态预算法，是指在编制预算时，只根据预算期内正常的、可实现的某一固定业务量（如生产量、销售量）水平作为唯一基础，而不考虑预算期内生产经营活动可能发生的变动情况来编制预算的一种方法。固定预算法是一种传统的预算编制方法。弹性预算法又称变动预算法或滑动预算法，是指在成本性态分析的基础上，考虑预算期内企业的业务量的不同水平，编制能够适应多种情况的、有伸缩性的预算的一种方法。

定期预算法简称定期预算，也称阶段性预算，是指在编制预算时以不变的会计期间（如日历年度）作为预算期的一种编制预算的方法。滚动预算法也称连续预算法或永续预算法，是指在编制预算时，使预算期脱离会计期间，随着企业生产经营活动的延续不断滚动下去的一种预算编制方法。

日常业务预算又称经营预算，是指在企业日常经营活动中发生的各项活动的预算。日常业务预算一般包括销售预算、生产预算、直接材料预算、直接人工预算、制造费用预算、产品成本预算、销售及管理费用预算等。

特种决策预算又称专门决策预算，是指企业为不经常发生的长期投资项目或者一次性专门业务所编制的预算，通常是指与企业投资活动、筹资活动或收益分配等相关的各种预算，主要包括经营决策预算和投资决策预算两种。

预算执行是指将通过审查和批准的预算进行具体实施的过程，是把预算由计划变为现实的具体实施步骤。预算执行工作是实现企业目标的关键步骤，也是整个预算管理工作的中心环节。企业正式下达执行的预算，一般不予调整。而在预算执行过程中，由于主、客观条件的发展变化，要保证预算的科学性、严肃性与可操作性，对预算进行适当的调整是必要的，但必须严格遵循一定的原则和程序。企业应当加强对预算分析与考核环节的控制，通过建立预算执行分析制度、审计制度、考核与奖惩制度等，确保预算分析的科学、及时，预算考核的严格、有据。

复习思考题

1. 什么是预算？企业为什么要编制预算？
2. 什么是弹性预算？它有什么优缺点？
3. 什么是零基预算？它有什么优缺点？
4. 日常业务预算有哪几种？
5. 特种决策预算有哪几种？
6. 试述财务预算编制的基本内容和体系。

第五章 财务分析

学习目标

通过本章的学习，理解财务分析的含义和目的；了解财务分析的基础和方法；掌握财务能力分析的内容，包括偿债能力、营运能力、盈利能力和发展能力分析；掌握各种财务比率的计算；理解并运用趋势分析法和杜邦分析法进行财务分析。

第一节 财务分析概述

现代会计核算制度下，企业应当编制财务报告，以反映企业生产经营过程中的财务状况、经营成果和现金流量等方面的会计信息。尽管财务报告的编制必须遵循企业会计准则，且应当经过注册会计师的审计来保证其公允性，但财务报告提供的各类会计信息缺乏一定的可理解性和综合性，需要对这些会计信息做进一步的分析和总结。财务分析便是进行这项工作的主要工具。财务分析可以帮助财务信息使用者了解企业过去、评价企业现状、预测企业未来，为正确做出决策提供准确的信息或依据，是现代企业不可或缺的管理手段。

一、财务分析的含义

财务分析，是指以会计核算和报表资料及其他相关资料为依据，采用专门的技术和方法，对企业等经济组织的财务状况、经营成果和未来发展趋势进行分析与评价的经济管理活动。财务分析是企业管理的一个过程，是达到目的的一种手段，可以恰当地解答企业生产经营中所产生的各种疑惑。

企业管理中有多种分析方法和手段，与其他分析方法相比，财务分析更强调分析的系统性和有效性，并强调通过财务数据发现企业存在的问题，从而帮助企业管理当局做出正确的营运、投资和筹资决策，促进企业有效控制成本及做出综合的考核和评价。

二、财务分析的目的

财务分析的目的是进行财务分析的最终目标，财务分析的最终目标是为财务信息使用者做出相关决策提供可靠的依据。财务信息使用者进行财务分析具有一致的基本目的，可以概括为：评价过去的经营业绩、衡量现在的财务状况、预测未来的发展趋势。但不同的财务信息使用者所关心的问题是各不相同的，财务分析的目的也因此而产生差异。财务信息使用者主要包括股权投资者、债权人、经理人员、政府部门、内部员工和社会中介机构等。下面分别介绍不同的财务信息使用者进行财务分析的目的。

(一)股权投资者进行财务分析的目的

股权投资者通过投入资本金成为企业的所有者,在股份公司中则成为持有普通股股份的股东,拥有对企业的剩余权益。一般来说,股权投资者最注重的是企业的投资收益率,并对企业的风险给予相当的关注。股权投资者不但要了解企业的短期盈利能力,也要考虑企业的可持续发展能力。股权投资者在企业生产经营中要承担更大的风险,这决定了他们要求更多的会计信息和更全面的财务分析。因此,财务分析的运用对股权投资者来说具有重要意义。

一般情况下,股权投资者进行财务分析为达到以下目的:股权投资者进行投资时,需要通过财务分析考察被投资企业的盈利能力和盈利的持续性,以决定是否进行投资;股权投资者在转让股份时,需要通过分析企业的盈利状况、股价变动和发展前景等,以决定是否进行股份的转让;股权投资者在考察经营者业绩时,需要通过分析企业的资产盈利水平、破产风险和竞争能力,以判断企业经营者的经营行为;股权投资者能够影响股利分配政策时,需要通过分析筹资状况等来决定企业的股利分配政策。

(二)债权人进行财务分析的目的

债权人通过向企业出售商品或提供服务形成商业信用、与企业签订借款合同贷出资金、购买企业发行的债券等方式形成企业的债权。债权人关注的重点在于企业的偿债能力、企业的资本结构和负债比例。如果企业发生亏损或经营困难,没有良好的偿付能力,债权人就将面临无法收回债务的风险。这种风险的存在和不确定性,决定了债权人对借贷资金安全性的关注度,这也是债权人进行财务分析的主要目的。

债权人为了保证债权的安全性,需要通过财务分析达到以下具体目的:分析贷款的报酬和风险,以决定是否给企业发放贷款;分析企业的资金流动状况,以了解债务人的短期偿债能力;分析债务人的盈利状况和资本结构,以了解债务人的长期偿债能力。为了保障债权的安全性,在进行财务分析时,债权人对债务人的未来有更稳健的预期,要求债务人的经营者对未来的预期应与企业现有资源具有确实的联系,并有足够的能力实现预期。债权人的财务分析重点是对企业控制现金流量的能力、在波动的经济环境下保持稳定财务基础能力的评价。

债务是有期限的,且时间长短不同,使得债权人进行财务分析时的侧重也有所不同。一般来说,短期的债权人更多地关注企业各项短期偿债能力指标,而作为长期债权人则会更多地考虑企业生产经营和项目投资等所存在的财务风险。长期债权人也要了解企业的长期经营方针和持续发展是否具有稳定的盈利水平。这都要通过全面的财务分析进行评价和分析,以帮助债权人对债权安全性进行评估。

(三)经理人员进行财务分析的目的

经理人员作为企业的管理层,受企业所有者的委托,对企业进行经营管理。企业经理人员对现时的财务状况、经营成果和未来发展趋势非常关注。经营管理当局也能够经常地、不受限制地获取企业会计信息,从而能够进行内容广泛的财务分析,以改善经营决策。经理人员的目的是通过财务分析所提供的信息来监控企业经营活动和财务状况的变化,了解企业的经营规划和成本控制等计划的完成情况,分析原因,及时采取相应的措施,改善管理工作。同时,财务分析也有助于经理人员评价内部工作业绩,提供各部门经营责任完成情况的考核依据。

(四)政府部门进行财务分析的目的

政府部门主要是指国家宏观经济管理部门和监督部门,包括国有资产监督管理、财政、工商、税务以及政府审计部门等。政府部门以社会管理者的身份关注企业的财务信息,并根据各自的管理职责和需要,对企业进行财务分析。其主要目的在于更好地了解宏观经济的运行情况、企业经营活动的规范性,以便更好地制定相关政策,采取有针对性的措施。例如,税务部门通过一定的财务分析,评估企业是否违反税法规定而存在不合理的避税行为。

(五)内部员工进行财务分析的目的

内部员工作为企业生产经营的参与者,不但关心企业目前的经营状况和盈利能力,也对企业发展的可持续性有同等的关注。内部员工进行财务分析的目的是通过了解企业和本部门有关指标的完成程度,评估各种工资、奖金和福利变动的原因以及企业的发展潜力和职业的保障程度等。

(六)社会中介机构进行财务分析的目的

社会中介机构主要有会计师事务所,律师事务所,资产评估事务所,各类投资咨询公司、税务咨询公司和资信评估公司等。社会中介机构从第三方的角度,为企业发行股票,债券,企业改制,企业合并和清算等经济业务,提供专业性的服务。会计师事务所对企业的财务报表进行审计,其目的是在一定程度上确保财务报表的编制符合公认会计准则,不存在重大错报和误导性陈述。在审计过程中,注册会计师要合理地运用财务分析程序,及时发现企业财务数据中存在的不符合逻辑的问题,避免发生重大审计过失。总之,各类社会中介机构在为企业提供服务时,都必须进行全面的财务分析,以帮助企业做出正确的决策。

三、财务分析的内容

财务分析的内容因财务信息使用者的不同,分为外部财务分析和内部财务分析,另外还可以进行专题财务分析。外部财务分析包括股权投资者、债权人、政府部门和社会中介机构等对企业的财务分析;内部财务分析包括企业经营管理者进行的财务分析;专题财务分析是指根据不同的分析目的,对企业生产经营活动中某一问题进行深入的分析和评价。一般情况下,企业基本的财务分析可以包括四个方面:偿债能力分析、营运能力分析、盈利能力分析和发展能力分析,详见本章第二节。

财务分析除了上述四个方面内容的分析,还可以通过趋势分析、综合的财务分析对企业财务状况、经营成果和未来发展趋势进行分析和评估,为企业提高财务管理水平、改善经营业绩提供方法和信息。

四、财务分析的基础

财务分析的基础,主要是指财务分析的资料来源,以会计核算资料为主。会计核算资料包括日常核算资料和企业财务报告。财务报告是反映企业财务状况和经营成果的书面文件,包括资产负债表、利润表、现金流量表、所有者权益变动表、附表及会计报表附注和财务情况说明书等。其中三张基本的财务报表——资产负债表、利润表和现金流量表——是重要的财务资料。这些基本的财务报表及附注全面地反映了企业的财务状况、经营成果和现金流量等信息,通过财务分析,可以更加综合地了解企业的偿债能力、营运能力、盈利能力和发展能力。

财务报表按照不同的标准可以进行不同的分类。例如,按照反映企业的资金方式划分,分为静态财务报表和动态财务报表;按照财务报表的使用者划分,分为对外财务报表和对内财务报表;按照所反映的经济内容划分,分为资产负债表、利润表、现金流量表及相关附注;此外,还存在个别财务报表和合并财务报表,月度、季度和年度报表等的划分。根据会计准则的规定,不同类型企业的财务报表格式是不同的。下面主要介绍一般企业的基本财务报表:资产负债表、利润表和现金流量表。

(一)资产负债表

资产负债表也称财务状况表,是表示企业某一特定日期的财务状况的主要会计报表。资产负债表利用会计恒等原则,将合乎会计准则的资产、负债、所有者权益科目分为“资产”和“负债和所有者权益”两大区块,在经过一系列会计程序后,以特定日期的静态企业情况为基准,浓缩成一张报表。表 5－1 为空白的资产负债表(2019 年版,适用于已执行新金融准则或新收入准则的企业)。

表 5—1　**资产负债表**

编制单位：　　20××年 12 月 31 日　　单位:万元

资　产	年末余额	年初余额	负债和所有者权益（或股东权益）	年末余额	年初余额
流动资产：			流动负债：		
货币资金			短期借款		
交易性金融资产			交易性金融负债		
衍生金融资产			衍生金融负债		
应收票据			应付票据		
应收账款			应付账款		
应收款项融资			预收款项		
预付款项			合同负债		
其他应收款			应付职工薪酬		
存货			应交税费		
合同资产			其他应付款		
持有待售资产			持有待售负债		
一年内到期的非流动资产			一年内到期的非流动负债		
其他流动资产			其他流动负债		
流动资产合计			流动负债合计		
非流动资产：			非流动负债：		
债权投资			长期借款		
其他债权投资			应付债券		
长期应收款			其中:优先股		
长期股权投资			永续债		
其他权益工具投资			租赁负债		
其他非流动金融资产			长期应付款		
投资性房地产			预计负债		
固定资产			递延收益		
在建工程			递延所得税负债		
生产性生物资产			其他非流动负债		
油气资产			非流动负债合计		
使用权资产			负债合计		
无形资产			所有者权益(或股东权益)：		
开发支出			实收资本(或股本)		
商誉			其他权益工具		
长期待摊费用			其中:优先股		

续表

资　产	年末余额	年初余额	负债和所有者权益（或股东权益）	年末余额	年初余额
递延所得税资产			永续债		
其他非流动资产			资本公积		
非流动资产合计			减:库存股		
			其他综合收益		
			专项储备		
			盈余公积		
			未分配利润		
			所有者权益(或股东权益)合计		
资产总计			负债和所有者权益(或股东权益)总计		

资产负债表是一种静态报表，从资产负债表的结构来看，资产负债表的左方反映企业的资产状况，右方反映企业的负债与股东权益状况。在编制资产负债表时，有一定的标准，如大多数国家按照流动性的顺序编制资产负债表。资产类项目按照流动性的强弱排序，流动性强的在前，流动性弱的在后；负债类项目按照到期日的远近排序，到期日近的在前，到期日远的在后；所有者权益按永久程度的高低排序，永久程度高的在前，永久程度低的在后。

资产负债表是财务分析的重要财务报表，利用资产负债表可以分析评价企业的资本结构是否合理、资金运营情况是否正常，也为企业进行财务管理行为和决策提供了依据。

(二)利润表

利润表也称损益表，是反映企业在一定会计期间经营成果的报表，属于动态会计报表。利润表是根据“收入－费用＝利润”的会计等式来编制的，其具体内容取决于收入、费用、利润等会计要素，利润表项目是收入、费用和利润要素内容的具体体现。通过利润表可以评估企业利润的实现情况，分析企业的盈利能力以及利润变动的原因，预测利润的持续情况，为投资者和经营者做出决策提供较可靠的财务信息。一般利润表分为七个部分，按照净利润的实现程度依次排序，分别是营业收入、营业利润、利润总额、净利润、其他综合收益、综合收益总额和每股收益。表5－2为空白的利润表(2019年版，适用于已执行新金融准则或新收入准则的企业)。

表5－2 **利润表**

编制单位： 20××年度 单位:万元

项　目	本期金额	上期金额
一、营业收入		
减:营业成本		
税金及附加		
销售费用		
管理费用		
研发费用		
财务费用		

续表

项　目	本期金额	上期金额
其中：利息费用		
利息收入		
加：其他收益		
投资收益(损失以"－"号填列)		
其中：对联营企业和合营企业的投资收益		
以摊余成本计量的金融资产终止确认收益(损失以"－"号填列)		
净敞口套期收益(损失以"－"号填列)		
公允价值变动收益(损失以"－"号填列)		
信用减值损失(损失以"－"号填列)		
资产减值损失(损失以"－"号填列)		
资产处置收益(损失以"－"号填列)		
二、营业利润(亏损以"－"号填列)		
加：营业外收入		
减：营业外支出		
三、利润总额(亏损总额以"－"号填列)		
减：所得税费用		
四、净利润(净亏损以"－"号填列)		
(一)持续经营净利润(净亏损以"－"号填列)		
(二)终止经营净利润(净亏损以"－"号填列)		
五、其他综合收益的税后净额		
(一)不能重分类进损益的其他综合收益		
1. 重新计量设定受益计划变动额		
2. 权益法下不能转损益的其他综合收益		
3. 其他权益工具投资公允价值变动		
4. 企业自身信用风险公允价值变动		
……		
(二)将重分类进损益的其他综合收益		
1. 权益法下可转损益的其他综合收益		
2. 其他债权投资公允价值变动		
3. 金融资产重分类计入其他综合收益的金额		
4. 其他债权投资信用减值准备		
5. 现金流量套期储备		
6. 外币财务报表折算差额		

续表

项　目	本期金额	上期金额
……		
六、综合收益总额		
七、每股收益		
(一)基本每股收益		
(二)稀释每股收益		

从利润表的结构来看，企业的收入主要有营业收入、其他收益、投资收益、公允价值变动收益、资产处置收益和营业外收入，企业的费用支出主要包括营业成本、税金及附加、期间费用、研发费用、信用减值损失、资产减值损失、资产处置损失和营业外支出等。因收入与费用的配比不同，企业利润分为营业利润、利润总额和净利润三种。营业利润主要反映企业的经营所得；利润总额等于营业利润加上营业外收入，减去营业外支出，以此为基础计算企业所得税。利润总额减去所得税费用后，其余额为净利润，是企业可以享有并分配的收益。

(三)现金流量表

现金流量表是反映一定会计时期内企业经济活动对其现金及现金等价物所产生影响的财务报表。按照现金流入和现金流出的原因不同，可以把企业的经济活动分为经营活动、投资活动和筹资活动。经营活动，是指企业投资活动和筹资活动以外的所有交易和事项；投资活动，是指企业长期资产的购建和不包括在现金等价物范围内的投资及其处置活动；筹资活动，是指导致企业资本及债务规模和构成发生变化的活动。

知识链接

现金等价物是指企业持有的期限短，流动性强，易于转化为已知金额的现金、价值变动风险很小的投资。期限短，一般是指从购买之日起3个月到期。

现金流量表是以收付实现制为编制基础的，有直接法和间接法两种编制方法。直接法是对于营业活动中所产生的现金流入和流出直接列示，一般以利润表中的营业收入为起点，调整有关项目的增减变动，计算现金流量。间接法是指以本期净利润为起点，调整不涉及现金的收入、费用、营业外收支以及应收应付等项目的增减变动，据此计算并列示经营活动的现金流量。现金流量表分为主表和附表(即补充资料)两大部分，分别采用直接法和间接法进行编制。表5—3为空白的现金流量表(2019年版，适用于已执行新金融准则或新收入准则的企业)。

表5—3　　**现金流量表**

编制单位：　　20××年12月31日　　单位：万元

项　目	本年金额	上年金额
一、经营活动产生的现金流量		
销售商品、提供劳务收到的现金		
收到的税费返还		
收到其他与经营活动有关的现金		
经营活动现金流入小计		

续表

项　目	本年金额	上年金额
购买商品、接受劳务支付的现金		
支付给职工以及为职工支付的现金		
支付的各项税费		
支付其他与经营活动有关的现金		
经营活动现金流出小计		
经营活动产生的现金流量净额		
二、投资活动产生的现金流量		
收回投资收到的现金		
取得投资收益收到的现金		
处置固定资产、无形资产和其他长期资产收回的现金净额		
处置子公司及其他营业单位收到的现金净额		
收到其他与投资活动有关的现金		
投资活动现金流入小计		
购建固定资产、无形资产和其他长期资产支付的现金		
投资支付的现金		
取得子公司及其他营业单位支付的现金净额		
支付其他与投资活动有关的现金		
投资活动现金流出小计		
投资活动产生的现金流量净额		
三、筹资活动产生的现金流量		
吸收投资收到的现金		
取得借款收到的现金		
收到其他与筹资活动有关的现金		
筹资活动现金流入小计		
偿还债务支付的现金		
分配股利、利润或偿付利息支付的现金		
支付其他与筹资活动有关的现金		
筹资活动现金流出小计		
筹资活动产生的现金流量净额		
四、汇率变动对现金及现金等价物的影响		
五、现金及现金等价物净增加额		
加:期初现金及现金等价物余额		
六、期末现金及现金等价物余额		

续表

项　目	本年金额	上年金额
补充资料		
1. 将净利润调节为经营活动现金流量		
净利润		
加:资产减值准备		
固定资产折旧、油气资产折耗、生产性生物资产折旧		
无形资产摊销		
长期待摊费用摊销		
处置固定资产、无形资产和其他长期资产的损失(收益以"—"号填列)		
固定资产报废损失(收益以"—"号填列)		
公允价值变动损失(收益以"—"号填列)		
财务费用(收益以"—"号填列)		
投资损失(收益以"—"号填列)		
递延所得税资产减少(增加以"—"号填列)		
递延所得税负债增加(减少以"—"号填列)		
存货的减少(增加以"—"号填列)		
经营性应收项目的减少(增加以"—"号填列)		
经营性应付项目的增加(减少以"—"号填列)		
经营活动产生的现金流量净额		
2. 不涉及现金收支的重大投资和筹资活动		
债务转为资本		
一年内到期的可转换公司债券		
融资租入固定资产		
3. 现金及现金等价物净变动情况		
现金的期末余额		
减:现金的期初余额		
加:现金等价物的期末余额		
减:现金等价物的期初余额		
现金及现金等价物净增加额		
其他		

课堂思考

财务报表中的所有者权益变动表的格式是怎样的？具有怎样的重要性？

五、财务分析的方法

财务分析的方法是多种多样的，根据不同的分析目标而采用不同的分析方法。比较常用的方法有比较分析法、因素分析法和比率分析法，其他方法还包括结构分析法、回归分析法和层次分析法等。本节主要介绍前三种方法。

(一)比较分析法

比较分析法，是指将同一企业不同时期的财务状况或不同企业之间的财务状况进行比较，并对比较中所存在的差异进行分析的方法。通过比较分析，可以揭示财务活动中的数量关系，发现差异并寻找差异产生的原因。比较分析法是应用广泛的一种财务分析方法。

根据比较对象的不同，比较分析法可以分为绝对数比较分析和相对数比较分析。

1. 绝对数比较分析

绝对数比较分析，是指运用不同时期的经济指标绝对额进行直接比较，据此发现差异的一种方法。例如，企业上年度营业收入为 5 000 万元，本年度营业收入为 5 500 万元，则本年度比上年度增加了 500 万元。绝对数比较一般通过编制比较财务报表进行，包括比较资产负债表、比较利润表、比较现金流量表等。比较财务报表的信息对财务信息使用者十分有用，通过比较财务报表的分析，可以了解企业财务状况、经营成果及发生变动的原因。我国现行的企业会计准则规定，企业编制财务报告，财务报表同时列示本期数和上年同期数，采用两期对照的方式来对经济指标进行比较。

2. 相对数比较分析

相对数比较分析，是指通过对财务数据的增长百分比和完成百分比等相对数指标进行比较分析，来反映企业经济事项的变动及变动幅度的方法。

【例 5—1】 A 企业与 B 企业本年度利润表的相关数据如表 5—4 所示。

假设 A 企业上年度的利润为 80 000 元，B 企业上年度的利润为 50 000 元。在此情况下，A 企业和 B 企业的本年净利润均比上年度增加了 10 000 元，绝对数额没有差异。但实际上 A 企业的净利润比上年增长 12.5%，B 企业的净利润比上年增长 20%，就具有了较大的差异。还可以通过计算两家企业的销售净利率等指标并进行比较，更好地了解两家企业的盈利能力和经营效率。A 企业的销售净利率为 18.75%，B 企业的销售净利率为 15%，A 企业比 B 企业的销售净利率高，可以看出 A 企业的盈利能力更强。不同的比率比较可能产生不同的结果，因此一个比率的高低并不能真正判断不同企业的优劣。

表 5—4 **利润表(简略)**

××年度 单位：元

项　目	A 企业	B 企业
营业收入	480 000	400 000
营业成本	360 000	320 000
利润总额	120 000	80 000
所得税费用(25%)	30 000	20 000
净利润	90 000	60 000

在实务中，绝对数比较分析和相对数比较分析经常同时使用，以便通过不同的比较做出更客观的分析和评价。绝对数或相对数比较，其比较的对象可以是本企业的历史数据、上年度的实际数和计划数，以及同行业之间相同时期或不同时期数据的比较等，但要根据不同的分析要求选择不同的比较对象。

课堂思考

绝对数比较和相对数比较方法各自存在哪些优缺点？分析时应如何进行方法的选择？

(二)因素分析法

因素分析法，是指依据财务指标与其驱动因素之间的关系，从数量上确定各因素对指标影响程度的一种方法。因素分析法将分析指标分解为各个可以计量的因素，根据各因素之间的依存关系，寻找指标差异产生的原因，以期发现企业管理中存在的问题，为解决问题提供信息，或为企业内部考核提供依据。由于在进行分析时，要逐步进行各因素的有序替代，因此也称为连环替代法。

因素分析法通常分为四个步骤：(1)确定分析对象，即确定需要分析的财务指标，将指标实际数与分析标准进行比较，并计算其差额；(2)确定该财务指标的驱动因素，即根据财务指标的形成过程，确定该指标受哪些因素变动的影响并建立函数关系模型；(3)确定驱动因素的替代顺序，按照重要程度对各驱动因素进行排序；(4)以标准指标为基础，按照因素的排列顺序，依次用实际数替换标准指标中的因素变量，并计算各驱动因素脱离标准的差异对总指标的影响。

上述因素分析法的分析步骤可以用公式表示如下：

假设指标 M 受 A、B、C 三个因素的影响。

标准指标为：$A_0 \times B_0 \times C_0 = M_0$ ①

实际指标为：$A_1 \times B_1 \times C_1 = M_1$

实际与标准的总差异为：$M_1 - M_0$

对 A、B、C 三个因素进行连环替代，具体分析如下：

第一次替代：$A_1 \times B_0 \times C_0 = M_2$ ②

第二次替代：$A_1 \times B_1 \times C_0 = M_3$ ③

第三次替代：$A_1 \times B_1 \times C_1 = M_4$ ④

各因素变动的影响程度分析：

②－①＝$(A_1 - A_0) \times B_0 \times C_0$ A 因素变动的影响

③－②＝$A_1 \times (B_1 - B_0) \times C_0$ B 因素变动的影响

④－③＝$A_1 \times B_1 \times (C_1 - C_0)$ C 因素变动的影响

最后三因素变动的总和必然等于总差异数。例如，企业某产品的材料费用由产品产量、单位产品材料耗用量和材料单价三个因素的乘积构成，因此，可以将材料费用分解为三个因素，基本公式表示为：

材料费用＝产品产量×材料单耗×材料单价

【例5－2】 某企业20×9年8月某种材料费用实际为17 280元，计划数为15 000元。三个因素的数值如表5－5所示。

表5－5 **企业材料费用构成表**

项　目	单　位	计划数(标准数)	实际数
产品产量	件	150	180
材料单耗	千克/件	10	12
材料单价	元/千克	10	8
材料费用	元	15 000	17 280

根据表中资料，材料费用的实际数与计划数差异为2 280元，在分析对象确定的情况下，运用上述方法计算各因素变动对材料费用总额的影响，计算如下：

标准指标：150×10×10＝15 000(元)

第一次替代：180×10×10＝18 000(元)

第二次替代：180×12×10＝21 600(元)

第三次替代：180×12×8＝17 280(元)

产品产量因素对总成本的影响：(180－150)×10×10＝3 000(元)

材料单耗因素对总成本的影响：180×(12－10)×10＝3 600(元)

材料单价因素对总成本的影响：180×12×(8－10)＝－4 320(元)

实际数与计划数的差异＝3 000＋3 600－4 320＝2 280(元)

由分析可知，材料单价因素对总成本的影响最大。

一般情况下，因素分析法替代的基本原则是：实物量因素在先，价值量因素在后，替代顺序一经确定，不能随意改变。财务分析要不断追溯差异产生的原因，而因素分析法提供了定量解释差异成因的工具。

**知识链接**

因素分析法中还有一种差额分析法，是连环替代法的一种简化形式，是用各个影响因素的实际值与标准值之间的差额，来计算各因素对分析指标的影响。上述连环替代法的计算中已包含了差额分析法的思想。

(三)比率分析法

比率分析法，是指利用指标之间的相互关系，通过计算财务比率来考察和评价企业财务状况和经营成果的一种方法。比率指标主要包括构成比率、效率比率和相关比率三大类。

1. 构成比率

构成比率又称结构比率，是指反映某项财务指标的各组成部分与总体之间关系的财务比率。比如，企业资产中流动资产、固定资产和无形资产占资产总额的百分比，流动负债、长期负债与负债总额的比率等。通过构成比率的计算，可以评估总体中某个部分的结构是否合理，以更好地协调各项财务活动。

2. 效率比率

效率比率，是指反映某项经济活动投入与产出之间关系的财务比率，如成本利润率、销售净利率和资产收益率等，利用效率比率指标，可以考察经营成果，评价经济效益。

3. 相关比率

相关比率，是指将某个项目和与其有关但又不同的项目进行对比所得的比率，反映有关经济活动的相互关系。比如，短期偿债能力指标中的流动比率和速动比率等，利用相关比率可以考察相互关联的经济活动运行是否合理，从而了解企业的财务状况。

第二节 财务能力分析

财务能力的分析主要包括偿债能力分析、营运能力分析、盈利能力分析和发展能力分析。本节将重点介绍这些常用的财务比率的计算。

一、偿债能力分析

偿债能力，是指企业偿还到期债务的能力。由于企业获得债务和偿还债务的时间不同，因此，偿债能力分析主要分为短期偿债能力分析和长期偿债能力分析，现分别介绍。

(一)短期偿债能力比率

短期偿债能力,是指企业偿还短期债务的能力。短期负债也称流动负债,是指将在1年内或超过1年的一个营业周期内需要偿还的债务。短期偿债能力不足,不仅会影响企业的信誉,增加资金筹集的困难度,还可能使企业陷入财务危机,甚至破产。在资产负债表中,流动负债与流动资产相对应,流动资产为流动负债的偿还提供保障,通过比较流动资产与流动债务的存量,来确定偿债能力的强弱。因此,通过分析流动负债和流动资产的关系可以判断企业短期偿债能力。评价企业短期偿债能力的指标主要有:流动比率、速动比率、现金比率和现金流量比率等。

1. 流动比率

流动比率(Current Ratio),是指企业流动资产与流动负债的比值,其计算公式如下:

$$\text{流动比率}=\frac{\text{流动资产}}{\text{流动负债}}$$

流动资产主要包括货币资金、交易性金融资产、衍生金融资产、应收票据、应收账款、应收款项融资、预付款项、其他应收款、存货、合同资产、持有待售资产、一年内到期的非流动资产等。流动负债主要包括短期借款、交易性金融负债、衍生金融负债、应付票据、应付账款预收款项、合同负债、应付职工薪酬、应交税费、其他应付款、持有待售负债、一年内到期的非流动负债等。流动资产和流动负债通常用资产负债表中的期末总额来表示。

【例5—3】 假设W公司20×9年年末的流动资产为800万元,流动负债为380万元,则:

$$\text{流动比率}=\frac{800}{380}=2.11$$

流动比率假设全部流动资产都能用于偿还流动负债,表明每1元流动负债有多少流动资产作为偿债保障。W公司的流动比率为2.11,表明W公司每有1元的流动负债,就有2.11元的流动资产作为偿债保障。流动比率是衡量企业短期偿债能力的一个重要财务指标,该比率越高,说明企业偿还短期负债的能力越强。但流动比率也不是越高越好,如果过高,表明企业流动资产占用过多,未能充分地加以有效利用,影响企业的获利能力。

需要注意的是,不存在统一、标准的流动比率,应该结合不同行业的特点对流动比率进行分析。根据长时期以来的经验,一般认为,流动比率在2左右是比较合适的,W公司的流动比率为2.11,为合理的范围。但近年来企业的经营方式和金融环境变化较大,很多成功企业的流动比率都低于2,有下降的趋势。

流动比率固然是判断短期偿债能力的重要指标,但也有某些局限。使用流动比率时应注意:流动比率假设全部流动资产都能用于偿还流动负债,且全部流动负债都需要还清。实际上,由于估值存在差异,流动资产的账面金额和变现金额是不相等的,如存货等。另外,企业也容易伪造这个比率,人为地提高期末流动比率,来掩饰偿债能力的不足。因此,流动比率是对短期偿债能力的粗略估计。

2. 速动比率

速动比率(Quick Ratio)是企业速动资产与流动负债的比率。资产负债表项目是按照其流动性强弱进行排列的,因此,流动资产中的各构成项目,流动性差别很大。其中,可以在较短时间内变现的货币资金、交易性金融资产、衍生金融资产和各种应收款项等,称为速动资产;其他的流动资产,如存货、预付款项、一年内到期的非流动资产及其他流动资产等,称为非速动资产。在粗略计算时,速动资产可以表示为流动资产减去存货,即只考虑存货,而不考虑预付款项、一年内到期的非流动资产和其他流动资产等非速动资产。速动比率的计算公式如下:

$$\text{速动比率}=\frac{\text{速动资产}}{\text{流动负债}}$$

【例5—4】 假设W公司20×9年年末的流动资产为800万元,流动负债为380万元,存货为129万元,不考虑其他非速动资产,则:

$$速动比率=\frac{800-129}{380}=1.77$$

速动比率假设速动资产是可偿债资产,表明每1元流动负债有多少速动资产作为偿债保障。通过速动比率判断企业短期偿债能力,扣除了变现能力较差的存货及其他资产,与用流动资产进行判断相比,更进一步。速动比率越高,说明企业的短期偿债能力越强。

与流动比率一样,不同行业的速动比率存在较大差异。根据西方国家的经验,一般认为速动比率为1比较合适,W公司的速动比率为1.77,说明速动资产为流动负债的偿还提供了较大的保障程度。在实际分析时,应结合企业和行业的性质来判断企业速动比率是否在正常合理的范围内。

在运用速动比率进行分析时,还应考虑速动比率的可信性。通常影响速动比率可信性的重要因素是应收账款的变现能力,如果企业的应收账款中有较大部分不能轻易收回,那么实际坏账可能比计提的坏账准备要多,这时速动比率就不能真实地反映企业的偿债能力。因此,不了解企业内部真实情况的财务信息外部使用者,使用速动比率时应当考虑其可信性。

3. 现金比率

现金比率(Cash Ratio),是指现金资产与流动负债的比率。现金资产包括库存现金、随时可用于支付的存款和现金等价物等,是速动资产中流动性最强、可直接用于偿还债务的资产。现金比率的计算公式如下:

$$现金比率=\frac{现金+现金等价物}{流动负债}$$

【例5—5】 假设W公司20×9年年末的货币资金为54万元,现金等价物(假设该公司的交易性金融资产均为现金等价物)为16万元,流动负债为380万元,则:

$$现金比率=\frac{54+16}{380}=0.18$$

现金比率假设现金资产是可偿还债务的资产,表明1元流动负债有多少现金资产作为偿债保障。现金比率一般认为0.2以上较好,但这一比率过高,就意味着企业没有最有效地利用现金资源;而比率过低,又说明企业现金缺乏,可能会出现财务危机。现金比率排除了存货与应收款项,只量度所有资产中相对于当前负债最具流动性的项目,因此是较保守的流动性比率。

4. 现金流量比率

现金流量比率(Cash Flow Ratio)是企业经营活动产生的现金流量净额与流动负债的比率。其计算公式如下:

$$现金流量比率=\frac{经营活动产生的现金流量净额}{流动负债}$$

【例5—6】 假设W公司20×9年年末现金流量表中反映的经营活动产生的现金流量净额为323万元,流动负债为380万元,则:

$$现金流量比率=\frac{323}{380}=0.85$$

现金流量比率用于衡量企业经营活动所产生的现金流量可以抵偿流动负债的程度,即每1元流动负债有多少经营活动现金流量净额作为偿债保障,该比率越高,偿债能力越强。相比于流动比率、速动比率和现金比率,现金流量比率从动态角度反映本期经营活动产生的现金流量净额对流动负债的偿付能力。

需要注意的是,现金流量比率中,流动负债需要偿还的是期末金额而不是平均金额,因此,流动负债应当采用期末数而非平均数。

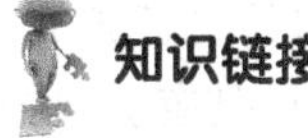

知识链接

当财务比率的分子、分母分别来自资产负债表的存量数据(静态)和利润表或现金流量表的流量数据(动态)时,该存量数据应计算该期间的平均值。对于应计算存量数据平均值的比率来说,使用资产负债表数据有三种选择:(1)直接使用期末数;(2)使用年末和年初的平均数;(3)使用各月平均数。每一种选择都有各自的优缺点,为了简便举例,除非特别标明,本章在类似情况中将使用资产负债表期末数。

课堂思考

短期偿债能力的比率分析中,最能判断企业短期偿债能力强弱的比率是哪个?

(二)长期偿债能力比率

从长期来看,企业的所有债务都需要偿还。长期偿债能力,是指企业偿还长期负债的能力。长期偿债能力分析主要反映企业的负债与总资产及权益资本之间的关系,从而分析判断企业的财务状况,也称为企业的资本结构分析。评价企业长期偿债能力的指标主要有:资产负债率、产权比率、股东权益比率、权益乘数、有形净值债务率、偿债保障比率、利息保障倍数和现金流量利息保障倍数等。

1. 资产负债率

资产负债率(Debt Asset Ratio),是指企业的负债总额同资产总额的比率。它是企业财务分析的重要指标,反映了企业的资产总额中有多大的比例是通过负债得到的,直接揭示了企业财务风险的大小。其计算公式如下:

$$资产负债率=\frac{负债总额}{资产总额}\times 100\%$$

【例5—7】 若W公司20×9年年末的资产总额为2 190万元,负债总额为1 160万元,则:

$$资产负债率=\frac{1\ 160}{2\ 190}\times 100\%=52.97\%$$

资产负债率可以衡量企业偿还债务的综合能力。对债权人而言,资产负债率越低,企业的自有资金越多,债权的保障程度越高。而对于股东来说,企业通过负债经营的方式,以较少的资本和代价在取得企业控制权的同时,还可以得到负债经营的杠杆收益。一般情况下,资产负债率处于50%~60%的区间是比较合适的,这要结合不同行业和企业的性质进行分析。当资产负债率过高,企业经营良好时,通过财务杠杆作用可使股东获得更高的收益,但若企业经营较差时,企业需要付出较大的负债成本,加大财务风险。作为企业的经营管理者,在确定资产负债率时,要充分考虑企业内部因素和外部市场环境,权衡收益和风险,以做出正确的财务决策。

2. 产权比率

产权比率(Equity Ratio),是指负债总额与股东权益总额的比率。其计算公式如下:

$$产权比率=\frac{负债总额}{股东权益总额}\times 100\%$$

【例5—8】 假设W公司20×9年年末股东权益总额为1 030万元,负债总额为1 160万元,则:

$$产权比率=\frac{1\ 160}{1\ 030}\times 100\%=1.13$$

产权比率也称净资产负债率,表明每1元股东权益借入的债务额。可以看出,产权比率是资产负债率的另一种表现形式,两者都反映了企业负债的财务风险和偿付能力,也反映了债权人资金与股东资本的对比关系。该比率越低,说明企业长期财务状况越好,股东对债权人承担的责任越大,企业偿债能力越强,财务风险越小。W公司的产权比率为1.13,说明W公司的财务状况应引起企业管理者的重视,降低该比率。

3. 股东权益比率

股东权益比率是股东权益总额与资产总额的比率，反映企业资产中有多少由所有者投入。其计算公式如下：

$$股东权益比率=\frac{股东权益总额}{资产总额}\times 100\%$$

【例 5—9】　沿用【例 5—7】和【例 5—8】的资料，可知 W 公司的股东权益比率为：

$$股东权益比率=\frac{1\ 030}{2\ 190}\times 100\%=47.03\%$$

可以看出，股东权益比率与资产负债率之和等于 1。因此，这两个比率从不同的侧面反映企业的长期财务状况，股东权益比率越大，资产负债率越小，企业的财务风险越小，偿还长期债务的能力也越强。

4. 权益乘数

权益乘数是股东权益比率的倒数，即资产总额是股东权益的多少倍。其计算公式如下：

$$权益乘数=\frac{资产总额}{股东权益总额}\times 100\%$$

【例 5—10】　沿用【例 5—7】和【例 5—8】的资料，可知 W 公司的权益乘数为：

$$权益乘数=\frac{2\ 190}{1\ 030}\times 100\%=2.13$$

权益乘数表明每 1 元股东权益拥有的资产额，反映了企业财务杠杆的大小。权益乘数越大，表明企业负债越多，股东资本在资产中所占比重越小，财务杠杆和财务风险越大。

课堂思考

产权比率和权益乘数之间存在怎样的关系？

5. 有形净值债务率

有形净值债务率是企业负债总额与有形净值的百分比。有形净值是股东权益总额减去无形资产净值，即股东具有所有权的有形资产的净值。其计算公式如下：

$$有形净值债务率=\frac{负债总额}{股东权益总额-无形资产净值}\times 100\%$$

【例 5—11】　续【例 5—8】，假设 W 公司的无形资产为 16 万元，则有形净值债务率为：

$$有形净值债务率=\frac{1\ 160}{1\ 030-16}\times 100\%=114.40\%$$

从公式可以看出，有形净值债务率实际上是产权比率的延伸，反映了企业在破产清算时，债权人投入的资本受到股东有形资产权益保障的程度。该比率越低，说明企业的财务风险越小。

6. 偿债保障比率

偿债保障比率是负债总额与经营活动产生的现金流量净额的比率。其计算公式如下：

$$偿债保障比率=\frac{负债总额}{经营活动产生的现金流量净额}\times 100\%$$

【例 5—12】　沿用【例 5—6】和【例 5—7】的资料，W 公司的偿债保障比率为：

$$偿债保障比率=\frac{1\ 160}{323}\times 100\%=3.59$$

偿债保障比率反映了用企业经营活动产生的现金流量净额偿还全部债务所需的时间，反映了企业通过经营活动获得现金来偿还债务的能力。该比率越低，企业偿还债务的能力越强。

7. 利息保障倍数

利息保障倍数(Time Interest Earned Ratio)，又称已获利息倍数，是指企业生产经营所获得的息税前利润与利息费用的比率。其计算公式如下：

$$利息保障倍数=\frac{息税前利润}{利息费用}=\frac{净利润+所得税费用+利息费用}{利息费用}$$

【例5—13】 假设W公司20×9年的净利润为165万元，所得税费用为55万元，利息费用为120万元，则：

$$利息保障倍数=\frac{165+55+120}{120}=2.83$$

企业的长期债务需要每年支付利息，利息保障倍数表明每1元利息支付有多少倍的息税前利润作保障，它反映了企业债务政策的风险性。如果利息保障倍数过低，说明企业可能无法按时偿付当期的利息费用，将降低债权人债权的安全性。一般来说，企业的利息保障倍数至少要大于1，利息保障倍数越大，企业用来偿还利息的缓冲资金也越多；否则就难以按时偿付债务及利息，影响企业信誉，导致企业发生财务危机。W公司的利息保障倍数为2.83，处于一个比较合理的范围。

知识链接

息税前利润(EBIT)是指企业支付利息和所得税之前的利润。用公式可以表示为：

息税前利润＝企业的净利润＋企业支付的利息费用＋企业支付的所得税费用

利息费用不仅包括财务费用中的利息费用，还包括计入固定资产成本的资本化利息。实务中作为外部使用者通常得不到准确的利息费用数据，分析人员通常用利润表中的财务费用代替利息费用进行计算，所以存在误差。

8. 现金流量利息保障倍数

现金流量利息保障倍数，是指经营活动产生的现金流量净额为利息费用的倍数。其计算公式如下：

$$现金流量利息保障倍数=\frac{经营活动产生的现金流量净额}{利息费用}$$

【例5—14】 沿用【例5—6】和【例5—9】的资料，W公司的现金流量利息保障倍数为：

$$现金流量利息保障倍数=\frac{323}{120}=2.69$$

现金流量利息保障倍数是以现金为基础的利息保障倍数，表明每1元利息费用有多少倍的经营活动产生的现金流量净额作保障。该比率相比于收益基础的利息保障倍数更可靠，因为实际用以支付利息的是现金，能更加清楚地反映实际支付利息的能力。

(三)影响企业偿债能力的其他因素

上述偿债能力比率的分析，都是根据财务报表数据的计算而得。在分析企业的偿债能力时，除了使用上述指标外，还应考虑一些表外因素对企业偿债能力的影响，这些因素可以影响企业的短期偿债能力，也可以影响企业的长期偿债能力。影响企业偿债能力的表外因素有很多，比如或有负债、可动用的银行授信额度、企业信用和融资渠道等。下面对其中几种其他因素进行介绍。

1. 或有负债

或有负债，是指过去的交易或事项形成的潜在义务，其存在须通过未来不确定事项的发生或不发生予以证实。它是由于过去的某种约定、承诺或某些情况而引起的，可能是要企业负责偿还的真正债务，也可能不构成企业的债务，其结果具有不确定性。或有事项如企业的商业承兑汇票贴现、债务担保、产品质量保证、未决诉讼和未决仲裁等，都有可能导致企业在短期内或较长时间内进行金额的支付。或有负债是否转化为企业的负债，结果是不确定的。但一旦转化为企业的现实负债，就会对企业的财务状况产生较大的影响，若金额巨大，其影响更甚。因此，在进行偿债能力分析时，应考虑或有负债的影响。

2. 可动用的银行授信额度

可动用的银行授信额度，是指银行已同意、企业未办理贷款手续的银行贷款限额，可以随时增加企业的现金，提高支付能力。这一数据不反映在财务报表中，但会在董事会决议中披露。当企业遇到财务困难时，可以动用未使用的银行授信额度，从而迅速地取得银行借款，缓解企业的财务压力。因此，进行偿债能力分析时，也应考虑这一因素的影响。

二、营运能力分析

营运能力分析是衡量企业资产管理效率的财务比率。企业营运能力通过对企业资金周转能力的分析，来了解企业在一定时期内资金的周转次数或周转一次资金所需要的天数。在企业的供、产、销三个环节中，销售具有重要意义，产品只有销售出去，才能实现其价值，从而可以收回最初投入的资金，完成一次资金周转。因此，可以通过产品销售情况与企业资金占用量的关系，分析企业的资金周转状况来评价企业的营运能力。企业营运能力分析的主要财务比率有应收账款周转率、存货周转率、流动资产周转率、固定资产周转率和总资产周转率等。

(一)应收账款周转率

应收账款周转率(Receivables Turnover Ratio)是企业一定时期赊销收入净额与应收账款平均余额的比率，反映了公司应收账款周转速度，即一定期间内公司应收账款转为现金的平均次数。该比率越高，说明应收账款的周转速度越快、流动性越强。其计算公式如下：

$$应收账款周转率(次数)=\frac{赊销收入净额}{应收账款平均余额}$$

$$应收账款平均余额=\frac{期初应收账款+期末应收账款}{2}$$

从理论上讲，企业的应收账款是赊销引起的，其对应的是赊销额，而不是全部销售收入。公式中的赊销收入净额是指销售收入净额扣除现销收入后的余额，销售收入净额是指扣除了销售退回、销售折扣和折让后的销售收入余额。

【例 5－15】 假设 W 公司 20×9 年年初的应收账款为 209 万元，年末的应收账款为 408 万元，企业的营业收入(假设 W 公司的营业收入全部都是赊销收入净额)为 4 000 万元，则 W 公司 20×9 年的应收账款周转率计算如下：

$$应收账款平均余额=\frac{209+408}{2}=308.5(万元)$$

$$应收账款周转率=\frac{4\ 000}{308.5}=12.97(次)$$

通过应收账款周转率来反映应收账款的周转情况是比较常见的形式之一。W 公司计算的应收账款周转率为 12.97 次，说明 W 公司一年内应收账款的周转次数为 12.97 次。另外，也可以用应收账款周转天数(本章假设一年为 360 日)来反映应收账款的周转情况。其计算公式如下：

$$应收账款周转天数=\frac{360}{应收账款周转率}$$

应收账款周转天数，也称为应收账款收现期，表示应收账款周转一次所需要的天数。应收账款的周转天数是否越短越好，与企业的信用政策有关。改变企业的信用政策，会引起应收账款周转天数的变化。若甲企业的应收账款的周转天数小于信用期，而乙企业的周转天数大于信用期，则甲企业的收款业绩好于乙企业。W 公司的应收账款周转天数为 27.76 日(360÷12.97)，说明 W 公司从销售开始到收回现金平均需要 27.76 日。

知识链接

计算应收账款周转率时，赊销收入净额所需要的赊销数据不易被外部财务分析人员取得，为公式运用和计算的简便，一般直接使用利润表中的营业收入进行计算，相当于假设现销是收现时间等于零的应收账款。计算应收账款周转率时还应考虑应收账款的减值准备问题，当坏账金额过大时，应当进行调整。另外，也可以将应收票据纳入应收账款周转率的计算。

（二）存货周转率

存货周转率（Inventory Turnover Ratio）是企业一定时期的销售成本与存货平均余额的比率。其计算公式如下：

$$存货周转率(次数)=\frac{销售成本}{存货平均余额}$$

$$存货平均余额=\frac{期初存货余额+期末存货余额}{2}$$

公式中的存货金额来自资产负债表，包括期初数和期末数，存货平均余额也可按月份或季度余额来计算。同时可假设利润表中的营业成本全部为销售成本。

【例 5—16】 假设 W 公司 20×9 年年初的存货余额为 336 万元，年末的存货余额为 129 万元，利润表中的营业成本为 3 594 万元，则 W 公司 20×9 年的存货周转率计算如下：

$$平均平均余额=\frac{336+129}{2}=232.5(万元)$$

$$存货周转率=\frac{3\ 594}{232.5}=15.46(次)$$

存货周转率表明了 1 年中存货的周转次数。在正常经营的情况下，存货周转率越高，表明存货周转速度越快，存货的占用水平越低，流动性越强，存货转换为现金或应收账款的速度越快。但是，存货周转率也不能过高，如果比率过高，说明企业可能未设置安全库存，使得库存过低，造成经常性缺货，影响生产和销售。另外，存货周转率过低，表明库存管理不利，销售状况不好，造成存货积压，企业应提高存货的周转效率。所以，企业的存货周转率应当是合理的，这应当结合企业的实际情况进行具体的分析。

存货周转天数也可以表示企业存货的周转状况，表明存货周转一次需要的时间。其计算公式如下：

$$存货周转天数=\frac{360}{存货周转率}$$

存货周转天数越短，说明存货周转越快，但每个企业在特定的生产经营条件下存在一个最佳的存货水平，所以周转天数也不是越少越好。W 公司的存货周转天数为 23.29 日（360÷15.46），说明 W 公司将存货转换成现金平均需要 23.29 日。

知识链接

存货周转率还有另一种计算方式，即将销售收入作为存货周转率公式的分子。是将销售收入还是销售成本用作周转额，要看分析目的。短期偿债能力分析中，需要计量存货转换为现金的金额和时间以评估资产的变现能力，应采用销售收入。分析总资产周转率时，也应使用销售收入计算周转率。若评估存货管理业绩，则可用销售成本计算存货周转率。

（三）流动资产周转率

流动资产周转率（Liquid Assets Turnover Ratio）是销售收入与流动资产平均余额的比率，是反映企业流动资产周转速度的重要指标。其计算公式如下：

$$流动资产周转率(次数)=\frac{销售收入}{流动资产平均余额}$$

$$流动资产平均余额=\frac{期初流动资产余额+期末流动资产余额}{2}$$

流动资产周转率表明1年中流动资产周转的次数，该指标越高，说明流动资产的利用效率越高。

【例5－17】 假设W公司20×9年年初的流动资产余额为710万元，年末流动资产余额为800万元，营业收入为4 000万元，则流动资产周转率为：

$$流动资产平均余额=\frac{710+800}{2}=755(万元)$$

$$流动资产周转率=\frac{4\ 000}{755}=5.30(次)$$

流动资产周转天数也可以表示企业流动资产的周转状况，表明流动资产周转一次需要的时间。其计算公式如下：

$$流动资产周转天数=\frac{360}{流动资产周转率}$$

正常情况下，应收账款和存货占流动资产绝大部分，因此，它们的周转状况对流动资产周转影响巨大。W公司的流动资产周转天数为67.92日(360÷5.3)，表明流动资产转换成现金平均需要67.92日。

(四)固定资产周转率

固定资产周转率(Fixed Assets Turnover Ratio)是企业一定时期的销售收入与固定资产净值的比率，是反映固定资产利用程度的重要指标。其计算公式如下：

$$固定资产周转率(次数)=\frac{销售收入}{固定资产平均余额}$$

$$固定资产平均余额=\frac{期初固定资产余额+期末固定资产余额}{2}$$

固定资产周转率表明1年中固定资产周转的次数，该比率越高，说明固定资产利用率越高，管理水平越好。另外，固定资产周转天数也可以表示企业固定资产的周转状况，表明固定资产周转一次需要的时间。其计算公式如下：

$$固定资产周转天数=\frac{360}{固定资产周转率}$$

【例5－18】 假设W公司20×9年年初的固定资产余额为1 005万元，年末固定资产余额为1 248万元，营业收入为4 000万元，则固定资产周转率为：

$$固定资产平均余额=\frac{1\ 005+1\ 248}{2}=1\ 126.5(万元)$$

$$固定资产周转率=\frac{4\ 000}{1\ 126.5}=3.55(次)$$

一般来说，该比率的计算采用固定资产净值的平均额，即固定资产原值减去累计折旧的余额。W公司的固定资产周转天数为101.41日(360÷3.55)，表明固定资产转换成现金平均需要101.41日。

(五)总资产周转率

总资产周转率(Total Assets Turnover Ratio)是一定时期企业销售收入与平均总资产额的比率。其计算公式如下：

$$总资产周转率(次数)=\frac{销售收入}{总资产平均余额}$$

$$总资产平均余额=\frac{期初总资产余额+期末总资产余额}{2}$$

总资产周转率表明1年中总资产周转的次数，该比率越高，说明企业利用其资产进行经营的效率越高。另外，总资产周转天数也可以表示企业总资产的周转状况，表明总资产周转一次需要的时间。其计算公式如下：

$$总资产周转天数=\frac{360}{总资产周转率}$$

【例 5—19】 假设 W 公司 20×9 年年初的总资产余额为 1 910 万元，年末总资产余额为 2 190 万元，营业收入为 4 000 万元，则总资产周转率为：

$$总资产平均余额=\frac{2\ 190+1\ 910}{2}=2\ 050(万元)$$

$$总资产周转率=\frac{4\ 000}{2\ 050}=1.95(次)$$

W 公司的总资产周转天数为 184.62 日(360÷1.95)，表明总资产转换成现金平均需要 184.62 日。

课堂思考

在营运能力分析中，计算比率时为什么分母都要采用平均余额，而不是期末余额？

三、盈利能力分析

盈利能力，是指正常的营业状况下企业赚取利润的能力。非正常营业状况也会给企业带来收益或损失，但属于特殊情况，与盈利能力的分析并不相关。盈利是企业的重要经营目标，也是企业生存和发展的重要保证。企业的债权人、投资者和经营管理者都十分关注企业的盈利能力，所以盈利能力分析在企业财务分析中具有重要地位。评价企业盈利能力的财务比率主要有销售净利率、总资产收益率和净资产收益率等，对于股份公司来说，还应当分析每股收益、市盈率、每股股利、股利支付率、每股净资产和市净率等。

(一)销售净利率

销售净利率(Net Profit Margin on Sales)是指净利润与销售收入的比率，反映每 1 元销售收入带来净利润的多少。其计算公式如下：

$$销售净利率=\frac{净利润}{销售收入}\times 100\%$$

【例 5—20】 假设 W 公司 20×9 年净利润为 165 万元，营业收入为 4 000 万元，则销售净利率为：

$$销售净利润=\frac{165}{4\ 000}\times 100\%=4.13\%$$

销售净利率使用的数据包括利润表营业收入和净利润，该比率可以概括企业的全部经营成果。该比率越高，说明企业的盈利能力越强。对企业销售净利率进行评价时，应当分析比较企业历年指标，以评估企业销售净利率的发展趋势。

知识链接

销售毛利率也是与销售有关的获利指标中的分析比率，它是企业销售净利率的最初基础，没有足够大的销售毛利率便不能形成盈利。销售毛利率的计算公式可表示为：

$$销售毛利率=\frac{销售毛利}{销售收入}\times 100\%$$

$$销售毛利=销售收入-销售成本$$

(二)总资产收益率

总资产收益率(Return on Assets，ROA)，是指企业一定时期的净利润与总资产平均余额的比率，反映每 1 元总资产所创造的净利润。其计算公式如下：

$$总资产收益率=\frac{净利润}{总资产平均余额}\times100\%$$

【例 5－21】　沿用【例 5－19】和【例 5－20】的资料，W 公司的总资产收益率为：

$$总资产收益率=\frac{165}{2\ 050}\times100\%=8.05\%$$

总资产收益率集中体现了资产运用效率和资金利用效果之间的关系，反映企业综合经营管理水平，是企业盈利能力的关键。该比率越高，说明企业的盈利能力越强。在企业经营中，要想提高股东的权益报酬，必须要提高总资产收益率。

知识链接

影响总资产收益率的驱动因素有销售净利率和总资产周转率，这体现了三者之间的关系。通过公式可以更加直观地展现：

$$总资产收益率=\frac{净利润}{总资产平均余额}=\frac{净利润}{销售收入}\times\frac{销售收入}{总资产平均余额}=销售净利润\times总资产周转率$$

(三)净资产收益率

净资产收益率(Return on Equity，ROE)，也称股东权益报酬率，是指一定时期的净利润与股东权益的比率，反映每 1 元股东权益赚取的净利润。其计算公式如下：

$$净资产收益率=\frac{净利润}{股东权益}\times100\%$$

【例 5－22】　假设 W 公司 20×9 年年初的股东权益总额为 950 万元，年末的股东权益总额为 1 030 万元，20×9 年净利润为 165 万元，则净资产收益率为：

$$净资产收益率=\frac{165}{(950+1\ 030)\div2}\times100\%=16.67\%$$

净资产收益率计算公式的分母一般应采用股东权益平均额，简便计算时可以采用股东权益的期末金额。净资产收益率反映了权益资本的盈利能力，该比率越高，说明股东的权益资本能够获得更多的利益，因此该比率是股权投资者十分关注的指标。

净资产收益率可以进行分解，用公式表示如下：

$$净资产收益率=总资产收益率\times权益乘数$$

由该公式可以看出，净资产收益率的大小取决于总资产收益率和权益乘数。因此，提高净资产收益率可以通过提高总资产收益率，或提高财务杠杆，也即扩大权益乘数来取得。后一种方法会同时增加企业的财务风险，而且往往并不增加企业价值。而前一种方法可以在不增加企业财务风险的情况下，提高企业的净资产收益率，增加企业价值。

(四)每股收益

每股收益(Earnings Per Share，EPS)是指公司一定时期扣除了优先股股利后的净利润，除以流通在外普通股加权平均股数，反映普通股股东每持有一股普通股所能享有的企业净利润或需承担的企业净亏损。其计算公式如下：

$$每股收益=\frac{净利润-优先股股利}{流通在外普通股加权平均股数}$$

【例 5－23】　假设 W 公司 20×9 年净利润为 165 万元，优先股股利为 5 万元，流通在外普通股加权平均股数为 200 万股，则 W 公司的每股收益为：

$$每股收益=\frac{165-5}{200}=0.8(元)$$

每股收益直接影响公司未来的股价，也直观地反映了公司的盈利能力。每股收益越大，说明公司的权益资本盈利能力越强。在计算每股收益时，如果是发行优先股和普通股的公司，应先在净利润中扣除应付的优先股股利，才能计算普通股股东的实际收益。

知识链接

公司分配税后利润时，根据相关法律法规的规定，优先股股东的股利分配顺序优于普通股的股东，在优先股股东分配股利后，剩下的税后利润才是普通股股东享有的收益。

(五)市盈率

市盈率(Price to Earnings Ratio，P/E Ratio)，是指普通股每股市价与每股收益的比率，反映普通股股东愿意为每1元净利润支付的价格。其计算公式如下：

$$市盈率=\frac{每股市价}{每股收益}$$

【例5—24】 续【例5—23】，假设W公司20×9年12月31日的普通股每股市价为15元，则市盈率计算如下：

$$市盈率=\frac{15}{0.8}=18.75$$

市盈率是最常用来评估公司股价水平是否合理的指标之一，对市盈率的分析要结合行业特点和公司的盈利预期。市盈率反映了投资者对公司未来发展前景的预期，是投资者做出投资决策的重要参考因素。

市盈率有静态市盈率和动态市盈率之分，此处所分析的是静态市盈率。动态市盈率表示的是静态市盈率除以下一个年度的利润增长率。一般而言，市盈率越小越好，动态市盈率小于静态市盈率说明这个股票的成长性好。

知识链接

在股票投资中，还有一种常见的动态市盈率，称为市盈率TTM，也称滚动市盈率。该市盈率表示的是在一定的考察期内(一般是12个月)的滚动市盈率。它的起始点会发生变化，但却始终包括有四个不同的季度(1、2、3、4；2、3、4、1；3、4、1、2；4、1、2、3)，虽然这四个季度有可能属于两个不同的自然年度，但仍然弥补了上市公司季节性的客观差异所造成的影响。

(六)每股股利

每股股利(Dividend Per Share，DPS)，是指普通股分配的现金股利总额除以流通在外的普通股股数，反映了普通股每股分得现金股利的多少。其计算公式如下：

$$每股股利=\frac{现金股利总额-优先股股利}{流通在外的普通股股数}$$

每股股利的高低反映了公司的股利政策，也与公司盈利能力的强弱和现金是否充足有关。需要注意的是，公式中的分母是指计算每股股利时流通在外的普通股的总股数，而不需要像计算每股收益时那样进行加权平均。

【例5—25】 假设W公司20×9年年末流通在外的普通股股数仍为200万股，发放的普通股现金股利总额为85万元，优先股股利为5万元，则每股股利计算如下：

$$每股股利=\frac{85-5}{200}=0.4(元)$$

(七)股利支付率

股利支付率(Payout Ratio)，是指普通股每股股利与每股收益的比率，反映公司净收益中有多少用于现金股利的发放。其计算公式如下：

$$股利支付率=\frac{每股股利}{每股收益}\times 100\%$$

公司股利支付率的大小直接影响公司的股价和资本价格的合理性。股利支付率主要取决于公司的股利政策，并没有确定的标准对其进行判断。与股利支付率相关的反映公司利润留存比例的指标是留存收益率，其计算公式如下：

$$留存收益率=\frac{每股收益-每股股利}{每股收益}\times 100\%$$

或：

$$留存收益率=\frac{净利润-现金股利总额}{净利润}\times 100\%$$

从上述公式中可以看出，股利支付率与留存收益率之和等于1，即：

$$股利支付率=1-留存收益率$$

【例5—26】 沿用【例5—23】和【例5—25】的资料，W公司的股利支付率和留存收益率分别计算如下：

$$股利支付率=\frac{0.4}{0.8}\times 100\%=50\%$$

$$留存收益率=1-50\%=50\%$$

(八)每股净资产

每股净资产，是指公司股东权益总额除以流通在外的普通股股数。其计算公式如下：

$$每股净资产=\frac{股东权益总额}{流通在外的普通股股数}$$

每股净资产反映公司每股普通股所拥有的股东权益。一般情况下，该比率越高，说明公司的财务实力越强，投资者可以比较公司历年的每股净资产变动情况，来评估和了解公司的发展趋势和盈利状况。

【例5—27】 假设W公司20×9年年末流通在外的普通股股数仍为200万股，股东权益总额为1 030万元，则每股净资产计算如下：

$$每股净资产=\frac{1\ 030}{200}=5.15(元)$$

(九)市净率

市净率(Price to Book Ratio，P/B)，是指普通股每股市价与每股净资产的比率，反映普通股股东为每1元净资产支付的价格。其计算公式如下：

$$市净率=\frac{每股市价}{每股净资产}$$

市净率可用于投资分析，从投资的角度来说，一般情况下，市净率较低的股票，投资价值较高；相反，则投资价值较低。使用市净率进行投资价值评估时，应结合当时的市场环境、公司经营情况和盈利能力进行分析。

【例5—28】 续【例5—27】，假设W公司20×9年12月31日的普通股每股市价为15元，则市净率计算如下：

$$市净率=\frac{15}{5.15}=2.91$$

四、发展能力分析

企业的发展能力，也称企业的成长性，是指企业通过自身的生产经营活动，不断扩大积累而形成的发展潜能。企业发展的核心是企业价值的增长，影响企业价值增长的因素包括销售收入、资产规模和净收益等。评价企业发展能力的指标主要有销售增长率、总资产增长率、净资产增长率、可持续增长率和净利润增长率。

(一)销售增长率

销售增长率,是指企业本年销售收入增长额与上年销售收入总额之间的比率,反映企业销售收入的增减变动情况。其计算公式如下:

$$销售增长率=\frac{本年销售收入总额-上年销售收入总额}{上年销售收入总额}\times 100\%$$

【例5—29】 假设W公司20×9年的销售收入为4 000万元,上年的销售收入为3 850万元,则销售增长率计算如下:

$$销售增长率=\frac{4\ 000-3\ 850}{3\ 850}\times 100\%=3.90\%$$

销售增长率是衡量企业经营状况、市场占有能力和预测企业经营业务拓展趋势的重要指标,是评价企业成长性和市场竞争的重要依据。如果销售增长率大于零,表明企业本年的销售收入增加,企业市场前景较好;如果销售增长率小于零,说明销售收入减少。该比率越高,表明企业的发展能力越强,分析时需结合行业未来发展和企业的历史销售水平及市场占有情况进行计算。

(二)总资产增长率

总资产增长率,是指企业本年总资产增长额与年初资产总额的比率,反映企业本年度总资产规模的增长情况。其计算公式如下:

$$总资产增长率=\frac{年末资产总额-年初资产总额}{年初资产总额}\times 100\%$$

【例5—30】 假设W公司20×9年年初的资产总额是1 910万元,年末的资产总额是2 190万元,则总资产增长率计算如下:

$$总资产增长率=\frac{2\ 190-1\ 910}{1\ 910}\times 100\%=14.66\%$$

总资产增长率越高,表明企业在一个运营周期内资产规模扩张的速度越快,企业竞争力增强。但是,不能只追求资产规模量的增长,在分析企业资产规模扩张时,也要注重分析企业资产的质量变化。另外,资产增长率的计算还包括流动资产增长率、固定资产增长率和无形资产增长率等指标。

课堂思考

若企业经营经历短期波动,销售收入增长和总资产增长异常增高和偏低,上述销售增长率和总资产增长率的计算是否存在一些缺陷?

(三)净资产增长率

净资产增长率,是指企业本年股东权益增长额与年初股东权益总额的比率,反映企业资本规模的扩张速度。其计算公式如下:

$$净资产增长率=\frac{年末股东权益总额-年初股东权益总额}{年初股东权益总额}\times 100\%$$

【例5—31】 假设W公司20×9年年初的股东权益总额为950万元,年末股东权益总额为1 030万元,则净资产增长率计算如下:

$$净资产增长率=\frac{1\ 030-950}{950}\times 100\%=8.42\%$$

净资产增长率是评价企业发展能力的重要指标,表明企业资产保值增值的情况。该比率越高,说明企业资本积累能力越强,企业成长性也越好。

(四)可持续增长率

可持续增长率,是指不增加权益资本并保持目前经营效率和财务政策条件下公司销售所能增长的最大比率，经营效率指的是销售净利率和资产周转率，财务政策指的是股利支付率和资本结构。其计算公式如下：

$$\text{可持续增长率}=\text{净资产收益率}\times(1-\text{股利支付率})$$

【例5—32】 假设W公司的净资产收益率为16.67%，股利支付率为50%，则可持续增长率计算如下：

可持续增长率=16.67%×(1−50%)=8.34%

可持续增长率，是基于基期的水平，预测下年度的销售增长率。当下列假设成立时：(1)公司不筹集新的权益资本，增加债务是其唯一的外部筹资来源；(2)公司将维持当前的净利率水平，净利润可以满足负债利息的支付要求；(3)公司将维持当前的资产周转率水平。销售的增长率与可持续增长率相等，公司的增长为可持续增长。

(五)净利润增长率

净利润增长率，是指企业本年净利润总额增长额与上年净利润总额的比率。其计算公式如下：

$$\text{净利润增长率}=\frac{\text{本年净利润总额}-\text{上年净利润总额}}{\text{上年净利润总额}}\times100\%$$

【例5—33】 假设W公司20×9年的净利润为165万元，上年的净利润为150万元，则净利润增长率计算如下：

$$\text{净利润增长率}=\frac{165-150}{150}\times100\%=10\%$$

净利润增长率越高，说明企业的成长性越好。净利润的多少取决于两个因素：一是利润总额，二是所得税费用。因此，也可以根据不同的分析目的，计算利润总额增长率。

财务能力分析的四个部分从不同角度对企业财务状况进行分析。在对企业进行财务分析时，可以使用连续若干年的财务比率，并结合行业情况和企业的实际状况进行深入分析，以做出正确的财务决策。

第三节 趋势分析法

趋势分析法是通过对财务报表中的相关数字资料，将连续两期或多期的相同比率进行对比分析，得出其增减变动的方向、数额和幅度，以揭示企业财务状况、经营成果和现金流量变化趋势的一种分析方法。趋势分析法包括定基动态比率、环比动态比率、比较财务报表、比较财务比率和图示法等。

一、定基动态比率

定基动态比率，是指用某一时期的数值作为固定的基期指标数值，将其他各期数值与基期进行对比分析。其计算公式如下：

$$\text{定基动态比率}=\frac{\text{分析期数值}}{\text{固定基期数值}}\times100\%$$

【例5—34】 假设以20×8年为固定基期，分析20×9年、20Y0年流动资产增长率。若某企业20×8年的流动资产为690万元，20×9年的流动资产为710万元，20Y0年的流动资产为800万元。则：

$$20\times9\text{年的定基动态比率}=\frac{710}{690}\times100\%=103.90\%$$

$$20Y0\text{年的定基动态比率}=\frac{800}{690}\times100\%=115.94\%$$

二、环比动态比率

环比动态比率，是指以每一分析期的前期数值为基期数值而计算出来的动态比率。其计算公式如下：

$$环比动态比率=\frac{分析期数值}{前期数值}\times 100\%$$

【例 5－35】 续【例 5－34】，环比动态比率计算如下：

$$20\times 9\ 年的环比动态比率=\frac{710}{690}\times 100\%=103.90\%$$

$$20Y0\ 年的环比动态比率=\frac{800}{710}\times 100\%=112.68\%$$

知识链接

定基动态比率与环比动态比率可以相互换算。定基比率等于相应时期环比比率的连乘积。这种关系的存在要求满足以下条件：各个比率采用的权数不变，比率值中不出现零和负数的情形。

三、比较财务报表

比较财务报表是将两年或连续几年的报表项目并排列示，以便直接观察每个项目的增减变动情况，了解财务报表各项的变动趋势。采用比较财务报表分析法时，使用的财务报表期数越多，产生的分析结果可靠性越高。同时，在使用比较财务报表进行分析时，也必须考虑到报表中各期数据的可比性。财务数据在短期内的异常，将使财务数据丧失可比性，应将影响分析结果的非可比性因素剔除。下面将通过表 5－6 和表 5－7 的 W 公司连续 3 年的比较资产负债表和比较利润表进行比较财务报表的分析。

表 5－6　W 公司比较资产负债表（简略）

编制单位：W 公司　　20×8 年 12 月 31 日～20Y0 年 12 月 31 日　　单位：万元

项　目	20Y0 年年末	20×9 年年末	20×8 年年末
流动资产：			
货币资金	54	35	40
应收账款	408	209	316
存货	129	336	224
一年内到期的非流动资产	87	21	15
其他流动资产	122	109	95
流动资产合计	800	710	690
非流动资产：			
长期股权投资	40	10	10
固定资产	1 248	1 005	950
无形资产	16	18	24
其他非流动资产	86	167	206
非流动资产合计	1 390	1 200	1 190

续表

项　目	20Y0 年年末	20×9 年年末	20×8 年年末
资产总计	2 190	1 910	1 880
流动负债：			
短期借款	70	55	50
应付账款	110	119	130
其他流动负债	200	131	145
流动负债合计	380	305	325
非流动负债：			
长期借款	480	295	325
应付债券	230	250	270
其他非流动负债	70	110	70
非流动负债合计	780	655	665
负债合计	1 160	960	990
所有者权益：			
实收资本(或股本)	120	120	120
资本公积	20	20	20
其他综合收益	0	0	0
盈余公积	80	60	40
未分配利润	810	750	710
所有者权益合计	1 030	950	890
负债和所有者权益总计	2 190	1 910	1 880

表 5—7　　**W 公司比较利润表**

编制单位:W 公司　　20×8 年 12 月 31 日～20Y0 年 12 月 31 日　　单位:万元

项　目	20Y0 年年末	20×9 年年末	20×8 年年末
一、营业收入	4 000	3 850	3 770
减:营业成本	3 594	3 483	3 396
税金及附加	38	38	36
销售费用	42	40	40
管理费用	56	50	52
研发费用	0	0	0
财务费用	120	106	110
加:投资收益(损失以“—”号填列)	0	0	0
其中:对联营企业和合营企业的投资收益	0	0	0
公允价值变动收益(损失以“—”号填列)	16	20	15

续表

项　目	20Y0 年年末	20×9 年年末	20×8 年年末
信用减值损失(损失以“—”号填列)	0	0	0
资产减值损失(损失以“—”号填列)	0	0	0
二、营业利润(亏损以“—”号填列)	166	153	151
加:营业外收入	65	57	53
减:营业外支出	11	10	14
其中:非流动资产处置损失	0	0	0
三、利润总额(亏损总额以“—”号填列)	220	200	190
减:所得税费用	55	50	47.5
四、净利润(净亏损以“—”号填列)			
(一)持续经营净利润(净亏损以“—”号填列)	165	150	142.5
(二)终止经营净利润(净亏损以“—”号填列)	—	—	—
五、其他综合收益的税后净额	—	—	—
六、综合收益总额	165	150	142.5
七、每股收益			
(一)基本每股收益	—	—	—
(二)稀释每股收益	—	—	—

(一)W 公司比较资产负债表分析

通过对 W 公司 3 年的比较资产负债表数据的简要分析,可以初步得出以下结论:

(1)流动资产分析。W 公司 20×9 年的流动资产总额为 710 万元,比 20×8 年增加了 20 万元,增长率为 2.90%;20Y0 年流动资产为 800 万元,增长率为 12.68%。数据表明 20Y0 年流动资产有了快速的增长,主要由于一年内到期的非流动资产的快速增长,而应收账款的增长由于存货的下降而抵消。

(2)固定资产分析。W 公司的固定资产的增长率为 20×9 年的 5.79%和 20Y0 年的 24.18%,固定资产在 20Y0 年取得了较快增长,反映了 W 公司在加速扩张其固定资产规模。

(3)总资产分析。W 公司的资产总额在 20×9 年和 20Y0 年分别增长了 30 万元和 280 万元,增长率分别为 1.6%和 14.66%。与固定资产分析一致,总资产在 20Y0 年获得了较高的增长率,表明了 W 公司资产的快速增长。

(4)企业负债分析。W 公司的流动负债呈现增长的趋势。W 公司的长期借款在 20×9 年和 20Y0 年分别减少 30 万元和增加 185 万元,20Y0 年的增长率达到了 62.71%。20Y0 年非流动负债增长率为 19.08%。20Y0 年的负债总额比 20×9 年增加了 200 万元,增长率为 20.83%。可见 W 公司 20Y0 年的负债增长快速,高于总资产的增长速度,需要考虑负债快速增加带来的财务风险。

(5)所有者权益的分析。W 公司 3 年的数据中,实收资本、资本公积和盈余公积都无多大变化,而未分配利润则呈现逐年稳步增长的趋势,表明 W 公司具有一定的盈利能力,并且比较稳定。

(二)W 公司比较利润表分析

通过对 W 公司 3 年的比较利润表数据的简要分析,可以初步得出以下结论:

(1)营业收入分析。W 公司营业收入在 20×9 年和 20Y0 年的增长额分别为 80 万元和 150 万元，增长率分别为2.12%和3.9%，呈现平稳增长的趋势。

(2)营业成本分析。W公司营业成本随着营业收入的增长呈现同步增长的趋势，20×9年和20Y0年的增长率分别为2.56%和3.19%。

(3)各项费用分析。W公司的各项费用在3年中基本一致，其中管理费用和财务费用相对变化较大。管理费用和财务费用在20Y0年的增长率分别为12%和13.21%，发生了快速的增长，这与W公司总资产的增长造成费用的上升是一致的。

(4)利润分析。W公司的营业利润、利润总额和净利润都呈现逐年增长的趋势。20×9年和20Y0年的净利润分别增加了7.5万元和15万元，增长率分别为5.26%和10%，W公司在20Y0年拥有了更高的利润增长率。

四、比较财务比率

比较财务比率，是指将企业连续几期的相关财务比率并列进行对比分析，以反映企业财务状况的发展趋势。通过将各种比率集合在一起，使得该方法更加直观地反映企业财务状况的变化趋势。下面通过列示某公司的主要财务比率来对该种方法进行展示分析，表5－8为某公司20×8～20Y0年的主要财务比率，假定该公司的销售收入仍在持续增长。

表5－8　　某公司20×8～20Y0年主要财务比率

项　目	20Y0年	20×9年	20×8年
流动比率	1.29	1.13	0.86
速动比率	1.01	0.86	0.7
资产负债率	45.94%	46.36%	55.29%
产权比率	61.02%	84.23%	121.31%
利息保障倍数	196.57	516.98	1 105.69
应收账款周转率	6.30	11.89	28.77
存货周转率	4.50	4.17	5.11
总资产周转率	0.42	0.40	0.46
销售净利率	3.16%	13.79%	24.26%
净资产收益率	1.61 %	9.32%	21.65%
每股收益(元)	0.13	1.81	2.88

从表5－8中可以看出，该公司的流动比率和速动比率在3年中呈逐年上升的趋势，同时资产负债率和产权比率呈逐年下降的趋势，表明该公司的偿债能力有所增强。利息保障倍数虽然从1 105.69倍下降到20Y0年的196.57倍，但结合其他比率的分析，仍然说明公司有较好的利息支付的保障能力。该公司的应收账款周转率在20×9年和20Y0年相比于20×8年有较大幅度的下降，在公司销售收入仍然持续增长的情况下，表明20×9年和20Y0年的应收账款相比于20×8年有快速的增加。存货周转率和总资产周转率并没有什么大的变化。而销售净利率、净资产收益率和每股收益都呈现出大幅下降的趋势，说明公司的盈利能力在不断下降。综合上述分析，该公司虽然偿债能力有所提升，但资产周转速度并没有加快，而且公司盈利能力在快速下降。该公司需要继续加强主营业务收入的提升，更加严格控制成本费用，从而扭转公司盈利能力快速下滑的现状。

课堂思考

比较财务报表和比较财务比率的分析会存在哪些局限性？

五、图示法

图示法，是指将企业连续多期的财务数据或财务比率绘制成图，以此判断企业财务状况的变动趋势。图示法将财务比率以图形的方式进行列示，更直观地进行企业财务状况的趋势分析。若某公司 20×5～20Y0 年的每股收益分别为 0.6 元、1.57 元、2.28 元、2.88 元、1.81 元和 0.13 元，将该公司 20×5～20Y0 年的每股收益绘制在如图 5－1 所示的坐标图中。

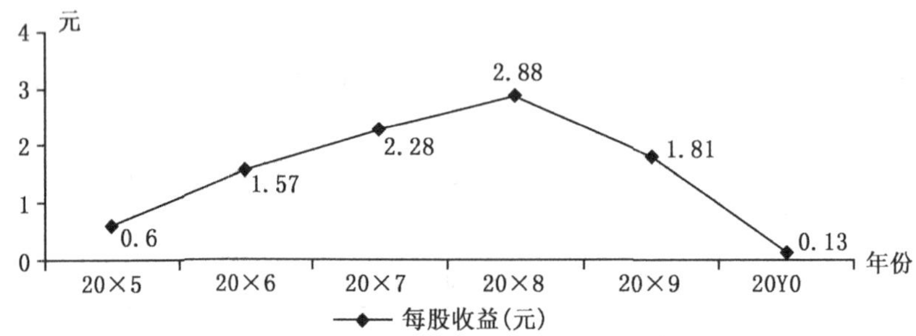

图 5－1 某公司 20×5～20Y0 年每股收益示意

从图 5－1 中可以看出，该公司的每股收益从 20×5 年到 20×8 年呈逐年上升趋势，并在 20×8 年达到最高点，而 20×9 年和 20Y0 年则呈下降趋势，尤其是 20Y0 年，每股收益只有 0.13 元，下降幅度巨大。这说明该公司 20×8 年后盈利能力呈下降趋势，在 20Y0 年尤其明显。

第四节 杜邦分析体系

利用财务比率和趋势分析法对企业财务状况进行分析，虽然可以了解企业各个方面的财务状况，却不能反映企业财务状况之间的相互关系。单一的财务比率，如销售净利率，只能从销售收入产生的净利润的角度，来说明企业的盈利情况，而不能用来评价企业的整体财务情况。实际上，企业的财务状况是一个完整的系统，可以采用综合财务分析的方法，将一系列具有相互关系的财务比率进行综合，了解企业财务状况内部的各项因素及其相互之间的关系，以全面揭示企业财务状况。杜邦分析法就是这样一种综合分析方法。

杜邦分析法是最先由美国杜邦公司采用的财务分析方法，故以此得名，是指利用各主要财务比率之间的内在联系，对企业财务状况和经营成果进行综合系统评价的方法。杜邦分析法一般采用杜邦分析图来表示。

一、杜邦分析体系的核心比率

净资产收益率是杜邦分析体系的核心比率，具有较高的可比性，适用于不同企业之间和企业不同时期的比较。在投资时，投资者总是倾向于投资报酬率高的行业和企业。当一个企业的净资产收益率时常高于其他企业时，市场竞争将促使企业净资产收益率回归平均水平。而当企业的净资产收益率低于其他企业时，也会因市场机制作用产生优胜劣汰，使净资产收益率回归平均水平。

净资产收益率之所以是杜邦分析体系的核心比率，不仅由于其是投资者分析的重点，也由于其具有很强的综合性和可分解性。基于财务比率之间的关系,净资产收益率通过分解可分为下列三个指标:销售净利率、总资产周转率和权益乘数。公式分析如下:

$$净资产收益率=\frac{净利润}{股东权益}=\frac{净利润}{销售收入}\times\frac{销售收入}{总资产}\times\frac{总资产}{股东权益}$$

$$净资产收益率=销售净利率\times总资产周转率\times权益乘数$$

这个公式也被称为杜邦等式。提高公式中的任何一个比率,净资产收益率都会提高。而总资产收益率=销售净利率×总资产周转率,故净资产收益率也可以表示为:

$$净资产收益率=总资产收益率\times权益乘数$$

杜邦分析法在揭示上述关系后,再将销售净利润、总资产周转率和权益乘数层层分解,这样就可以全面、综合地揭示企业的财务状况以及各个财务比率之间的相互关系。

杜邦分析体系中的指标数值可以使用期末数计算,也可以使用年度平均数计算。若净资产收益率使用期末数或平均数计算,在之后计算使用的比率中,其资产都要使用期末数或平均数计算,与净资产收益率的计算口径保持统一,使得各指标能按相互之间关系正确计算。

二、杜邦分析图

杜邦分析图,也可以称为杜邦分析体系的基本框架,如图5—2所示。

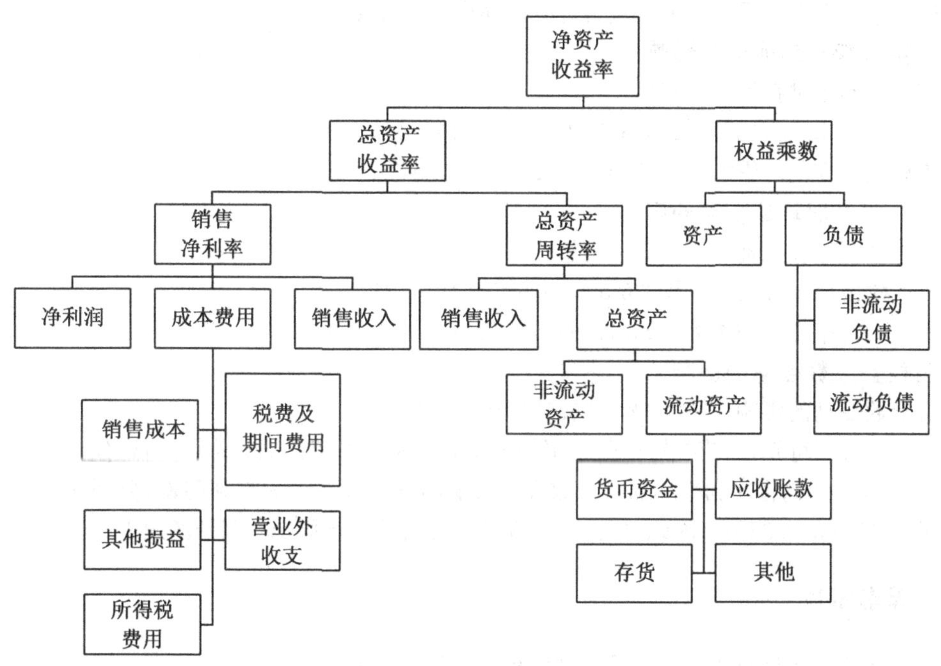

图5—2 杜邦分析

杜邦分析体系是一个多层次的财务比率分解体系。通过对各项财务比率的层层分解,全面了解它们之间的相互关系,并逐步覆盖企业经营活动的每个环节,以全面评价企业经营成果和财务状况。在杜邦分析体系中,有以下几种主要的指标关系:

(1)净资产收益率是整个分析体系的起点和核心。该指标的高低反映了投资者的净资产获利能力的大小。依照杜邦等式,净资产收益率是由销售净利率、总资产周转率和权益乘数决定的。

(2)权益乘数表明了企业财务杠杆的大小。该指标越大,企业的负债程度越高,财务杠杆也越高,企业财务风险越大。

(3)总资产收益率是销售净利率与总资产周转率的乘积,是对企业销售成果和资产运营的综合反映。提高总资产收益率有两种方法:一是增加销售收入;二是降低资金占用额。

(4)总资产周转率揭示了企业资产实现销售收入的综合能力。在进行分析时,要结合销售收入来分析企业资产结构的合理性,即流动资产和非流动资产的结构比例关系。同时,还要分析流动资产周转率、存货周转率、应收账款周转率等有关营运能力指标,以分析资产的使用效率,从而分析总资产周转率上下波动的真正原因。

三、影响净资产收益率的驱动因素分析

根据杜邦等式,净资产收益率是由销售净利率、总资产周转率和权益乘数决定的。通过将各驱动因素与上年度的比率进行比较,可以识别净资产收益率变动的趋势,也可以通过同行业的比较识别企业之间存在的差距。通过净资产收益率驱动因素的分析,了解引起净资产收益率变动的原因,并衡量其影响程度,作为后续财务分析的起点。

下面以H公司的净资产收益率的比较和分析为例,进行本公司本年和上年数据的分析,结合本章第一节第五部分的因素分析法,说明其驱动因素的影响。

净资产收益率=销售净利率×总资产周转率×权益乘数

上年的标准指标为:上年净资产收益率15.80%=3.90%×2.015 7×2.010 5

本年的实际指标为:本年净资产收益率16.02%=4.13%×1.826 5×2.126 5

上述比率的资产额采用期末数进行计算。净资产收益率本年变动0.22%。

(一)销售净利率变动的影响

用销售净利率进行第一次替代:

净资产收益率=4.13%×2.015 7×2.010 5=16.74%

销售净利率变动的影响=16.74%-15.80%=0.94%

(二)总资产周转率变动的影响

用销售净利率和总资产周转率进行第二次替代:

净资产收益率=4.13%×1.826 5×2.010 5=15.17%

总资产周转率变动的影响=15.17%-16.74%=-1.57%

(三)权益乘数变动的影响

权益乘数变动的影响=16.02%-15.17%=0.85%

通过上述分析可知,影响净资产收益率的最不利因素是总资产周转率的降低,使净资产收益率下降了1.57%。而销售净利率和权益乘数都是影响净资产收益率的有利因素,分别使净资产收益率提高了0.94%和0.85%。因此,分析人员应重点分析总资产周转率降低的原因。

课堂思考

因素分析法如何说明某个驱动因素对指标值的影响?

四、杜邦分析体系的意义和局限性

杜邦分析体系是一种综合的财务分析方法,其使用对企业的财务分析具有重大意义。但是,杜邦分析体系只包括了财务方面的信息,不能全面反映企业的实际情况,也存在某些局限性。

(一)杜邦分析体系的意义

1. 有助于企业财务管理目标的实现

企业的财务管理目标是股东财富最大化,净资产收益率是反映股东财富增值水平最为敏感的内部财务指标。净资产收益率的增长有助于股东财富的增加,实现股东的投资价值,满足其获取利润的预期。因此,将净资产收益率作为杜邦分析体系的核心指标有助于财务管理目标的实现。

2. 有利于委托代理关系的和谐

委托代理关系，是指投资者与管理者之间的权责利关系。由于存在委托代理关系，委托人和代理人之间就必然会发生一定程度的委托代理冲突。为了降低委托代理成本和缓解委托代理冲突，委托人和代理人之间就会建立有效的机制以实现双方的共赢。此时，经营管理者不得不关注委托人所关注的净资产收益率这一指标，并努力提升这一比率。因此，将净资产收益率作为核心指标的杜邦分析体系有利于委托代理关系的和谐。

(二)杜邦分析体系的局限性

由于杜邦分析体系只包括财务方面的信息，从企业绩效评价角度来说，杜邦分析体系所进行的分析仍然是片面的，必须结合企业的其他信息加以分析。杜邦分析体系的局限性主要表现在：

(1)杜邦分析体系由于分析短期内的财务比率，造成对短期财务结果的过分重视，在绩效评价的压力下，使得公司管理层很有可能进行短期财务管理行为，如盈余管理，从而忽视对企业长期价值的创造和挖掘。

(2)财务指标反映的是企业过去的经营业绩，且分析数据来自财务报表。在现代市场竞争中，顾客、供应商、雇员和技术创新等因素对企业经营业绩和企业价值的影响越来越大，而杜邦分析体系并不能充分考虑这些表外因素。

综上所述，杜邦分析体系是以净资产收益率为核心，通过层层分解，结合企业销售成果和资产运营情况的分析，从而形成一个综合的财务分析方法。这种综合的财务分析方法要求协调好系统内部各个因素之间的关系，使得净资产收益率得到提高。杜邦分析法对企业的财务管理有着重大的意义，同时，杜邦分析法也存在一些不足，需要对其加以改进，以减弱其局限性。

本章小结

本章的内容主要包括财务分析的含义、目的、基础和方法，以及财务能力的分析、趋势分析法和杜邦分析体系。

财务分析是以会计核算和报表资料及其他相关资料为依据，采用专门的技术和方法，对企业等经济组织的财务状况、经营成果和未来发展趋势进行分析与评价的经济管理活动。

为了对企业有更充分的了解，财务信息使用者需要进行财务分析。他们进行财务的基本目的可以概括为：评价过去的经营业绩、衡量现在的财务状况、预测未来的发展趋势。但不同的财务信息使用者所关心的问题是各不相同的，财务分析的目的也因此而产生差异。

进行财务分析，需要充分、正确的财务资料以保证分析的准确性。财务分析的基础主要是指财务分析的资料来源，以会计核算资料为主。会计核算资料包括日常核算资料和企业财务报告，主要包括资产负债表、利润表、现金流量表、所有者权益变动表、附表及会计报表附注和财务情况说明书等。

财务分析的方法是多种多样的，比较常用的方法有比较分析法、因素分析法和比率分析法。

在本章的学习中，要充分掌握财务能力分析，包括偿债能力分析、营运能力分析、盈利能力分析和发展能力分析，并掌握各种财务比率的计算。

偿债能力通过短期偿债能力和长期偿债能力进行分析。评价企业短期偿债能力的财务比率主要有流动比率、速动比率、现金比率和现金流量比率等。评价企业长期偿债能力的财务比率主要有资产负债率、产权比率、股东权益比率、权益乘数、有形净值债务率、偿债保障比率、利息保障倍数和现金流量利息保障倍数等。进行偿债能力分析时还要考虑影响企业偿债能力的其他因素。

企业营运能力分析的财务比率主要有应收账款周转率、存货周转率、流动资产周转率、固定资产周转率和总资产周转率等。

企业盈利能力分析的财务比率主要有销售净利率、总资产收益率和净资产收益率等，对于股份公司来说，还应当分析每股收益、市盈率、每股股利、股利支付率、每股净资产和市净率等。

企业发展能力分析的财务比率主要有销售增长率、总资产增长率、净资产增长率、可持续增长率和净利润增长率。

财务分析人员还可以进行趋势分析和杜邦分析。趋势分析法包括定基动态比率、环比动态比率、比较财务报表、比较财务比率和图示法等。杜邦分析法是指利用各主要财务比率之间的内在联系，对企业财务状况和经营成果进行综合系统评价的方法，一般采用杜邦分析图来表示，杜邦分析法也存在某些局限性。

复习思考题

1. 为什么要使用财务分析？财务信息使用者进行财务分析有哪些目的？
2. 简述流动比率、速动比率和现金比率之间的关系。
3. 短期偿债能力和长期偿债能力分别有哪些指标？
4. 如何评价企业的营运能力和盈利能力？
5. 为什么要使用趋势分析方法？
6. 趋势分析法包括哪些具体方法？
7. 为什么要使用杜邦分析体系？
8. 杜邦分析体系的局限性体现在哪些方面？

第六章 权益资本筹资决策

学习目标

通过本章的学习，掌握权益资本筹资的基本方式，理解各筹资方式的优缺点；理解注册资本制度；理解投入资本筹资的含义及主要方式；掌握股票上市决策、普通股与优先股相关内容；理解认股权证的含义及价值；理解留存收益的性质及来源。

第一节　注册资本制度

筹资活动是企业获得资金的重要手段，也是企业资金运动的起点。企业要长期生存与发展，需要经常持有一定规模的长期资本，因此，长期筹资是企业筹资的主要内容；短期筹资则属于营运资本管理的内容，将在第十一章介绍。

企业长期资金主要由权益资本筹资和债务筹资两种方式获得。权益筹资(Equity Financing)又称股权筹资，形成企业的权益资本，它不仅是企业最基本的筹资方式，形成企业的原始资本，还是企业筹措各种债务资本的保证。

一、注册资本的含义

注册资本(Registered Capital)又称法定资本，是公司制企业在公司登记机关依法登记的、章程规定的全体股东或发起人认缴的出资额或认购的股本总额。一般而言，注册资本是企业法人资格存在的物质基础，是股东对企业承担有限责任的界限，也是股东行使股权的依据和标准。

根据《公司法》的规定，股份有限公司可以采用发起设立或者募集设立的方式。发起设立，是指由发起人认购公司应发行的全部股份而设立公司。募集设立，是指由发起人认购公司应发行股份的一部分，其余股份向社会公开募集或者向特定对象募集而设立公司。股份有限公司采取发起设立方式的，注册资本为在公司登记机关登记的全体发起人认购的股本总额；采取募集方式设立的，注册资本为在公司登记机关登记的实收股本总额。

有限责任公司的注册资本为在公司登记机关登记的全体股东认缴的出资额。

为确保公司财产确定性和稳定性，我国《公司法》最初规定了较为刻板的法定资本制度，对于股东的出资有较多限制，要求所有出资一次实缴到位。2013 年 12 月 28 日，《公司法》修改了公司设立时股东必须缴纳全部或部分出资的要求，改为“注册资本登记认缴制”：除法律、行政法规和国务院决定另有规定外，有限公司和发起设立的股份公司实行“认缴制”，以全体股东“认缴的出资额”或“认购的股本总额” 为注册资本；募集设立的股份公司仍实行“实缴制”，以公司“实收股本总额”为注册资本；同时，除法律、行政法规和国务院决定另有规定外，一般性地取消了注册资本最低限额要求、首次出资比例要求、实缴出资的期限要求、货币出资的比例要求以及强制验资制度。

知识链接

根据最新《公司法》规定，2014 年 3 月 1 日起，公司实收资本不再作为工商登记事项。

2006 年《公司法》修改前后比较：取消了按照公司经营内容区分最低注册资本额的规定，将有限责任公司的最低注册资本从 10 万～50 万元统一降至 3 万元，将股份有限公司的最低注册资本从原来的 1 000 万元降至 500 万元。

出资比例结构方面：一是将工业产权扩大到整个知识产权；二是取消了无形财产出资比例的限制，而只是规定货币出资的金额不得低于注册资本的 30%。

二、注册资本制度的模式

从世界各国的情况看，公司注册资本制度的模式主要有三种，现分别介绍主要的三种模式以及我国现行注册资本制度。

(一)公司注册资本制度的主要模式

1. 实缴资本制

实缴资本制又称实收资本制，这种注册资本制度规定公司的实收资本必须等于注册资本，否则公司不得设立。该制度由法国和德国首创，为多数大陆法系国家所采用，如欧洲大陆各国。实缴资本制一般规定公司注册资本的最低限额，并规定公司全体发起人或全体股东首次出资额的最低比例，其余部分限期缴足。有的还规定货币资本出资的最低比例。由此可见，实缴资本制对注册资本的规定比较严格，其宗旨是保护债权人的利益，维护公司经营的安全。

2. 认缴资本制

认缴资本制是指公司设立时，于公司章程中确定注册资本总额，但不要求股东一次全部缴足，只要缴付首次出资额，公司即可成立；其余部分可授权董事会根据公司生产经营情况和证券市场行情再随时发行，公司资本增减较为灵活。授权资本制为英国和美国所创立，主要为英美法系的国家和地区采用。

3. 折中资本制

折中资本制是介于法定资本和授权资本之间的一种注册资本制度。这种注册资本制度，一般规定公司在设立时应明确资本总额，并规定首次出资额或出资比例以及缴足资本总额的最长期限。由此可见，该制度吸收了法定资本制和授权资本制的优点，一方面允许公司根据实际需要发行资本，以适应公司的经营需要；另一方面规定缴足资本的期限，有利于降低公司的经营风险。

(二)我国注册资本制度

我国曾实行实缴资本制。2006 年修改后的《公司法》取消了按照公司经营内容区分最低注册资本额的规定，将有限责任公司的最低注册资本从 10 万～50 万元统一降至 3 万元，将股份有限公司的最低注册资本从原来的 1 000 万元降至 500 万元，同时，由于各种原因，虽然最终没有采纳认缴资本制，但允许两种公司的资本都可以分期缴纳，而不必一次性缴足，只是要求全体股东的首次出资额不得低于注册资本的 20%，其余部分必须在 2 年内缴足，投资公司可以在 5 年内缴足。

2014 年国务院批准《注册资本登记制度改革方案》，推进工商注册制度便利化，加快政府职能转变，创新政府监管方式，建立公平开放透明的市场规则，保障创业创新。实行注册资本登记制度改革，将注册资本实缴登记制改为认缴登记制。除法律行政法规以及国务院决定对公司注册资本实缴有另行规定的以外，取消了关于公司股(发起人)应自公司成立之日起 2 年内缴足出资，投资公司在五年内缴足出资的规定；取消了一人有限责任公司股东应一次足额缴纳出资的规定。采取公司股东(发起人)自主约定认缴出资额、出资方式、出资期限等，并记载于公司章程的方式。

同时，放宽注册资本登记条件。除对公司注册资本最低限额有另行规定的以外，取消了有限责任公司、一人有限责任公司、股份有限公司最低注册资本分别应达 3 万元、10 万元、500 万元的限制；不再限制公司设立时股东(发起人)的首次出资比例和货币出资比例。此外，简化登记事项和登记文件。有限责任公司股东认缴出资额，公司实收资本不再作为登记事项。公司登记时，不需要提交验资报告。

知识链接

2014 年《公司法》修订以前，我国注册资本制度规定：公司全体发起人的首次出资额不得低于注册资本的 20%，其余部分由发起人自公司成立之日起 2 年内缴足；其中，投资公司可以在 5 年内缴足。

课堂思考

《公司法》的修订有何现实意义？

第二节　投入资本筹资

投入资本筹资又称吸收直接投资，是指企业按照“共同投资、共同经营、共担风险、共享收益”的原则，以协议等形式直接吸收国家、法人、个人和外商投入资金的一种筹资方式。投入资本筹资不以股票为媒介，适用于非股份制企业，是非股份制企业筹集权益资本的基本方式。

一、投入资本筹资的种类

投入资本筹资，一般按照资金的来源划分为以下几种：

(一)筹集国家投资

国家投资，是指有权代表国家投资的政府部门或机构，以国有资产(主要是财政拨款)投入公司，形成企业的国有资本。筹集国家投资是国有企业筹集自有资本的主要形式。在我国，除了原来国家以拨款形式投入企业所形成的各种资本、用税前利润归还贷款后所形成的国有资本、财政和主管部门拨给企业的专用款项以及减免税后形成的资本等，都应视为国家投资。筹集国家投资一般具有产权归属国家和资金运用受国家约束较大的特点。

(二)筹集法人投资

法人投资，是指其他法人单位以其依法可支配的资产进行投资，形成企业的法人资本。筹集法人投资一般具有以下特点：发生在法人单位之间；以参与利润分配或控制为目的；出资方式灵活多样。

(三)筹集社会公众投资

社会公众投资，是指社会个人或企业内部职工以个人合法财产进行投资，形成企业的个人资本。近些年来，随着我国城乡居民和个体经济户收入的不断增加，个人资金的数量已经十分可观，已成为公司筹集资金的重要来源。筹集社会公众投资一般具有以下特点：参与投资的人员较多；每人投资的数额相对较少；以参与利润分配为基本目的。

(四)筹集外商直接投资

外商投资，是指外国和中国香港、澳门、台湾地区的投资者直接向中国境内企业，或以购买人民币特种股票形式向中国企业投入，这种情况下形成的资本，称为外商资本。随着我国对外开放的不断推进，筹集外商投资越来越成为公司筹集资金的重要方式。筹集外商投资可以筹集外汇资金，出资方式比较灵活。

二、投入资本筹资的出资方式

投入资本筹资中的出资方式较多，我国《公司法》规定，股东可以用货币出资，也可以用实物、知识产权、土地使用权等可以用货币估价并可以依法转让的非货币财产作价出资。但是，法律、行政法规规定不得作为出资的财产除外；对作为出资的非货币性财产应当评估作价，核实财产，不得高估或低估作价。

(一)以货币资产出资

以货币资产出资是投入资本筹资中最重要的出资方式。企业有了货币资产，便可以获取其他物质资源，支付各种费用，较为灵活方便。2006 年《公司法》规定，全体股东的货币出资额不得低于有限责任公司注册资本的 30%，2014 年修订后的《公司法》不再限制股东(发起人)的货币出资比例。

(二)以实物资产出资

以实物资产出资，是指投资者以房屋建筑物、设备等固定资产和材料、燃料、商品产品等流动资产所进行的投资。一般来说，企业筹集的实物资产应符合如下条件：适合企业生产、经营、研发等活动的需要；技术性能良好；作价公平合理。

(三)以无形资产出资

以无形资产出资，是指投资者以知识产权(专有技术、专利权、商标权、租赁权、版权等)以及土地使用权等无形资产所进行的投资。

一般来说，知识产权出资应符合这样一些条件：投入的知识产权能帮助公司研究和开发出新的高科技产品；能帮助公司生产出适销对路的高科技产品；能帮助公司改进产品质量、提高生产效率；能帮助公司大幅度降低各种能耗；作价公平合理。

公司在筹集知识产权出资时，须特别谨慎，须进行认真的可行性研究。因为以知识产权的形式出资，实际上是把有关技术资本化了，是把有关技术的价值固定化了。事实上，无论何种技术都会老化，其价值都有不断减少甚至丧失的趋势。

土地使用权是《公司法》规定的股东出资的法定形式之一。企业可依照土地管理法律、法规关于出让土地使用权的规定，转让、出租、抵押土地使用权。在许多国有企业中，土地是其拥有的最具价值的资产，并成为其股份制改造和组建公司时最重要的出资标的。在中外合资企业和中外合作企业中，土地也成为中方投资者最为经常和普遍的投资形式或者合作条件。在我国，土地是国有的，任何企业或公司对土地的占有都不是所有者的占有，而是使用者的占有，企业或公司对土地享有的权利是使用权，而不是所有权，因此，以出资形式出现的仅仅是土地的使用权，而不是土地的所有权。

知识链接

对于无形资产的出资方式，《公司法》规定，股东或者发起人不得以劳务、信用、自然人姓名、商誉、特许经营权或者设定担保的财产等作价出资。

三、筹集非货币出资的估值

企业筹集非货币出资，主要是指流动资产、固定资产和无形资产，应按照评估确定或合同、协议约定的金额计价。

(一)筹集流动资产的估值

企业筹集的流动资产，包括材料、燃料、产成品、在产品、自制半成品、应收款项和有价证券等。

(1)对于材料、燃料、产成品等,可采用现行市价法或重置成本法进行估值。

(2)对于在产品、自制半成品,可先按完工程度折算为相当于产成品的约当量,再按产成品的估价方法进行估值。

(3)对于应收款项,应针对具体情况,采用合理的估值方法:能够立即收回的应收账款,可以其账面价值作为评估价值;能够立即贴现的应收票据,可以其贴现值作为评估价值;不能立即收回的应收账款,应合理估计其坏账损失,并以其账面价值扣除坏账损失后的金额作为评估价值;能够立即变现的带息票据和计息债券,可以其面额加上持有期间的利息作为评估价值。

(二)筹集固定资产的估值

企业筹集的固定资产,主要是房屋建筑物、机器设备等。

(1)房屋建筑物价值的高低是由多方面因素决定的,主要受原投资额、地理位置、质量、新旧程度等因素的影响,可采用现行市价法和收益现值法相结合进行估值。

(2)对筹集的机器设备,一般采用重置成本法和现行市价法进行估值;对具有独立生产能力的机器设备,亦可采用收益现值法估值。评价估值应该考虑机器设备的直接成本和间接成本。

(三)筹集无形资产的估值

企业筹集的无形资产主要有专有技术、专利权、商标权、租赁权、版权、土地使用权等。

(1)对于能够单独计算自创成本或外购成本的无形资产(如专有技术、专利权等),可采用重置成本法估值。

(2)对于在现时市场上有交易参照物的无形资产(如专利权、租赁权、土地使用权等),可采用现行市价法进行估值。

(3)对于无法确定研制成本或购买成本,又不能在市场上找到交易参照物,但能为企业持续带来收益的无形资产(如商标权等),可采用收益现值法估值。

课堂思考

什么是现行市价、重置成本、收益现值?

四、投入资本筹资的程序

(一)确定筹资数量

企业新建或扩大经营而进行投入资本筹资时,应根据企业的生产经营规模和供销条件等,合理确定所需投入资本筹资的数量,确保筹资数量与资金需求量相适应,以避免因投入资本筹资规模过大而造成资产闲置,或因规模不足影响资产间的合理配置。

(二)寻找投资单位

企业既要广泛了解有关投资者的资信、财力和投资意向,又要通过信息交流和宣传,使出资方了解企业的经营能力、财务状况以及未来预期,以便于企业从中寻找最合适的合作伙伴。

(三)协商和签署投资协议

找到合适的投资伙伴后,双方进行具体协商,确定出资数额、出资方式和出资时间。企业应尽可能筹集货币投资,如果投资方确有先进且适合需要的固定资产和无形资产,亦可采取非货币投资方式。对实物资产投资和无形资产投资等非货币资产,双方应按公平合理的原则协商定价,必要时可聘请专业资产评估机构来评定。当出资数额、资产作价确定后,双方须签署投资协议或合同,以明确双方的权利和责任。

(四)取得资本来源

签署投资协议后,企业应按规定或计划取得资本来源。筹集出资各方以现金投资的,通常还要编制拨款计划,确定拨款期限、每期数额及划拨方式,有时投资者还要规定拨款的用途,如把拨款区分为固定资产投资拨款、流动资金拨款、专项拨款等。筹集出资各方以实物资产和无形资产投资的，需办理产权的转移手续，取得资产。

五、投入资本筹资的优点和缺点

(一)投入资本筹资的优点

1. 财务风险较低

投入资本筹资所筹集的资本属于权益资本，无须还本付息，可以根据企业的经营状况向投资者支付报酬——企业经营状况好，就向投资者多支付一些报酬；企业经营状况不好，就可以向投资者少支付或不支付报酬，比较灵活，因此财务风险比较小。

2. 能够尽快形成生产能力

投入资本筹资不仅可以筹集部分货币资金，而且能够直接获得所需的先进设备和技术，与仅筹集货币资金和发行有价证券相比，程序简便，筹资速度快捷，能够尽快地形成生产经营能力，尽快开拓市场。

3. 提高资信和借款能力

投入资本筹资所筹集的资金属于企业的自有资金，与借入资金相比较，能提高企业的资信和借款能力，对扩大企业经营规模、壮大企业实力具有重要作用。

(二)投入资本筹资的缺点

1. 资本成本高

相对于股票筹资来说，投入资本筹资的资本成本较高。当企业经营较好、盈利较多时，投资者往往要求将大部分盈余作为红利分配，因为企业向投资者支付的报酬是按其出资数额和企业实现利润的比率来计算的。

2. 不利于产权交易

由于投入资本筹资没有证券为媒介，产权关系有时不够明晰，不利于产权交易，难以进行产权转让；同时，难以吸收大量的社会资本参与，筹资规模受到限制。

3. 容易分散企业控制权

采用投入资本筹资方式筹集资金，投资者一般都要求获得与投资数量相适应的经营管理权，这是接受外来投资的代价之一。这必然会削弱原有投资者的控制权，同时增加企业管理决策的协调成本。

第三节　发行股票筹资

股票(Stock)是一种有价证券，是股份有限公司为筹措权益资本，向出资人发行的、用于证明出资人的股东身份和权利，并据以享有权益和承担义务的一种书面凭证。一般来说，股票可分为普通股和优先股，发行普通股股票是股份有限公司筹集权益资本最常见的方式。

一、股票的种类

股份有限公司根据筹资者和投资者的需要，发行各种不同的股票。股票的种类很多，可按不同的标准进行分类。

(一)普通股和优先股

股票按股东的权利和义务，可分为普通股股票和优先股股票。

普通股股票简称普通股(Common Stock)，为了与优先股相区别，称之为普通股，是指股份公司依法发行的具有表决权、股利不固定的一类股票。它构成公司资本的基础，是股票的一种基本形式,也是发行量最大、最重要的股份。

优先股股票,简称优先股(Preferred Stock),是股份公司依法发行的具有一定优先权的股票,这种优先权主要体现在,优先于普通股股东分取股利和公司剩余财产,是一种特殊的权益形式。从法律上讲,企业对优先股不承担法定的还本义务,是企业自有资金的一部分。

(二)记名股票和无记名股票

股票按票面有无记名,可分为记名股票和无记名股票。

记名股票是在股票票面上记载股东的姓名或者名称,并将其记入公司股东名册的一种股票。记名股票要同时附有股权手册,只有同时具备股票和股权手册,才能领取股息和红利。记名股票可以通过背书方式或法律、法规规定的其他方式转让,转让后由公司将受让人的姓名或名称及住所记载于股东名册。

无记名股票是在股票票面上不记载股东的姓名或者名称的股票,公司只记载股票数量、编号及发行日期。无记名股票的转让无须办理过户手续,原持有股票股东将股票交付给受让人后即发生转让效力。

我国《公司法》规定,公司向发起人、国家授权投资机构、法人发行的股票,应当为记名股票;向社会公众发行的股票,可以为记名股票,也可以为无记名股票。

(三)有面额股票和无面额股票

股票按是否在股票票面上记载金额,可分为有面额股票和无面额股票。

有面额股票,是指在股票票面上记载一定金额的股票。这一记载的金额也称为股票的"票面金额""票面价值"或"股票面值"。持有这种股票的股东,对公司享有的权利和承担义务的大小,依其所持有的股票票面金额占公司发行在外股票总面值的比例而定。

无面额股票也称为"比例股"或"份额股",是不在票面上标明金额,只载明所占公司股本总额的比例或股份数的股票。无面额股票淡化了票面价值的概念,但仍然有内在价值,它与有面额股票的差别仅在表现形式上,之所以采用无面额股票,是因为股票价值随股份公司净资产和预期未来收益的增减变动而变动,而股东对公司享有的权利和承担义务的大小,直接依股票标明的比例而定。有利于促进投资者在购买股票时,注意计算股票的实际价值。

目前,我国《公司法》不承认无面额股票,规定股票应记载股票的面额。

(四)国家股、法人股、个人股和外资股

股票按投资主体的不同,可分为国家股、法人股、个人股和外资股。

国家股,是指有权代表国家投资的部门或机构,以国有资产向公司投资形成的股份。

法人股,是指企业法人或具有法人资格的事业单位和社会团体以其依法可经营的资产向股份有限公司非上市流通股权部分投资所形成的股份。

个人股,是指社会个人或内部职工以个人合法财产投入公司而形成的股份。

外资股,是指国外和我国港、澳、台地区投资者,以购买人民币特种股形式向股份有限公司投资形成的股份。

(五) A股、B股、H股、N股和S股等

股票按发行对象和上市地区的不同,可分为A股、B股、H股、N股和S股等。

A股即人民币普通股,是指供我国大陆地区个人或法人,以及合格的境外机构投资者(2003年7月起开放)买卖的,以人民币标明票面金额并以人民币认购和交易的股票。

B股即人民币特种股,是指供国外和我国港、澳、台地区的投资者,以及我国境内个人投资者(2001年2月起开放)买卖的,以人民币标明面值但以外币认购和交易的股票。A股、B股在上海证券交易所和深圳证券交易所上市。

H股、N股和S股,是指公司注册地在中国大陆,但上市地分别是我国香港联合交易所、美国纽约证券交易所和新加坡交易所的股票。

知识链接

股票按发行时间的不同，还可分为始发股和增发股。所谓始发股，是公司设立时发行的股票。所谓增发股，是公司增资时发行的股票。始发股和增发股的发行条件、发行目的、发行价格不尽相同，但是股东的权利和义务却是一样的。

二、股票的发行

(一)股票发行的要求

根据《公司法》《中华人民共和国证券法》等法律法规的规定，股份有限公司发行股票，必须遵循下列基本要求：

(1)股份有限公司的资本划分为股份，每一股的金额相等。

(2)公司的股份采取股票的形式，股票是公司签发的证明股东所持股份的凭证。

(3)股票的发行，实行公平、公正的原则，同种类的每一股份应当具有同等权利。

(4)同次发行的同种类股票，每股的发行条件和价格应当相同；任何单位或个人所认购的股份，每股应当支付相同金额。

(5)股票发行价格可以按票面金额(即平价)确定，也可以按超过票面金额(即溢价)的价格确定，但不得按低于票面金额(即折价)的价格确定。

知识链接

《中华人民共和国证券法》12 月 29 日正式公布，并将于 2020 年 3 月 1 日起施行，其中第二章"证券发行"原规定为"公开发行证券，必须符合法律、行政法规规定的条件，并依法报经国务院证券监督管理机构或者国务院授权的部门核准"。修订为"公开发行证券，必须符合法律、行政法规规定的条件，并依法报经国务院证券监督管理机构或者国务院授权的部门注册"。明确了我国资本市场将全面推行注册制，并围绕注册制做出了一系列完备的规定，同时取消发行审核委员会制度。

(二)股票发行的条件

股份有限公司发行股票，按照发行对象的不同，可以将股票发行方式分为公开发行(Public Offering)和非公开发行(Private Placement)。公开发行，是指没有特定的发行对象，面向广大投资者分开推销的发行方式，主要包括首次上市公开发行和上市公开发行两种；非公开发行即向特定投资者发行，也叫定向发行。

1. 首次上市公开发行股票的条件

我国《证券法》《公司法》和证监会于 2006 年 5 月 17 日公布的《首次公开发行股票并上市管理办法》(以下简称《首发管理办法》)就公司首次公开发行股票规定了相应的条件。这些条件适用于在上海证券交易所主板市场上市的公司和在深圳证券交易所中小板市场上市的公司。2018 年 6 月 6 日，证监会公布修改决定，对《首发管理办法》进行了少量修改。2014 年 5 月 14 日，中国证监会公布了《首次公开发行股票并在创业板上市管理办法》(以下简称《创业板首发管理办法》)。该办法就首次公开发行股票并在创业板上市公司的股票发行条件做了相应规定。上述两类公司首次公开发行股票的条件不尽相同。下面仅介绍《首发管理办法》部分条款。

(1)根据《首次公开发行股票并上市管理办法》的规定，对首次公开发行股票的主体资格要求如下：

①发行人应当是依法设立且合法存续的股份有限公司。经国务院批准，有限责任公司在依法变更为股份有限公司时，可以采取募集设立方式公开发行股票。

②发行人自股份有限公司成立后，持续经营时间应当在3年以上，但经国务院批准的除外。有限责任公司按原账面净资产值折股整体变更为股份有限公司的，持续经营时间可以从有限责任公司成立之日起计算。

③发行人的注册资本已足额缴纳，发起人或者股东用作出资的资产的财产权转移手续已办理完毕，发行人的主要资产不存在重大权属纠纷。

④发行人的生产经营符合法律、行政法规和公司章程的规定，符合国家产业政策。

⑤发行人最近3年内主营业务和董事、高级管理人员没有发生重大变化，实际控制人没有发生变更。

⑥发行人的股权清晰，控股股东和受控股股东、实际控制人支配的股东持有的发行人股份不存在重大权属纠纷。

(2)在财务与会计方面的要求如下：

①发行人资产质量良好，资产负债结构合理，盈利能力较强，现金流量正常。

②发行人的内部控制在所有重大方面是有效的，并由注册会计师出具了无保留结论的内部控制鉴证报告。

③发行人会计基础工作规范，财务报表的编制符合企业会计准则和相关会计制度的规定，在所有重大方面公允地反映了发行人的财务状况、经营成果和现金流量，并由注册会计师出具了无保留意见的审计报告。

④发行人编制财务报表应以实际发生的交易或者事项为依据；在进行会计确认、计量和报告时应当保持应有的谨慎；对相同或者相似的经济业务，应选用一致的会计政策，不得随意变更。

⑤发行人应完整披露关联方关系并按重要性原则恰当披露关联交易。关联交易价格公允，不存在通过关联交易操纵利润的情形。

⑥发行人应当符合下列条件：a. 最近3个会计年度净利润均为正数且累计超过人民币3 000万元，净利润以扣除非经常性损益前后较低者为计算依据；b. 最近3个会计年度经营活动产生的现金流量净额累计超过人民币5 000万元，或者最近3个会计年度营业收入累计超过人民币3亿元；c. 发行前股本总额不少于人民币3 000万元；d. 最近一期末无形资产（扣除土地使用权、水面养殖权和采矿权等后）占净资产的比例不高于20%；e. 最近一期末不存在未弥补亏损。

⑦发行人依法纳税，各项税收优惠符合相关法律法规的规定。发行人的经营成果对税收优惠不存在严重依赖。

⑧发行人不存在重大偿债风险，不存在影响持续经营的担保、诉讼以及仲裁等重大或有事项。

⑨发行人申报文件中不得有下列情形：a. 故意遗漏或虚构交易、事项或者其他重要信息；b. 滥用会计政策或者会计估计；c. 操纵、伪造或篡改编制财务报表所依据的会计记录或者相关凭证。

⑩发行人不得有下列影响持续盈利能力的情形：a. 发行人的经营模式、产品或服务的品种结构已经或者将发生重大变化，并对发行人的持续盈利能力构成重大不利影响；b. 发行人的行业地位或发行人所处行业的经营环境已经或者将发生重大变化，并对发行人的持续盈利能力构成重大不利影响；c. 发行人最近1个会计年度的营业收入或净利润对关联方或者存在重大不确定性的客户存在重大依赖；d. 发行人最近1个会计年度的净利润主要来自合并财务报表范围以外的投资收益；e. 发行人在用的商标、专利、专有技术以及特许经营权等重要资产或技术的取得或者使用存在重大不利变化的风险；f. 其他可能对发行人持续盈利能力构成重大不利影响的情形。

知识链接

首次上市公开发行股票的公司除了满足上述“主体资格”及“财务与会计”方面的要求外，还应满足《首次公开发行股票并上市管理办法》规定的独立性、规范运行、募集资金运用、信息披露、监管和处罚等方面的要求。

另外，与主板市场相比较，在创业板上市公司首次公开发行股票的条件相对简单。

2. 上市公司公开发行新股的条件

上市公司公开发行新股，是指上市公司向不特定对象发行新股，包括向原股东配售股份（简称“配股”）和向不特定对象公开募集股份（简称“增发”）。

(1)一般规定

根据《上市公司证券发行管理办法》相关规定，股份有限公司公开发行股票以及可转换公司债券，必须具备以下一般规定：

①上市公司的组织机构健全、运行良好。符合下列规定：a. 公司章程合法有效，股东大会、董事会、监事会和独立董事制度健全，能够依法有效履行职责；b. 公司内部控制制度健全，能够有效保证公司运行的效率、合法合规性和财务报告的可靠性；c. 内部控制制度的完整性、合理性、有效性不存在重大缺陷；d. 现任董事、监事和高级管理人员具备任职资格，能够忠实和勤勉地履行职务，且最近 36 个月内未受到过中国证监会的行政处罚、最近 12 个月内未受到过证券交易所的公开谴责；e. 上市公司与控股股东或实际控制人的人员、资产、财务分开，机构、业务独立，能够自主经营管理；f. 最近 12 个月内不存在违规对外提供担保的行为。

②上市公司的盈利能力具有可持续性。符合下列规定：a. 最近 3 个会计年度连续盈利，扣除非经常性损益后的净利润与扣除前的净利润相比，以低者作为计算依据；b. 业务和盈利来源相对稳定，不存在严重依赖于控股股东、实际控制人的情形；c. 现有主营业务或投资方向能够可持续发展，经营模式和投资计划稳健，主要产品或服务的市场前景良好，行业经营环境和市场需求不存在现实或可预见的重大不利变化；d. 高级管理人员和核心技术人员稳定，最近 12 个月内未发生重大不利变化；e. 公司重要资产、核心技术或其他重大权益的取得合法，能够持续使用，不存在现实或可预见的重大不利变化；f. 不存在可能严重影响公司持续经营的担保、诉讼、仲裁或其他重大事项；g. 最近 24 个月内曾公开发行证券的，不存在发行当年营业利润比上年下降 50%以上的情形。

③公司的财务状况良好。符合下列规定：a. 会计基础工作规范，严格遵循国家统一会计制度的规定；b. 最近 3 年及一期财务报表未被注册会计师出具保留意见、否定意见或无法表示意见的审计报告；c. 被注册会计师出具带强调事项段的无保留意见审计报告的，所涉及的事项对发行人无重大不利影响或者在发行前重大不利影响已经消除；d. 资产质量良好，不良资产不足以对公司财务状况造成重大不利影响；e. 经营成果真实，现金流量正常，营业收入和成本费用的确认严格遵循国家有关企业会计准则的规定，最近 3 年资产减值准备计提充分合理，不存在操纵经营业绩的情形；f. 最近 3 年以现金或股票方式累计分配的利润不少于最近 3 年实现的年均可分配利润的 20%。

④上市公司最近 36 个月内财务会计文件无虚假记载，且不存在下列重大违法行为：a. 违反证券法律、行政法规或规章，受到中国证监会的行政处罚，或者受到刑事处罚；b. 违反工商、税收、土地、环保、海关法律、行政法规或规章，受到行政处罚且情节严重，或者受到刑事处罚；c. 违反国家其他法律、行政法规且情节严重的行为。

⑤上市公司募集资金的数额和使用应当符合下列规定：a. 募集资金数额不超过项目需要量；b. 募集资金用途符合国家产业政策和有关环境保护、土地管理等法律和行政法规的规定；c. 除金融类企业外，本次募集资金使用项目不得为持有交易性金融资产和可供出售的金融资产、借予他人、委托理财等财务性投资，不得直接或间接投资于以买卖有价证券为主要业务的公司；d. 投资项目实施后，不会与控股股东或实际控制人产生同业竞争或影响公司生产经营的独立性；e. 建立募集资金专项存储制度，募集资金必须存放于公司董事会决定的专项账户。

(2)配股的特别规定

向原股东配售股份(简称“配股”),除符合一般规定外,还应当符合下列规定:

①拟配售股份数量不超过本次配售股份前股本总额的30%;

②控股股东应当在股东大会召开前公开承诺认配股份的数量;

③采用《证券法》规定的代销方式发行。

控股股东不履行认配股份的承诺,或者代销期限届满,原股东认购股票的数量未达到拟配售数量70%的,发行人应当按照发行价并加算银行同期存款利息返还已经认购的股东。

(3)公开增发的特别规定

向不特定对象公开募集股份(简称“增发”),除符合一般规定外,还应当符合下列规定:

①最近3个会计年度加权平均净资产收益率平均不低于6%,扣除非经常性损益后的净利润与扣除前的净利润相比,以低者作为加权平均净资产收益率的计算依据;

②除金融类企业外,最近一期末不存在持有金额较大的交易性金融资产和可供出售的金融资产、借予他人款项、委托理财等财务性投资的情形;

③发行价格应不低于公告招股意向书前20个交易日公司股票均价或前一个交易日的均价。

3. 非公开发行股票的条件

非公开发行股票,是指上市公司采用非公开方式,向特定对象发行股票的行为。上市公司非公开发行股票,应当符合下列规定:

(1)发行价格不低于定价基准日前20个交易日公司股票均价的90%。

(2)本次发行的股份自发行结束之日起,12个月内不得转让;控股股东、实际控制人及其控制的企业认购的股份,36个月内不得转让。

(3)本次发行将导致上市公司控制权发生变化的,还应当符合中国证监会的其他规定。

知识链接

《上市公司证券发行管理办法》所称“定价基准日”,是指计算发行底价的基准日。定价基准日可以为关于本次非公开发行股票的董事会决议公告日、股东大会决议公告日,也可以为发行期的首日。

《上市公司证券发行管理办法》所称“定价基准日前20个交易日股票交易均价”的计算公式为:

$$\text{定价基准日前20个交易日股票交易均价}=\frac{\text{定价基准日前20个交易日股票交易总额定价基准日}}{\text{前20个交易日股票交易总量}}$$

(三)股票发行的程序

根据我国《上市公司证券发行管理办法》的规定,上市公司申请发行股票或可转换公司债券,应当遵照以下程序:

(1)董事会应当依法就下列事项做出决议,并提请股东大会批准:①本次证券发行的方案;②本次募集资金使用的可行性报告;③前次募集资金使用的报告;④其他必须明确的事项。

(2)股东大会就发行股票做出的决定,至少应当包括下列事项:①本次发行证券的种类和数量;②发行方式、发行对象及向原股东配售的安排;③定价方式或价格区间;④募集资金用途;⑤决议的有效期;⑥对董事会办理本次发行具体事宜的授权;⑦其他必须明确的事项。

(3)上市公司申请公开发行证券或者非公开发行新股,应当由保荐人保荐,并向中国证监会申报。保荐人应当按照中国证监会的有关规定编制和报送发行申请文件。

(4)中国证监会依照下列程序审核发行证券的申请:①收到申请文件后,5个工作日内决定是否受理;②中国证监会受理后,对申请文件进行初审;③发行审核委员会审核申请文件;④中国证监会做出核准或者不予核准的决定。

(5)自中国证监会核准发行之日起,上市公司应在6个月内发行证券;超过6个月未发行的,核准文件失效，须重新经中国证监会核准后方可发行。上市公司发行证券前发生重大事项的，应暂缓发行，并及时报告中国证监会。该事项对本次发行条件构成重大影响的，发行证券的申请应重新经过中国证监会核准。

(6)证券发行申请未获核准的上市公司，自中国证监会做出不予核准的决定之日起 6 个月后，可再次提出证券发行申请。

(四)股票的发行定价

1. 股票发行定价的意义

股票发行价格，是指股份有限公司发行股票时所确定的股票发售价格。股票本身并无价值，它仅仅是用来证明股东具有公司财产所有权的法律凭证。但是持有股票的人，有获取公司收益的权利，即股票能给持有人带来股息和红利，因此，股票就有了价格。

股票发行价格是股票发行计划中最基本和最重要的内容，它关系到发行人与投资者的根本利益及股票上市后的表现。若发行价过低，将难以满足发行人的筹资需求，甚至会损害原有股东的利益；而发行价太高，又将增大投资者的风险，增大承销机构的发行风险和发行难度，抑制投资者的认购热情，并影响股票上市后的表现。因此，发行公司及承销商必须对公司的利润及其行业因素、二级市场的股价水平等因素进行综合考虑，然后确定合理的发行价格。

知识链接

一级市场(Primary Market)又称初级市场，是有价证券的发行场所。在一级市场上，需求者可以通过发行股票、债券取得资金。在发行过程中，发行者一般不直接同持币购买者进行交易，需要中间机构办理，即证券经纪人。

二级市场(Secondary Market)是有价证券的交易场所，是发行的有价证券进行买卖交易的场所。

2. 股票发行定价的方法

根据我国《证券法》的规定，股票发行采取溢价发行的，其发行价格由发行人与承销的证券公司协商确定。发行人通常会参考公司的经营业绩、净资产、发展潜力、发行数量、行业特点、股市状态等，确定发行价格。在实际工作中，股票发行价格的确定方法主要有市盈率法、现金流量折现法和净资产倍率法。

(1)市盈率法

市盈率(P/E)，是指公司普通股市价与每股收益的比率。计算公式为：

$$\text{市盈率}=\frac{\text{每股市价}}{\text{每股收益}}$$

市盈率法是以公司股票的市盈率为依据确定发行价格的一种方法。采用市盈率法确定股票发行价格的步骤如下：

首先，根据注册会计师审核后的盈利，预测计算出发行公司的每股收益。

$$\text{每股收益}=\frac{\text{属于普通股的净利润}}{\text{发行在外的普通股股数}}$$

确定每股收益的方法有两种：一是完全摊薄法。用发行当年预测属于普通股的净利润除以发行在外的普通股总股数，直接得出每股收益。二是加权平均法。采用加权平均法确定每股收益较为合理。因股票发行的时间不同，资金实际到位的先后对企业效益影响较大，同时投资者在购买股票后才应享受应有的权益。加权平均法的每股收益计算公式为：

$$\text{每股收益}=\frac{\text{属于普通股的净利润}}{\text{发行前普通股总股数}+\text{本次公开发行普通股股数}\times\frac{12-\text{发行月数}}{12}}$$

其次，根据二级市场的平均市盈率、发行公司所处行业的情况(同类行业公司股票的市盈率)、发行公司的经营状况及其成长性等拟定发行市盈率。

最后，依发行市盈率与每股收益之乘积决定发行价。

发行价格＝每股收益×发行市盈率

知识链接

证监会《关于进一步深化新股发行体制改革的指导意见》指出，为加强对发行定价的监管，促使发行人及参与各方充分尽责，规定发行价格高于同行业上市公司平均市盈率25%的发行人，除因不可抗力外，上市后实际盈利低于盈利预测的，将采取相关处罚。该条款对新股高市盈率发行有明显抑制效果。

(2)现金流量折现法

现金流量折现法是通过预测公司未来的盈利能力，并按一定的折现率折算，据此计算出公司净现值，从而确定股票发行价格的方法。其基本要点是：首先是用市场接受的会计手段预测公司每个项目若干年内每年的净现金流量，再按市场公允的折现率，分别计算出每个项目未来的净现金流量的净现值。公司的净现值除以公司股份数，即为每股净现值。采用这种方法进行定价时，由于未来收益存在不确定性，发行价格通常要对上述每股净现值折让20%～30%。

这一方法在国际主要股票市场上主要用于对新上市公路、港口、桥梁、电厂等基建公司的估值发行的定价。

(3)净资产倍率法

净资产倍率法(又称资产净值法)，是指通过资产评估和相关会计手段确定发行公司拟募股资产的每股净资产值，然后根据证券市场的状况将每股净资产值乘以一定的倍率，以此确定股票发行价格的方法。其计算公式为：

发行价格＝每股净资产值×溢价倍率

净资产倍率法在国外常用于房地产公司或资产现值要重于商业利益的公司的股票发行，但在国内一直未采用。

(五)股票的销售方式

公司发行股票筹资，应当选择适宜的股票销售方式。股票的销售方式，是指股份有限公司向社会公开发行股票时所采用的股票销售方法。股票销售方式有两类：自行销售和委托中介机构销售。

1. 自行销售方式

股票发行的自行销售方式，是指发行公司自己直接将股票销售给认购者。根据我国《上市公司证券发行管理办法》的规定，非公开发行股票，发行对象均属于前十名股东的，公司可以采用自行销售方式。这种销售方式可由发行公司直接控制发行过程，实现发行意图，节约发行成本；缺点是筹资时间长，发行公司要承担全部发行风险，并且需要发行公司有较高的知名度、信誉和实力。

2. 委托销售方式

股票发行的委托销售方式，是指发行公司将股票销售业务委托给证券承销机构代理。这种方式是发行股票所普遍采用的方式。根据我国《上市公司证券发行管理办法》的规定，公司向社会公开发行股票，必须与依法设立的证券经营机构签订承销协议，由证券经营机构承销。根据证券经营机构在承销过程中承担的责任和风险的不同，承销方式包括包销和代销两种具体办法。

(1)包销。股票发行的包销，是由发行公司与证券经营机构签订承销协议，全权委托证券承销机构代理股票的发售业务。采用这种办法，一般由证券承销机构买进股份公司公开发行的全部股票，然后将所购股票转销给社会投资者。在规定的募股期限内，若实际招募的股份数达不到预定发行的股份数，剩余部分由证券承销机构全部承购下来。发行公司选择包销的办法，可促进股票顺利出售,及时筹足资本,还可以免于承担发行风险;不利之处在于要将股票以略低的价格出售给承销商,且实际支付的发行费用较高。

(2)代销。股票发行的代销,是由证券经营机构代理股票发售业务,若实际募股份数达不到预定发行的股份数,承销机构对剩余股份没有承购责任,而是将未出售的股份归还给发行公司,发行风险由发行公司自己承担。

三、股票的上市

股票上市,是指已经发行的股票经证券交易所批准后,在交易所公开挂牌交易的法律行为。股票上市,是连接股票发行和股票交易的“桥梁”。经批准在证券交易所上市交易的股票,称为上市股票,股票上市的股份有限公司则称为上市公司。

(一)股票上市的目的

股票上市的目的是多方面的,主要包括:

(1)便于筹措资金。证券市场是资本商品的买卖市场,证券市场上有众多的资金供应者。同时,股票上市必须经有关机构审查标准并接受相应的管理,执行各种信息披露和股票上市的规定,这就大大增强了社会公众对公司的信赖,容易吸引社会资本投资者。公司上市后还可以通过增发、配股、发行可转换债券等方式进行再融资。

(2)促进股权流通和转让。股票上市后便于投资者购买,提高了股权的流动性和股票的变现力,便于投资者认购和交易。

(3)促进股权分散化。上市公司拥有众多的股东,加之上市股票的流通性强,能够避免公司的股权集中,分散公司的控制权,有利于公司治理结构的完善。

(4)便于确定公司价值。股票上市后,公司股价有市价可循,便于确定公司的价值,有利于促进公司财富最大化。对于上市公司来说,及时的股票交易行情,就是对公司价值的市场评价。同时,市场行情也能够为公司收购、兼并等资本运作提供询价基础。

上市带来的优势是巨大而深远的,但也必须考虑上市的重大不利因素。这些缺点主要体现在:公司将负担较高的信息披露成本,各种信息公开的要求可能会泄露公司的商业秘密;股价的波动可能歪曲公司的实际情况,损害公司的声誉;可能分散公司的控制权,造成管理上的困难。

(二)股票上市的决策

股份公司为实现其上市目标,须在申请上市前对公司状况进行分析,对上市股票的股利决策、股票上市方式和上市时机做出决策。

1. 公司状况分析

申请股票上市的公司,必须分析公司及其股东的状况,全面分析权衡股票上市的各种利弊及其影响,确定关键因素。例如,如果公司面临的主要问题是资本不足、现有股东筹资风险过大,则可能通过股票上市予以解决;倘若公司目前存在的关键问题是,一旦控制权外流,就会导致公司的经营不稳定,从而影响公司长期稳定的发展,则可放弃上市计划。

2. 上市股票的股利决策

股利决策包括股利政策和股利分派方式的选择。股利决策既影响上市股票的吸引力,又影响公司的支付能力,因此,必须做出合理的选择。

股利政策通常有剩余股利政策、固定股利政策、固定股利支付率政策、稳定增长股利政策以及低正常股利加额外股利政策。股利分派方式主要有现金股利、股票股利、财产股利和负债股利等。现金股利适合公司在具有充足的现金时采用,股票股利可在公司现金短缺时选用。财产股利和负债股利在实务中应用较少。股利决策的内容将在第十二章进行详细介绍。

3. 股票上市方式的选择

股票上市的方式一般有公开发售、反向收购等。申请上市的公司需要根据股市行情、投资者和本公司的具体情况进行选择。

公开发售是股票上市的最基本方式，申请上市的公司通常采用这种上市方式，该方式有利于满足公司增加现金资本的需要，有利于原股东转让其所持有的部分股份。

反向收购，是指申请上市的公司收购已上市公司的股票，然后向被收购的公司股东配售新股，以达到上市筹资的目的。

4. 股票上市时机的选择

股票上市的最佳时机，是在公司预计来年会取得良好业绩之时。当然，还需要考虑当时的股市行情如何。

(三)股票上市的暂停、终止与特别处理

当上市公司出现经营情况恶化、存在重大违法违规行为或其他原因导致不符合上市条件时，就可能被暂停或终止上市。

1. ST 股票

上市公司出现财务状况或其他状况异常的，其股票交易将被交易所“特别处理(Special Treatment，ST)”。

财务状况异常是指以下几种情况：(1)最近 2 个会计年度的审计结果显示的净利润为负值；(2)最近一个会计年度的审计结果显示其股东权益低于注册资本；(3)注册会计师对最近一个会计年度的财产报告出具无法表示意见或否定意见的审计报告；(4)最近一个会计年度经审计的股东权益扣除注册会计师、有关部门不予确认的部分，低于注册资本；(5)最近一份经审计的财务报告对上年度利润进行调整，导致连续 2 个会计年度亏损；(6)经交易所或中国证监会认定为财务状况异常的。

另一种“其他状况异常”是指自然灾害、重大事故等导致生产经营活动基本中止，公司涉及可能赔偿金额超过公司净资产的诉讼等情况。

在上市公司的股票交易被实行特别处理期间，其股票交易遵循下列规则：(1)股票报价日涨跌幅限制为 5%；(2)股票名称改为原股票名前加“ST”，俗称“带帽”；(3)上市公司的中期报告必须经过审计。

2. 暂停上市

股票上市公司若有以下情形的，由证券交易所决定暂停其股票上市交易：(1)公司股本总额、股权分布等发生变化，不再具备上市条件；(2)公司不按规定公开其财务状况，或者对财务会计报告做虚假记载；(3)公司有重大违法行为；(4)公司最近 3 年连续亏损；(5)证券交易所上市规则规定的其他情形。

3. 终止上市

终止上市也称“退市”或“摘牌”。上市公司有下列情形的，由证券交易所决定终止其股票上市交易：(1)公司股本总额、股权分布等发生变化不再具备上市条件，在证券交易所规定的期限内仍不能达到上市条件；(2)公司不按照规定公开其财务状况，或者对财务会计报告做虚假记载，并拒绝纠正；(3)公司最近 3 年连续亏损，在其后一个会计年度内未能恢复盈利；(4)公司解散或者被宣告破产；(5)证券交易所上市规则规定的其他情形。

知识链接

“＊ST 股票”，是指对存在股票终止上市风险的公司，对其股票交易实行“警示存在终止上市风险的特别处理”(简称“退市风险警示”)，以充分揭示其股票可能被终止上市的风险。

“N 股票”，是指当日新上市的股票，字母“N”是英语“New”的简写。除了表示是新股，还应该认识到，该股票的股价当日在市场上是不受涨跌幅限制的，涨幅可以高于 10%，跌幅也可高于

10%。

“XD股票”,表示当日是这只股票的除息日,字母“XD”是英语“Exclude Dividend”的简写。在除息日的当天,股价的基准价比前一个交易日的收盘价要低,因为从中扣除了利息这一部分的差价。

“XR股票”,表示当日是这只股票的除权日,字母“XR”是英语“Exclude Right”的简写。在除权日当天,股价也比前一交易日的收盘价要低,原因是股数的扩大,股价被摊薄。

四、引入战略投资者

(一)战略投资者的概念

战略投资者(Strategic Investor),是指符合国家法律、法规和规定要求,与发行人具有合作关系或合作意向和潜力,与发行公司业务联系紧密且欲长期持有发行公司股票的法人。我国在新股发行中引入战略投资者,允许战略投资者在发行人发行新股中参与申购。

(二)引入战略投资者的作用

具有资金、技术、管理、市场、人才优势的战略投资者对公司产生重要影响,主要表现如下:

(1)提升公司形象,提高资本市场认同度。战略投资者往往都是实力雄厚的境内外大公司、大集团,甚至是国际、国内500强,他们对公司股票的认购,是对公司潜在未来价值的认可和期望。

(2)优化股权结构,健全公司法人治理。战略投资者在公司占有一定股权份额并长期持有,能够分散公司控制权;战略投资者参与公司管理,能够改善公司治理结构。战略投资者带来的不仅是技术和资金,更重要的是能带来先进的管理水平和优秀的管理团队。

(3)提高公司资源整合能力,增强公司的核心竞争力。战略投资者往往都有较好的实业基础,能够带来先进的工艺技术和广阔的产品营销市场,并致力于长期投资合作,能够促进公司产品结构和产业结构的调整升级,有助于形成产业集群,整合公司的经营资源。

(4)达到阶段性的融资目标,加快实现公司上市融资的进程。战略投资者具有较强的资金实力,并与发行人签订有关配售协议,长期持有发行人股票,能够给新上市的公司提供长期稳定的资本,帮助上市公司用较低的成本融得较多的资金,提高了公司的融资效率。

当然,对战略投资者的基本资质条件也有较高的要求:需要拥有比较雄厚的资金、核心的技术、先进的管理,以及较好的实业基础和较强的投融资能力。从现有情况来看,目前我国上市公司确定战略投资者还处于募集资金最大化的实用原则阶段,谁的申购价格高,谁就能够成为战略投资者,管理型、技术型的战略投资者还很少见。资本市场中的战略投资者,目前多是追逐持股价差、有较大承受能力的股票持有者,一般都是大型证券投资机构。

五、普通股与优先股

(一)普通股

1. 普通股股东的权利

普通股股票的持有者按其所持有股份比例享有以下基本权利:

(1)参与公司经营的表决权。普通股股东一般有出席股东大会的权利,有表决权、选举权和被选举权,可以间接地参与公司的经营。

(2)参与股息红利的分配权。普通股的股利收益没有上下限,视公司经营状况好坏、利润大小而定,公司税后利润在按一定的比例提取了公积金并支付优先股股息后,再按股份比例分配给普通股股东。但如果公司亏损,则得不到股息。

(3)优先认购新股的权利。当公司增发新股时,普通股股东有按其原有持股比例认购新股的优先权。

(4)请求召开临时股东大会的权利。根据我国《公司法》的规定,股东大会应当每年召开一次年会，当单独或合计持有公司10%以上股份的股东请求时，应当在2个月内召开临时股东大会。

(5)公司破产后依法分配剩余财产的权利。不过这种权利要在满足债权人和优先股股东权利之后。《公司法》规定，公司财产能够清偿公司债务的，分别支付清算费用、职工工资和劳动保险费用，缴纳所欠税款，清偿公司债务。公司清偿了全部公司债务之后，如果公司财产还有剩余的，清算组才能够将公司剩余财产分配给股东。

2. 发行普通股筹资的优点和缺点

(1)普通股筹资的优点

①没有固定的到期日。普通股筹集的是永久性资本，没有固定的到期日，无须偿还，除非企业破产清算时才有可能予以偿还。这对于保证公司对资本的最低需要、促进公司长期持续稳定经营具有重要作用。

②没有固定的股利负担。股利的支付与否和支付多少，视公司有无盈利和经营需要而定。公司有盈利，并认为适合分配股利，可以分给股东；公司盈利较少，或虽有盈利但资本短缺或有更有利的投资机会，也可以少支付或不支付股利，相对于债券或借款利息，经营波动给公司带来的财务负担较小。

③筹资风险小。由于普通股筹资没有固定的到期还本付息的压力，一般也不用支付固定的股利，所以筹资风险较小。

④有助于提升公司信誉。普通股股本是公司最基本的资金来源，它反映了公司的实力，可作为其他方式筹资的基础，尤其可为债权人提供保障，提高公司的信用价值，增强公司的举债能力。

(2)普通股筹资的缺点

①资本成本较高。一般而言，普通股筹资的成本要高于债务资本。这主要是因为：一方面，从投资者的角度讲，投资于普通股风险较高，相应地要求有较高的投资报酬率。另一方面，对于筹资公司来讲，普通股股利从税后利润中支付，不像债券利息作为费用从税前支付，因而不具有抵税作用。此外，普通股的发行费用一般也高于其他证券。一般来说，发行证券费用最高的是普通股，其次是优先股，再次是公司债券，最后是长期借款。

②可能会分散公司原有股东的控制权。此外，新股东分享公司未发行新股前积累的盈余，会降低普通股的每股净收益，从而可能引发股价的下跌。

③信息沟通与披露成本较大。投资者或股东作为企业的所有者，有了解企业经营业务、财务状况、经营成果等的权利。企业需要通过各种渠道和方式加强与投资者的关系管理，保障投资者的权益。特别是上市公司，其股东众多而分散，只能通过公司的公开信息披露了解公司状况，这就需要公司花更多的精力，有些还需要设置专门的部门，用于公司的信息披露和投资者关系管理。

(二)优先股

1. 优先股的种类

(1)累积优先股和非累积优先股

优先股按股利是否可累积支付，可以分为累积优先股和非累积优先股。累积优先股(Cumulative Preferred Shares)，是指当公司在某个时期内的盈利不足以支付优先股股息时，则累积到次年或以后某一年盈利时，在普通股的红利发放之前，连同本年优先股的股息一并发放。非累积优先股票(Non-Cumulative Preferred Shares)，是指股息当年结清不能累积发放的优先股，股票持有者没有补付的权利。累积优先股比非累积优先股具有更大的吸引力，其发行也较为广泛。

(2)参与优先股和非参与优先股

优先股按能否参与剩余利润分配，可分为参与优先股和非参与优先股。当企业利润增大，除享受既定比率的利息外，还可以和普通股共同参与利润分配的优先股，称为“参与优先股”。除了既定股息外，不再参与利润分配的优先股，称为“非参与优先股”。一般来讲，参与优先股较非参与优先股对投资者更为有利。

(3)可赎回优先股和不可赎回优先股

优先股按是否可以赎回,可分为可赎回优先股和不可赎回优先股。所谓可赎回优先股,又称为可收回优先股,是指在发行后一定时期可按特定的赎买价格由发行公司收回的优先股票。而发行后根据规定不能赎回的优先股票,则称为不可赎回优先股。

一般的股票从某种意义上说是永久的,因为它的有效期限是与股份公司相联系的;而可赎回优先股却不具有这种性质,它可以依照该股票发行时所附的赎回条款,由公司出价赎回。股份公司一旦赎回自己的股票,必须在短期内予以注销。

2. 优先股股东的权利

优先股与普通股相比,两者有某些共性,比如,优先股也具有永久性,无到期日;公司运用优先股所筹集到的资本亦属于权益资本。但是,它又具有公司债券的某些特征,比如,股东分得固定的股利,可赎回等,是一种具有双重性质的证券。

与普通股相比较,优先股股东主要具有如下权利:

(1)优先分配固定股利。在公司分配盈利时,持有优先股票的股东比持有普通股票的股东分配在先,而且享受固定数额的股息,即优先股的股息率都是固定的。优先股股票又不同于公司债券和银行贷款,这是因为优先股股东分取收益和公司资产的权利只能在公司满足了债权人的要求之后才能行使。

(2)优先分配公司的剩余财产。当公司因解散、破产等进行清算时,优先股股东位于债权人的求偿之后,但先于普通股股东分配公司的剩余财产。

(3)优先股股东一般无表决权。优先股股东一般不享有公司经营参与权,即优先股股票一般不上市流通,不包含表决权,优先股股东无权过问公司的经营管理,但在涉及优先股股票所保障的股东权益时,优先股股东可发表意见并享有相应的表决权。

(4)优先股在一定条件下可由公司赎回。优先股股东不能要求退股,却可以依照优先股股票上所附的赎回条款,由股份有限公司予以赎回。大多数优先股股票都附有赎回条款。

课堂思考

为什么说优先股是一种具有双重性质的证券?与普通股相比较而言,优先股股东的权利有何不同?

3. 发行优先股筹资的优点和缺点

(1)优先股筹资的优点

①一般无固定到期日,无须偿还本金。发行优先股筹集资本,实际上相当于得到一笔无限期的长期贷款,公司不用承担还本义务。对可赎回优先股,公司可在需要时按一定价格购回,这就使得利用这部分资本更具有弹性。在财务状况较差时发行优先股,又在财务状况转好时购回,有利于结合资本需求,同时便于掌握公司的资本结构。

②优先股股利支付既固定,又有一定的弹性。一般而言,优先股都采用固定股利,但对于固定股利的支付并不构成公司的法定义务。如果公司财务状况不佳,可以暂时不支付优先股股利,即使如此,优先股持有者也不像公司债权人那样迫使公司破产。

③有利于保持原有普通股股东对公司的控制权。当公司既想向社会增加筹集权益资本,又想保持原有普通股股东的控制权时,利用优先股筹资尤为恰当。

(2)优先股筹资的缺点

①资本成本高。优先股的股息不能作为应税收益的抵减项目,而应该在税后利润中支付。因此,优先股的资本成本低于普通股,但是高于债券。

②对公司的限制较多。用优先股筹资后,根据国家的规定和招股说明书,对公司的制约因素较

多。例如,优先股股利支付的优先性和固定性,影响普通股股东收益的稳定性;公司不能连续3年拖欠股息。

③可能形成较重的财务负担。优先股要求支付固定股利,但不能在税前扣除,当盈利下降时,优先股的股利可能会成为公司一项较重的财务负担,有时不得不延期支付优先股股利,从而影响公司的财务形象。

第四节 发行认股权证筹资

认股权证(Warrant),是指由股份有限公司发行,能够按照特定的价格、在特定的时间内购买一定数量该公司普通股票的选择权凭证。广义的认股权证包括认购权证和认沽权证两种,本节所讨论的主要是狭义的认股权证,即认购权证。

一、认股权证的特点

认股权证是一种特殊的筹资手段,其主要功能是辅助公司的权益性筹资,并可直接筹措现金。它赋予持有者在一定期限内以事先约定的价格购买发行公司一定股份的权利,其实质是一种股票的看涨期权(Call Option)。持有者在认购股份之前,对发行公司既不拥有债权也不拥有股权,只拥有股票认购权。

二、认股权证的种类

(一)认购权证和认沽权证

权证按买卖方向不同,分为认购权证和认沽权证。如果在权证合同中规定持有人能以某一个价格买入标的资产,这种权证就叫认购权证;如果在权证合同中规定持有人能以某一个价格卖出标的资产,这种权证就叫认沽权证。

例如,宝钢股份(600019)在股权分置改革方案中,提出的给流通股每10股1份认股权证,规定在股权登记日获得认股权证的股东,在权证第378日到期日,可以4.50元的价格购买宝钢股份股票。这就是认购权证(也叫买权权证)。

在宝钢股份的前期方案中,曾提出给流通股东每10股5份认沽权证,规定在股权登记日获得认沽权证的股东,在权证第365日到期日,可以5.12元的价格卖出宝钢股份股票。这就是认沽权证(也叫卖权权证)。

(二)美式、欧式和百慕大式权证

权证按权利行使期限不同,分为美式权证、欧式权证和百慕大式权证。

美式权证,是指权证持有人在到期日前,可以随时提出履约要求以买进约定数量的标的资产。

欧式权证,是指持有人只可以在到期日当日行使其权利。欧式权证为我国香港最常见的股证类别。然而,无论认股权证属于欧式或美式,权证持有人均可于到期日前在二级市场上向他人转让所持有的权证。但是,过了到期日后,欧式或美式权证持有人都会丧失要求履约的权利。

百慕大式权证介于欧式权证和美式权证之间,具有多个行权日或是一段行权期,如到期日前5日。

(三)备兑权证和股本权证

权证按发行人不同,分为备兑权证和股本权证。备兑权证是一种新型的权证,是由上市公司以外的第三方(一般为证券公司、银行等)发行的;而股本权证是由上市公司发行的。备兑权证所认兑的股票不是新发行的股票,而是已在市场上流通的股票,不会增加股份公司的股本。在国际权证市场中,备兑权证市场占主导地位,我国香港市场中的认股权证常指备兑权证。

备兑权证与股本权证的比较见表6－1。

表6－1　备兑权证与股本权证的比较

比较项目	备兑权证(衍生权证)	股本权证
发行人	标的证券发行人以外的第三方	标的证券发行人
标的证券	已在交易所挂牌交易的证券	需要发行新股
发行目的	为投资者提供避险、套利工具	为筹资或高管人员激励用
行权结果	不造成股本增加或权益稀释	公司股份增加、每股净值稀释

(四)证券给付结算型权证和现金结算型权证

权证按结算方式不同,分为证券给付结算型权证和现金结算型权证。权证如果采用证券给付方式进行结算,其标的证券的所有权发生转移;如果采用现金结算方式,则仅按照结算差价进行现金兑付,标的证券的所有权不发生转移。

三、认股权证的要素

(一)标的资产

标的资产,是指认股权证发行所依附的基础资产,即权证持有人行使权利时所指向的可交易的资产。在所讨论的狭义认股权证中,其标的资产是股票。不过,权证作为期权的一种,其标的资产的种类是极为广泛的,理论上讲,凡有明确估价且在法律上为可融通物,如股票(单一股票或是“一篮子”股票)、股价指数、黄金、外汇或其他实物商品等,均可成为权证的标的资产。

(二)行权比例

行权比例,也称认购比率,是每张权证可认购正股的股数。如行权比例为0.1,就表示每10张权证可认购1股标的股票。一般表示为行权比例1∶1、10∶1、1∶12,或者表示为行权比例1、0.1、12。如行权比例为1∶1,表示每份权证可以买1股标的股票;行权比例为10∶1,表示每10份权证可以买1股标的股票;行权比例为1∶12,表示每份权证可以买12股标的股票。

(三)认购价格

认购价格是发行人在发行权证时所定下的价格,持证人在行使权利时以此价格向发行人认购标的股票。认股价格的确定一般以认股权证发行时发行公司的股票价格为基础,或者以公司股价的轻微溢价发行。如果出现公司股份增加或减少等情况,就要对认股权证的认股价格进行调整。有的公司甚至约定:当公司股票市价过度明显上扬时,其发行的认股权证的认股价格可以按预定公式自动上调。这样做的目的在于保护认股权证持有人的利益,进而保护公司的权益。

(四)认购期限

认购期限,是指认股权证的有效期。在有效期内,认股权证的持有人可以随时认购股份;超过有效期,认股权证自动失效。认股期限的长短因不同国家、地区以及不同市场而差异很大,主要根据投资者和股票发行公司的要求而定。认购期限越长,其认股价格就越高。

(五)赎回条款

发行认股权证的股份有限公司大多制定了赎回条款,即规定在特定情况下,公司有权赎回其发行在外的认股权证。

【例6－1】 2008年7月2日,宝山钢铁股份有限公司(600019)认股权证上市公告书中对认股权证主要条款的设定如下:

(1)发行人:宝山钢铁股份有限公司。

(2)权证类型:欧式认股权证,即标的证券发行人发行的认股权证,在权证存续期间,认股权证持有人仅有权在行权期行权。

(3)存续期:自认股权证上市之日起 24 个月,即 2008 年 7 月 4 日至 2010 年 7 月 3 日。

(4)行权期:2010 年 6 月 28 日至 2010 年 7 月 3 日中的交易日(行权期间权证停止交易)。

(5)行权比例:2 : 1,即每两份认股权证代表一股公司发行的 A 股股票的认购权利。

(6)行权价格:12.50 元/股。

(7)认股权证上市数量:160 000 万份。

(8)认股权证的上市交易时间:2008 年 7 月 4 日。

(9)权证交易及行权的程序:

①根据《上海证券交易所权证管理暂行办法》,经上海证券交易所认可的具有上海证券交易所会员资格的证券公司可以自营或代理投资者买卖权证。单笔权证买卖申报数量不得超过 100 万份,申报价格最小变动单位为 0.001 元人民币。权证买入申报数量为 100 份的整数倍。当日买进的权证,当日可以卖出。

认股权证的交易代码:580024。

认股权证的交易简称:宝钢 CWB1。

②认股权证持有人行权的,应委托上海证券交易所会员通过上海证券交易所交易系统申报;当日行权申报指令,当日有效,当日可以撤销。当日行权取得的标的证券,当日不得卖出。认股权证的持有人行权时,应支付依行权价格及标的证券数量计算的价款,并获得标的证券。认股权证的行权代码为 582024,行权简称 ES100703。

以上信息告诉投资人:第一,宝钢在 2008 年 7 月 4 日发行为期 24 个月的权证。第二,权证的类型是认股权证,履约方式是欧式权证到期日为履约日。第三,标的股票是宝钢股份。第四,到期日是 2010 年 7 月 3 日。第五,行权(履约)价格为 12.50 元。第六,权证持有人行权时是持有 2 份权证购买 1 股宝钢股份。持有人将 12.50 元/股认购款支付给发行人,发行人将相应股票过户给行权人。

知识链接

权证实行的是 T+0 交易,当天买入的权证在当天就可以卖出。

据统计,2011 年 12 月以后,上交所和深交所已无上市的权证交易。

四、认股权证的价值

认股权证价格,即认股权证在一级市场上发行或在二级市场上交易时的单位价格。由于认股权证的期限长,在此期间的分红情况很难估计,所以认股权证的估价十分麻烦。通常的做法是请投资银行机构协助定价。他们会邀请有兴趣购买这种证券组合的投资机构经理人员报价,了解他们在不同价格上愿意购买的数量。这实际上是一次发行前的“拍卖会”,让市场去决定认股权证的价格。

虽然可以请专业机构协助,但是财务经理还是要知道其定价原理。发行公司是否接受投资银行的建议,还需要自己做决策。

(一)认股权证的理论价值

认股权证在其有效期内具有价值,认股权证有理论价值与实际价值之分。其理论价值可用下式计算:

$$V=\frac{P-E}{N}$$

式中,V 表示认股权证的理论价值;P 表示可以认购股票的现行市场价格;E 表示认股权证规定的购买股票的认购价格;N 表示可以认购 1 股股票的认股权证份数。

若普通股的每股市价低于其执行价,认股权证的理论值为负数,但在此时,认股权证的持有者不会行使认股权。所以,如果出现这种情况,则设定认股权证的理论值为零。

【例 6—2】 假设万兴公司以每 2 份认股权证认购 1 股新股的方式,向原股东增发 4 000 股普通股股票,规定新股认购价为每股 15 元,当时股票市价为每股 16.5 元,则认为权证发行后,每份认股权证的理论价值是:

$$认股权证理论价值(V)=\frac{16.5-15}{2}=0.75(元)$$

影响认股权证理论价值的因素有很多:(1)普通股市价。普通股每股市价越高,认股权证的理论价值越大。(2)认购价格。认购价格越低,认股权证持有者为换股而支付的代价就越小,认股权证的理论价值也就越大。(3)换股比率。认股权证所能认购的普通股股份数越多,其理论价值就越大;反之,则越小。(4)剩余有效期。认股权证的剩余有效期越长,普通股股票市场价格高于认购价格的可能性就越大,认股权证的理论价值就越大。

(二)认股权证的实际价值

认股权证的实际价值是认股权证在证券市场上的市场价格或售价。通常情况下,认股权证的实际价值大于其理论价值,其差额部分称为超出理论价值的溢价。认股权证的实际价值是受市场供求关系的影响,认股权证的实际价值最低限度为其理论价值。

五、认股权证筹资的优点和缺点

(一)认股权证筹资的优点

1. 吸引投资者

在公司发行长期债券或优先股时,给予投资者认购普通股的权利,可以有效地刺激投资者的投资欲望,使公司比较容易地筹集到所需的资金。

2. 较低的资金成本和宽松的筹资条款

认股权证给了投资者在未来以较低的价格买入具有较高价值公司股票的权利,所以发行公司可以适当降低附有认股权证的债券(优先股)的利率(股利率),从而降低资本成本。同时,投资者也往往放弃对公司过于严厉的某些条款,从而使公司处于主动地位。

3. 扩大了潜在的资金来源

当认股权证被行使时,公司不但增加了公司的权益资金,而且由于投资者对公司未来看好,会在一定程度上拉动股价。

4. 促进了其他筹资方式的运用

附带发行认股权证可以促进其所附带的证券的发行效率,单独发行认股权证可以有利于将来股票的发售。

(二)认股权证筹资的缺点

1. 不能确定投资者将在何时行使认股权

认股权证给予投资者的是一种权利,投资者可以选择行使,也可以选择不行使认股权,这取决于该认股权证的内在价值。即使对于有行权价值的认股权证来说,也存在着这种不确定性,例如,对于美式认股权证而言,持有人在认购期限内都可以行使认购权,在何时会行使认购权,公司不能控制,这可能使公司处于被动地位,甚至处于筹资困境。

2. 高资金成本风险

一旦公司处于筹资困境,公司可能会通过提高普通股股利来促使股票市场价格上升,刺激认股权证持有者行使认股权,带来公司资金成本的上升。

3. 稀释普通股的收益和控制权

当认股权证被执行后,公司的普通股股份将增加,可能会带来每股收益的减少,同时,也会稀释原股东的控制权。

第五节　留存收益筹资

留存收益筹资，是指企业将留存收益转化为投资的过程，将企业生产经营所实现的净收益留在企业，而不作为股利分配给股东，其实质为原股东对企业追加投资。

一、留存收益筹资动因

从性质上看，企业通过合法有效地经营所实现的税后净利润，都属于企业的所有者。企业将本年度的利润部分甚至全部留存下来的原因很多，主要包括：第一，收益的确认和计量是建立在权责发生制基础上的，企业有利润，但企业不一定有相应的现金净流量增加，因而企业不一定有足够的现金将利润全部或部分派给所有者。第二，法律、法规从保护债权人利益和要求企业可持续发展等角度出发，限制企业将利润全部分配出去。《公司法》规定，企业每年的税后利润，必须提取10%的法定盈余公积金。第三，企业基于自身扩大再生产和筹资的需求，也会将一部分利润留存下来。

二、留存收益的筹资途径

(一)提取盈余公积金

盈余公积金，是指有指定用途的留存净利润。盈余公积金是从当期企业净利润中提取的积累资金，其提取基数是本年度的净利润。盈余公积金主要用于企业未来的经营发展，经投资者审议后也可以用于转增股本(实收资本)和弥补以前年度经营亏损，但不得用于以后年度的对外利润分配。

(二)未分配利润

未分配利润，是指未限定用途的留存净利润。未分配利润有两层含义：第一，这部分净利润本年没有分配给公司的股东投资者。第二，这部分净利润未指定用途，可以用于企业未来的经营发展、转增股本(实收资本)、弥补以前年度经营亏损及以后年度的利润分配。

三、留存收益筹资的优点和缺点

(一)留存收益筹资的优点

1. 不发生实际的现金支出

留存收益筹资不同于股票筹资，不必支付股利；也不同于债务筹资，不必支付定期的利息。同时还免去了与债务、股权筹资相关的手续费、发行费等开支。但是这种方式存在机会成本，即股东将资金投放于其他项目上的必要报酬率。

2. 保持企业举债能力

留存收益实质上属于股东权益的一部分，可以作为企业对外举债的基础。先利用这部分资金，减少了企业对外部资金的需求，当企业遇到盈利率很高的项目时，再向外部筹资，而不会因企业的债务已达到较高的水平而难以筹到资金。

3. 维持公司原有股东的控制权

利用留存收益筹资，不用对外发行新股或吸收新投资者，由此增加的权益资本不会改变公司的股权结构，不会稀释原有股东的控制权。

(二)留存收益筹资的缺点

1. 筹资数额有限

留存收益的最大数额是企业当期的净利润和以前年度未分配利润之和，不像外部筹资一次性可以筹集大量资金。如果企业发生亏损，那么当年就没有利润留存。另外，股东和投资者从自身期望出发，往往希望企业每年发放一定的利润，保持一定的利润分配比例。

2. 需要与股利政策进行权衡

如果留存收益过高，现金股利过少，则可能影响企业的形象，并给今后进一步的筹资增加困难。利用留存收益筹资须考虑公司的股利政策，不能随意变动。

本章小结

权益资本是企业的自有资本，理解企业注册资本和企业权益资本之间的差别，企业注册资本只是企业权益资本的组成部分。企业权益资本筹资的基本方式有：投入资本筹资、发行股票筹资、发行认股权证筹资，以及留存收益筹资。

投入资本筹资是非股份制企业筹集权益资本的基本方式。

股票通常分为普通股和优先股。普通股代表满足所有债券偿付要求及优先股股东的收益权与求偿权要求后，对企业盈利和剩余财产的索取权，它构成公司资本的基础，是股票的一种基本形式，也是发行量最大、最为重要的股份。优先股是享有优先权的股票，这种优先权主要体现在优先分配固定股利、优先分配公司的剩余财产的权利上，但是优先股股东不享有经营管理权，也不具有表决权或者表决权利受到限制。

认股权证是由股份有限公司发行的、能够按照特定的价格、在特定的时间内购买一定数量该公司普通股票的选择权凭证。其实质是一种股票的看涨期权。认股权证的价值包括理论价值和时间价值两部分。

留存收益筹资，是指企业将留存收益转化为投资的过程，其实质为原股东对企业追加投资。

复习思考题

1. 2014 年 3 月 1 日施行的《公司法》做出哪些新的修订？有何影响？
2. 筹集权益资本常见的手段有哪些？
3. 普通股和优先股的异同点是什么？
4. 试分析股票上市对公司的利弊。
5. 什么是认股权证？认股权证的种类有哪些？
6. 试分析留存收益筹资的优缺点。

第七章 长期债务筹资决策

学习目标

通过本章的学习，掌握各种长期债务筹资的方式；理解长期债务筹资方式的优缺点；理解长期借款的信用条件；掌握债券价格的确定，可转换债券的性质及基本要素；掌握融资租赁中租金的确定。

第一节　长期借款筹资

任何企业或多或少都有一定的负债，几乎没有一家企业是只靠自有资本而不运用负债进行经营的。企业负债的形成大致有两方面的原因：一是企业通过借款、发行债券、租赁等方式向债权人筹集的债务资本，二是企业由于信用关系而形成的应付款项等。后者属于短期融资的内容，因此本章不做讨论。

长期借款(Long-term Loans)，是指企业向银行或其他金融机构借入的、期限在1年以上(不含1年)或超过1年的一个营业周期以上的各项借款。长期借款筹资是企业自主扩张，重要的、经常性资金来源。

企业通过长期借款筹资，一方面，可以弥补企业流动资金的不足；另一方面，企业为了扩大生产经营而添置各种机械设备、建造厂房等，需要投入大量的长期占用资金，而企业所拥有的经营资金往往无法满足，若等待用企业内部形成的积累资金再去购建，则可能丧失企业发展的有利时机。因此，当企业需求金额较大、期限较长的资金，而又没有发行股票等权益融资的能力和条件时，可采用长期借款的方式。本节讨论的长期借款主要指长期银行借款。

一、长期借款的分类

(一)政策性银行贷款、商业性银行贷款和其他金融机构贷款

长期借款按提供贷款的机构，可分为政策性银行贷款、商业银行贷款和其他金融机构贷款。

1. 政策性银行贷款

政策性银行贷款，是指执行国家政策性贷款业务的银行向企业发放的贷款，通常为长期贷款。如国家开发银行、中国农业发展银行、中国进出口银行。政策性银行贷款一般根据申请贷款的项目或企业的情况，按照相关规定在贷款规模、期限、利率等方面提供优惠，一般贷款利率较低、期限较长，有特定的服务对象。但是政策性银行贷款不同于划拨的财政资金，是以偿还为条件的，政策性银行在经营管理中也必须考虑盈亏，坚持银行管理的基本原则，提高贷款质量，保证资金安全。

2. 商业性银行贷款

商业性银行贷款，是指由各商业银行向工商企业提供的贷款，用以满足企业生产经营的资金需要，包括短期贷款和长期贷款。其中，长期贷款具有以下特征：(1)期限长于1年；(2)企业与银行之间要签订借款合同，合同内容含有对借款企业的具体限制条款；(3)有规定的借款利率，可固定，也可随基准利率的变动而变动；(4)主要实行分期偿还的方式，一般每期偿还金额相等，当然也有采用到期一次偿还的方式。

3. 其他金融机构贷款

其他金融机构贷款，如从信托投资公司取得实物或货币形式的信托投资贷款、从财务公司取得的各种中长期贷款、从保险公司取得的贷款等。一般较商业银行贷款的期限要长，要求的利率较高，对借款企业的信用要求和担保的选择比较严格。

课堂思考

我国国有商业银行分别有哪些？

(二)信用贷款和抵押贷款

长期借款按有无抵押品作担保，可分为信用贷款和抵押贷款。

1. 信用贷款

信用贷款(Credit Loan)，是指以借款人的信誉或保证人的信用为依据而获得的贷款。企业取得这种贷款，无须以财产作抵押。对于这种贷款，由于风险较高，银行通常要收取较高的利息，往往还附加一定的限制条件。

2. 抵押贷款

抵押贷款(Mortgage Loan)，是指以特定抵押品为担保的贷款。作为贷款担保的抵押品可以是不动产、机器设备、交通运输工具等实物资产，可以是依法有权处分的土地使用权，也可以是股票、债券等有价证券，它们必须是能够变现的资产。如果贷款到期，借款企业不能或不愿偿还贷款，银行可取消企业对抵押品的赎回权。抵押贷款有利于降低银行贷款的风险，提高贷款的安全性。

知识链接

银行向财务风险较大的企业或信誉一般的企业发放贷款时，为降低贷款风险，可向借款企业索取抵押品。银行接受抵押品后，根据抵押品的价值决定贷款金额，一般为抵押品价值的30%～90%，这一比例的高低取决于抵押品的变现能力和银行的风险偏好。

(三)一次性偿还借款和分期偿还借款

长期借款按偿还方式不同，可分为一次性偿还借款和分期偿还借款。

1. 一次性偿还借款

一次性偿还借款，是指借款人在贷款到期时，一次性还清借款的本息，一般适用于借款金额较小、借款期限较短的贷款项目。

2. 分期偿还借款

分期偿还借款，是指借款人按贷款协议规定在还款期内分次偿还贷款，还款期结束，贷款全部还清，适合借款金额大、借款期限长的贷款项目。

二、银行借款的信用条件

按照国际惯例，银行发放贷款时往往要加有一些信用条件，主要表现在以下几个方面：

(一)信贷额度

信贷额度又称为贷款限额,是银行对借款企业规定的可以发放贷款的最高限度,是银行控制信贷规模的一种方式。一般来讲,企业在批准的信额度额内,可以随时按需支用银行借款,但银行并不承担必须贷款的义务。如果借款人超过限额继续借款,银行将停止办理;如果企业信誉恶化,银行也有权停止借款。信贷额度的有效期通常为1年。

(二)周转信贷协定

周转信贷协定是银行从法律上承诺向企业提供不超过某一最高限额的贷款协定。为了方便客户安排使用资金,减少银行反复发放贷款的手续,实现银企双赢合作,银行一般会根据客户的信用等级或者国家政策的扶持力度,以及客户生产经营所需资金的最低限额,与企业签订可以在一定时期内占用的贷款额度协议。

与一般的信贷额度不同,银行具有法律义务提供不超过某一最高限额的贷款,在协定有效期内,只要企业累计借款总额未超过最高限额,银行必须满足企业任何时候提出的借款要求。企业在享用周转信贷协定时,必须对贷款限额的未使用部分向银行付一笔承诺费。周转信贷协定的有效期通常为1年。

【例7—1】 某企业与银行协定的周转信贷额是1 000万元,承诺费率为0.5%,借款企业年度内使用了600万元,余额400万元,借款企业该年度应向银行支付的承诺费为:

承诺费=400×0.5%=2(万元)

(三)补偿性余额

补偿性余额是银行要求借款人在银行中保留按借款限额或实际借款额的一定百分比计算的最低存款余额,通常是借款限额或实际借款额的10%～20%。银行通常都有这种要求,目的是降低银行的贷款风险,提高贷款的有效利率,以补偿银行的损失。同时,企业在使用资金的过程中,通过资金在存款账户的进出,始终保持一定的补偿性余额在银行存款的账户上,实际增加了借款企业的利息,提高了借款的实际利率。

【例7—2】 如果某企业需要借款10万元以清偿到期债务,贷款银行要求维持20%的补偿性余额,那么该企业为了获取10万元必须借款12万元。如果名义利率为8%,则实际利率为:

$$\text{实际利率}=\frac{12\times 8\%}{12\times(1-20\%)}=10\%$$

在银行附加上述信用条件的情况下,企业取得的借款属于信用借款。

长期借款的成本一般由借款利息和借款手续费两部分组成。

三、长期借款的成本

长期借款的利息率通常高于短期借款,但信誉好或抵押品流动性强的借款企业,仍然可以争取到较低的长期借款利率。长期借款利率有固定利率和浮动利率两种。浮动利率通常有最高、最低限制,并在借款合同中明确。对于借款企业来讲,若预测市场利率将上升,应与银行签订固定利率合同;反之,则应签订浮动利率合同。

除了利息之外,银行还会向借款企业收取其他费用,如实行周转信贷协定所收取的承诺费、要求借款企业在本银行中保持补偿余额所形成的间接费用。这些费用会增大长期借款的成本。

四、取得长期借款的条件

金融机构对企业发放贷款的原则是:按计划发放、择优扶植、有物资保证、按期归还。企业申请贷款一般应具备以下条件:

(1)独立核算、自负盈亏、有法人资格。

(2)经营方向和业务范围符合国家产业政策,借款用途属于银行贷款办法规定的范围。

(3)借款企业具有一定的物资和财产保证,担保单位具有相应的经济实力。

(4)具有偿还贷款的能力。

(5)财务管理和经济核算制度健全,资金使用效益及企业经济效益良好。

(6)在银行设有账户,办理结算。

具备上述条件的企业欲取得贷款,先对贷款银行做出选择。

五、企业对贷款银行的选择

企业在选择银行时,除了考虑借款种类、借款成本和借款条件等因素外,还需对贷款银行进行分析,做出选择。对信贷银行的选择,通常应考虑以下几个方面:

(一)银行对贷款风险的政策

通常,银行对其贷款风险有着不同政策,有的倾向于保守,只愿承担较小的贷款风险;有的富于开拓,敢于承担较大的贷款风险。

(二)银行对企业的态度

不同银行对企业的态度各不一样。有的银行积极地为企业提供建议,帮助分析企业潜在的财力问题,有着良好的服务,乐于为具有发展潜力的企业发放大量贷款,在企业遇到困难时帮助其渡过难关;也有的银行很少提供咨询服务,在企业遇到困难时一味地为清偿贷款而施加压力。

(三)贷款的专业化程序

一些大银行设有不同的专门部门,分别处理不同类型、行业的贷款。企业与这些拥有丰富专业化贷款经验的银行合作,会更多地受益。

(四)银行的稳定性

稳定的银行可以保证企业的借款不致中途发生变故。银行的稳定性取决于它的资本规模、存款水平波动程度和存款结构。一般来讲,资本雄厚、存款水平波动小、定期存款比重大的银行稳定性好;反之,则稳定性差。

六、长期借款的程序

现以长期银行借款为主,介绍企业借款的基本程序。

(一)提出借款申请

企业第一次申请长期借款时,应先写书面申请,经银行对企业借款理由初审同意后,再填写正式借款申请书。已办理过长期借款的企业,不必写书面申请,可直接填写借款申请书。银行借款申请书的内容,包括借款用途、借款金额、分期借款还款计划、项目的经济效益、借款抵押品、担保单位、信贷人员的审查意见、银行的审批意见等。

(二)银行审批

银行针对企业的借款申请,按照有关政策和贷款条件,对借款企业进行审查,依据审批权限,核准企业申请的借款金额和用款计划。银行审查的内容包括:(1)企业财务状况;(2)企业信用情况;(3)企业盈利稳定性;(4)企业发展前景;(5)借款投资项目的可行性等。

(三)签订借款合同

经银行审核,借款申请批准后,银行与借款企业可就贷款的具体条件签订正式的借款合同,规定贷款的数额、利率、期限和一些保护性条款等。长期借款利率有固定利率和浮动利率两种。若采用固定利率,借贷双方通常会找一家类似于借款企业的其他企业,再以发行期限等于长期贷款期限的债券利率作为参考基准,来确定长期贷款利率;若采用浮动利率,借款企业和贷款机构会将长期贷款利率订在超过各年基本利率若干百分点上,当基准利率发生变化时,长期贷款中尚未偿还部分利率也会同比例变化。当资金市场利率波动不大、资金供应平稳时,企业多采用固定利率。

(四)取得借款

贷款合同签订后,即具有法律效力,企业可在核准的贷款指标范围内,根据用款计划和实际要求,一次性将贷款转入存款结算账户,以便支用。

(五)归还借款

企业应按借款合同按期还本付息。企业偿还贷款的方式通常有三种:(1)到期一次偿还。在这种方式下,还款集中,借款企业须于贷款到期日前做好准备,以保证全部清偿到期贷款。(2)分期等额偿还。即在到期日之前定期偿还相同的金额,至贷款到期日还清全部本金。(3)分批偿还。每批金额不等,便于企业灵活安排。

贷款到期经银行催收,如果借款企业不予偿付,银行可按合同规定,从借款企业的存款户中扣收贷款本息及加收的利息。借款企业如因暂时财务困难需要延期偿还贷款时,应向银行提交延期还贷计划,经银行审查核实,续签合同,但通常要加收利息。

课堂思考

简要说明个人取得小规模创业贷款的程序。

七、借款合同的内容

借款合同是规定借款当事人各方权利和义务的法律文件。借款合同依法签订后,即具有法律约束力,借贷双方必须遵守合同条款,履行合同约定的义务。

(一)借款合同的基本条款

根据我国有关法律法规,借款合同应当具备下列基本条款:(1)借款种类;(2)借款用途;(3)借款金额;(4)借款利率;(5)借款期限;(6)还款资金来源及还款方式;(7)保证条款;(8)违约责任;等等。

其中,保证条款是规定借款企业申请借款应具有银行规定比例的自有资本,若有适销或适用的财产物资作贷款保证,当借款企业无力偿还到期贷款时,贷款银行有权处理作为贷款保证的财产物资;必要时还可规定保证人,保证人必须具有足够代偿借款的财产,当借款企业不履行合同时,由保证人承担偿付本息的连带责任。

(二)借款合同的保护性条款

由于长期借款的期限长,债权人承受的风险较大,因此,除借款合同的基本条款外,银行等债权人通常还在借款合同中附加各种保护性条款,以确保企业能够按时足额偿还贷款。保护性条款一般有以下三类:

1. 一般性保护条款

一般性保护条款应用于大多数借款合同,但根据具体情况会有不同内容,主要包括:(1)对借款企业流动资金保持量的规定,其目的在于保持借款企业资金的流动性和偿债能力;(2)对支付现金股利和再购入股票的限制,其目的在于限制现金外流;(3)对资本支出规模的限制,其目的在于减小企业日后不得不变卖固定资产以偿还贷款的可能性,仍着眼于保持借款企业资金的流动性;(4)限制其他长期债务,其目的在于防止其他贷款人取得对企业资产的优先受偿权。

2. 例行性保护条款

例行性保护条款作为例行常规,在大多数借款合同中都会出现,主要包括:(1)借款企业定期向银行提交财务报表,以便贷款银行及时掌握企业的财务状况;(2)不准在正常情况下出售较多资产,以保持企业政策的生产经营能力;(3)如期缴纳税金和清偿其他到期债务,以防被罚款而造成现金流失;(4)不准以任何资产作为其他承诺的担保或抵押,以避免企业过重的负担;(5)不准贴现应收票据或出售应收账款,以避免或有负债;(6)限制租赁固定资产的规模,防止企业负担巨额租金以至削弱其偿债能力。

3. 特殊性保护条款

特殊性保护条款是针对某些特殊情况而出现在部分借款合同中的，主要包括：(1)贷款专款专用；(2)不准企业投资于短期内不能收回资金的项目；(3)限制企业高级职员的薪金和奖金总额；(4)要求企业主要领导人在合同有效期间担任领导职务，并要求主要领导人购买人身保险；等等。

八、长期借款的优点和缺点

(一)长期借款的优点

1. 筹资速度较快

企业利用长期借款筹资，一般所需时间较短，程序较为简单，可以快速获得现金。企业若发行证券筹资，不仅要做发行前的准备工作，而且证券发行本身需要一定时间，因此相对来说，所花时间较短。

2. 筹资成本较低

利用长期借款筹资，其利息可在所得税前列支，故可减少企业实际负担的成本，因此比股票筹资的成本要低很多。与债券相比，借款利率一般低于债券利率。此外，由于借款属于间接筹资，因此筹资费用较少。

3. 筹资弹性较大

长期借款筹资弹性主要表现在企业对借款契约某些条款协商或修改的可能性。在借款时，企业与银行直接商定贷款的时间、数额和利率等；在用款期间，企业如因财务状况发生某些变化，亦可与银行再行协商，变更借款数量及还款期限等。而在发行有价证券筹资方式下，企业想要单方面修改某些条款几乎是不可能的。

4. 具有杠杆作用

无论企业盈利多少，银行只收取固定的利息，而更多的收益归借款企业所有。这样，当企业投资报酬率大于其借款利率时，长期借款能使企业获取超过借款利率的差额利润，提高企业每股净收益。

(二)长期借款的缺点

1. 财务风险较高

长期借款必须到期还本付息，当企业经营不景气时，会给企业带来更大的财务困难，甚至可能导致破产。

2. 保护性条款较多

长期借款合同的保护性条款可能使企业财务管理和生产经营受到某种程度制约，以至于对企业今后的筹资和投资活动产生影响。

3. 筹资数量有限制

银行一般对长期借款有上限限制，无法满足企业生产经营活动大跨度的方向转变和大规模范围调整等需要。

第二节 发行公司债券筹资

公司债券是公司作为债务人为了筹集资金向债权人承诺在未来一定时期还本付息而发行的一种有价证券，是公司负债筹资的主要方式之一。按照《公司法》和国际惯例，股份有限公司和有限责任公司发行的债券称为公司债券，非公司制企业发行的债券称为企业债券。公司发行债券的主要目的是筹集大额长期资金。

一、债券的基本要素

(一)票面价值

债券的票面价值包括两个基本内容:币种和票面金额。币种即债券票面价值采用的计量单位,一般来讲,如果发行对象是国外投资者,就选择债券发行所在国的货币或国际通用货币作为债券票面价值的计量单位;如果发行对象是国内投资者,则选择本国货币作为债券票面价值的计量单位。票面金额是印在债券上表明债券到期时偿还债务的金额,固定不变,到期必须足额偿还。

(二)票面利率

债券的票面利率是债券持有人定期获取的利息与债券票面价值的比率。债券利率的高低由债券发行者决定,但必须考虑市场利率、债券的偿还期限、自身资信状况以及资本市场资金供求关系等因素的影响。

(三)偿还期限

债券一般都有固定的偿还期限,即自发行日起至全部本金清偿完毕的时间。在债券的期限内,公司必须定期支付利息,债券到期时,必须偿还本金,也可以按规定分期偿还或一次偿还。

(四)发行价格

债券的发行价格是由债券的面值、期限、票面利率、市场利率以及债券的信用级别等决定的。根据债券发行价格与债券面值的关系,债券的发行可以分为溢价发行、平价发行和折价发行。溢价发行是指债券的发行价格高于债券的票面价值;平价发行是指债券的发行价格等于债券面值;折价发行是指债券的发行价格低于债券面值。债券采取溢价、平价或折价发行,取决于债券的票面利率与市场利率的关系。

二、债券的种类

债券的本质是债务的证明书,具有法律效力。债券购买者与发行者之间是一种债权债务关系,债券发行人即债务人(Debtors),投资者或债券持有人即债权人(Creditors)。

债券可以依据不同的分类标准进行分类,其主要分类方式有以下几种:

(一)政府债券、金融债券和公司债券

债券按发行主体的不同,可分为政府债券、金融债券和公司债券。

1. 政府债券

政府债券,是指政府财政部门或其他代理机构为筹集资金,以政府名义发行的债券,主要包括中央政府债券和地方政府债券两大类。其中,中央政府发行的称为中央政府债券,也称为国债,是由一个国家政府的信用作担保,信用最好,也被称为“金边债券”,其主要用途是解决由政府投资的公共设施或重点建设项目的资金需要和弥补国际财政赤字。地方政府发行的债券称为地方政府债券,其信用、利率和流通性通常略低于国债。

2. 金融债券

金融债券的发行主体是银行或非银行金融机构,金融机构一般资金实力雄厚,信用高,发行债券的目的主要是用于一些特殊用途,改变自身的资产负债结构,用于解决银行等金融机构的资金来源和期限不匹配的矛盾。金融债券一般流动性较好,利率高于国债。

3. 公司债券

公司债券是公司按照法定程序发行,约定在一定时期还本付息的有价债券。公司发行债券风险相对政府债券和金融债券要大一些,利率也相对较高。

(二)记名债券和无记名债券

债券按有无记名,可分为记名债券和无记名债券。

1. 记名债券

记名债券，是指在券面上记载持券人的姓名或名称的债券。对于这种债券，公司只对记名人偿付本金，持券人凭印鉴支取利息。记名债券的转让由债券持有人以背书等方式进行，并由发行公司将受让人的姓名或名称载于公司债券存根簿。

2. 无记名债券

无记名债券，是指在券面上不记载持券人的姓名或名称，还本付息只以债券为凭，转让时由债券持有人将债券交付给受让人后即发生效力，无须背书，因而比较方便。

(三)抵押债券和信用债券

债券按有无抵押担保，可分为抵押债券和信用债券。

1. 抵押债券

抵押债券又称有担保债券，是指发行公司有特定财产作为担保品的债券。按担保品的不同又可分为不动产抵押债券、动产抵押债券、信托抵押债券。信托抵押债券是指公司以其持有的有价证券为担保而发行的债券。

2. 信用债券

信用债券又称无担保债券，是指发行公司没有抵押品作为担保，完全凭信用发行的债券，这种债券通常是由信誉良好的公司发行，利率一般略高于抵押债券。

(四)可转换债券和不可转换债券

债券按是否能转换为公司股票，可分为可转换债券和不可转换债券。

1. 可转换债券

(1)可转换债券的性质

可转换债券，有时简称为可转债，是指由公司发行并规定债券持有人在一定期限内按约定的条件可将其转换为发行公司普通股的债券。

从筹资公司的角度看，发行可转换债券有债务筹资和权益资本筹资的双重性质。利用可转换债券筹资，发行公司赋予可转换债券的持有人可将其转换为该公司股票的权利，因而，对于发行公司而言，在可转换债券转换之前需要定期向持有人支付利息。如果在规定的转换期限内，持有人未将可转换债券转换为股票，发行公司还需要到期偿付债券本金，在这种情形下，可转换债券筹资与普通债券筹资相似，具有债务筹资的性质。如果在规定的转换期限内，持有人将可转换债券转换为股票，则发行公司将债券负债转化为股东权益，从而具有权益资本筹资的性质。

由于可转换债券赋予债券持有人将来成为公司股东的权利，因此其利率通常低于不可转换债券。根据《公司法》的规定，发行可转换债券应由国务院证券监督管理部门批准，发行公司应同时具备发行债券和发行股票的条件。

知识链接

《上市公司证券发行管理办法》规定，符合条件的上市公司可以发行可分离交易的可转换债券。普通可转换债券中的转换权一般是与债券同步到期的，行权后债券注销；而可分离交易的可转换债券的认股权和债权分开上市交易，认股权的行权不影响原公司债券的存在。

普通可转换债券在转换前是公司债形式，转换后相当于增发了股票，兼有债权和股权的双重性质。普通可转换债券与一般的债券一样，在转换前投资者可以定期得到利息收入，但此时不具有股东的权利；当发行公司的经营业绩取得显著增长时，普通可转换公司债券的持有人可以在约定期限内，按预定的转换价格转换成公司的股份，以分享公司业绩增长带来的收益。

而分离交易的可转换债券的原公司债券部分与一般的债券完全一样，认股权和一般的认股权证一样，认股权行权相当于一次股票增发。

(2)可转换债券的基本要素

①基准股票。基准股票，是指可转换债券的标的物，一般是发行公司的普通股。

②票面利率。因为持有人有转换的选择权，可转换债券的利率一般低于普通债券。

③转换价格。转换价格，是指可转换债券在转换期内转换成普通股的每股价格。这种转换价格通常由发行公司在发行可转换债券时约定。按照我国相关规定，上市公司发行可转换债券的，以发行可转换债券前一个月股票的平均价格为基准，上浮一定幅度作为转换价格。重点国有企业发行可转换债券的，以拟发行股票的价格为基准，折扣一定比例作为转换价格。

【例7—3】 某上市公司拟发行可转换债券，经测算发行前一个月该公司股票的平均价格为20元/股。预计本股票的未来价格有明显的上升趋势，因此确定上浮的幅度为25%，则该公司可转换债券的转换价格为：

可转换债券的转换价格＝20×(1＋25%)＝25(元)

可转换债券的转换价格并非固定不变，在转换期内，若有股票分割或发放股票股利的情况，则要相应调整转换价格，并向社会公布。

④转换比率。转换比率是指每份可转换债券可转换成普通股的股数，等于可转换债券的面值除以转换价格。

【例7—4】 某上市公司发行的可转换债券每份面值100元，转换价格为每股20元，则转换比率为：

$$转换比率=\frac{100}{20}=5(股)$$

那么，每份可转换债券可以转换5份股票。

可转换债券持有人请求转换时，其所持债券面额有时发生不足以转换为1股股票的余额，发行公司应当以现金偿付。例如，前例每份可转换债券的面额为100元，转换价格在发行时为20元，发行后根据有关情况变化决定调整为每股22元。某持有人持有10份可转换债券，总面额1 000元，决定转换为股票，则其转换股票的股数为45股(1 000/22)，同时可转换债券总面额上有不足以转换为1股股票的余额10元，此情况下，发行公司应对该持有人交付股票45股，另外付现10元。

⑤转换期限。转换期限，是指可转换债券转换成股票的起始日至结束日。一般而言，可转换债券转换期限的长短与可转换债券的期限相关。在我国，可转换债券的期限按规定，最短期限为1年，最长期限为6年。可转换债券转换为股票后，发行公司股票上市的证券交易所应当安排股票上市流通。

(3)可转换债券筹资的优点和缺点

可转换债券筹资的优点：①有利于降低筹资成本。可转换债券的利率通常低于普通债券，故在转换前，可转换债券的筹资成本低于普通债券；转换为股票后，又可以节省股票的发行成本。②有利于筹集更多资本。可转换债券的转换价格通常高于发行时的股票价格，因此，可转换债券转换后，其筹资额大于当时发行股票的筹资额；另外也有利于稳定公司的股价。③有利于调整资本结构。可转换债券是一种兼具债务筹资和权益资本筹资双重性质的筹资方式。可转换债券在转换前属于发行公司的一种债务，若发行公司希望可转换债券持有人转股，还可以借助诱导，促其转换，借以调整资本结构。

可转换债券筹资的缺点：①若股价低迷，可转换债券持有人不愿转股时，发行公司将承受偿债压力。②若可转换债券转股时股价高于转换价格，则发行公司遭受筹资损失。③转股后可转换债券筹资将失去利率较低的好处。④回售条款的规定可能使发行公司遭受损失。当公司的股票价格在一段时间内连续低于转换价格并达到一定幅度时，可转换债券持有人按事先约定的价格将所持债券回售公司，从而使发行公司受损。

知识链接

由于发行优先股筹资、发行认股权证筹资，以及发行可转债筹资的特殊性，在有些教材中，也将其作为混合型筹资方式。

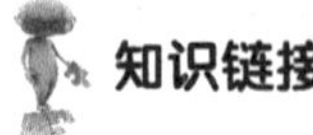

知识链接

可交换债，全称为“可交换他公司股票的债券”(Exchangeable Bond，EB)，即可交债，是指上市公司股份的持有者通过抵押其持有的股票给托管机构进而发行的公司债券，该债券的持有人在将来的某个时期内，能按照债券发行时约定的条件用持有的债券换取发债人抵押的上市公司股权。可交换债券换股不会导致标的公司的总股本发生变化，也无摊薄收益的影响。因此既可充当融资工具，也可以用作原股东减持的工具，实际上就是一种内嵌期权的金融衍生品。

2. 不可转换债券

不可转换债券，是指不能转换为普通股的债券。由于其没有赋予债券持有人将来成为公司股东的权利，因此其利率一般高于可转换债券。

(五)公募债券和私募债券

债券按发行方式，可分为公募债券和私募债券。

1. 公募债券

公募债券，是指按法定手续，经证券主管机构批准在市场上公开发行的债券，债券的认购中没有限定，任何投资者均可购买，是向不特定的多数投资者公开募集的债券，它可以在证券市场上转让。发行者一般有较高的信誉，而发行公募债券又有助于提高发行者的信用度。除政府机构、地方公共团体外，一般企业必须符合规定的条件才能发行公募债券。由于发行对象是不特定的广泛分散的投资者，因而要求发行者必须遵守信息公开制度，向投资者提供各种财务报表和资料，并向证券主管部门提交有价证券申报书，以保护投资者的利益。

2. 私募债券

私募债券，是指向与发行者有特定关系的少数投资者募集的债券，其发行和转让均有一定的局限性。私募债券的发行手续简单，一般不能在证券市场上交易。

知识链接

债券按是否参与利润分配，还可分为参与债券和非参与债券。参与债券的持有人除可获得预先规定的利息外，还享有一定程度参与公司收益分配的权利。非参与债券的持有人仅可获得债券预先规定的利息，没有参与公司收益分配的权利。公司债券大多为非参与债券。

三、公司债券的发行

(一)债券发行条件

1. 发行债券的资格

根据《公司法》的规定，股份有限公司、国有独资公司和两个以上的国有企业或者其他两个以上的国有投资主体投资设立的有限责任公司，具有发行公司债券的资格。

2. 基本条件

根据《证券法》《公司法》和《公司债券发行试点办法》的有关规定，发行公司债券，应当符合下列条件：(1)股份有限公司的净资产不低于人民币 3 000 万元，有限责任公司的净资产不低于人民币

6 000万元；(2)累计债券余额不超过公司净资产的40％；(3)最近3年平均可分配利润足以支付公司债券1年的利息；(4)筹集的资金投向符合国家产业政策；(5)债券的利率不超过国务院限定的利率水平；(6)公司内部控制制度健全，内部控制制度的完整性、合理性、有效性不存在重大缺陷；(7)经资信评估机构评级，债券信用级别良好；(8)国务院规定的其他条件。

上市公司发行可转换为股票的公司债券，除应当符合第一款规定的条件外，还应当符合本法关于公开发行股票的条件，并报国务院证券监督管理机构核准。

3. 募集资金的投向

根据《证券法》规定，公开发行公司债券筹集的资金，必须用于核准的用途，不得用于弥补亏损和非生产性支出。

根据《企业债券管理条例》规定，企业发行企业债券所筹资金应当按照审批机关批准的用途用于本企业的生产经营。企业发行企业债券所筹资金不得用于房地产买卖、股票买卖和期货交易等与本企业生产经营无关的风险性投资。

根据《国家发改委关于推进企业债券市场发展、简化发行核准程序有关事项的通知》，企业债券筹集的资金可用于固定资产投资项目、收购产权(股权)、调整债务结构和补充营运资金。

4. 不得再次发行的情形

公司存在下列情形的，不得再次公开发行公司债券：(1)前一次公开发行的公司债券尚未募足；(2)对已发行的公司债券或其他债务有违约或者迟延支付本息的事实，仍处于继续状态；(3)违反规定，改变公开募集公司债券所募资金的用途；(4)最近36个月内公司财务会计文件存在虚假记载，或公司存在其他重大违法行为；(5)本次发行申请文件存在虚假记载、误导性陈述或重大遗漏；(6)严重损害投资者合法权益和社会公共利益的其他情形。

(二)公司债券发行的申报与核准

1. 发行申报

(1)公司决议。申请发行公司债券，应当由公司董事会制订方案，由股东会或股东大会对下列事项做出决议：①发行债券的数量；②向公司股东配售的安排；③债券期限；④募集资金的用途；⑤决议的有效期；⑥对董事会的授权事项；⑦其他需要明确的事项。

(2)保荐与申报。发行公司债券应当由保荐人保荐，并向中国证监会申报。

(3)募集说明书与申报文件制作。保荐人应当按照中国证监会的有关规定编制和报送募集说明书和发行申请文件。中国证监会在2007年8月15日发布的《公开发行证券的公司信息披露内容与格式准则第23号——公开发行公司债券募集说明书》和《公开发行证券的公司信息披露内容与格式准则第24号——公开发行公司债券申请文件》中做了详细的规定。

公司全体董事、监事、高级管理人员应当在债券募集说明书上签字，保证不存在虚假记载、误导性陈述或重大遗漏，并声明承担个别和连带的法律责任。保荐人应当对债券募集说明书的内容进行尽职调查，并由相关负责人签字，确认不存在虚假记载、误导性陈述或重大遗漏，并声明承担的法律责任。为债券发行出具专项文件的注册会计师、资产评估人员、资信评级人员、律师及其所在机构，应当按照依法制定的业务规则、行业公认的业务标准和道德规范出具文件，并声明对所出具文件的真实性、准确性和完整性承担责任。债券募集说明书所引用的审计报告、资产评估报告、资信评级报告，应当由有资格的证券服务机构出具，并由至少2名从业资格的人员签署。债券募集说明书所引用的法律意见书应当由律师事务所出具，并由至少2名经办律师签署。债券募集说明书自最后签署日起6个月内有效。债券募集说明书不得使用超过有效期的资产评估报告或者资信评级报告。

2. 核准与发行

(1)核准。公开发行证券，必须符合法律、行政法规规定的条件，并依法报经国务院证券监督管理机构或者国务院授权的部门核准；未经依法核准，任何单位和个人不得公开发行证券。发行人应当在发行公司债券前的2～5个工作日内，将经过中国证监会核准的债券募集说明书摘要刊登在至少一种中国证监会指定的报刊上，同时将其全文刊登在中国证监会指定的互联网网站上。

(2)受理与发行。中国证监会依照下列程序审核发行公司债券的申请：①收到申请文件后，5个工作日内决定是否受理；②中国证监会受理后，对申请文件进行初审；③发行审核委员会按照《中国证券监督管理委员会发行审核委员会办法》规定的特别程序审核申请文件；④中国证监会做出核准或者不予核准的决定。

发行公司债券，可以申请一次核准，分期发行。自中国证监会核准发行之日起，公司应在6个月内首期发行，剩余数量应当在24个月内发行完毕。超过核准文件限定的时效未发行的，须重新经中国证监会核准后方可发行。首期发行数量应当不少于总发行数量的50%，剩余各期发行的数量由公司自行确定，每期发行完毕后5个工作日内报中国证监会备案。

(三)公司债券的发行程序

1. 做出发行债券决议

股份有限公司、有限责任公司发行公司债券，由董事会制订方案，股东会做出决议。国有独资公司发行公司债券，应由国家授权投资的机构或者国家授权的部门做出决定。

2. 提出发行债券申请

公司做出决议后，应向国务院证券管理部门报请批准，并提交下列文件：公司登记证明、公司章程、公司债券募集办法、资产评估报告和验资报告。

3. 公告债券募集办法

发行公司债券的申请经批准后，公开向社会发行债券，应当向社会公告债券募集办法。根据《公司法》的规定，公司债券募集办法中应当载明的主要事项有：公司名称；债券募集资金的用途；债券总额和债券票面金额；债券的利率；还本付息的期限和方式；债券的担保情况；债券发行的起止日期；公司净资产额；已发行的尚未到期的公司债券总额；公司债券的承销机构。

公司若发行可转换债券，还应在债券募集办法中规定具体的转换办法。

4. 委托证券机构销售

我国法律法规规定要求公司采用公募发行方式。在这种方式下，发行公司要与承销团签订承销协议。承销团由数家证券公司或投资银行组成。承销团的承销方式包括代销和包销。代销是指由承销机构代为推销债券，在约定期限内未出售的余额将退还发行公司，承销机构不承担发行风险。包销是指由承销团先购入发行公司拟发行的全部债券，然后再出售给社会公众投资者，如果在约定期限内未能全部售出，余额要由承销团负责认购。

5. 交付债券，收缴债券款，登记债券存根簿

公司公开发行债券，由证券承销机构发售时，投资者直接向承销机构付款购买，承销机构代理收取债券款，交付债券。然后，发行公司向承销机构收取债券款并结算预付的债券款。

根据我国《公司法》规定，公司发行公司债券应当置备公司债券存根簿。发行记名公司债券的，应当在上面载明下列事项：债券持有人的姓名或者名称及住所；债券持有人持有债券的日期及债券的编号；债券总额；债券的票面金额；债券的利率；债券还本付息的期限和方式；债券的发行日期。发行无记名公司债券的，应当在公司债券存根簿上载明债券总额、利率、偿还期限和方式、发行日期及债券的编号。

(四)申请公司债券上市交易的条件

根据《证券法》的规定，公司申请其公司债券上市，应当符合以下条件：(1)公司债券的期限为1年以上；(2)公司债券实际发行额不少于人民币5 000万元；(3)公司申请债券上市时仍符合法定的公司债券发行条件。

申请公司债券上市交易，应当向证券交易所报送下列文件：(1)上市报告书；(2)申请公司债券上市的董事会决议；(3)公司章程；(4)公司营业执照；(5)公司债券募集办法；(6)公司债券的实际发

行数额；(7)证券交易所上市规则规定的其他文件。

申请可转换为股票的公司债券上市交易，还应当报送保荐人出具的上市保荐书。

公司债券上市交易后，有下列情形之一的，由证券交易所决定暂停其公司债券上市交易：(1)公司有重大违法行为；(2)公司情况发生重大变化，不符合公司债券上市条件；(3)发行公司债券所募集的资金不按照核准的用途使用；(4)未按照公司债券募集办法履行义务；(5)公司最近2年连续亏损。

公司第(1)项、第(4)项所列情形之一经查实后果严重的，或者有前条第(2)项、第(3)项、第(5)项所列情形之一，在期限内未能消除的，由证券交易所决定终止其公司债券上市交易。公司解散或者被宣告破产的，由证券交易所终止其公司债券上市交易。对证券交易所做出的不予上市、暂停上市、终止上市决定不服的，可以向证券交易所设立的复核机构申请复核。

(五)债券的发行价格

债券的发行价格是债券发行时使用的价格，亦即投资者购买债券时所支付的价格。结合影响债券发行价格的四大因素：债券的面值、期限、票面利率和市场利率，根据货币时间价值的原理，债券发行价格由两部分构成：一部分是债券面值以市场利率作为折现率折算的现值；另一部分是各期利息以市场利率作为折现率折算的现值。由此，债券的发行价格可按下列公式测算：

$$\text{债券发行价格}=\frac{\text{债券面值}}{(1+\text{市场利率})^n}+\sum_{t=1}^{n}\frac{\text{债券面值}\times\text{票面利率}}{(1+\text{市场利率})^t}$$

或：

$$\text{债券发行价格}=\text{债券面值}\times(P/F,r,n)+\text{债券面值}\times\text{票面利率}\times(P/A,r,n)$$

式中，n 表示债券的期限；t 表示付息期限或支付利息的具体时间；r 表示债券的市场利率，是计算债券现金流量现值的折现率，即投资者投资债券所要求的必要报酬率。

知识链接

债券发行价格的计算公式的基本原理是将债券的全部现金流按照债券发行时的市场利率进行贴现并求和。债券的全部现金流包括债券到期支付的面值现金流与债券持续期间内各期的利息现金流。

理论上，公司债券的发行价格通常有三种：平价、溢价和折价。以债券的票面金额为发行价格的是平价发行，以高出债券票面金额的价格发行的是溢价发行，以低于债券票面金额的价格发行的是折价发行。在实务中，根据中国证监会发布的《公司债券发行试点办法》等有关规定，公司债券发行可以采取向上市公司股东配售、网下发行、网上资金申购、网上分销等方式中的一种或几种方式的组合，发行利率或发行价格通过询价方式确定。

【例7—5】 大兴公司发行面值100元、年利率10%、期限10年的债券，每年年末付息一次。其发行价格可分如下三种情况：

(1)当市场利率为10%时，债券的票面利率与市场利率一致，该债券属于平价发行，其发行价格为：

$$\text{债券发行价格}=\frac{100}{(1+10\%)^{10}}+\sum_{t=1}^{10}\frac{100\times10\%}{(1+10\%)^t}=100(\text{元})$$

(2)当市场利率为9%时，债券的票面利率高于市场利率，该债券属于溢价发行，其发行价格为：

$$\text{债券发行价格}=\frac{100}{(1+9\%)^{10}}+\sum_{t=1}^{10}\frac{100\times10\%}{(1+9\%)^t}=106.4(\text{元})$$

(3)当市场利率为12%时，债券的票面利率低于市场利率，该债券属于折价发行，其发行价格为：

$$债券发行价格=\frac{100}{(1+12\%)^{10}}+\sum_{t=1}^{10}\frac{100\times10\%}{(1+12\%)^{t}}=88.7(元)$$

课堂思考

简述债券票面利率、实际利率与债券发行价格之间的关系。

(六)债券的信用评级

债券的信用评级，是指按一定的指标体系对准备发行债券的还本付息的可靠程度做出公正客观的评定。根据《证券法》和《上市公司债券发行管理办法》的规定，公司发行债券，应当委托具有资格的资信评级机构进行信用评级和跟踪评级。

1. 债券信用评级的意义

公司公开发行债券通常需要由债券评信机构评定等级。债券的信用评级对发行公司和债券投资者都有重要意义。

(1)债券评级是度量违约风险的一个重要指标，债券的等级对于债务融资的利率以及公司债务成本有着直接的影响。一般来说，信用等级较高的债券，能够以较低的利率发行，从而降低发行公司债券筹资的成本；信用等级较低的债券，风险较大，需要以较高的利率发行。另外，许多机构投资者将投资范围限制在特定等级的债券之内。

(2)债券的信用等级方便投资者进行债券投资决策。信用等级较高的债券，容易得到投资者的信任；信用等级较低的债券，风险较大，投资者一般会谨慎选择。对广大投资者尤其是中小投资者来说，由于受时间、知识和信息的限制，无法对众多债券进行分析和选择，因此需要专业机构对债券还本付息的可靠程度进行客观、公正和权威的评定，为投资者决策提供参考。

2. 债券的评级机构及信用等级

目前国际上公认的最具权威性的信用评级机构，主要有美国标准普尔公司和穆迪投资服务公司(简称穆迪公司)。这两家公司负责评级的债券十分广泛，包括地方政府债券、公司债券、外国债券等，由于它们拥有详尽的资料，采用先进科学的分析技术，又有丰富的实践经验和大量专门人才，由此所做出的信用评级具有很高的权威性。

债券信用等级标准从高到低可以划分为 3 等 9 级。以标准普尔公司和穆迪公司对长期债务评级为例，债券信用等级如表 7—1 所示。

表 7—1　　债券信用等级

标准普尔公司		穆迪公司	
信用等级	评述	信用等级	评述
AAA	最高级	Aaa	优等
AA	高级	Aa	高级
A	中上级	A	中上级
BBB	中级	Baa	中级
BB	中下级	Ba	具有投机性质的因素
B	投机级	B	缺少理想投资的品质
CCC	完全投机级	Caa	劣质债券
CC	最大投机级	Ca	高度投机性
C	濒临破产	C	最低等级评级

一般认为,前四个级别(即 BBB 级及以上)债券信誉高、违约风险小,是“投资级债券”,第五级开始的债券信誉低,是“投机级债券”。标准普尔公司和穆迪公司还使用修正符号进一步区别 AAA(或 Aaa)级别以下的各级债券,以便更为具体地识别债券的质量。标准普尔公司使用“+”“-”号区别同级债券质量的高低;穆迪公司在表示债券级别的英文字母后面加注 1,2,3,分别代表同级债券质量的优、中、差。例如,“A+”代表质优的 A 级债券,“A-”代表质劣的 A 级债券。

知识链接

我国的债券评级工作正在开展,但尚无统一的债券等级标准和系统评级制度。根据中国人民银行 1997 年 12 月《关于中国诚信证券评估有限公司等机构从事企业债券信用评级业务资格的通知》(简称《通知》)的规定,凡是向社会公开发行的企业债券,需要由经中国人民银行总行认可的资信评级机构进行评信。并且,在该《通知》中,中国人民银行认可了 9 家可从事全国范围内企业债券评级业务的评级公司:中国诚信证券评估有限公司、大公国际资信评估有限责任公司、深圳市资信评估公司、云南资信评估事务所、长城资信评估有限公司、上海远东资信评估公司、上海新世纪投资服务公司、辽宁省资信评估公司、福建省资信评级委员会。这些机构对发行债券企业的企业素质、财务质量、项目状况、项目前景和偿债能力进行评分,以此评定信用级别。

1998 年 9 月,与美国惠誉国际公司共同建立的第一家中外合资评级机构——中诚信国际信用评级有限责任公司成立。2000 年 7 月,福建省信用评级委员会重组,更名,联合资信评估有限公司在北京正式成立。2003 年 9 月,国家发改委要求企业债券须经过 2000 年以来承担过国务院特批企业债券评级业务的信用评级机构评估,按此要求,具备债券评级资格的机构为中诚信、大公、联合、远东资信和新世纪 5 家评级公司。

2006 年,全球著名评级机构穆迪公司收购中诚信国际 49%的股份,正式成为穆迪投资者服务公司成员。中诚信国际的通用信用评级分析框架如图 7—1 所示。

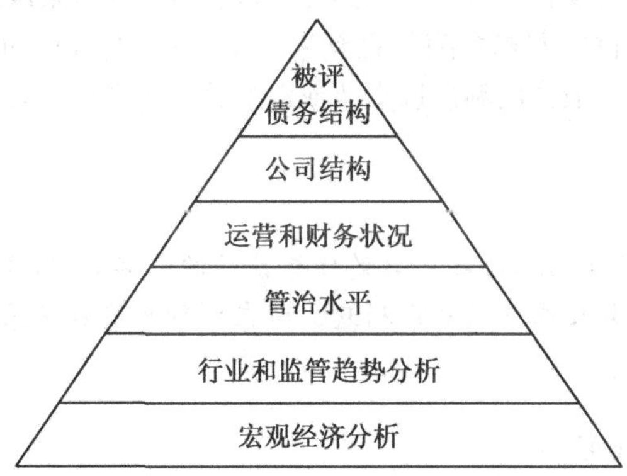

图 7—1 中诚信国际的通用信用评级分析框架

四、债券的偿还

(一)债券偿还的时间

债券偿还时间按其实际发生与规定到期日之间的关系,分为到期偿还、提前偿还和滞后偿还三类。

1. 到期偿还

到期偿还包括分批偿还和一次偿还两种,其中最常见的债券到期偿还方式是到期一次偿还。如果一家企业在发行同一种债券的当时就为不同编号或不同发行对象的债券规定了不同的到期日，这种债券就是分批偿还债券。因为各批次债券的到期时间不同，各自的票面利率和发行价格也可能不同，从而导致发行费用较高，但是由于这种债券便于投资者挑选最合适的到期日，因而便于发行。

2. 提前偿还

提前偿还又称提前赎回，是指在债券尚未到期之前就予以偿还。只有在契约发行债券的契约中明确规定了有关允许提前偿还的条款，企业才可以进行此项操作。提前偿还所支付的价格一般要比债券的面值高，而且随着到期日的临近而下降。具有提前偿还条款的债券可使企业融资有较大的弹性。当企业资金有结余时，可提前赎回债券；当预测利率下降时，也可提前赎回债券，而后以较低的利率发行新的债券。

3. 滞后偿还

债券在到期日之后偿还叫作滞后偿还。这种偿还条款一般在发行时便订立，主要是给予持有人延长持有债券的选择权。滞后偿还有转期和转换两种形式。

(1)转期。转期，是指将较早到期的债券换成较晚到期的债券。实际上是将债务期限延长。常用的办法有两种：直接以新债券兑换旧债券；用发行新债券得到的资金来赎回旧债券。

(2)转换。如果企业发行的是可转换债券，那么可以按一定的条件转换成本公司的普通股。

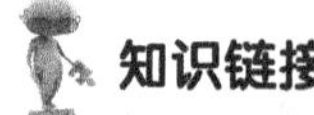

知识链接

企业在偿还债券时可使用的支付手段包括：现金、新发行的本公司债券(即新债券)、本公司的普通股和本公司持有的其他公司发行的有价证券，其中前三种较为常见。

(二)债券的付息

我国债券的付息主要表现在利息率的确定、付息频率和付息方式三个方面。利息率的确定有固定利率和浮动利率两种形式。债券付息频率主要有按年付息、按半年付息、按季付息、按月付息和一次性付息(利随本清、贴现发行)五种。付息方式有两种：一种是采取现金、支票和汇款的方式；另一种是息票债券的方式。付息方式多随付息频率而定，在一次付息的情况下，一般用现金或支票；在分次付息的情况下，记名债券的利息以支票或汇款的方式支付，不记名债券则按息票付息。

知识链接

“息票”一词来自英文“Coupon”，原指旧时的债券票面的一部分，债券持有人可将其剪下，在债券付息日携带至债券发行人处要求兑付当期利息。现在发行的债券多采用电子化形式，但票面利率仍被用来表示债券的利率。

(三)债券偿还的有关规定

《企业债券发行与转让管理办法》对债券的偿还做出了明确的规定。面向社会公开发行的企业债券，在债券到期兑付之前，应由发行人或代理兑付机构于兑付日的15日以前，通过广播、电视、报纸等宣传工具向投资人公布债券的兑付办法，其主要内容包括：

(1)兑付债券的发行人及债券名称；

(2)代理兑付机构的名称和地址；

(3)债券兑付的起止日期；

(4)逾期兑付债券的处理；

(5)兑付办法的公布单位及公章；

(6)其他需要公布的事项。

债券到期日前3日，债券发行人应将兑付资金划入指定的账户，以便用于债券的偿还。

五、债券筹资的优点和缺点

(一)债券筹资的优点

1. 资金成本较低

公司债券的利息费用属于正常的经营费用,允许在所得税前列支,发行公司可享受节税利益,从而在一定程度上降低公司的实际筹资成本。

2. 能充分利用财务杠杆作用

债券筹资获得的是一次长期资金,公司可相应对其作长期的投资安排,以获取持久的投资收益。只要公司投资报酬率高于其发行的债券利率,债券持有者获得固定利率后,剩余部分归公司所有者拥有,或者分配给股东,或者留存公司以备扩大生产经营活动。

3. 能够保障公司原有股东的控制权

债券持有者只能定期从公司获取固定的利息收益,无权参与发行公司的经营管理,这样公司既能筹得长期资金,又不会失去控制权。

4. 便于调整公司的资本结构

在公司发行可转换债券以及可提前赎回债券的情况下,便于公司主动地合理调整资本结构。

(二)债券筹资的缺点

1. 财务风险较高

债券有固定的到期日,并须定期支付利息,发行公司必须承担按期还本付息的义务。这就要求公司定期在财务的资金调度上准备充分的现金流出,加重了对公司资金平衡的要求;若公司经营不景气,亦须向债券持有人还本付息,这会给公司带来更大的财务困难,甚至导致破产。

2. 限制条款较多

发行债券的限制条件一般要比长期借款、租赁筹资的限制条件多且严格,从而限制了公司对债券筹资方式的使用,甚至会影响公司以后的筹资能力。

3. 筹资数量有限

公司利用债券筹资一般受一定额度的限制。多数国家对此有规定。我国《公司法》规定,发行公司流通在外的债券累计总额不得超过公司净资产的40%。

第三节　融资租赁筹资

租赁,是指按照达成的契约协定,出租人把拥有的特定财产(包括动产和不动产)在特定时期内的使用权转让给承租人,同时按期向承租人收取租金的一种经济行为。租赁设备的使用限于工商业、公共事业和其他事业,排除个人消费用途。其中,租金是融通资金的代价,具有贷款本息的性质。

租赁业务的实质是一种借贷行为,直接涉及的是物而不是钱。在租赁业务中,出租人是各种专业租赁公司,承租人主要是其他各类企业,租赁物大多为设备等固定资产。

租赁活动在社会上的产生与发展源远流长,现代租赁就是在企业需要机器设备时,由租赁公司直接购入该项设备之后再转租给企业,以“融物”代替“融资”,为企业开辟了一条获取机器设备的新途径,在租赁业务发达的条件下,它为企业所普遍采用。

知识链接

2018年12月7日财政部发布《企业会计准则第21号——租赁》,于2019年1月1日开始实施，会计账簿上将不再区分经营租赁与融资租赁，而是统一用“使用权资产”“租赁负债”进行列示。但这两种模式在实务中依旧存在。

一、租赁的种类和特点

租赁(Leasing)主要有经营租赁和融资租赁两种方式。

(一)经营租赁

1. 经营租赁的含义

经营租赁(Operating Leasing)是一种以提供资产短期使用权为特征的租赁形式。经营租赁的出租人需要向承租人提供设备的使用权，同时还需要提供设备保养、保险、维修和人员培训等其他专门性的技术服务。承租企业采用经营租赁的目的主要不是融通资本，而是获得设备的短期使用以及出租人提供的专门性技术服务。从承租人无须融资购买资产即可享用资产的使用权来看，经营租赁也具有短期融资的功效。经营租赁的对象主要是那些技术进步快、用途较广泛或使用具有季节性的物品。

2. 经营租赁的特点

经营租赁通常为短期租赁，可满足承租公司对设备的临时性生产经营的需求，主要有以下特点：

(1)承租企业根据需要可随时向出租人提出租赁资产。

(2)租赁期较短，远低于租赁物的经济寿命，不涉及长期而固定的义务。

(3)可撤销性，这种租赁是一种可解约的租赁，在设备租赁期内，如有新设备出现或不需用租入设备时，承租企业可按规定提前解除租赁合同，这对承租企业比较有利。

(4)出租人提供专门服务，经营租赁中租赁物所有权引起的成本和风险全部由出租人承担，其租金一般较融资租赁高。

(5)租赁期满或合同终止时，租赁设备由出租人收回。

(二)融资租赁

1. 融资租赁的含义

融资租赁(Financing Leasing)是由租赁公司按照承租公司的要求融资购买设备，并在契约或合同规定的较长期限内提供给承租公司使用的一种信用性租赁业务，是专门为承租人在财务困难缺乏资金的情况下，解决企业对长期资产需要而采取的一种融资方式。融资租赁实质上转移了与资产所有权有关的全部或绝大部分风险和报酬，是以融物的形式来达到融资的目的，相当于分期还本付息的长期借款，因此被视为中长期债务融资的一种形式。

2. 融资租赁的特点

融资租赁通常为中长期租赁，可适应承租公司对设备的较长期的使用需求，主要有以下特点：

(1)融资租赁一般是先由承租人(企业)向出租人提出租赁申请，出租人融通资金，按照承租人的要求购入资产，再交付承租人使用，对于设备的质量、数量、技术上的检验要由承租方负责。

(2)租赁期较长，按照国际惯例，租赁期通常超过租赁资产经济寿命的75%。

(3)租赁合同具有相对稳定性，在合同有效期内双方均无权单方面撤销合同。这样既保证了承租人长期使用资产，又保证了出租人在基本租赁期内收回投资并获得一定利润。

(4)在融资租赁方式下，出租方的主要责任是向承租人融通资金，因此，在租赁期内有关设备的保养维修费用全部由承租人承担，当然，因使用设备而产生的效益也全部由承租人独享。

(5)租赁期满后，承租人有权对租赁物做出选择，可将设备作价购入，或由出租人收回租赁物或是延长租期续租。

知识链接

中国的现代租赁业开始于20世纪80年代的改革开放，为了解决资金不足和从国外引进先进技术、设备和管理的需求，在荣毅仁先生的倡导下，作为增加引进外资的渠道，从日本引进了“融资租赁”的概念，以中国国际信托投资公司为主要股东，成立了中外合资的东方租赁有限公司和以国内金融机构为主体的中国租赁有限公司开展融资租赁业务，用这种方法从国外引进先进的生产设备、管理、技术，改善产品质量，提高中国的出口能力。

二、租赁存在的主要原因

(一)节税

租赁双方的实际税率不同，通过租赁可以减税。如果资产的使用者处于较低税率级别，在购买方式下，它所获得的折旧和利息费用的抵税效果较少。如果采用租赁方式，由于出租人处于较高的税率级别，可获得较多的折旧和利息的抵税效果。在竞争性的市场上，出租人因为存在抵税效应而会收取较低的租金。双方分享税率差别引起的减税，会使得资产使用者倾向于采用租赁方式。

在一定程度上，租赁是所得税制度的产物。所得税制度的调整，往往会促进或抑制某些租赁业务的发展。如果所得税法不鼓励租赁，则租赁业务很难发展。

(二)降低交易成本

租赁公司可以大批量购置某种资产，从而获得价格优惠。对于租赁资产的维修，租赁公司可能更内行或者更有效率。对于旧资产的处置，租赁公司更有经验。

交易成本的差别是经营租赁存在的主要原因。很难设想，旅客每到一处都会购置房产来居住，几日后离开再将其卖掉，不仅房屋买卖手续繁杂，而且交易成本很高。

(三)减少不确定性

经营租赁的承租人，不承担租赁资产的主要风险，比自行购置资产风险小。融资租赁的出租人，在收回租金前保留资产的所有权，比直接放贷风险小。

此外，有时承租人无法取得借款，或者不能进一步增加资产负债率，也会选择租赁筹资，即使其成本略高于借款筹资。

三、融资租赁的形式

融资租赁按其业务的不同特点，其租赁形式有直接租赁、杠杆租赁、售后租回三种。

(一)直接租赁

直接租赁，是指出租人用自有资金或在资金市场上筹措到的资金购进设备，直接出租给承租人的租赁，即“购进租出”。直接租赁的主要特征表现为出租者既是租赁设备的全资购买者，又是设备的出租者。承租人直接向出租人承租其所需要的资产，并支付租金。直接租赁的主要出租人是制造商、租赁公司、金融公司等，除制造商以外，其他出租人需按照承租人的需要向供应商购买资产，然后再出租给承租人。

(二)杠杆租赁

杠杆租赁是由出租人拿出部分资金以及加上贷款人提供的资金，购买承租人所需要使用的资产，并交由承租人使用，而承租人使用租赁资产后，应定期支付租赁费用的租赁形式。在杠杆租赁形式下，出租人一般只支付相当于租赁资产20%～40%的资金，剩余的60%～80%的资金由其将欲购置的设备作抵押，并以转让收取部分租金的权利作为附属担保，从银行或长期贷款提供者那里取得贷款，然后购入设备出租给承租人。这样，出租人利用自己的少量资金就推动了大额的租赁业务，故称为杠杆租赁。它是目前较为广泛采用的一种国际租赁方式。

杠杆租赁形式适用于巨额资产的租赁业务，如飞机、火车、船舶和海上钻井设备等。相对于其他租赁方式而言，杠杆租赁从承租者角度来看，与其他租赁方式并无区别，同样按契约规定，在基本租赁期内定期支付租金，并取得该期资产的使用权，主要区别在于：

1. 具有多种角色

出租者在杠杆租赁中充当多种角色，既是出租人，又是借贷人。一方面拥有对该资产的所有权，但同时又必须及时偿还借款，如果还款不及时，资产的所有权要归资金出借者所有。

2. 减少出租人租赁成本

杠杆租赁使出租人以较少投资（20%～40%）换得100%的折旧扣除或投资减税额，从而获得税务上的好处，大大降低出租人的租赁成本。一般情况下，杠杆租赁的出租人愿意将上述利益以低租金的方式转让一部分给承租人，使其租金低于一般融资性租赁的资金。

课堂思考

杠杆租赁与直接租赁的异同点有哪些？

（三）售后租回

售后租回，是指承租人由于资金的需要，将原属于自己且需继续使用的资产卖给出租人，然后再将其租回的形式，习惯上称为“回租”。采用这种融资租赁形式，承租企业因出售资产而获得了一笔现金，同时因将其租回而保留了资产的使用权，这与抵押贷款有些相似。但是，企业为之付出的代价是公司要支付租金，并变动财产的所有权。在售后租回中，承租方在租赁期末有权选择再次购入租赁资产。从事这种出租业务的公司包括金融公司、商业银行、保险公司、租赁公司等。

四、融资租赁的程序

（一）选择租赁公司，提出租赁申请

在确定采用融资租赁方式取得设备使用权的前提下，企业应认真选择租赁公司，了解租赁公司的以往业绩、融资条件、租赁费用等，并加以比较，选择适合自己的租赁公司。承租人为了达到最有效的融资目的，选择最佳供货人和最适合的设备是关键的一步。承租人有能力自行选择的，可自行选择；如果承租人没有能力或能力不足以胜任，可以委托租赁机构代理选择，承租人应主要说明需要租入资产的名称、性能、数量、规格、生产厂商、交货地点等。租赁机构代理选择结果被承租人认可生效。

（二）承租企业与租赁公司接触

承租人向租赁公司提出书面申请，并填写“设备租赁申请书”。租赁公司收到申请书后，应向企业介绍有关手续的办理程序、租金的计算方式、租金的支付期间与支付方式等。

（三）出租人对承租人信用状况的审查

在开展融资租赁之前，有两个基本条件必须得到满足：一是出租人对承租人的信用状况（包括承租人企业的产业特点、经营状况、财务报表、现金流量、项目情况、偿还能力、担保等）经审查后认可，并同意与其开展该项目的融资租赁交易；二是承租人必须对融资租赁的特点和实际运作有基本的认识和一定的了解，出租人和承租人双方能配合在一起开展工作。

（四）租赁公司对租赁项目的审查

租赁双方达成初步意向后，能否向企业提供租赁服务，需由租赁公司对租赁项目进行审查，以确保出租方的利益。审查的内容包括租赁项目的可行性、企业的资信与能力、租赁设备的先进性等。

（五）签订购货合同

购货合同应由承租人、出租人和供货商三者参加签订。在委托租赁的情况下，由租赁公司向供

货商订购，并签订订货合同，同时由承租人副签。

（六）签订租赁合同

经过租赁公司审查，认为切实可行后，承租企业与租赁公司进入实质性谈判阶段。若双方达成共识，则签订租赁合同。租赁公司与供货方的供货合同、与贷款银行的贷款合同也应立即或同时进行。承租人与出租人签订的租赁合同是重要的法律文件，双方应对租赁合同的具体内容平等协商，达成统一。租赁合同应重点协商租金、租金支付的方式、手续费率、租期、利息率等双方的权利和义务。

（七）设备的交接及货款的支付

供货商应根据合同规定的日期将设备直接交给承租企业，企业负责验货、办理交接手续，租赁公司根据此情况向供货商支付设备借款。

（八）支付租金

承租企业按合同规定的租金数额、支付方式等，向租赁公司支付租金。

（九）维修保养

承租人可与租赁设备供货商签订维修保养合同，并支付有关费用。

（十）租赁期满租赁资产的处置

融资租赁合同期满时，承租企业应按租赁合同的规定，实行退租、续租或留购。租赁期满的设备通常都以低价卖给承租企业或无偿赠送给承租企业。

五、租金的确定

在融资租赁方式下，承租企业必须按合同规定向租赁公司支付租金，租金的数额和支付方式会对承租公司未来财务状况产生直接影响。

（一）租金的影响因素

融资租赁每期支付租金的多少，主要取决于以下几个因素：

(1)租赁设备的购置成本，包括设备的买价、运杂费和途中保险费等。

(2)预计租赁设备的残值，即设备租赁期满时预计残值的变现净值。

(3)利息，即租赁公司为承租企业购置设备融资而应计的利息。

(4)租赁手续费，包括租赁公司承办租赁设备的营业费用以及一定的盈利。租赁手续费的高低一般无固定标准，通常由承租企业与租赁公司协商确定，按设备承办的一定比率计算。

(5)租赁期限。一般而言，租赁期限的长短会影响租金总额，进而影响到每期租金的数额。

(6)租金的支付方式。租金的支付方式也会影响每期租金的多少，一般而言，租金支付次数越多，每次的支付额越小。租金的支付方式主要有以下三种：①按支付间隔期分为年付、半年付、季付和月付；②按在期初或期末支付，分为先付、后付；③按每次支付金额是否相等，分为等额支付和不等额支付。在实务中，承租企业和租赁公司商定的租金支付方式多为后付等额年金。

（二）租金的计算方法

租金的计算方法很多，目前常用的计算方法主要有平均分摊法和等额年金法。

1. 平均分摊法

平均分摊法，是指先以商定的利息率和手续费率计算租赁期间的利息和手续费，然后连同设备成本按支付数平均。这种方法没有充分考虑资金的时间价值因素。每次应付租金计算公式可表示为：

$$R=\frac{(C-S)+I+F}{N}$$

式中，R 表示每次支付的租金；C 表示租赁设备的购置成本；S 表示租赁设备的预计残值；I 表示租赁期间的利息；F 表示租赁期间的手续费；N 表示租期。

【例 7－6】 A公司采用融资租赁方式，于20×5年1月1日从租赁公司租入一套设备，价值18万元，租期5年，预计租赁期届满时的残值为0.5万元，归租赁公司，年利率10%，租赁手续费为设备价值的2%。租金每年年初支付一次。该设备租赁每次支付的租金计算如下：

$$R=\frac{(C-S)+I+F}{N}$$
$$=\frac{(18-0.5)+[18\times10\%(F/A,10\%,5)]+18\times2\%}{5}$$
$$=\frac{17.5+10.989+0.36}{5}=5.7698(\text{万元})$$

2. 等额年金法

等额年金法是运用年金现值的计算原理计算每期应付租金的方法。在这种方法中，通常要综合考虑资金利息与租赁手续费，确定一个租费率作为折现率。租金有后付等额租金和先付等额租金两种支付方式。

(1)后付等额租金。承租企业与租赁公司之间商定的租金支付方式，大多为后付等额租金。根据普通年金现值的计算公式，推导可得后付等额租金方式下每年年末支付租金的计算公式如下：

$$R=\frac{P_A}{(P/A,i,n)}$$

式中，R 表示每次支付的租金；P_A 表示等额租金现值；$(P/A,i,n)$ 表示等额租金现值系数；i 表示折现率，此处为租费率；n 表示支付租金期数。

(2)先付等额租金。承租企业与租赁公司之间可能商定采用先付等额租金的方式。根据预付年金现值的计算公式，推导可得先付等额租金方式下每年年初支付租金的计算公式如下：

$$R=\frac{P_A}{(P/A,i,n-1)+1}$$

式中符号含义同前。

【例7—7】 续【例7—6】，假设设备残值归属于承租公司，并且租费率为11%，则承租公司每年年末支付的租金计算如下：

$$R=\frac{P_A}{(P/A,i,n)}=\frac{18}{(P/A,11\%,5)}=\frac{18}{3.696}=4.87(\text{万元})$$

若为先付等额租金方式，则每年年初支付的租金为：

$$R=\frac{P_A}{(P/A,i,n-1)+1}=\frac{18}{(P/A,11\%,4)+1}=\frac{18}{3.102+1}=4.3881(\text{万元})$$

为了便于有计划地安排租金的支付，承租公司可编制租金的摊销计划表。本例后付等额租金方式有关资料如表7—2所示。

表7—2 **租金摊销计划表** 单位：元

日　期	支付租金 (1)	应计租金 (2)=(4)×11%	偿还本金 (3)=(1)−(2)	本金余额 (4)
20×5年1月1日	—	—	—	180 000
20×5年12月31日	48 700	19 800	28 900	151 100
20×6年12月31日	48 700	16 621	32 079	119 021
20×7年12月31日	48 700	13 092	35 608	83 413
20×8年12月31日	48 700	9 175	39 525	43 888
20×9年12月31日	48 700	4 812*	43 888	0
合　计	243 500	63 500	180 000	—

注：*含小数尾差。

六、融资租赁的优点和缺点

对于承租企业而言，融资租赁是一种特殊的筹资方式。通过融资租赁，企业可不必预先筹措一笔相当于设备价款的现金，即可获得需要使用的设备。因此，与其他筹资方式相比，融资租赁筹资有其特有的优缺点。

（一）融资租赁的优点

1. 能够迅速形成生产能力

融资租赁集融资与融物于一身，能够迅速获得其所需资产，一般要比先筹措现金再购置设备来得更快，可以使企业尽快形成生产经营能力，占领市场、打开销路。

2. 限制条件少

企业运用股票、债券、长期借款等筹资方式，都受到相当多的资格条件限制，相比之下，租赁筹资的限制条件很少。

3. 可降低设备陈旧过时的风险

随着科学技术的进步，设备陈旧过时的风险很大，企业使用设备，不得不承担陈旧过时的风险，导致效率较低、费用增加。而在融资租赁筹资方式下，租期一般为设备使用寿命的75%，承租人只需承担设备的部分风险。

4. 能保持资金的流动性

租金在整个租期分摊，减少了不能偿付的风险，保留资金的流动性，为企业日常现金开支提供了更大的灵活性，且租金在税前扣除能减少所得税开支。

（二）融资租赁的缺点

1. 资金成本高

一般来说，融资租赁租金总额通常要比设备价值高出30%，承租企业在财务困难时期，支付固定的租金也将是一项沉重的负担；而且融资租赁一般不可撤销，租赁期长，企业资金运用会受到制约。

2. 丧失资产残值

租赁期满，除非承租公司购买该资产，否则该残值一般归出租人享有，对承租人来说，这是一种机会损失。

课堂思考

企业权益资本筹资和债务筹资的基本方式有哪些？

本章小结

任何企业都或多或少有一定的负债，几乎没有一家企业是只靠自有资本，而不运用负债进行经营的。企业负债的形成大致有两方面的原因：一是企业通过借款、发行债券、租赁等方式向债权人筹集的债务资本；二是企业由于信用关系而形成的应付款项等。前者长期债务筹资是本章讨论的主要内容。

长期借款是企业向银行或其他金融机构借入的、期限在1年以上（不含1年）或超过1年的一个营业周期以上的各项借款。长期借款筹资是企业自主扩张重要的经常性资金来源。本章所讨论的长期借款主要是指长期银行借款，是一种最为普通的债务融资形式。

公司债券是公司作为债务人为了筹集资金向债权人承诺在未来一定时期还本付息而发行的一种有价证券，是公司负债筹资的主要方式之一。债券按是否能转换为公司股票，通常分为可转换债券和不可转换债券。从筹资公司的角度看，发行可转换债券具有债务筹资与权益资本筹资的双重属性。债券的发行价格受债券的面值、期限、票面利率，市场利率和债券信用等级的影响，债券的发行价格有平价发行、溢价发行和折价发行。

租赁是出租人把拥有的特定财产(包括动产和不动产)在特定时期内的使用权转让给承租人,同时按期向承租人收取租金的一种经济行为。租赁主要有经营租赁和融资租赁两种方式。经营租赁是以提供资产短期使用权为特征的租赁形式,主要为满足临时性的生产经营需要。融资租赁实质上转移了与资产所有权有关的全部或绝大部分风险和报酬。融资租赁的形式主要有直接租赁、杠杆租赁和售后租回。

复习思考题

1. 筹集债务资本常见的手段有哪些?各自的优缺点如何?
2. 以长期银行借款为例,试说明长期借款的程序。
3. 什么是可转换债券?与普通债券有何异同?
4. 如何确定债券的发行价格?
5. 什么是融资租赁?融资租赁的主要形式有哪些?

第八章 资本成本与资本结构

学习目标

通过本章的学习，掌握资本成本的概念及计算方法；掌握杠杆在财务管理中的运用原理以及杠杆系数的计算；了解资本结构基本理论；掌握最佳资本结构决策的三种方法——资本成本比较法、每股收益分析法和企业价值分析法。

第一节 资本成本测算

资本结构决策是公司筹资决策的核心内容，资本取得的财务运作不仅要合理选择筹资方式，而且要科学安排资本结构。资本成本以及杠杆利益与风险是资本结构决策的基本因素。本章首先介绍资本成本以及杠杆在财务管理中的运用，然后介绍资本结构决策的基本因素、原理以及决策方法。

一、资本成本的概念

资本成本就是公司因筹集或使用资本所付出的代价。这里的资本，是指企业筹集的长期资本，包括权益资本和债务资本。所有者将资本投入公司，其目的是取得一定的投资报酬，而债权人将资本贷出去的目的是获得一定的贷款利息。由此可见，作为资本的使用者，其资本的筹集不论是来自投资者还是来自债权人，都必须付出一定代价，绝不可能无偿地使用这些资本。资本成本可以是公司一定时期实际支付的利息和股利的实际成本，也可以是按照一定市场利率等计算的机会成本。

知识链接

资本成本与资本的时间价值这两个概念往往容易混淆。事实上，两者既有区别，又有联系。一般认为，资本的时间价值的前提，是资本参与任何交易活动都是有代价的，因此，资本的时间价值着重反映了资本随着其运动时间的不断延续而不断增值的性质。资本的时间价值是资本的所有者在一定时期内从资本使用者那里获得的报酬，而资本成本则是指资本的使用者由于使用他人的资本而付出的代价。此外，资金的时间价值和资本成本都是以利息、股利等作为表现形式，但两者存在明显的区别，主要表现在两方面：第一，资本的时间价值表现为资本所有者的利息或股息收入，而资本成本是资本使用者的筹集成本；第二，资本的时间价值一般表现为时间的函数，而资本成本则表现为资本占用额的函数。

二、资本成本的构成内容

资本成本主要由筹资费用和用资费用两部分组成。

(一)筹资费用

筹资费用,是指公司在筹措资本的过程中所花费的各项有关开支,包括银行借款的手续费,发行股票、发行债券所支付的各项发行费用等。通常在筹资时一次性全部支付,在获得资本后的用资过程中不再发生,因而一般属于一次性费用,与筹资的次数有关,通常是将其作为所筹资本的一项扣除。

(二)用资费用

用资费用,是指资本使用者支付给资本所有者的资本使用报酬,如支付给股东的投资股利、支付给银行的贷款利息,以及支付给其他投资者的各种利息费用。用资费用是资本成本的主要内容,一般与筹资金额的大小以及筹资金额使用的时间长短有关,具有经常性、定期性支付的特征。

在实务中,为了计算资本成本的大小,以便企业做出正确的筹资决策,通常运用资本成本的相对数,即资本成本率来表示资本成本的大小。资本成本率,是指企业用资费用与筹资净额之间的比率,通常用百分比表示。其计算公式如下:

$$\text{资本成本率}=\frac{\text{用资费用}}{\text{筹资总额}-\text{筹资费用}}$$

其中,用资费用的确定由所筹资本的性质而定,若是从银行借入的资本,或是发行债券所筹的资本,则它就是指利息费用;若是吸收投资者投入的资本,用资费用就表示为预计的投资利润或股利。

由此可见,资本成本的高低取决于三个因素,即用资费用、筹资总额和筹资费用。在实务中,可视具体的筹资方式分别计算不同形式的资本成本率,这些形式包括个别资本成本率、综合资本成本率以及边际资本成本率等。不同形式的资本成本率,其计算方法有所不同,资本成本率的计算方法将在后续作详细介绍。

三、资本成本的作用

公司都希望以最小的资本成本获取所需的资本数额,因此,分析资本成本有助于筹资者选择筹资方案、确定筹资结构以及最大限度地提高筹资效益。

(一)选择筹资方式的重要依据

从筹资方式来看,公司面临多种筹资渠道,如前面章节所提到的发行债券、发行股票等。不同的筹资方式,其个别资本成本也不尽相同。在进行筹资决策时,资本成本是选择筹资方式的重要依据,通过比较不同方式的个别资本成本大小,选择资本成本最小的筹资方式。同时,公司资本结构的计算也离不开资本成本的计算。公司的资本结构往往是由债务资本与权益资本组合而成,如何寻求两者间的最佳组合,一般可通过计算综合资本成本来作为筹资决策的依据。此外,从某一项特定的追加投资来看,公司有时为了扩充生产规模,需要增大资本的投入量。在这种情况下,可以通过计算边际资本成本的大小来选择追加的筹资方案。

(二)评价各种投资项目是否可行的一个重要尺度

在评价投资方案是否可行时,一般是以项目本身的投资收益率与其资本成本率进行比较,如果投资项目的预期收益率大于其资本成本率,则是可行的;反之,如果预期投资收益率小于其资本成本率,则为不可行。因此,西方国家习惯上把资本成本率称为投资项目的“取舍率”。

(三)衡量公司经营业绩的一项重要指标

资本成本可以促进资本的使用者充分挖掘资本的潜力,节约资本的占用,提高资本的使用效益。债务资本的利息是利润前的一项扣除,若投资报酬率低于或大致等于利息率,则公司将没有利润。同样，对于投资者投入的资本，公司要以投资利润加以回报，若投资利润率低于投资的资本成本率，就会大大降低投资者的信心。

四、个别资本成本率

资本成本率的计算受到不同资本来源渠道的影响。同时，公司在日常生产经营活动中，资本往往是由多种来源组合而成的。每一种资本的筹集都有着特定的成本，因此，进行企业资本结构决策时，先分析个别资本成本率；再进一步计算公司的综合资本成本率；最后，进行追加筹资结构决策的分析，讨论边际资本成本率的计算方法。

这里讨论的个别资本成本率，是指长期资本的成本，主要是指长期借款、长期债券，以及优先股、普通股、留存收益等。一般将长期借款和长期债券的资本成本率称为债务资本成本率；而将优先股、普通股和留存收益的资本成本率统称为权益资本成本率。债务资本成本率与权益资本成本率的计算有较大的差别。现分述如下：

（一）债务资本成本率

债务资本成本率一般有长期借款资本成本率和公司债券资本成本率两种。长期债务资本有如下特点：(1)资本成本率的具体表现形式是利息率，利息率的高低是预先确定的，不受公司经营业绩的影响；(2)在长期债务生效期内，一般利息率固定不变，并且利息应该按期支付；(3)利息费用是税前的扣除项目；(4)债务本金应按期偿还。

由上可知，利息费用构成了债务资本成本率的最基本内容。由于利息费用是公司缴纳所得税之前的一项扣除，因而在公司盈利和亏损时，债务资本成本率有细微的差别。当公司盈利时，由于利息费用是税前列支，可以起到减少公司所得税的效应，因而，对公司来说，债务资本的实际成本是利息费用扣除由扣减的利息而少交的所得税之后的净额。而当公司没有利润时，由于得不到减税的好处，因此实际发生的利息费用就是债务资本的实际成本。

1. 长期借款资本成本率

长期银行借款的成本一般由借款利息及银行借款手续费两部分组成。银行借款的年利息费用直接构成了它的资本成本率。其计算公式如下：

$$K_l=\frac{I(1-t)}{L-F}$$

式中，K_l 表示长期借款资本成本率；I 表示长期借款年利息，等于借款本金与借款年利率的乘积；t 表示企业所得税税率；L 表示长期借款筹资总额；F 表示长期借款筹资费用。

以上公式也可写成下面的形式：

$$K_l=\frac{I(1-t)}{L(1-f_l)}$$

其中，f_l 表示长期借款筹资费用率，其他符号含义同前。

【例 8—1】 W 公司向银行取得 800 000 元的长期借款，年利息率为 10%，期限为 5 年，每年付息一次，到期一次还本。假定筹资费用率为 0.2%，所得税税率为 25%，则该长期借款的资本成本率可计算如下：

$$K_l=\frac{800\ 000\times 10\%\times(1-25\%)}{800\ 000\times(1-0.2\%)}\times 100\%=7.52\%$$

如果所得税税率按照 30%来计算，则长期借款的资本成本率为：

$$K_l=\frac{800\ 000\times 10\%\times(1-30\%)}{800\ 000\times(1-0.2\%)}\times 100\%=7.01\%$$

因此，所得税的高低影响着企业的筹资成本，负债筹资中利息的税前扣除，对于企业而言，具有降低筹资成本的作用。

在实务中，银行长期借款手续费(也即筹资费用)的数额相对比较小，为了简化计算，也可忽略不计。这样，【例 8－1】的资本成本率也可用下式计算：

$K_t = i \times (1-t) = 10\% \times (1-25\%) = 7.5\%$

其中，i 表示利息率，其他符号含义同前。

2. 公司债券资本成本率

公司债券资本成本率的计算与长期借款资本成本率的计算基本相同，包含债券利息的支付和债券筹资的费用。公司债券的筹资费用往往高于长期借款的筹资费用，它一般包括发行债券的手续费、注册费用、印刷费以及上市推销费用等，因此，通常情况下，债券筹资费用不能忽略。

从债券的发行来看，发行价格有平价发行、溢价发行和折价发行三种。这些价格的区别体现了债券的票面利率与市场利率之间的关系。但不管债券是以什么价格发行，有两点必须明确：一是债券利息应按面值及票面利率计算；二是债券的筹资额应按具体的发行价格进行计算。

在不考虑货币时间价值时，债券的资本成本率计算公式如下：

$$K_b = \frac{I(1-t)}{B(1-f_b)} \times 100\%$$

式中，K_b 表示债券资本成本率；I 表示债券年利息（即用资费用）；t 表示企业所得税税率；B 表示债券筹资总额；f_b 表示债券筹资费用率。

【例 8－2】 W 公司委托某一金融机构代为发行面额为 100 元的 3 年期长期债券。其发行价格为 120 元（溢价发行），票面年利率为 10%，每年支付一次利息，发行费用占发行价格的 4%。若公司所得税税率为 25%，则其资本成本率为：

$$K_b = \frac{100 \times 10\% \times (1-25\%)}{120 \times (1-4\%)} \times 100\% = 6.51\%$$

在考虑货币时间价值时，公司债券的税前资本成本率，也就是债券持有人投资的必要报酬率，再乘以（1－t）折算为税后的资本成本率。其计算过程如下：

（1）计算债券的税前资本成本率，其计算公式为：

$$\begin{aligned} P_0 &= \sum_{t=1}^{n} \frac{I}{(1+R_b)^t} + \frac{F}{(1+R_b)^n} \\ &= I \times (P/A, R_b, n) + F \times (P/F, R_b, n) \end{aligned}$$

式中，P_0 表示债券筹资净额，即债券发行价格（或现值）扣除发行费用；I 表示债券的年利息额；F 表示债券面额或到期价值；R_b 表示债券的投资必要报酬率，即债券的税前资本成本率；t 表示债券付息期数；n 表示债券期限。

（2）将其调整为税后成本，即为债券的实际资本成本率。调整公式为：

$$K_b = R_b \times (1-t)$$

其中，求解 R_b 需要结合第二章所学习的“插值法”，使用“逐步测试法”进行计算。

例如，W 公司发行了面值为 100 元、期限 10 年的长期债券，票面利率是 7%，每年付息一次，债券发行价格为 90 元每份。

$90 = 100 \times 7\% \times (P/A, R_b, 10) + 100 \times (P/F, R_b, 10)$

即需要找到一个折现率使得：

$100 \times 7\% \times (P/A, R_b, 10) + 100 \times (P/F, R_b, 10) - 90 = 0$

当 $R_1 = 7\%$ 时，$100 \times 7\% \times 7.0236 + 100 \times 0.5083 - 90 = 10$，说明所测试的折现率较小，继续测试；

当 $R_2 = 9\%$ 时，$100 \times 7\% \times 6.4177 + 100 \times 0.4224 - 90 = -2.84$

使用插值法，则：

$$\frac{R_b - 7\%}{9\% - 7\%} = \frac{10}{10+2.8}$$

$$R_b = 8.56\%$$

知识链接

公司发行债券筹集资金 P_0，就必须为使用该项资金支付相应的成本，即债务利息及偿还债券面值。同时，如第七章所述，公司可筹集资金，也即债券的发行价格，计算公式的基本原理是将债券的全部现金流按照债券发行时的市场利率进行贴现并求和。此外，上述考虑货币时间价值计算公司债券资本成本率的方法，也可以理解为到期收益率法(详细见第十章)。

课堂思考

既然债务资本成本有抵税的作用，是不是债务资本越多越好？

(二)权益资本成本率

权益资本，是指公司的所有者投入公司的资本。根据它们的不同形式，可分为普通股、优先股以及留存收益等。权益资本的成本也包含两大内容：一是投资者的期望投资报酬，二是筹资费用。权益资本的成本计算具有较大的不确定性。这是由于投资报酬不是事先规定的(优先股例外)，它完全由公司的经营效益所决定。另外，与债券的利息不同，权益资本报酬也就是股利，是以税后利润支付的，不会减少企业所得税，所以，权益资本成本率的计算有其自身的特点。

1. 普通股资本成本率

普通股是构成股份公司原始资本和权益的主要部分。从理论上来说，人们认为普通股的成本是普通股股东在一定的风险条件下所要求的投资收益率，其计算方法一般有三种：股利贴现模型、资本资产定价模型和债券投资收益率加股票投资风险收益率。

(1)股利贴现模型

股利贴现模型的基本计算公式为：

$$P_c = \sum_{t=1}^{\infty} \frac{D_t}{(1+K_c)^t}$$

式中，P_c 表示普通股筹资净额，即发行价格扣除发行费用；D_t 表示第 t 年的普通股股利；K_c 表示普通股投资的必要收益率，即普通股资本成本率。

运用上式计算普通股的资本成本率，其结果会因为股利政策的不同而有所不同。假定公司实行固定股利政策，即每年分派现金股利为 D，则资本成本率可按下列公式进行计算：

$$K_c = \frac{D}{P_c} \times 100\%$$

课堂思考

永续年金求现值如何计算？

【例 8－3】 W 公司拟发行一批普通股，发行价格为 13 元/股，每股发行费用为 1 元，预定公司每年分派现金股利每股 1.3 元，其资本成本率为：

$K_c = \frac{1.3}{13-1} \times 100\% = 10.83\%$

假定公司实行固定增长股利政策，股利固定增长率为 g，以股利增长模型为基础的普通股资本成本率计算公式如下：

$$K_c = \frac{D_1}{P_c} \times 100\% + g$$

式中，K_c 表示普通股资本成本率；D_1 表示普通股第一年年末股利；P_c 表示普通股筹资净额，即发行价格扣除发行费用；g 表示普通股股利的年增长率。

【例 8－4】 A 公司拟增发普通股，每股发行价格为 15 元/股，每股发行费用为 1.2 元，预定公司第一年分派现金股利每股 1.5 元，以后每年股利增长 4%，其资本成本率为：

$$K_c=\frac{1.5}{15-1.2}\times 100\%+4\%=14.87\%$$

(2)资本资产定价模型

除了以上以股利为基础来计算普通股的资本成本率以外，还可以采用以风险大小为基础来计算普通股的成本。普通股收益实际上是一种风险收益，它的高低取决于投资者所冒风险的大小。美国学者夏普等人于 1964 年在投资组合理论基础上提出了“资本资产定价模型”(Capital Asset Pricing Model)。该模型的研究对象是，充分组合情况下风险与必要收益率之间的均衡关系。它认为单一证券的系统风险可由 β 系数来衡量，而且其风险与收益之间的关系可由证券市场线来描述。也就是说，证券投资的必要收益率等于无风险收益率加上风险收益率，即：

$$K_c=R_f+\beta_i(R_m-R_f)$$

式中，K_c 表示普通股投资的必要收益率，即普通股资本成本率；R_f 表示无风险收益率，通常用政府债券利率来替代；β_i 表示第 i 种股票的贝塔系数，代表该资产的系统风险；R_m 表示所有股票的市场收益率；(R_m-R_f)表示市场的风险收益率。

在确定无风险收益率、市场收益率和某种股票的贝塔系数后，就可以计算出该股票的必要收益率，即资本成本率。

课堂思考

结合第二章，思考企业面临的风险常见的类型有哪两种？

知识链接

投资组合理论认为，随着组合中资产种数增加，投资组合的风险将下降，充分组合下可有效降低非系统风险，因此资本资产定价模型中仅考虑资产的系统风险水平。证券投资组合相关内容详见第十章。

资本资产价模型建立在一系列基本假设条件下，随后，每一个假设逐步被放开，并在新的基础上进行研究。多年来，资本资产定价模型经受住了大量经验上的证明。尤其是 β 概念，以其科学的简单性、逻辑的合理性赢得了人们的支持。各种实证研究验证了 β 概念的科学性及适用性。

【例 8－5】 已知某股票的风险系数为 1.15，证券市场平均收益率为 14%，无风险收益率为 6%，则该股票的资本成本率为：

$K_c=6\%+1.15\times(14\%-6\%)=15.2\%$

(3)债券投资收益率加股票投资风险收益率

一般而言，从投资者的角度来看，股票投资的风险高于债券，因此，股票投资的必要收益率可在债券利率的基础上加上股票投资高于债券投资的风险收益率。

【例 8－6】 B 公司已发行债券的投资收益率为 9%，现准备发行一批股票，经分析，该股票投资高于债券投资的风险收益率为 5%，则该股票的必要收益率即资本成本率为：

$K_c=9\%+5\%=14\%$

2. 优先股资本成本率

优先股是享有某种优先权利的股票，它同时兼有普通股与债券的双重性质，其特征表现为：投资报酬表现为股利形式，股利率固定，本金不需偿还。优先股的成本也包含两个部分：筹资费用与预定的股利。根据货币时间价值永续年金的计算公式推导可得，优先股的资本成本率与固定股利的普通股资本成本率的计算类似。其计算公式如下：

$$K_p=\frac{D}{P_p}\times 100\%$$

式中，K_p 表示优先股资本成本率；P_p 表示优先股筹资净额，即发行价格扣除发行费用；D 表示优先股年股利额。

【例 8－7】 C 股份公司拟发行一批优先股，每股发行价格为 5 元，发行费用 0.2 元，预计年股利 0.5 元。其资本成本率计算如下：

$$K_p=\frac{0.5}{5-0.2}\times 100\%=10.42\%$$

3. 留存收益资本成本率

留存收益是公司税后净利在扣除所宣布派发股利后形成的。它包括提取的盈余公积和未分配利润。留存收益的所有权属于普通股股东所有，它既可以用作未来股利的分配，也可以作为公司扩大再生产的资本来源。通常将留存收益再投资称为留存收益资本化，它是公司一个重要的筹资来源。

从表面上看，留存收益属于公司股东，使用这部分资本不需要任何代价，但事实上，它的使用存在着机会成本。对资本的所有者来说，资本的任何一种运用都是有代价的，对于股东来说，如何处理留存收益有多种选择：可以作为现金股利发放，也可以用作本公司或其他公司的投资，但不论是哪一种选择都要支付代价，因此，留存收益也有成本。一般而言，人们将留存收益视同普通股股东对公司的再投资，并参照普通股的方法计算它的资本成本率，只是不考虑其筹资费用。留存收益资本成本率用 K_r 表示。

【例 8－8】 某公司现有普通股 5 000 万元，当年预计股利率为 10%，同时估计未来股利每年递增 4%，该公司现有可分配的利润为 500 万元。公司为了扩大生产规模，准备再筹资 500 万元。该公司有以下两种选择：

(1)500 万元全部作现金股利发放，另增发 500 万普通股，发行费率为 5%。

(2)500 万元作为留存收益资本化。

按第一种情况，可计算该公司普通股资本成本率为：

$$K_c=\frac{500\times 10\%}{500\times(1-5\%)}+4\%=14.53\%$$

按第二种情况，可计算该公司留存收益资本成本率为：

$$K_r=\frac{500\times 10\%}{500}+4\%=14\%$$

可以看出，两种方式表现为筹资费用的差别。

课堂思考

权益资本成本与债务资本成本之间的区别与联系是什么？

五、综合资本成本率

公司的资本不可能来自单一的渠道，对于大多数公司来讲，其正常经营所需的资本实际上是不同资本来源的组合。因此，要全面衡量一家公司的筹资成本，除了分别计算不同来源的资本成本率以外，还要计算全部资本的成本。综合资本成本率，是指公司全部长期资本的总成本，一般是以各种个别资本占全部资本的比例作为权数，并对个别资本成本率进行加权，也称为加权平均资本成本率(Weighted Average Cost of Capital, WACC)。其计算公式如下：

$$WACC = K_w = \sum_{i=1}^{n} K_i W_i$$

式中，K_w 表示综合资本成本率；K_i 表示第 i 种长期资本的资本成本率；W_i 表示第 i 种长期资本的资本比例，且 $\sum_{i=1}^{n} W_i = 1$。

因此，综合资本成本率是由个别资本成本率和各种长期资本比例两个因素决定的。在实际计算时，可分三个步骤进行：第一步，先计算个别资本成本率；第二步，计算各种长期资本的比例；第三步，计算综合资本成本率。

个别资本成本率前已介绍，此处不再赘述；各种长期资本比例，是指一个企业各种长期资本分别占企业全部长期资本的比例，即资本结构，在计算企业综合资本成本率时起着决定作用。企业各种长期资本比例则取决于各种资本价值的确定。各种资本价值的计量基础主要有三种：账面价值、市场价值和目标价值。

(一)按账面价值计算

按账面价值计算资本权数的方法也称为账面价值法，这一方法以账面价值作为依据，主要是为了满足分析过去的筹资成本。其优点是易于从资产负债表中取得这些资料，数据真实并且容易计算。其不足之处在于，若股票与债券的市场价值已严重脱离其账面价值，则计算出的综合资本成本率会偏离实际，影响公司做出正确的筹资决策。

【例 8—9】 据 W 公司 20×8 年 12 月 31 日年度财务报告可知，其长期资本总额为 1 000 万元，其中长期借款 280 万元，公司债券 300 万元，优先股 100 万元，普通股 200 万元，留存收益 120 万元。经测算，它们各自的资本成本率分别是 5.5%、6.3%、10.2%、15%和 14.5%。该公司的综合资本成本率可计算如下：

首先，分别计算个别资本在资本总额中所占的比重：

长期借款资本比例：$W_l = \frac{280}{1\ 000} \times 100\% = 28\%$

公司债券资本比例：$W_b = \frac{300}{1\ 000} \times 100\% = 30\%$

优先股资本比例：$W_p = \frac{100}{1\ 000} \times 100\% = 10\%$

普通股资本比例：$W_c = \frac{200}{1\ 000} \times 100\% = 20\%$

留存收益资本比例：$W_r = \frac{120}{1\ 000} \times 100\% = 12\%$

其次，再根据已知的个别资本成本率计算综合资本成本率：

$$\begin{aligned} WACC &= K_w = K_l W_l + K_b W_b + K_p W_p + K_c W_c + K_r W_r \\ &= 5.5\% \times 28\% + 6.3\% \times 30\% + 10.2\% \times 10\% + 15\% \times 20\% + 14.5\% \times 12\% \\ &= 9.19\% \end{aligned}$$

以上计算过程也可以通过表 8—1 来完成。

表 8—1　以账面价值为基础的综合资本成本率计算表

资本种类	账面价值(万元)	所占比重	个别资本成本率(%)	加权平均资本成本率(%)
长期借款	280	0.28	5.50	1.54
公司债券	300	0.30	6.30	1.89
优先股	100	0.10	10.20	1.02

续表

资本种类	账面价值(万元)	所占比重	个别资本成本率(%)	加权平均资本成本率(%)
普通股	200	0.20	15.00	3.00
留存收益	120	0.12	14.50	1.74
合　计	1 000	1.00	—	9.19

(二)按市场价值计算

按市场价值计算,是指将债券、股票及留存收益均以现行市场价值作为个别资本比重的计算依据,然后计算综合资本成本率。由于现行市场的证券价值一直处于波动状态,因此可选用平均的市场价值。

【例 8—10】 续【例 8—9】,若公司债券的市价比账面价值上涨 25%,优先股市价比账面价值上升 50%,公司普通股的市价比账面价值上升 100%,另假定留存收益也上升 40%,重新列表计算市价基础上的公司综合资本成本率(见表 8—2)。

表 8—2　以市场价值为基础的综合资本成本率计算表

资本种类	账面价值(万元)	市场价值(万元)	所占比重	个别资本成本率(%)	加权平均资本成本率(%)
长期借款	280	280	0.21	5.50	1.16
公司债券	300	375	0.27	6.30	1.70
优先股	100	150	0.11	10.20	1.12
普通股	200	400	0.29	15.00	4.35
留存收益	120	168	0.12	14.50	1.74
合　计	1 000	1 373	1.00	—	10.07

将表 8—2 与表 8—1 进行比较,由于债券市价和股票市价都上涨,按市场价值确定的资本比例与按账面价值确定的资本比例不同,从而综合资本成本率也受到影响,从原来的 9.19%上升至现在的 10.07%。这反映了该公司目前实际的资本成本率,有利于公司在目前情况下做出适当的筹资决策。当然,按市场价值确定资本比例也有其不足之处,即证券的市场价格处于经常性的变动之中而不易选定,实务中采用一定时期证券的平均价格作为弥补。另外,尽管资本的价值采用现行市价,但也不一定能代替未来的市场价格情况,因而这一综合资本成本率不便于公司对未来筹资做出正确决策。

(三)按目标价值计算

通过以上的讨论,可以发现不论是按账面价值确定资本比例,还是按市场价值确定资本比例,反映的是公司过去和现在的资本结构,未必适用于公司未来的筹资管理决策。而从公司筹资管理决策的角度来看,对综合资本成本率的一个基本要求是,它应适用于公司未来的目标资本结构。因此可以采用按目标价值进行计算。

按目标价值计算,是指证券和股票等以公司预计的未来目标市场价值确定资本比例,从而计算综合资本成本率。

【例 8—11】 续【例 8—9】,假定 W 公司在未来将扩大现有的资本规模,从 1 000 万元扩增至 2 000 万元,预计各种资本的目标市场价值分别为长期借款 400 万元、公司债券 500 万元、优先股 300 万元、普通股 600 万元、留存收益 200 万元。据此,可编表计算综合资本成本率如下(见表 8—3)。

表 8—3　　以目标价值为基础的综合资本成本率计算表

资本种类	账面价值(万元)	目标价值(万元)	所占比重	个别资本成本率(%)	加权平均资本成本率(%)
长期借款	280	400	0.20	5.50	1.10
公司债券	300	500	0.25	6.30	1.58
优先股	100	300	0.15	10.20	1.53
普通股	200	600	0.30	15.00	4.50
留存收益	120	200	0.10	14.50	1.45
合　计	1 000	2 000	1.00	—	10.16

使用目标价值确定资本比例，能够体现期望的目标资本结构要求。但资本的目标价值难以客观地确定，因此，通常应选择市场价值确定资本比例。在企业筹资实务中，目标价值和市场价值虽然各有优点，但仍有不少公司宁可采用账面价值确定资本比例，因其易于使用。

由此可见，综合资本成本率的权数计量基础不一样，在个别资本成本率既定的情况下，也会产生不同的资本结构，从而最终影响到综合资本成本率的计算。

六、边际资本成本率

(一)边际资本成本率的原理

边际资本成本率，是指公司追加筹资的资本成本率，即公司新增 1 元资本所需负担的成本。通常，资本成本率在一定范围内不会改变，而在保持某资本成本率的条件下可以筹集到的资金总限度称为保持现有资本结构下的筹资突破点，或称为分界点。一旦筹资额超过突破点，即使维持现有的资本结构，其资本成本率也会增加。此时，边际资本成本率也可理解为随着筹资额增加而提高的综合资本成本率。

另外，在筹资数额较大，或目标资本结构既定的情况下，往往需要通过多种筹资方式的组合来实现，此时，边际资本成本率应该以资本比例为权数计算其加权平均资本成本率。

(二)边际资本成本率规划

公司在追加筹资中，为了便于比较、选择不同规模范围的筹资组合，可以先计算边际资本成本率。下面举例说明边际资本成本率规划的过程与方法。

【例 8—12】 假定 H 公司目前拥有长期资本 100 万元，拟筹集一定资本用于扩充生产规模，试确定追加筹资的边际资本成本率规划。

(1)确定目标资本结构。公司管理人员通过对有关数据进行分析，确定目标资本结构为：长期债务占 40%、优先股占 10%、普通股占 50%。

(2)计算各种资本成本率。经过对金融市场的分析，公司财务人员认定随着公司筹资规模的扩大，各种资本的成本率也会发生变动，各资本具体筹资数与其成本率资料见表 8—4。

表 8—4　　不同筹资种类的规模和成本率状况

资本种类	筹资规模(万元)	资本成本率(%)
长期债务	10 以内	6
	10～50	8
	50 以上	10

续表

资本种类	筹资规模(万元)	资本成本率(%)
优先股	5 以内	9
	5～20	11
	20 以上	13
普通股	50 以内	14
	50～100	16
	100 以上	18

(3)计算筹资总额分界点。根据公司目标资本结构以及各类资本的成本率变动分界点，计算公司筹资总额的分界点。其计算公式为：

$$BP_i=\frac{TF_i}{W_i}$$

式中，BP_i 表示筹资总额分界点；TF_i 表示第 i 种资本的成本率发生变化的筹资分界点；W_i 表示第 i 种资本在目标资本结构中的比例。根据以上资料，该公司追加筹资总额范围的计算结果如表 8—5 所示。

表 8—5　　筹资总额分界点

资本种类	资本成本率(%)	各类资本筹资范围(万元)	筹资总额成本分界点(万元)	筹资总额范围(万元)
长期债务	6	10 以内	10/0.4=25	25 以内
	8	10～50	50/0.4=125	25～125
	10	50 以上	—	125 以上
优先股	9	5 以内	5/0.1=50	50 以内
	11	5～20	20/0.1=200	50～200
	13	20 以上	—	200 以上
普通股	14	50 以内	50/0.5=100	100 以内
	16	50～100	100/0.5=200	100～200
	18	100 以上	—	200 以上

表 8—5 显示了特定种类资本成本率变动的分界点。例如，长期债务在 10 万元以内时，其资本成本率为 6%，而在目标资本结构中，债务资本的比例为 40%。这表明，当债务资本成本率由 6%上升到 8%之前，企业可筹资 25 万元；当筹资总额超过 25 万元时，债务资本成本率就会上升到 8%。

(4)计算边际资本成本率。根据以上步骤计算出筹资分界点，可以列出下列 6 个新的筹资总额范围：①25 万元以内；②25 万～50 万元；③50 万～100 万元；④100 万～125 万元；⑤125 万～200 万元；⑥200 万元以上。对这 6 个筹资总额范围分别计算其加权平均资本成本率，即可得到各种筹资范围的边际资本成本率，如表 8—6 所示。

表 8—6 **边际资本成本表**

筹资范围（万元）	资本种类	资本结构	资本成本率（%）	边际资本成本率（%）	加权平均边际资本成本率（%）
0～25	长期债务	0.4	6	2.4	10.3
	优先股	0.1	9	0.9	
	普通股	0.5	14	7	
25～50	长期债务	0.4	8	3.2	11.1
	优先股	0.1	9	0.9	
	普通股	0.5	14	7	
50～100	长期债务	0.4	8	3.2	11.3
	优先股	0.1	11	1.1	
	普通股	0.5	14	7	
100～125	长期债务	0.4	8	3.2	12.3
	优先股	0.1	11	1.1	
	普通股	0.5	16	8	
125～200	长期债务	0.4	10	4	13.1
	优先股	0.1	11	1.1	
	普通股	0.5	16	8	
200 以上	长期债务	0.4	10	4	14.3
	优先股	0.1	13	1.3	
	普通股	0.5	18	9	

为了更加直观地反映各筹资范围的资本成本，根据计算结果绘制边际资本成本线，如图 8—1 所示。此外，边际资本成本还可与边际投资报酬相比较，以判断有利的投资与筹资机会。

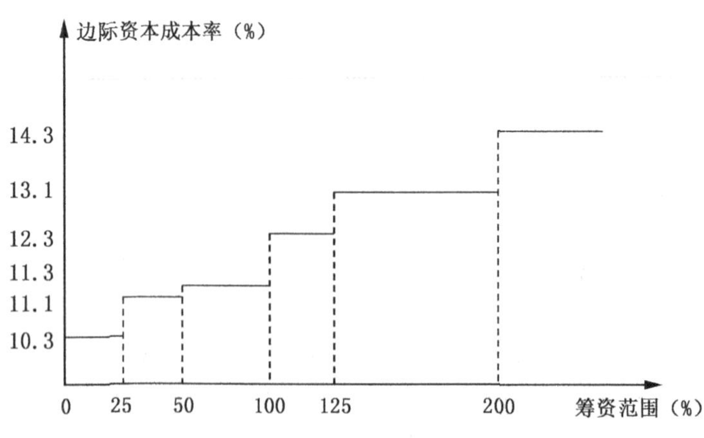

图 8—1 边际资本成本率

课堂思考

试说明边际资本成本与综合资本成本的异同。

第二节　杠杆在财务管理中的运用

杠杆是物理学中的概念，杠杆效应，是指利用杠杆可以花较小的力量移动较重物体。在财务管理中，杠杆效应是指一个变量较小幅度的变动会引起另外一个变量较大幅度的变动。这种效应既能带来一定的利益，同时也能带来一定的风险。财务管理中的杠杆有经营杠杆、财务杠杆、总杠杆。

一、经营杠杆

(一)经营杠杆原理

1. 经营杠杆的概念

经营杠杆(Operating Leverage)，又称营业杠杆，是指由于公司经营成本中固定成本的存在而导致息税前利润变动率大于营业收入变动率的现象，这里的经营成本包括营业成本、营业税金及附加、销售费用、管理费用等。公司利用经营杠杆，有时可以获得一定的经营杠杆利益，有时也承受着相应的经营风险(即遭受损失)。可见，经营杠杆是一把“双刃剑”。

2. 经营杠杆利益与经营风险

经营杠杆利益，是指在公司扩大营业收入总额的条件下，单位营业收入的固定成本下降而给企业增加的息税前利润。在公司一定的营业收入规模内，变动成本随着业务量的增加而增加，固定成本总额则保持不变。随着业务量的增加，单位产品所负担的固定成本会相对减少，从而单位产品的利润提高，息税前利润的增长率将大于业务量的增长率。

经营风险又称营业风险，是指与公司经营有关的风险，尤其是公司在经营活动中利用经营杠杆而导致息税前利润下降的风险。由于经营杠杆的作用，当业务量下降时，息税前利润下降得更快，从而给公司带来经营风险。

【例 8—13】　A 公司 20×7 年、20×8 年和 20×9 年的营业收入总额分别是 220 万元、240 万元和 280 万元，每年的固定成本总额均为 60 万元，变动成本率为 60%。现计算其经营杠杆利益，如表 8—7 所示。

表 8—7　　A 公司经营杠杆利益测算表

年份	营业收入(万元)	营业收入总额增长率(%)	变动成本(万元)	固定成本(万元)	息税前利润(万元)	息税前利润增长率(%)
20×7	220	—	132	60	28	—
20×8	240	9.09	144	60	36	28.57
20×9	280	16.67	168	60	52	44.44

由表 8—7 可见，A 公司在营业收入总额为 220 万～280 万元的情况下，固定成本总额每年都是 60 万元，即保持不变，随着营业收入总额的增长，息税前利润以更快的速度增长。例如，公司 20×8 年与 20×7 年相比，营业收入总额的增长率为 9.09%，同期息税前利润的增长率为 28.57%；20×9 年与 20×8 年相比，营业收入总额的增长率为 16.67%，同期息税前利润的增长率为 44.44%。由此可见，由于公司有效地利用了经营杠杆，获得了较高的经营杠杆利益，即息税前利润的增长幅度大于营业收入总额的增长幅度。

【例 8—14】 假定 A 公司 20×7 年、20×8 年和 20×9 年的营业收入总额分别是 280 万元、240 万元和 220 万元，每年的固定成本总额均为 60 万元，变动成本率为 60%。现计算其经营风险，如表 8—8 所示。

表 8—8 **A 公司经营风险测算表**

年份	营业收入（万元）	营业收入总额降低率（%）	变动成本（万元）	固定成本（万元）	息税前利润（万元）	息税前利润降低率（%）
20×7	280	—	168	60	52	—
20×8	240	14.29	144	60	36	30.77
20×9	220	8.33	132	60	28	22.22

由表 8—8 可见，A 公司在营业收入总额为 280 万～220 万元的情况下，固定成本总额每年都是 60 万元，即保持不变，随着营业收入总额的下降，息税前利润以更快的速度下降。例如，公司 20×8 年与 20×9 年相比，营业收入总额的降低率为 14.29%，同期息税前利润降低 30.77%；20×9 年与 20×8 年相比，营业收入总额的降低率为 8.33%，同期息税前利润降低 22.22%。由此可见，由于公司没有有效地利用经营杠杆，从而导致了经营风险，即息税前利润的降低幅度大于营业收入总额的降低幅度。

课堂思考

引发经营杠杆效应的根源是什么？如果公司不存在固定成本，其息税前利润变动率与营业收入变动率之间存在怎样的关系？

【例 8—15】 X、Y、Z 是三家固定成本不同的公司，假设三家公司的固定成本保持不变，单位售价不会随着业务量的增加而降低，公司的变动成本率均为 60%。当销售量均增加 50%时，三家公司的息税前利润的变动程度分别是多少？有关情况如表 8—9 所示。

表 8—9 **经营杠杆效应** 单位：元

项目	X 公司	Y 公司	Z 公司
单位产品价格(*P*)	10	10	10
销售量(*Q*)	300	300	300
营业收入(*S*)	3 000	3 000	3 000
变动成本总额(*C*)	1 800	1 800	1 800
固定成本(*F*)	0	600	800
息税前利润(*EBIT*)	1 200	600	400
盈亏平衡点	0	150	200
固定成本/总成本(%)	—	25	31
下一年度营业收入总额增长 50%后：			
营业收入(*S*)	4 500	4 500	4 500
变动成本总额(*C*)	2 700	2 700	2 700
固定成本(*F*)	0	600	800
息税前利润(*EBIT*)	1 800	1 200	1 000
EBIT 变动幅度(%)	50	100	150

从例8—15的分析结果可见：当下一年度营业收入总额增长50%时，X公司由于没有固定经营成本，其息税前利润变动幅度也是50%；而Y公司和Z公司由于存在固定成本，其息税前利润分别增长了100%和150%。这说明是固定成本引起了经营杠杆效应。另一方面，Z公司相对于Y公司而言，固定成本总额与所占总成本的比率较大，因此息税前利润的变化幅度也最大。Y公司增加了100%，而Z公司却增加了150%。

由此可见，如果公司不存在固定成本，则息税前利润的变动率与销售量的变动率保持一致；固定成本是引发经营杠杆效应的根源，但公司销售量水平与盈亏平衡点的相对位置决定了经营杠杆的大小，当公司销售量越接近盈亏平衡点时，其经营杠杆系数越大。在达到盈亏平衡点时，公司盈利的不稳定性越大，表明经营风险也越大，其经营杠杆系数达到最大，即为无穷大。

课堂思考

什么是盈亏平衡点？例8—15中的盈亏平衡点如何计算求得？盈亏平衡分析的主要内容是什么？

(二)经营杠杆系数

经营杠杆系数是用来衡量经营杠杆的作用程度，估计经营杠杆利益大小，评价经营风险高低的指标。经营杠杆系数，是指公司息税前利润的变动率相当于营业收入变动率的倍数。其定义公式为：

$$DOL=\frac{\text{息税前利润变化的百分比}}{\text{营业收入变化的百分比}}=\frac{\Delta EBIT/EBIT}{\Delta S/S}$$

或：

$$DOL=\frac{\Delta EBIT/EBIT}{\Delta Q/Q}$$

式中，DOL表示经营杠杆系数；$\Delta EBIT$表示息税前利润变动额；$EBIT$表示基期息税前利润；ΔS表示营业收入变动额；S表示基期营业收入；ΔQ表示销售数量的变动额；Q表示基期销售数量。

为了便于计算，将上述公式变换如下：

$$\because \quad EBIT=Q(P-V)-F$$

$$\Delta EBIT=\Delta Q(P-V)$$

$$\therefore \quad DOL=\frac{Q(P-V)}{Q(P-V)-F}$$

或：

$$DOL=\frac{S-C}{S-C-F}=\frac{EBIT+F}{EBIT}$$

式中，P表示单位销售价格；V表示单位变动成本；C表示变动成本总额，可按单位变动成本乘以销售量来确定，或者按变动成本率乘以营业收入总额来确定；F表示固定成本总额；其他符号含义同前。

【例8—16】 W公司的产品销量为2 000件，单位产品售价为10元，营业收入总额为20 000元，固定成本总额为4 000元，单位产品变动成本为6元，变动成本率为60%，变动成本总额为12 000元，则其经营杠杆系数计算如下：

$$DOL=\frac{2\,000\times(10-6)}{2\,000\times(10-6)-4\,000}=\frac{8\,000}{4\,000}=2$$

或：

$$DOL=\frac{20\,000-12\,000}{20\,000-12\,000-4\,000}=\frac{8\,000}{4\,000}=2$$

即如果公司销售收入增长10%，则其息税前利润(*EBIT*)将增长20%；反之，如果公司销售收入下降10%，则其息税前利润(*EBIT*)将下降20%。前一种情形表现为经营杠杆利益，后一种情形则表现为经营杠杆风险。

一般而言，公司的经营杠杆系数越大，经营杠杆利益和经营风险就越高；公司的经营杠杆系数越小，经营杠杆利益和经营风险就越低。

(三)影响经营杠杆效应的因素

影响公司经营杠杆系数，或者说影响公司经营杠杆利益和经营风险的因素主要有以下四个方面：

1. 产品销售量

在其他因素不变的条件下，产品销售量的变动将会影响经营杠杆系数。

【例8—17】 续【例8—16】，假定产品销售数量由2 000件变为2 200件，其他因素不变，则经营杠杆系数为：

$$DOL=\frac{2\,200\times(10-6)}{2\,200\times(10-6)-4\,000}=\frac{8\,800}{4\,800}=1.83$$

2. 产品售价

在其他因素不变的条件下，产品售价的变动将会影响经营杠杆系数。

【例8—18】 续【例8—16】，假定产品售价由10元变为12元，其他因素不变，则经营杠杆系数为：

$$DOL=\frac{2\,000\times(12-6)}{2\,000\times(12-6)-4\,000}=\frac{12\,000}{8\,000}=1.50$$

3. 单位产品变动成本

在其他因素不变的条件下，变动成本率或单位产品变动成本额的变动将会影响经营杠杆系数。

【例8—19】 续【例8—16】，假定变动成本率由60%上升至65%，即单位变动成本为6.5元(10×65%)，其他因素不变，则经营杠杆系数为：

$$DOL=\frac{2\,000\times(10-6.5)}{2\,000\times(10-6.5)-4\,000}=\frac{7\,000}{3\,000}=2.33$$

4. 固定成本总额

在一定的产销规模内，固定成本总额相对保持不变。如果产销规模超出了一定的限度，固定成本总额也会发生一定的变动。

【例8—20】 续【例8—16】，假定产品销售总额由20 000元增至40 000元，同时固定成本由4 000元增至6 000元，变动成本率仍然为60%，其他因素不变，则经营杠杆系数为：

$$DOL=\frac{4\,000\times(10-6)}{4\,000\times(10-6)-6\,000}=\frac{16\,000}{10\,000}=1.60$$

在上述因素发生变动的情况下，经营杠杆系数一般也会发生变动，从而产生不同程度的经营杠杆利益和经营风险。由于经营杠杆系数影响着公司的息税前利润，从而也就制约着公司的筹资能力和资本结构。因此，经营杠杆系数是资本结构决策的一个重要因素。

知识链接

经营杠杆有助于对企业管理层在控制经营风险时，不是简单考虑固定成本的绝对量，而是关注固定成本与盈利水平的相对关系。企业一般可以通过增加营业收入、降低单位变动成本、降低固定成本比重等措施使经营杠杆系数下降，降低经营风险，但这往往要受到条件的制约。

二、财务杠杆

(一)财务杠杆原理

1. 财务杠杆的概念

财务杠杆(Financial Leverage),又称筹资杠杆,是指由于公司债务资本中固定费用(固定性筹资成本)的存在而导致普通股每股收益变动率大于息税前利润变动率的现象。公司利用财务杠杆会对股权资本的收益产生一定的影响,有时可能给股权资本的所有者带来额外的收益,有时也可能造成一定的损失。

2. 财务杠杆利益与财务风险

财务杠杆利益,是指公司利用债务筹资这个财务杠杆而给股权资本带来的额外收益。公司在资本规模和资本结构一定的条件下,债务筹资的利息成本是不变的,随着息税前利润的增加,单位利润所负担的固定性利息费用就会相对减少,从而单位利润可供股东分配的部分会相应增加,给公司所有者带来额外的收益,普通股股东每股收益的增长率将大于息税前利润的增长率。

财务风险又称筹资风险,是指公司经营活动中与筹资有关的风险,尤其是指在筹资活动中利用财务杠杆可能导致企业股权资本所有者收益下降的风险,甚至可能导致公司破产的风险。随着息税前利润的减少,单位利润所负担的固定利息费用就会相对增加,从而单位利润可供股东分配的部分相应减少,普通股股东每股收益的下降率将大于息税前利润的下降率。

【例 8—21】 续【例 8—13】,A 公司 20×7 年、20×8 年和 20×9 年的息税前利润分别是 28 万元、36 万元和 52 万元,每年的债务利息都是 20 万元,公司所得税税率为 25%,该公司的财务杠杆利益计算如表 8—10 所示。

表 8—10　　A 公司财务杠杆利益测算表

年份	息税前利润(万元)	息税前利润增长率(%)	债务利息(万元)	所得税(25%)	税后利润(万元)	税后利润增长率(%)
20×7	28	—	20	2	6	—
20×8	36	28.57	20	4	12	100
20×9	52	44.44	20	8	24	100

由表 8—10 可见,在资本结构一定的条件下,固定的利息支出每年都是 20 万元,即固定不变,随着息税前利润的增长,税后利润以更快的速度增长。例如,A 公司 20×7 年与 20×8 年相比,息税前利润增长率为 28.57%,同期税后利润的增长率为 100%;20×9 年与 20×8 年相比,息税前利润增长率为 44.44%,同期税后利润的增长率为 100%。由此可知,由于公司有效地利用了财务杠杆,从而给公司股权资本所有者带来了额外的利益,即税后利润的增长幅度大于息税前利润的增长幅度。

【例 8—22】 续【例 8—14】,A 公司 20×7 年、20×8 年和 20×9 年的息税前利润分别是 52 万元、36 万元和 28 万元,每年的债务利息都是 20 万元,公司所得税税率为 25%,该公司的财务风险计算如表 8—11 所示。

表 8—11　　A 公司财务风险测算表

年份	息税前利润(万元)	息税前利润降低率(%)	债务利息(万元)	所得税(25%)	税后利润(万元)	税后利润降低率(%)
20×7	52	—	20	8	24	—
20×8	36	30.77	20	4	12	50
20×9	28	22.22	20	2	6	50

由表 8—11 可见，在资本结构一定的条件下，固定的利息支出每年都是 20 万元，即固定不变，随着息税前利润的降低，税后利润以更快的速度降低。例如，A 公司 20×8 年与 20×7 年相比，息税前利润降低率为 30.77%，同期税后利润降低 50%；20×9 年与 20×8 年相比，息税前利润降低率为 22.22%，同期税后利润降低 50%。由此可知，由于公司没有有效地利用财务杠杆，从而导致了财务风险，即税后利润的降低幅度大于息税前利润的降低幅度。

课堂思考

引发财务杠杆效应的根源是什么？如果公司不存在固定性筹资费用，其普通股每股收益变动率与息税前利润变动率之间存在怎样的关系？

【例 8—23】 X、Y、Z 是三家经营业务相同的公司，假设三家公司的固定性筹资费用（债务利息）保持不变，当息税前利润均增加 50%时，三家公司的每股收益的变动程度分别是多少？有关情况如表 8—12 所示。

表 8—12 **财务杠杆效应** 单位：元

项　目	X 公司	Y 公司	Z 公司
资本总额	200 000	200 000	200 000
普通股股本	200 000	150 000	100 000
发行股数	20 000	15 000	10 000
债务	0	50 000	100 000
资产负债率(%)	0	25	50
息税前利润	20 000	20 000	20 000
债务利息(利率 8%)	0	4 000	8 000
所得税(税率 25%)	5 000	4 000	3 000
税后净利	15 000	12 000	9 000
普通股每股收益	0.75	0.8	0.9
息税前利润增加 50%	30 000	30 000	30 000
债务利息(利率 8%)	0	4 000	8 000
所得税(税率 25%)	7 500	6 500	5 500
税后净利	22 500	19 500	16 500
普通股每股收益	1.125	1.3	1.65
EPS 变动幅度(%)	50	62.5	83.33

从例 8—23 的分析结果可见：完全没有债务筹资的 X 公司相对于具有债务筹资的 Y 公司和 Z 公司而言，当下一年度息税前利润增长 50%时（从 20 000 元增加到 30 000 元），每股收益也增长了 50%；而 Y 公司和 Z 公司每股收益分别增长了 62.5%和 83.33%。这说明，是固定性筹资成本引起了财务杠杆效应。

其次，Y 公司和 Z 公司的资产负债率分别是 25%和 50%，在其资产负债率保持不变时，息税前利润均增加 50%的情况下，Y 公司和 Z 公司每股收益分别增长了 62.5%和 83.33%。这说明，资产负债率越高的公司，财务杠杆效应越明显。

最后，在X、Y、Z三家公司的资产负债率保持不变的条件下（资产负债率分别为0、25%、50%），当息税前利润增加时，债务利息占息税前利润的比例是下降的（X公司除外），Y公司和Z公司分别从20%和40%下降到13.33%和26.67%，表明公司的财务风险是下降的。

由此可见，如果公司不存在固定性筹资成本，则普通股每股收益的变动率将与息税前利润的变动率保持一致；固定性筹资成本是引发财务杠杆效应的根源，但息税前利润与固定性筹资成本之间的相对水平决定了财务杠杆的大小，即财务杠杆的大小是由固定性筹资成本和息税前利润共同决定的。

（二）财务杠杆系数

为了反映财务杠杆的作用程度，估计财务杠杆利益的大小，评价财务风险的高低，需要计算财务杠杆系数。财务杠杆系数，是指公司每股收益的变动率相当于息税前利润变动率的倍数。其定义公式为：

$$DFL=\frac{\text{每股收益变化的百分比}}{\text{息税前利润变化的百分比}}=\frac{\Delta EPS/EPS}{\Delta EBIT/EBIT}$$

式中，DFL表示财务杠杆系数；ΔEPS表示每股收益变动额；EPS表示基期每股收益；$\Delta EBIT$表示息税前利润变动额；$EBIT$表示基期息税前利润。

为了便于计算，将上述公式变换如下：

$$\because \quad \text{在不考虑优先股的情况下，}EPS=(EBIT-I)(1-T)/N$$

$$\Delta EPS=\Delta EBIT(1-T)/N$$

$$\therefore \quad DFL=\frac{EBIT}{EBIT-I}$$

式中，I表示债务年利息；T表示公司所得税税率；N表示流通在外的普通股股数；其他符号含义同前。

【例8－24】　W公司全部长期资本为75万元，债务资本占总资本的比例为40%，债务年利率为8%，公司所得税税率为25%，息税前利润是8万元。其财务杠杆系数计算如下：

$$DFL=\frac{8}{8-75\times 40\%\times 8\%}=1.43$$

该系数表示，如果公司息税前利润增长10%，则其普通股每股收益将增长14.3%；反之，如果公司息税前利润下降10%，则其每股收益将下降14.3%。前一种情形表现为财务杠杆利益，后一种情形则表现为财务杠杆风险。

一般而言，公司的财务杠杆系数越大，财务杠杆利益和财务风险就越高；公司的财务杠杆系数越小，财务杠杆利益和财务风险就越低。

课堂思考

财务杠杆系数越高，每股收益也越高。试判断该表述是否正确？

（三）影响财务杠杆效应的因素

影响公司财务杠杆系数，或者说影响公司财务杠杆利益和财务风险的因素主要有以下四个方面：

1. 资本规模

在其他因素不变的条件下，如果资本规模发生了变动，财务杠杆系数也将随之变动。

【例8－25】　续【例8－24】，假定资本规模由75万元变为85万元，其他因素不变，则财务杠杆系数为：

$$DFL=\frac{8}{8-85\times40\%\times8\%}=1.52$$

2. 资本结构

在其他因素不变的条件下，资本结构发生变动，或者说债务资本比例发生变动，则财务杠杆系数也会随之变动。

【例 8—26】 续【例 8—24】，假定债务资本比例变为 50%，其他因素不变，则财务杠杆系数为：

$$DFL=\frac{8}{8-75\times50\%\times8\%}=1.60$$

3. 债务利率

在债务利率发生变动的情况下，即使其他因素不变，财务杠杆系数也会有所变动。

【例 8—27】 续【例 8—24】，假定债务利率由 8%降低为 7%，其他因素不变，则财务杠杆系数为：

$$DFL=\frac{8}{8-75\times40\%\times7\%}=1.36$$

4. 息税前利润的变动

息税前利润的变动通常也会影响财务杠杆系数。

【例 8—28】 续【例 8—24】，假定息税前利润由 8 万元增至 10 万元，其他因素不变，则财务杠杆系数为：

$$DFL=\frac{10}{10-75\times40\%\times8\%}=1.32$$

在上述因素发生变动的情况下，财务杠杆系数一般也会发生变动，从而产生不同程度的财务杠杆利益和财务风险。因此，财务杠杆系数是资本结构决策的一个重要因素。

知识链接

财务杠杆有助于对企业管理层在控制财务风险时，不是简单考虑负债筹资的绝对量，而是关注负债利息成本与盈利水平的相对关系。

三、总杠杆

总杠杆(Total Leverage)，又称联合杠杆，是指经营杠杆和财务杠杆的共同作用。从以上介绍可知，经营杠杆考察营业收入变化对息税前利润的影响程度，而财务杠杆考察息税前利润变化对每股收益的影响程度。如果直接考察营业收入的变化对每股收益的影响程度，即考察了两种杠杆的共同作用。

总杠杆作用的大小可以用总杠杆系数来表示，其定义公式为：

$$DTL=\frac{\text{每股收益变化的百分比}}{\text{营业收入变化的百分比}}=\frac{\Delta EPS/EPS}{\Delta S/S}$$

或：

$$DTL=\frac{\Delta EPS/EPS}{\Delta Q/Q}$$

依据经营杠杆系数与财务杠杆系数的定义表达式，总杠杆系数可以进一步表示为经营杠杆系数与财务杠杆系数的乘积，反映了企业经营风险和财务风险的组合效果。

$$DTL=DOL\times DFL$$

在实务中，公司对经营杠杆和财务杠杆的运用，可以有各种不同的组合，有利于管理层对经营风险与财务风险进行管理。比如，经营杠杆系数较高的公司可以在较低程度上使用财务杠杆；经营杠杆系数较低的公司可以在较高程度上使用财务杠杆等。

课堂思考

什么是杠杆利益以及杠杆风险?

【例 8—29】 假定某公司的经营杠杆系数为 2,财务杠杆系数为 1.5,则该公司的总杠杆系数为:$DTL=2\times1.5=3$

课堂思考

沿用【例 8—29】的资料,假设公司当期销售收入为 200 000 元,预计下一年度销售收入增长至 250 000 元,请问对预计年度每股收益有何影响?

第三节 资本结构理论

资本结构,是指企业各种资本来源的构成及其比例关系。资本结构有广义和狭义之分。广义的资本结构是指全部资本(包括长期资本、短期资本)的结构;狭义的资本结构是指长期资本的结构。通常情况下,公司的资本由长期债务资本和权益资本构成。资本结构指的就是长期债务资本和权益资本各占多大比例。由于短期资本的需要量和筹集是经常变化的,且在整个资本总量中所占的比重不稳定,因此,在资本结构概念中通常不包含短期资本,短期资本不列入资本结构管理范围,而作为营运资金管理。

一、资本结构中债务资本的作用

公司的资本结构问题,主要是债务资本的比例安排问题。在公司的资本结构决策中,合理地利用债务筹资,科学地安排债务资本的比例,是公司筹资管理的一个核心问题,对公司有重要意义。

(一)合理安排债务资本比例可以降低公司综合资本成本

一方面,由于债务利息率通常低于股票股利率;另一方面,债务利息在所得税前列支,公司可享有所得税节税利益。从而债务资本成本率明显低于股权资本成本率,因此,在一定的限度内合理地提高债务资本比例,可以降低公司的综合资本成本率。

(二)合理安排债务资本比例可以获得财务杠杆利益

由于债务利息通常是固定不变的,当息税前利润增大时,每 1 元利润所负担的固定利息会相对减少,从而分配给股权资本的所有者的税后利润会相应增加。因此,在一定的限度内合理地利用债务资本,可以发挥财务杠杆的作用,给企业股权资本的所有者带来财务杠杆利益。当然,运用债务筹资,给公司带来财务杠杆利益的同时,也给公司带来一定的财务风险,包括定期还本付息的风险以及可能导致所有者收益下降的风险。

二、西方资本结构理论

资本结构理论是关于公司资本结构、公司综合资本成本率与公司价值之间关系的理论,是公司财务理论的核心内容之一,也是资本结构决策的重要理论基础。资本结构理论经历了从早期资本结构理论到现代资本结构理论的发展过程。

(一)早期资本结构理论

早期的资本结构理论主要有以下三种观点:

1. 净收益理论

净收益理论认为，在公司的资本结构中，债务资本的比例越高，公司的净收益或税后利润就越多，从而公司的价值就越高。其基本假设是，债务资本成本和股权资本成本不受财务杠杆的影响，即随着公司债务资本比例增加，其债务资本成本率和股权资本成本率都固定不变。只要股权筹资成本高于债务筹资成本，那么随着公司负债水平的提高，综合资本成本会下降。因此，公司举债越多，综合资本成本就越低，公司价值就越大。净收益理论的资本结构和资本成本率与公司价值的关系如图 8—2 所示。

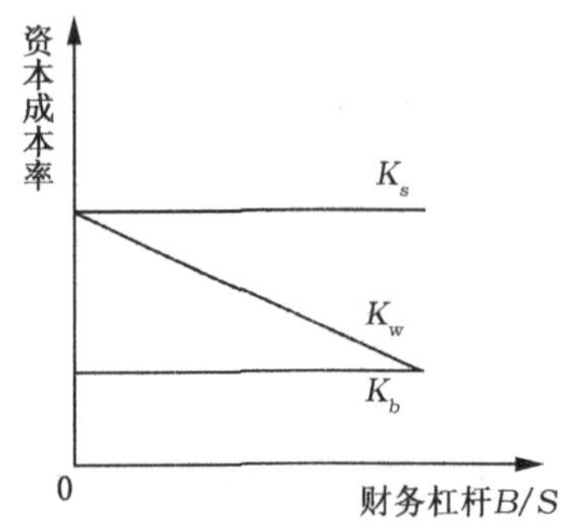

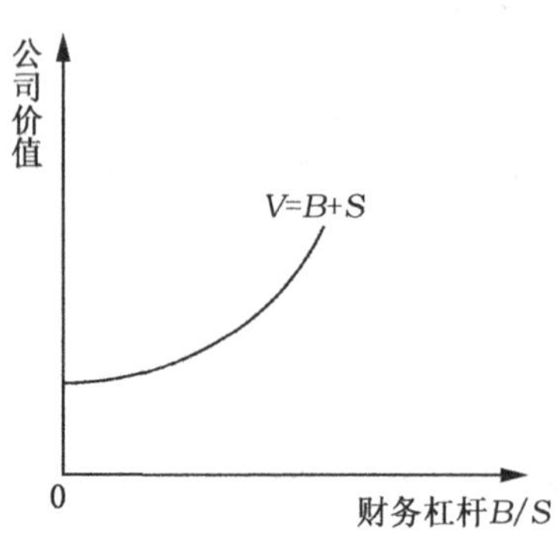

注：K_s 表示股权资本成本率；K_b 表示债务资本成本率；K_w 表示综合资本成本率；V 表示公司价值；B 表示债务资本价值；S 表示权益资本价值。

图 8—2　净收益理论

净收益理论是一种极端的资本结构理论。这种理论虽然考虑到财务杠杆利益，但忽略了财务风险。很明显，如果公司的债务资本过多，债务资本比例过高，财务风险就会很大，公司的综合资本成本率就会上升，公司的价值反而下降。

2. 净营业收益理论

净营业收益理论认为，在公司的资本结构中，债务资本的多少、比例的高低，与公司的价值没有关系。其基本假设是，公司利用负债筹资，财务杠杆作用扩大，会增加公司权益资本的风险，权益资本成本将会上升，这样就会抵消财务杠杆作用带来的好处，公司的综合资本成本不变。因此，资本结构与公司价值无关。从而，决定公司价值的真正因素应该是公司的净营业收益。净营业收益理论的资本结构和资本成本率与公司价值的关系如图 8—3 所示。

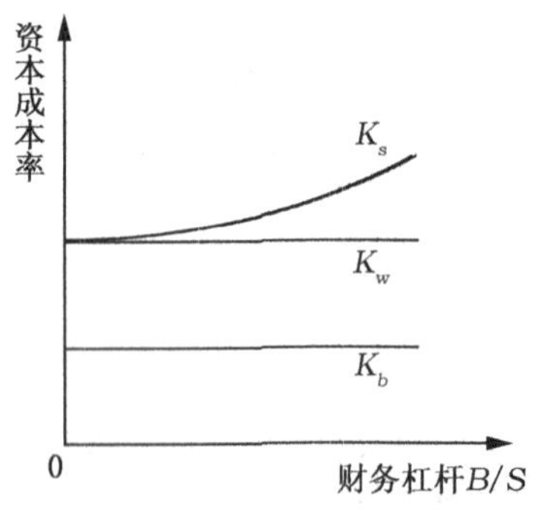

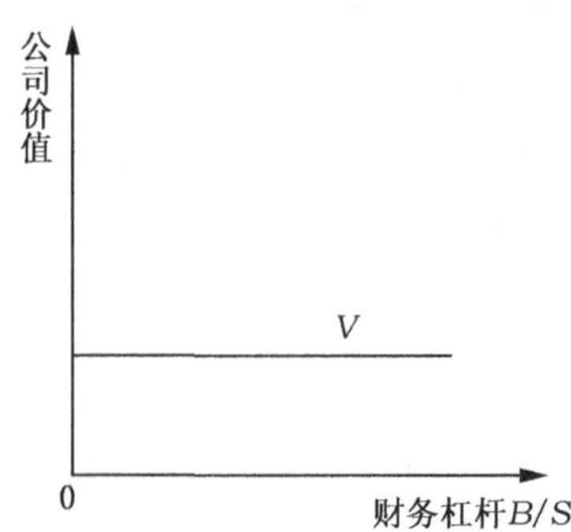

图 8—3　净营业收益理论

净营业收益理论是另一种极端的资本结构理论，这种观点虽然认识到债务资本比例的变动会产生公司的财务风险，也可能影响公司的股权资本成本率，但公司的综合资本成本率不可能是一个常数。如果此理论成立，那就不存在资本结构的决策问题，也没有最佳资本结构的讨论了。

3. 传统理论

关于早期资本结构理论，除了上述两种极端的理论外，还有一种介于两者之间的一种观点，被称为传统理论。该理论认为，增加债务资本对提高公司价值是有利的，但债务资本规模必须适中。如果公司负债过度，只会导致综合资本成本率升高，公司价值下降。

其基本假设是，一方面，随着财务杠杆的增加，公司的债务资本成本在一定范围内保持不变，超过该范围，债务资本成本将上升；另一方面，权益资本会随着财务杠杆和财务风险的增加而上升，权益资本成本与财务杠杆之间呈非线性关系。因此，综合资本成本不会保持不变，而是随着债务资本比例的增加先开始下降，然后随着权益资本成本上升更加显著（可能还有债务资本成本的上升）而开始上升。最佳资本结构，就是公司综合资本成本最低时的资本结构。传统理论的资本结构和资本成本率与公司价值的关系如图 8－4 所示。

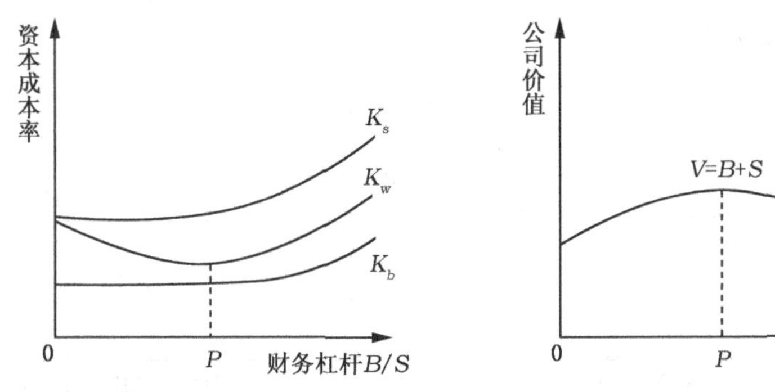

图 8—4 传统理论

（二）现代资本结构理论

上述三种理论的差异，实际上是因为各种理论所基于的假设不同而引起的，而这些假设只是对公司所有者行为的一种推论。1958 年，美国的莫迪格里安尼和米勒两位教授合作发表《资本成本、公司价值与投资理论》一文，深入探讨了公司资本结构与公司价值的关系，创立了 MM 资本结构理论，是现代资本结构理论研究的起点。

1. MM 理论

MM 的资本结构理论建立在一系列的假设基础上，其所依据的直接及隐含的假设条件如下：(1)经营风险可以用息税前利润的方差来衡量，具有相同经营风险的公司称为风险同类（Homogeneous Risk Class）；(2)投资者等市场参与者对公司未来的收益与风险的预期是相同的（Homogeneous Expectations）；(3)股票与债券在完全资本市场上交易，不发生交易费用；(4)借款无风险，即公司或个人投资者的所有债务利率均为无风险利率，且不受借款数额的影响；(5)所有现金流量都是永续现金流量，公司现金流预计是零增长率，投资者对公司息税前利润的预期是常数。

在上述假设的基础上，MM 首先研究“没有企业所得税”情况下的资本结构理论，其后又研究了“有企业所得税”情况下的资本结构理论。因此，MM 资本结构理论又可以分为“无税 MM 理论”和“有税 MM 理论”。

(1)无税 MM 理论。在不考虑企业所得税的情况下，MM 理论研究了两个命题：

命题Ⅰ：无论公司有无债务资本，其价值等于公司所有资产的预期收益额按适合该公司风险等级的必要报酬率折现的价值。其中，公司资产的预期收益额相当于公司的息税前利润；与公司风险等级相适应的必要报酬率相当于公司的综合资本成本率。其表达式如下：

$$V_L=\frac{EBIT}{K_{WACC}^0}=V_U=\frac{EBIT}{K_e^u}$$

式中，V_L 表示有负债公司的价值；V_U 表示无负债公司的价值；$EBIT$ 表示全部资产的预期收益（永续）；K_{WACC}^0 表示有负债公司的综合资本成本率；K_e^u 表示既定风险等级的无负债公司的股权资本成本率。

命题Ⅰ的基本含义是：第一，公司的价值不会受资本结构的影响，仅由预期收益所决定，即全部预期收益（永续）按照与公司风险等级相同的必要报酬率所计算的现值；第二，有债务公司的综合资本成本率等同于与它风险等级相同但无债务公司的股权资本成本率；第三，公司的股权资本成本率或综合资本成本率与其资本结构无关，仅取决于公司的经营风险。

命题Ⅱ：有负债企业的股权资本成本率随着财务杠杆的提高而增加。股权资本成本率等于无负债企业的股权资本成本率加上风险溢价，而风险溢价与以市值计算的财务杠杆（债务/股东权益）成正比。

命题Ⅱ的基本含义是：因为资本成本率较低的债务给公司带来的财务杠杆利益会被股权资本成本率的上升而抵消，最后使有债务公司的综合资本成本率等于无债务公司的综合资本成本率，所以公司的价值与其资本结构无关。

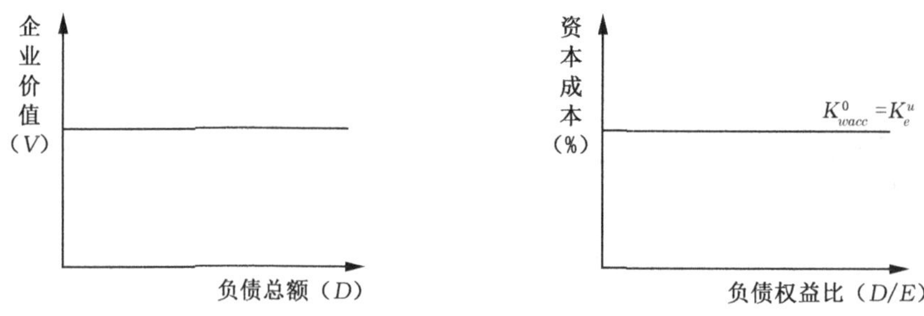

图 8－5 无税 MM 理论的命题Ⅰ和命题Ⅱ

在公司的筹资实务中，几乎没有一家公司不关注资本结构。因此，MM 资本结构的基本理论还需要发展。

(2)有税 MM 理论。1963 年，莫迪格里安尼和米勒合作发表了另外一篇论文——《公司所得税与资本成本：一项修正》。该文取消了公司无所得税的假设，认为若考虑公司所得税的因素，公司的价值会随财务杠杆系数的提高而增加，从而得出了公司资本结构与公司价值相关的结论，即有税 MM 理论。

有税 MM 理论也研究两个基本命题：

命题Ⅰ：有债务公司的价值等于有相同风险但无债务公司的价值加上债务的节税利益。其表达式如下：

$$V_L=V_U+T\times D$$

式中，V_L 表示有债务公司的价值；V_U 表示无债务公司的价值；T 表示公司所得税税率；D 表示公司的债务数量。

$T\times D$ 表示债务利息的抵税价值，是公司为支付债务利息从实现的所得税抵扣中获得的所得税支出节省，等于抵税收益的永续年金现金流的现值，即债务金额与所得税税率的乘积（将债务利息率作为贴现率）。

该命题的表达式说明了，由于债务利息可以在税前扣除，形成了债务利息的抵税收益，相当于增加了公司的现金流量，增加了公司的价值。随着公司债务比例的提高，公司的价值也随之提高，在理论上全部筹资来源于负债时，公司价值达到最大，这个结论与早期资本结构理论中的净收益结论是一致的。

命题Ⅱ：有债务公司的股权资本成本率等于相同风险等级的无债务公司的股权资本成本率加

上与以市值计算的债务与权益比例成正比的风险报酬，且风险报酬取决于公司债务的比例以及所得税税率。

有税条件下 MM 命题Ⅱ与无税条件下命题Ⅱ所表述的有负债公司股权资本成本率的基本含义是一致的，其仅有的差异是由$(1-T)$引起的。由于$(1-T)<1$，使有负债公司的股权资本成本率比无税时的要小。

基于考虑公司所得税条件下的 MM 理论，最显著的特征是债务利息抵税对企业价值的影响。

早期 MM 理论的假设条件在现实世界中是难以成立的，得出的结论也有不完善的地方，但它揭示了资本结构与公司价值的关系，成为资本结构研究的基础，是现代资本结构理论研究的起点。此后，在 MM 理论的基础上不断放宽假设，从不同的视角对资本结构进行了大量研究，推动了资本结构理论的发展。其中最具代表性的理论有权衡理论、代理成本理论和啄序理论。

2. 权衡理论

未来现金流量不稳定以及对经济冲击高度敏感的公司，如果使用过多的债务，会导致其陷入财务困境，出现财务危机甚至破产。公司陷入财务困境后所引发的成本，分为直接成本与间接成本。财务困境的直接成本，是指公司因破产、进行清算或重组所发生的法律费用和管理费用等；间接成本通常比直接成本大得多，是指因财务困境所引发公司资信状况恶化以及持续经营能力下降而导致的公司价值损失，具体表现为公司客户、供应商、员工的流失，投资者的警觉与谨慎导致的筹资成本增加，被迫接受保全他人利益的交易条款等。因此，负债在为公司带来抵税收益的同时也给公司带来了陷入财务困境的成本。

所谓权衡理论(Trade-off Theory)，就是强调在平衡债务利息的抵税收益与财务困境成本的基础上，实现公司价值最大化时的最佳资本结构。此时所确定的债务比率是债务抵税收益的边际价值等于增加的财务困境成本的现值。

基于修正的 MM 理论的命题，有负债公司的价值是无负债公司的价值加上抵税收益的现值，再减去财务困境成本的现值。其表达式为：

$$V_L=V_U+T\times D-PV$$

式中，V_L 表示有负债公司的价值；V_U 表示无负债公司的价值；$T\times D$ 表示利息抵税的现值；PV 表示财务困境成本现值。

权衡理论的表述如图 8—6 所示。

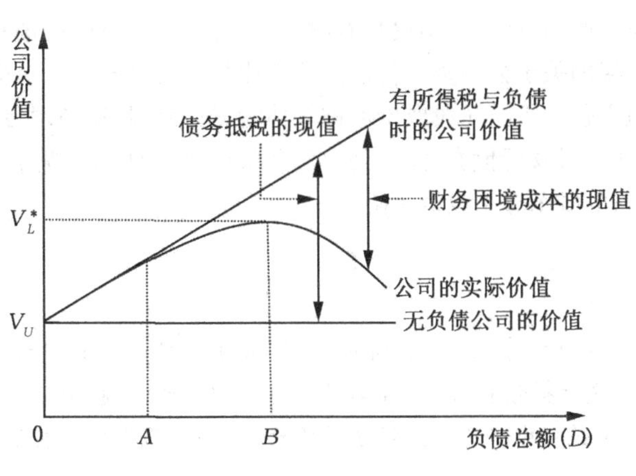

图 8—6　权衡理论

由于债务利息的抵税收益，负债增加会增加公司的价值。随着债务比率的增加，财务困境成本的现值也会增加。在图 8—6 中，负债总额达到 A 点以前，债务抵税收益起主导作用；到达 A 点之后，财务困境成本的作用逐渐加强，直到 B 点，债务抵税收益与财务困境成本相平衡，公司价值到

达最大 V_L^*，因此，B 点的债务与权益比率即为最佳资本结构；超过 B 点，财务困境的不利影响超过抵税收益，公司价值甚至可能加速下降。

财务困境成本的现值由两个重要因素决定：(1)发生财务困境的可能性；(2)公司发生财务困境成本的大小。一般情况下，发生财务困境的可能性与公司收益现金流的波动程度有关。现金流与资产价值稳定程度较低的公司，因违约无法履行偿债义务而发生财务困境的可能性相对较高，而现金流稳定可靠、资本密集型的公司，如公用事业公司，就能利用比较高比率的债务筹资，且债务违约的可能性很小。另外，公司财务困境成本的大小与行业特征有很大关系。如果高科技公司陷入财务困境，由于潜在客户与核心员工的流失以及缺乏容易清算的有形资产，致使财务困境成本可能会很高。相反，不动产密集性高的公司财务困境成本可能较低，因为公司价值大多来自相对容易出售和变现的资产。

3. 代理成本理论

该理论认为，负债筹资具有较强的激励作用，会影响到管理层的努力程度和行为选择，降低两权分离产生的代理成本，从而影响到企业的收益和市场价值。詹森和麦克林(1976)认为，如果不考虑税收和破产成本，公司的最佳资本结构，是使得代理成本最小时的负债比例。戈斯曼和哈特(1982)的财务契约理论进一步发展了詹森和麦克林(1976)的理论，提出为了解决委托人与代理人目标不一致而导致的激励问题，可以使用破产约束的方法。破产对管理层的监督作用取决于公司的财务结构，当公司通过股票来筹资，公司没有负债的时候，由于不存在破产风险的约束，管理层没有动力来最大化利润；而负债筹资可形成对管理层的约束，从而提高公司价值。詹森(1986)指出，负债可以提高管理层的工作效率，负债的增加会减少管理层自由使用的现金的数量，起到约束的作用，从而降低代理成本。斯图尔兹(1990)的模型也认为负债支付减少了管理层控制的自由现金流量。

4. 啄序理论

啄序理论也称优序融资理论，是指当公司存在融资需求时，首先选择内源融资，其次选择债务融资，最后选择股权融资。啄序理论揭示了当公司内部现金流不足以满足净经营性长期资产总投资的资金需求时，更倾向于债务融资而不是股权融资。啄序理论揭示了公司筹资时对不同筹资方式选择的顺序偏好。

啄序理论是在信息不对称框架下研究资本结构的分析。在信息不对称的条件下，管理层的许多决策，如筹资方式选择、股利分配等，不仅具有财务上的意义，而且向市场和外部投资者传递着信号。如果外部投资者掌握的关于公司资产价值的信息比公司管理层掌握得少，那么，公司权益的市场价值就可能被错误地定价。当公司股票价值被低估时，管理层将避免增发新股，而采取其他融资方式筹集资金，如内部融资或发行债券；而在公司股票价值被高估的情况下，管理层尽量通过增发新股为新项目融资，让新的股东分担投资风险。

知识链接

如果需要筹资，公司倾向于首先采用内部筹资，因此不会传导任何可能对股价不利的信息；如果需要外部筹资，公司将先选择债权筹资，再选择其他外部股权筹资，这种筹资顺序的选择也不会传递对公司股价产生不利影响的信息。按照啄序理论，不存在明显的目标资本结构。

第四节 资本结构决策

正如前面所提到的，长期债务与权益资本的组合形成了公司的资本结构。债务筹资虽然可以

实现抵税收益，但在增加债务的同时也会加大公司的风险，并最终要由股东承担风险的成本。因此，公司资本结构决策的主要内容是权衡债务的风险与收益，实现最佳资本结构。公司的最佳资本结构，是指公司在适度财务风险的条件下，使其预期的综合资本成本率最低，同时公司价值最大的资本结构。本节首先对资本结构决策的影响因素进行定性分析，然后依次介绍资本结构决策的定量分析方法。

一、资本结构的影响因素

影响资本结构的因素较为复杂，大体可以分为公司的内部因素和外部因素。内部因素通常有营业收入、成长性、资产结构、盈利能力、管理层偏好、财务灵活性以及股权结构等；外部因素通常有税率、利率、资本市场、行业特征等。

（一）从影响资本结构的内部因素来看

收益与现金流波动较大的公司要比现金流量较稳定的类似公司的负债水平低；成长性好的公司因其快速发展，对外部资金需求比较大，要比成长性差的类似公司的负债水平高；盈利能力强的公司因其内源融资的满足率较高，要比盈利能力较弱的类似公司的负债水平低；一般性用途资产比例高的公司因其资产作为债务抵押的可能性较大，要比具有特殊用途资产比例高的类似公司的负债水平高；财务灵活性大的公司要比财务灵活性小的类似公司的负债能力强，这里的财务灵活性，是指公司利用闲置资金和剩余的负债能力以应付可能发生的偶然情况和把握未预见机会（新的好项目）的能力。

（二）从影响资本结构的外部因素来看

公司所得税税率越高，公司可获得的债务抵税收益越大，税收政策会对公司债务资本的安排产生一种刺激作用；资本市场利率的高低和股价的情况会对资本结构产生影响，例如，当市场利率偏高且预期有下降趋势时，公司不宜筹集长期债务资本；公司股票价格下降时，应及时考虑债务资本比例是否过高而导致持股人信心下降等；公司所处行业不同，资本结构不一样，分析本公司与同行业其他公司相比的特点和差别，便于更有效地决定本公司的资本结构。

需要强调的是，公司实际资本结构往往受公司自身状况与政策条件及市场环境多种因素的共同影响，并同时伴随着公司管理层的偏好与主观判断，从而使资本结构的决策难以形成统一的原则与模式。

二、资本结构决策方法

适当利用负债可以降低公司资本成本，但当负债比率过高时，杠杆利益会被债务成本抵消，公司面临较大的财务风险。因此，公司应该确定其最佳资本结构，使得在风险一定时，加权平均资本成本最低，公司价值最大。由于每个公司都处于不断变化的经营条件和外部经济环境中，确定最佳资本结构变得非常困难。资本结构决策有不同的方法，常见的有资本成本比较法、每股收益分析法和公司价值比较法。

（一）资本成本比较法

1. 资本成本比较法的含义

资本成本比较法，是指在不考虑各种筹资方式在数量与比例上的约束以及财务风险差异时，通过计算各种基于市场价值的长期融资组合方案的加权平均资本成本，并根据计算结果选择综合资本成本最小的筹资方案，确定为相对最优的资本结构。

公司筹资可分为创立初期的初始筹资和发展过程中的追加筹资两种情况。相应地，公司的资本结构决策可分为初始筹资的资本结构决策和追加筹资的资本结构决策。下面分别说明资本成本比较法在这两种情况下的运用。

2. 资本成本比较法的运用

(1)初始筹资的资本结构决策。在公司筹资实务中,公司对拟定的筹资总额可以采用多种筹资方式来筹集,每种筹资方式的筹资额亦可有不同安排,由此会形成若干预选资本结构或筹资组合方案。在资本成本比较法下,可以通过综合资本成本率的计算及比较来做出选择。

【例 8—30】 M 股份公司初始设立时需要资本总额为 700 万元,有以下三种筹资方案,如表 8—13 所示。

表 8—13　　M 公司初始筹资方案资料　　单位:万元

筹资方式	方案一		方案二		方案三	
	筹资金额	资本成本率	筹资金额	资本成本率	筹资金额	资本成本率
长期借款	50	6%	80	7%	50	6%
长期债券	100	7%	120	7.5%	200	8%
优先股	50	12%	50	12%	50	12%
普通股	500	15%	450	14%	400	13%
资本合计	700		700		700	

注:表中债务资本成本率均为税后资本成本率,所得税税率为 25%。

假定 M 公司三种筹资方案的财务风险相当,都是可以承受的。那么,通过计算三种筹资方案的综合资本成本率并比较其高低,以确定最佳资本结构。

方案一:

$$K_{WACC}^{A}=\frac{50}{700}\times 6\%+\frac{100}{700}\times 7\%+\frac{50}{700}\times 12\%+\frac{500}{700}\times 15\%=13\%$$

方案二:

$$K_{WACC}^{B}=\frac{80}{700}\times 7\%+\frac{120}{700}\times 7.5\%+\frac{50}{700}\times 12\%+\frac{450}{700}\times 14\%=11.94\%$$

方案三:

$$K_{WACC}^{C}=\frac{50}{700}\times 6\%+\frac{200}{700}\times 8\%+\frac{50}{700}\times 12\%+\frac{400}{700}\times 13\%=11\%$$

三种筹资方案的综合资本成本率分别为 13%、11.94%和 11%。经比较,方案三的综合资本成本率最低。因此,在适度财务风险的条件下,应选择筹资方案三作为最佳筹资方案,由此形成的资本结构可确定为最佳资本结构。

(2)追加筹资的资本结构决策。公司在持续的生产经营活动过程中,由于经营业务或对外投资的需要,又会追加筹资。因追加筹资以及筹资环境的变化,公司原定的最佳资本结构未必仍是最优的,需要进行调整。因此,公司应在有关情况的不断变化中寻求最佳资本结构,实现资本结构的最优化。

公司追加筹资有多个筹资方案可供选择。按照最佳资本结构的要求,在适度财务风险的前提下,公司选择追加筹资方案可用两种方法:

①直接计算比较各备选追加筹资方案的综合资本成本率,从中选择最低者作为最优追加筹资方案。此方法与初始资本结构决策的计算类似,不再赘述。

②将备选的追加筹资方案与原有的资本结构汇总,计算各追加筹资条件下汇总资本结构的综合资本成本率,从中选择最低者确定为最佳追加筹资方案。

【例 8—31】 续【例 8—30】,M 公司拟追加筹资 100 万元,现有两种追加筹资方案可供选择,有关资料经计算整理如表 8—14 所示。

表 8—14　**M 公司追加筹资方案资料**　单位:万元

筹资方式	追加筹资方案一		追加筹资方案二	
	筹资金额	资本成本率	筹资金额	资本成本率
长期借款	50	6.5%	60	7%
优先股	20	13%	20	13%
普通股	30	15%	20	14%
合　计	100	—	100	—

注:表中债务资本成本率均为税后资本成本率,所得税税率为 25%。

①汇总追加筹资方案和原资本结构,形成备选追加筹资后的资本结构,如表 8—15 所示。

表 8—15　**M 公司追加筹资方案与原资本结构资料汇总表**　单位:万元

筹资方式	原有资本结构		追加筹资方案一		追加筹资方案二	
	筹资金额	资本成本率	筹资金额	资本成本率	筹资金额	资本成本率
长期借款	50	6%	50	6.5%	60	7%
长期债券	200	8%	—	—	—	—
优先股	50	12%	20	13%	20	13%
普通股	400	13%	30	15%	20	14%
资本合计	700		100		100	

②计算汇总资本结构下的综合资本成本率。

追加筹资方案一与原有资本结构汇总后的综合资本成本率为:

$$K_{WACC}^{a}=\left(\frac{50}{800}\times6\%+\frac{50}{800}\times6.5\%\right)+\frac{200}{800}\times8\%+\left(\frac{50}{800}\times12\%+\frac{20}{800}\times13\%\right)+\frac{400+30}{800}\times15\%$$
$$=11.92\%$$

追加筹资方案二与原有资本结构汇总后的综合资本成本率为:

$$K_{WACC}^{b}=\left(\frac{50}{800}\times6\%+\frac{60}{800}\times7\%\right)+\frac{200}{800}\times8\%+\left(\frac{50}{800}\times12\%+\frac{20}{800}\times13\%\right)+\frac{400+20}{800}\times14\%$$
$$=11.33\%$$

在上述计算中,根据股票的同股同利原则,原有普通股应按新发行股票的资本成本率计算,即全部股票按新发行股票的资本成本率计算其综合资本成本率。

③比较两个追加筹资方案与原资本结构汇总后的综合资本成本率。方案二与原资本结构汇总后的综合资本成本率为 11.33%,低于方案一与原资本结构汇总后的综合资本成本率。因此,在适度财务风险的前提下,追加筹资方案二优于方案一,由此形成公司新的资本结构。

由此可见,M 公司追加筹资后,虽然改变了资本结构,但经过分析计算,做出正确的筹资决策,公司仍可保持资本结构的最优化。

知识链接

资本成本比较法的测算原理容易理解,测算过程较为简单。但该方法仅以资本成本率最低为决策标准,难以区别不同筹资方案之间的财务风险因素差异,从根本上讲,其财务管理的目标在于追求利润最大化,而不是公司价值最大化。资本成本比较法一般适用于资本规模较小、资本结构较为简单的非股份制企业。

(二)每股收益分析法

1. 每股收益分析法的含义

当公司因扩大经营规模需要筹措长期资本时,一般可供选择的筹资方式有普通股筹资、优先股筹资与长期债务筹资。前面财务杠杆原理揭示了当公司选择具有固定性筹资成本的筹资方式时会显现出杠杆效应,且财务杠杆系数越大,财务风险也越大。由于财务杠杆更多关注息税前利润的变化程度引起每股收益的变动程度,主要应用于具有不同债务筹资规模或比率方案的财务风险比较,显然相对于单纯比较资产负债率或产权比率等债务比率来判断财务风险具有更好的说服力。但如果想解决在某一特定预期盈利水平下的筹资方式选择问题,特别是在长期债务筹资与普通股筹资之间进行选择时,可以运用每股收益无差别点法。

每股收益分析法,是指利用每股收益无差别点来进行资本结构决策的方法。每股收益无差别点,是指两种或两种以上筹资方案下普通股每股收益相等时的息税前利润点,亦称息税前利润平衡点,或筹资无差别点。

2. 每股收益分析的列表计算

现举例说明如何运用每股收益分析法进行列表计算。

【例 8—32】 ABC 公司目前拥有长期资本 1 000 万元,其资本结构为:普通股权益 600 万元(每股市价 25 元),长期债务 400 万元,年利率 10%。现准备追加筹资 200 万元,有两种筹资方案可供选择:

(1)增发普通股 8 万股,每股市价 25 元;

(2)增加长期债务资本,年利率为 12%。

有关资料见表 8—16。

表 8—16　　ABC 公司目前和追加筹资的资本结构资料　　单位:万元

资本种类	目前资本结构		追加筹资后的资本结构			
			增发普通股		增加长期债务	
	金额	资本比例	金额	资本比例	金额	资本比例
长期债务	400	40%	400	33.33%	600	50%
普通股权益	600	60%	800	66.67%	600	50%
资本总额	1 000		1 200		1 200	

当息税前利润为 150 万元时,假定公司所得税税率为 25%,计算这两种筹资方式追加筹资后的普通股每股收益,如表 8—17 所示。

表 8—17　　ABC 公司预计追加筹资后的每股收益测算　　单位:万元

项　目	增发普通股	增加长期债务
息税前利润	150	150
减:长期债务利息	40	64
税前利润	110	86
减:所得税(25%)	27.5	21.5
税后利润	82.5	64.5
普通股股数(万股)	32	24
普通股每股收益(元)	2.58	2.69

由表 8—17 的计算结果可见，采用不同筹资方式追加筹资后，普通股每股收益是不相等的。在息税前利润为 150 万元的条件下，当增发普通股时，普通股每股收益最低(2.58 元)；当增加长期债务时，普通股每股收益最高(2.69 元)。这反映了在息税前利润一定的条件下不同资本结构对每股收益的影响。

3. 每股收益分析的公式计算

表 8—17 计算的结果是在息税前利润预计为 150 万元的情况。那么，息税前利润究竟为多少时，两种筹资方案无差别呢？这需要通过计算息税前利润平衡点来判断。当不考虑优先股股利时，其计算公式如下：

$$\frac{(\overline{EBIT}-I_1)\times(1-T)}{N_1}=\frac{(\overline{EBIT}-I_2)\times(1-T)}{N_2}$$

式中，$\overline{EBIT}$ 表示息税前利润平衡点，即每股收益无差别点；I_1、I_2 分别表示两种筹资方式下的长期债务年利息；N_1、N_2 分别表示两种筹资方式下的普通股股数。

【例 8—33】 续【例 8—32】，现将表 8—16 的有关资料代入上式，增发普通股与增加长期债务两种筹资方案下的每股收益无差别点为：

$$\frac{(\overline{EBIT}-40)\times(1-25\%)}{24+8}=\frac{(\overline{EBIT}-40-24)\times(1-25\%)}{24}$$

$$\overline{EBIT}=136(万元)$$

上述计算的结果是：当息税前利润为 136 万元时，增发普通股和增加长期债务的每股收益相等，均为 2.25 元。为了验证其结果，还可列表计算，如表 8—18 所示。

表 8—18　　ABC 公司每股收益无差别点测算　　单位：万元

项　目	增发普通股	增加长期债务
息税前利润	136	136
减：长期债务利息	40	64
税前利润	96	72
减：所得税(25%)	24	18
税后利润	72	54
普通股股数(万股)	32	24
普通股每股收益(元)	2.25	2.25

上述每股收益无差别点分析的结果还可通过图 8—7 来表示。

图中，横轴为 EBIT，纵轴为 EPS，每条直线代表一个筹资方案的息税前利润与每股收益的关系。若采用增发普通股筹资方案，由于公司原有债务资本为 400 万元，并且年利率为 10%，则必须有息税前利润 40 万元，才能够支付长期债务利息。因此，40 万元就是增发普通股筹资与横轴(息税前利润)的交点，也是普通股线的起点；若采用增加长期债务筹资方案，则必须有息税前利润 64 万元，才能够支付长期债务利息。因此，64 万元就是债务筹资与横轴的交点，也是债务线的起点。

息税前利润为 150 万元时，增发普通股筹资每股收益为 2.58 元，增加长期债务筹资每股收益为 2.69 元，由此可以画出普通股线和长期债务线。

由图 8—7 可见，长期债务线与普通股线相交于息税前利润 136 万元，此时，这两种筹资方式带来的每股收益相同，即为长期债务与普通股筹资的每股收益无差别点。如果预期 EBIT 高于此点，则增加长期债务比增发普通股能提供更高的每股收益，应采用长期债务筹资；如果预期 EBIT 低于此点，则普通股筹资优于长期债务筹资。

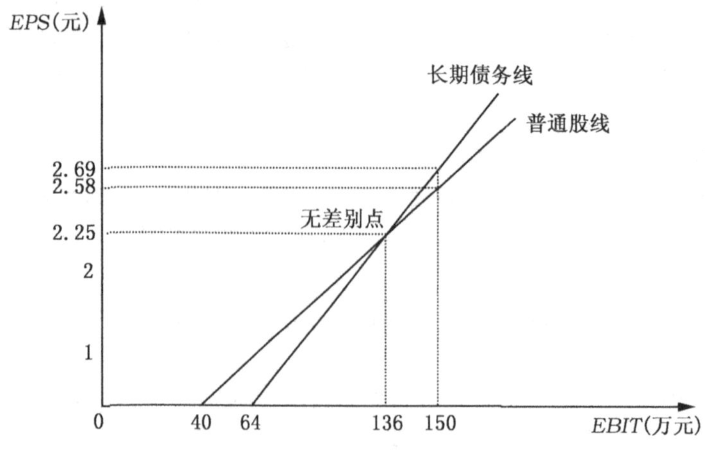

图 8—7 ABC 公司每股收益无差别点分析

上述结论的前半部分,即"高于"的情况,已在表 8—17 中得到证明。在表 8—17 中,息税前利润为 150 万元,高于 136 万元,同时增加长期债务的每股收益为 2.69 元,高于增发普通股的每股收益 2.58 元,因此,增加长期债务比增发普通股更有利。

现再举例证明结论的后半部分,即"低于"的情况。

【例 8—34】 续【例 8—32】,假设 ABC 公司息税前利润为 80 万元,其他有关资料见表 8—19。下面通过表 8—19 计算每股收益。

表 8—19　　假设 ABC 公司 EBIT 为 80 万元时的 EPS 测算　　单位:万元

项　目	增发普通股	增加长期债务
息税前利润	80	80
减:长期债务利息	40	64
税前利润	40	16
减:所得税(25%)	10	4
税后利润	30	12
普通股股数(万股)	32	24
普通股每股收益(元)	0.94	0.50

由表 8—19 可见,假设息税前利润为 80 万元,小于每股收益无差别点的息税前利润 136 万元时,增加长期债务的每股收益为 0.50 元,低于增发普通股的每股收益 0.94 元,因此,增发普通股筹资优于增加长期债务筹资。

知识链接

每股收益分析法的测算原理比较容易理解,测算过程较为简单。它以普通股每股收益最高为决策标准,也没有具体测算财务风险因素,然而,只有在风险不变的情况下,每股收益的增长才会直接导致股东财富的上升,实际上经常是随着每股收益的增长,风险也会加大。如果每股收益的增长不足以补偿风险增加所需的报酬时,尽管每股收益增加,股东财富仍然会下降。从根本上讲,财务管理的目标在于追求股东财富最大化,而不是公司价值最大化,可用于资本规模不大、资本结构不太复杂的股份有限公司。

(三)公司价值比较法

1. 公司价值比较法的含义

公司价值比较法是在充分反映公司财务风险的前提下,以公司价值的大小为标准,经过计算确定公司最佳资本结构的方法。与资本成本比较法和每股收益分析法相比,公司价值比较法充分考虑了公司的财务风险和资本成本等因素的影响,同时,在公司总价值最大的资本结构下,公司的资本成本也是最低的。但由于计算原理及过程较为复杂,通常用于资本规模较大的上市公司。

2. 公司价值及公司资本成本的计算

衡量公司价值的一种合理的方法是:公司的市场价值(V)等于其股票的市场价值(S)加上长期债务的价值(B),即:

$$V=S+B$$

其中,为简化计算起见,设长期债务(长期债券和长期借款)的现值等于其面值(或本金);股票的现值则等于公司未来的净收益按股东要求的报酬率贴现。假设公司的经营利润永续,股东要求的必要报酬率(权益资本成本率)不变,则在不考虑优先股息的情况下,股票的市场价值为:

$$S=\frac{(EBIT-I)\times(1-T)}{K_S}$$

式中,S 表示公司股票的市场价值;$EBIT$ 表示公司未来的年息税前利润;I 表示公司长期债务年利息;T 表示公司所得税税率;K_s 表示公司权益资本成本率。

在上述计算公式中,为了考虑公司筹资风险的影响,普通股资本成本率采用资本资产定价模型来计算,即:

$$K_S=R_f+\beta(R_m-R_f)$$

式中,K_S 表示普通股资本成本率,即普通股投资的必要收益率;R_f 表示无风险收益率;β 表示公司股票的 β 系数;R_m 表示股票的市场收益率。

在公司价值的计算基础上,如果公司的全部长期资本由长期债务和普通股组成,则公司的全部资本成本率即综合资本成本率可按下列公式计算:

$$K_w=K_b\times\frac{B}{V}(1-T)+K_s\times\frac{S}{V}$$

式中,K_w 表示公司综合资本成本率;K_b 表示公司长期债务税前资本成本率,可按公司长期债务年利率计算;其他符号含义同前。

3. 公司价值比较法的运用

运用上述原理计算公司的总价值和综合资本成本率,并以公司价值最大化为标准比较确定公司的最佳资本结构。下面举例说明公司价值比较法的运用。

【例 8—35】 W 公司的长期资本构成均为普通股,无长期债务资本和优先股资本。股票的账面价值为 3 000 万元。预计未来每年 $EBIT$ 为 600 万元,所得税税率为 25%。该公司认为目前的资本结构不合理,没有充分发挥财务杠杆的作用,准备通过发行债券回购部分股票的方式,调整资本结构,提高公司价值。经咨询,目前长期债务利率和权益资本成本率的情况如表 8—20 所示。

表 8—20　W 公司不同债务水平下的债务年利率和权益资本成本率

债券市场价值 B(万元)	税前债务资本成本率 K_b(%)	股票的 β 值	无风险报酬率 R_f(%)	市场证券组合的必要报酬率 R_m(%)	权益资本成本率 K_s(%)
0	—	1.2	8	12	12.8
300	10	1.3	8	12	13.2
600	10	1.4	8	12	13.6
900	12	1.55	8	12	14.2

续表

债券市场价值 B（万元）	税前债务资本成本率 K_b（%）	股票的 β 值	无风险报酬率 R_f（%）	市场证券组合的必要报酬率 R_m（%）	权益资本成本率 K_s（%）
1 200	14	1.7	8	12	14.8
1 500	16	2.1	8	12	16.4

根据表 8—20 的资料，即可计算出不同长期债务规模下的公司价值和综合资本成本率。计算结果如表 8—21 所示。

表 8—21　　W 公司市场价值和综合资本成本率

公司市场价值 V（万元）①	债务市场价值 B（万元）②	股票市场价值 S（万元）③	税前债务资本成本率 K_b（%）	权益资本成本率 K_s（%）	综合资本成本率 K_w（%）
3 515.63	0	3 515.63	—	12.8	12.80
3 538.64	300	3 238.64	10	13.2	12.72
3 577.94	600	2 977.94	10	13.6	12.58
3 498.59	900	2 598.59	12	14.2	12.86
3 389.19	1 200	2 189.19	14	14.8	13.28
3 146.34	1 500	1 646.34	16	16.4	14.30

在表 8—21 中，当 $B=600$ 万元，$K_b=10\%$，$K_s=13.6\%$ 以及 $EBIT=600$ 万元时，则有：

$$S=\frac{(600-60)\times(1-25\%)}{13.6\%}=2\ 977.94（万元）$$

$$V=2\ 977.94+600=3\ 577.94（万元）$$

此时：

$$K_w=10\%\times\frac{600}{3\ 577.94}\times(1-25\%)+13.6\%\times\frac{2\ 977.94}{3\ 577.94}=12.58\%$$

其余计算同理。

初始情况下，公司没有长期债务，公司的价值 $V=S=3\ 515.63$ 万元；综合资本成本率为 12.8%。当公司开始发行债务回购股票时，公司的价值上升，综合资本成本率下降，直到长期债务 $B=600$ 万元时，公司价值达到最大，$V=3\ 577.94$ 万元，综合资本成本率最低，K_w 为 12.58%。若公司继续增加负债，公司价值便开始下降，同时综合资本成本率上升。因此可以确定，该公司的长期债务资本为 600 万元时的资本结构为最佳资本结构。此时，普通股资本占公司总资本价值的比例为 83.23%，债务资本占公司总资本价值的比例为 16.77%。

本章小结

资本结构的选择是公司非常重要的决策，合理的资本结构有利于公司的健康发展，不合理的资本结构可能给公司带来财务危机，因此，公司应正确做好资本结构决策。在学习公司如何进行最佳资本结构决策之前，本章首先讨论了影响资本结构的相关因素，如资本成本、杠杆以及资本结构理论等知识。

公司都希望以最小的资本成本获取所需的资本数额，分析资本成本可以有助于公司选择筹资方案、确定筹资结构以及最大限度地提高筹资的效益。资本成本是企业为筹集资本和使用资本所付出的代价，一般以相对数即资本成本率表示。资本成本率有不同的表现形式，可以分为个别资本成本率、综合资本成本率和边际资本成本率。

在比较各种筹资方式时，需要使用个别资本成本率。个别资本成本率的计算包括长期借款资本成本率、债券资本成本率、普通股资本成本率、优先股资本成本率和留存收益资本成本率，其中前两种属于债务资本成本率，后三种属于权益资本成本率。

在进行资本结构决策时，需要使用综合资本成本率。综合资本成本率是以各种个别资本占全部资本的比重作为权数，并对个别资本成本率进行加权，也称为加权平均资本成本率。其中资本权数可以按资本的账面价值计算，也可以按市场价值来计算，或者利用资本的目标价值来计算。

在追加筹资决策中，需要使用边际资本成本。边际资本成本是公司因追加筹资所带来的资本成本。

公司资本结构决策考虑的一个重要因素是杠杆效应，公司在进行资本结构决策时应当在杠杆利益与相关的风险之间进行合理的权衡。因此，还应重点掌握杠杆的利益与风险、杠杆系数的计算，并能理解系数对应的经济含义。公司的杠杆系数主要包括经营杠杆系数、财务杠杆系数和总杠杆系数。

最佳资本结构的确定是公司资本结构决策的核心问题。最佳资本结构，是指公司在适度财务风险的条件下，使其预期的综合资本成本率最低，同时公司价值最大的资本结构。确定最佳资本结构常见的方法包括资本成本比较法、每股收益分析法和公司价值比较法。

复习思考题

1. 如何衡量资本成本？不同筹资方式所筹集的资本成本计算是否一致？
2. 常见的资本成本率有哪三种形式？
3. 试说明杠杆利益与杠杆风险的关系。
4. 经营杠杆、财务杠杆以及总杠杆存在的原因是什么？
5. 早期的资本结构理论和现代资本结构理论的主要观点有哪些？
6. 资本结构决策的常见方法有哪些？

第九章 项目投资决策

学习目标

通过本章的学习，理解项目投资的概念、程序和分类；理解和掌握投资项目现金流量的内容及其计算；理解和掌握不同的项目投资决策评价方法、计算和应用，如净现值法、现值指数法和内含报酬率法的内容和计算；理解项目风险投资决策的内容。

第一节 项目投资概述

项目投资的投资主体是企业，企业将每项潜在项目作为其可能的选择。企业的投资决策决定着其自身的前景，理解项目投资的概念和方法对财务人员提出投资方案和评价方案具有重大意义。

一、项目投资的概念

投资是经济发展的重要组成部分，是社会经济活动的重要内容之一。投资，是指用某种有价值的资产，其中包括资金、人力、知识产权等投入到某个企业、项目或经济活动，以获取经济回报的商业行为或过程。根据投资对象的不同，投资可分为金融投资和实物投资。金融投资为购买债券、股票等有价证券的投资。实物投资包括厂房的新建、改建和扩建；设备的购置和更新；新产品的研制和开发等。本章讨论的项目投资与金融投资不同，项目投资支出通常被纳入资本预算决策程序，以获得能够增加未来现金流量的长期资产。因此，本章的项目投资属于实物投资。

项目投资是一种以特定项目为对象，直接与新建项目或更新改造项目有关的长期投资行为，目的是形成或改善企业生产能力。根据其定义，项目投资主要分为新建项目和更新改造项目。新建项目是以新建生产能力为目的的外延式扩大再生产；更新改造项目是以恢复或改善生产能力为目的的内含式扩大再生产。因此，不能将项目投资简单地等同于固定资产投资。对于企业的价值创造来说，投资决策是企业决策中最重要的决策。而在企业的全部投资中，项目投资是最主要的投资活动，其对企业未来的盈利能力及偿债能力有着重大影响。

项目投资的主要特点如下：(1)投资金额大，既需要一次性投入大量资金以形成投资项目的初始投资，同时需要相当数量的资金维持项目的运营；(2)投资回收期长，项目的巨额投资只能在以后较长时期内才能逐步收回，周期较长；(3)投资决策风险大，投资项目一经建成，会在较长时间内固化为一定的实物形态，短期内无法做出改变，具有较大的不确定性和风险。

二、项目投资的程序

(一)投资项目的提出

一般情况下，公司各级管理层都可以提出新的投资项目。若为投资规模较大、所需资金较多的战略性项目，应由公司董事会提议，并按需组成专家小组，提出方案并进行可行性分析研究。而若是投资规模较小、投资金额不大的战术性项目，可由主管部门提议，并进行可行性研究。

(二)项目投资的评价

项目投资的评价主要有以下几个步骤：

第一，估计投资方案的预期现金流量。

第二，预计未来现金流量的风险，并确定预期现金流量的概率分布和期望值。

第三，确定折现率。

第四，计算投资方案现金流入量和流出量的现值。

第五，通过项目投资决策评价指标的计算，评价投资方案是否可行，按可行性排序。

(三)项目投资的决策

对投资项目进行评价后，公司管理层做最后的决策。按其投资额的大小，分别由公司各级管理层做出决定，直至股东大会。对于是否进行项目投资，一般有三种决策形式：(1)接受项目，进行投资；(2)拒绝项目，反对投资；(3)发还项目方案给其提出部门，要求进行重新调查研究后，再行提交。

(四)项目投资的执行

对已接受的投资项目，企业管理部门要编制资金预算，并筹措所需要的资金。在进行重大资本支出计划时，企业可提前几年进行融资安排，以确保投资项目的需要。在投资项目实施过程中，要进行控制和监督，以便使投资按预算的规定保质和按时完成。

(五)项目投资的再评价

在项目投资执行过程中或执行后，应注意对投资项目的跟踪审计，注意原来做出的决策是否合理和正确。项目的再评价有助于我们随时根据新情况的出现做出新的评价，终止不合理的决策，避免更大的损失。

三、项目投资的分类

(一)按投资项目类型分类

在项目投资决策中，企业的投资项目可以分为以下六种类型：

1. 新产品开发或市场的扩充

企业的生存和发展很大程度上取决于新产品的开发和现有产品的规模扩张。这种类型的项目投资决策通常需要增加新的固定资产，同时，会增加企业营业现金的流出。

2. 设备或厂房的更新

企业生产设备在使用过程中磨损后逐步丧失了生产能力，如果不适时地进行设备更新，经营就不能维持。这种类型的项目投资决策通常需要更换固定资产，但不改变企业的营业现金收入。

3. 研究与开发

企业的研究与开发能力很大程度上决定了企业新产品的创造能力，研究与开发能力越强，其创造新产品的能力也越强。研究与开发决策通常不直接产生现实的收入，而是得到一项是否投产新产品的选择权。

4. 勘探

勘探一般适用于从事石油、矿石和海洋等行业的企业，其投资额巨大，且不一定产生经济效益。勘探投资的决策通常能使企业得到一些有价值的信息，以决定是否加大投资额。

5. 安全和环境专门计划

企业项目投资中总是存在为了满足国家法律法规、政府规定等要求而承担的项目，如劳动保护设施建设、购置污染控制装置等，这是企业必须进行的项目，也称为义务性或强制性项目。安全和环境专门计划的决策并不能使企业直接产生营业现金流入，而可能使企业在履行社会责任方面的形象得到改善，从而有可能减少未来的现金流出。

6. 信息系统改造和提升

信息技术的不断发展，迫使企业从传统的制造和服务转向智慧制造和服务。而这种转变需要企业投入大量的资金对自身的硬件和软件进行信息化改造。智能设备和云计算等新兴事物的出现也加大了企业在信息系统方面的投入。只有企业投入资金进行信息系统提升和改造后，企业才能适应不断变化发展的技术和市场，才能在未来的竞争中立于不败之地。

（二）按投资目的分类

项目投资按投资目的分类，可分为增加收入的投资决策和降低成本的投资决策。增加收入的投资决策，是指为了扩大企业的生产经营规模、增加企业的收入和利润而做出的投资决策。例如，新产品的开发和现有产品的规模扩张等。降低成本的投资决策，是指企业在其发展过程中，为了有效地降低成本、提高生产经营的效率而做出的投资决策。例如，研究和开发新产品、新工艺和新材料，以及购买节能高效的新设备等。

（三）按投资方案之间的关系分类

项目投资按投资项目之间的关系，可分为独立项目、互斥项目和互补投资项目等。

1. 独立项目

独立项目，是指某一投资项目只有一种方案可供选择，没有可以与其竞争的方案。因此，只需对独立方案的可行性进行分析，若其本身可行，即可以进行投资。例如，企业建造仓库、修建新的行政办公楼等投资项目是相互独立的，在资金不受限制时，所有满足企业最低投资标准的独立项目都可以进行投资。

2. 互斥项目

当某一投资项目有两种或两种以上的方案可供选择，但只能有一个方案会被选中时，则各方案之间是一种竞争的互相排斥的关系，那么这个项目就被称为互斥项目，其项目方案即为互斥方案。例如，企业为提高生产能力进行的设备更新，当有几种可供选择的设备方案时，需要企业进行择优决策，从互斥方案中选择对企业来说最优的方案。互斥项目的投资决策将在本章第三节详细论述。

3. 互补投资项目

互补投资，是指需要同时进行、互相配套的各项投资，这些投资项目需要同时进行才能正常运转，如油田和输油管道、煤矿和铁路轨道等都属于互补投资。互补投资项目需要将互补项目结合在一起进行可行性分析，以帮助企业做出项目投资决策。

知识链接

根据不同的划分标准，企业投资可进行如下分类：(1)直接投资和间接投资；(2)长期投资和短期投资；(3)对内投资和对外投资；(4)初创投资和后续投资；(5)其他分类方法。投资项目按照项目现金流量形式分类，还可分为常规现金流量项目和非常规现金流量项目。

第二节　投资项目的现金流量及计算

项目投资决策中的现金流量是指与长期投资决策有关的现金流入量和现金流出量，是对项目投资方案进行可行性分析时，必须事先计算的一个基础指标。

一、现金流量的概念

现金流量，简称现金流，是投资项目在整个投资寿命期内各项现金流入量与现金流出量的总称。这里的“现金”是从广义的角度来理解的，它不仅包括各种货币资金，还包括对项目投资企业所拥有资源进行变现产生的变现价值。

一般情况下，项目投资的现金流量通常有现金流出量、现金流入量和现金净流量三个具体概念。现金流出量，是指投资项目实施所引起的整个项目期内发生的现金支出的增加额；现金流入量，是指投资项目实施所引起的整个项目期内发生的现金流入的增加额；现金净流量，是指投资项目引起的、一定期间内现金流入量和现金流出量的差额。当现金流入量大于现金流出量时，现金净流量为正值；反之，现金净流量为负值。

二、现金流量的估计

项目投资的评价需要在项目投资决策前进行，是一种事前决策。由于在项目投资中，所有的现金流量都发生在将来，因此，有必要对项目的销售量、销售价格、生产成本和投资支出等进行预测，估计出项目的现金流量。而现金流量的估计会涉及很多变量，需要企业有关各部门的参与。例如，销售部门预测售价和销量；生产和成本部门负责估计项目投资方案的制造成本；财务人员则为销售、生产等部门的预测建立共同的基本假设条件，协调各部门的行动，尽可能防止高估或低估收入和成本。

（一）现金流量估计的原则

项目评估过程中应注意现金流量估计的基本原则：

1. 采用现金流量而不是会计利润进行估计

采用上述原则的主要原因是：首先，会计利润受会计方法选择等人为因素影响，不同的投资项目可以采取不同的会计处理方法，从而导致不同项目的利润额缺乏可比性。而现金流量是在收付实现制的基础上对现金流入量与现金流出量的估计，减少人为因素的影响，提高了项目信息的透明度与可比性。其次，现金流量的实现将会使决策环境发生变化。在企业经营过程中，现金收到与否还存在着很大的不确定性，只有当企业得到现金流入时，才能进入新的决策环境。最后，现金流量是动态地反映投资项目的现金流出与现金流入之间的关系，有利于考虑货币时间价值，使得决策者能更好地对投资项目进行评价。

2. 增量现金流量才是相关现金流量

在确定现金流量时，应遵循的最基本的原则是：只有增量现金流量才是与项目相关的现金流量。所谓增量现金流量，是指接受或拒绝某个投资项目时，企业总现金流量因此发生的变动。当企业决定投资于某个项目时，其所引起的现金支出增加额，才是该项目的现金流出；当企业决定采纳某个项目时，其所引起的现金流入增加额，才是该项目的现金流入。也就是说，凡是与接受或拒绝某个与项目无关的现金流量变化就是不相关的现金流量，也就不是增量现金流量。

（二）识别项目的相关现金流量

正确识别和计算投资方案的相关现金流量，是项目现金流量估计的一个重要内容。相关现金流量的识别并不容易，存在容易混淆的地方，在进行相关现金流量的判断时，应注意以下几个问题：

1. 不能忽视机会成本

机会成本，是指当资源或资产用于拟建项目时，就必须放弃其他途径的利用机会。其他投资机会可能取得的收益是本项目占用该资源或资产的机会成本。因此，机会成本也指企业放弃的最佳收益。

例如，公司已经拥有一块土地，购入价格为110万元，准备新建厂房。公司在投资分析时，不必动用资金去购置土地，那么是否可以不将此块土地的成本考虑在内呢？回答是否定的。因为项目所利用的土地是有价值的资源，公司若不将这块土地兴建厂房，则可以将土地另作他用，如将土地出售可净得150万元，这表示由于这块土地兴建厂房才放弃了150万元的收入，而这笔收入就是兴建厂房使用土地的机会成本。

机会成本不是一种支出或费用，而是失去的收益，且其收益是潜在的。机会成本总是针对具体方案的，它有助于全面考虑可能采取的各种方案，从而为资源寻找最有效和收益最大的使用途径。

知识链接

当使用机会成本概念进行项目投资分析时，有几项前提条件如下：(1)资源是稀缺的；(2)资源具有多种用途；(3)资源已经得到充分利用；(4)资源可以自由流动；(5)把可能获得的最大收入视为机会成本。

2. 不考虑沉没成本

沉没成本，是指已经承诺或已经发生的现金支出，这一现金支出不会因目前接受或拒绝某个投资项目的决策而得到恢复。也就是说，沉没成本已经成为过去，无论怎样，企业都必须支付这一成本。根据相关现金流量的定义，这一成本显然与将要做出的决策不相关，而应把沉没成本排除在项目评价之外。例如，企业发生是否开发新产品的决策，并在之前委托某营销咨询机构进行产品调研而产生的咨询费用。而在考虑是否开发新产品的决策前，咨询费已经发生，也就是说，咨询费已经沉没，不管是否投资该项目，企业都必须支付咨询费。按照定义，咨询费的成本不应在项目投资决策中考虑。

3. 要考虑项目方案对公司其他项目的影响

在估计现金流量时，要以投资对公司所有经营活动产生的整体效果为基础，而不是孤立地考察一项投资。项目的采纳有时会对企业其他部门产生间接影响，这影响了企业整体现金流量而成为项目的相关现金流量。例如，公司在某一市场上推出新产品，若与公司此前推出的产品较为相似，则两者成为竞争型的产品，新产品的推出会使原有产品的销售收入下降；因此，当企业在进行投资分析时，不应只关注新产品带来的现金流量，还应考虑该新产品对公司其他项目现金流量的影响。一般情况下，项目方案的间接影响效果是难以量化的，但决策者在进行投资分析时仍应予以考虑。

三、现金流量的计算

项目投资从开始到终结的寿命期内，其全部现金流量一般分为三个部分：初始现金流量、经营净现金流量和期末净现金流量。

(一)初始现金流量

初始现金流量，是指投资开始时(主要是项目建设过程中)发生的现金流量，是项目的投资支出。在投资期内，投资支出可能是期初一次性支出，也可能在超过 1 年的初始投资期内多次支出。而当跨年度的多次支出出现时，在项目投资中需要考虑其货币时间价值。

初始现金流量一般由以下几个部分构成：

(1)固定资产投资支出，包括土地购买费用、建筑工程费用、设备购置支出、运费、安装工程支出和人员培训费等。

(2)营运资本的垫支，狭义的营运资本(详见第十一章营运资金管理)是指某时点内企业的流动资产与流动负债的差额。广义的营运资本是指当投资项目形成了生产能力而需要投放于流动资产上的资金增加额。如果企业扩大了生产能力，则企业的存货和应收账款等流动资产规模也会相应增加，从而需要追加企业的营运资本，增加现金流出量。此处所指的是广义的营运资本。

(3)原有固定资产的变价收入，是指新资产替代旧资产时，变卖原有固定资产所得的现金收入。

(二)经营净现金流量

经营净现金流量，是指项目投入使用后，在整个寿命期内由于生产经营给公司带来的现金流入和现金流出增量，一般按年计算。经营净现金流量的构成内容如表 9-1 所示。

表 9—1　　经营净现金流量的构成

步骤	现金流量方向	项　目
1	+	营业收入
2	—	营业成本和费用
3	=	税前利润
4	—	所得税
5	=	税后营业净利润
6	+	折旧等非付现成本和费用
7	=	经营净现金流量

注:“+”代表现金流入,“—”代表现金流出。

经营净现金流量的计算方法有两种:

1. 直接法

直接法,是指直接根据现金流量的定义计算经营净现金流量,所得税费用对企业来说是一种现金支付,应作为每年的经营净现金流量的一个减项。用计算公式表示如下:

经营净现金流量=营业收入—付现成本—所得税

=营业收入—(营业成本—折旧)—所得税　　①

严格来说,上述公式中的营业收入应该是付现收入,即当期取得的全部现金收入,包括付现销售收入和其他付现收入。付现销售收入,是指本期的现金销售收入以及收回的应收账款,若经营期内应收账款的赊销和收回刚好平衡,则该经营期内的付现销售收入刚好为全部销售收入。一般情况下,为了计算的简化,将营业收入代替付现收入来进行计算。

付现成本,是指需要每年支付现金的成本,包括本期支付的货款、费用以及支付的以前各期的应付账款。而成本中不需要每年支付现金的部分称为非付现成本,主要是指其中的折旧费。因此付现成本可以进行如下表述:

付现成本=营业成本—折旧

2. 间接法

间接法是根据企业的经营成果来计算现金流量。

企业每年现金增加主要有两个部分:一是当年实现的税后净利润,二是当期计提的折旧。从现金流量的角度来说,折旧在计提后,计入了企业的成本费用,虽然减少了企业的利润,但未使得企业发生实质的现金支出,该部分现金仍留在企业内部。因此,用间接法计算经营净现金流量要考虑折旧对现金流量的影响。经营净现金流量的计算公式如下:

经营净现金流量=税后净利润+折旧　　②

实际上,公式②与公式①是相互对应和联系的,两个公式是从不同角度,考虑不同因素后得到的。公式②可以从公式①推导出来:

经营净现金流量=营业收入—付现成本—所得税

=营业收入—(营业成本—折旧)—所得税

=(营业收入—营业成本—所得税)+折旧

=税后净利润+折旧

从上述的公式推导中可以看出,两种公式实质上是一致的。在实际的经营净现金流量计算中,可以根据题目的相关要求和条件,选择适合的公式进行计算。

【例 9—1】　已知 W 公司 20×9 年的营业收入为 200 000 元,其营业成本为 120 000 元,其中付现成本为 80 000 元,折旧为 40 000 元。所得税税率为 25%,计算该公司的经营净现金流量。

首先计算W公司应缴纳的所得税：

所得税费用=(200 000−120 000)×25%=20 000(元)

W公司的税后净利润计算如下：

税后净利润=(200 000−120 000)×(1−25%)=60 000(元)

根据经营净现金流量的两个计算公式，分别用两个公式来计算其经营净现金流量。

公式①：经营净现金流量=营业收入−付现成本−所得税

=营业收入−(营业成本−折旧)−所得税

=200 000−80 000−20 000=100 000(元)

公式②：经营净现金流量=税后净利润+折旧

=60 000+40 000=100 000(元)

由上述结果可知，用两个公式计算的结果是一致的，可根据具体情况选用适合的公式。假设在本例中的营业收入与付现成本都不变，而折旧变为60 000元，则W公司的税后净利润为：

税后净利润=(200 000−80 000−60 000)×(1−25%)=45 000(元)

W公司的经营净现金流量变为：

经营净现金流量=税后净利润+折旧

=45 000+60 000=105 000(元)

从上述的计算可知，当多计提折旧时，可使企业在税后净利润减少，同时增加经营净现金流量。出现这一现象的原因，主要是因为多提折旧可以减少所得税费用，减少企业的现金流出。相比于不多计提折旧时的经营净现金流量，W公司增加的5 000元的经营净现金流量，就是多计提的20 000元折旧额所带来的所得税的减少，起到节税的作用，即：20 000×25%=5 000(元)，这种现象可以称为折旧的税盾作用。

知识链接

所得税和折旧对企业现金流量有巨大影响，所得税是企业的一种现金支出，取决于企业的利润大小和税率高低，而利润大小受折旧方法的影响。由于所得税的作用，企业营业收入的金额有一部分会流出企业，企业实际得到的现金流入是税后收入。而折旧会加大成本并减少利润，起到减少税负的作用，这种作用也称为“折旧抵税”。

(三)期末净现金流量

期末净现金流量，是指项目结束时能够收回的现金流量，主要包括：(1)固定资产的残值收入或变价收入；(2)原有垫支在各种流动资产上的资金的收回；(3)停止使用的土地的变价收入等。

需要特别说明的是，税法规定，一般情况下，投资项目寿命终结时应考虑相关的所得税费用支出或收入。因此，在计算期末净现金流量时要考虑所得税费用的影响。例如，一台机器3年之后预期能以1 000元卖出，这笔款项作为残值收入，应按照25%的所得税税率进行课税，其3年后的现金流量为750元。

【例9−2】 W公司拟更新一套尚可使用5年的旧车床。旧车床原价180 000元，账面价值120 000元，设备税后残值20 000元，目前旧车床变价收入70 000元。旧车床每年营业收入200 000元，付现成本166 000元。新车床投资总额350 000元，可用5年，使用新车床后每年可增加营业收入80 000元，并降低付现成本26 000元，设备税后残值50 000元。新、旧车床均采用直线法计提折旧，所得税税率为25%。

要求：

(1)计算新、旧方案的各年现金净流量。

(2)计算更新方案的各年现金净流量差额。

假设使用 NCF 代替现金净流量，ΔNCF 表示新、旧车床现金流量的差额。根据题目，计算如下：

(1)继续使用旧设备的各年现金净流量为：

初始现金流量：$NCF_0 = -70\ 000$(元)(变价收入为机会成本)

直线折旧法下每年的折旧 $=(120\ 000-20\ 000)/5=20\ 000$(元)

各年经营净现金流量：$NCF_{1\sim4}=(200\ 000-166\ 000-20\ 000)\times(1-25\%)+20\ 000$
$=30\ 500$(元)

期末净现金流量：$NCF_5=30\ 500+20\ 000$ (残值收入)$=50\ 500$(元)

采用新设备的各年现金净流量为：

初始现金流量：$NCF_0=-350\ 000$(元)

直线折旧法下每年的折旧 $=(350\ 000-50\ 000)/5=60\ 000$(元)

各年经营净现金流量：$NCF_{1\sim4}=[(200\ 000+80\ 000)-(166\ 000-26\ 000)-60\ 000]$
$\times(1-25\%)+60\ 000$
$=120\ 000$(元)

期末净现金流量：$NCF_5=120\ 000+50\ 000$(残值收入)$=170\ 000$(元)

(2)更新方案的各年现金净流量差额为：

初始现金流量差额：$\Delta NCF_0=-350\ 000-(-70\ 000)=-280\ 000$(元)

各年经营净现金流量差额：$\Delta NCF_{1\sim4}=120\ 000-30\ 500=89\ 500$(元)

期末净现金流量差额：$\Delta NCF_5=170\ 000-50\ 500=119\ 500$(元)

课堂思考

结合财务分析章节的内容，考虑现金流量分析有哪些作用？项目投资的现金流量是否应该考虑其货币时间价值？

第三节　项目投资决策评价指标及其计算

项目投资决策时使用的评价指标可分为两类：一类是评价的基本方法，其考虑了货币时间价值的因素，主要包括净现值法、现值指数法以及内含报酬率法等；另一类是评价的辅助方法，其没有考虑货币时间价值的因素，主要包括投资回收期法和平均报酬率法等。同时，要对不同的项目决策方法进行比较，了解不同方法之间的基本差异。

一、项目投资决策评价方法

(一)净现值法

净现值(Net Present Value, NPV)，是指投资项目发生的经营净现金流量以适当的折现率折现的现值，减去原始投资额现值后的差额。它是评估项目是否可行的最重要的指标。其计算公式如下：

$$NPV=\sum_{t=1}^{n}\frac{NCF_t}{(1+k)^t}-C$$

式中，NPV 表示净现值；NCF_t 表示第 t 期的净现金流量；k 为折现率(资本成本)；n 为投资项目期限；C 为该投资方案的初始投资成本。

1. 净现值法的计算步骤

净现值的计算可以通过下列步骤进行：

第一步，计算每期的经营净现金流量。

第二步，计算未来现金流量的总现值，包括：(1)将每期的经营净现金流量折算成现值。若每期的 *NCF*(净现金流量)相等，则可以按货币时间价值中的年金现值系数计算；若每期的 *NCF* 不相等，则对每期的净现金流量分别进行折现，然后加总计算。(2)将期末净现金流量折算成现值。

第三步，计算净现值。计算公式如下：

净现值＝未来现金流量的总现值－初始投资成本

【例 9—3】 假设 W 公司的资本成本为 10%，其每年的 *NCF* 分为两种方案：第一种方案为每年的 *NCF* 相等，均为 20 000 元，期限为 4 年，初始投资成本为 8 000 元，则其净现值计算如下：

$$NPV=\sum_{t=1}^{n}\frac{NCF_t}{(1+k)^t}-C=NCF\times(P/A,10\%,4)-8\,000$$

$$=20\,000\times3.169\,9-8\,000$$

$$=55\,398(\text{元})$$

第二种方案：其资料及计算如表 9—2 所示。

表 9—2 **第二种方案的净现值计算** 单位：元

期间(t)	每期 *NCF*	现值系数(P/F,10%,t)	现值(前两列相乘)
1	16 000	0.909 1	14 545.6
2	16 500	0.826 4	13 635.6
3	17 550	0.751 3	13 185.32
4	18 500	0.683 0	12 635.5
未来现金流量的总现值 54 002.02			
减：初始投资成本额 8 000			
净现值(*NPV*) 46 002.02			

第二种方案的第二种计算方法如下：

$$NPV=-8\,000+\frac{16\,000}{1.1}+\frac{16\,500}{1.1^2}+\frac{17\,550}{1.1^3}+\frac{18\,500}{1.1^4}=46\,002.02(\text{元})$$

上述净现值计算公式可以用另一种表述形式，可表示为从项目投资开始至项目结束时所有现金流量的现值之和，即写成 $t=0$ 而不是 $t=1$ 的情况，公式表述如下：

$$NPV=\sum_{t=0}^{n}\frac{NCF_t}{(1+k)^t}$$

式中，*NPV* 表示净现值；初始投资成本发生在 $t=0$ 的时刻；NCF_t 表示第 t 期的净现金流量；k 为折现率(资本成本)；n 为投资项目开始到结束的期数。

2. 通过 Excel 计算净现值的方法

在计算净现值时，可利用 Excel 中的函数功能，迅速计算净现值。具体方法如下：在 Excel 的“插入”菜单中点击“函数”，然后在函数类别中，点击“财务”，选择“NPV”函数即可输入贴现率和各年的现金流量，计算机自动计算在该贴现率下的净现值。通过 Excel 计算净现值的方法适用于复杂计算，也可以用于简单计算，是很好的计算辅助工具。

3. 净现值法的决策规则

使用净现值法对投资项目进行评价时，计算的净现值有可能为正，也有可能为负。净现值的评价标准是，在只有一个备选方案的情况下，若计算出来的净现值大于等于零，可以采纳；若净现值小于零，则应该拒绝。在有多个备选互斥方案的选择决策中，应当选取净现值为正且最大的方案。

【例 9－3】的两种方案中，第一种方案的净现值较大，因此，应选择第一种方案。

净现值决策所依据的原理是：假设初始投资成本是按一定的资本成本借入的，当计算所得的净现值大于零时，偿还借入款项的本息后该项目仍有剩余的收益；当净现值为零时，偿还本息后刚好盈亏平衡；而当净现值小于零时，该项目收益不足以偿还本息。因此，净现值大于零的投资项目表明其可以满足投资者的要求，即投资者要求的最低报酬率水平。

4. 净现值法的优点和缺点

净现值法具有广泛的适用性，在理论上比其他方法也更完善。但该方法也是优点和缺点并存的一种方法。

净现值法的优点包括：

(1)对现金流量采用折现率进行了合理折现，考虑了货币时间价值。

(2)考虑了项目计算期全部的现金流量，体现了流动性与收益性的统一。

(3)能够反映各种投资方案的净收益，是一种较好的方法。

净现值法的缺点包括：

(1)净现金流量的预测和测量以及所使用的折现率都较难确定。

(2)不能从动态角度直接反映投资项目的实际收益水平，不能反映出方案本身的报酬率。

(3)计算的净现值是绝对值，在比较投资额不同的项目时有一定的局限性，无法准确判断方案的优劣性。

知识链接

使用净现值法时，初始投资额一般是确定的，而净现金流量的预测和所使用的折现率是带有估计性质的。由于带有判断与估计成分，不同财务分析人员的处理可能会有不同的看法，对项目投资决策可能会产生不同的结果。但由于净现值反映的是项目实际能够给企业带来的财富，因此，净现值法仍是项目投资决策评价的较好方法。

(二)现值指数法

现值指数法也是考虑了货币时间价值的评价方法。现值指数(Profitability Index，PI)，也称为获利指数，是未来现金流量的现值与初始投资额的现值比率，其公式表述如下：

$$PI=\frac{\text{未来现金流量的现值}}{\text{初始投资额}}$$

除了上述的计算方式，现值指数法还可以表示为未来现金流入现值与现金流出现值的比率，其公式表述如下：

$$PI=\sum_{t=0}^{n}\frac{I_t}{(1+k)^t}\div\sum_{t=0}^{n}\frac{O_t}{(1+k)^t}$$

式中，I_t 表示第 t 期产生的现金净流入量；O_t 表示第 t 期产生的现金净流出量；n 表示投资项目开始到结束的期数。

1. 现值指数法的决策规则

现值指数法的决策标准是 1，现值指数可以看作 1 元的初始投资渴望获得的现值净收益。当只有一个备选方案时，若现值指数大于 1，说明项目产生的现金流量的现值超过了初始投资额，项目方案可以采纳；反之，若现值指数小于 1，则项目方案拒绝采纳。当有多个备选互斥方案时，应选择现值指数大于 1 最多的投资项目。

净现值与现值指数之间的关系是：若净现值＝0，则现值指数＝1；若净现值＞0，则现值指数＞1；若净现值＜0，则现值指数＜1。

【例 9－4】　续【例 9－3】，两种方案的现值指数分别为：

第一种方案的现值指数(PI)=63 398÷8 000=7.92

第二种方案的现值指数(PI)=54 002.02÷8 000=6.75

从上述计算中可以看出,两种方案的现值指数均大于1,因此,两个方案都是可以进行投资的,但相比较之下,第一种方案的现值指数更大,应采纳第一种方案。

2. 现值指数法的优点和缺点

现值指数法的优点包括:

(1)现值指数法考虑了货币时间价值,能够更真实地反映投资项目的盈利能力。

(2)现值指数法是用相对数表示的,不仅使同一方案的初始投资额与投产后净现金流量具有可比性,也使不同方案特别是投资额不同的方案之间具有相对可比性。现值指数法更能反映投资的效率。

现值指数法的缺点包括:

(1)现值指数只代表获得收益的能力而不代表实际可能获得的财富,现值指数消除了投资额的差异,但没有消除项目期限和投资规模上的差异,进行决策时,可能会得到错误的答案。

(2)现值指数法无法确定各投资方案本身报酬率的大小,使得决策人员不能明确能有多大的投资利润率,从而选取以最小的投资却获得最大投资报酬的方案。

(三)内含报酬率法

内含报酬率(Internal Rate of Return, IRR),是指能够使未来现金流入的现值等于现金流出的现值的折现率,或者说是使投资项目的净现值为零的折现率。用公式可以表示如下:

$$\frac{NCF_1}{1+r}+\frac{NCF_2}{(1+r)^2}+\frac{NCF_3}{(1+r)^3}+\cdots+\frac{NCF_n}{(1+r)^n}-C=0$$

即:

$$\sum_{t=1}^{n}\frac{NCF_t}{(1+r)^t}-C=0$$

式中,NCF_t 表示第 t 期的净现金流量;n 表示投资项目的期限;r 表示内含报酬率;C 表示初始投资成本额。

另外,上述内含报酬率计算公式可以用另一种表述形式,即写成 $t=0$ 而不是 $t=1$ 的情况,公式表述如下:

$$\sum_{t=0}^{n}\frac{NCF_t}{(1+r)^t}=0$$

式中,NCF_t 表示第 t 期的净现金流量;初始投资成本发生在 $t=0$ 的时刻;r 为内含报酬率。

1. 内含报酬率的计算过程

(1)若每期的 NCF 相等,则按下列步骤进行计算:

第一步,计算年金现值系数。可通过公式计算如下:

$$\text{年金现值系数}=\frac{\text{初始投资额}}{\text{每年 }NCF}$$

第二步,查年金现值系数表,在相同的期数内,找出与上述年金现值系数邻近的较大和较小的两个折现率。

第三步,根据第一步已求得的年金现值系数和第二步已查找的两个邻近的折现率,采用插值法来计算该项目投资方案的内含报酬率。

(2)若每期的 NCF 不相等,则可以进行下列计算过程:

当每期的现金净流量不相等时,通常需要进行"逐步测试法"。具体方法是,首先估计一个折现率,用它来计算项目的净现值,如果净现值为正,说明项目本身的内含报酬率超过了估计的折现率,需提高折现率进一步测试;如果净现值为负,则说明项目本身的内含报酬率低于估计的折现率,应降低折现率再进行测试。通过多次测试,直到计算出项目的净现值接近于零时的折现率即为该项目的内含报酬率。

如果对测试结果的精确度不满意，可以找到净现值由正到负（或由负到正）是比较接近于零的两个折现率，使用“插值法”来改善。

插值法的具体计算过程为：如果使净现值略大于0的折现率为 r_1，其对应的净现值为 NPV_1；使净现值略小于0的折现率为 r_2，其对应的净现值为 NPV_2，则插值法的计算公式为：

$$IRR=r_1+\frac{NPV_1-0}{NPV_1-NPV_2}\times(r_2-r_1)$$

【例9—5】 假设某项目折现率为14%时的净现值为1.68万元；在折现率为15%时，其净现值为－6.64万元，要求计算该项目的内含报酬率。

内含报酬率计算如下：

第一步，按照折现率从小到大的顺序，分别排列对应折现率的净现值：

折现率	净现值	
14%	1.68	①
?%	0	②
15%	－6.64	③

第二步，按照①－②除以①－③的顺序，列出下式：

$$\underline{折现率}\qquad\qquad \underline{净现值}$$

$$\frac{14\%-?\%}{14\%-15\%}=\frac{1.68-0}{1.68-(-6.64)}$$

通过求解这个方程，可以计算得到内含报酬率为14.20%。

内含报酬率也可以通过上述的插值法公式进行计算：

$$\begin{aligned}IRR&=r_1+\frac{NPV_1-0}{NPV_1-NPV_2}\times(r_2-r_1)\\&=14\%+\frac{1.68-0}{1.68+6.64}\times(15\%-14\%)=14.20\%\end{aligned}$$

此外，可以通过净现值线（假设各年的净现值计算构成一条曲线），来说明净现值和内含报酬率的大概关系。若净现值线与横坐标的交点在14%和15%之间，说明内含报酬率介于14%和15%之间。但是，要想知道内含报酬率的准确数值，则必须用插值法来进行计算。该项目的净现值线如图9—1所示。

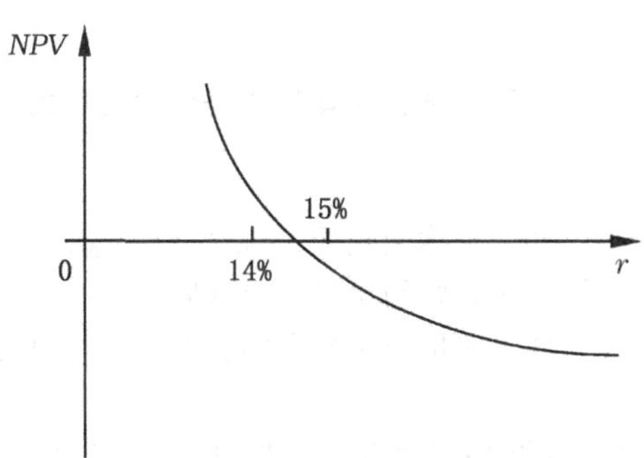

图9—1　项目净现值线和内含报酬率

另外，也可以利用Excel中的函数功能，迅速计算内含报酬率。其具体操作方法如下：在Excel的“插入”菜单中点击“函数”，然后在函数类别中，点击“财务”，选择“IRR”函数，即可输入各年的现金流量，计算机自动计算在该系列现金流量下的内含报酬率。

2. 内含报酬率的决策规则

内含报酬率法的决策规则中，其决策标准是项目的必要报酬率。当只有一个备选方案时，如果计算出的内含报酬率大于企业的资本成本或必要报酬率，说明该项目的报酬率超过了投资者所要求的必要报酬率，就应该采纳该项目。而如果内含报酬率小于资本成本或必要报酬率，则拒绝采纳该项目。当有多个互斥的备选方案时，选择内含报酬率超过资本成本或必要报酬率最多的投资项目。

在【例 9—5】中，由于只有一个备选方案，若假设该投资项目的资本成本为 10%，那么其内含报酬率 14.20%>10%，则该项目可以采纳；若假设该投资项目的资本成本为 16%，则该项目应拒绝采纳。

3. 内含报酬率法的评价

内含报酬率法的应用非常广泛，也考虑了货币时间价值。与净现值法相比，分析人员更偏爱内含报酬率法，其原因在于内含报酬率法比较直观，如果计算出某项目的内含报酬率足够大，肯定能超过该项目的必要报酬率，则该项目就很有可能被采纳。也就是说，内含报酬率法反映了投资项目的真实报酬率，概念也易于理解，更多地被分析人员使用来进行项目投资决策。

但是，内含报酬率也有其局限性。内含报酬率法的计算过程相对比较复杂，特别是对于每年的 NCF 不相等的投资项目，一般要经过反复测算才能算出。因此，在使用内含报酬率法时，要与净现值法配合使用。

内含报酬率法和现值指数法有相似之处，都是相对比率。但也存在区别，如计算内含报酬率时不必事先估计资本成本，只是最后才需要一个切合实际的资本成本来判断项目是否应被采纳。而现值指数法需要一个合适的资本成本，以便将现金流量折算为现值，折现率的高低会影响方案的可行性和优先次序。

知识链接

到目前为止，我们所讨论的项目都是常规项目带来的传统型现金流(即前期初始投资时出现现金流出，以后各期出现的都是现金流入)，如果一个投资项目的现金流是交错的，我们称之为非常规项目(比如煤矿开采，在项目结束时，要进行生态恢复治理，还会有现金流出)，则投资项目可能会有多个内含报酬率。因此，对于非常规项目，使用内含报酬率无法做出正确决策。

课堂思考

净现值法、现值指数法和内含报酬率法在项目投资评价时的决策标准分别是什么？

(四)投资回收期法

投资回收期(Payback Period，PP)，简称回收期，是指投资引起的现金流入累积到与初始投资额相等所需要的时间，代表了收回投资所需要的年限。投资回收期有静态回收期和动态回收期之分，在不特别指明的情况下，投资回收期一般指静态投资回收期，回收期越短，项目投资方案越有利。

1. 投资回收期的计算

(1)当初始投资额一次支出，每年 NCF 相等时，其回收期可计算如下：

$$\text{投资回收期}=\frac{\text{初始投资额}}{\text{每年 NCF}}$$

(2)如果每年 NCF 不相等，则要计算各期累计的净现金流量，然后同初始投资额比较，得出年末尚未回收的投资额，确定回收期的大致期间。

【例 9—6】 假设某企业目前有两个项目投资方案甲和乙，两个方案所需的初始投资额均为 16 000 元，两个方案在各年所能提供的净现金流量如表 9—3 所示。分别计算各方案的投资回收期。

表 9—3　　甲、乙方案的净现金流量　　单位：元

项　目	第 1 年	第 2 年	第 3 年	第 4 年
甲方案	5 500	5 500	5 500	5 500
乙方案	6 000	5 500	4 800	5 000

甲方案各年 NCF 相等，则其投资回收期＝16 000÷5 500＝2.91(年)。

乙方案各年 NCF 不相等，可先计算每年年末尚未回收的投资额，详细计算过程如表 9—4 所示。

表 9—4　　各年 NCF 不相等时投资回收期的计算　　单位：元

期　间	现金流量	年末尚未收回的投资额
0	－16 000	
1	6 000	10 000
2	5 500	4 500
3	4 800	0
4	5 000	—

从表 9—4 中可以得出，乙方案的回收期在第 2 年和第 3 年之间，在第 2 年年末，还有 4 500 元未收回，而第 3 年的现金流量为 4 800 元，则：

投资回收期＝2＋4 500/4 800＝2.94(年)

通过上述计算，说明甲方案需要经过 2.91 年才能收回全部投资，乙方案需要经过 2.94 年才能收回全部投资。假设该公司的目标投资回收期是 3 年，那么甲方案的回收期更短，则可以采纳甲方案。

2. 投资回收期法的优点和缺点

投资回收期法的优点包括：

(1)投资回收期法强调流动性，强调尽快收回投资，对小企业或流动性较差的企业具有较大的意义。

(2)易于理解，计算简便，只要计算所得的投资回收期短于行业基准投资回收期，就可考虑接受这个项目。

投资回收期法的缺点包括：

(1)投资回收期这一指标忽视了货币时间价值，而且没有考虑回收期满后的现金流量状况。

(2)由于投资回收期法对回收期后的现金流量不予考虑，企业对投资项目的选择容易出现短期行为，有时还会做出错误的决策。

投资回收期法是过去评价投资方案常用的方法，由于其局限性，目前仅作为辅助方法使用，主要使用该方法测定投资方案的流动性而非营利性。现通过举例说明投资回收期法忽视货币时间价值的缺陷。

【例 9—7】　某公司的甲、乙两个方案的预计现金流量如表 9—5 所示，其初始投资额均为 20 000 元，项目期限为 4 年，要求计算投资回收期，并进行比较。

表 9—5　　甲、乙方案预计现金流量　　单位：元

项　目	初始投资额	第 1 年	第 2 年	第 3 年	第 4 年
甲方案	－20 000	6 000	8 000	6 000	8 000
乙方案	－20 000	7 000	5 000	8 000	6 000

从表 9—5 中可以看出，甲、乙两个方案的投资回收期是相同的，都是 3 年，因此，如果用投资回收期指标对项目方案进行评价，两方案的投资回收期是相等的。而从第 4 年的现金流入的情况看，甲方案有更大的现金流量，所以甲方案要优于乙方案。这表明投资回收期法存在着明显的缺陷，使得通过投资回收期法进行决策可能会发生错误。

3. 动态投资回收期法

为了克服投资回收期法不考虑货币时间价值的缺点，人们提出了动态投资回收期法(Discounted Payback Period, DPP)，又称折现回收期法，是指在考虑货币资金时间价值的情况下以项目现金流量流入抵偿全部投资所需要的时间，即在考虑货币时间价值的情况下计算回收期。

【例 9—8】 沿用【例 9—6】甲方案的资料，说明动态投资回收期方法的使用。假定该公司的折现率为 10%，则计算过程如表 9—6 所示。

表 9—6 **动态投资回收期的计算** 单位：元

项　目	初始投资额	第 1 年	第 2 年	第 3 年	第 4 年
净现金流量	−16 000	5 500	5 500	5 500	5 500
现值系数	1	0.909 1	0.826 4	0.751 3	0.683 0
现金流量现值	−16 000	5 000.05	4 545.2	4 132.15	3 756.5
累计现金流量现值		−10 999.95	−6 454.75	−2 322.6	1 433.9

从表 9—6 中可以看出，在考虑了货币时间价值后，甲方案的动态投资回收期为：

甲方案的动态投资回收期＝3＋2 322.6/3 756.5＝3.62(年)

动态投资回收期考虑了货币时间价值，能反映每期净现金流量高低不同的影响，也表明当项目的净现值为零时所需要的时间。同时，在考虑了货币时间价值后，项目的动态投资回收期要比投资回收期长。有了动态回收期后，也可以将传统的回收期称为静态回收期。

但是，动态投资回收期法仍然具有主观性，也忽略了回收期以后的净现金流量。当未来年份的净现金流量为负数时，动态投资回收期法可能变得无效，甚至做出错误的决策。因此，动态投资回收期法计算投资回收期限也并非是一个完善的指标。

(五)平均报酬率法

平均报酬率(Average Rate of Return, ARR)，是指投资项目在项目的寿命周期内平均的年投资报酬率，也称为平均投资报酬率。平均报酬率的计算有多种计算方法，其中最常见的计算方法的公式如下：

$$\text{平均报酬率}=\frac{\text{平均现金流量}}{\text{初始投资额}}\times 100\%$$

【例 9—9】 沿用【例 9—6】的资料，说明平均报酬率的计算。计算过程如下：

$$\text{甲方案的平均报酬率}=\frac{5\ 500}{16\ 000}\times 100\%=34\%$$

$$\text{乙方案的平均报酬率}=\frac{(6\ 000+5\ 500+4\ 800+5\ 000)/4}{16\ 000}\times 100\%=33.28\%$$

当采用平均报酬率这一指标时，应事先确定一个企业的项目投资所要求达到的平均报酬率，也称为企业的必要报酬率。在进行项目投资的决策时，只有高于必要报酬率的项目方案才能入选。而在有多个备选方案的互斥决策中只能够选择一个方案时，应当选用平均报酬率最高的项目方案。

作为投资项目的评价指标，平均报酬率也有其优缺点。平均报酬率的优点是简单明了、易于计算和易于理解。而其主要缺点包括：(1)没有考虑货币时间价值，将第一年和最后一年的现金流量看作是具有相同价值的现金流量，在此情形下，有时会做出错误的决策；(2)从其计算方法来看，平均报酬率的确定具有较大的主观性。

课堂思考

每年净现金流量相等和不相等的情况下，在各种项目投资决策方法下的计算和评价有何区别？

二、项目投资决策评价方法的比较

通过上述方法的介绍，特别是项目投资的基本评价方法，它们都考虑了货币时间价值，那么净现值法、内含报酬率法和现值指数法中，哪一种方法更好呢？

（一）净现值法与内含报酬率法的比较

正常情况下，企业在选择项目投资的方案时，通常会同时注意净现值与内含报酬率。两种方法得出的结论可能相同，也可能不一致。净现值法着眼于一项计划可以使企业的价值增加多少，其假设预期的现金流量得以实现；而内含报酬率法则表明按照预期，投资计划所能产生的报酬率。两种方法的差异如下：

1. 对财富增长的揭示形式不同

尽管净现值和内含报酬率都是衡量投资项目盈利能力的指标，但净现值能直接揭示投资项目对企业财富绝对值的影响，反映投资效益。而内含报酬率与企业财富之间的联系不如净现值明显，规模较小的项目的内含报酬率可能较大但净现值可能较小。例如，假设甲方案的内含报酬率为40%，净现值为50万元，而乙方案的内含报酬率为25%，净现值为300万元。此时，股东财富最大化和报酬率最大化之间有所冲突，在无资本限额的情况下，选择净现值大的乙方案显然更好。

2. 指标计算的差异

净现值计算的是绝对值的指标，而内含报酬率计算的是相对数的指标。同时，净现值的计算相对简单，而内含报酬率的计算要经过反复的测算，计算相对复杂。

3. 再投资假设的不同

净现值法假设在投资评价中以资金成本作为再投资利率，内含报酬率假设以项目本身的收益率作为再投资利率。相比而言，净现值法的假设更加科学，当两种方法的结论有冲突时，应当偏向于选择净现值较高的方案。

（二）净现值法与现值指数法的比较

由于净现值法和现值指数法使用的是相同的信息，当评价项目投资方案的好坏时，它们所得出的结论通常是一致的。但是，当初始投资额不同时，净现值法和现值指数法也会产生差异。

首先，净现值是一个绝对数，而现值指数是一个相对数，所反映的内容并不相同，因而评价的结果可能会不一致。其次，净现值符合股东财富最大化的利益，净现值越高，则企业的收益越大，而现值指数只反映投资回收的程度，不反映投资回收的多少。一般情况下，当两种方法无资本限量的限制，而其结论有冲突时，以净现值法的结论为准。

总之，在无资本限量时，利用净现值法在所有的投资评价中都能做出正确的决策。而使用内含报酬率法和现值指数法在只有一个备选方案的决策中能做出正确的决策，但在有多个互斥备选方案时，有时会得到错误的结论。因此，三种方法的比较中，净现值法仍然是较好的评价方法。

课堂思考

在项目投资决策评价方法中，有很多种方法，并存在各自的优缺点，为什么净现值法是较好的评价方法？

三、项目投资决策评价指标的应用

上面介绍了企业项目投资决策的几种方法，并进行了初步的比较。但是，在进行项目投资决策分析时需要考虑很多因素的影响和实际情况，并需要根据实际情形进行不同情况下的评价指标应用。以下将讨论项目投资决策中对评价指标的几种应用情形。

(一)互斥项目的投资决策

互斥项目，是指接受一个项目就必须放弃另外一些项目的情形。一般情况下，企业在进行决策时会形成解决问题的多个备选方案，进行互斥选择决策。例如，为了扩大企业的生产规模，需要购买设备，而设备的购买可以选择进口设备，也可以选择国产设备，在两种方案的选择中，企业的两种选择都能满足其需求，但是只能做出选择一种方案的决策，即为互斥选择决策。

结合项目投资决策方法的比较，评价互斥项目投资决策时，评价方法所得出的结果会出现冲突，而出现冲突的情形主要有以下三种：一是初始投资额的不同；二是现金流量发生的时间不同；三是投资项目寿命期的不同。

1. 初始投资额的不同

在多个相互排斥的备选项目中进行选择时，通常会遭遇初始投资规模不同的项目投资决策问题。此时，企业进行项目投资决策时面临这样的选择：当一个项目方案的初始投资额大于另一个项目方案的初始投资额时，利用如净现值法和内含报酬率法等项目投资决策方法应进行怎样的评价。其最好的处理是，对于多个内含报酬率都超过资本成本的互斥备选项目，不能简单认为内含报酬率越大越好，这时需要通过净现值的比较来进行互斥项目的决策。

【例 9—10】 假设 W 公司有互斥项目投资决策方案甲和乙，其初始投资是不一致的，分别为 60 000 元和 9 000 元，W 公司的资本成本率为 10%。其他详细情况如表 9—7 所示。

表 9—7 **甲、乙方案的净现值和内含报酬率表** 单位：元

项　目	第 0 年	第 1 年	第 2 年	第 3 年	*NPV*	*IRR*(%)
甲方案现金流	—60 000	30 000	30 000	30 000	14 606	23.38
乙方案现金流	—9 000	5 000	5 000	5 000	3 434	30.64

从表 9—7 的计算中可以看出，甲方案的净现值较高，但内含报酬率较低，而乙方案的净现值较低，但内含报酬率却较高。而 W 公司在这互斥项目的投资方案选择中，在无资本限额的情况下，应该选择净现值较高的甲投资方案以获得更多的财富，否则若选择内含报酬率较高的方案，企业可能会做出错误的决策。

因此，当两个互斥项目方案的初始投资额不同时，企业应当采用净现值法进行项目决策，选择其中净现值较大的方案，以达到股东财富最大化的目的。

2. 现金流量发生的时间不同

有两个备选的互斥项目方案，若其中一个项目方案在前期现金流入较多，而另一个项目方案在后期现金流入较多时，用净现值法和内含报酬率法进行项目投资决策也可能存在冲突。而这也与前文所提到的再投资假设有关。

【例 9—11】 假设 W 公司在两个备选的互斥项目中选择一个进行投资，甲和乙方案的预计现金流量如表 9—8 所示，若该公司的资本成本为 10%，初始投资额均为 1 000 元，则计算此互斥项目的净现值和内含报酬率。

表 9—8 **甲、乙方案的各期现金流量** 单位：元

项　目	第 0 年	第 1 年	第 2 年	第 3 年	第 4 年	第 5 年	第 6 年
甲方案	—1 000	500	500	275	275	200	150
乙方案	—1 000	150	200	200	300	800	800

根据表 9—8 的资料，进行计算后可以得知，甲方案的净现值为 471 元，内含报酬率为 29.2%；而乙方案的净现值为 605 元，内含报酬率为 23.23%。将上述两种方案的结果进行比较，可以得出，从净现值来看，乙方案优于甲方案；而从内含报酬率来看，甲方案优于乙方案。互斥项目中的甲方案在前期的现金流入比较多，而乙方案在后期的现金流入比较多。在此情况下，无法判断互斥项目中的哪个方案是更好的选择。而由于再投资假设的存在，即净现值法假设在投资评价中以资金成本作为再投资利率，内含报酬率法假设以项目本身的收益率作为再投资利率，在无资本限额的情况下，净现值法仍是一种比较好的评价方法。

总体来说，当互斥项目方案的现金流量分布不同时，企业可以直接采用净现值法进行决策，虽然使用其他方法决策时，与净现值法相比可能得出不同的结论，但为了增加股东财富，应选择净现值最大的项目。

知识链接

公司财务管理的最终目标是公司价值最大化，也就是股东财富最大化。在进行项目投资决策不同评价方法的选择时，净现值的增加能更加直观地表现股东财富的增加，与公司财务管理的目标是相符的。

3. 投资项目寿命期的不同

当几个项目投资方案的投资额不相等，且在项目计算期也不相同的情况下，不能对投资方案的净现值、内含报酬率及现值指数进行直接比较。为了使投资项目的各项指标具有可比性，要设法使其在相同的寿命期内进行比较。而为了达到这一目的，可以采用的方法有最小公倍数法和年均净现值法。

(1)最小公倍数法，也称方案重复法，是指将两个方案使用寿命的最小公倍数作为比较期间，并假设项目投资方案在比较区间内可以重复若干次，从而将各自多次重复投资计算的净现值进行比较的分析方法。例如，一个项目投资的计算期为 6 年，而另一个项目投资的计算期为 8 年，则两个方案计算期的最小公倍数为 24 年，即前一种方案需要重复三次，而后一种方案需要重复两次。这种方法是存在缺点的：一方面，若两种投资方案的最小公倍数很大，如 24 年，企业在项目投资计算时就会相对复杂；另一方面，企业的生产经营环境是不断在变化的，投资项目不可能原样多次重复。

【例 9—12】 假设 W 公司要在两个互斥项目方案甲和乙中进行选择，甲、乙方案的计算期分别为 4 年和 6 年，若该公司的资本成本为 10%，其现金流量如表 9—9 所示，要求根据资料使用最小公倍数法帮助公司做出投资决策。

表 9—9 **甲、乙方案的净现金流量资料** 单位：元

项　目	第 0 年	第 1 年	第 2 年	第 3 年	第 4 年	第 5 年	第 6 年	*NPV*
甲方案	—5 500	2 000	2 000	2 000	2 000			839.8
乙方案	—8 000	2 000	2 100	2 300	2 200	2 100	2 000	1 217.3

甲和乙项目投资方案的计算期分别为 4 年和 6 年，则两个方案计算期的最小公倍数寿命期是 12 年，也就是甲方案重复两次，而乙方案重复一次。甲和乙项目投资方案重复计算净现值的过程如表 9—10 和表 9—11 所示。

表 9—10 甲方案重复计算的净现金流量 单位:元

年　份	0	1	2	3	4	NPV
净现金流量	−5 500	2 000	2 000	2 000	2 000	839.8
年　份	4	5	6	7	8	NPV
第一次重复	−5 500	2 000	2 000	2 000	2 000	839.8×(P/F,10%,4)
年　份	8	9	10	11	12	NPV
第二次重复	−5 500	2 000	2 000	2 000	2 000	839.8×(P/F,10%,8)

从表 9—10 的计算中,可以得出甲方案的净现值,其计算如下:

$$NPV_{甲}=839.8+839.8\times(P/F,10\%,4)+839.8\times(P/F,10\%,8)$$
$$=839.8+839.8\times0.683\ 0+839.8\times0.466\ 5=1\ 805.15(元)$$

表 9—11 乙方案重复计算的净现金流量 单位:元

年　份	0	1	2	3	4	5	6	NPV
净现金流量	−8 000	2 000	2 100	2 300	2 200	2 100	2 000	1 217.3
年　份	6	7	8	9	10	11	12	NPV
第一次重复	−8 000	2 000	2 100	2 300	2 200	2 100	2 000	1 217.3×(P/F,10%,6)

从表 9—11 的计算中,可以得出乙方案的净现值,其计算如下:

$$NPV_{乙}=1\ 217.3+1\ 217.3\times(P/F,10\%,6)$$
$$=1\ 217.3+1\ 217.3\times0.564\ 5=1\ 904.47(元)$$

从上述计算可知,乙方案的净现值大于甲方案的净现值,因此,W 公司在进行项目投资决策时应选择乙方案。

最小公倍数法的优点是易于理解,其缺点也是显而易见的,过大的最小公倍数不仅增加计算的复杂度,而且也没有必要去预计遥远的数据。当使用最小公倍数法变得难以预测和计算时,可以使用年均净现值法。

课堂思考

若 A 和 B 项目投资方案的计算期分别为 2 年和 3 年,则两个方案的最小公倍数是多少? A 和 B 方案分别需要重复几次?

(2)年均净现值法,也称年等额净回收法,是指把投资项目在寿命期内总的净现值转化为每年的平均净现值,并进行比较分析的方法。其计算公式如下:

$$ANPV=\frac{NPV}{(P/A,i,n)}$$

式中,$ANPV$ 表示年均净现值;NPV 表示净现值;$(P/A,i,n)$表示在一定的资本成本率和项目寿命期限基础上的年金现值系数。

【例 9—13】 沿用【例 9—12】的资料,若甲项目方案的净现值为 839.8 元,乙项目方案的净现值为 1 217.3 元,则甲和乙项目方案年均净现值的计算如下:

$$ANPV_{甲}=\frac{NPV_{甲}}{(P/A,10\%,4)}=\frac{839.8}{3.169\ 9}=264.93(元)$$

$$ANPV_{乙}=\frac{NPV_{乙}}{(P/A,10\%,6)}=\frac{1\ 217.3}{4.355\ 3}=279.50(元)$$

从上述计算结果可以看出，通过比较项目投资方案的年均净现值，乙项目方案的年均净现值大于甲项目方案的年均净现值，这个结论是与最小公倍数法相一致的。

最小公倍数法和年均净现值法也有区别。最小公倍数法比较直观，易于理解，但预计现金净流量相对困难和复杂。而年均净现值法应用相对简单，但不便于理解。

知识链接

互斥项目中年均净现值法的计算与考虑货币时间价值的固定资产的平均年成本计算相似。固定资产的平均年成本，是指该资产引起的现金流出的年平均值。若项目投资方案不考虑货币时间价值的影响，固定资产的年平均成本是未来使用年限内的现金流出总额与使用年限的比值；若项目投资方案考虑货币时间价值，则固定资产的年平均成本是未来使用年限内现金流出总现值与年金现值系数的比值。

(二)固定资产更新决策

固定资产更新，是指对技术上或经济上不宜继续使用的旧资产，用新的资产进行更换，或用先进的技术对原有设备进行局部改造。固定资产更新决策主要研究两个问题：一个是决定是否更新，即继续使用旧资产还是更换新资产；另一个是决定选择什么样的资产来更新。现实中，这两个问题需要结合在一起进行考虑，若市场上没有比现有设备更适用的设备，那么就继续使用旧设备。由于旧设备总可以通过修理继续使用，故固定资产更新决策就是在继续使用旧设备和采用新设备之间进行分析并做出决策。

1. 新旧设备的寿命期相同

企业进行固定资产更新决策时，若新旧设备尚可使用年限相同，可以通过差量分析法来计算一个方案比另一个方案增加或减少的现金流量，在进行固定资产更新决策时，这种方法是比较简单的方法。

在差量分析法中，所有增加或减少的现金流量均用“Δ”来进行表示。假设有两个不同的项目投资方案甲和乙，则差量分析法的基本步骤如下：

第一步，将两个方案的现金流量进行比较，求出Δ现金流量(即甲的现金流量－乙的现金流量)。

第二步，根据已知的各期的Δ现金流量，计算两个方案的Δ净现值。

第三步，根据Δ净现值的大小进行判断，若Δ净现值≥0，则应选择项目方案甲；而如果Δ净现值≤0，则应该选择项目方案乙。

【例 9－14】 W公司打算用一台技术更先进的新设备代替旧设备，旧设备采用直线法计提折旧，新设备采用双倍余额递减法计提折旧，假设该公司的所得税税率为25%，资本成本为10%，并且单个项目不考虑税前补亏等其他情况的影响。要求帮助W公司做出继续使用旧设备还是采用新设备的决策。其他具体资料如表9－12所示。

表 9－12　W公司更新设备决策的相关数据　单位：元

项　目	旧设备(乙)	新设备(甲)
固定资产原价	60 000	80 000
固定资产设计使用寿命	10	4
固定资产已使用年限	6	0
固定资产尚可使用年限	4	4
税后固定资产残值	0	8 000

续表

项　目	旧设备(乙)	新设备(甲)
固定资产当前变现价值	24 000	80 000
使用设备每年能获得的收入	30 000	50 000
每年付现成本	20 000	15 000
固定资产折旧额	直线法	双倍余额递减法
第1年	6 000	40 000
第2年	6 000	20 000
第3年	6 000	6 000
第4年	6 000	6 000

根据差量分析法，以及上述资料，进行如下计算：

第一步，计算Δ现金流量。

(1)计算两个方案初始投资额的差量。

Δ初始投资额＝80 000－24 000＝56 000(元)

(2)计算两个方案之间各年经营净现金流量的差量，如表9—13所示。

表9—13　　各年经营净现金流量的差量　　单位：元

项　目	第1年	第2年	第3年	第4年
Δ销售收入	20 000	20 000	20 000	20 000
Δ付现成本	－5 000	－5 000	－5 000	－5 000
Δ折旧额①	34 000	14 000	0	0
Δ税前利润	－9 000	11 000	25 000	25 000
Δ所得税费用	0	2 750	6 250	6 250
Δ税后净利润②	－9 000	8 250	18 750	18 750
Δ经营净现金流量＝①＋②	25 000	22 250	18 750	18 750

(3)计算设备更新决策总现金流量的差量，如表9—14所示。

表9—14　　设备更新决策总现金流量的差量　　单位：元

项　目	第0年	第1年	第2年	第3年	第4年
Δ初始投资额	－56 000				
Δ经营净现金流量		25 000	22 250	18 750	18 750
Δ期末净现金流量					8 000
Δ现金流量	－56 000	25 000	22 250	18 750	26 750

第二步，根据已知的各期的Δ现金流量，计算两个方案的Δ净现值，计算如下：

$$\Delta NPV = -56\ 000+25\ 000\times(P/F,10\%,1)+22\ 250\times(P/F,10\%,2)+18\ 750\times(P/F,10\%,3)+26\ 750\times(P/F,10\%,4)$$

$$= -56\ 000+25\ 000\times0.909\ 1+22\ 250\times0.826\ 4+18\ 750\times0.751\ 3+26\ 750\times0.683\ 0$$

$=-10\ 527.99$(元)

第三步,根据Δ净现值的大小进行判断。由于在上述计算中可知$\Delta NPV=-10\ 527.99$元,因此,Δ净现值≤0,应选择项目方案甲,即应采用新设备,而不应当继续使用旧设备。差量分析法只是提供了一种新旧设备寿命期相同情形下的投资决策分析方法。同时,差量分析法也可以用来分析项目投资期的选择决策。

2. 新旧设备的寿命期不同

当出现新旧设备的寿命期不同的情况时,其计算方法和方案的比较,与互斥项目投资决策中投资项目寿命期不同的情形是相似的。在进行新旧设备寿命期不同情况下的决策时,可以使用如前文所述的最小公倍数法和年均净现值法进行决策,以选择恰当的项目投资方案。

课堂思考

若【例9—14】中两个项目投资方案分别计算其净现值并进行比较,其与差量分析法的计算结果是否一致?

(三)资本限额投资决策

资本限额,是指企业可以用于投资的资金总量有限,不能投资于所有可接受的项目,而将各项目方案形成各种互斥项目组合,并在组合中选择较优的决策。对于给定的一系列独立项目,我们很容易地形成互斥项目组合方案。所谓独立项目,是指被选项目之间是相互独立的,采用一个项目不会影响另外项目的采用或不采用。企业在有资本限额的情况下,应选择那些能使净现值达到最大的投资组合。

在资本限额投资决策中,应找到备选方案中较好的几个方案,以简化分析工作。一般情况下,可以通过现值指数法和净现值法来找到使净现值达到最大的投资组合,通过两种方法的计算分别得到加权平均现值指数最大的投资组合以及净现值合计数最大的投资组合。而在本节中,将采用组合排队优化选择的方法,选出能使各方案净现值总额达到最大的组合。因此,首先将各备选方案按优劣顺序进行排队,进行组合和挑选。在此,以各项目方案的现值指数的大小作为排序的标准,以使计算相对简单。因为现值指数越高,说明等额投资带来的净现值越大,应对其进行优先选择。组合排队优化选择的具体步骤如下:

第一步,以各项目方案现值指数的大小进行排序,现值指数最大的排在首位,其他按大小依次排列,逐次计算累计投资额,并与资本限定的总额进行比较。

第二步,若计算到第m个项目时,累计投资总额恰好与资本限定额相等,那么第1至第m个项目方案的组合就是最佳的投资组合。

第三步,如果在项目方案的排序过程中没有找到最佳组合,则仍须按下列方法对其进行必要的调整:

(1)若方案排序中发现第m项的累计投资额首次超过资本限定额,当删除该项后,递补项目方案的累计投资额却小于或等于资本限定额时,可将第m项与第$m+1$项交换位置,并计算其累计投资额。这种位置的交换可持续进行。

(2)若方案排序中发现第m项的累计投资额首次超过资本限定额,而又不能与后一项进行交换时,则可将第m项与第$m-1$项交换位置,继续计算累计投资额。这种位置的交换也可持续进行。

(3)若经过持续的交换,已不能再进行下一步交换时,仍不能找到使累计投资额恰好与资本限定额相等的项目组合,则可按最后一次交换后的项目组合作为最佳组合。

总之,进行项目间优化选择的主要原则和目标,就是在充分利用有限资金的前提下,选择能使净现值达到最大的投资组合。

【例9—15】 假设W公司有8个项目投资方案可供选择,当8个项目方案都投资时,共需初始投资额3 600万元，若该公司用于投资的资本限额是2 150万元，要求在资本限额范围内，选择能使净现值达到最大的投资组合。详细情况如表9—15所示。

表9—15 **W公司的8个投资项目** 单位：万元

投资项目	初始投资额	现值指数	净现值
A	400	1.31	80
B	500	2.22	220
C	450	1.98	200
D	650	2.35	320
E	550	1.67	150
F	350	1.21	70
G	400	1.51	130
H	300	1.45	110
合　计	3 600		1 280

第一步，将W公司的8个方案按现值指数的大小进行排序，并逐次计算累计投资额和净现值。其排序结果如表9—16所示。

表9—16 **W公司的8个投资项目的排序** 单位：万元

投资项目	现值指数	初始投资额	净现值	累计投资额	累计净现值
D	2.35	650	320	650	320
B	2.22	500	220	1 150	540
C	1.98	450	200	1 600	740
E	1.67	550	150	2 150	890
G	1.51	400	130	2 550	1 020
H	1.45	300	110	2 850	1 130
A	1.31	400	80	3 250	1 210
F	1.21	350	70	3 600	1 280

第二步，当计算到E项目的时候，累计投资总额恰好与资本限定额相等，那么在此之前的项目方案的组合就是最佳的投资组合，即选择D、B、C和E项目投资方案进行投资是最佳的投资组合，其累计净现值为890万元。

上述计算中并未进行为找到最佳投资组合而进行的调整，当需要进行调整时，其计算的基本思路按照前文第三步所介绍的内容进行。

知识链接

项目投资决策评价指标的分析和计算，与本教材第二章的货币时间价值的内容密切相关，主要涉及复利现值系数和年金现值系数的确定，从而对现金流量进行折现以计算净现值，并进行后续计算和项目决策。

第四节　项目风险投资决策

为了更加有层次地对问题进行研究，在上一节的讨论中，我们并没有将风险问题结合分析，而讨论一些确定性投资问题。在现实中，风险总是无处不在的，如何合理地分析风险、把握风险是公司财务管理的重要内容之一。因此，本节将讨论项目风险投资决策的问题。

在进行项目风险投资分析时，有两类基本方法：一是风险调整法，即对项目的风险因素进行调整，主要包括调整折现率和调整未来现金流量两方面的内容，分别调整净现值计算公式的分母和分子。二是对项目的基础状态的不确定性进行分析，主要包括敏感性分析和决策树法，这类方法通过研究投资基础状态变动对投资分析结果的影响程度，对投资分析的适用性进行测试，并做出最终决策。

一、风险调整折现率法

风险调整折现率法，是指将与特定投资项目有关的风险报酬加入资本成本率或公司的必要报酬率中，构成按风险调整的折现率，并据以进行投资决策分析的方法。这种方法的指导思想是对于高风险的投资项目，应采用较高的折现率计算各项评价指标，而对于低风险的投资项目，应采用较低的折现率计算各项评价指标，然后根据方案的评价指标进行方案的选择。风险调整折现率法包括运用资本资产定价模型调整折现率、按投资项目风险等级调整折现率和用风险报酬率模型调整折现率等。本节中将主要讨论运用资本资产定价模型调整折现率的方法。

在前面章节讨论公司所面临的风险，以及资本资产定价模型时曾指出，公司证券投资风险可分为可分散风险和不可分散风险。不可分散风险通常用β系数来衡量，而可分散风险是属于公司特有的风险，可以通过合理的证券投资组合来消除。

在进行投资决策分析时，决策者可以采用与证券总风险模型一致的模型进行分析，即企业总资产风险模型，可用公式表示如下：

$$\text{总资产风险}=\text{不可分散风险}+\text{可分散风险}$$

其中，不可分散风险仍通过β系数来衡量，是不可消除的风险，而属于企业特有风险的可分散风险，则可以通过企业的多元化经营而消除。因此，在投资分析决策时，值得注意的风险只有不可分散风险。此时，特定投资项目按风险调整的折现率可以通过下式进行计算：

$$K_s=R_f+\beta_s\times(R_m-R_f)$$

式中，K_s表示项目s按风险调整的折现率或项目的必要报酬率；R_f为无风险报酬率；β_s是项目s的不可分散风险的β系数；R_m为所有项目平均的折现率或必要报酬率。

在计算出风险调整折现率后，就可以使用该折现率来计算新的净现值，调整后净现值的计算方法和过程与前文所述的方法和过程是一致的。其计算公式如下：

$$\text{调整后的净现值}=\sum_{t=0}^{n}\frac{\text{预期现金流量}}{(1+\text{风险调整折现率})^t}$$

式中，初始投资成本发生在$t=0$的时刻，n为投资项目期限。

风险调整折现率法在理论上受到批评，因其用单一的折现率同时进行风险调整和时间调整。这种做法将货币时间价值和投资风险混为一谈，特别是分析远期投资的现金流量折现时，折现过程计算时会重复计算风险调整折现率，即表示风险随着时间的推移而加大，从而夸大了远期风险。

课堂思考

折现率是不是利率、贴现率和收益率？

二、风险调整现金流量法

风险调整现金流量法，是指根据风险来调整项目的现金流量，然后进行长期投资决策的评价方法。该方法是通过改变投资项目价值的净现值计算公式的分子，降低预期现金流量的价值而做出的风险调整。由于风险的存在使得各年的现金流量并不确定，因此，需要按风险情况对各年现金流量进行调整。风险调整现金流量法的调整方法有很多，如肯定当量法和概率法等。这里主要介绍肯定当量法。

在项目的风险投资决策中，需要对不确定的各年现金流量进行调整。肯定当量法就是把不确定的各年现金流量，用一个系数(通常称为约当系数)折算为大约相当于确定的现金流量的数量，然后通过无风险的折现率来计算项目净现值，运用项目净现值法来评价投资项目是否可行。

那么什么是约当系数呢？约当系数是肯定的现金流量对与之相当的、不确定的期望现金流量的比值，是指不肯定的1元现金流量期望值相当于使投资者满意的肯定的金额的系数，通常用 a_t 来表示，其计算公式如下：

$$a_t=\frac{\text{肯定的现金流量}}{\text{期望现金流量}}$$

在进行分析时，可以根据各年现金流量的风险程度，选用不同的约当系数。一般情况下，当现金流量确定时，可以取 $a_t=1.00$；当现金流量的风险很小时，可以取 $0.80\leqslant a_t<1.00$；当现金流量的风险一般时，可以取 $0.40\leqslant a_t<0.80$；当现金流量的风险很大时，可以取 $0<a_t<0.40$。

约当系数的选择会因人而异，风险偏好者会选择较高的约当系数，而风险规避者可能选用较低的约当系数。在此情形下，为了防止因决策者的偏好不同而造成决策失误，有些企业根据标准离差率来确定约当系数。经验研究也表明，现金流量的标准离差率与其约当系数之间存在着一定的关系，标准离差率与约当系数的经验对照关系如表9－17所示。

表9－17　标准离差率与约当系数的经验对照表

标准离差率	约当系数
0.01～0.07	1
0.08～0.15	0.9
0.16～0.23	0.8
0.24～0.32	0.7
0.33～0.42	0.6
0.43～0.54	0.5
0.55～0.70	0.4
…	…

在项目投资决策分析中，使用肯定当量法的关键是确定约当系数，如果约当系数已经确定，那么就可以计算其肯定现金流量的净现值，其计算公式如下：

$$\text{肯定当量净现值}=\sum_{t=0}^{n}\frac{a_t\times\text{现金流量期望值}}{(1+\text{无风险报酬率})^t}$$

式中，a_t 表示 t 年现金流量的约当系数，它介于0～1；无风险报酬率是由于现金流量通过约当系数变成肯定的现金流量，消除了全部风险，因此，相应的折现率也应当是无风险的报酬率；初始投资成本发生在 $t=0$ 的时刻；n 为投资项目期限。

【例9－16】 假设W公司进行一个项目的投资分析决策，若该项目的无风险报酬率为8%，资本成本率为10%，该项目的预计现金流量和已确定的约当系数已列示在表9—18中，要求判断该投资项目是否值得投资。

表9—18　　投资项目的现金流量和约当系数　　单位：元

时　期	0	1	2	3	4
NCF_t	−10 000	3 000	4 000	5 000	2 000
a_t	1.0	0.9	0.8	0.7	0.7
调整后的 NCF_t	−10 000	2 700	3 200	3 500	1 400

$$\begin{aligned}\text{肯定当量的净现值 } NPV &= -10\,000+2\,700\times(P/F,8\%,1)+3\,200\times(P/F,8\%,2)+3\,500\\&\quad\times(P/F,8\%,3)+1\,400\times(P/F,8\%,4)\\&=-949.1(\text{元})\end{aligned}$$

而该投资项目的现金流量若不通过约当系数的调整，且按传统的净现值法计算，项目投资的净现值为1 155.7元。从上述的计算分析中可以看出，按风险程度对现金流量进行约当调整后，计算出的净现值小于0，按照净现值法的评价标准，不应采纳该项目投资方案。

肯定当量法在理论上受到好评。该方法先调整风险，然后把肯定的期望现金流量用无风险报酬率进行折现。对不同年份的现金流量，可以根据风险程度的不同而使用不同的约当系数进行调整。肯定当量法虽然克服了风险调整折现率法夸大远期风险的缺点，但如何准确并合理地确定约当系数是一个较困难的问题。

知识链接

风险调整折现率法和风险调整现金流量法在理论上受到批评和好评。但在实务中，被普遍接受的做法是根据投资项目的系统风险调整折现率即资本成本，而用投资项目的特有风险(即可分散风险)调整现金流量。

三、敏感性分析

投资项目的敏感性分析，是指假定其他变量不变情况下，测定某一相关因素的变动，对反映项目投资效果的评价指标(净现值、现值指数、内含报酬率等)的影响程度。如果某因素发生较小范围的变动时，项目评价指标发生了较大的变动，那么表明项目评价指标对该因素的敏感性强；而如果某因素发生了较大的变动才会对评价结果有所影响，那么表明项目评级指标对该因素的敏感性弱。

进行敏感性分析的目的，是使人们可以预见相关因素发生多大范围内变动时，不会影响原来结论的有效性。而当相关因素的变动超过一定范围时，就不得不对原来的结论进行修正。

(一)敏感性分析的主要步骤

对项目投资方案进行敏感性分析的主要步骤是：

(1)首先确定具体的评价指标作为敏感性分析的对象，如净现值和内含报酬率等。

(2)选择不确定因素。可以进行敏感性分析的因素很多，要选择对项目评价指标的计算影响较大且自身不确定性较大的因素。

(3)对所选择的不确定因素设定乐观、正常和悲观三种情况，并做出估计。

(4)计算正常情况下的评价指标的数值。

(5)改变不确定因素中的一个，并假定其他变量不变，以此计算对应的评价指标数值。

(6)以正常情况下的评价指标数值作为标准，分析各种变量的敏感程度，并对项目投资方案做出评价。

【例 9—17】 假设 W 公司需要进行新项目的分析决策，固定资产按直线法计提折旧，使用年限为 5 年，寿命期满无残值，若固定资产投资全部由初始投资额提供，资本成本率为 10%，所得税税率为 25%，项目投资方案正常情况下的相关资料如表 9—19 所示。

表 9—19　　正常情况下 W 公司相关资料　　单位：元

项　目	第 0 年现金净流量	第 1～5 年现金净流量
初始投资额	−20 000	
销售收入		60 000
变动成本		40 000
固定成本(不包括折旧)		8 000
折旧(1)		4 000
营业利润		8 000
所得税费用		2 000
税后利润(2)		6 000
现金流量	−20 000	10 000=(1)+(2)

下面按照敏感性分析的步骤对项目投资方案进行分析评价：

(1)选择净现值作为敏感性分析的对象。

(2)选择不确定因素。在此项目投资方案分析中，这些因素包括初始投资额、销售收入、变动成本和不包括折旧的固定成本。之所以不包括折旧，是因为在该项目中，折旧随初始投资额的变化而变化。

(3)对所选择的不确定因素设定乐观、正常和悲观三种情况，并做出估计。

(4)计算正常情况下该投资项目的净现值。

正常情况下的 $NPV=10\ 000\times(P/A,10\%,5)-20\ 000=17\ 908$(元)

(5)改变不确定因素中的一个，并假定其他变量不变时，估算各个影响因素变动时对应的净现值。假设初始投资、销售收入和变动成本按照 20% 的幅度上下变动，而考虑到规模效应等因素的影响，固定成本按照 10% 的幅度上下变动。则其计算如表 9—20 所示。

表 9—20　　净现值的敏感性分析表　　单位：元

不确定因素	不确定因素的变动情况			不同变动情况下的净现值		
	悲观	正常	乐观	悲观	正常	乐观
初始投资额(变动 20%)	24 000	20 000	16 000	14 666.16①	17 908	21 149.84
销售收入(变动 20%)	48 000	60 000	72 000	−16 209.2②	17 908	52 025.2
变动成本(变动 20%)	48 000	40 000	32 000	−4 836.8	17 908	40 652.8
固定成本(变动 10%)	8 800	8 000	7 200	15 633.52	17 908	20 182.48

在进行上述的净现值计算时，变动成本和固定成本的变动计算只需注意不同数值的代替计算。而初始投资额和销售收入需要在两个地方注意其计算，如表 9—20 中所标明的①和②，分析如下：

①计算初始投资额对净现值的敏感性时，该项目假设需要考虑折旧额随着初始投资额的变化而变化的情况。悲观情况下的年折旧额为 4 800 元(24 000÷5)，则第 1～5 年的经营净现金流量为 10 200 元[(60 000−40 000−8 000−4 800)×(1−0.25)+4 800]，净现值为 14 666.16 元[10 200

×(P/A,10%,5)－24 000]。乐观情况下初始投资额的计算也与此相同。

②当销售收入变化时，特别是处于悲观情况下，可能会使得项目利润变成亏损。在计算时，假设公司的其他项目处于盈利状态，那么此时该项目的亏损可用于抵扣其他项目的利润，从而产生节税效应。而节税金额可以看作是项目现金流入的一部分。当公司的销售收入为48 000元时，其税前利润为－4 000元(48 000－40 000－8 000－4 000)，节税金额为1 000元(4 000×0.25)，则税后利润为－3 000元(－4 000＋1 000)，经营净现金流量为1 000元(－3 000＋4 000)，此时项目的净现值为－16 209.2元[1 000×(P/A,10%,5)－20 000]。

(6)以正常情况下的评价指标数值作为标准，分析各种变量的敏感程度，并对项目投资方案做出评价。从表9－20的结果可以看出：

第一，净现值对每年销售收入的变化十分敏感。当销售收入从60 000元下降20%时，净现值由17 908元下降到－16 209.2元；而当销售收入从60 000元上升20%时，净现值由17 908元上升到52 025.2元。因此，在进行项目投资分析时，要对销售收入仔细预测，如果销售收入的不确定性非常大，则表明该项目的预测风险也较大。

第二，净现值对变动成本的变化也比较敏感，仅次于销售收入。当变动成本在20%的幅度上下变化时，净现值也产生了比较敏感的反应，使得净现值在悲观和乐观情形下分别为－4 836.8元和40 652.8元。所以在项目投资分析时，要关注对变动成本的预测，若变动成本的不确定性很大，说明项目的预测风险较大。

第三，相对来说，净现值对初始投资额和固定成本的变化不太敏感。而且在该投资项目方案中，无论初始投资额和固定成本的上升或下降，净现值都大于零，也就是说，即使是悲观情况的出现，该投资项目也是可以接受的。

(二)敏感性分析的优点和缺点

敏感性分析是一种最常用的风险分析方法，计算过程简单，易于理解，且能够在一定程度上就多种不确定因素的变化对项目评价指标的影响进行定量分析，有助于决策者了解项目决策需要重点分析与控制的因素。

敏感性分析的局限性在于其分析过程中，只允许一个影响因素发生变动，而假设其他影响因素保持不变，而实际上这些影响因素通常是相互关联的，这涉及一系列因素变化对决策指标的影响问题。其次，该分析方法每次测定一个影响因素的变化对净现值的影响，提供了一系列分析结果，但没有给出每一个结果发生的概率分布情况。

课堂思考

敏感性分析中，对不同行业和投资项目是否应选择不同的不确定因素，以及设定多种不确定因素的变化情况？

四、决策树法

决策树法也是对不确定性投资项目进行分析的一种方法。财务人员在项目初始阶段做出决策的同时，也需要在项目寿命期内连续地做出一系列决策，这些决策之间存在着连续性。因此，假若以后的投资决策取决于先前所做的决策时，现在的决策就必须考虑今后准备做出的决策。而决策树法可以直观地将依次连续决策的问题用树型决策网络来表示和分析，表示一个多阶段项目决策中每一个阶段的投资决策和可能发生的结果及其发生的概率。

决策树由不同的节点和分支组成，根据决策目标从左向右分析作图，然后从右向左逐步分析判断，进行项目决策。

决策树法的分析步骤如下：

第一步，绘制决策树图。按从左到右的顺序画决策树，图形包括决策点、方案、机会点和概率枝。

第二步，预计各种状态可能发生的概率。

第三步，计算期望净现值：将净现金流量折现后求加权平均值。

第四步，选择期望收益值最大的最佳方案。

【例 9—18】 W 公司为了扩大生产规模提出了两个方案：一个方案是建设一家大工厂，另一个方案是建设一家小工厂。若建设大工厂需要初始投资 800 万元，工厂可使用 10 年；而建设小工厂需要初始投资 320 万元，如果销售情况理想，则 3 年后扩建，扩建需要投资 600 万元，可使用 7 年。W 公司资本成本率为 10%，假设经过市场调查，产品销售好的概率为 0.7，销售不好的概率为 0.3。则 W 公司面临以下决策问题：(1)决定建设小工厂还是大工厂；(2)若建设小工厂，是否对小工厂进行扩建。

上述资料构成一个风险决策问题，可以绘制决策树图，图中方框表示决策点，圆圈表示随机事件点。

预计各种状态可能发生的概率和计算期望现金流量。为了问题的简化，在图中直接给出各种结果的期望净现值，如图 9—2 所示的决策树。

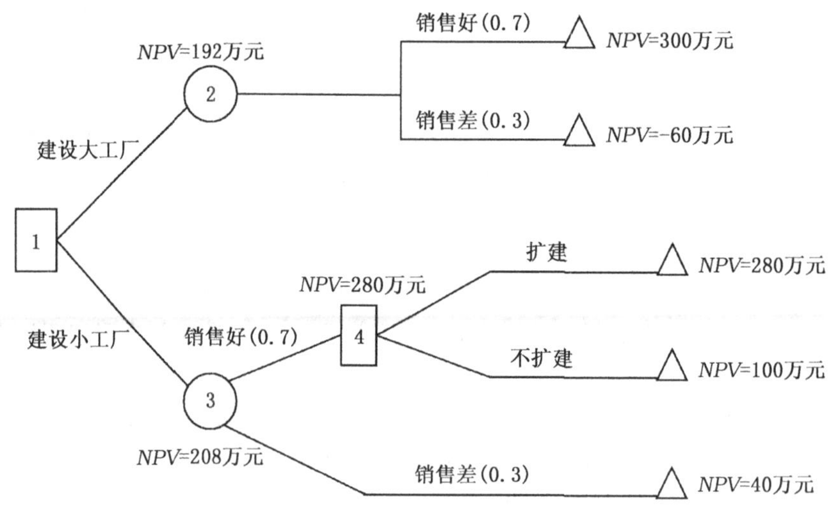

图 9—2　W 公司项目投资决策树分析

决策树法是采用从右向左倒推的方法来确定最优决策序列的。在本例中，首先确定是否进行小工厂的扩建，从扩建情况下和不扩建情况下的净现值来看，应选择进行扩建，此时的净现值为 280 万元。然后进行下一阶段决策，在既定的概率分布下，建设小工厂的净现值为 208 万元，而建设大工厂的净现值为 192 万元。因此，按净现值法的决策原则，在第一决策点 1 应选择建设小工厂的方案，在第二决策点 4 选择 3 年后扩建小工厂的方案。

决策树法的分析为项目决策者提供了有价值的信息，但是进行决策树分析的同时也需要大量的信息。决策树分析要求被分析的项目可以被区分为几个阶段的决策，并要求每一阶段的结果是相互离散的，而且结果的概率分布及其对现金流量的影响是可以被事先预测的，这些条件减少了可被分析项目的数量，从而使得决策树法的使用受到限制。

本章小结

项目投资的投资主体是企业，是一种以特定项目为对象，直接与新建项目或更新改造项目有关的长期投

资行为，目的是为了形成或改善企业生产能力。项目投资根据不同情况有多种分类方式。项目投资有其固定的决策程序，由于项目投资具有很大的风险，因此要进行谨慎的决策。

现金流量是项目投资评价中的重要概念，是指投资项目在整个投资寿命期内各项现金流入量与现金流出量的总称。项目投资的现金流量通常有现金流出量、现金流入量和现金净流量三个具体概念。在进行相关现金流量的判断时，应注意以下几个问题：(1)不能忽视机会成本；(2)不考虑沉没成本；(3)要考虑项目方案对公司其他项目的影响。

项目投资从开始到终结的寿命期内，其全部现金流量一般分为三个部分：初始现金流量、经营净现金流量和期末净现金流量。对现金流量的计算是项目投资评价方法的基础，尤其是经营净现金流量有直接法和间接法两种计算方式，一定要全面掌握和理解。

项目投资决策的评价指标可分为两类：一类是评价的基本方法，其考虑了货币时间价值的因素，主要包括净现值法、现值指数法以及内含报酬率法等；另一类是评价的辅助方法，其没有考虑货币时间价值的因素，主要包括投资回收期法和平均报酬率法等。净现值是指投资项目发生的经营净现金流量以适当的折现率折现的现值，减去原始投资额现值后的差额。现值指数是未来现金流量的现值与初始投资额的现值比率。内含报酬率是指能够使未来现金流入的现值等于现金流出的现值的折现率，或者说是使投资项目的净现值为零的折现率。在上述评价方法的运用中，要考虑所得税和折旧的影响。项目投资决策评价的基本方法是最重要的方法，包括对未来现金流量、投资期限和折现率的运用等，必须理解和掌握并学会使用；同时，对不同评价方法之间的关系和评价方法的应用要有深入的理解和认知。

风险总是无处不在的，项目分析和评价时需要讨论其风险投资决策的问题。进行项目风险投资分析，有两类基本方法：一是风险调整法，即对项目的风险因素进行调整，主要包括调整折现率和调整未来现金流量两方面的内容，分别调整净现值计算公式的分母和分子。二是对项目的基础状态的不确定性进行分析，主要包括敏感性分析和决策树法。通过上述方法的分析和调整，促使企业对项目投资进行更好的决策。

决策树法的分析为项目决策者提供了有价值的信息，但是进行决策树分析的同时也需要大量的信息。决策树分析要求被分析的项目可以被区分为几个阶段的决策，并要求每一阶段的结果是相互离散的，而且结果的概率分布及其对现金流量的影响是可以被事先预测的，这些条件减少了可被分析项目的数量，从而使得决策树法的使用受到限制。

复习思考题

1. 项目投资的概念是什么？其主要特点有哪些？
2. 现金流量包括哪些内容？现金流量估计的原则有哪些？
3. 进行相关现金流量的判断需要注意什么问题？现金流量的计算有哪些内容？
4. 净现值法、现值指数法和内含报酬率法是如何进行计算的？
5. 项目投资决策时应使用净现值法、现值指数法和内含报酬率法中的哪一种方法？
6. 项目投资风险决策有哪些方法？
7. 项目投资评价决策方法的应用包括哪些内容？

第十章 证券投资决策

学习目标

通过本章的学习，理解证券投资的概念及相关知识；熟悉债券投资的形式；掌握股票、债券、基金等证券投资决策评价方法；熟悉证券投资组合的相关内容。

第一节 证券投资概述

证券投资是以金融市场为依托的一种投资形式，企业进行证券投资时要充分了解市场中各类证券的功能和特点，并在风险与收益均衡的原则下，做出正确的证券投资决策。

一、证券投资的概念

证券投资(Investment in Securities)，是指投资者(法人或自然人)购买股票、债券、基金等有价证券及其衍生品，以获取红利、利息及资本利得的投资行为和投资过程，是投资的重要形式。

证券投资需要通过某些工具进行，即证券投资工具，它是指在投资活动中以书面证明所有权或债权债务关系的凭证，是一种具有法律效力的合法金融契约。证券投资工具的存在使得投资者能快速地在金融市场中进行投资和变现。

证券投资主要由收益、风险和时间三个要素构成。证券投资的收益可以用绝对数和相对数来表示。绝对数由所得利得(根据证券发行者经营的成果定期取得的收益，如债券利息、股息)和资本利得(在证券流通市场上通过买卖证券所实现的差价收益)两部分组成；相对数即证券收益率。

证券投资的风险就是未来收益状况的不确定性，即发生盈利和亏损的可能性，分为系统性风险和非系统性风险。系统性风险，是指社会政治和宏观经济情况的变化等对整个证券市场的影响和冲击，具有不可抗拒性和不可分散性。非系统性风险，是指某些因素对单个证券投资造成经济损失的可能性。

课堂思考

证券投资与其他投资有何不同之处？

二、证券投资的目的和原则

财务管理的最终目标是企业价值最大化，证券投资也应当通过最佳的投资决策来实现企业价值的最大化。在选择最佳的投资决策时，应当了解证券投资的目的和原则，下面对此分别进行阐述。

(一)证券投资的目的

证券投资需要投资者将投资收回或变现。证券投资能够在企业需要资金时,及时变现投入经营,从而提高资金利用率,降低资金成本。具体来说,投资者进行证券投资的主要目的有:

1. 提高资产流动性

证券投资,特别是短期证券具有极强的变现能力,可以随时补充现金的需要,短期证券一般可视为现金的等价物。当企业持有短期证券时,相当于持有了库存现金或银行存款。企业可以在现金多余时买入证券,在现金短缺时卖出证券,使得企业的资金能够获得更好的调度,提高资产的流动性。

2. 增加企业收益

企业进行证券投资能获得高于一般银行存款利率的收益,可以减少企业持有现金的机会成本,从而将剩余资金进行灵活的运用。从事季节性或周期性生产经营的企业,会在不同时期产生现金的剩余或短缺,此时,企业可以在现金剩余时购入有价证券,在现金需要时出售变现。通过这种证券投资,企业可以获取一定的收益,并能满足将来企业现金短缺时的现金需要。除此之外,证券投资具有灵活性、多样性的特点,能够在收益一定的情况下降低投资风险。

(二)证券投资的原则

证券投资时,主要遵循以下几种原则:

1. 风险与收益最佳组合原则

风险与收益最佳组合原则,从两个角度提出了对证券投资的要求:一方面,该原则要求企业在风险一定的前提下,要尽可能使得证券投资的收益最大化;另一方面,企业在收益一定的前提下,使得证券投资的风险最小化。以此达到风险与收益的最佳组合,实现企业价值的最大化。

2. 分散投资原则

金融市场中可以选择很多证券进行投资,企业只投资于一种证券时,会给企业带来很大的风险。为了实现企业价值最大化这一最终目标,企业应当进行证券投资的多样化,分散投资,建立科学有效的证券组合,以降低企业证券投资的风险,实现更高的收益。

3. 理智投资原则

投资是存在风险的,证券投资由于具有投资和投机的两种性质,存在着相对更高的风险。因此,在进行证券投资时,投资者需要理智地进行投资选择,并在分析、比较后审慎地进行投资,以降低投资风险。

课堂思考

如何理解风险与收益的关系?

三、证券投资的作用

证券投资是投资的主要形式之一,具有以下几个方面的作用:

(一)为社会提供了筹集资金的重要渠道

资金的供需关系是不平衡的,投资者拥有多余的资金,而资金需要者却缺乏资金,金融市场的存在大大缓解了这种问题。通过证券投资,投资者可以将资金购买有价证券获取收益,被投资者可以获得资金以实现更好的项目收益,实现双方的共赢。因此,证券投资为资金需要者提供了筹集资金的重要渠道,也为投资者提供了更多的投资选择。

(二)有利于资源的优化配置

证券投资依托于金融市场,市场的自发性可以较好地调节资金投向,从而提高资金的使用效率,引导资源的合理流动。证券投资的市场机制,有利于投资双方更好地按照市场规律进行投资行为，实现资源的优化配置。

(三)有利于改善企业经营管理

证券投资要求企业对投资的方法和手段进行充分的学习和了解，这对企业的投资管理提出了很高的要求。企业的经营管理也要与证券投资行为相配合，为证券投资提供资金，同时也通过证券投资筹集资金。另一方面，发行股票和债券的筹集资金的行为，也有利于提高企业经济效益和社会知名度，促进企业的行为合理化，并最终改善企业的经营管理。

四、证券投资的形式

金融市场的不断发展，使得证券投资的形式更趋多样化，在市场中有很多证券投资的种类。比如，有以短期国债、商业票据和可转让存单为代表的短期证券投资，还有债券投资、股票投资和基金投资等形式。

债券投资和股票投资是企业进行证券投资的两种最主要方式。债券和股票通常属于长期证券，一般均有良好的交易市场，可随时转让。因此无论是短期的还是长期的投资活动，都可以通过债券投资和股票投资进行投资行为。

本章将重点介绍债券投资和股票投资两种证券投资形式，同时阐述基金投资的相关内容，并在此基础上通过证券投资组合的介绍来进行证券投资的探讨。

知识链接

证券投资形成至少需要卖出者和买入者，形成一种投资关系。证券投资关系是指证券投资全过程中所涉及的各个主体，主要由三方面构成：发行者、中介人和投资者。

第二节 债券投资

债券(Bond)是一种金融契约，是政府、金融机构和工商企业等直接向社会借债筹措资金时，向投资者发行，并同时承诺按一定利率支付利息并按约定条件偿还本金的债权债务凭证。债券投资，是指债券购买人(投资人、债权人)以购买债券的形式投放资本，到期向债券发行人(借款人、债务人)收取固定的利息以及收回本金的一种投资方式。

一、债券投资的收益评价

债券投资中，企业可以通过评价债券的价值和收益率来确定是否进行债券投资。

(一)债券的价值

债券的价值，又称债券的内在价值。债券价值取决于债券利息的多少，而债券利息的多少取决于票面利率的高低，这也直接影响着债券投资收益的高低。根据资本化定价理论，任何资产的内在价值都是在投资者预期的资产可获得的现金收入的基础上进行贴现决定的。运用到债券上，债券的价值是指进行债券投资时投资者预期可获得的现金流入的现值。债券价值由两部分构成：一是到期面值部分的现值，二是各期利息的现值，折现率为购买债券时的实际市场利率。当债券的购买价格低于债券价值时，适合进行债券投资才值得购买。

债券价值的计算也可以分为每年定期付息、到期一次还本的基本模型，一次还本付息不计复利的债券价值模型和零息债券的价值模型三种形式。

1. 每年定期付息、到期一次还本的基本模型

债券价值的基本模型主要是指按复利方式计算的每年定期付息、到期一次还本情况下的债券

的估价模型。

$$\begin{aligned}V&=\sum_{t=1}^{n}\frac{i\times F}{(1+K)^t}+\frac{F}{(1+K)^n}\\&=i\cdot F\cdot(P/A,K,n)+F\cdot(P/F,K,n)\\&=I\cdot(P/A,K,n)+F\cdot(P/F,K,n)\end{aligned}$$

式中，V 表示债券价值；i 表示债券票面利息率；I 表示债券利息；F 表示债券面值；K 表示市场利率或投资人要求的必要收益率；n 表示付息总期数。

【例 10—1】 W 公司债券面值为 1 000 元，票面利率为 8%，期限为 5 年，某企业要对这种债券进行投资，当前的市场利率为 10%。该债券价格为多少时才可以进行投资？

债券价格 V =1 000×8%×(P/A,10%,5) + 1 000×(P/F,10%,5)

=80×3.790 8 + 1 000×0.620 9

=924.16(元)

该债券的价格必须低于 924.16 元时才可以进行投资。

2. 一次还本付息不计复利的债券价值模型

我国很多债券属于一次还本付息、单利计算的存单式债券，其价值模型为：

$$\begin{aligned}V&=F(1+i\cdot n)/(1+K)^n\\&=F(1+i\cdot n)\cdot(P/F,K,n)\end{aligned}$$

公式中符号含义同前式。

【例 10—2】 W 公司拟购买债券进行投资，该债券面值 1 000 元，期限 5 年，票面利率 6%，单利计息，当前市场利率为 8%。该债券价格为多少时才可以购买？

债券价格 V =1 000×(1+6%×5)×(P/F,8%,5)

=1 000×1.30×0.680 6

=884.78(元)

该债券的价格必须低于 884.78 元时才可以购买。

3. 零息债券的价值模型

零息债券的价值模型是指到期只能按面值收回，期内不计息的债券估价模型，其估价模型为：

$$P=F/(1+K)^n=F\cdot(P/F,K,n)$$

公式中的符号含义同前式。

【例 10—3】 W 公司拟购买债券进行投资，该债券面值 1 000 元，期限 5 年，期内不计息，到期按面值偿还，市场利率 8%。该债券价格为多少时才可以购买？

债券价格 V=1 000×(P/F,8%,5)=1 000×0.680 6= 680.6(元)

该债券的价格只有低于 680.6 元时，才可以购买。

课堂思考

债券的价值与债券发行定价之间的联系？

(二)债券投资的收益率

债券投资收益率的计算比较复杂，下面介绍几种常见收益率的计算方法：

1. 短期债券收益率的计算

短期债券由于期限较短，一般不用考虑货币时间价值因素，只需考虑债券价差及利息，将其与投资额相比，即可求出短期债券收益率。其基本计算公式为：

$$K=\frac{S_1-S_0+I}{S_0}\times100\%$$

式中，S_0 表示债券购买价格；S_1 表示债券出售价格；I 表示债券利息；K 表示债券投资收益率。

【例 10—4】 W 企业于 2018 年 9 月 8 日以 960 元购进一张面值 1 000 元、票面利率 8%、每年付息一次的债券，并于 2019 年 9 月 8 日以 970 元的市价出售，问该债券的投资收益率是多少？

债券投资收益率 $K=\frac{970-960+80}{960}\times 100\%=9.38\%$

2. 一般债券收益率的计算

相比于短期债券，长期债券涉及时间较长，计算一般债券收益率时需要考虑货币时间价值，其投资收益率一般是指购进债券后一直持有至到期日可获得的收益率，它是使债券利息的年金现值和债券到期收回本金的复利现值之和等于债券购买价格时的贴现率。

通常情况下债券的价值模型为：

$$V=I\cdot(P/A,K,n)+F\cdot(P/F,K,n)$$

式中，V 表示债券的购买价格；I 表示每年获得的固定利息；F 表示债券到期收回的本金或中途出售收回的资金；K 表示债券的投资收益率；n 表示投资期限。

由于无法直接计算收益率，必须采用插值法进行计算。插值法的步骤如下：先设定一个贴现率代入上式，如计算出的 V 正好等于债券买价，该贴现率即为收益率；如计算出的 V 与债券买价不等，则须继续测试，再用插值法求出收益率。

【例 10—5】 W 公司 2014 年 1 月 1 日用平价购买一张面值为 1 000 元的债券，其票面利率为 8%，每年 1 月 1 日计算并支付一次利息，该债券于 2019 年 1 月 1 日到期，按面值收回本金，计算其到期收益率。

每年获得的固定利息 $I=1\,000\times 8\%=80$(元)，本金 $F=1\,000$(元)；假设收益率 $i=8\%$，则：

$$V=80\times(P/A,8\%,5)+1\,000\times(P/F,8\%,5)$$
$$=1\,000(\text{元})$$

用 8%计算出来的债券价值正好等于债券买价，所以该债券的收益率为 8%。可见，平价发行的每年复利计息一次的债券，其到期收益率等于票面利率。

如该公司购买该债券的价格为 1 100 元，即高于面值，则该债券收益率应为多少？

要求出收益率，必须使下式成立：

$$1\,100=80\times(P/A,i,5)+1\,000\times(P/F,i,5)$$

通过前面计算已知，$i=8\%$时，上式等式右边为 1 000 元。由于利率与现值呈反向变化，即现值越大，利率越小，而债券买价为 1 100 元，收益率一定低于 8%，降低贴现率进一步试算。

用 $i_1=6\%$ 试算：

$$V_1=80\times(P/A,6\%,5)+1\,000\times(P/F,6\%,5)$$
$$=80\times 4.212\,4+1\,000\times 0.747\,3$$
$$=1\,084.29(\text{元})$$

由于贴现结果仍小于 1 100 元，还应进一步降低贴现率试算。

用 $i_2=5\%$ 试算：

$$V_2=80\times(P/A,5\%,5)+1\,000\times(P/F,5\%,5)$$
$$=80\times 4.329\,5+1\,000\times 0.783\,5$$
$$=1\,129.86(\text{元})$$

用插值法计算：

$$i=5\%+\times(1\,129.86-1\,100)/(1\,129.86-1\,084.29)\times(6\%-5\%)=5.66\%$$

所以，如果债券的购买价格为 1 100 元，债券的收益率为 5.66%。

债券的收益率是进行债券投资时选购债券的重要标准，它可以反映债券投资按复利计算的实际收益率。如果债券的收益率高于投资人要求的必要报酬率，则可购进债券；否则就应放弃此项投资。

二、债券投资的风险及其防范

任何投资都是有风险的，风险不仅存在于价格的变化之中，也可能存在于信用之中。尽管和股票相比，债券的利率一般是固定的，但人们进行债券投资和其他投资一样，仍然是有风险的。因此，投资者需要正确评估债券投资风险，明确将来可能遭受的损失。

(一)信用风险

信用风险又称违约风险，是指发行债券的借款人不能按时支付债券利息或偿还本金，而给债券投资者带来损失的风险。在所有债券之中，财政部发行的国债，其担保人是政府，一般被认为不存在违约风险。但除中央政府以外的地方政府和公司发行的债券则或多或少存在违约风险。因此，信用评级机构要对债券进行评价，以反映其违约风险。一般来说，如果市场认为一种债券的违约风险相对较高，那么就会要求较高的债券收益率，从而弥补可能的损失。

信用风险一般是由于发行债券的公司或主体经营状况不佳或信誉不高带来的风险。因此，避免违约风险的最直接办法就是不购买质量差的债券。投资者在选择债券时，一定要仔细了解公司的情况，包括公司的经营状况和公司以往债券支付情况，尽量避免投资经营状况不佳或信誉不好的公司债券；在持有债券期间，应尽可能对公司经营状况进行了解，以应对债券的违约风险。同时，由于国债的投资风险较低，保守的投资者可以投资国债以规避风险。

(二)债券的利率风险

债券的利率风险，是指由于利率变动而使投资者遭受损失的风险。利率是影响债券价格的重要因素：当利率提高时，债券的价格就会降低；当利率降低时，债券的价格就会上升。由于债券价格会随利率变动，因此即便是没有违约风险的国债也会存在利率风险。

为了更好地防范债券的利率风险，投资者应当分散债券的期限，长短期配合。如果利率上升，短期投资可以迅速地找到高收益投资机会；如果利率下降，长期债券能保持高收益。

(三)通货膨胀风险

通货膨胀风险又称购买力风险，是指由于通货膨胀而使货币购买力下降的风险。通货膨胀期间，投资者实际利率应该是票面利率扣除通货膨胀率。若债券利率为10%，通货膨胀率为8%，则实际的收益率只有2%。购买力风险是债券投资中最常出现的一种风险。

对于购买力风险，最好的规避方法就是分散投资，以分散风险，使购买力下降带来的风险能为某些收益较高的投资收益所弥补。通常采用的方法是将一部分资金投资于收益较高的投资方式上，如股票、期货等，但带来的风险也随之增加。

(四)流动性风险

流动性风险即变现能力风险，是指投资者在短期内无法以合理的价格卖掉债券的风险。如果投资者遇到一个更好的投资机会，则出售现有债券收回资金，但如果在短期内找不到合适的买主，投资者将丧失新的投资机会。针对变现能力风险，投资者应尽量选择交易活跃的债券，如国债等。

知识链接

债券投资的风险还有两种，即再投资风险和经营风险。再投资风险是指投资者以定期收到的利息或到期偿还的本金进行再投资时，市场利率变化使得再投资收益率低于初始投资收益率的风险。经营风险是指发行债券的单位管理与决策人员在其经营管理过程中发生失误，导致资产减少而使债券投资者遭受损失。

三、债券投资的优点和缺点

(一)债券投资的优点

(1)投资收益稳定。进行债券投资一般可按时获得固定的利息收入,收益稳定。

(2)投资风险较低。相对于股票投资而言,债券投资风险较低。政府债券有国家财力作后盾,通常被视为无风险证券。而企业破产时企业债券的持有人对企业的剩余财产有优先求偿权,因而风险较低。

(3)流动性强。大企业及政府债券很容易在金融市场上迅速出售,流动性较强。

(二)债券投资的缺点

(1)无经营管理权。债券投资者只能定期取得利息,无权影响或控制被投资企业。

(2)购买力风险较大。由于债券面值和利率是固定的,如投资期间通货膨胀率较高,债券面值和利息的实际购买力就会降低。

课堂思考

1. 如何有效防范债券投资风险?

2. 如何评价债券投资收益?

第三节 股票投资

股票(Stock)是一种有价证券,是股份有限公司为筹措权益资本,向出资人发行的、用以证明出资人的股东身份和权利,并据以享有权益和承担义务的一种书面凭证。

股票投资(Stock Investment)是指企业或个人用积累起来的货币购买股票,借以获得收益的行为。进行股票投资的目的包括:(1)获利,即作为一般的证券投资,获取股利收入及股票买卖差价。(2)控股,即通过购买某一企业的大量股票达到控制该企业的目的。

一、股票投资与债券投资的区别

股票投资与债券投资都是证券投资的主要形式,但两种投资方式存在着较大的差异:

(一)发行主体不同

债券的发行主体可以是政府、金融机构或企业(公司);股票的发行主体只能是股份有限公司。

(二)收益来源不同

债券投资者从发行者手中得到的收益是利息收入,债券利息固定;股票投资者作为公司股东,有权参与公司利润分配,得到股息、红利,股息和红利是公司利润的一部分,在股票市场上买卖股票时,投资者还可能得到资本收益。

(三)风险程度不同

在经济萧条、市场系统风险集中释放或公司倒闭的情况下,股票投资可能血本无归,具有更大的风险;而债券在一般情况下,投资本金能得到保证,即使是在公司破产的情况下,债权人也具有优先求偿权以最大化地保障自身利益,风险相对较低。

(四)经济利益关系不同

股票反映的是一种所有权关系,是一种所有权凭证,投资者购买股票后就成为公司的股东;债券反映的是一种债权债务关系,是一种债权凭证,投资者购买债券后就成为公司的债权人。

二、股票投资的收益评价

与债券投资相类似，股票投资的收益评价也是从股票的价值和股票投资的收益率两方面来进行。

(一)股票的价值

股票的价值又称股票的内在价值，是指进行股票投资所获得的现金流入的现值。股票投资获得的现金流入主要包括两部分：股利收入和股票出售时的资本利得。因此股票的内在价值由累积发放的股利和出售时股票售价的现值所构成，通常当股票的市场价格低于股票内在价值时，适合进行股票投资。

1. 股票价值的基本模型

$$V=\sum_{t=1}^{n}\frac{d_t}{(1+K)^t}+\frac{V_n}{(1+K)^n}$$

式中，V 表示股票内在价值；d_t 表示第 t 期的预期股利；K 表示投资人要求的必要资金收益率；V_n 表示未来出售时预计的股票价格；n 表示预计持有股票的期数。

股票价值的基本模型要求无限期地预计历年的股利，如果持有期是一个未知数，则上述模型实际上很难计算。因此应用的模型都是假设股利零增长或固定比例增长时的价值模型。

2. 股利零增长、长期持有的股票价值模型

如果投资者投资于股票，持有时间很长，且不打算在近期出售，则在公司股利每年不变的情况下，根据永续年金求现值的方法，股利零增长、长期持有的股票价值模型为：

$$V=d/K$$

式中，V 表示股票内在价值；d 表示每年固定股利；K 表示投资人要求的资金收益率。

【例 10－6】 W 公司拟投资购买并长期持有某公司股票，该股票每年分配股利 3 元，必要收益率为 15%。该股票价格为多少时可以购买？

股票价格 $V=d/K=3/15\%=20$(元)

股票价格低于 20 元时，才可以购买。

3. 长期持有、股利固定增长的股票价值模型

如果投资者所投资股票的股利不断增长，且投资期限又非常长，则可以通过计算公司预期未来支付给股东的股利现值确定股票的未来价值。

假设上年股利为 d_0，本年股利为 d_1，每年股利增长率为 g，则长期持有、股利固定增长的股票价值模型为：

$$\begin{aligned}V&=d_0(1+g)/(K-g)\\&=d_1/(K-g)\end{aligned}$$

【例 10－7】 W 公司拟投资某公司股票，该股票上年每股股利为 2 元，预计年增长率为 10%，必要投资报酬率为 15%。该股票价格为多少时可以投资？

股票价格 $V=d_0(1+g)/(K-g)=2\times(1+10\%)/(15\%-10\%)=44$(元)

该股票价格低于 44 元时，才可以投资。

4. 非固定成长股票的价值

公司的股利通常是不固定的，有些公司的股票在一段时间里高速增长，在另一段时间里又正常固定增长或固定不变，这样我们就要分段计算，才能确定股票的价值。

【例 10－8】 W 企业持有 XYZ 股份公司的股票，该企业投资要求的最低报酬率为 10%，预计 XYZ 公司未来 3 年的每年股利将增长 20%，3 年后转为正常增长率 5%，XYZ 最近支付的股利为 2 元。计算 XYZ 公司股票的内在价值。

先计算前 3 年非正常增长期的股利现值，如表 10－1 所示。

表 10—3　　前 3 年非正常增长期的股利现值计算表

年　份	股利(d_t)	现值系数(10%)	现值(PVD_t)
1	2×(1+20%)=2.4	0.909 1	2.182
2	2.4×(1+20%)=2.88	0.826 4	2.380
3	2.88×(1+20%)=3.456	0.751 3	2.596
合　计			7.158

然后计算第三年年底(第四年年初)该股票的内在价值：

$$V_3=\frac{d_4}{K-g}=\frac{3.456\times(1+5\%)}{10\%-5\%}=72.58(元)$$

该股票正常增长期的股利现值=72.58×(P/F,10%,3)=72.58×0.751 3=54.53(元)

最后计算该股票目前的总价值：

V_0=7.158+54.53= 61.69(元)

课堂思考

股票的价值与权益资本成本测算之间的联系是什么？

(二)股票投资的收益率

通过股票的内在价值，并对比其市场价格，从而判断市场是否正确评估了股票的价值。在证券市场处于均衡状态时，通过对股票投资收益率的计算，以判断股票投资的期望收益率是否等于其必要的收益率。

1. 短期股票收益率的计算

假设企业购买的股票在一年内出售，其投资收益主要包括股票投资价差及股利两部分，此时不需要考虑货币时间价值，其收益率计算公式如下：

$$\begin{aligned}K&=(S_1-S_0+d)/S_0\times100\%\\&=(S_1-S_0)/S_0+d/S_0\\&=\text{预期资本利得收益率}+\text{股利收益率}\end{aligned}$$

式中，K 表示短期股票收益率；S_1 表示股票出售价格；S_0 表示股票购买价格；d 表示股利。

【例 10—9】 2018 年 11 月 10 日，W 公司购买 Y 公司市价为 30 元的股票。2019 年 1 月，W 公司所持有股票每股获现金股利 2 元。2019 年 11 月 10 日，W 公司将该股票以每股 32 元的价格出售，计算该股票的投资收益率。

投资收益率 K=(32−30+2)/30 ×100%=13.33%

该股票的收益率为 13.33%。

2. 股票长期持有、股利固定增长的收益率的计算

根据固定增长股利价值模型，可知：

$$V=d_1/(K-g)$$

为了计算得出股票投资的收益率，将公式移项整理，可求 K(股票投资收益率)，得到股利固定增长收益率的计算模型：

$$K=d_1/V+g$$

【例 10—10】 某公司股票的价格为 50 元，预计下一期的股利为 4 元，该股利将以大约 5%的速度持续增长，则该股票的预期收益率为多少？

股票收益率 K=4/50×100%+5%=13%

该股票的收益率为13%。

3. 基本模型下股票投资收益率的计算

在股票投资的基本模型中，企业进行股票投资可以取得股利，且股票出售时也可收回一定资金。股票投资的收益率是使各期股利及股票售价的复利现值之和等于购买股票时的贴现率。其计算公式如下：

$$V=\sum_{t=1}^{n}\frac{d_t}{(1+K)^t}+\frac{V_n}{(1+K)^n}$$

式中，V 表示股票的买价；d_t 表示第 t 期的股利；K 表示投资收益率；V_n 表示股票出售价格；n 表示持有股票的期数。

通过上述公式并结合插值法计算出股票投资收益率 K。

【例10－11】 假设W公司于2016年6月1日投资800万元购买Z股票100万股，在2017年、2018年和2019年的5月30日分别分得每股现金股利0.8元、0.9元和1元，并于2019年5月30日以每股10元的价格将股票全部出售，计算该项投资的收益率。

首先，采用逐步测试法进行计算，可先用18%的收益率进行测算：

$$\begin{aligned}V&=80/(1+18\%)+90/(1+18\%)^2+1\ 100/(1+18\%)^3\\&=80\times0.847\ 5+90\times0.718\ 2+1\ 100\times0.608\ 6\\&=801.90(\text{万元})\end{aligned}$$

由于801.9万元比800万元大，再用20%测试：

$$\begin{aligned}V&=80/(1+20\%)+90/(1+20\%)^2+1\ 100/(1+20\%)^3\\&=80\times0.833\ 3+90\times0.694\ 4+1\ 100\times0.578\ 7\\&=765.73(\text{万元})\end{aligned}$$

然后用插值法计算如下：

$$\begin{aligned}K&=18\%+(801.9-800)/(801.9-765.73)\times2\%\\&=18.1\%\end{aligned}$$

课堂思考

股票投资收益率与权益资本率之间的关系是什么？

三、股票投资的优点和缺点

(一)股票投资的优点

(1)投资收益高。股票投资风险大，收益也高，只要选择得当，就能取得丰厚的投资收益。

(2)购买力风险低。与固定收益的债券相比，普通股能有效地降低购买力风险。因为通货膨胀率较高时，物价普遍上涨，股份公司盈利增加，股利也会随之增加。

(3)拥有经营控制权。普通股股票的投资者是被投资企业的股东，拥有一定的经营控制权。

(二)股票投资的缺点

(1)收入不稳定。普通股股利是否发放以及发放多少，应视被投资企业经营状况而定，因此收入很不稳定。

(2)价格不稳定。股票价格受众多因素影响，很容易波动。

(3)求偿权居后。当企业破产时，普通股投资者对被投资企业的资产求偿权居于最后，其投资有可能得不到全额补偿。

知识链接

“看空”与“看多”的“看”是表示投资者对未来市场行情发展的研判，而“多”与“空”则是代表投资者对“买入”或“卖出”行为所构成的系统风险之评估。因此，简要地说，“看多”与“看空”就是投资者对市场系统风险大小的主观判断，而“做多”与“做空”则是基于这种判断所做出的市场操作行为（买进、卖出）的理性选择。

“多头”是指投资者对股市看好，预计股价将会看涨，于是趁低价时买进股票，待股票上涨至某一价位时再卖出，以获取差额收益。一般来说，人们通常把股价长期保持上涨势头的股票市场称为“多头”市场。“多头”市场股价变化的主要特征是一连串的大涨小跌。

“空头”是投资者和股票商认为现时股价虽然较高，但对股市前景看坏，预计股价将会下跌，于是把借来的股票及时卖出，待股价跌至某一价位时再买进，以获取差额收益。采用这种先卖出后买进、从中赚取差价的交易方式称为“空头”。人们通常把股价长期呈下跌趋势的股票市场称为“空头”市场。“空头”市场股价变化的特征是一连串的大跌小涨。

第四节 基金投资

基金投资作为一种集合投资方式，通过一定方式把市场上闲散的资金集中起来，进行科学管理，并按照投资组合原则进行分散投资，能在提高收益的同时，最大限度地降低风险。与债券、股票投资不同，基金投资是一种间接的投资工具。单个投资者由于受资金、知识和精力的限制，不一定能达到较好的投资效果，而通过投资基金进行各种投资，可分享投资基金的各种优势。

一、基金投资的含义及特征

基金(Fund)有广义和狭义之分，从广义上说，基金是指为了某种目的而设立的具有一定数量的资金。例如，信托投资基金、公积金、保险基金、退休基金和各种基金会的基金等。而人们平常所说的基金主要是指证券投资基金。

证券投资基金是指一种利益共享、风险共担的集合证券投资方式，即通过发行基金单位，集中投资者的资金，由基金托管人托管，由基金管理人管理和运用资金，从事股票、债券等金融工具投资。

证券投资基金作为一种现代化的投资工具，主要具有以下三个特征：

(一)集合投资

证券投资基金将零散的资金汇集，交给专业机构投资于各种金融工具，以谋取资产的增值。证券投资基金对投资的最低限额要求不高，投资者可以根据自己的经济能力决定基金的购买数量。投资者资金实力越强，能享有大额投资在降低成本上的相对优势，从而获得规模效益的好处。

(二)分散风险

证券投资基金的特征之一，是建立投资组合以降低风险并提高收益。在投资活动中，风险和收益总是并存的，因此，“不能将所有的鸡蛋都放在一个篮子里”。相比于个人投资者，证券投资基金可以凭借其雄厚的资金，进行科学的投资组合，分散投资于多种证券，从而达到降低风险的目的。

(三)专业理财

证券投资基金由基金管理人进行投资管理和运作。基金管理人一般拥有大量的专业投资研究人员和强大的信息网络，能够更好地对证券市场进行全方位的动态跟踪与深入分析。将资金交给基金管理人管理，使中小投资者也能享受到专业化的投资管理服务。

二、证券投资基金与股票和债券的比较

证券投资基金作为与股票、债券不同的金融工具，与股票、债券存在着较大的差异，主要有：

(一)反映的经济关系不同

股票反映的是一种所有权关系，是一种所有权凭证，投资者购买股票后就成为公司的股东；债券反映的是一种债权债务关系，是一种债权凭证，投资者购买债券后就成为公司的债权人；而基金反映的则是一种信托关系，是一种受益凭证，投资者购买基金份额就成为基金的受益人。

(二)所筹资金的投向不同

股票和债券是直接投资工具，筹集的资金主要投向实业领域；基金是一种间接投资工具，筹集的资金主要投向有价证券等金融工具或产品。

(三)投资收益与风险大小不同

一般情况下，股票价格的波动性较大，是一种高风险、高收益的投资品种；债券可以给投资者带来较为确定的利息收入，波动性也较股票小，是一种低风险、低收益的投资品种；而基金投资于众多金融工具或产品，能有效分散风险，是一种风险相对适中、收益相对稳健的投资品种。

课堂思考

证券投资基金与银行储蓄存款存在怎样的差异?

三、证券投资基金的分类

证券投资基金的种类繁多，可按不同的方式进行分类：

(一)根据组织形态的不同，可分为契约型基金和公司型基金

目前，我国的基金为契约型基金，公司型基金则以美国的投资公司为代表。

1. 契约型基金

契约型基金又称单位信托基金，是指在签订信托契约的基础上，发行受益凭证募集资金及进行投资运作的投资基金。契约型基金由基金投资者、基金管理人、基金托管人之间所签署的基金合同而设立，基金投资者的权利主要体现在合同的条款上。基金投资者自取得基金份额后即成为基金份额持有人和基金合同的当事人，依法享受权利并承担义务。

2. 公司型基金

公司型基金，是指基金本身为一家股份有限公司，公司通过发行股票或受益凭证的方式来筹集资金。投资者购买了该家公司的股票，就成为该公司的股东，凭股票领取股息或红利、分享投资所获得的收益。公司型基金在法律上是具有独立"法人"地位的股份投资公司。

3. 契约型基金和公司型基金的区别

(1)资金的性质不同。契约型基金的资金是通过发行基金份额筹集起来的信托财产；公司型基金的资金是通过发行普通股股票筹集的公司法人资本。

(2)投资者的地位不同。契约型基金的投资者购买基金份额后成为基金契约的当事人之一，投资者是基金的委托人，即基于对基金管理人的信任，将自己的资金委托给基金管理人管理和营运；又是基金的受益人，即享有基金的受益权。公司型基金的投资者购买基金公司的股票后成为该公司的股东，因此，公司型基金的投资者对基金运作的影响比契约型基金的投资者大。

(3)基金的营运依据不同。契约型基金依据基金契约营运基金；公司型基金依据投资公司章程营运基金。

总体来看，公司型基金的优点是法律关系明确清晰，监督约束机制较为完善，但契约型基金在设立上更为简单易行。两者主要表现在法律形式的不同，并无优劣之分。

(二)根据投资风险与收益的不同,可分为成长型基金、收入型基金和平衡型基金

1. 成长型基金

成长型基金是这类基金中最常见的一种。在成长型基金中,为了达到基金资产的长期增值这一目标,基金管理人通常将基金资产投资于信誉度较高的、有长期成长前景或长期盈余的公司的股票。

2. 收入型基金

收入型基金是主要投资于可带来现金收入的有价证券,以获取当期的最大收入为目的。收入型基金资产成长的潜力较小,损失本金的风险相对也较低,一般可分为固定收入型基金和权益收入型基金。

3. 平衡型基金

平衡型基金的投资目标是既要获得当期收入,又要追求长期增值,通常是把资金分散投资于股票和债券,以保证资金的安全性和营利性。

课堂思考

在证券投资基金的选择中,投资者应该选择哪种类型的基金?

(三)根据投资对象的不同,可分为股票基金、债券基金、指数基金、货币市场基金等

1. 股票基金

股票基金,是指主要投资于股票市场的基金,这是一个相对的概念,并不是要求用所有的资金买股票,也可以有少量资金投入到债券或其他的证券。我国有关法规规定,基金资产不少于20%的资金必须投资国债。一个基金是不是股票基金,往往要根据基金契约中规定的投资目标、投资范围去判断。国内所有上市交易的封闭型基金及大部分的开放型基金都是股票基金。

2. 债券基金

债券基金,是指全部或大部分投资于债券市场的基金。假如全部投资于债券,可以称其为纯债券基金,如华夏债券基金;假如大部分基金资产投资于债券,少部分可以投资于股票,可以称其为债券型基金,如南方宝元债券型基金,其规定债券投资占基金资产的45%～95%,股票投资占基金资产的0～35%,股票市场不景气时,基金可以选择不持有股票。

3. 指数基金

指数基金,是指按指数化的方式进行投资的基金。简单地讲,就是选择一定的市场指数进行跟踪,被动地投资于市场,使得基金的收益与这个市场指数的收益保持一致。

4. 货币市场基金

货币市场基金,是指投资于银行定期存款、商业本票和承兑汇票等风险低、流通性高的短期投资工具的基金品种,因此该种基金具有流通性好、低风险与收益较低的特性。

知识链接

根据中国证监会对基金类别的分类标准,投资于股票、债券和货币市场工具,但股票投资和债券投资的比例不符合股票基金、债券基金规定的为混合基金。

(四)根据运作方式的不同,可分为封闭型基金和开放型基金

1. 封闭型基金

封闭型基金,是指基金份额在基金合同期限内固定不变,基金份额可以在依法设立的证券交易所交易,但基金份额持有人不得申请赎回的一种基金运作方式。封闭型基金设立后规模不变,可以像股票那样在证券交易所上市交易。

2. 开放型基金

开放型基金，是指基金份额不固定，基金份额可以在基金合同约定的时间和场所进行申购或者赎回的一种基金运作方式。开放型基金设立后其规模可以变化，这种变化一般是通过投资者对基金的申购和赎回实现的。

3. 封闭型基金和开放型基金的比较

封闭型基金属于不可赎回基金，而开放型基金属于可赎回基金。两种类型的基金存在着很多区别，具体如表10—2所示。

表10—2 封闭型基金和开放型基金的区别

比较项目	封闭型基金	开放型基金
发行总额	事先确定	不确定
基金单位总数	在封闭期内不变，若规模改变，要报主管机关审批或核准	随时增减，随时接受投资者的购买和赎回
基金期限	有固定的封闭期限，期满后要予以清盘	无预定存在期限，随时可能招致投资者的大量赎回甚至清盘
交易方式	在证券交易所上市或以柜台方式转让，交易多数在基金投资者之间完成；基金投资者和基金经理人或其代理人之间的交易，只在基金发起和期满清盘时发生	始终在基金投资者和基金经理人或其代理人之间进行，基金投资者之间不发生交易行为
交易价格	由市场竞价决定，与基金单位净资产无直接关系	由基金经理人依据基金单位净资产确定
交易费用	在基金价格之外，要付出一定比例的证券交易税和手续费	投资者需要缴纳的费用包含在基金的价格之中
基金投资策略	可将募集到的资金全部用于投资，并据此制定长期投资策略，取得长期经营绩效	不能尽数将募集基金用于长期投资，必须保留一部分现金，以使投资者随时赎回，因此，一般投资于变现能力强的资产
基金单位资产	一般间隔较长时间公布一次	基本上每个交易日连续公布

(五)根据投资策略的不同，可分为ETF基金和LOF基金

1. ETF基金

ETF(Exchange Traded Fund)为“交易型开放型指数基金”，又称交易所交易基金。ETF是一种在交易所上市交易的开放型证券投资基金产品，交易手续与股票完全相同。ETF管理的资产是一篮子股票组合，这一组合中的股票种类与某一特定指数，如上证50指数，包含的成分股票相同，每只股票的数量与该指数的成分股构成比例一致，ETF交易价格取决于它拥有的一篮子股票的价值，即“单位基金资产净值”。ETF的投资组合通常完全复制标的指数，其净值表现与盯住的特定指数高度一致。比如，上证50ETF的净值表现就与上证50指数的涨跌高度一致。

2. LOF基金

LOF(Listed Open-ended Fund)为“上市型开放型基金”，在国外又称共同基金。也就是上市型开放型基金发行结束后，投资者既可以在指定网点申购与赎回基金份额，也可以在交易所买卖该基金，是一种发行额可变、基金份额(单位)总数可随时增减、投资者可按基金的报价在基金管理人指定的营业场所申购或赎回的基金。

3. ETF基金和LOF基金的区别

(1)申购、赎回的标的不同。ETF是基金份额与一篮子股票的交易；LOF是基金份额与现金的交易。

(2)申购、赎回的场所不同。ETF 通过交易所进行;LOF 在代销网点进行。

(3)对申购、赎回的限制不同。ETF 要求的数额较大,在 50 万份以上(有变动);LOF 在申购、赎回上没有特别要求。

(4)基金投资策略不同。ETF 通常采用完全被动式管理方法,以拟合某一指数为目标;而 LOF 既可以采用主动方式,也可以采用被动方式。

(5)报价机制不同。在二级市场的净值报价上,ETF 每 15 秒提供一个基金净值报价;而 LOF 通常一天只提供一个或几次基金净值报价。

(6)套利机制不同。ETF 可实时套利;而 LOF 在套利上没有 ETF 方便,需要承担较大的套利风险。

(六)根据募集方式的不同,可分为公募基金和私募基金

公募基金,是指面向社会公众公开发售基金份额和宣传推广的基金,基金募集对象不固定,投资金额要求低,适宜中小投资者参与。此外,公募基金必须遵守基金法律和法规的约束,并接受监管部门的严格监管。

私募基金不能进行公开的发售和宣传推广,对投资金额的要求较高,投资者的资格和人数常受到严格的限制。然而,私募基金在运作上具有较大的灵活性,所受到的限制和约束也较少,主要以具有较强风险承受能力的富裕阶层为目标客户,可投资于风险较高的衍生金融产品,进行汇率、商品期货投机交易等。

知识链接

根据基金的资金来源和用途的不同,可以将基金分为在岸基金和离岸基金。此外,基金还包括专门投资于房地产的房地产基金,专门投资于期货、期权的期货和期权基金,专门投资于黄金市场的黄金基金,专门投资于实业的产业基金等。

四、基金投资风险

基金投资风险有很多种,主要是指股票投资风险和债券投资风险。股票投资风险主要取决于上市公司的经营风险、证券市场风险和经济周期波动风险等;债券投资风险主要是指利率变动影响债券投资收益的风险和债券投资的信用风险。收益型基金投资风险最低,成长型基金风险最高,平衡型基金居中。此外,基金投资风险还包括以下几个方面:

(一)流动性风险

流动性风险是指基金管理人不能以合理价格及时变现基金资产以支付投资者赎回款项的风险。开放式基金由于投资者可以随时赎回,且流动性风险有正反馈效应,在极端情况下可能会发生“挤兑”风险。在持有大量流动性较差资产的情况下,若出现巨额赎回,基金管理人不得不低价变现以满足赎回要求,从而使基金净值大幅下跌甚至清盘。

另外,投资者在当日进行申购、赎回基金单位时,所参考的单位资产净值是上一个基金开放日的数据,而对于基金单位资产净值在自上一交易日至开放日当日所发生的变化,投资者无法预知。因此投资者在申购、赎回时无法预测以何种价格成交,这种风险就是流动风险。

(二)不可抗力风险

不可抗力风险,是指战争、自然灾害等不可抗力发生时对基金投资者带来的风险。

(三)市场风险

市场风险主要包括政策风险、经济周期风险、利率风险、上市公司经营风险和购买力风险等。

政策风险,是指因国家宏观政策(如货币政策、财政政策、行业政策和地区发展政策等)发生变化,导致市场价格波动而产生风险。

经济周期风险，是指随着经济运行的周期性变化，各个行业及上市公司的盈利水平也呈周期性变化，并对基金投资所产生的风险。

利率风险，是指市场利率的波动会导致证券市场价格和收益率的变动。利率直接影响着国债的价格和收益率，影响着企业的融资成本和利润。基金投资于国债和股票，其收益水平会受到利率变化的影响。

上市公司经营风险，是指上市公司的经营好坏受多种因素影响，如企业管理能力、财务状况、市场前景、行业竞争和人员素质等。如果基金所投资的上市公司经营不善，其股票价格可能下跌，或者能够用于分配的利润减少，使基金投资收益下降。

购买力风险，是指基金的利润将主要通过现金形式来分配，而现金可能因为通货膨胀的影响而导致购买力下降，从而使基金的实际收益下降。

五、基金认购(申购)、交易与赎回

(一)封闭型基金的认购

封闭型基金(Close-end Funds)是指基金的发起人在设立基金时，限定了基金单位的发行总额，筹足总额后，基金即宣告成立，并进行封闭，在一定时期内不再接受新的投资。基金单位的流通采取在证券交易所上市的办法，投资者日后买卖基金单位，都必须通过证券经纪商在二级市场上进行竞价交易。基金金额持有人不得申请赎回。

由于封闭型基金成立之后不能赎回，除了成立之时投资者可以在基金公司指定的单位购买之外，整个封闭期都只能在二级市场上进行交易，直到到期日。

封闭型基金发行结束后，就不能按基金净值买卖，投资者可委托券商(证券公司)在证券交易所按市价(二级市场)买卖。

(二)封闭型基金的交易

1. 上市交易条件

封闭型基金的基金份额，经基金管理人申请、中国证监会核准，可以在证券交易所上市交易。基金份额上市交易应符合下列条件：(1)基金发售规模达到核准规模的80%以上；(2)基金合同期限为5年以上；(3)基金募集金额不低于2亿元人民币；(4)基金份额持有人不少于1 000人；(5)基金份额上市交易规则规定的其他条件。

2. 封闭型基金的交易规则

投资者买卖封闭型基金必须开立沪、深证券账户或沪、深基金账户及资金账户。基金账户只能用于基金、国债及其他债券的认购及交易。封闭型基金的交易时间是每周一至周五(法定节假日除外)的9:30～11:30和13:00～15:00。封闭型基金的交易遵循“价格优先、时间优先”的原则。价格优先是指较高价格的买进申报优先于较低价格的买进申报，较低价格的卖出申报优先于较高价格的卖出申报。时间优先是指买卖方向相同、申报价格相同，先申报者优先于后申报者，先后顺序按照交易主机接受申报的时间确定。

封闭型基金的报价单位为每份基金价格。基金的申报价格最小变动单位为0.001元人民币，买入与卖出封闭型基金份额申报数量应当为100份或其整数倍，单笔最大数量应低于100万份。

沪、深证券交易所对封闭型基金交易实行与对A股交易同样的10%的涨跌幅限制；同时，与A股一样实行T+1日交割、交收，即达成交易后，相应的基金交割与资金交收在交易日的下一个营业日(T+1日)完成。

3. 封闭型基金的折(溢)价率

投资者通常使用折(溢)价率反映封闭型基金份额净值与其市场价格之间的关系，具体公式如下：

折(溢)价率＝(市场价格－基金份额净值)/基金份额净值×100%

(三)开放型基金的认购

开放型基金认购,是指投资者在开放型基金募集期间、基金尚未成立时购买基金份额的过程,通常认购价为基金份额面值(1元/份)加上一定的销售费用。投资者认购基金应在基金销售点填写认购申请书,交付认购款项。

开放型基金购买分认购期和申购期。基金首次发售基金份额称为基金募集,在基金募集期内购买基金份额的行为称为基金的认购,一般认购期最长为1个月。而投资者在募集期结束后,申请购买基金份额的行为通常叫作基金的申购。在基金募集期内认购,一般会享受一定的费率优惠。以购买100万元以下华富竞争力基金为例,认购费率为1.0%,而申购费率为1.5%。认购期购买的基金一般要经过封闭期才能赎回,需要给予基金经理进行建仓的时间,而申购的基金在第二个工作日就可以赎回。

基金正式发行首日,投资者参与认购分三个步骤进行:

第一步:办理开户。

1. 个人投资者开户手续

个人投资者申请开立基金账户一般须提供以下材料:(1)本人身份证件;(2)代销网点当地城市的本人银行活期存款账户或对应的银行卡;(3)已填写好的"账户开户申请表"。

2. 机构投资者开户

机构投资者可以选择到基金管理有限公司直销中心或基金管理公司指定的可办理代理开户的代销网点办理开户手续。

机构投资者申请开立基金账户须提供以下材料:(1)已填写好的"基金账户开户申请书";(2)企业法人营业执照副本原件及复印件,事业法人、社会团体或其他组织则须提供民政部门或主管部门颁发的注册登记书原件及复印件;(3)指定银行账户的银行"开户许可证"或"开立银行账户申报表"原件及复印件;(4)"法人授权委托书";(5)加盖预留印鉴的"预留印鉴卡";(6)前来办理开户申请的机构经办人身份证件原件。

第二步:认购。

1. 个人投资者认购流程

个人投资者认购基金必须提供以下材料:(1)本人身份证件;(2)基金账户卡(投资者开户时代销网点当场发放);(3)代销网点当地城市的本人银行借记卡(卡内必须有足够的认购资金);(4)已填写好的"银行代销基金认购申请表(个人)"。

2. 机构投资者认购流程

机构投资者认购基金必须提供以下材料:(1)已填写好的"认购申请书";(2)基金账户卡;(3)划付认购资金的贷记凭证回单复印件或电汇凭证回单复印件;(4)前来办理认购申请的机构经办人身份证件原件。

机构投资者申请认购开放型基金,应先到指定银行账户所在银行,主动将足额认购资金从指定银行账户以"贷记凭证"或"电汇"方式,按规定划入"基金管理人申购专户",并确保在规定时间内到账。

第三步:确认。

投资者可以在基金成立之后向各基金销售机构咨询认购结果,也可以到各基金销售网点打印成交确认单。此外,基金管理人将在基金成立之后按预留地址把"客户信息确认书"和"交易确认书"邮寄给投资者。投资者T日提交认购申请后,可于T+2日起到办理认购的网点查询认购申请的受理情况。

目前,我国可以办理开放型基金的认购业务的机构主要是:基金管理人或委托的商业银行、证券公司等其他经认可的机构。

开放型基金的认购费率不得超过认购金额的5%。目前,我国股票基金的认购费率一般为

1%～1.5%，债券基金通常在1%以下，货币基金一般为0。我国开放型基金的最低认购金额一般为1 000元。

基金份额的认购可以采用前端收费和后端收费两种模式。前端收费是指在认购基金份额时就支付认购费用的付费模式；后端收费是指在认购基金份额时不收费，在赎回基金份额时才支付认购费用的收费模式。后端收费模式设计的目的是为了鼓励投资者能长期持有基金，所以后端收费的认购费率一般设计为随着基金份额持有时间的延长而递减，持有至一定时间后费率可降为零。

基金认购费率将统一以净认购金额为基础收取，其计算公式为：

净认购金额＝认购金额/(1＋认购费率)

认购费用＝净认购金额×认购费率

课堂思考

开放型基金的认购与股票账户的开立有何区别？

(四)开放型基金的申购与赎回

1. 申购和赎回的含义及过程

申购，是指投资者购买的基金份额(在募集期限内称为认购)；赎回，是指投资者要求基金管理人赎回基金份额的行为，实质上是投资者卖出基金份额换回现金。

开放型基金的基金份额的申购、赎回和登记，由基金管理人负责办理；基金管理人可以委托经国务院证券监督管理机构认定的其他机构代为办理。基金管理人应当在每个工作日办理基金份额的申购、赎回业务；基金合同另有约定的，按照其约定。

基金管理人应在申购、赎回开放日前3个工作日在至少一种我国证监会指定的媒体上刊登公告。申购和赎回的工作日为证券交易所交易日。目前，上海证券交易所和深圳证券交易所的交易时间为交易日的9：30～11：30和13：00～15：00。

2. 开放型基金的申购与赎回原则

股票基金、债券基金的申购、赎回原则如下：

(1)“未知价”交易原则。基金的申购、赎回价格，只能以申购、赎回日交易时间结束后基金管理人公布的基金份额净值为基准进行计算，投资者在申购、赎回基金份额时并不能即时获知买卖的成交价格，这与股票、封闭型基金等金融产品的“已知价”原则进行买卖不同。

(2)“金额申购、份额赎回”原则。该原则是指申购以金额申请，赎回以份额申请，这是适应“未知价格”情况下的一种最为简便、安全的交易方式。在这种交易方式下，确切的购买数量和卖回金额在买卖当时是无法确定的，只有在交易的下一个工作日才能获知。

货币市场基金的申购、赎回原则如下：

(1)“确定价”原则。货币市场基金的申购、赎回基金份额价格以1元人民币为基准进行计算。

(2)“金额申购、份额赎回”原则。与股票基金、债券基金的申购、赎回原则一致，货币市场基金申购也以金额申请，赎回以份额申请。

3. 开放型基金申购的计算

投资者在进行开放型基金申购时，一般需要缴纳申购费，但申购费率不得超过申购金额的5%。与封闭型基金的交易价格是买卖行为发生时已确知的市场价格不同，开放型基金的基金单位交易价格取决于申购、赎回行为发生时尚未确知(但当时收市后即可计算，并于下一个交易日公告)的基金单位净资产值。计算公式如下：

净申购金额＝申购金额/(1＋申购费率)

申购费用＝净申购金额×申购费率

申购份额＝净申购金额/申购当日基金份额净值

【例 10—12】 A投资者投资2万元申购上市开放型基金，假设基金管理人规定的申购费率为1.50%，申购当日基金份额净值为1.050元，则其申购手续费、可得到的申购份额及返还的资金余额为：

净申购金额＝20 000÷(1＋1.5%)＝19 047.62(元)

申购手续费＝19 047.62×1.5%＝291.11(元)

申购份额＝19 047.62÷1.050＝18 483.45(份)

4. 开放型基金赎回的计算

投资者在进行开放型基金赎回时，一般需要缴纳赎回费(货币市场基金及中国证监会规定的其他品种除外)，赎回费率不得超过基金份额赎回金额的5%。基金管理人可以根据基金份额持有人持有基金份额的期限适用不同的赎回费标准。通常，持有时间越长，适用的赎回费率越低。

赎回金额的计算公式为：

赎回总金额＝赎回份额×赎回日基金份额净值

赎回费用＝赎回总金额×赎回费率

净赎回金额＝赎回总金额－赎回费用

【例 10—13】 B投资者赎回上市开放型基金2万份基金单位，持有时间为2年，对应的赎回费率为0.50%，假设赎回当日基金单位净值为1.05元，则其可得净赎回金额为：

赎回总金额＝20 000×1.050＝21 000(元)

赎回手续费＝21 000×0.50%＝105(元)

净赎回金额＝21 000－105＝20 895(元)

投资者赎回2万份基金单位，假设赎回当日基金单位净值为1.05元，可得到20 985元净赎回金额。

知识链接

开放型基金的巨额赎回：若单个开放日的基金单位净赎回申请超过当日基金单位总份数的10%，即认为发生了巨额赎回。当开放型基金出现巨额赎回时，基金管理人当日办理的赎回份额不得低于基金总份额的10%，对其余赎回申请可以延期办理。

课堂思考

封闭型基金和开放型基金的交易、申购与赎回有何不同点？

第五节　证券投资组合

证券投资充满了各种各样的风险，为了规避风险，可采用证券投资组合的方式，即投资者在进行证券投资时，不是将所有的资金都投向单一的某种证券，而是有选择地投向多种证券，这种做法就叫证券的投资组合或者投资的多样化。

一、证券投资组合的思想

(一)传统投资组合的思想

传统投资组合思想认为，若干种证券组成的投资组合，其收益是这些证券收益的加权平均数，但是其风险不是这些证券风险的加权平均风险，证券组合可以降低风险。从具体操作来看主要包括：(1)不要把所有的鸡蛋都放在一个篮子里；(2)证券投资组合中资产的数量越多，分散的风险越大。

(二)现代投资组合的思想

1. 最优投资比例

证券投资组合的风险与投资组合中资产的收益之间存在着某种比例关系。单个证券下,在给定期望风险水平下对期望收益进行最大化,或者在给定期望收益水平下对期望风险进行最小化。证券投资组合在一定条件下,也存在一组使得组合风险最小的投资比例。

2. 最优投资组合规模

证券投资组合中,随着组合中资产种数增加,投资组合的风险将下降,但是投资组合管理的成本也将提高。当组合中资产的种数达到一定数量后,风险无法继续下降,从而达到最优投资组合规模。

知识链接

证券投资组合理论的基本模型是由马柯维茨提出来的,在一系列合理假设下,讨论有效集和最佳投资组合。马柯维茨的研究以资产组合理论为基础、以对资本市场的一系列假设为前提:

假设1:资本市场是完全的,即不存在交易费用和税收,不存在对市场的进入和退出的任何限制。

假设2:投资者是风险回避型的,他们承担相应的风险是为了获取相应的收益,而较高的期望收益则要承担较高的风险。

假设3:市场是有效的,或者是信息有效的,即市场无成本、无摩擦地提供了全部信息,因而投资者对资产收益有一致的期望。

假设4:决策是单周期的。

在这样的假设条件下,马柯维茨建立了资产组合理论的两个判定标准,即:(1)在给定的期望收益率下,选择最小方差的资产组合;(2)在给定收益率的方差下,选择最大期望收益率的资产组合。

二、证券投资组合的策略与方法

(一)证券投资组合的策略

1. 冒险型策略

冒险型策略认为,只要投资组合科学而有效,就能取得远远高于平均收益水平的收益,这种组合主要选择高风险、高收益的成长性股票,对于低风险、低收益的股票不屑一顾。

2. 保守型策略

保守型策略,是指购买尽可能多的证券,以便分散掉全部可分散风险,得到市场的平均收益。这种投资组合的优点是:(1)能分散掉全部可分散风险;(2)不需要高深的证券投资专业知识;(3)证券投资管理费较低。这种策略收益不高,风险也不大,故称为保守型策略。

3. 适中型策略

适中型策略介于保守型与冒险型策略之间,采用这种策略的投资者一般都善于对证券进行分析。通过分析,选择高质量的股票或债券组成投资组合。他们认为,股票价格是由企业经营业绩决定的,市场上价格一时的沉浮并不重要。这种投资策略风险不太大,收益却比较高。此外,运用这种组合的人必须具备丰富的相关专业知识。

知识链接

证券投资组合的基本原则:(1)安全性原则是指证券投资组合不要承担过高风险,要保证投资的本金能够按期全部收回,并取得一定的预期投资收益;(2)流动性原则即变现性原则,是指证券组合所形成的资产在不发生价值损失的前提下，可随时转变为现金，以满足投资者对现金支付的需要；(3)证券组合的收益性原则是指在符合安全性原则的前提下，尽可能地取得较高的投资收益率。

(二)证券投资组合的方法

1. 选择足够数量的证券进行组合

当证券数量增加时，可分散风险会逐步减少，当数量足够时，大部分可分散风险都能分散掉。

2. 把不同风险程度的证券组合在一起

这种方法要求大致将1/3资金投资于风险大的证券，1/3资金投资于风险中等的证券，1/3资金投资于风险小的证券。这种组合法虽然不会获得太高的收益，但也不会承担太大的风险。

3. 把投资收益呈负相关的证券组合在一起组合

负相关股票是指一种股票的收益上升而另一种股票的收益下降的两种股票，把收益呈负相关的股票组合在一起，能有效分散风险。

三、证券组合投资的风险与收益

单个证券下，要考虑风险与收益之间的关系。在证券投资组合中，也要对组合中的风险与收益进行充分的考虑。

(一)证券组合投资的期望收益率

$$\overline{K_p} = \sum_{i=1}^{n} K_i \cdot W_i \cdot P_i = \sum_{i=1}^{n} \overline{K_i} \cdot W_i$$

式中，$\overline{K_p}$ 表示证券投资组合的期望收益率；$\overline{K_i}$ 表示第 i 种证券的期望收益率；W_i 表示第 i 种证券价值占证券组合投资总价值的比重；n 表示证券组合中的证券数。

【例10－14】 假设W公司投资40％于A证券，投资60％于B证券。A证券的期望收益率是20％，B证券的期望收益率是30％，则组合投资的期望收益率为：

$\overline{K_p}$＝20％×0.4＋30％×0.6＝26％

(二)投资组合的风险与收益

投资者进行证券投资，就要求对承担的风险进行补偿，股票的风险越大，要求的收益率就越高。由于证券投资的非系统性风险可通过投资组合抵消，投资者要求补偿的风险主要是系统性风险。因此，证券投资组合的风险收益是投资者因承担系统性风险而要求的、超过资金时间价值的那部分额外收益。其计算公式为：

$$R_p = \beta_p \cdot (K_m - R_f)$$

式中，R_p 表示证券组合的风险收益率；β_p 表示证券组合的 β 系数；K_m 表示市场收益率，是证券市场上所有股票的平均收益率；R_f 表示无风险收益率，一般用政府公债的利率来衡量。

【例10－15】 假设证券投资组合的 β 系数为1.5，若某股票的市场收益率为15％，无风险收益率为8％，试确定该证券投资组合的风险收益率。

R_p＝1.5×(15％－8％)＝10.5％

在其他因素不变的情况下，风险收益取决于证券投资组合的 β 系数。β 系数越大，风险收益越大；β 系数越小，风险收益越小。

(三)证券投资组合的必要收益率

根据资本资产定价模型，证券投资的必要收益率等于无风险收益率加上风险收益率，即：

$$K_p = R_f + \beta_p (K_m - R_f)$$

式中，K_p 表示证券组合的必要收益率；β_p 表示证券组合的 β 系数；K_m 表示市场收益率，是证券市场上所有股票的平均收益率；R_f 表示无风险收益率。

【例10－16】 假设证券组合的 β 系数为1.5，无风险利率为6％，市场平均收益率为10％，则该证券组合必要收益率为多少时，投资者才会投资？

$$K_p=R_f+\beta_p(K_m-R_f)=6\%+1.5\times(10\%-6\%)=12\%$$

该证券组合的必要收益率达到或超过12%时，投资者才会投资。

证券组合管理的意义在于采用适当的方法，选择多种证券作为投资对象，以达到在保证预定收益的前提下使投资风险最小或在控制风险的前提下使投资收益最大化的目标，避免投资过程的随意性。因此，使用证券投资组合有利于达到风险与收益的平衡，获取最佳收益。

课堂思考

证券投资组合的风险和收益与单个证券的风险和收益有何区别？

本章小结

证券投资，是指投资者（法人或自然人）购买股票、债券、基金等有价证券及其衍生品，以获取红利、利息及资本利得的投资行为和投资过程，是投资的重要形式。证券投资主要由收益、风险和时间三个要素构成。

金融市场的不断发展，使得证券投资的形式更趋多样化，在市场中有很多证券投资的种类。比如，有以短期国债、商业票据和可转让存单为代表的短期证券投资，债券投资，股票投资和基金投资等形式。

债券投资中，企业可以通过评价债券的价值和收益率来确定是否进行证券投资。债券价值的计算也可以分为每年定期付息、到期一次还本的基本模型，一次还本付息不计复利的债券价值模型和零息债券的价值模型三种形式。另外，债券投资收益率的计算也比较复杂。

股票的价值又称股票的内在价值，是指进行股票投资所获得的现金流入的现值。股票投资获得的现金流入主要包括两部分：股利收入和股票出售时的资本利得。股票的内在价值由累积发放的股利和出售时股票售价的现值所构成，通常当股票的市场价格低于股票内在价值时，适合进行股票投资。

基金投资作为一种集合投资方式，通过一定方式把市场上闲散的资金集中起来，进行科学管理，并按照投资组合原则进行分散投资，能在提高收益的同时，最大限度地降低风险。与债券、股票投资不同，基金投资是一种间接的投资工具。

证券投资充满了各种各样的风险，为了规避风险，可采用证券投资组合的方式，即投资者在进行证券投资时，不是将所有的资金都投向单一的某种证券，而是有选择地投向多种证券，这种做法就叫证券的投资组合或者投资的多样化。

复习思考题

1. 证券投资的意义是什么？
2. 如何衡量股票、债券的投资风险？
3. 股票、债券的投资收益评价方法有哪些？
4. 基金投资有哪些分类？
5. 如何正确理解投资组合的收益与风险问题？

第十一章 营运资金管理

学习目标

通过本章的学习，理解营运资金管理的概念、流动资产的特点和持有政策；理解并掌握现金管理、应收账款管理和存货管理的内容；熟悉现金、应收账款和存货的日常管理；掌握最佳现金持有量的计算、信用政策决策和经济订货量的计算。

第一节　营运资金管理概述

一、营运资金的概念

营运资金(Working Capital)，也称营运资本，其概念有广义和狭义之分。广义的营运资金又称总营运资本，是指一家企业在流动资产上所占用的资金，具体包括现金、有价证券、应收账款、存货等。狭义的营运资金是指某时点内企业的流动资产与流动负债的差额，也称净营运资金。通常多从狭义的角度来理解营运资金的概念。

营运资金管理主要包括现金管理、应收账款管理和存货管理。其主要是解决两个问题：一是如何确定短期内流动资产的最佳持有量；二是如何进行流动负债的筹措。从实质上看，营运资金管理包括流动资产和流动负债的各个项目，体现了对公司短期财务活动的概括。总体来说，流动资产和流动负债之间差额的确定，要视企业一定时期的经营和财务状况而定，它是判断和分析企业资金运作状况和财务风险程度的重要依据。

狭义的营运资金可以通过以下公式表示：

营运资金＝流动资产－流动负债

＝(总资产－非流动资产)－(总资产－所有者权益－长期负债)

＝(所有者权益＋长期负债)－非流动资产

＝长期资本－长期资产

从上述公式中可以看出，当流动资产大于流动负债时，营运资金是正值，表示流动负债提供了部分流动资产的资金来源，而另外的部分是由长期资金来源支持的。

知识链接

营运资金也可以区分为经营营运资金和短期净负债。经营营运资本是指经营性流动资产与经营性流动负债的差额。短期净负债是指短期金融负债与短期金融资产的差额。

二、营运资金管理的要求

营运资金持有量的高低，影响着企业的收益和风险。因此，企业要合理地使用资金，降低企业的财务风险，增加企业收益。在进行营运资金管理时，企业要遵循以下要求和原则，包括：(1)仔细分析生产经营状况，合理确定营运资金的需要数量；(2)企业应在保证生产经营需要的前提下，节约使用资金；(3)加强有效资金的运作，加速资金周转，尽可能降低营运资金持有量；(4)合理安排企业长短期负债的比例和结构，保证企业有足够的短期偿债能力。

三、流动资产的特点

流动资产(Current Assets)，是指企业可以在1年或者超过1年的一个营业周期内变现或者运用的资产，是企业资产中必不可少的组成部分。流动资产包括货币资金、交易性金融资产、应收票据、应收账款和存货等。流动资产具有如下特点：

(一)变现能力强

流动资产中的现金、银行存款等项目本身就可以随时用于企业的支付、偿债等经济业务，而其他经济业务如短期有价证券、应收账款和存货等也能在短期内变现。因此，流动资产具有变现能力强的特点。

(二)占用形态的变动性

流动资产在生产过程中是不断循环的。企业流动资产的占用，表现在现金、有价证券、原材料、在产品和产成品等形态上，而企业生产的循环往复，使得流动资产的占用形态不断变化。尽管占用形态不断变化，但在某一瞬间看各种形态的流动资产是同时存在的。

(三)占用数量的波动性

流动资产在生产过程中，不同形态的资产数量会随着生产过程的进行，表现出高低上下的变化，具有波动性。与此同时，随着流动资产占用数量的变化，流动负债的数量也会相应地变化。

(四)流动资产循环与生产经营周期的一致性

企业的生产经营过程，也是企业生产物资的消耗过程。完成一次生产经营周期，流动资产也相应地完成一次循环。生产经营周期决定着流动资金的循环时间，而流动资产周转又综合反映企业供产销全过程。对流动资产循环与生产经营周期一致性的研究，有助于促进生产经营活动。

四、流动资产的持有政策

对于任何企业来说，都应该权衡确定流动资产的最优持有水平，企业流动资产持有政策的不同将导致企业产生不同的风险报酬水平。如果企业能有效地确定其合适的流动资产持有量，那么企业可以在不增加风险的情况下获得较好的收益水平，并能确保企业价值的最大化。因此，企业的流动资产持有政策必须考虑风险和收益加以讨论。另外，根据企业的不同经营状况，企业所处的行业、企业规模和外部筹资环境都会影响企业流动资产的持有政策。

根据企业流动资产和销售额之间的关系，以及不同时期企业短期财务目标的差异，可以将企业的流动资产持有政策分为宽松政策、适中政策和紧缩政策三种(如图11－1所示)。

(一)宽松的流动资产持有政策

宽松的流动资产持有政策，要求企业在一定的销售水平上保持较多的营运资金持有量。这种政策的特点是报酬低、风险小。在该政策下，企业具有较多的现金、短期有价证券和存货，能较自如地支付到期债务，且能应付企业生产经营过程中的各种不确定状态，使风险大大减少；另一方面，由于现金、短期有价证券投资收益较低，存货占用使资金营运效率低，会降低企业的收益水平。

(二)适中的流动资产持有政策

适中的流动资产持有政策，要求企业在一定的销售水平上保持适中的营运资金持有量。流动

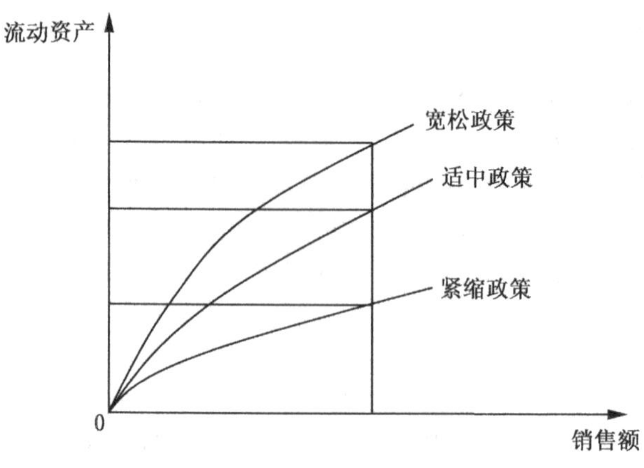

图 11－1 流动资产持有政策

资产的持有量既不能过高也不能过低，持有的现金能满足支付的需要，存货也刚好与生产和销售量持平。对于现实的企业生产经营状况来说，这是一种理想的状态。这种政策的特点是报酬和风险的平衡，当企业能够比较准确地预测未来生产经营状况时，可以采用该政策。

(三)紧缩的流动资产持有政策

紧缩的流动资产持有政策，要求企业在一定的销售水平上保持较低的营运资金持有量。这种政策的特点是报酬高、风险大。在外部环境相对稳定、企业能非常准确地预测未来的情况下，可采用该政策。此时企业的现金、短期有价证券、存货和应收账款等流动资产降到最低限度，提高了流动资产周转率，并增加了企业收益；但同时也可能由于资金不足造成生产中断、延付货款或不能偿还到期债务，过少的应收账款还会使销售额下降，从而加剧企业风险。

在企业的实际生产经营中，流动资产的占用水平是由企业的内、外部条件等多种因素共同作用的结果，但是影响流动资产政策选择的因素是不断变化的，在企业的不同发展阶段，选用的流动资产持有政策会因此而产生差异。所以，在企业财务管理实践中，企业应根据自身的生产经营情况，确定一个对企业来说较为适当的流动资产持有量，使得流动资产和流动负债相匹配，这也是财务决策重要性的充分体现。

课堂思考

在不影响正常利润的情况下，流动资产投资的节约是否能够增加企业价值？

第二节　现金管理

现金，是指企业以各种货币形态占用的资产，包括库存现金、银行存款以及其他货币资金等，是企业流动资产的重要组成部分。现金是比较特殊的资产，一方面，现金的流动性最强，代表着一家企业的支付能力和应急能力；另一方面，现金的收益性也最弱。另外，短期有价证券是企业现金的一种转换形式，其变现能力强，可以随时兑换成现金。当企业出现现金多余时，通过短期有价证券的投资，可以给公司的闲置资金带来更多的收益。当现金流出量大于现金流入量时，短期有价证券可以转化为现金以满足企业对现金的需求。在这种情况下，有价证券作为现金的替代品，讨论时往往将有价证券的管理视为现金管理的一部分。

一、现金管理的动机

现金管理是企业营运资金管理的重要内容，企业对现金进行管理是财务管理活动的一种需要。一般情况下，企业对于现金的管理往往出于以下三个动机：

(一)交易动机

企业现金管理的交易动机，是指企业为了满足日常业务的现金支付需要而应当保持一定的货币资金。在日常经营中，企业的交易主要包括购买原材料、支付工资、缴纳税款、偿还债务、派发现金股利等。通过上述业务，企业经常得到现金收入，也经常会发生现金支出，企业的这种现金流入和流出不可能保持同步同量的状态。如果现金收入多于现金支出，会形成现金冗余；而现金收入少于现金支出，则会形成现金短缺。因此，为缓解企业现金收支中出现的这种不平衡状态，不至于中断日常业务交易的继续进行，企业维持适当的现金余额是非常必要的。

(二)预防动机

企业现金管理的预防动机，是指企业为了预防意外事件发生而需要保持一定的货币资金，以保证企业生产经营活动的正常进行。由于企业所处的外部环境和自身经营条件不断发生变化，企业会发生意想不到的现金支出，且对于突发和偶然情况很难预测，企业必须持有一定的货币资金来保证生产经营活动的正常进行。现金流量的不确定性越大，预防动机所持有的现金数额也应越大，而企业现金流量的可预测性强，可以持有较少的现金。另外，预防动机的现金管理与企业的借款能力相关，若企业能够容易地随时借到短期资金，那么可以减少持有的现金数额，否则，应扩大现金的持有数额。

(三)投机动机

企业现金管理的投机动机，是指企业为了抓住不寻常的购买机会，从事投资活动获取投资收益而需要保持一定的货币资金。这种不寻常的购买机会表现在很多业务中，如遇到有廉价原材料或其他资产供应的机会，以及在适当时机购入价格有利的股票和其他有价证券等。企业应当持有一定的现金数额以应对市场中不寻常购买机会的出现，从而为企业自身获取较高的投资收益提供支持。

现金管理中的三种动机虽然在理论上可以划分，但在实际持有现金时，并不能准确确认某笔现金是因为何种动机而持有。另外，企业持有的现金往往可以服务于多个动机，如出于预防和投资动机而持有的现金也可以在需要时进行日常业务的交易。因此，在判断企业持有现金的动机时，要综合考虑多方面的因素，合理分析企业的现金状况，更好地进行现金管理。

二、现金管理的内容

现金管理的主要内容包括：一是编制现金收支计划与预算，以便合理估计未来的现金需求；二是对日常的现金收支进行控制，加速收款，推迟付款；三是用特定的方法确定企业最佳的现金余额。现金管理第一部分的内容在第四章中已经进行论述，在本章中不再重复，本章将重点阐述现金管理中的第二和第三部分内容，也即现金收支的日常控制和最佳现金持有量。

(一)现金收支的日常控制

现金收支日常控制的目的在于提高现金使用效率，从而控制现金的流转速度，以保持适宜及较少量的现金余额。为达到现金收支管理的这一目的，企业应当做好以下几个方面的工作：

1. 力争现金流量同步

现金流量同步，是指企业能尽量使生产经营活动所引起的现金流入和现金流出在时间上趋于一致，以使企业所持有的交易性现金余额降到最低水平。现金流量同步是保证企业现金收支平衡的根本前提，也是提高企业现金管理水平的重要措施。财务管理努力的方向之一是使现金流量达到同步，虽然这是一种理想的状态，但企业应当制定企业资金调控水平的高标准，更好地进行现金管理。

2. 使用现金浮游量

现金浮游量，是指现金在某段时间的占用，某段时间是指从现金支付(如开出支票)到现金转移出企业资金账户的时间。比如，从企业开出的支票，收票人需要将该支票存入银行，至银行将款项划出企业账户，这个过程需要一段时间。在这一段时间中，虽然企业已经开出了支票，但仍然可动用在活期存款账户上的这笔资金。另外，使用现金浮游量时也应该注意控制好使用的时间，否则会发生银行存款不足以支付款项的状况，发生银行存款的透支。

3. 提高收现效率，加速收款

提高收现效率和加速收款是现金管理的基本原则，也是促使企业现金高效运用的基本保证。企业发生应收账款会增加企业资金的占用，同时应收账款的存在也是必要的，因为应收账款可以扩大企业的销售规模，增加销售收入。但是现金管理需要确定如何更好地利用应收账款吸引顾客，又缩短应收账款的收款时间。这需要企业制定提高收现效率和加速收款的策略和方法，在扩大销售收入和加速收款之间找到适当的平衡点，实现企业现金管理的目的。

4. 推迟应付账款的支付

推迟应付账款的支付，是指企业在不影响自身信誉的前提下，尽可能地推迟应付账款的支付期，充分运用供货方所提供的信用优惠。企业应当仔细研究供货方提供的应付账款政策，当企业急需资金时，企业可以放弃供货方的现金折扣优惠，并在应付款信用期的最后一天支付款项。同时，企业应当权衡现金折扣优惠与急需现金之间的利弊得失，制定企业的现金支付策略，更好地进行现金管理。

知识链接

正常经营的企业，其资金流转的起点和终点都是以现金形式表示的，形成一种现金循环。以货币资金开始，通过储备资金、生产资金、产成品资金和结算资金的流转，最后以货币资金结束，开始新的现金循环。

(二)最佳现金持有量

企业现金管理的动机表明，企业的生产经营活动必须持有一定量的现金。但是，企业持有现金是会发生成本的，企业除了做好日常收支，加速现金流转速度外，还需控制好现金持有规模，确定适当的现金持有量。下面对确定最佳现金持有量的几种方法进行详细介绍。

1. 成本分析模型

成本分析模型是根据现金有关成本，分析预测其总成本最低时现金持有量的一种方法，也即通过分析持有现金的成本，寻找持有成本最低的现金持有量。企业持有的现金，可以分为三种成本，分别是机会成本、管理成本和短缺成本。

(1)机会成本，是指企业因保留一定的现金余额而增加的成本费用及丧失的投资收益。现金作为企业的一项资金占用，是有代价的，这种代价就是现金的机会成本。一般情况下，企业为了业务的正常开展，有必要持有一定的现金，以预防意外的发生，这会增加现金管理的成本费用。另一方面，当企业持有现金时，不能将持有的现金投入生产经营活动中，将会失去因投入现金而产生的收益。同时，当现金持有量过多时，机会成本代价会大幅度上升，不利于企业获得收益。

(2)管理成本，是指日常现金管理的开支，如企业内部控制制度、安全措施和管理人员工资等的支出。管理成本是一种相对固定的成本，其成本的发生与现金持有量之间无明显的比例关系，不因现金持有量的变化而变化。

(3)短缺成本，是指企业由于缺乏充分的现金储备，不能应付必要的业务和还贷等开支所需，而使企业蒙受损失或为此付出的代价。这种损失或代价有的是实际的和确知的，有的则是潜在的和无法估量的。比如，由于现金短缺而无法及时购入原料，导致企业因原料不足而停工，这种停工造成的损失是可以计算和确知的。但假如由于企业现金短缺而不能正常支付债务，将对企业信用产生严重影响，发生难以估量的损失，所以确保企业必要的安全现金储备是很重要的。

现金短缺成本与现金持有量之间的关系在于：现金的短缺成本随现金持有量的增加而下降，随现金持有量的减少而上升。当现金持有量为零时，短缺成本将无限上升，最大成本是造成企业破产；而当现金持有量达到一定水平时，企业的现金短缺成本可能等于零。

对现金持有带来的三种成本进行阐述后，可以得出成本分析模型下的最佳现金持有量，即表示上述三项成本之和最小的现金持有量。成本分析模型的思路非常简单，就是根据企业的具体状况，选取若干个方案中的现金持有量进行比较，当某个方案中的三项成本总额最低时，便是较合理的现金持有量。如果将以上三种成本线放在同一张图上，就可以直观地表现出现金持有的总成本，得出最佳现金持有量，如图 11—2 所示。

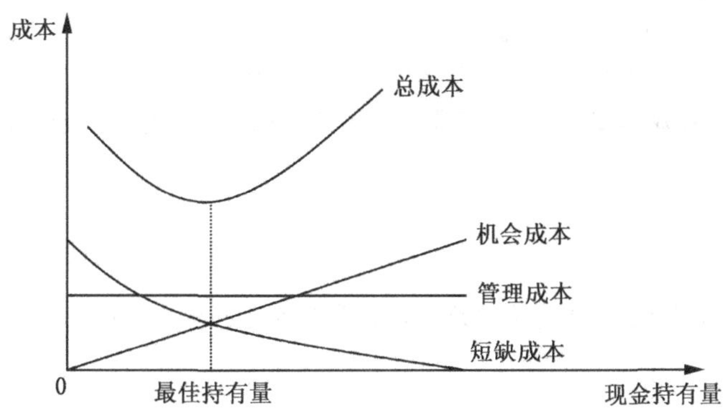

图 11—2　现金持有的总成本

通过图 11—2 可以看出，现金持有的总成本线的最低点就是最佳现金持有量，在该点之前短缺成本下降的代价大于机会成本上升的好处，使得现金持有的总成本下降。当超过最佳现金持有量的点之后，机会成本上升的代价会大于短缺成本下降的好处，使得现金持有的总成本升高。当对多种现金持有方案进行选择时，最佳现金持有量的具体计算，可以通过分别计算各种方案的机会成本、管理成本、短缺成本之和，然后从中选出总成本之和最低的现金持有量，即为所求的最佳现金持有量。

【例 11—1】　某企业根据历史资料和近期企业经营状况的预测和分析，对四种现金持有方案进行选择，假设企业的资本成本率为 10%，各种现金持有方案的机会成本、管理成本、短缺成本如表 11—1 所示。

表 11—1　　企业现金持有方案　　单位：元

方案项目	方案一	方案二	方案三	方案四
现金持有量	30 000	60 000	90 000	120 000
机会成本	3 000	6 000	9 000	12 000
管理成本	15 000	15 000	15 000	15 000
短缺成本	10 000	5 500	2 000	0

对上述四种方案进行计算，并比较各个方案之间现金持有的总成本，如表 11—2 所示。

表 11—2 现金持有总成本 单位：元

方案项目	方案一	方案二	方案三	方案四
机会成本	3 000	6 000	9 000	12 000
管理成本	15 000	15 000	15 000	15 000
短缺成本	10 000	5 500	2 000	0
现金持有总成本	28 000	26 500	26 000	27 000

将上述四种方案的现金持有总成本进行比较，可以看出，方案三的现金持有总成本是最低的，也就表明当企业的现金持有量达到 90 000 元时，现金持有的总代价最低，对企业是最理想的方式，因此，现金持有 90 000 元是该企业的最佳现金持有量。

对于一般企业来说，现金持有量的决策并不要求十分精确，成本分析模型对于最佳现金持有量的估计还是有其应用价值的。另一方面，成本分析模型方法简便实用，但所计算出的结果并不一定是企业的最佳方案，因为该模型只是在有限的现金持有量的方案之间进行比较。而如果想获得真正的最佳点，需要建立总成本方程，并对其求极值便可，下面论述的存货模型便是按照此原理进行计算的。

课堂思考

持有现金会产生机会成本，持有应收账款和存货是不是也会产生机会成本？

2. 存货模型

绝大多数企业希望能保持一个最佳的现金余额。当企业持有较多的现金时，会降低现金的短缺成本，但同时也会增加现金占用的机会成本。如果将现金投入有价证券中，则可以避免机会成本的损失。有价证券作为一种准现金，可随时抛售，以对企业的现金进行补充。当企业持有较少的现金时，则会增加现金的短缺成本，却可以减少现金占用的机会成本。如果企业需要现金时，企业可以出售有价证券换回现金，以避免短缺成本。因此，适当的现金与有价证券之间的转换，是企业提高资金使用效率的有效途径。但如果企业经常进行大量的有价证券与现金之间的转换，会加大这种转换的交易成本。如何安排现金与有价证券间的最佳转换量，需要应用现金持有量的存货模型进行解决。

现金持有量的存货模型也称鲍曼模型，其来源于存货的经济批量模型，该模型由美国学者威廉·鲍曼于 1952 年提出，以确定最佳现金余额。

企业将有价证券转换为现金要承担佣金、手续费和税金等代价，这种要付出的代价被称为现金的交易成本。现金交易成本的大小与现金转换次数、每次的转换量有关。在企业现金需求总量既定的前提下，每次以有价证券转换回现金的金额越大，说明企业持有的现金量越大，转换次数就越少，现金的交易成本也就越低。而减少现金余额尽管可以降低现金的持有成本，但现金的交易成本却会随着证券变化次数的增加而相应增加。在现金的存货模型中，可以将现金的交易成本与现金的短缺成本合并为同一条曲线，以交易成本曲线来反映与现金持有量相关的总成本。因而，最佳现金余额就是机会成本与交易成本组合水平最低时的现金持有量。可以通过现金成本构成图来反映，如图 11—3 所示。

从图 11—3 中可以看出，现金的机会成本和交易成本的变化方向是相反的，两条成本曲线交叉对应的现金持有量，就是总成本最低的最佳现金持有量，它可以运用现金持有量的存货模型求出。其计算过程可以通过建立持有现金的总成本方程，求解现金持有量的极值来确定最佳现金持有量。

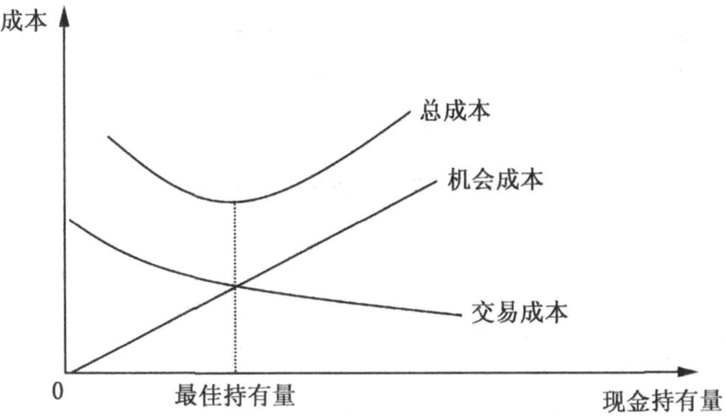

图 11—3　存货模型中的现金成本

首先，以 C 代表现金使用循环期之初的现金持有量，以 $C/2$ 代表各循环期内的现金平均持有量。现金使用循环期是指企业一段时期内的现金持有状况。若假定企业每周现金净流出量为 10 000 元，而企业第 0 周开始时持有现金 40 000 元，这时现金够企业使用 4 周，且 4 周内的平均现金持有量为 20 000 元($C/2$)。在第 4 周结束后，企业的现金使用循环又重新开始。可以将一段时期内企业的现金持有状况更加清楚地列示于现金使用循环图中，如图 11—4 所示。

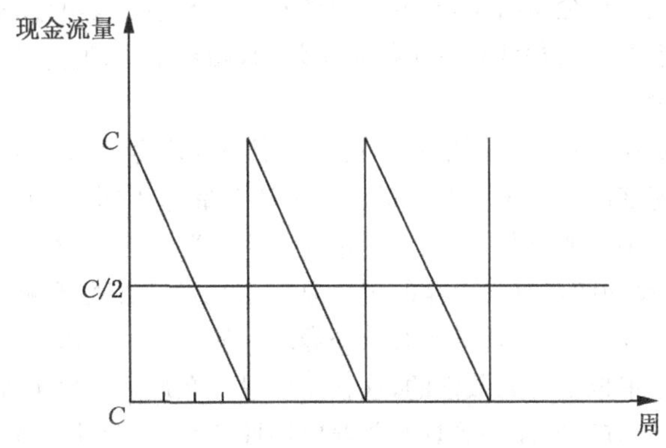

图 11—4　现金使用的循环

在确定 C 之后，得出持有现金总成本方程前，还需要明确以下几点：

(1)企业一定期间内的现金需求量，用 T 来表示。

(2)每次出售有价证券以补充企业现金量而产生的交易成本，用 F 表示，因此，企业一定时期内出售有价证券所形成的总交易成本为：

$$交易成本=(T/C)\cdot F$$

(3)企业持有现金的机会成本率，用 K 表示，那么企业一定时期内持有现金的总机会成本可以表示为：

$$机会成本=(C/2)\cdot K$$

(4)现金持有的总成本，用 TC 表示。

在明确了上述要点之后，通过对机会成本和交易成本的计算，并将其进行相加，就可以得到存货模型下现金持有量的总成本方程：

$$TC=(C/2)\cdot K+(T/C)\cdot F$$

对上述公式进行求导，可以求出最佳现金持有量，以 C^* 表示，其公式可以表示为：

$$C^* = \sqrt{2TF/K}$$

【例 11—2】 假设某企业有多种现金持有方案，要求通过现金总成本的计算以及公式的运用计算出企业的最佳现金持有量。假设企业的现金持有的机会成本率为 10%，每次有价证券的交易成本为 100 元，则现金持有方案的各种成本如表 11—3 所示。

表 11—3　各种方案下现金持有的总成本　单位：元

现金总需求 (T)	初始现金持有量 (C)	平均现金持有量 ($C/2$)	机会成本 $[(C/2)\cdot K]$	交易成本 $[(T/C)\cdot F]$	总成本 (TC)
520 000	60 000	30 000	3 000	867	3 867
520 000	50 000	25 000	2 500	1 040	3 540
520 000	40 000	20 000	2 000	1 300	3 300
520 000	30 000	15 000	1 500	1 733	3 233

根据表 11—3 所示，当企业的初始现金持有量为 30 000 元时，持有现金的总成本最低。该结论是通过对各种现金持有方案的成本进行计算并比较后得出的。同时，我们也可以用最佳现金持有量的公式进行求解，计算过程如下：

$C^* = \sqrt{2TF/K} = \sqrt{2\times 520\ 000\times 100/0.1} = 32\ 249$(元)

利用公式所计算的最佳现金持有量，与通过对各种现金持有方案的成本进行计算并比较得出的现金持有量是比较接近的。两种计算方法都是有效的，相对来说，通过公式可以更加迅速和方便地计算出最佳现金持有量。

现金最佳持有的存货模型是一种简单和直观的确定最佳现金持有量的方法，是一种理想的数学模型。虽然存货模型能准确地测定企业的最佳现金持有量，但它也是有缺点的，主要是该模型要假定现金的流出量是稳定不变的，但实际上这是很少有的情况。因此，在运用存货模型确定最佳现金持有量时，要以如下假设为前提：(1)企业的现金总需求是稳定并可预测的；(2)企业经营中现金支出比例是均衡的，且波动不大；(3)现金与有价证券之间的转换是可以顺畅进行的。

存货模型在实际运用中也是有局限性的，这就需要寻找在现金流量不确定的情况下，计算最佳现金持有量的方法，并让该方法的使用更具有普遍应用性，随机模型就是这么一种方法。

3. 随机模型

随机模型(又称米欧模型)，是指在现金需求量难以准确预测的情况下进行现金持有量控制的方法。在该模型下，只需根据历史资料测算出企业现金流量的控制范围，即制定出现金持有量的上限和下限，并以此上下限对企业现金流量进行控制。当现金持有量接近或超过控制上限时，企业可以用现金购入有价证券，使得现金持有量下降；而当现金持有量接近控制下限时，企业可以抛售有价证券换回现金，使得现金持有量上升到较正常的水平；当企业现金持有量在上下限之间，则不必进行现金与有价证券的转换，属于正常的现金持有状况。这种对现金持有量进行控制的随机模型，如图 11—5 所示。

图 11—5 表示一定时期企业实际现金持有量在控制范围内的波动状况。虚线 H 表示现金持有量控制的上限，虚线 L 表示现金持有量控制的下限，实线 R 表示现金持有量控制中的最优现金返回线。在图 11—5 中，现金持有量是随机波动的，当现金持有量达到 A 点时，表示达到了现金持有量控制的上限，企业应马上投资有价证券，使现金持有量下降；而当现金持有量下降到 B 点时，表示达到了现金持有量控制的下限，企业应马上出售有价证券转换现金，使企业现金持有量水平回到最优现金返回线。随机模型下的关键问题是如何确定最优现金返回线(R)、控制上限(H)和控制下限(L)的标准，可以使用以下的公式和方法来进行计算：

$$R=\sqrt[3]{\frac{3b\sigma^2}{4I}}+L$$

$$H=3R-2L$$

式中，b 表示每次有价证券的转换成本；σ^2 表示企业每日现金变动的方差（可按一定历史资料进行测算）；I 表示有价证券的每日收益率或利息率。

而上式中下限 L 的确定，需要结合企业每天的最低现金需要量、风险承受能力以及相关历史资料进行考虑。

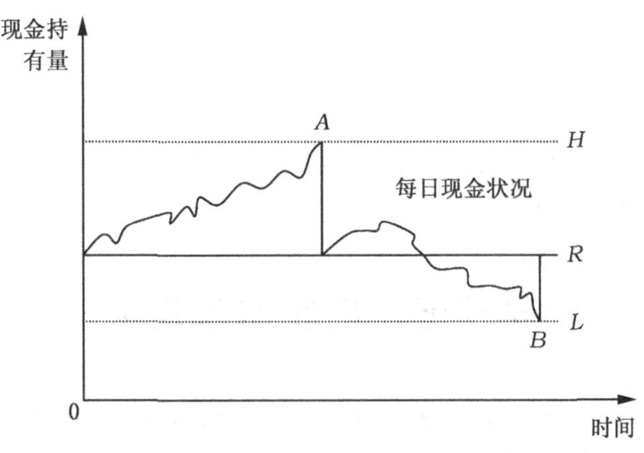

图 11—5　随机模型下的现金持有量

【例 11—3】 假设某企业根据历史资料已经测算现金波动的标准差为 600 元，有价证券的年利率为 9%，企业每次进行有价证券转换的成本为 40 元，企业认为现金持有量的下限不能低于 1 000 元。假定一年按照 360 日计算，则最优现金返回线 R、现金持有量的控制上限 H 的计算如下：

首先，有价证券日收益率（I）＝9%÷360＝0.025%

其次，最优现金返回线计算如下：

$R=\sqrt[3]{\frac{3b\sigma^2}{4I}}+L=\sqrt[3]{\frac{3\times 40\times 600^2}{4\times 0.025\%}}+1\ 000=4\ 509$（元）

$H=3R-2L=3\times 4\ 509-2\times 1\ 000=11\ 527$（元）

从上述的计算结果中可以得出，当企业现金持有量接近或超过 11 527 元时，企业应该将 7 018 元（11 527－4 509）用于购买有价证券，使得企业的现金持有量回到最优现金返回线；而当企业现金持有量下降到 1 000 元时，企业应该卖出 3 509 元（4 509－1 000）的有价证券，以使得企业现金持有量回到最优现金返回线。

需要注意的是，随机模型是比较保守的，因为它建立在企业的现金未来需求总量和收支状况不能预测的前提下，因此，随机模型确定的最佳现金持有量相对于存货模型所确定的持有量更大。

4. 现金周转模式

现金周转模式是从现金周转的角度出发，根据现金周转速度来确定最佳现金持有量的模式。该模式应用包括以下三个步骤：

第一，计算现金周转期。现金周转期是指公司从购买材料支付现金至销售商品收回现金的时间，即现金周转一次所需要的天数。其计算公式为：

现金周转期＝存货周转期＋应收账款周转期－应付账款周转期

第二，计算现金周转率。现金周转率是指一年或一个经营周期内现金的周转次数。其计算公式为：

$$现金周转率=\frac{1}{现金周转期}\times 计算期天数$$

周转期越短、周转次数越多，在一定现金需求额下，现金持有量将越少。

第三，计算目标现金持有量。其计算公式为：

$$目标现金持有量=年现金需求量\div 现金周转率$$

【例 11－4】 某公司现金需求量为 720 万元，其原材料购买以及产品销售均采取赊销方式，应收账款的平均收款天数为 60 日，应付账款的平均付款天数为 30 日，存货平均周转期为 90 日，一年 360 日则：

现金周转期＝90＋60－30＝120(日)

现金周转率＝360/120＝3(次)

目标现金持有量＝720/3＝240(万元)

现金周转模式的使用条件是：第一，公司预计期内现金总需要量可以预知；第二，现金周转天数与次数可以预测，测算结果应符合实际。

第三节 应收账款管理

应收账款，是指因对外销售产品、材料，供应劳务及其他原因，应向购货单位或接受劳务的单位及其他单位收取的款项。应收账款在流动资产中占有很大的比重，其管理是流动资产管理中的关注焦点。

一、应收账款的管理目标

应收账款的存在是由于企业采用赊销或分期收款等方式所引起的，虽然企业也会因此而承担应收账款产生的坏账损失，但赊销能够吸引顾客，促进销售增长，这是市场经济机制作用下的必然结果。由竞争引起的应收账款，是一种商业信用。

另一方面，商品成交的时间和收到货款的时间经常不一致，这也会形成企业的应收账款。对于生产企业来说，由于业务的不同，发货时间和收到货款的时间往往不同。因为在交易中，货款的结算是需要时间的，如果结算手段比较传统，则结算所需要的时间也就越久。对于销售商品的一方来说，企业只能承认这种现实并承担由此引起的资金的垫支。这里所讨论的由于销售和收款时间的不同而形成的应收账款，不属于商业信用，也并不是应收账款的主要内容。本节将只论述属于商业信用的应收账款的管理。

应收账款是企业不可或缺的信用手段，也会因此而产生相应的坏账损失，企业的应收账款管理目标应既有效地运用应收账款信用政策促进销售收入的增长，又要尽可能避免因此而形成的坏账损失和成本，也即需要在应收账款信用政策所增加的盈利和这种政策的成本之间做出权衡。因此，应收账款的管理主要有以下两个方面：

(一)制定有效的应收账款信用政策

企业应当将采用的应收账款政策所增加的收益与采用此信用政策所负担的成本进行比较和衡量，只有当其边际收益大于边际成本时，这种信用政策才是可行的。但应收账款的信用政策也要因环境的变化而不断地进行调整。企业可以通过信用政策的变化来改变和调节应收账款的数量，因此，制定合理的信用政策是加强应收账款管理、提高应收账款投资效益的重要前提。

(二)加强应收账款的安全性管理

企业应当及时有效地收回应收账款，并采用合法合理的催收方式，尽可能地减少企业的坏账损失。同时要注意收账成本的控制，降低收账费用。另外，企业要缩短收账时间，加速应收账款周转，提高资金利用效率。

二、应收账款的成本

应收账款成本是指公司持有一定应收账款所付出的代价，主要包括机会成本、管理成本和坏账成本三种。

(一)机会成本

应收账款机会成本是指公司资本如果不投放于应收账款，便可用于其他投资获得收益，比如投资有价证券获得的利息。这种因投放于应收账款而放弃其他投资所获得的收益，即为应收账款的机会成本。其计算公式如下：

应收账款平均余额＝日销售额×平均收现期

应收账款占用资金＝应收账款平均余额×变动成本率

应收账款占用资金的应计利息(机会成本)＝应收账款占用资金×资本成本

(二)管理成本

公司对应收账款进行管理所耗费的各种费用，即为应收账款的管理费用，主要包括对客户的资信调查费用、应收账款账簿记录费用、收账费用、收集相关信息的费用等。

(三)坏账成本

在赊销交易中，债务人由于种种原因无力偿还债务，债权人可能因无法收回应收账款而发生损失，这种损失就是坏账成本。

三、应收账款的信用政策

在商品销售活动中，通过应收账款进行赊销所取得的效果如何，依赖于企业制定的信用政策。信用政策主要包括信用标准、信用条件和收账政策等内容，其本质是对客户的一种结算优惠和短期融资。

(一)信用标准

信用标准，是指客户获得企业的交易信用所应具备的条件，主要由本企业的经营和财务实际状况、当时的市场竞争激烈程度和客户的信誉情况等综合因素来确定。如果客户达不到企业所制定的信用标准，也就不能享受企业提供的信用或只能享受较低的信用优惠。

一般而言，使用严格的信用标准，只对信用等级高的客户给予赊销，可以有效降低企业的信用风险水平，减少成本占用。与此相反，使用宽松的信用标准，虽然有利于企业促进销售的增长，但却可能使企业的坏账损失加大，信用风险水平提高，增加成本。因此，信用标准在确定之前，企业首先应对客户的资信进行调查与分析。

1. 信用标准的评估

企业对客户的资信调查，主要是利用“5C”系统来评估和分析的。所谓“5C”系统，是指评估客户品质的五个方面，即由品质(Character)、能力(Capacity)、资本(Capital)、抵押 (Collateral)和条件(Conditions)五个以字母“C”开头的标准构成。

(1)品质。品质，是指客户履约偿还其债务的可能性，这经常被视为评价客户信用的首要因素，主要通过了解客户以往的付款履约记录进行评估。

(2)能力。能力，是指对客户偿债付款能力所做的主观判断，取决于资产特别是流动资产的数量、变现能力及其与流动债务的结构关系。顾客的流动资产越多，其转换为现金支付款项的能力越强。

(3)资本。资本，是指对客户总资产、有形资产净值以及留存收益等的测定，它反映了客户的经济实力与财务状况，表明客户可能偿还债务的背景。

(4)抵押。抵押，是指客户拒付款项或无力支付款项时能被用作抵押的资产。这对于了解背景不清或信用状况有争议的客户更加重要。一旦企业收不到客户的款项，便能以抵押品抵补。对于这些客户来说，提供足够的抵押品时，企业才可以考虑向他们提供信用。

(5)条件。条件，是指外部经济环境对企业发展的影响，是否会对企业偿债能力造成不利影响。

上述五个方面的信用资料可以通过直接查阅客户的财务状况及财务报表获得，也可以间接通过银行提供的客户信用资料，以及与该客户的其他供应商交换有关信用资料来取得。企业可以将客户的信用资料转化为信用等级，来判断信用风险的大小，并决定是否给予客户信用优惠。

例如，某企业通过对客户信用资料的转化，形成了如下的客户信用等级划分，如表 11—4 所示。

表 11—4　　某企业的客户信用级别划分

客户信用级别	坏账损失概率
1(高信用客户)	无
2(较高信用客户)	0～3%
3	3%～5%
4	6%～10%
5	11%～20%
6(信用不足客户)	20%以上

企业在通过信用级别划分后可以对客户采取不同的信用政策。不同的信用级别下，企业可以按照常规信用条件、较严格的信用条件和不提供信用条件进行货物的销售。因此，通过对信用标准的评估可以初步对客户的信用状况进行划分，以使得企业更好地进行应收账款管理。

2. 信用标准的设定

信用标准设定，是指将信用标准数量化，根据企业拥有的客户信用资料，选用若干个具有代表性财务指标，作为具体信用标准的确立依据，并依此来衡量不同客户的信用状况，最后在上述基础上决定给予客户的信用条件。结合主要财务指标制定的信用标准，可用表 11—5 来表示。

表 11—5　　企业信用标准比较表

指　标	信用良好	信用一般	信用较差
流动比率	2 以上	1.5～2	1.5 以下
速度比率	1 以上	0.6～1	0.6 以下
营运资金(元)	2 000 000 以上	1 000 000～1 500 000	1 000 000 以下
资产负债率	40%以下	40%～60%	60%以上
存货周转率	5 以上	3.5～5	3.5 以下
利息保障倍数	4 以上	1～4	1 以下
赊购偿付情况	及时偿还	偶有短期拖欠	经常拖欠

表 11—5 反映了企业对客户信用状况评价的某些标准，可以将对客户经营和财务状况所做的调查获得的财务指标与上述设定的信用标准进行比较，以评价某客户的信用情况。这种方法主要是为企业信用决策提供参考，由于情况不断发生变化，企业也应当时常修改对信用标准的设定。

(二)信用条件

信用条件是销货企业要求赊购客户支付货款的条件，由信用期间和折扣条件组成。

1. 信用期间

信用期间，是指企业在商品销售活动中允许客户从购货到付款之间的时间，也即企业给予客户的付款期间。假如某企业允许客户在购货后的60日内付款，则60日即这里所说的信用期间。当企业设定的信用期过短，将因较短的付款期减少客户购买商品的可能性，使企业销售额下降；当企业设定的信用期过长时，虽然能够明显地促进销售收入的增长，但盲目的延长信用期，会使应收账款、收账费用和坏账损失增加，产生不利影响。因此，企业应当结合自身的实际情况，合理确定信用期。

应收账款管理目标的分析表明，适当延长信用期是必要的，但这是以新创造的利润大于新增的各项成本为前提的，这样才能认为新的信用政策是合理的。因此，是否延长信用期要分析改变现行信用期对收入和成本的影响。

【例11—5】 假设W公司采用40日的按发票金额付款的信用政策，现公司研究拟将信用期延长至60日，仍按不提供折扣的方式进行付款，若最低风险报酬率为10%，其他相关资料如表11—6所示。

表11—6　　W公司延长信用期的相关资料表

信用期项目	40日	60日
销售量(件)	100 000	120 000
销售额(元)(若单价10元)	1 000 000	1 200 000
销售成本(元)		
变动成本(若每件6元)	600 000	720 000
固定成本(元)	80 000	80 000
毛利(元)	320 000	400 000
可能发生的收账费用(元)	4 000	5 000
可能发生的坏账损失(元)	10 000	16 000

对延长信用期后收益的不同，先计算延长信用期得到的收益，然后计算其增加的成本，最后对两者的结果进行比较并做出判断。

(1)计算增加的收益：

收益的增加＝销售量的增加×(销售单价－变动成本)

＝(120 000－100 000)×(10－6)＝80 000(元)

(2)计算应收账款占用资金的应计利息的增加：

应收账款应计利息＝应收账款占用资金×资本成本

应收账款占用资金＝应收账款平均余额×变动成本率

应收账款平均余额＝每日销售额×信用期

40日信用的利息＝(1 000 000÷360)×40×(600 000÷1 000 000)×10%＝6 667(元)

60日信用的利息＝(1 200 000÷360)×60×(720 000÷1 200 000)×10%＝12 000(元)

则两种不同信用期下应增加利息＝12 000－6 667＝5 333(元)

(3)计算收账费用和坏账损失的增加：

收账费用增加＝ 5 000－ 4 000＝1 000(元)

坏账损失增加＝16 000－10 000＝6 000(元)

(4)计算改变信用期的损益：

收益增加－成本费用增加＝80 000－(5 333＋1 000＋6 000)＝67 667(元)

通过上述的计算可知，收益的增加要大于成本费用的增加，故企业应选择延长信用期，即选择60日的信用期。

若需要对信用期进行更细致地分析，可以考虑其他因素对信用期的影响，也可以计算销售价格，变动成本等变动对信用期计算的影响。总体来说，上述信用期的分析方法是比较简略的，只能满足于一般信用政策制定的需要。

知识链接

改变信用期后，企业销量的增加也会引起存货增加而多占用资金，也会引起应付账款的增加，这些都会影响企业改变信用期后的损益。

2. 折扣条件

折扣条件包括现金折扣(率)和折扣期两个方面。现金折扣(率)，是指为敦促顾客尽早付清货款而提供的一种价格优惠(力度)。折扣期是指给予现金折扣的期限。企业通过提供价格上的优惠，吸引客户能够为节约自身的成本而提前付款，缩短企业的平均收账期，也可以通过降低价格扩大企业的销售量。现金折扣的基本表达方式如 2/10，*n*/30，其所表示的含义是：若客户能够在 10 日内付款，则可以享受货款总额 2% 的现金折扣优惠，而如果客户放弃折扣优惠，则全部款项必须在 30 日内付清。同时，2/10，*n*/30 也表示 30 日为信用期限，10 日为折扣期限，2% 为现金折扣率。假设货款总额为 10 000 元，当在 10 日的折扣期限内付款时，客户享受 2% 的现金折扣率，只需支付 9 800 元，而当超过 10 日的折扣期限时，客户应当在 30 日内付款，并且此时付款无折扣优惠。

因为现金折扣是与信用期结合使用的，所以确定折扣程度的方法与程序实际上与前述确定信用期间的方法与程序一致，只不过要把所提供的延期付款时间和折扣综合起来，计算各方案的延期与折扣能取得多大的收益增量，再计算各个方案带来的成本变化，最终确定最佳方案。

【例 11－6】 沿用【例 11－5】的数据，假设该企业在放宽信用期的同时，为了吸引顾客尽快付款，提出了 1/30，*n*/60 的现金折扣政策，估计会有一半的顾客将享受现金折扣(按 60 日信用期所能实现的销售量计算)

(1)计算增加的收益：

收益的增加＝销售量的增加×(销售单价－变动成本)

＝(120 000－100 000)×(10－6)＝80 000(元)

(2)计算应收账款占用资金的应计利息的增加：

40 日信用的利息＝(1 000 000÷360)×40×(600 000÷1 000 000)×10%＝6 667(元)

提供现金折扣的平均收现期＝30×50%＋60×50%＝45(日)

提供现金折扣应计的利息＝1 200 000/360×45×60%×10%＝9 000(元)

应收账款占用资金应计利息的增加＝9 000－6 667＝2 333(元)

(3)计算收账费用和坏账损失的增加：

收账费用增加＝ 5 000－ 4 000＝1 000(元)

坏账损失增加＝16 000－10 000＝6 000(元)

(4)估计现金折扣成本的变化：

现金折扣成本的增加＝新的销售水平×享受现金折扣的顾客比例×新的现金折扣率－旧的销售水平×享受现金折扣的顾客比例×旧的现金折扣率

＝1 200 000×50%×1%－1 000 000×0×0

＝6 000(元)

(5)计算增加的税前损益：

增加的税前损益＝盈利的增加－成本费用的增加

=80 000－(2 333＋1 000＋6 000＋6 000)

=64 667(元)

由于税前损益大于0,故应当放宽信用期并提供现金折扣。

商业折扣是指企业根据市场供需情况,或针对不同的顾客,在商品标价上给予的扣除。要注意现金折扣和商业折扣之间的区别。商业折扣是即时发生的,而现金折扣是付款时发生的。另外,商业折扣是为了促销,不会通过会计循环反映在报表中;而现金折扣是为了让客户提早付款。

(三)收账政策

收账政策,是指企业催收已过期应收账款时所采用的措施。同时,企业进行应收账款的催收也会发生收账成本,收账成本是指企业在收账过程中发生的各类支出,包括专人监管、通信联系、上门催收和诉诸法律等各项费用。总的来说,收账政策由催收的措施和收账成本构成。

对超过信用期较短的客户,不宜过多地打扰,以免使得客户感觉厌烦而失去这个客户。而对于超过信用期稍长的客户,可以通过写信,发送电子邮件等方式向对方催收;对于超过信用期较长的客户,可以采用频繁的信件催收以及电话催收等方式要求客户付款;对于超过信用期很长的客户,可以使用严厉的催款方式,必要时提请有关部门仲裁或向人民法院提起诉讼等。

不同收账方式下发生的成本是不同的,其收账的效果也会产生差异。一般情况下,收账措施越有力,收账的花费也越大,可收回的应收账款也越多,坏账损失发生的可能性也就越小。因此,在企业制定收账政策时,应在收账费用和所减少的坏账损失之间做出权衡,尽量使得以最小的收账费用的代价,减少最多的坏账损失。另一方面,相关人员的经验对制定合理有效的收账政策具有很大的影响。

企业在对收账政策方案的优劣进行选择时,应根据使应收账款总成本最小化的原则,来比较各收账方案成本的大小并进行选择。

课堂思考

应收账款管理中,若存在现金折扣的情况下,企业应当进行支付决策?应怎样应对买方的应付账款政策?

三、应收账款的监管

应收账款发生后,企业应当采取各种措施,尽量争取按期收回款项,否则就会出现坏账发生的风险。而企业应当采取的措施可以包括对应收账款回收情况的事后监督,设立坏账准备应对坏账损失。

(一)对应收账款回收情况的监督

应收账款的监督主要是对应收账款发生后,企业应当对应收账款回收情况进行监督。应收账款的监督内容主要包括以下几方面:

1. 应收账款追踪分析

企业应对客户的付款状况和付款能力进行追踪调查和分析,尤其是大额交易客户和以往信用状况较差的客户应作为追踪分析的重点。企业的财务管理部门在这方面承担主要责任,并由专人负责此项工作。

通过追踪调查,不但要使企业及时有效地了解和控制不同客户的收款情况,更要掌握其延迟付款的原因。在追踪分析的基础上了解以下问题:到底是客户的信用问题,还是其现金状况确实处于较差状态；到底是客户的收账能力较差，还是客户库存消化存在问题；到底延期付款是短期现象，还是该客户的长期状况等。

企业应收账款的追踪调查分析，不但要能为企业制定合理的收账方式提供依据，更需要为企业未来制定合理有效的信用政策提供保障。

2. 应收账款账龄分析

账龄分析，是指定期对客户的付款状况进行金额、期限和结构分析的重要应收账款分析方法。企业一般通过编制账龄分析表进行应收账款的账龄分析。账龄分析表是一张能显示应收账款在外天数(账龄)长短的报告。某企业的账龄分析表的格式可如表 11—7 所示。

表 11—7 **账龄分析表**

20×9 年 12 月 31 日

应收账款账龄	账户数量	金额(千元)	占应收账款百分比
信用期内	100	160	40%
超过信用期 1～10 日	60	80	20%
超过信用期 11～30 日	50	60	15%
超过信用期 31～50 日	30	40	10%
超过信用期 51～70 日	20	30	7.5%
超过信用期 71～90 日	15	15	3.75%
超过信用期 90 日以上	5	15	3.75%
合　计	280	400	100%

利用上述某企业的账龄分析表，财务分析人员可以通过账龄分析表的分析了解到以下情况，以做出更好的应收账款监督政策。

(1)信用期内的欠款数额。如表 11—7 所示，有 160 000 元的应收账款处在企业设定的信用期内，且该应收账款占全部应收账款的 40%。在信用期内的应收款项是未到偿付期的，这些欠款的存在是正常的。但这些应收账款到期后能否收回，还要待到期后应收账款的回收情况而定。因此，对于信用期内的应收账款，及时的监督是必要的。

(2)超过信用期的欠款数额，且超过时间长短的款项各占多少，有多少欠款有可能成为坏账。通过表 11—7 所示，有 240 000 元的应收账款超过了信用期，占全部应收账款的 60%。不过，分析人员要对超过信用期的 240 000 元应收账款进行深入的分析。其中超过信用期较短的(10 日内)应收账款有 80 000 元，占全部应收账款的 20%，相对来说，这部分欠款收回的可能性很大；而超过信用期稍长的(30 日内)应收账款有 60 000 元，占全部应收账款的 15%，其收回的可能性仍然是很大的；对于超过信用期较长的(30～90 日)有 85 000 元，占全部应收账款的 21.25%，其收回是存在一定难度的。最后，超过信用期很长的(90 日以上)有 15 000 元，占全部应收账款的 3.75%，则有可能成为坏账。

企业对超过信用期长短不同的应收账款，应制定不同的应收账款管理策略和收账政策。同时，对于可能发生的坏账损失，应提前做好准备，如建立应收账款坏账准备制度。

(二)建立应收账款坏账准备

企业无论采用何种严格的信用政策，只要有生产经营活动，且有商业信用的存在，应收账款所造成的坏账损失是在所难免的。为了应对坏账损失存在的这种风险，企业应当建立完备的坏账准备制度，这既是应收账款管理的重要内容之一，也是保障企业能稳定发展的重要手段。

坏账准备，是指对应收账款预提的，对不能收回的应收账款进行抵销，是应收账款的备抵账户。

会计中，企业对坏账损失的核算，采用备抵法。备抵法是指采用一定的方法按期(至少每年末)估计坏账损失，提取坏账准备并转作当期费用。实际发生坏账时，直接冲减已计提坏账准备，同时转销相应的应收账款余额的一种处理方法。在备抵法下，企业每期末要估计坏账损失，并通过设置“坏账准备”账户进行核算。

在确定坏账准备的计提比例时，企业应根据债务人的实际财务状况、还款能力、信用程度、形成原因、实际用途和企业会计人员的职业判断等，按欠款时间的长短对其他应收款进行分类，如正常类、关注类、次级类、可疑类和损失类，并在此基础上估计合理的损失比例。在税法中，《税法》对企业坏账准备的提取比例是有规定的，对于较高风险的企业，可以向税务部门申请较高的提取比例，企业不能随意提高该比例规定。

企业建立应收账款坏账准备有利于企业应对坏账损失的发生的风险，更有利于企业提高应变能力，促进企业稳定的发展和正常生产经营活动的展开。

课堂思考

会计中如何进行坏账准备的核算，包括坏账准备的提取、转销等？

第四节 存货管理

存货，是指企业在生产经营过程中为了销售和生产耗用的需要而必须储备的各种物资，主要包括产成品、半成本、在产品、原料、燃料和低值易耗品等。加强存货的规划与控制，使存货保持在最优水平，是财务管理的一项重要内容。

一、存货管理的目标

如果制造业企业能在生产需要时随时购入所需的原材料，或者商业企业能在销售时随时购入所需商品，那么企业就不需要存货。但实际上企业不需要存货是不可能的，企业会因存货占用或多或少的资金。这种企业对存货的需要主要有以下原因：

(一)保证生产或销售的经营需要

在正常的生产经营过程中，企业很少能做到随时购入生产或销售所需的各种物资，即使是市场供应量充足的物资也如此。这不仅是因为不时会出现某种材料的市场缺货，还因为企业距供货点较远，而需要必要的途中运输及可能出现运输故障的不利情况。为了保证生产和销售的稳定性，企业需要储存存货，以免受停工和企业信誉损失。

(二)出于价格因素的考虑

在商品的购买中，零售价格和批发价格总是存在差异的，零售价格往往较高，而整批购买在价格上有优惠，因此，通过整批的购进存货可以获取较低的商品价格。但是，过多的存货要占用较多的资金，并且会增加包括仓储费、保险费、维护费、管理人员工资在内的各项开支。存货占用资金是有成本的，占用过多会使利息支出增加并导致利润的损失。

因此，存货管理的目标是要在存货的成本和收益之间进行利弊权衡，实现两者的最佳结合，既要保证企业生产经营的正常和稳定，又要尽可能地降低存货占用的各类成本。

二、存货成本

与存货有关的成本，包括取得成本(含订货成本和购置成本)、储存成本和缺货成本三种，具体分析如下：

(一)取得成本

存货的取得成本,是指为取得某种存货而支出的成本,通常用 TC_a 表示。可将其分为存货的订货成本和购置成本。

1. 订货成本

订货成本,是指从发出订单到收到存货整个过程中所付出的成本,如订单处理成本(包括办公成本和文书成本)、运输费、保险费以及装卸费等。订货成本中有一部分与订货次数无关,如常设采购机构的基本开支等,称为订货的固定成本,用 F_1 表示;而另一部分与订货次数有关,如运输费、保险费等,称为订货的变动成本。每次订货的变动成本用 K 表示;订货次数等于存货年需要量 D 除以每次进货量 Q。存货订货成本的计算公式为:

$$订货成本=F_1+\frac{D}{Q}K$$

2. 购置成本

购置成本,是指所订购存货本身的价值,经常用存货数量与其单价的乘积来确定。存货年需要量用 D 表示,单价用 U 表示,于是购置成本为 DU。

存货的订货成本加上购置成本,就等于存货的取得成本。可用公式表示如下:

$$\begin{aligned}存货取得成本&=订货成本+购置成本\\&=订货固定成本+订货变动成本+购置成本\end{aligned}$$

$$TC_a=F_1+\frac{D}{Q}K+DU$$

(二)储存成本

存货的储存成本,是指为维持存货而发生的成本,包括存货占用资金所应计的利息、仓库费用、保险费用、存货破损和变质损失等,通常用 TC_c 表示。

存货的储存成本也可分为固定成本和变动成本。其固定成本与存货数量的多少无关,如仓库折旧、仓库职工的固定工资等,通常用 F_2 表示。变动成本与存货的数量有关,如存货资金的应计利息、存货的破损和变质损失、存货的保险费用等,单位成本用 K_c 表示。储存成本可用如下公式进行表达:

$$存货储存成本=储存固定成本+储存变动成本$$

$$TC_c=F_2+K_c\frac{Q}{2}$$

知识链接

存货占用资金所应计的利息是指若企业用现有现金购买存货,便失去了现金存放银行或投资于证券本应取得的利息,是为“放弃利息”;若企业借款购买存货,便要支付利息费用,是为“付出利息”。

(三)缺货成本

存货的缺货成本,是指由于存货供应中断而使企业造成的相关损失,是由于存货储备不足而给企业造成的停工损失、产成品库存缺货造成的延误发货损失和丧失销售机会的损失(还包括需要主观估计的商誉损失);如果企业以紧急采购代用材料解决库存材料中断的问题,那么缺货成本可表示为紧急额外购入成本,而这种成本一般是较大的。

缺货成本能否成为存货管理决策的相关成本,应视企业的具体情况而定,缺货成本用 TC_s 表示。若企业允许缺货,则缺货成本与存货数量反向相关,该成本属于存货决策的相关成本;相反,若企业不允许缺货的发生,也就不存在缺货成本,也即缺货成本为零。

如果以 TC 表示储备存货的总成本,其计算公式为:

$$TC=TC_a+TC_c+TC_s=F_1+\frac{D}{Q}K+DU+F_2+K_c\frac{Q}{2}+TC_s$$

一般来说,企业存货的最优化,即是使上式 TC 值最小。

三、存货管理决策

企业的存货管理决策除了要确定进货种类、供应商以及决定供应商之外,最重要的是要决定进货时间和进货批量(分别用 T 和 Q 表示)。根据企业存货管理的目标,财务人员需要通过合理的进货批量和进货时间,使得存货的总成本达到最低,这个批量叫作经济订货量或经济批量。经济订货量主要解决两个问题:一是进货批量,二是进货次数。

经济订货量可以采用基本数学模型的方法进行计算,也可以通过图解法进行计算。使用基本模型进行计算时,为了解决比较复杂的问题,有必要简化或舍弃一些变量。而这需要设立一些假设,以研究某些简单和复杂的问题。

(一)经济订货量的计算

1. 经济订货量的基本模型

经济订货量的基本模型有如下假设:

(1)企业能够及时补充存货,即需要订货时便可立即取得存货。

(2)商品能集中到货,而不是陆续入库。

(3)不允许缺货,即无缺货成本,TC_s 为零,在有效的存货管理中是不应该存在缺货成本的。

(4)存货以匀速消耗,需求量稳定,并且能预测,即 D 为已知常量。

(5)存货单价不变,不考虑折扣,即 U 为已知常量。

(6)企业现金充足,不会因现金短缺而影响进货。

(7)所需存货市场供应量充足,不会购买不到所需存货。

通过上述假设的设立,企业存货总成本的公式可以简化如下:

$$TC=F_1+\frac{D}{Q}K+DU+F_2+K_c\frac{Q}{2}$$

当 F_1、K、D、U、F_2、K_c 为常数量时,Q 的大小决定了 TC 的大小。由于总成本是进货量的函数,通过对存货总成本进行求导运算,可以求出 TC 的极小值,并得出公式如下:

$$Q^*=\sqrt{\frac{2KD}{K_c}}$$

上式中所求得的进货量 Q^* 即为经济订货量,该公式也称为经济订货量的基本模型,求出的每次订货批量,可使 TC 达到最小值。

通过经济订货量的基本模型,还可以求出每年最佳的订货次数、与经济订货量相关的存货总成本、最佳订货周期和经济订货量占用等公式。

经济订货量的基本模型下,每年最佳订货次数的计算公式为:

$$N^*=\frac{D}{Q^*}=\frac{D}{\sqrt{\frac{2KD}{K_c}}}=\sqrt{\frac{DK_c}{2K}}$$

经济订货量的基本模型下,与批量有关的存货总成本的计算公式为:

$$TC(Q^*)=\frac{KD}{\sqrt{\frac{2KD}{K_c}}}+\frac{\sqrt{\frac{2KD}{K_c}}}{2}\times K_c=\sqrt{2KDK_c}$$

经济订货量占用资金的计算公式为:

$$I^*=\frac{Q^*}{2}\times U=\frac{\sqrt{\frac{2KD}{K_c}}}{2}\times U=\sqrt{\frac{KD}{2K_c}}\times U$$

【例 11—7】 某企业甲材料的年需要量为 6 400 千克，该材料单位成本为 5 元/千克(U)，材料的单位存储成本为 4 元，企业的一次订货成本为 50 元。该企业的经济订货量、每年最佳订货次数和存货总成本的计算如下：

经济订货量的计算如下：

$$Q^*=\sqrt{\frac{2KD}{K_c}}=\sqrt{\frac{2\times 6\ 400\times 50}{4}}=400(\text{千克})$$

每年最佳订货次数的计算如下：

$$N^*=\frac{D}{Q^*}=\frac{6\ 400}{400}=16(\text{次})$$

与经济订货量有关的存货总成本的计算如下：

$$TC(Q^*)=\sqrt{2KDK_c}=\sqrt{2\times 50\times 6\ 400\times 4}=1\ 600(\text{元})$$

课堂思考

存货的经济订货批量和最佳现金持有量的计算有什么联系和区别？

2. 经济订货量的图解法

使用图解法计算经济订货量时，先计算出不同存货批量下的各有关成本，然后在成本变动图上描绘由各有关成本构成的订货成本线、储存成本线和总成本线，总成本线的最低点对应的批量，即为经济订货量。

【例 11—8】 沿用【例 11—7】的资料，企业不同存货批量下的有关成本数据如表 11—8 所示。

表 11—8　　不同存货批量下的相关成本指标

项　目	第一种情况	第二种情况	第三种情况	第四种情况
订货批量(件或千克)	200	400	800	1 000
平均存量($Q/2$)	100	200	400	500
储存变动成本(K_c)	400	800	1 600	2 000
订货次数(D/Q)	32	16	8	6.4
订货变动成本(K)	1 600	800	400	320
与批量相关总成本(TC)	2 000	1 600	2 000	2 320

存在不同存货批量的情况下，其相关成本变动情况如图 11—6 所示。

从以上关于不同存货批量下成本指标的计算，以及成本变动图中可以看出，在四种存货批量成本的比较下，当订货批量为 400 千克时，与批量相关的存货总成本最低。因此，企业制定的订货批量小于或大于这一批量都是不合算的。

(二)经济订货量基本模型的扩展

经济订货量的基本模型是建立在众多假设基础上的，而这是与现实生活不相符的。为使经济订货量模型更接近于实际情况，应当逐一放宽假设，对经济订货量基本模型进行扩展。

1. 存在数量折扣的经济订货量模型

基本经济订货量模型假设存货采购价格不随批量的变动而变动。但事实上，企业在销售时往往存在着数量折扣，也即对大批量采购在价格上给予一定的优惠。因此，在这种情况下，存货总成本应该分别考虑订货成本、储存成本和采购成本等。

【例 11—9】 沿用【例 11—7】的资料，假设一次订购达到至少 800 千克时，可给予 4%的批量折扣，计算应以多大的批量进行订货。

第一种情况：按照经济订货量采购，不取得数量折扣。其总成本合计为：

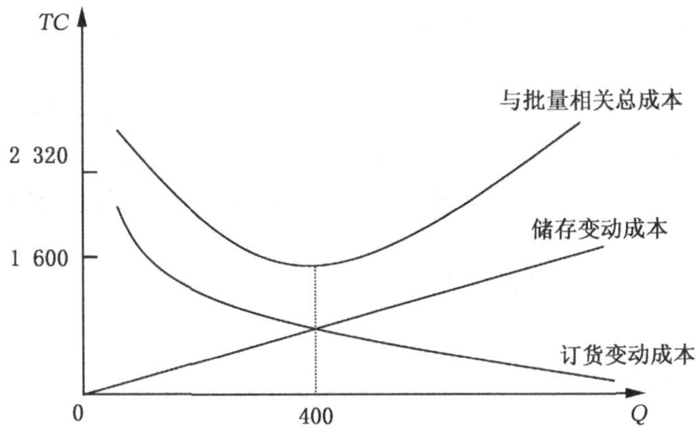

图 11－6　不同存货批量下的成本变动

总成本＝订货成本＋储存成本＋采购成本

＝800＋800＋6 400×5＝33 600(元)

第二种情况:不按照经济订货量采购,取得数量折扣。根据题目要求,至少应采购 800 千克才能取得数量折扣,则其总成本合计为:

总成本＝订货成本＋储存成本＋采购成本

＝400＋1 600＋6 400×5×(1－4%)＝32 720(元)

对以上两种情况进行对比可知,存在数量折扣时,订购量为 800 千克时,存货总成本是最低的。

2. 再订货点

正常情况下,企业不能随时对存货进行补充,因此不能等存货用完再去订货,而需要在存货没有用完时提前订货。在提前订货的情况下,企业再次发出订货单时,尚有存货的库存量,称为再订货点,用 R 表示。它的数量等于平均交货时间(L)和每日平均需用量(d)的乘积:

$$R=L\times d$$

【例 11－10】　沿用【例 11－7】的资料,假设企业订货日至到期日的时间为 5 日,每日存货需要量为 20 千克,那么:

$R-L\times d-5\times 20-100$(千克)

也就是说,当企业在尚存 100 千克的存货时,就应当再次订货,等到下批订货到达时(再次发出订货单 5 日后),企业原有的库存刚好用完。此时,有关存货的每次订货批量、订货次数、订货间隔时间不会发生变化,存货会得到瞬间补充。订货提前对经济订货量并无影响,可仍以经济订货量 400 千克进行瞬时补充,只是在达到再订货点时发出订货通知即可,如图 11－7 所示。

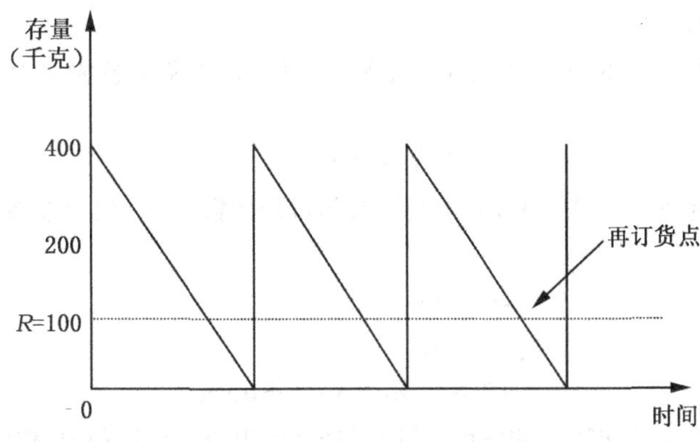

图 11－7　再订货点

3. 保险储备

在经济订货量基本模型的讨论中，假定存货的供需稳定且是确知的，即每日需求量不变，交货时间也固定不变。但实际上，每日需求量可能变化，交货时间也是变化着的。而按照经济订货批量和再订货点发出订单后，如果需求量增大或送货延迟，就会发生缺货或供货中断，这时就需要保险储备的存在。保险储备，是指为了防止因缺货或供货中断发生的损失，而所持有的存货储备以备应急之需，也称为安全存量。这些存货在正常情况下不动用，只有当存货过量使用或送货延迟时才动用。

【例 11—11】 沿用【例 11—7】的资料，保险储备如图 11—8 所示。

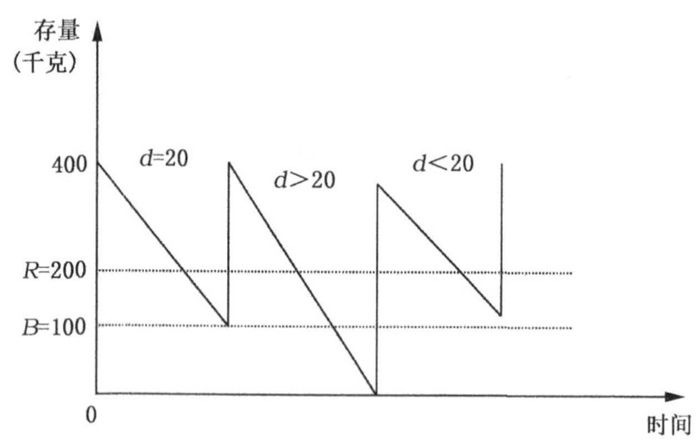

图 11—8 存货的保险储备

在图 11—8 中，某企业年需用量(D)为 6 400 千克，已计算出经济订货量为 400 千克，每年订货 16 次。又知全年平均日需求量(d)为 20 千克，平均交货时间(L)为 5 日。为防止需求变化引起缺货损失，设保险储备量(B)为 100 千克，再订货点 R 由此而相应提高为：

R＝平均交货时间×平均日需求量＋保险储备＝5×20＋100＝200(千克)

在第一个订货周期里，$d=20$，即企业存货刚好为平均日需求量，不需要动用保险储备；在第二个订货周期内，$d>20$，表示企业日存货需求大于平均日需求量，即需求量大于供货量，需要动用保险储备；在第三个订货周期内，$d<20$，表示企业日存货需求较小，不仅不需动用保险储备，正常储备亦未用完，下次存货即已送到。

企业建立保险储备，一方面使企业避免缺货或供应中断造成的损失，而另一方面存货平均储备量加大却会使企业的储备成本升高。企业应当找出合理的保险储备量，使缺货或供应中断损失和储备成本之和达到最小。

在保险储备的计算中，可以先计算出企业的不同保险储备量的总成本，然后再对总成本进行比较，并选择其中最低的。

如果设与此有关的总成本为 $TC(S、B)$，缺货成本为 C_S，保险储备成本为 C_B，则总成本的计算公式如下：

$$TC(S、B)=C_S+C_B$$

设单位缺货成本为 K_U，一次订货缺货量为 S，年订货次数为 N，保险储备量为 B，单位储存变动成本为 K_C，则：

$$C_S=K_U\times S\times N$$

$$C_B=B\times K_C$$

$$TC(S、B)=K_U\times S\times N+B\times K_C$$

对于保险储备计算中的缺货量的估计，可以根据其历史经验估计得出，保险储备量也可以得出不同的结果。

知识链接

在经济订货量基本模型的扩展中，存货可能是陆续入库的，而不是一次全部入库的，在这种情况下，需要对经济订货量模型进行一些修改。设每日送货量为 P，每日耗用量为 d，则存货陆续供应和使用的经济订货量公式为：

$$Q^* = \sqrt{\frac{2KD}{K_c} \cdot \frac{P}{P-d}}$$

(三)存货的 ABC 分类管理法

公司储备的存货品种很多，金额大小也是不一致的，需要一定的管理方法对存货进行管理。存货 ABC 分类管理，是指按照一定的标准，将企业的存货划分为 A、B、C 三类，分别实行按品种重点管理(A)、按类别一般控制(B)和按总额灵活掌握(C)的存货管理方法。在存货管理中如果不分主次，对每一种存货都进行周密的规划、严格的控制，就抓不住重点，不能有效地控制主要存货资金。ABC 分类管理法就是针对这一问题而提出来的存货管理方法。

1. ABC 管理法的分类标准

ABC 分类的标准有品种数量的多少、存货重要程度、价格高低、耗用量的大小和采购的难易程度等。但主要标准有两个：一是金额标准，这是最基本的标准；二是品种数量标准。ABC 分类管理法下各类存货的特点如下：A 类存货金额巨大、数量较少；B 类存货金额一般、数量相对较多；C 类存货品种数量繁多，但金额却很小。一般而言，三类存货金额之比为 70%：20%：10%，而三类存货品种数量之比为 10%：20%：70%。

2. 存货 ABC 控制的步骤

(1)列示企业全部存货的明细资料，包括材料名称、耗用量和单价等。计算每一种存货在一定时间内(一般为 1 年)的资金占用额。

(2)计算每一种存货资金占用额占全部资金占用额的百分比。

(3)按照金额的数值由大到小进行排序，并累加金额百分比，编成表格。

(4)一般情况下，当金额百分比累加到 70%左右时，以上存货视为 A 类存货；百分比在 70%～90%的存货为 B 类；其余为 C 类。

(5)编制 ABC 分类表，根据 ABC 存货的分类管理法，对 A 类存货进行重点规划和控制，对 B 类存货进行次重点管理，对 C 类存货只进行一般管理。

【例 11－12】 假设某企业存货有 20 种，每种存货的资金占用额及其各自所占比重情况如表 11－9、表 11－10 所示。

表 11－9　　企业存货明细资料及其分类

存货种类序号	存货名称	金额(万元)	百分比	分类
1	(略)	220	48.89%	A
2		100	22.22%	A
3		35	7.77%	B
4		25	5.56%	B
5		15	3.33%	B
6		11	2.44%	B
7		5	1.11%	C
其余 13 种		39	8.68%	C
合　计		450	100%	

表 11—10 ABC 分类表

类　别	品种数量	品种构成	金额(万元)	累计百分比
A	2	10%	320	71.11%
B	4	20%	86	90.21%
C	14	70%	44	9.79%
合　计	20	100%	450	100.00%

从上述两张表中可以看出，占企业存货资金 71.11% 的 A 类存货只有两个品种，而 B 类存货有 4 个品种，C 类存货的品种多达 14 个，却只占 9.79% 的资金额。

企业运用 ABC 存货分类法的目的是对存货占用资金进行有效的管理。A 类存货的品种虽少，但占用的资金多，应集中主要力量管理，对其经济订货量要进行认真的规划，对收入、发出要进行严格的控制；而 C 类存货虽然品种繁多，但占用的资金额不多，这类存货的经济订货量可凭经验确定，不必花费大量的时间和精力去进行规划和控制；B 类存货介于 A 类和 C 类之间，也应给予相当的重视，需要对其进行次重点管理。

知识链接

存货的准时生产方式(Just In Time，JIT)，起源于日本的丰田汽车公司。JIT 生产方式的基本思想是“只在需要的时候，按需要的量，生产所需的产品”，也就是追求一种无库存，或库存达到最小的生产系统。

第五节　流动负债管理

流动负债，是指将在 1 年(含 1 年)或者超过 1 年的一个营业周期内偿还的债务，包括短期借款、应付票据、应付账款和 1 年内到期的长期借款等。在营运资金管理中，流动资产的投资政策决定了企业投资的总量，也就决定了需要企业筹集的资本总量。对流动资产进行分析后，需要分析企业对流动负债的管理。

对流动负债管理的分析主要从其特点、营运资本筹资政策和短期负债的商业信用等方面进行，以确定企业最佳的流动负债的管理政策。

一、流动负债的特点

(一)速度快

流动负债在进行短期融资时，一般所需时间较短，程序较为简单，可以快速获得资金。

(二)灵活性强

流动负债的筹措过程中，债务人与债权人可以直接协商负债的数额、时间和利率等；在借款使用期间，债务人若发生特殊情况，也可与债权人进行协商，变更相关负债的条件。因此，流动负债融资具有较大弹性。

(三)成本低

流动负债融资成本普遍较低，如短期借款的利息支出低于长期借款的利息支出。而且大多数应付账款等自发性负债几乎没有利息支出，从而可以不考虑其融资成本。

(四)风险大

流动负债对企业而言风险较大，主要有两个方面：一是短期债务融资的利率会随着市场利率的变动而波动，使企业短期融资复杂化；二是若过多筹集短期债务，且在偿还期限上出现错配，将使不能偿还本息的风险加大。

二、营运资金筹资政策

营运资金的筹资是在1年内或者超过1年的一个营业周期内到期的资金，通常指流动负债的筹资。企业的生产经营状况体现季节性变化的特点，在生产经营的旺季，企业会增加对流动资产的需求，而在生产经营的淡季，企业会减少对流动资产的需求。现实中，大多数企业流动资产不会为零，只要企业存在并经营，流动资产就会存在。

流动资产按照资金需求的时间长短，可以分为永久性流动资产和临时性流动资产。在流动资产不会为零的前提下，存在即使企业处于经营淡季也仍然需要保留的，用于满足企业长期、稳定运行的流动资产所需的资金，即永久性流动资产。另一方面，企业生产经营中也需要那些受季节性、周期性影响的流动资产需要的资金，即临时性流动资产。

流动资产的资金来源，一部分是短期来源，另一部分是长期来源。在企业进行营运资金筹资时，企业流动资产的筹集既要保证一部分稳定的长期资金来源，又要合理安排一些短期资金来源。因此，永久性流动资产和临时性流动资产之间的不同排列组合形成了企业营运资金的不同筹资政策，分别是配合型筹资政策、激进型筹资政策和稳健型筹资政策。

(一)配合型筹资政策

配合型筹资政策，是指企业的负债结构与企业资产的寿命周期相对应，即临时性资金需求通过临时性流动负债筹集，永久性流动资产资金需求通过自发性流动负债、股东权益和长期负债筹集。配合型筹资政策的基本思想是企业的资产和资金来源在期限和金额上尽可能匹配，以降低利率风险和偿债风险。这一政策可以用以下公式来表示：

长期资产＋永久性流动资产＝自发性流动负债＋股东权益＋长期负债

临时性流动资产＝临时性流动负债

配合型筹资政策如图11－9所示。

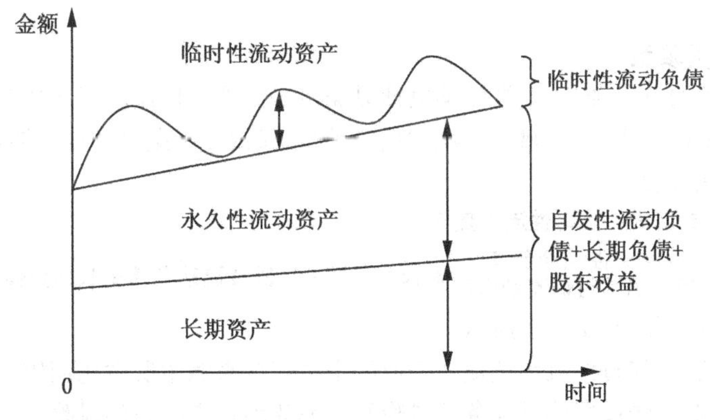

图11－9　配合型筹资政策

配合型筹资政策下，企业应根据临时性流动资产所需资金的需求时间和数量确定临时性流动负债筹资计划，并要求企业的临时性流动负债计划严密，实现现金流动与预期计划相一致。

在企业的生产经营活动中，由于现金流动和资产的使用寿命具有很大的不确定，企业通常不能做到资金需求与负债筹集的完全配合。另外，有些企业愿意承担利率风险和偿债风险，会更多地使用临时性流动负债筹资，而有些企业并不愿承担更大的风险。因此，配合型筹资政策是一种理想的筹资模式，在现实中较少存在，还应使用激进型筹资政策和保守型筹资政策来进行营运资金的筹集。

(二)激进型筹资政策

激进型筹资政策的特点是:临时性流动负债不但要满足临时性流动资产的需要,还要满足一部分永久性流动资产的需要。极端激进的筹资政策是全部的永久性流动资产都采用临时性流动负债,甚至部分长期资产也采用临时性流动负债。这一政策可用以下公式来表示:

临时性流动资产+部分永久性流动资产=临时性流动负债

永久性流动资产-靠临时性流动负债筹得的部分+长期资产=自发性流动负债+长期负债+股东权益

激进型筹资政策如图 11-10 所示。

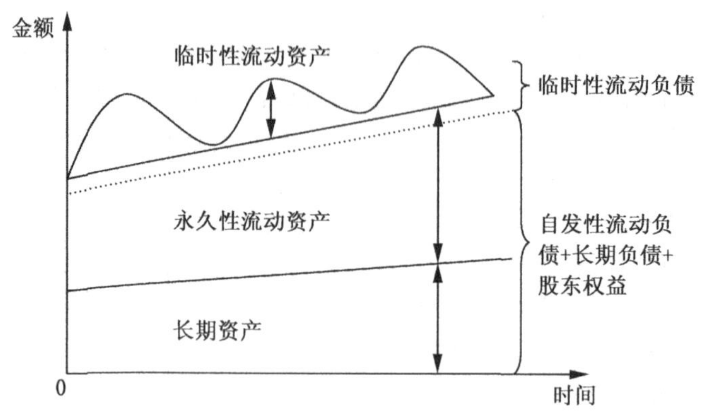

图 11-10 激进型筹资政策

由于临时性流动负债的资本成本一般低于长期负债和权益资本的资本成本,在激进型筹资政策下,临时性流动负债占有较大比例,所以在激进型筹资政策下企业的资本成本较低,低于配合型筹资政策。但是另一方面,为了满足企业长期发展需要的长期资金,企业需要在临时性流动负债到期后申请债务展期或举借新债务,这样企业便会经常地举债和还债,加大了筹资的困难和风险,也可能因此而增加企业的资本成本。总的来说,激进型筹资政策是一种高收益、高风险的营运资金筹资政策。

(三)稳健型筹资政策

稳健型筹资政策的特点是:临时性流动负债只满足部分临时性流动资产的需要,剩下的部分临时性流动资产和长期性资产,则由自发性流动负债、股东权益和长期负债等长期资金进行筹集。这一政策可用以下公式来表示:

部分临时性流动资产=临时性流动负债

永久性流动资产+靠临时性流动负债未筹足的临时性流动资产+长期资产=自发性流动负债+长期负债+股东权益

在稳健型筹资政策如图 11-11 所示。

稳健型筹资政策下,临时性流动负债在企业的全部资金来源中所占比例较小,企业保留了较多的营运资金,减少企业无法按期偿还债务的风险和利率变动带来损失的风险。与此同时,在企业风险降低的同时也降低了企业的收益,因为此时长期负债和股东权益资本在企业资金来源中占比较大,且两者的资本成本要高于临时性流动负债的资本成本,尤其在企业生产经营的淡季,企业仍需要负担长期债务的利息。因此,稳健型筹资政策是一种低风险、低收益的营运资金筹资政策。

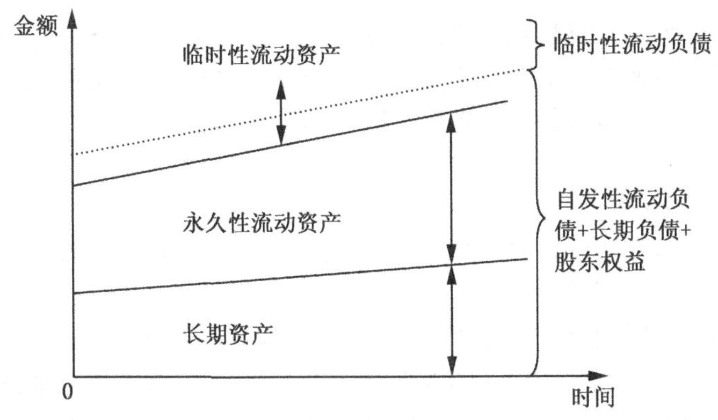

图 11—11 稳健型筹资政策

课堂思考

营运资金的持有政策和营运资金的筹资政策有何联系？对营运资金的管理存在怎样的影响？

三、营运资金筹资方式

营运资金筹资方式，即流动负债的来源，主要有三种：商业信用、短期借款和短期融资券，各种来源具有不同的获取速度、灵活性、成本和风险。

(一)商业信用

商业信用，是指商品交易中由于延期付款或预收货款所形成的企业间的借贷关系，是企业之间的一种直接信用关系。这里所说的商业信用也即所谓的“自发性筹资”，实际上是企业主动选择的一种筹资行为，而并非完全不可控的自发行为。商业信用在企业业务活动中运用广泛，在流动负债筹资中占有相当大的比重。

1. 商业信用的形式

流动负债中的商业信用主要有应付账款、应付票据和预收账款等形式。

(1)应付账款

应付账款，是指因购买材料、商品或接受劳务供应等而发生的债务。这是买卖双方在购销活动中由于取得物资与支付货款在时间上不一致而产生的负债。应付账款主要满足了买方对短期资金的需要。

相比于应收账款，应付账款也有信用期、信用标准和现金折扣等。相对于应收账款的信用条件，应付账款可以分为以下三种：免费信用，即买方企业在规定的折扣期内享受折扣而获得的信用；有代价信用，即买方企业放弃折扣付出代价而获得的信用；展期信用，即买方企业超过规定的信用期推迟付款而强制获得的信用。

(2)应付票据

应付票据，是指企业在商品购销活动和对工程价款进行结算时，因采用商业汇票结算方式而发生的、由出票人出票、委托付款人在指定日期无条件支付确定的金额给收款人或者票据的持票人，包括商业承兑汇票和银行承兑汇票。一般情况下，应付票据的支付期限最长不超过 6 个月。应付票据可以是带息票据，也可以是不带息票据。正常情况下，应付票据的利率要低于银行借款的利率，也即应付票据的筹资成本要低于银行借款成本。另一方面，应付票据到期后必须兑现，否则会因此而承担较大的风险。

(3)预收账款

预收账款,是指买卖双方协议商定,由购货方预先支付一部分货款给供应方而发生的一项负债。预收账款一般包括预收的货款、预收购货定金。对于卖方来说,预收账款相当于向买方借用资金后用货物补偿。预收账款也有特定的销售范围,一般用于生产周期长、资金需要量大的货物销售,如轮船、飞机等。

2. 商业信用的条件

流动负债中的商业信用条件,是指卖方对付款时间和现金折扣所做的具体规定,如"2/10,n/30"的现金折扣条件也即信用条件。

结合应付账款、应付票据和预收账款等商业信用形式,在商业信用条件下,买卖双方存在着信用交易。买方若在折扣期内付款,则可获得短期的资金来源,并能够获得现金折扣;而放弃现金折扣时,可在较久的时间内占用卖方的资金。对于买方来说,放弃现金折扣的成本是很高的,买方应尽量争取获得此项现金折扣。应付账款形式是双方买卖交易中最常见的方式,可以通过应付账款成本的计算来说明放弃现金折扣的成本。

【例 11—13】 假定某企业按照 1/10,n/30 的商业信用条件购入货物 20 万元,对于应付账款来说,若该企业在 10 日内付款,就可以享受 10 日的免费信用期,并获得现金折扣 0.2 万元(20×1%),则免费信用额为 19.8 万元(20—0.2)。这是企业不放弃现金折扣的情况。

假如买方决定放弃现金折扣,也即在 10 日后(不超过 30 日的信用期)付款,买方企业就要承受放弃折扣而形成的潜在利息成本。对于企业放弃现金折扣的行为,可以通过公式求得放弃现金折扣的成本,其公式如下:

$$\text{放弃现金折扣成本}=\frac{\text{折扣百分比}}{1-\text{折扣百分比}}\times\frac{360}{\text{信用期}-\text{折扣期}}$$

对上述公式了解后,结合相关资料,运用上述公式可以计算该企业放弃现金折扣所负担的成本为:

$$\text{放弃现金折扣成本}=\frac{1\%}{1-1\%}\times\frac{360}{30-10}=18.2\%$$

从上述计算中可以看出,该企业放弃现金折扣的成本为 18.2%,并不是一个很高的水平。如果企业不能在放弃现金折扣的信用期间内获得高于这一成本率的报酬率,那么放弃现金折扣是一种非理性的选择。或者,如果银行利率为 16%,则应借入银行借款偿还货款。

从数学关系上看,放弃现金折扣的成本与折扣百分比的大小、折扣期的长短同方向变化,与信用期的长短反方向变化。总的来说,若买方放弃折扣而获得信用,其代价是较高的。而企业在放弃折扣的情况下,如果能推迟付款的时间越长,其成本便会越小。例如,买方延迟至 60 日付款,则其放弃现金折扣的成本为:

$$\text{放弃现金折扣成本}=\frac{1\%}{1-1\%}\times\frac{360}{60-10}=7.3\%$$

课堂思考

现金折扣在企业中是如何进行会计核算的?

3. 商业信用筹资的优点和缺点

商业信用早于银行信用出现,在银行信用出现后商业信用仍然存在,有其合理的理由,但商业信用也存在某些缺点。商业信用筹资的优点和缺点如下:

(1)商业信用筹资的优点

①容易取得。商业信用对于企业来说是一种持续性的信贷形式,而且不用像银行信贷一样办

理贷款手续。

②成本低。假如企业不提供现金折扣或提供不带息票据,商业信用筹资实际上是不负担成本的。

③使用方便。商业信用的形成与商品买卖是同时进行的,不用进行非常正规的安排,也不附加条件,使用比较方便。

(2)商业信用筹资的缺点

商业信用筹资也存在一定的不足,与应收账款商业信用的优点相反,流动负债中的商业信用的主要缺点在于放弃卖方企业提供的现金折扣时,所付出的相对成本会较高。另外,商业信用的存在不利于企业对资本的统筹运用,如果发生拖欠,有可能导致企业信用地位和信用等级的下降。

课堂思考

企业应收账款所形成的商业信用与应付账款的商业信用有何异同?

(二)短期借款

短期借款,是指企业向银行和其他非银行金融机构借入的期限在1年以内的借款。在流动负债筹资中,短期借款的重要性仅次于商业信用。在会计核算中,企业所发生的短期借款业务,应设置"短期借款"科目,该科目的贷方登记取得的借款本金,借方登记借款本金的偿还。短期借款筹资的优点在于取得比较简单,便于灵活使用。但其缺点也是突出的,带有较多的附加条件且在短期内要归还该借款。

1. 短期借款的类型

对于工商企业来说,目前的短期借款按照目的和用途划分主要有生产周转借款、临时借款、结算借款、票据贴现借款和专项储备借款等。

(1)生产周转借款

生产周转借款,是指企业因流动资金不能满足正常生产经营需要,而向银行或其他金融机构取得的借款。企业办理该项借款时,应按照有关规定向银行提出年度、季度借款计划,经银行核定后,根据企业的信贷额度办理借款。

(2)临时借款

临时借款,是指企业因季节性和临时性客观原因,正常周转的资金不能满足生产经营需要,而额外借入的短期借款。临时借款实行"逐笔核贷"的办法,借款期限一般为3～6个月,按规定用途使用,并按核算期限归还。

(3)结算借款

结算借款,是指在采用托收承付结算方式办理销售货款结算的情况下,企业为解决商品发出后至收到托收货款前所需要的在途资金而借入的款项。企业在发货后的规定期间内向银行托收的,可申请托收承付结算借款。借款金额通常按托收金额和商定的折扣率进行计算,大致相当于发出商品销售成本加代垫运杂费。企业的货款收回后,银行将自行扣回其借款。

(4)票据贴现借款

票据贴现借款,是指持有银行承兑汇票或商业承兑汇票的企业,当其发生经营周转困难时,可以向银行申请票据贴现的借款,贴现的期限一般不超过3个月。贴现借款额一般是票据的票面金额扣除贴现息后的金额,贴现借款的利息即为票据贴现息,由银行办理贴现时扣除。

(5)专项储备借款

专项储备借款,是指商业批发企业根据国家批准的储备商品状况,以此为基础而向银行借入的款项。这种借款必须实行专款专用,借款期限根据批准的储备期确定。

另外,短期借款还可按偿还方式的不同,分为一次性偿还借款和分期偿还借款;按有无担保,分为抵押借款和信用借款等类型。

2. 短期借款的信用条件

按照国际惯例，银行为企业提供短期借款时，往往带有一些信用条件，这些条件主要有：

(1)信贷限额

信贷限额，是指银行对借款人规定的无担保贷款的最高额。信贷限额的有效期限通常为1年，也可根据具体情况而定。一般情况下，企业在银行批准的信贷限额内，可以随时使用银行借款，当有资金的使用需要时，可以快速地从银行获取资金。另一方面，银行并不对企业承担必须提供全部信贷限额的义务，当企业信用恶化时，银行可能不会向企业提供信贷限额内的贷款，银行并不会承担法律责任。

(2)周转信贷协定

周转信贷协定，是指银行具有法律义务地提供不超过某一最高限额的贷款协定。在该协定所规定的有效期内，只要企业的借款总额未超过最高限额，银行必须满足企业任何时候提出的借款要求。企业对于银行的此种借款要求，是要付出成本的，当企业使用周转信贷协定时，企业通常应当就贷款限额中未使用的部分，付给银行一笔承诺费以弥补银行为预留该笔款项而失去的收益。

(3)补偿性余额

补偿性余额，是指银行要求借款企业在银行中保持贷款限额或实际借用额一定百分比(如10%～20%)的最低存款余额。对于银行来说，补偿性余额为银行提供的贷款带来了更强的保障，减少了损失的风险。对于企业来说，补偿性余额将会提高企业借款的有效年利率。假如企业向银行借款100万元，而银行要求有10%的补偿性余额，那么对于企业来说只有90万元的实际借款可用。若银行的贷款利率为10%，则企业的实际年利率将在此基础上提高。

(4)抵押贷款

抵押贷款，是指借款者以一定的抵押品作为物品保证向银行取得的贷款。短期借款的抵押品是借款企业的应收账款、存货、股票和债券等。银行将根据抵押品价值的一定比例来决定贷款金额，而这一比例的高低，取决于抵押品的变现能力和银行的风险偏好。对于银行来说，银行提供抵押贷款是一种风险投资，因而会收取较高的利率，同时银行要对抵押品进行管理，往往会另外收取手续费；对于企业来说，企业向银行提供抵押品，会对其财产的使用和将来的借款能力产生限制。

(5)其他承诺

在借贷过程中，银行会要求企业为取得贷款而做出其他承诺，如要求企业处于适当的财务水平、提供详细的财务资料等。而当企业未满足银行要求企业做出的承诺时，银行可要求企业偿还部分或全部贷款。

3. 短期借款的成本

短期借款的成本是用借款利率来表示的。按照国际惯例，短期借款的利率会因企业类型、借款金额及时间的不同而不同。不同的借款利率会产生不同的借款成本，而银行也将根据借款企业的情况进行选用。借款利率有单利、复利和贴现利率的区分，分别计算出不同的借款成本。

(1)单利

单利计息，是指将贷款金额乘以贷款期限及利率，从而计算出利息的方法。多数银行通常选择按单利计算收取短期利息，企业也经常按单利来比较不同银行间的借款成本。

(2)复利

复利，是指在每经过一个计息期后，都要将利息加入本金，以进行下期利息的计算。按照复利计算利息，借款企业实际负担的利率——实际利率，要高于名义利率。付款期数越多，实际利率相比于名义利率就会越大。

(3)贴现利率

在贴现利率的情况下，银行在发放贷款的同时，会先扣除贷款的贴现利息，而以贷款面值与贴现利息的差额贷给企业。这一种方式的利息计算是与银行要求的补偿性余额相类似的。因此，借款企业获取的资金会低于贷款额，当贷款到期时，也不需要再支付利息。在通过贴现利率进行贷款时，借款企业的实际利率也会高于名义利率。在使用贴现利率借款时，若企业希望能获得与原来相同数额的款项，企业的借款成本会上升。

【例11－14】 若某企业从银行取得1年期，年利率（名义利率）为10%的借款100 000元，计算企业的借款成本，并计算贴现利率（实际利率）。

按照年利率计算的利息额＝100 000×10%＝10 000（元）

企业实际可用的贷款＝100 000－10 000＝90 000（元）

贴现利率＝10 000÷90 000×100%＝11.1%

从上述计算中可以看出，贴现利率要高于年利率（名义利率），若该企业希望借到100 000元，而不是90 000元，在借款利率变为11.1%的情况下，企业的借款成本将会上升。

知识链接

企业借款利息的支付方法包括收款法、贴现法和加息法。收款法是指在借款到期时向银行支付利息的方法；贴现法是指银行先从本金中扣除利息向企业发放贷款，企业到期偿还到期本金的方法；加息法是指银行发放分期等额偿还贷款时采用的利息收取方法。

4. 贷款银行的选择

随着我国金融业的不断发展，可以向企业提供贷款的银行和非银行机构增多，企业在借款时可以选择对自身最有利的贷款机构。对贷款银行进行选择时，重要的是要选择合适的借款种类、借款成本和借款条件等。另外，对于贷款银行的选择，企业还应当考虑下列有关因素：

(1)银行对贷款风险的基本政策

不同的银行对待风险的政策是不同的，有的银行倾向于保守，只愿意承担较小的贷款风险；而有些银行愿意开展一些“创新性业务”，敢于承担较大的贷款风险。业务范围大、分支机构多的银行能很好地分散风险，而一些专业化的小银行能够接受的贷款风险要小得多。

(2)银行对待客户的态度

企业是银行的客户，不同银行对企业的态度是不一样的。有的银行会积极地为企业提供建议，帮助分析企业潜在的财务问题，在企业出现财务危机的时候，会及时伸出援手帮助企业渡过难关；而也有的银行很少提供服务，在企业遇到财务危机时，一味要求企业清偿贷款，缺乏人情味。

(3)贷款的专业化程度

在商业银行中，大银行会设置不同的专业部门，分别处理不同类型、不同行业的贷款。银行对于贷款的专业化程度越高，对企业的短期借款更有益处。

(4)其他

银行发展的稳定性、资本规模和外汇的管理水平等因素，都会影响企业对贷款银行的选择。

5. 短期借款筹资的基本程序

以下介绍的短期借款筹资的基本程序，主要针对短期银行借款筹资。

(1)企业提出申请

企业向银行借入短期借款时，在银行的信贷限额内，按照生产经营的需要，逐笔向银行提出申请。企业在申请书上应写明借款种类、数额、用途、原因和还款日期等。

(2)银行对企业借款申请的审查

银行在接到企业的借款申请后，会对以下内容进行审查，包括：①审查借款的用途和原因，做出是否进行贷款的决策；②审查企业的产品销售和存货状况，决定给企业的贷款数额；③对企业的资产周转水平进行审查，以确定贷款的期限。

(3)签订借款合同

在企业提出申请并经审查同意后，借贷双方应当签订借贷合同，注明借款的用途、金额、利率、期限、还款方式和违约责任等。

(4)企业取得借款

在借贷双方签订借贷合同、借款人办理借款手续后，银行应按合同规定的时间向企业提供贷款，企业便可以获得借款。若其中任何一方不按约定履行合同，应偿付违约金。

(5)短期借款的归还

借款企业应按照借款合同的规定按时、足额支付借款本息。在借款归还期到来前，借款企业应当及时筹备资金，准时还本付息。

(三)短期融资券

企业也可以通过短期融资券进行筹资，短期融资券是由企业依法发行的无担保短期本票。在我国，短期融资券是指企业依照《银行间债券市场非金融企业债务融资工具管理办法》的条件和程序，在银行间债券市场发行和交易并约定在一定期限内还本付息的有价证券，是企业筹措短期(1年以内)资金的直接融资方式。

1. 短期融资券发行条件

(1)是在中华人民共和国境内依法设立的企业法人。

(2)具有稳定的偿债资金来源，一个会计年度盈利。

(3)流动性良好，具有较强的到期偿债能力。

(4)发行融资券募集的资金用于本企业生产经营。

(5)近3年没有违法和重大违规行为。

(6)近3年发行的融资券没有延迟支付本息的情形。

(7)具有健全的内部管理体系和募集资金的使用偿付管理制度。

(8)中国人民银行规定的其他条件。

(9)待偿还融资券余额不超过企业净资产的40%。

2. 短期融资券发行优势

(1)信用担保，无须抵押。

(2)协助企业偿还到期较高成本贷款。

(3)补充企业经营性现金流，拓宽企业融资渠道。

(4)申请发行的门槛较低，发行流程简单。

3. 短期融资券筹资特点

(1)相对于发行企业债券筹资而言，发行短期融资券的筹资成本较低。

(2)相较于银行借款筹资而言，短期融资券筹资数额比较大。

(3)发行短期融资券的条件比较严格，只有具备一定的信用等级且实力较强的企业才能发行短期融资券。

本章小结

营运资金管理主要包括现金管理、应收账款管理和存货管理。营运资金是指流动资产和流动负债的差额。流动资产包括现金、有价证券、应收账款和存货等。根据企业流动资产和销售额之间的关系，以及不同时期企业短期财务目标的差异，可以将企业的流动资产持有政策分为宽松政策、适中政策和紧缩政策三种。

现金是指库存现金、银行存款以及其他货币资金等，是企业流动资产的重要组成部分。企业对于现金的管理往往出于交易动机、预防动机和投机动机等。要理解和掌握在成本分析模型、存货模型、随机模型和现金周转模式下的最佳现金持有量的计算，并注意分析每种方法下的优点和局限性。

应收账款是指因对外销售产品、材料，供应劳务及其他原因，应向购货单位或接受劳务的单位及其他单位收取的款项。了解企业的应收账款管理目标应既有效地运用应收账款信用政策促进销售收入的增长，又要尽可能避免因此而形成的坏账损失和成本。了解应收账款的信用政策，学会对应收账款进行账龄分析。

存货是指企业在生产经营过程中为了销售和生产耗用的需要而必须储备的各种物资，主要包括产成品、半成本、在产品、原料、燃料和低值易耗品等。企业存货管理的目标是要在存货的成本和收益之间进行利弊权衡，实现两者的最佳结合，既要保证企业生产经营的正常和稳定，又要尽可能地降低存货占用的各类成本。理解和掌握与存货有关的成本，理解和掌握经济订货量的计算，以及对于经济订货量基本模型的扩展。理解和掌握存货的 ABC 分类管理法。

流动负债是指将在 1 年(含 1 年)或者超过 1 年的一个营业周期内偿还的债务。理解和掌握流动资产不同排列组合所形成的企业营运资金的不同筹资政策，分别是配合型筹资政策、激进型筹资政策和稳健型筹资政策。理解短期负债的三种来源：商业信用、短期借款和短期融资券。

复习思考题

1. 什么是营运资本？营运资本的管理有何要求？
2. 流动资产的特点是什么？流动资产的持有政策是什么？
3. 什么是最佳现金持有量？最佳现金持有量的计算有哪几种模式？
4. 应收账款的信用政策包含哪些内容？
5. 存货成本由哪几部分构成？存货的取得成本包括哪些内容？
6. 什么是经济订货批量模型？如何计算经济订货量？
7. 流动负债具有哪些特点？营运资金包括哪些筹资政策？

第十二章 利润分配管理

学习目标

通过本章的学习，了解利润分配原则及分配项目，掌握利润分配顺序；理解股利分配政策的相关理论；掌握股利分配政策及其优缺点；掌握股利的类型和支付过程中的几个重要日期；掌握股票股利与股票分割的异同点；掌握现金股利、股票股利、股票分割及股票回购对股东权益的影响。

第一节 利润分配概述

利润分配是企业按照国家有关法律、法规以及企业章程的规定，在兼顾股东与债权人及其他利益相关者的利益关系的基础上，将实现的利润在企业与企业所有者之间、企业内部的有关项目之间、企业所有者之间进行分配的活动。利润分配决策是股东当前利益与企业未来发展之间权衡的结果，将引起企业的资金存量与股东权益规模及结构的变化，也将对企业内部的筹资活动和投资活动产生影响。

一、利润分配的基本原则

利润分配是企业的一项重要工作，它关系到企业、投资者等有关各方的利益，涉及企业的生存与发展。因此，在利润分配的过程中，应遵循以下原则：

(一)依法分配原则

企业利润分配的对象是企业缴纳所得税后的净利润，这些利润是企业的权益，企业有权自主分配。国家有关法律、法规对企业利润分配的基本原则、一般次序和重大比例也做了较为明确的规定，其目的是为了保障企业利润分配的有序进行，维护企业和所有者、债权人以及职工的合法权益，促使企业增加积累，增强风险防范能力。国家有关利润分配的法律和法规主要有《公司法》《外商投资企业法》等，企业在利润分配中必须切实执行相关法律、法规。利润分配在企业内部属于重大事项，企业的章程必须在不违背国家有关规定的前提下，对本企业利润分配的原则、方法、决策程序等内容做出具体而又明确的规定，企业在利润分配中也必须按规定办事。

(二)资本保全原则

资本保全是责任有限的现代企业制度的基础性原则之一，企业在分配中不能侵蚀资本。利润的分配是对经营中资本增值额的分配，不是对资本金的返还。按照这一原则，一般情况下，企业如果存在尚未弥补的亏损，应首先弥补亏损，再进行其他分配。

(三)充分保护债权人利益原则

按照风险承担的顺序及其合同契约的规定，企业必须在利润分配之前偿清所有债权人到期的债务，否则不能进行利润分配。同时，在利润分配之后，企业还应保持一定的偿债能力，以免产生财务危机，危及企业生存。此外，企业在与债权人签订某些长期债务契约的情况下，其利润分配政策还应征得债权人的同意或审核方能执行。

课堂思考

借款合同的保护性条款有哪些？

（四）多方及长短期利益兼顾原则

利益机制是制约机制的核心，而利润分配的合理与否是利益机制最终能否持续发挥作用的关键。利润分配涉及投资者、经营者、职工等多方面的利益，企业必须兼顾，并尽可能地保持稳定的利润分配。在企业获得稳定增长的利润后，应增加利润分配的数额或百分比。同时，由于发展及优化资本结构的需要，除依法必须留用的利润外，企业仍可以出于长远发展的考虑，合理留用利润。在积累与消费关系的处理上，企业应贯彻积累优先的原则，合理确定提取盈余公积金和分配给投资者利润的比例，使利润分配真正成为促进企业发展的有效手段。

二、利润分配的项目

按照我国《公司法》的规定，公司利润分配的项目包括以下几个部分：

（一）法定公积金

法定公积金从净利润中提取形成，用于弥补公司亏损、扩大公司生产经营或者转为增加公司资本。公司分配当年税后利润时应当按照 10%的比例提取法定公积金；当法定公积金累计额到达公司注册资本的 50%时，可不再继续提取。任意公积金的提取由股东会根据需要决定。

课堂思考

公司的公积金主要来源有哪些？

（二）股利

股利，即企业向投资者分配的利润。公司向股东支付股利，要在提取公积金之后。股利的分配应以各股东持有股份的数额为依据，每一股东取得的股利与其持有的股份数成正比。股份有限公司原则上应从累计盈利中分派股利，无盈利不得支付股利，即所谓“无利不分”的原则。但若公司用公积金抵补亏损以后，为了维护其股票信誉，经股东大会特别决议，也可用公积金支付股利。

知识链接

中国证券监督管理委员会于 2013 年 11 月 30 日颁布实施的《上市公司监管指引第 3 号——上市公司现金分红》第 4 条中明确现金分红相对于股票股利在利润分配方式中的优先顺序：(1)具备现金分红条件的，应当采用现金分红进行利润分配；(2)采用股票股利进行利润分配的，应当具有公司成长性、每股净资产的摊薄等真实合理因素。

此外，在第 5 条中，要求上市公司董事会应当综合考虑所处行业特点、发展阶段、自身经营模式、盈利水平以及是否有重大资金支出安排等因素，区分下列情形，并按照公司章程规定的程序，提出差异化的现金分红政策：(1)公司发展阶段属成熟期且无重大资金支出安排的，进行利润分配时，现金分红在本次利润分配中所占比例最低应达到 80%；(2)公司发展阶段属成熟期且有重大资金支出安排的，进行利润分配时，现金分红在本次利润分配中所占比例最低应达到 40%；(3)公司发展阶段属成长期且有重大资金支出安排的，进行利润分配时，现金分红在本次利润分配中所占比例最低应达到20%。

三、利润分配的顺序

公司向投资者分配利润，应按照一定的顺序进行。按照我国《公司法》的有关规定，利润分配应按下列顺序进行：

(一)计算可供分配的利润

将本年净利润(或亏损)与年初未分配利润(或亏损)合并，计算出可供分配的利润。如果可供分配的利润为负数，即亏损，则不能进行后续分配；如果可供分配利润为正数，即本年累计盈利，则进行后续分配。

根据现行法律法规的规定，公司发生年度亏损，可以用下一年度的税前利润弥补；下一年度税前利润不足弥补时，可以在5年内延续弥补；5年内仍然未弥补完的亏损，可用税后利润弥补。

课堂思考

利润分配顺序中，首先要弥补亏损，这是遵循了利润分配的哪一项原则？

(二)计提法定公积金

按抵减年初累计亏损后的本年净利润计提法定公积金。提取公积金的基数，不一定是可供分配的利润，也不一定是本年的税后利润。只有不存在年初累计亏损时，才能按本年税后利润计算应提取数。这种“补亏”是按账面数字进行的，与所得税法的亏损后转无关，关键在于不能用资本发放股利，也不能在没有累计盈余的情况下提取公积金。

(三)计提任意公积金

《公司法》第167条第3款规定：“公司从税后利润中提取法定公积金后，经股东会决议，可以提取任意公积金。”任意公积金的提取与否及提取比例由股东会根据公司发展的需要和盈余情况决定，法律不做强制规定。

(四)向股东分配股利

公司在按照上述程序弥补亏损、提取公积金之后，所余当年利润与以前年度的未分配利润构成可供分配的利润，公司可根据股利政策向股东分配股利；若公司弥补以前年度亏损、提取公积金之后，当年没有可供分配的利润时，一般不得向股东分配股利。

公司股东会或董事会违反了上述利润分配顺序，在抵补亏损和提取公积金之前向股东分配利润的，必须将违反规定发放的利润退还公司。

课堂思考

企业利润分配的对象是什么？企业的三张基本报表——利润表、资产负债表和现金流量表之间有怎样的关联？

第二节　股利理论与股利政策

一、股利理论

在传统的公司财务理论框架里，股利政策、投资决策和融资决策并列为公司财务理论的三大支柱，既是公司经理们所面临的重要的财务决策，也是经济学家研究的重要问题。股利分配的核心问题是如何权衡公司股利支付决策与未来长期增长之间的关系，以实现公司价值最大化的财务管理目标。围绕着公司股利政策是否影响公司价值这一问题，西方股利政策理论主要存在两大流派：股利无关论和股利相关论。

(一)股利无关论

股利无关论认为，公司股利政策对公司的市场价值(或股票价格)不会产生影响。这一理论是美国的米勒和莫迪格里安尼于 1961 年在《股利政策增长和股票价值》一文中提出的 MM 理论，成为股利政策理论的基石。该理论认为：

1. 投资者并不关心公司股利的分配

若公司留存较多的利润用于再投资，会导致公司股票价格上升；此时尽管股利较低，但需用现金的投资者可以出售股票换取现金。若公司发放较多的股利，投资者又可以用现金再买入一些股票以扩大投资。也就是说投资者对股利和资本利得并无偏好。

2. 股利的支付比率不影响公司的价值

既然投资者不关心股利的分配，公司的价值就完全由其投资政策及其获利能力决定，公司的盈余在股利和保留盈余之间的分配并不影响公司的价值，既不会使公司价值增加，也不会使公司价值减少(即使公司有理想的投资机会而又支付高额的股利，也可以募集新股，新投资者会认可公司的投资机会)。

但该理论存在一系列严格的假设条件：(1)公司的投资政策已确定并且已经为投资者所理解；(2)不存在股票的发行和交易费用；(3)不存在个人或公司所得税；(4)不存在信息不对称；(5)经理与外部投资者之间不存在代理成本。这些假设描述的是一种完美资本市场，因而股利无关论又被称为完全市场理论。

“股利无关论”之所以会被后来的经济学家视为股利政策理论的基石，其根本原因并不在于股利政策与公司市场价值不相关的这一推论，而在于它以隐含的方式告诉人们，在哪些情况下股利政策的变化可能会引起公司的市场价值发生相应变化。后来的股利政策理论，大多是沿着上述假设条件的路径而形成的。

(二)股利相关论

股利无关论是在完美资本市场的一系列假设下提出的，如果放宽这些假设条件，股利政策就会对公司价值(或股票价格)产生影响。

1. 税差理论

在 MM 的股利无关论中假设不存在税收，但在现实条件下，现金股利税与资本利得税不仅是存在的，而且会表现出差异性。一般来说，出于保护和鼓励资本市场投资的目的，会采用股利收益税率高于资本利得的税率的差异税率制度，致使投资者会喜欢公司少支付股利而将较多的收益留下来用作再投资，以期提高股票价格，把股利转化为资本所得，因此公司应该支付较低的股利，将利润留在公司内部。

即使股利与资本利得具有相同的税率，股东在支付税金的时间上也是存在差异的。股利收益纳税是在收取股利的当时，而资本利得纳税只是在股票出售时才发生，显然继续持有股票来延迟资本利得的纳税时间，可以体现递延纳税的时间价值。

因此，企业的股利政策采取多留少分，有利于投资者减少缴纳的所得税，使投资者获得更多的投资收益，这就是股利政策的税收效应。从该效应来看，那些能够利用留存收益进行有效投资、增加股东财富的公司，不发或少发股利对投资者更为有利。

2. 客户效应理论

客户效应理论是对税差理论的进一步扩展，研究处于不同税收等级的投资者对待股利分配态度的差异，认为投资者不仅仅对资本利得和股利收益有偏好，即使是投资者本身，因其所处不同等级的边际税率，对企业股利政策的偏好也是不同的。

收入高的投资者因其拥有较高的税率，表现出偏好低股利支付率的股票，希望少分现金股利或部分现金股利，以更多的留存收益进行再投资，从而提高所持有的股票价格。而收入低的投资者以及享有税收优惠的养老基金投资者，表现出偏好高股利支付率的股票，希望支付较高而且稳定的现金股利。

投资者的边际税率差异性导致其对待股利政策态度的差异性。边际税率高的投资者会选择实施低股利支付率的股票，边际税率低的投资者则会选择实施高股利支付率的股票。这种投资者依据自身边际税率而显示出的对实施相应股利政策股票的选择偏好现象被称为“客户效应”。因此，客户效应理论认为，公司在制定或调整股利政策时，不应该忽视股东对股利政策的需求；公司应该根据投资者的不同需求，分门别类地对投资者制定股利政策。

3.“一鸟在手”理论

股东的投资收益来自当期股利和资本利得两个方面，利润分配决策的核心问题是在当期股利收益与未来预期资本利得之间进行权衡。企业的当期股利支付率升高时，企业盈余用于未来发展的留存资金则会减少，虽然股东在当期获得了较高的股利，但未来的资本利得则有可能降低；而当企业的股利支付率下降时，用于发展企业的留存资金会增加，未来股东的资本利得将有可能提高。

由于企业在经营过程中存在着诸多的不确定性因素，股东会认为现实的现金股利要比未来的资本利得更为可靠，会偏好于确定的股利收益。因此，资本利得好像林中之鸟，虽然看上去很多，但却不一定抓得到；而现金股利则好像在手之鸟，是股东有把握按时、按量得到的现实收益。股东在对待股利分配政策态度上表现出来的这种宁愿现在取得确定的股利收益，而不愿意将同等的资金放在未来价值不确定性投资上的态度偏好，被称为“双鸟在林，不如一鸟在手”。

知识链接

根据“一鸟在手”理论所体现的收益与风险的选择偏好，股东更偏好于现金股利而非资本利得，倾向于选择股利支付率高的股票。当企业股利支付率提高时，股东承担的收益风险越小，其所要求的权益资本收益率也越低，权益资本成本也相应越低，则根据永续年金计算所得的企业权益价值(企业权益价值＝分红总额/权益资本成本率)将会上升；反之，随着股利支付率下降，股东的权益资本成本升高，企业的权益价值将会下降。这说明股利政策会对股东价值产生影响，而“一鸟在手”理论则强调为了实现股东价值最大化的目标，企业应实行高股利分配率的股利政策。

4. 信号传递理论

MM的股利无关论假设不存在信息不对称，即外部投资者与内部经理人员拥有企业投资机会与收益能力的相同信息。但在现实条件下，企业经理人比外部投资者拥有更多的企业经营状况与发展前景的信息，这说明在内部经理人员与外部投资者之间存在信息不对称。在这种情形下，可以推测分配股利可作为一种信息传递机制，使得投资者依据股利信息对企业经营状况与发展前景做出判断；内部经理人也认为股利分配政策具有信息含量，特别是股利支付信息向市场传递了企业的盈利能力能够为其投资项目和股利分配提供充分的内源融资，特别是本期与以前期间的股利支付水平以及变化程度的信息，甚至能够使投资者从中对企业盈利持续性及增长做出合理判断。

信号传递理论认为，股利向市场传递企业信息可以表现为两个方面：一种是股利增长的信号作用，即如果企业股利支付率增加，被认为是经理人员对企业发展前景做出良好预期的结果，表明企业未来业绩将大幅增长，通过增加发放股利的方式向投资者传递了这一信息。此时，随着股利支付增加，企业股票价格应该是上升的。另一种是股利减少的信号作用，即如果企业股利支付率下降，股东与投资者会感受到这是企业经理人员对未来发展前景做出无法避免衰退预期的结果。显然，随着股利支付率下降，企业股票价格应该是下降的。

根据信号传递理论，稳定的股利政策向外界传递了公司经营状况稳定的信息，有利于公司股票价格的稳定，因此，公司在制定股利政策时，应当考虑市场的反应，避免传递易于被投资者误解的信息。

知识链接

信号传递理论中，增发股利是否一定向股东与投资者传递了好消息，对这一点的认识是不同的。如果考虑处于成熟期的企业，其盈利能力相对稳定，此时企业宣布增发股利特别是发放高额股利，可能意味着该企业目前没有新的前景很好的投资项目，预示着企业成长性趋缓甚至下降，此时，随着股利支付率提高，股票价格应该是下降的；而当宣布减少股利，则意味着企业需要通过增加留存收益为新增投资项目提供融资，预示着未来前景较好，显然，随着股利支付率下降，企业股票价格应该是上升的。

5. 代理理论

现代企业理论认为，企业是一组契约关系的联结。契约关系的各方成为企业的利益相关者，各利益相关者之间的利益和目标并不完全一致，在追求自身利益最大化的过程中有可能会以牺牲另一方的利益为代价，这种利益冲突关系反映在公司股利分配决策过程中表现为不同形式的代理成本。与股利政策有关的代理问题主要有以下三类：股东与债权人之间的代理问题、股东与经理之间的代理问题、控股股东与中小股东之间的代理问题。代理成本理论认为，公司分派现金股利可以有效地降低代理成本，提高公司价值，因此，在股利政策的选择上，主要应考虑股利政策如何降低代理成本。下面分别探讨这三类代理问题对公司股利政策的影响。

(1)股东与债权人之间的代理问题。企业股东在进行投资与筹资决策时，有可能为增加自身的财富而选择加大债权人风险的政策，如股东通过发行债务支付股利或为发放股利而拒绝净现值为正的投资项目。在股东与债权人之间存在代理问题时，债权人为保护自身利益，希望企业采取低股利支付率政策，通过多留存少分配的股利政策以保证有较为充裕的现金留在企业以防发生债务支付困难。因此，债权人在与企业签订借款合同时，习惯于制定约束性条款对企业发放股利的水平进行制约。

(2)股东与经理之间的代理问题。当企业拥有较多的自由现金流时，企业经理人员有可能把资金投资于低回报项目，或为了取得个人私利而追求额外津贴及在职消费等，因此，实施高股利支付率的股利政策有利于降低股东与经理人员之间的代理问题而引发的代理成本。实施多分配少留存的股利政策，既有利于抑制经理人员随意支配自由现金流的代理成本，也有利于满足股东取得股利收益的愿望。

(3)控股股东与中小股东之间的代理问题。公司股权比较集中的情况下就存在控股股东，控股股东利用其持股比例的优势会控制公司的董事会和管理层，而中小股东在公司中的权利常常被忽视。当法律制度较为完善，外部投资者保护受到重视时，有效地降低了大股东的代理成本，可以促使企业实施较为合理的股利分配政策；反之，法律制度建设滞后，外部投资者受保护程度较低时，如果控股股东通过利益侵占取得控制权私利机会较多，会使其忽视基于所有权的正常股利收益分配，甚至因过多的利益侵占而缺乏可供分配的现金。因此，对处于外部投资者保护程度较弱的中小股东，企业应采用多分配少留存的股利政策，以防控股股东的利益侵害。正因为如此，有些企业为了向外部中小投资者表明自身盈利前景与企业质量良好的状况，则通过多分配少留存的股利政策向外界传递了声誉信息。

二、股利政策的影响因素

在实践中，公司的股利分配是在种种制约因素下进行的，采取何种股利政策虽然是由管理层决定的，但是实际上在其决策过程中会受到诸多主观与客观因素的制约。公司在制定股利分配政策前，应充分考虑影响股利政策的主要因素，包括法律因素、股东因素、公司自身因素、其他因素等。

（一）法律因素

为了保护投资者的利益，有关法律对公司的股利分配进行了一定的限制。影响公司股利政策的法律因素主要有：

1. 资本保全约束

资本保全也是利润分配的基本原则之一。规定公司支付股利不能侵蚀公司的资本，不能用资本（包括股本和资本公积）发放股利，只能用当期利润或留用利润来分配股利。这样的限制规定是为了保全公司的资本，以维护债权人的利益。

2. 资本积累约束

这一规定要求股份公司在分配股利之前，应当按法定的程序先提取各种公积金。我国有关法律、法规明确规定，股份公司应按税后利润的10%提取法定盈余公积金，并且鼓励企业在分配普通股股利之前提取任意盈余公积金，只有当公积金累计数额达到注册资本的50%时，才可不再提取。这一规定有利于提高企业的生产经营能力，增强企业抵御风险的能力，维护了债权人的利益。

3. 超额累积利润约束

利润是发放股利的基础，公司可以用当年利润或以前年度利润发放股利。但是，在公司以前年度的亏损没有全部弥补时，不能发放股利。按照我国法律、法规的规定，只有在以前年度亏损弥补完之后还有剩余利润的情况下，才能用于分配股利。

4. 偿债能力约束

该规定要求公司在分配股利时，必须保持充分的偿债能力。公司分配股利不能只看利润表上的净利润数额，还必须考虑公司的现金是否充足。如果因分配现金股利而影响了公司的偿债能力或正常的经营活动，股利分配就要受到限制。

知识链接

由于股东接受股利所缴纳的所得税高于其进行股票交易的资本利得税，于是许多国家规定公司不得超额累积利润，一旦公司的保留盈余超过法律认可的水平，将被加征额外税额。我国法律对公司累积利润尚未做出限制性规定。

（二）股东因素

公司的股利分配方案必须经股东大会决议通过才能实施，股东对公司股利政策具有举足轻重的影响。一般来说，影响股利政策的股东因素主要有以下几个方面：

1. 稳定收入

对于一些依赖于公司发放现金股利维持生活的股东，往往要求公司能够定期支付稳定的现金股利，反对公司留用过多的利润。

2. 规避风险

“双鸟在林，不如一鸟在手”。在一部分股东看来，公司通过增加留存收益来投资项目，促使股价上涨，从而取得资本利得是不确定的、有风险的；当期发放的股利是确定的、无风险的。现时较少的股利比未来可能有的较多资本利得更实在。因此，他们往往会要求企业支付较多的股利，从而减少风险。

3. 担心控制权被稀释

公司支付较高的股利，就会导致留存盈余减少，这又意味着将来发行新股的可能性加大，而发行新股必然会稀释公司的控制权，这是公司拥有控制权的股东们所不愿看到的局面。因此，若他们拿不出更多的资金购买新股，宁肯不分配股利。

4. 规避所得税

由于股利收益的所得税高于股票交易的资本利得税，因此，一些股利收入较多的股东出于避税的考虑，往往反对公司发放较多的股利。

(三)公司自身因素

公司自身因素的影响，是指公司内部的各种因素及其面临的各种环境、机会对其股利政策产生的影响。

1. 盈利的稳定性

公司是否能获得长期稳定的盈利，是其股利决策的重要基础。盈利相对稳定的公司相对于盈利不稳定的公司而言具有较高的股利支付能力，因为盈利稳定的公司对保持较高的股利支付率更有信心。盈利稳定的公司面临的经营风险和财务风险较小，筹资能力较强，这些都是其股利支付能力的保证。

2. 公司的流动性

较多地支付现金股利会减少公司的现金持有量，使公司的流动性降低。这里公司的流动性，是指及时满足财务应付义务的能力。而公司保持一定的流动性，不仅是公司经营所必需的，也是在实施股利分配方案时需要权衡的。过多地分配现金股利会减少公司的现金持有量，影响未来的支付能力，甚至可能导致公司出现财务困难。

3. 筹资能力

筹资能力是影响公司股利政策的一个重要因素。不同的企业在资本市场上的筹资能力会有一定的差异，公司在分配现金股利时，应当根据自身的筹资能力来确定股利支付水平。如果公司筹资能力较强，能够较容易地在资本市场上筹集到资本，就可以采取比较宽松的股利政策，适当地提高股利支付水平；如果筹资能力较弱，就应当采取比较紧缩的股利政策，少发放现金股利，增加留用利润。

4. 投资机会

有着良好投资机会的公司，需要有强大的资金支持，因而往往少发放股利，将大部分盈余用于投资；缺乏良好投资机会的公司，保留大量现金会造成资金的闲置，于是倾向于支付较高的股利。正因如此，处于成长中的公司多采取低股利政策，处于经营收缩中的公司多采取高股利政策。

知识链接

公司的生命周期主要包括初创阶段、成长阶段、成熟阶段和衰退阶段四个时期。在不同的发展阶段，由于公司的经营状况和经营风险不同，对资本的需求情况有很大差异，这必然会影响公司股利政策的选择。例如，公司处于初创阶段时，没有盈利或盈利很少，现金流入较少，还要进行投资，应选择不发放现金股利；公司处于成长阶段时，因资本扩张的需要，资本需求量较大，盈利逐步增加，有少量现金流产生，应选择不发放现金股利或者采用低股利支付率政策；公司处于成熟阶段时，规模基本稳定，资本需求量适中，公司盈利能力较强且稳定，现金流量增加，应增加现金股利分配，采用稳定的股利支付率政策；公司处于衰退阶段时，资本需求量降低，盈利减少，应采用特殊的股利政策，回购股票。

5. 资本成本

资本成本是企业选择筹资方式的基本依据。留用利润是企业内部筹资的一种重要方式，与发行新股或举债相比，具有资本成本低的优点。如果公司一方面大量发放现金股利，另一方面又要通过资本市场发行新股筹集资本，由于存在交易费用和所得税，这样会增加公司的综合资本成本，也会减少股东财富。因此，从资本成本考虑，如果公司有扩大资金的需要，也应当采取低股利政策。

(四)其他因素

影响股利政策的其他因素主要包括：不属于法规规范的债务契约、因通货膨胀带来的企业对重置实物资产的特殊考虑，以及政府对机构投资者的投资限制等。

1. 债务契约因素

一般来说，股利支付水平越高，留存收益越少，公司的破产风险加大，就越有可能损害到债权人的利益。因此，为保证自己的利益不受侵害，债权人通常会在债务契约、租赁合同中加入关于借款企业股利政策的限制条款。

2. 通货膨胀

通货膨胀会带来货币购买力水平的下降，导致固定资产重置资金不足，此时，企业往往不得不考虑留用一定的利润，以便于弥补由于购买力下降而造成的固定资产重置资金缺口。因此，在通货膨胀时，企业一般会采取偏紧的股利分配政策。

三、股利政策的内容

股利政策是确定公司的净利润如何分配的方针和策略。公司的净利润是公司从事生产经营活动所取得的剩余收益，是股东对公司进行投资应得的投资报酬。从权益上来说，公司实现的净利润属于全体股东的权益，无论是以现金股利的形式给股东分红，还是作为留用利润留在公司内部，都属于股东的财富。但是，通过前面的股利理论分析可知，公司如何分配利润对股东财富具有现实的影响。这样，股利政策就成为公司财务管理的一项重要政策。

在实践中，公司的股利政策主要包括四项内容：

(1)股利分配的形式。决定是以现金股利、股票股利还是其他某种形式支付股利。详见本章第三节。

(2)股利支付率的确定。

(3)股利政策的类型。决定采取固定股利政策，还是稳定增长股利政策，或是剩余股利政策等。

(4)股利支付的程序。确定股利宣告日、股权登记日、除息日和股利支付日等具体事宜。

其中，股利支付率的确定是股利政策的核心内容，它决定了公司的净利润中有多少以现金股利的形式发放给股东，有多少以留存利润的形式对公司进行再投资。股利支付率也是投资者对公司股利政策做出评价的主要指标。

股利支付率是公司年度现金股利总额与净利润总额的比率，或者是公司年度每股股利与每股利润的比率。其计算公式表示为：

$$P_d=\frac{D}{E}\times 100\%$$

或：

$$P_d=\frac{DPS}{EPS}\times 100\%$$

式中，P_d 表示股利支付率；D 表示年度现金股利总额；E 表示年度净利润总额；DPS 表示年度每股股利；EPS 表示年度每股利润。

股利支付率用来评价公司实现的净利润中有多少用于给股东分派红利。股利支付率反映了公司所采取的股利政策是高股利政策还是低股利政策。与股利支付率相关的另一个指标是留存比率，用来评价公司净利润用于再投资的比例。留存比率是公司留用利润与净利润的比率，股利支付率加上留存比率等于1。

课堂思考

“股利支付率的高低并不是区分股利政策优劣的标准”是否正确？为什么？

知识链接

投资者对公司股利政策做出评价的另一个主要指标是股利报酬率，也称为股票收益率，是公司年度每股股利与每股价格的比率。其反映了投资者进行股票投资所得的红利收益，是投资者判断投资风险、衡量投资收益的重要标准之一。较高的股利报酬率说明公司股票具有较好的投资回报，投资者通常倾向于购买高股利报酬率的股票。

四、股利政策的类型

由前面的分析可知，公司在制定股利政策时会受到多种因素的影响，并且不同的股利政策也会对公司的股票价格产生不同的影响。因此，对于股份公司来说，制定一个合理的股利政策是非常重要的，股利政策的选择既要符合公司的经营状况和财务状况，又要符合股东的长远利益。在实践中，股份公司常用的股利政策主要有五种类型：剩余股利政策、固定股利政策、稳定增长股利政策、固定股利支付率政策、低正常股利加额外股利政策。

(一)剩余股利政策

剩余股利政策，是指公司在有良好的投资机会时，根据目标资本结构的要求将税后净利润首先用于满足投资所需的权益资本，然后将剩余的净利润再用于股利分配。剩余股利政策是一种投资优先的股利政策。采用这种股利政策的先决条件是公司必须要有良好的投资机会，并且该投资机会的预期报酬率高于股东要求的必要报酬率，这样才能为股东所接受。如果公司投资项目的预期报酬率不能达到股东要求的必要报酬率，则股东会更愿意公司发放现金股利，以便他们自己寻找其他的投资机会。

采取剩余股利政策的公司，因其有良好的投资机会，投资者会对公司未来的获利能力有较好的预期，其股票价格会上升；并且采用剩余股利政策可以保持理想的资本结构，使综合资本成本最低，有利于提高公司的价值。但是，这种股利政策往往导致股利支付不稳定，不符合希望取得稳定收入股东的利益，不利于树立企业良好的财务形象。

采用剩余股利政策，应遵循以下几个步骤：

(1)根据选定的最佳投资方案，确定投资所需的资本总额。

(2)设定目标资本结构，即确定权益资本与债务资本的比率，在此资本结构下，加权平均资本成本达到最低水平。

(3)根据公司的目标资本结构，确定投资所需的权益资本数额。

(4)最大限度地使用税后利润来满足投资方案所需的权益资本数额。

(5)满足投资需要后的剩余部分用于向股东分配股利。

【例 12－1】 A 公司 2019 年度实现税后利润 3 500 万元，公司目前的资本结构是权益资本占 60%，债务资本占 40%，该目标资本结构也是下一年的目标资本结构，同时预计下一年度需要追加投资 5 000 万元。若公司采用剩余股利政策，试计算分析 A 公司该如何筹资？如何分配股利？

表 12－1　　A 公司股利分配方案　　单位：万元

项　目	股利分配方案
税后利润	3 500
折旧及其他非付现成本	500
可供投资或支付股利的现金	4 000
投资所需资本总额	5 000

续表

项　目	股利分配方案
目标资本结构(负债/股东权益)	4 ∶ 6
投资所需要权益资本	3 000
可供分配的现金股利总额	1 000
追加投资所需借款金额	2 000

公司根据目标资本结构的要求,需要筹集权益资本3 000万元(5 000×60%)和债务资本2 000万元(5 000×40%)。这样,公司将净利润的3 000万元作为留用利润用于下一年的追加投资,还有1 000万元(4 000—3 000)的剩余现金可用于分配股利。

在本例中,如果公司不按剩余股利政策发放股利,将全部净利润用于下一年的投资,当年不发放股利;或全部作为股利发放给股东,然后去筹借债务。这两种做法都会破坏目标资本结构,导致加权平均资本成本的提高,不利于提高公司的价值(股票价格)。

课堂思考

什么是公司的目标资本结构?

(二)固定股利政策

固定股利政策,是指公司在较长时期内每股支付固定股利的股利政策。在这种股利政策下,当公司收益发生一般变化时,不会影响股利的支付,股利始终保持在稳定的水平,除非公司预期未来收益会有显著的、不可逆转的增长时,才会提高股利发放额(如图12—1中的虚线所示)。

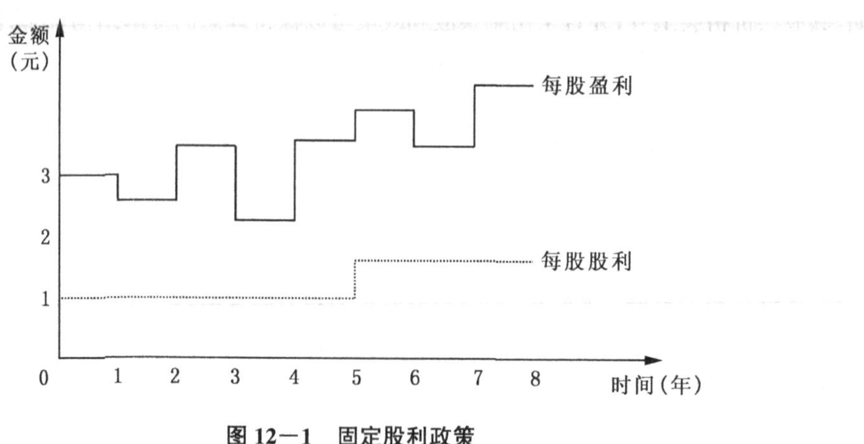

图12—1　固定股利政策

固定股利政策可以向投资者传递公司经营状况稳定、经营风险较小的信息;有利于树立公司良好形象;增强投资者对公司的信心;稳定公司股票价格。另外,固定股利政策有利于投资者有规律地安排收入与支出,特别是那些对股利有着较强依赖性的股东。持有固定股利政策观点的公司认为,为了维持稳定的股利水平,有时可能会使某些投资方案延期,或暂时偏离目标资本结构,即便这样,也比减少股利有利于股票价格的稳定。

但是,固定股利政策也有缺点,固定股利政策可能会给公司带来较大的财务压力,尤其是在公司净利润下降或现金紧张的情况下,公司为了保证股利的照常支付,容易导致现金短缺、财务状况恶化。

(三)稳定增长股利政策

稳定增长股利政策,是指在一定时期内保持公司的每股股利额稳定增长的股利政策。采用这种股利政策的公司一般会随着公司盈利的增加,保持每股股利平稳地提高。公司确定一个稳定的股利增长率,实际上是向投资者传递该公司经营业绩稳定增长的信息,可以降低投资者对公司经营风险的担心,从而有利于股票价格上涨。公司在采取稳定增长股利政策时,要使股利增长率等于或略低于利润增长率,这样才能保证股利增长具有可持续性。稳定增长股利政策适合于处于成长或成熟阶段的公司,在公司的初创阶段或衰退阶段则不适合采用。行业特点和公司经营风险也是影响公司是否应当采用稳定增长股利政策的重要因素。通常,公共事业行业的公司经营活动比较稳定,受经济周期影响较小,比较适合采用稳定增长股利政策,而一些竞争非常激烈的行业,由于公司经营风险较大,经营业绩变化较快,一般不适合采用。

知识链接

稳定增长股利政策与固定股利政策有一定的相似之处。比如,能够向投资者传递公司经营业绩稳定、经营风险小的信息;有利于公司股价稳定;可能会给公司带来较大的财务压力;适用于经营稳定的公司。因此,有时也将这两者看作是一种股利政策。

(四)固定股利支付率政策

固定股利支付率政策,是公司确定一个股利占盈余的比率,长期按此比率支付股利的政策。固定股利支付率政策是一种变动的股利政策,该政策下公司的股利支付与盈利密切相关:盈利状况好,则每股股利增加;盈利状况不好,则每股股利下降。股利随着公司的经营业绩"水涨船高"(如图12—2 中的虚线所示)。

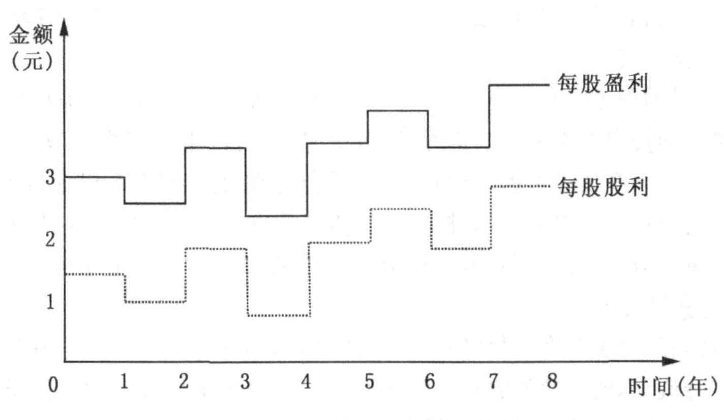

图 12—2 固定股利支付率政策

固定股利支付率政策体现了风险投资与风险收益对等的原则,不会增加公司的财务压力。这种股利政策使得股利与公司盈余紧密结合,体现了多盈利多分配、少盈利少分配、不盈利不分配的原则。还有利于投资者通过股利的变化,了解公司真实的经营状况和财务状况,做出恰当的投资决策。但是,在这种政策下,各年的股利变动较大,极易造成公司不稳定的感觉,对于稳定股票价格不利。

(五)低正常股利加额外股利政策

低正常股利加额外股利政策,是指公司一般情况下每年只支付一个固定的、数额较低的股利,在盈利较多的年份或不需要较多留存收益的年份,再根据实际情况向股东发放额外的股利。但额外股利并不固定化,不意味着公司永久地提高了规定的股利率。通过支付额外股利,公司向投资者传递公司盈利的状况，但这部分额外股利不是经常有的。

低正常股利加额外股利政策使公司具有较大的灵活性。当公司盈利较少或投资需要较多资金时，可维持设定较低的正常股利，股东不会有股利跌落感；当公司盈利较多且不需要较多投资资本时，则可适度增发股利，促使股东增强对公司的信心。另外，每年至少可以得到虽然比较低但稳定的股利收入，从而吸引那些依靠股利度日的股东。

以上各种股利政策各有所长，公司在分配股利时应借鉴其基本决策思想，制定适合自己具体实际情况的股利政策。

五、股利政策制定的程序

股份有限公司在制定股利政策时，应遵循一定的程序，不同股利政策的制定程序有所不同。下面以固定股利支付率政策为例来说明股利政策制定的基本程序。

（一）测算公司未来剩余的现金流量

公司在制定股利政策时，首先应当预测公司未来年度的盈利和现金流量，预测的期限一般应为5年左右，这样才能保证经营活动的长期规划得以实现。预测未来的盈利和现金流量是一项比较复杂的工作，宏观和微观经济情况都会影响其预测的准确性。因此，在做公司的经营预算和资本预算时，必须保持一定的弹性空间，公司要从股东的利益出发，在确保重要的经营活动和投资项目能够顺利完成的情况下，充分利用现金，提高资本利用效率。

（二）确定目标股利支付率

确定目标股利支付率是公司股利政策的一项重要内容。公司在确定股利支付率时，应考虑自身的发展阶段、经营规模、财务状况和股东构成等因素，并参照同行业具有可比性公司的股利支付率。在国外，同行业的公司通常具有"习惯性的股利支付率范围"，大多数公司在确定股利支付率时都会参照同类公司的股利政策。目标股利支付率一旦确定，通常在较长的时间内不宜变动太大。

（三）确定年度股利额

理论上，公司支付的现金股利额应等于投资于所有净现值为正的投资项目之后的剩余现金数量，但在实践中，考虑到投资预算的不确定性、股东偏好、筹资约束等因素，现金股利额应在此基础上进行适当的调整。出于谨慎性考虑，公司一般会适当地增加留用利润，以预防盈利和现金流量的不确定性。如果公司该年盈利大幅增加，根据信号传递理论，也应当参考以往年度的股利额来确定该年度股利支付数量，尽量保持股利政策的稳定性，以便投资者有稳定的预期。

（四）确定股利分派日期

在西方国家，许多公司按季度支付股利，我国公司大多半年或一年支付一次股利。现金股利分派会发生大量的现金流出，何时分派股利对公司财务状况会产生较大影响。公司确定了年度股利额后，应当根据其经营预算、投资项目进展情况和现金流量状况合理地安排股利分派的日期。

【例12—2】 A公司拥有普通股股数5 000万股，经营稳定，因此公司近年来一直采用固定股利政策，每年每股现金股利为0.21元。目前公司董事会通过一个5年期投资项目计划，为了防止公司股东控制权被稀释，债权人的利益能够得到保障，拟全部使用留用利润来满足投资项目需要。为了顺利实施该项目，董事会正考虑是否改变目前的股利政策。假定5年内公司股本保持不变，并且对未来5年的盈利进行了预测，其有关资料如表12—2所示。

表12—2　　A公司投资及盈利预测

项　目	0	1	2	3	4	5
普通股股数（万股）①	5 000	5 000	5 000	5 000	5 000	5 000
可向股东分配的利润（万元）②	2 100	2 600	3 200	3 700	4 300	5 000

续表

项　目	0	1	2	3	4	5
每股利润③=②÷①	0.42	0.52	0.64	0.74	0.86	1.00
折旧及其他非付现成本(万元)④		600	700	750	850	900
可供投资或支付股利的现金(万元)⑤=②+④		3 200	3 900	4 450	5 150	5 900
投资需要的现金(万元)⑥		2 000	2 250	2 900	3 200	3 500
剩余现金(万元)⑦=⑤-⑥		1 200	1 650	1 550	1 950	2 400

第一步，测算公司未来剩余的现金流量。A公司投资项目净现值大于零，具有可行性，预计项目投资总需求额为13 850万元。预计未来5年中该项目每年的投资额，以及公司各年预期剩余现金流量如表12—2所示。

第二步，确定目标股利支付率。A公司预计未来5年的净利润总额为18 800万元，而预计未来剩余现金流量总额为8 750万元，占公司净利润的47%。公司过去实施固定股利政策，股利支付率各年变化不大，大约为50%。公司财务人员分析了该行业股利支付率在40%～60%，认为过去公司股利支付率较为合理。虽然预计今后5年公司业绩仍然会平稳增长，但是考虑到发生大量的投资支出，财务经理建议董事会可降低股利支付率，确定在40%～48%。

第三步，分析不同的股利政策，确定年度股利额。表12—3、表12—4和表12—5分别列示了现行股利政策和备选股利政策对公司未来现金流量的影响。

表12—3　　A公司目前股利政策

项　目	0	1	2	3	4	5
每股股利	0.21	0.21	0.21	0.21	0.21	0.21
股利支付率	50.00%	40.38%	32.81%	28.38%	24.42%	21.00%
剩余现金流量		1 200	1 650	1 550	1 950	2 400
支付股利		1 050	1 050	1 050	1 050	1 050
现金结余		150	600	500	900	1 350

如果公司继续实施现行的股利政策，每年每股股利为0.21元，由表12—3易知，公司未来5年的股利支付率会逐年降低，这样可能会引起股东的不满。另外，继续实施该政策，公司将出现大量的现金结余，5年预计现金结余总额为3 500万元。因此，该政策不符合股东利益。

表12—4　　A公司备选股利政策一

项　目	0	1	2	3	4	5
每股股利	0.21	0.26	0.32	0.37	0.43	0.50
股利支付率	50.00%	50.00%	50.00%	50.00%	50.00%	50.00%
剩余现金流量		1 200	1 650	1 550	1 950	2 400
支付股利		1 300	1 600	1 850	2 150	2 500
现金结余		—100	50	—300	—200	—100

备选股利政策一是固定股利支付率政策，维持目前50%的股利支付率。如果采用这种股利政

策,5 年中预计发放的股利总额为 9 400 万元,高于公司剩余现金流量总额 8 750 万元,存在 650 万元的现金短缺,公司无法全部使用留用利润来满足项目投资需要,需要从外部筹集资本,这种股利政策也不符合股东利益。

表 12—5　　A 公司备选股利政策二

项　目	0	1	2	3	4	5
每股股利	0.21	0.24	0.30	0.34	0.39	0.47
股利支付率	50.00%	46.15%	46.86%	45.95%	46.51%	47.00%
剩余现金流量		1 200	1 650	1 550	1 950	2 400
支付股利		1 200	1 500	1 700	1 950	2 350
现金结余		0	150	−150	0	50

备选股利政策二是一个股利额稳定增长、股利支付率大约为 46%的股利政策。如果采用这种股利政策,公司可以全部用留用利润来满足项目投资需要,并且不会导致公司出现大量的现金结余。这种股利政策既能够满足股东对股利增长的要求,也不必通过外部筹资实施投资项目,符合股东利益。因此,董事会决定采用股利政策二。

第四步,确定股利分派日期。A 公司根据往年股利分派的习惯,还是保持每年分派一次,具体分派时间根据各年投资进度及现金流量情况做出调整,以使公司现金流量保持平衡。

第三节　股利种类与支付

一、股利的种类

股利的种类,也即股份有限公司分派股利的形式,是股利政策内容的一部分。上市公司股利分配的形式一般有现金股利、股票股利、财产股利和负债股利等。

(一)现金股利

现金股利(Cash Dividend),是指股份有限公司以现金的形式从公司净利润中分配给股东的投资报酬,也称“红利”或“股息”。现金股利是股份有限公司最常用的股利分配形式。采用现金股利形式的公司必须具备两个基本条件:一是要有足够的可供分配的利润,二是要有足够的现金。因此,公司在宣告发放现金股利前,必须做好财务上的安排,以便有充足的现金支付股利。西方国家的许多公司按季度发放现金股利,一年发放四次;我国公司一般半年或一年发放一次现金股利。

由于现金股利是从公司实现的净利润中支付给股东的,支付现金股利一般会减少公司的留用利润,因此发放现金股利会减少所有者权益,但是并不会增加股东财富总额。尽管如此,不同的股东对现金股利的偏好是不同的,有的股东希望公司发放较多的现金股利,有的股东则不愿意公司发放过多现金股利。现金股利的发放会对股票价格产生直接的影响,在除息日之后,一般来说股票价格会下跌。

发放现金股利后的每股市价=发放现金股利前的每股市价−每股现金股利

例如,某公司宣布每股发放 1 元现金股利,如果除息日的前一交易日股票收盘价为 18 元/股,则除息日股票股权的价格应为 17 元/股。

课堂思考

公司发放现金股利对公司股东权益和股东财富有何影响？公司宣告发放股利和实际发放股利时如何进行会计账务处理？

(二)股票股利

股票股利(Stock Dividend)俗称送股，是指股份有限公司以股票的形式从公司净利润中分配给股东的股利。发放股票股利时，在账面上，一方面减少未分配利润项目金额，另一方面增加股本和资本公积等项目金额。在实务中，我国通常以股票面值为基础发放股票股利。

知识链接

在美国等西方国家，发放股票股利通常是以发放前的股票市价为基础，将股票股利从留存收益项目中转出，其中按照股票面额部分转至股本项目，股票市价与面值差额的部分转至资本公积项目。美国的公司通常在发放股票股利时按照股票股利发放总量是否超过发行在外普通股总数的20%分为小比例股票股利和大比例股票股利，在发放大比例股票股利时，可能会因此大大降低公司股票的市价，此时股票股利按照面值从留存收益转出至股本账户。

股份有限公司发放股票股利，须经股东大会表决通过，根据股权登记日的股东持股比例将可供分配利润转为股本，并按持股比例无偿地向各个股东分派股票，增加股东的持股数量。公司发放股票股利时，如果盈利总额与市盈率不变，会由于普通股股数增加而引起每股收益和每股市价的下降。一般来说，不考虑股票市价的波动，发放股票股利后的股票价格，应当按发放的股票股利的比例而成比例下降。从而，对于股东而言，股票数量的增加和股票价格的下降，最终对股东财富无影响。

发放股票股利后的每股市价＝发放股票股利前的每股市价÷(1＋股票股利发放率)

由此可见，发放股票股利并不会增加股东财富，公司的股东权益总额、股东的股权结构也不会改变，改变的只是股东权益内部各项目的金额。现举例说明：

【例 12—3】 A公司发放股票股利之前，所有者权益情况如表12—6所示。

表 12—6　　A公司所有者权益情况表(发放股利前)　　单位：万元

项　目	金　额
股本(每股面值1元，已发行普通股2 000万股)	2 000
资本公积	5 000
盈余公积	3 000
未分配利润	4 000
所有者权益总额	14 000

(1)假定公司宣告发放10%的股票股利，当时股票市价为30元/股，试说明股票股利支付后，公司所有者权益有何变化？

(2)假设不考虑股市的波动效应，发放股利后股价为多少？

(3)若你在公司发放股利前持有A公司普通股10 000股，请问你的财富是否因为分配股利而发生变化？

发放10%的股票股利，应配送的股份数额为200万股(2 000万股×10%)，即每10股送1股。

我国上市公司是按照股票面值从未分配利润转入股本的，即减少了未分配利润 200 万元(200 万股×1 元/股)，同时增加股本 200 万元，只是改变了所有者权益内部结构，不影响公司所有者权益总额。

实施此次股利分配后，所有者权益各项目变化如下：

股本总额＝2 000＋200＝2 200(万元)

未分配利润＝4 000－200＝3 800(万元)

A 公司的所有者权益各项目如表 12—7 所示。

表 12—7　　A 公司所有者权益情况表　　单位：万元

项　目	发放股利前	发放股利后
股本(每股面值 1 元，均为发行的普通股)	2 000	2 200
资本公积	5 000	5 000
盈余公积	3 000	3 000
未分配利润	4 000	3 800
所有者权益总额	14 000	14 000

我国上市公司在实施利润分配方案时，可以是单独实施发放现金股利或股票股利的分配方案，也可以是现金股利与股票股利组合方案，或者同时伴随着从资本公积转增股本的方案。由于股票股利与转增都会增加股本数量，但是每个股东持有股份的比例并未改变，结果导致每股价值被稀释，从而使股票交易价格下降。

该例中，假设不考虑股市的波动效应，股票价格同比例下降为每股 27.27 元(30÷1.1)，也即除权参考价。

若你在公司发放股利前持有普通股 1 000 股，分配股利前，你所拥有的财富为 30 000 元；分配股利后，你拥有的财富仍然为 30 000 元[(1 000＋1 000÷10×1)×30÷1.1]。即股票股利只会影响股东权益结构的变化，不会影响公司股东的财富。

可见，分配股票股利，一方面扩张了股本，另一方面起到了股票分割的作用。处于高速成长阶段的公司可以利用分配股票股利的方式进行股本扩张，以使股价保持在一个合理的水平，避免因股价过高而影响股票的流动性。

对于股份有限公司来说，分配股票股利不会增加其现金流出量，如果公司现金紧张或者需要大量的资本进行投资，可以考虑采用股票股利的形式。但应当注意的是，一直实行稳定股利政策的公司，因发放股票股利而扩张了股本，如果以后继续维持原有的现金股利水平，势必会增加未来年度的现金股利支付。在公司净利润的增长速度低于股本扩张速度时，公司的每股利润就会下降，就可能导致股价下跌。对于股东来说，虽然分到的股票股利没有得到现金，但是，如果发放股票股利之后，公司依然维持原有的现金股利水平，则股东在以后可以得到更多的股利收入。

课堂思考

公司发放股票股利对公司股东权益和股东财富有何影响？公司发放股票股利如何进行会计账务处理？

(三)财产股利和负债股利

财产股利，是以现金以外的其他资产支付的股利，主要是以公司所拥有的其他公司的有价证券，如债券、股票等，作为股利支付给股东。这种证券变现能力强，股东可接受，而公司不必立即支付现金，可以暂时弥补公司现金的不足。

负债股利，是以负债方式支付的股利，通常以公司的应付票据支付给股东，有时也以发放公司债券的方式支付股利。这些应付票据或债券既是公司支付的股利，又确定了股东对上市公司享有的独立债权。

财产股利和负债股利实际上是现金股利的替代。这两种股利方式目前在我国公司实务中很少使用，但并非法律所禁止。

二、股利支付程序

(一)决策程序

股份有限公司分配股利必须遵循法定的程序，一般先由公司董事会根据公司盈利水平和股利政策，制定股利分配方案，提交股东大会审议，通过后方能生效。然后，由董事会依股利分配方案向股东宣布，并在规定的股利发放日以约定的支付方式派发。在经过上述决策程序之后，公司方可对外发布股利分配公告、具体实施分配方案。

(二)分配信息披露

根据有关规定，股份有限公司利润分配方案、公积金转增股本方案须经股东大会批准，董事会应当在股东大会召开后 2 个月内完成股利派发或股份转增事项。在此期间，董事会必须对外发布股利分配公告，以确定分配的具体程序与时间安排。

股利分配公告一般在股权登记日前 3 个工作日发布。如果公司股东较少，股票交易又不活跃，公告日可以与股利支付日在同一天。

(三)分配程序

以深交所的规定为例：对于流通股份，其现金股利由上市公司于股权登记日前划入深交所账户，再由深交所于登记日后 3 个工作日划入各托管证券经营机构账户，托管证券经营机构于登记日后第 5 个工作日划入股东资金账户。红股则于股权登记日后第 3 个工作日直接记入股东的证券账户，并自即日起开始上市交易。

知识链接

我国股利分配决策权属于股东大会。我国上市公司的现金分红一般是按年度进行，也可以进行中期现金分红。

此外，为了提高上市公司现金分红的透明度，《关于修改上市公司现金分红若干规定的决定》要求上市公司在年度报告、半年度报告中分别披露利润分配预案，在报告期实施的利润分配方案执行情况的基础上，还要求在年度报告、半年度报告以及季度报告中分别披露现金分红政策在本报告期的执行情况。同时，要求上市公司以列表方式明确披露前三年现金分红的数额与净利润的比率。如果本报告期内盈利但公司年度报告中未提出现金利润分配预案，应详细说明未分红的原因、未用于分红的资金留存公司的用途。

(四)股利支付过程中的重要日期

1. 股利宣告日

股利宣告日(Announcement Date)，即公司董事会将股东大会通过本年度利润分配方案的情况以及股利支付情况予以公告的日期。在宣布股利分配方案时，应明确股利分配的年度、分配的对象、分配的形式、分配的现金股利金额或者股票股利的数量，并公布股权登记日、除息日和股利发放日等事项。

2. 股权登记日

股权登记日(Record Date)，即有权领取本期股利的股东资格登记截止日期。凡是在股权登记日这一天登记在册的股东(即在次日及之前持有或买入股票的股东)才有资格领取本期股利,而在这一天之后登记在册的股东,即使是在股利支付日之前买入的股票,也无权领取本期分配的股利。在信息技术环境下,股权登记极其方便、快捷,一般在股权登记日交易结束的当天即可打印出股东名册。

知识链接

我国部分上市公司在进行利润分配时除了分派现金股利以外,还伴随着送股或转增股,在股权登记日这一天仍持有或买进该公司的股票的投资者是可以享有此次分红、送股或转增股的股东,这部分股东名册由证券登记公司统计在案,届时将所应支付的现金红利、应送的红股或转增股划到这部分股东的账上。

3. 除息日

除息日(Ex-dividend Date)也称除权日,是指从股价中除去股利的日期,即领取股利的权利与股票分开的日期。在除息日之前的股票价格中包含了本次股利,在除息日之后的股票价格中不再包含本次股利,因此投资者在除息日当日以及以后买入的股票不再享有本次股利分配的权利。除息日在股票交易中具有重要意义,对股票的价格有重要影响,除息日股票价格因除权而相应下降,每股股价的跌幅一般约等于每股发放的股利。

我国上市公司的除息日通常是在登记日的下一个交易日。

4. 股利支付日

股利支付日(Payable Date),是公司确定的向股东正式发放股利的日期。公司通过资金清算系统或其他方式将股利支付给股东。

【例12—4】 深圳市燃气集团股份有限公司2017年年度权益分派实施公告如下:

一、通过分配、转增股本方案的股东大会届次和日期

本次利润分配及转增股本方案经公司2018年5月21日的2017年年度股东大会审议通过。

二、分配、转增股本方案

1. 发放年度:2017年年度

2. 分派对象:

截至股权登记日下午上海证券交易所收市后,在中国证券登记结算有限责任公司上海分公司(以下简称"中国结算上海分公司")登记在册的本公司全体股东。

3. 分配方案:

本次利润分配及转增股本以方案实施前的公司总股本2 214 092 211股为基数,每股派发现金红利0.15元(含税),以资本公积金向全体股东每股转增0.3股,共计派发现金红利332 113 831.65元,转增664 227 663股,本次分配后总股本为2 878 319 874股。

图12—3显示了深圳市燃气集团股份有限公司2017年度股利分配的关键日期。

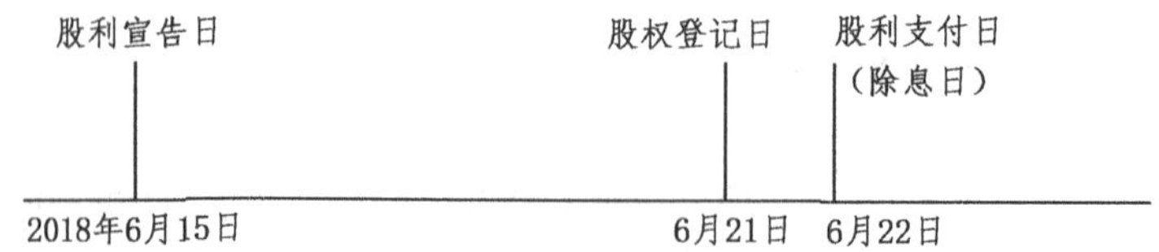

图12—3 深圳市燃气集团股份有限公司股利分配时间

第四节　股票分割与股票回购

一、股票分割

(一)股票分割的概念

股票分割(Stock Split)俗称拆股，是指将面额较高的股票交换成面额较低的股票的行为。例如，将原来每股面值为10元的普通股分割为面值为5元的普通股2股。股票分割后，发行在外的股数增加，每股面值降低，股票的市场价格也会相应下降。因此，股票分割不会增加公司价值，也不会增加股东财富。

【例12—5】 W公司是一家小型的信息技术公司，目前公司普通股股数为20万股，每股面值为10美元。由于公司正处于快速成长时期，每年盈利的增长都高于行业平均水平，股票上市以来股价不断上涨，目前每股市价50美元，由于股票价格较高并且股票数量较少，已经影响到股票在市场上的流动性。因此，该公司决定按照1股换2股的比例进行股票分割。分割后，普通股股数增加到40万股，每股面值下降为5美元，股票价格相应地降低为25美元。

若某位投资者持有该公司股票1 000份，占总股本的0.5%，该股东所持股票总价值为50 000美元(1 000×50)；股票分割后该股东持有的股票增加到2 000份，仍然占总股本的0.5%，此时股票价格下降至25美元，因此该股东所持股票总价值仍为50 000美元(2 000×25)。

(二)股票分割与股票股利的异同

对于公司来说，进行股票分割和发放股票股利都会使公司股票数量增加，股票价格降低，并且都不会增加公司的价值和股东的财富。从这些方面来看，股票分割和股票股利十分相似。但是两者也存在以下差异：

(1)股票分割不属于某种股利方式，会降低股票面值。这主要是因为股票分割是股本重新分拆，将原来的股本细分为更多的股份，因而每股面值会相应成比例下降；而股票股利是公司以股票形式用实现的净利润向股东无偿分派股利，股票面值不会降低。

(2)会计处理不同。股票分割不会影响股东权益各项目金额的变化，只是股票面值降低，股票股数增加，因而股本金额不发生变化，资本公积和留用利润的金额也不会变化。发放股票股利，公司应将股东权益中的留用利润的金额按照发放股票股利面值总数转为股本，因而股本的金额会增加，留用利润相应减少。

知识链接

我国股份公司发行的普通股一般面值为1元，所以通常不进行股票分割。在实践中，我国公司常采用资本公积转增股本和发放股票股利的方式进行股本扩张，基本能够与股票分割达到同样的目的。另外，由于股票分割与股票股利十分接近，一般要根据证券管理部门的具体规定对两者加以区分。例如，有的国家证券交易机构规定，发放25%以上的股票股利即属于股票分割。

【例12—6】 海通公司是一家家电连锁企业，原来发行面额为10元的普通股1 000万股，近年来公司营业收入和利润都快速增长，股票价格也上升较快，已经达到60元/股。为了提高股票对中小投资者的吸引力，公司决定增加股本，降低股价。现有两种备选方案：

方案一：按照1股拆成2股的比例进行股票分割。

方案二：实施每10股用资本公积转增6股，并派发4股股票股利的股利分配方案。

公司原有股东权益情况如表12—8所示。

表 12—8　　海通公司股东权益情况表　　单位:万元

项　目	金　额
股本(每股面值 10 元,1 000 万股)	10 000
资本公积	25 000
盈余公积	15 000
未分配利润	20 000
股东权益总额	70 000

方案实施后,如表 12—9 所示。

表 12—9　　方案实施后海通公司股东权益情况表　　单位:万元

项　目	方案一	方案二
股本	10 000(面值 5 元,2 000 万股)	20 000(面值 10 元,2 000 万股)
资本公积	25 000	19 000
盈余公积	15 000	15 000
未分配利润	20 000	16 000
股东权益总额	70 000	70 000

实施方案一,经过股票分割之后,海通公司的股票数量增加到 2 000 万股,股票面值降为 5 元,但股本仍然为 10 000 万元,其他各项金额也没有变化,股票分割后股价降为 30 元/股。实施方案二,经过资本公积转增股本,资本公积减至 19 000 万元(25 000—1 000÷10×6×10),未分配利润减至 16 000 万元(20 000—1 000÷10×4×10),股本总额增加至 20 000 万元,股份数额增加至 2 000 万股,股票面值仍然为 10 元/股,股票价格降至 30 元/股。

(三)股票分割的意义

1. 降低股价

有些公司股票价格过高,一些中小投资者由于资金量的限制不愿意购买高价股票,这样会使高价股的流动性受到影响。通过股票分割可以增加公司股票数量,降低每股市价,使股价保持在合理的水平上,从而避免因股价过高而丧失投资者。

2. 传递积极信息

与分配股利一样,股票分割也可以向投资者传递公司未来经营业绩变化的信息。股票分割往往是成长中公司采取的股利决策,所以宣布股票分割后容易给人一种“公司正处于发展之中”的印象,向投资者传递积极的信息,这种积极信息会在短时间内引起股票价格上涨。

股票分割最显著的特点是能降低股价,但一般只有在公司股利暴涨时采用;而公司股价上涨幅度不大时,往往通过发放股票股利将股价维持在理想的水平。

课堂思考

股票分割对公司股东权益有何影响?公司为什么要进行股票分割?

知识链接

与股票分割相反,若公司认为自己股票的价格过低,为了提高股价,可以采取反分割(也称股票合并)的措施。反分割是股票分割的相反行为,即将数股面额较低的股票合并为一股面额较高的股票。

二、股票回购

(一)股票回购的概念

股票回购(Stock Repurchase),是指股份公司出资购回本公司发行在外的股票,将其注销或者作为库藏股的行为。公司以多余现金购回股东所持有的股份,使流通在外的股份减少,每股股利增加,从而会使股价上升,股东能因此获得资本利得,这相当于公司支付给股东现金股利。因此,可以将股票回购看作是一种现金股利的替代方式。

然而,两者也存在一定的差异,通常情况下,资本利得税要低于股利所得税,这样公司回购股票可以为股东规避部分税负,为股东带来税收利益。但是,现金股利毕竟是公司对股东一种长期稳定的回报方式,而股票回购不能经常采用,只在公司拥有大量闲置现金的情况下才能偶尔为之。

知识链接

库藏股,是指公司将自己已经发行的股票重新买回,存放于公司,而尚未注销或重新售出。这样做可以减少市场上所有已发行股票的总数。在购回库藏股后,公司可以选择注销,否则将在公司的资产负债表上,以负数形式列示为一项股东权益,是公司股东权益的减项,不能列为公司资产。

库藏股的回购往往作为对股东的回报,但比直接发放红利更省税。公司在分析认为自己股票价格偏低时也往往会进行库藏股回购,作为一种融资手段。库藏股还可用于刺激与提高自己公司股票的交易量与股价。库藏股也可以用于提供公司内部的股票期权等员工福利。

(二)股票回购的动机

公司进行股票回购的主要动机在理论上有很多解释,信号传递理论、税差理论、代理理论等主流财务理论都对股票回购动机做出了各自的解释。

1. 传递股价被低估的信号

由于外部投资者与管理层之间的信息不对称,两者对股票价值的认识可能会存在较大差异,当资本市场低迷时,公司的股价就有可能被低估。如果管理层认为本公司股票被严重低估,公司就可以通过股票回购行为来传递这种信号,从而促使公司股价上涨。事实上,公司的股票回购公告发布之后,通常会令股票价格上涨。20 世纪 80 年代末,纽约股票市场出现股价暴跌,股市处于动荡之中。据统计,当时在两周之内就有 650 家公司发布大量回购本公司股票计划,其目的就是抑制股价暴跌,刺激股价回升。

2. 为股东规避税收

前已述及,由于资本利得税与股利所得税之间的税率差异,现金股利的税率通常高于资本利得税率,公司为了减少股东缴纳的个人所得税,可以用股票回购的方式代替发放现金股利,从而为股东带来税收利益。

3. 减少公司的自由现金流量

在公司存在过多的自由现金流量的情况下,公司可以通过股票回购的方式将现金分配给股东。股票回购可以使公司流通在外的股票数量减少,由于每股利润增加,在市盈率不变的情况下,公司股价会上涨,股东持有的股票总价值会增加,这等于向股东分配了现金。此外,由于公司的自由现金流量减少，也降低了公司的代理成本。

4. 防止敌意并购

当公司的股票价格被低估时，就有可能成为被收购的目标，从而对现有股东的控制权产生威胁。为了维护原有股东对公司的控制权，预防或抵制敌意收购，公司可通过股票回购方式，减少流通在外的股票份额，提高股票价格。实证研究表明，公司成为被收购目标的风险越大，就越有可能回购股票。

5. 改善资本结构

股票回购能改善资本结构。如果公司认为资本结构中权益资本的比例较高，可以通过股票回购的方式缩减资本，提高负债比率，改变公司的资本结构。例如，公司可以通过发行债券融资来回购本公司的股票，这样将快速提高负债比率，优化加权平均资本成本。虽然发放现金股利也可以减少股东权益，但两者在利润总额一定情况下的每股收益是不同的。

课堂思考

公司为什么要进行股票回购？

(三)股票回购的方式

1. 公开市场回购

公开市场回购，是指上市公司通过证券经营机构在公开的证券市场购回自身发行的股票。通常公司回购股票时都会有一个最高限价，对回购股票的数量也有明确的限定。通过公开市场回购的方式回购股票，很容易导致股票价格上涨，从而增加了回购成本。公司通常使用该方式在股票市场表现欠佳时，小规模回购为特殊用途(如股票期权、雇员福利计划和可转换证券执行转换权)所需的股票。

知识链接

为适应资本市场发展实践的需要，进一步规范上市公司以集中竞价交易方式回购股份的行为，我国证监会于2008年制定了《关于上市公司以集中竞价交易方式回购股份的补充规定》。

美国公司90%以上的股票回购采用公开市场回购方式。据不完全统计，20世纪80年代，美国公司采用公开回购方式所回购的股票总金额达1 870亿美元。美国证券交易委员会在实施公开市场回购的时间、价格、数量等方面有严格的监管规则。制定这些规则的目的是防止价格操纵和内幕交易，尽可能减少股票回购对股票市场价格的影响。平均而言，在美国市场上公开市场回购对股票价格的影响仅为2%～3%。

2. 协议回购

协议回购，是指公司与特定的股东私下签订购买协议回购其持有的股票。协议回购方式通常作为公开市场回购方式的补充。采用这种方式，公司必须公开披露股票回购的目的、数量等信息，并保证回购价格公平，以避免公司向特定股东进行利益输送，侵害其他股东利益。协议回购方式回购股票的价格通常低于当前市场价格，并且一次回购股票的数量较大，作为大宗交易在场外进行。

3. 要约回购

要约回购，是指公司通过公开向股东发出回购股票的要约来实现股票回购计划。要约回购价格一般高于市场价格。在公司公告要约回购之后的规定期限内，股东可自愿决定是否按要约价格将持有的股票出售给公司。如果股东愿意出售的股数多于公司计划回购的股数，公司可以自行决定购买部分或全部股票。通常，在公司回购股票的数量较大时，可采用要约回购方式。

根据《上市公司回购社会公众股份管理办法(试行)》规定，上市公司采用要约回购方式回购股票，其要约价格不得低于回购报告书公告前30个交易日股票每日加权平均价的算术平均值，并且要约期限不得少于30日，不得超过60日。

4. 转换回购

转换回购，是指公司用债券或者优先股代替现金回购普通股的股票回购方式。采取转换回购方式，公司不必支付大量的现金，对于现金流量不充足的公司而言，这是一种可选的回购方式，并且采用这种回购方式还可以起到调整资本结构的作用。但是，由于债券或优先股的流动性比普通股要差，因而采用转换回购方式时，可能需要支付一定的溢价，因而提高了股票回购成本。

(四)我国《公司法》对股票回购的规定

2018年10月26日第十三届全国人民代表大会常务委员会第六次会议对《公司法》中有关股票回购做特别修订，公司有下列情形之一的，可以收购本公司股份：(1)减少公司注册资本；(2)与持有本公司股份的其他公司合并；(3)将股份用于员工持股计划或者股权激励；(4)股东因对股东大会做出的公司合并、分立决议持异议，要求公司收购其股份；(5)将股份用于转换上市公司发行的可转换为股票的公司债券；(6)上市公司为维护公司价值及股东权益所必需。

公司因前款第一、第二种情形收购本公司股份的，应当经股东大会决议；公司因前款第三、第五、第六种情形收购本公司股份的，可以依照公司章程的规定或者股东大会的授权，经2/3以上董事出席的董事会会议决议。

公司依照本条规定收购本公司股份后，属于第一种情形的，应当自收购之日起十日内注销；属于第二、第四种情形的，应当在6个月内转让或者注销；属于第三、第五、第六种情形的，公司合计持有的本公司股份数不得超过本公司已发行股份总额的10%，并应当在3年内转让或者注销。

上市公司收购本公司股份的，应当依照《中华人民共和国证券法》的规定履行信息披露义务。上市公司因本条第三、第五、第六种情形收购本公司股份的，应当通过公开的集中交易方式进行。

公司不得接受本公司的股票作为质押权的标的。

知识链接

与原《公司法》相比，此次修订的内容主要包括三方面：一是补充完善允许股份回购的情形，将回购的合法事由由原来限定的四种特定情形，改为现在的六种情形，更能有效发挥股份回购的市场功能和作用。二是适当简化股份回购的决策程序，提高公司持有本公司股份的数额上限，延长公司持有所回购股份的期限，放宽了回购股份的资金来源。三是增加上市公司股份回购的规范要求，比如要求上市公司必须履行信息披露义务，部分情形股份回购应通过公开的集中交易方式进行。

本章小结

利润分配是企业按照国家有关法律、法规以及企业章程的规定，在兼顾股东与债权人及其他利益相关者的利益关系的基础上，将实现的利润在企业与企业所有者之间、企业内部的有关项目之间、企业所有者之间进行分配的活动。按照我国法律规定，公司利润分配的项目，包括法定公积金和股利。在对公司进行税后利润时，需要按照一定的顺序进行，首先计算可供分配的利润，其次计提法定公积金和任意公积金，最后向投资者分配利润。

股利分配作为财务管理的一部分，同样要考虑其对公司价值的影响。在股利分配对公司价值影响这一问题上，主要有股利无关论和股利相关论两个主要的流派。股利无关论认为股利分配对公司的市场价值不会产生影响。股利相关论则认为公司的股利分配对公司市场价值有影响。股利相关论的代表性观点主要有税差理论、客户效应理论、“一鸟在手”理论、信号传递理论、代理理论。由于在现实生活中，不存在股利无关论的假设前提，公司的股利分配是在种种制约因素下进行的，公司不可能摆脱这些因素的影响。

公司在制定股利分配政策前，除了有重要的理论支持外，还应充分考虑到影响股利政策的主要因素，包括法律因素、股东因素、公司自身因素、其他因素等。实践中,股份公司常用的股利政策主要有五种类型:剩余股利政策、固定股利政策、稳定增长股利政策、固定股利支付率政策、低正常股利加额外股利政策。

股利政策除了分配政策之外,还包括一些具体的操作决策:股利分配的形式,支付率的确定,股利支付程序的确定等。

上市公司股利分配的形式一般有现金股利、股票股利、财产股利和负债股利等。其中财产股利和负债股利实际上是现金股利的替代,这两种股利方式目前在我国公司实务中很少使用,但并非法律所禁止。由于现金股利是从公司实现的净利润中支付给股东的,支付现金股利一般会减少公司的留用利润,因此发放现金股利并不会增加股东财富总额。另外,股票股利只会影响股东权益结构的变化,不会影响公司股东的财富。

股票分割,是指将面额较高的股票交换成面额较低的股票的行为。进行股票分割会使公司股票数量增加,股票价格降低,让股价保持在合理的水平上,避免因股价过高而丧失投资者,且不会增加公司的价值和股东的财富,因此与股票股利有相似作用。其不同点在于股票分割不属于某种股利方式,会降低股票面值;会计处理不同。

股票回购,是指股份公司出资购回本公司发行在外的股票,将其注销或者作为库藏股的行为。股票回购在某种情况下可以看作是一种现金股利的替代方式,但是通常情况下,资本利得税要低于股利所得税。但是,现金股利毕竟是公司对股东一种长期稳定的回报方式,而股票回购不能经常采用。公司进行股票回购具有传递股价被低估的信号、为股东规避税收、减少公司的自由现金流量、防止敌意并购、改善公司资本结构等动机。另外我国对股票回购有严格的法律限制。

复习思考题

1. 公司利润分配的顺序是什么?
2. 常见的股利无关理论和股利相关理论有哪些?
3. 常见的股利政策类型有哪些?
4. 如何进行股利政策的制定?
5. 常见的股利支付方式有哪些?不同的股利支付方式对股东财富及股东权益有何影响?
6. 股利支付过程中的重要日期分别是哪些?
7. 股票分割与股票股利之间的异同点是什么?

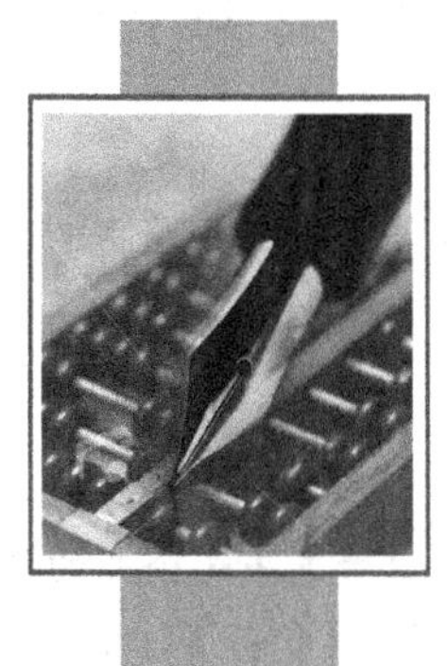

第十三章 财务控制

学习目标

通过本章的学习，理解财务控制的概念、特征以及种类；理解财务控制的程序以及财务控制的方式；掌握责任中心的概念、类型以及设置责任中心的基本原则；掌握收入、成本、利润、投资四大责任中心的业绩评价指标及优缺点；理解内部转移价格的意义及制定原则。

第一节 财务控制概述

一、财务控制的概念

控制，是指对客观事物进行约束和调节，使之按照设定的目标和轨迹运行的过程。财务控制，是指按照一定的程序与方法，通过规范化的控制手段，对企业的财务活动进行控制和监督，确保企业及其内部机构和人员全面落实和实现财务预算的过程。它是财务管理人员保证财务管理工作有效进行，完成财务预算目标而采取的一系列行为。

预算是控制的前提，控制是预算的保证。预算和控制是相互依存的两个方面，预算确定目标，控制保证实现。当财务活动与财务预算目标不符或不能完成计划时，需要采取措施或调整原预算目标。财务控制是对整个企业经济活动进行监督与调节，其目的在于使企业的经济活动按预定的轨道进行，并保证企业完成预算目标。

课堂思考

什么是财务预算？

二、财务控制的特征

财务控制在企业的经济控制系统中，具有连续性、系统性和综合性的特点，在公司财务中，能起到保证、促进、监督和协调的作用。财务控制具有以下特征：

（一）以价值形式为控制手段，以实现财务预算为目标

财务控制必须借助价值手段进行，财务预算包括现金预算，预计利润表、预计资产负债表预算等，都应以价值形式来反映。

（二）以不同岗位、部门和层次的不同经济业务为综合控制对象

财务控制以价值为手段的特征，可以将不同岗位、不同部门、不同层次的业务活动综合起来。财务控制不仅仅是财务部门的事情，也不仅仅是企业经营者的职责，而是整个管理体系内各组织结构共同参与的一项管理活动。一个健全的企业财务控制体系,实际上是完善的法人治理结构的体现。

(三)以控制日常现金流量为主要内容

由于日常的财务活动过程表现为组织现金流量的过程,因此,控制现金流量成为财务控制的主要内容。

知识链接

财务控制从企业投资到利润分配,涵盖企业生产经营活动全过程,但其核心和龙头是企业的现金收支,即现金流。现金流主要记录的是企业在销售商品、提供劳务、购买商品、接受劳务、对外出资和支付税收等活动中的现金流动状况,反映了业务的现金收支状况。现金流对于企业,就像血液对于人体,只有血液充足且流动顺畅,人体才会健康,良性现金流可以使企业健康成长。企业运转需要不断地有足够的现金参与运转,并将制造的产品销售出去,及时收回现金。现金流比利润更实际,更不易被操纵,是企业生存的必要元素,不仅可以反映企业的支付能力,而且可以证明企业的信用和实力,是企业控财的中心。

三、财务控制的种类

(一)按财务控制的内容划分

财务控制按照控制的内容,可分为一般控制和应用控制。

1. 一般控制

一般控制,也称基础控制或环境控制,是指对企业财务活动的内部环境所实施的总体控制。它包括组织控制、人员控制、财务预算、业绩评价、财务记录等内容。这类控制的特征是并不直接地作用于企业的财务活动,而是通过应用控制对企业财务活动产生影响。

2. 应用控制

应用控制,也称业务控制,是指直接作用于企业财务活动的具体控制,如业务处理程序中的批准与授权、审核与复核,以及为保证资产安全而采取的限制接近等控制。这类控制的特征在于,它们构成了业务处理程序的一部分,并都具有防止和纠正一种或几种错弊的作用。

(二)按财务控制的功能划分

财务控制按照控制的功能,可分为预防性控制、侦查性控制、纠正性控制、指导性控制和补偿性控制。

1. 预防性控制

预防性控制又称防护性控制,是指通过内部设置的具有约束性的制度来防范风险、错弊和非法行为的发生或尽量减少其发生机会所进行的一种控制。它主要是解决"如何能够一开始就防止风险和错弊的发生"问题。例如,为了保证现金的安全与完整,就要规定现金的使用范围,制定内部牵制制度;为了节约各种开支,则可事先规定开支标准等。在财务管理中,各种事先制定的标准、制度、规定都属于预防性控制系统的组成部分。

2. 侦查性控制

侦查性控制,是指为了及时识别已存在的风险、错弊和非法行为,以及增强风险识别能力和发现错弊机会的能力所进行的控制。它主要是解决"如果风险和错弊仍然发生,如何识别"的问题。在缺乏完善可行的预防性控制措施的情况下,侦查性控制是一种很有效的监督工具。例如,通过账账核对、实物盘点,以发现记账错误和货物短缺;通过有关财务指标的分析,识别存在的财务风险;等等。

3. 纠正性控制

纠正性控制，是指对那些由侦查性控制查出来的问题的控制。通过实际执行的结果与设计标准的比较，对发现的差异予以适当的纠正。

4. 指导性控制

指导性控制，是指为了实现有利结果，避免不利结果而采取的控制。实施此类控制时，管理层需要亲自指导各项工作。例如，工商企业的总经理需要经常指导手下的各个地区经理雇用当地的劳动力从事生产经营活动，推行这一政策的目的在于融洽企业与社区的关系，从而有利于树立企业的良好形象。

5. 补偿性控制

补偿性控制，是指为了把风险水平限制在一定范围内，针对某些环节的不足或缺陷而采取的控制措施，如岗位轮换、突击检查等。

课堂思考

按财务控制的功能划分，不定期盘点属于哪一种财务控制？

(三)按财务控制的时序性划分

财务控制按照控制的时序性，可分为事前控制、事中控制和事后控制。

1. 事前控制

事前控制也称原因控制，是指为了防止财务资源在质和量上发生偏差，而在行为发生前所实施的控制，如产品成本控制。

2. 事中控制

事中控制也称过程控制，是指财务收支活动发生过程中所进行的控制，如财务预算执行过程中的控制。

3. 事后控制

事后控制也称结果控制，是对财务收支活动的结果进行分析、评价和考核，如业绩考核评价控制。

(四)按财务控制的手段划分

财务控制按照控制的手段，可分为定额控制和定率控制。

1. 定额控制

定额控制，是指对企业和责任中心的财务指标采用绝对数指标进行的控制，是缺乏弹性的财务控制。一般而言，对激励性指标确定最低控制标准，对约束性指标确定最高控制标准。

2. 定率控制

定率控制，是指对企业和责任中心的财务指标采用相对数指标进行的控制，是具有弹性的财务控制。相对而言，定率控制具有投入与产出对比、开源与节流并重的特征。

四、财务控制的程序

财务控制是对整个企业经济活动进行的调整与监督，其目的在于使企业经济活动按预定的程序进行，并保证企业完成最终目标。

(一)制定控制标准

标准是财务控制的关键，也是衡量企业的经济活动是否按照预定的轨道进行的尺度。企业的控制标准包括企业外部的控制标准和企业内部的控制标准两部分。前者由国家有关部门或主管部门制定；后者由企业单位按照有关规定制定，具体包括整个企业各项经营收支计划、各项资产消耗定额以及企业内部的牵制制度等。有了控制目标，能使财务控制更具有客观性、统一性和强制性，在具体控制过程中，要严格掌握控制标准，使企业的一切经济活动控制在标准之内，从而实现企业的预定目标。

（二）建立责任控制中心

责任中心是一种权、责、利相结合的内部管理制度。按照权、责、利相结合的原则，将计划任务以标准或指标的形式分解落实到车间、科室、班组以至个人，这样，企业内部每个单位、每个职工都有明确的工作要求，便于落实责任，检查考核。同时可以根据确定的控制标准，揭示偏差，及时调整，从而达到协调和控制整个企业经济活动的目的。

（三）分析比较执行情况

按照"干什么、管什么、算什么"的原则，详细记录指标执行情况，将实际与标准进行比较，确定差异的程度和性质，对于已产生的差异进行认真的分析，属于工作中的原因，要进一步查明原因，改善管理，改进工作方法，不断挖掘潜力；属于目标本身不切实际的原因，要加强预测，不断改进和完善目标。

（四）考核奖惩

在一定时期终了，企业应对各责任单位的计划执行情况进行评价，考核各项财务指标的执行情况，把财务指标的考核纳入各级岗位责任制，运用激励机制，实行奖优罚劣，以便更好地调动各级部门、职工的积极性。

五、财务控制的方式

（一）授权批准控制

授权，是指授予对某一大类业务或某项具体业务的决策做出决定的权利。授权通常包括一般授权和特别授权两种方式。

一般授权主要是对日常业务活动的授权。这类授权通常以管理部门文件的形式，规定一般性交易办理的条件、范围和对该交易的责任关系。企业对各职能部门权限范围和职责的规定属于一般授权。例如，管理部门规定某些赊销政策，那么，当符合这些赊销政策的客户申请赊销时，业务人员就可以按这些业务的授权办理赊销业务。

特别授权是指对非常经济业务行为进行专门研究做出的授权。例如，对投资、资产处置、资金调度、资产重组、兼并收购、担保抵押、关联交易等重要经济业务事项的决策权，以及超过一般授权限制的常规交易，都需要特殊授权。与一般授权不同，特殊授权只涉及特定的经济业务处理的具体条件及有关具体人员。

批准是检查已确立的授权条件得到满足的实际步骤。一个完善的授权批准体系包括以下几个方面：(1)授权批准的范围，企业各项财务活动都应纳入；(2)授权批准的层次，应根据经济活动的重要性和金额大小确定，以保证不同的管理层既有权也有责；(3)授权批准的程序，应规定每一类经济业务的审批程序，以便按照程序办理审批，避免越权审批、违章审批的情况发生；(4)授权批准的责任，需明确授权批准人所承担的责任。

一家企业的授权控制应做到：(1)企业所有人员只有经合法授权，才能行使相应权利；不经合法授权，任何人不能审批；有授权的人则应在规定的权限范围内行使，不能越权授权。(2)企业的所有业务未经授权不能执行。

（二）职务分离控制

职务分离控制，是指对处理某种经济业务所涉及的职责分派给不同的人员，使每个人的工作都能够对其他相关人员的工作进行自动检查。职务分离的主要目的是预防和及时发现职工在履行职责过程中产生的错误和舞弊行为。

从控制的观点看，如果一位负有多项责任的人员在其正常的过程中会发生错误和舞弊，并且财务控制制度又难以发现，那么就可以肯定他所兼任的职务是不相容的。对于不相容职务必须进行分离,包括在组织机构之间的分离和组织内部有关人员之间的分离。

财务分离控制要求做到:(1)任何业务尤其是货币资金的收支业务的全过程,不能由一个岗位或某一个人包办;(2)经济业务的责任转移环节不能由某一个岗位单独办理;(3)某一岗位履行职责情况绝不能由自己说了算;(4)财务权力的形式必须接受定期独立审查。

知识链接

常见的不相容职务包括:业务授权与执行职务相分离;业务执行与记录职务相分离;财产保管与记录职务相分离;记录总账与明细账职务相分离;经营责任与记账责任相分离;财产保管与财产核对职务相分离;对一项经济业务处理的全过程的各个步骤也要分派给不同的部门和人员来负责。

(三)财产保全控制

财产保全控制,是指为了保护企业资产、物资以及会计账表等实物的安全和完整,防止舞弊行为所进行的控制,具体包括:

(1)限制接触财产。限制非授权人员接触某项资产,建立必要的防护措施,确保资产的安全完整。通常,纳入严格限制接触的资产有现金、易变现资产(如股票、债券等有价证券、存货)、重要票据(如支票)以及个人印章等。

(2)定期盘点清查。定期盘点和账实核对不应由担任保管或担任记录事务的人员单独进行。企业可以采用全面清查,也可以采用局部清查。从控制效果上讲,采用永续盘存制的盘点比采用定期盘存制的盘点效果更好。企业财务控制应当明确处理盘点差异的权限,以及相应人员的责任。

(3)记录保护。严格限制接近会计记录与企业业务记录的人员,对重要的数据资料应当备份。

(4)财产保险。通过对资产投保(如火灾险、盗窃险、责任险等),减少实物受损程度与机会,以保证企业的实物安全。

(5)财产记录监控。建立资产个体档案,对资产增减变动进行全面记录,以保证账实一致。

课堂思考

永续盘存制与定期盘存制有何异同?从控制效果上讲,采用哪一种制度盘点效果更好?

(四)独立检查控制

独立检查控制又称内部稽核,是指由业务执行者以外的人员对已执行业务的正确性所进行的验证。

内部稽核包括凭证与凭证、账簿与账簿、账簿与报表、书面记录与实物之间的核对,也包括对一些计算表、汇总表、调节表和分析表的复核。

一个有效的独立检查控制应当满足三个条件:(1)检查工作由一个独立于原来业务活动、记录、保管的人员来执行。(2)全部复核或抽样复核工作需经常进行。(3)错误和例外必须迅速传达给有关人员进行更正。重复犯错或重大错误及所有不当行为必须向适当的管理层次报告。

(五)业绩评价控制

业绩评价,是指将实际业绩与评价标准(如前期业绩、预算和外部基准尺度)进行比较,对营运业绩等进行的评价。

财务控制的最终效率取决于是否有切实可行的奖惩制度,以及是否严格执行这一制度。否则,即使有符合实际的财务预算,也会因为财务控制的软化而得不到贯彻落实。奖惩制度及执行包括以下内容:

(1)奖惩制度必须结合各责任中心的预算责任目标制定,体现公平、合理、有效的原则。

(2)要形成严格的考评机制。是否奖惩取决于考评的结果,考评是否正确直接影响奖惩制度的效力。严格的考评机制包括建立考评机构、确定考评程序、审查考评数据、依照制度进行考评和执行考评结果。

(3)要把过程考评与结果考核结合起来,把即时奖惩与期间奖惩结合起来。这一方面要求在财务控制过程中,随时考核各责任中心的责任执行情况,并依据考核结果当即奖惩;另一方面,要求一定时期终了(一般为年度),根据财务预算的执行实际结果,对各责任中心进行全面考评,并进行相应奖惩。

(六)全面预算控制

全面预算控制,是指以全面预算为手段,对企业财务收支和现金流量所进行的控制。全面预算应注意以下环节:(1)建立预算体系,包括确定预算目标、标准和程序;(2)预算的编制和审定;(3)预算指标的下达及相关责任人或部门的落实;(4)预算执行的授权;(5)预算执行过程的监督;(6)预算差异的分析与调整;(7)预算业绩的考核。

第二节　责任中心

责任中心,是指在企业内部具有一定的管理权限,承担相应经济责任,并能够严格控制经济责任指标的部门、单位或个人。责任中心的设置既是有效实施财务控制的重要形式,又是实施分权管理的必要条件。

分权管理是西方企业将庞大的组织机构分而治之的一种做法。第二次世界大战后,科学技术迅速发展,竞争的加剧促使资本进一步集中、企业规模进一步扩大,形成多元化经营格局和跨国经营的大公司。企业规模的扩大,一方面有效提高了企业的竞争力,另一方面也使企业内部的经营管理日趋复杂。传统的管理模式已不适用或效率低下,使直线职能制的集权管理改变成事业部制的分权管理成为必然。

企业实行分权管理,逐级下放权责后,企业所属各部门就成为许多责任中心。责任中心按其责任权限范围及业务活动的特点不同,可以分为收入中心、成本中心、利润中心和投资中心四大类,这四大类责任中心的区别在于控制的区域和责任范围不同。

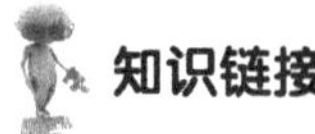

直线职能制是直线制与职能制的结合。它是在组织内部既有保证组织目标实现的直线部门,也有按专业分工设置的职能部门;但职能部门在这里的作用是作为该级直线领导者的参谋和助手,它不能对下级部门发布命令。

事业部制,就是按照企业所经营的事业,包括按产品、按地区、按顾客(市场)等来划分部门,设立若干事业部。事业部是在企业宏观领导下,拥有完全的经营自主权,实行独立经营、独立核算的部门,既是受公司控制的利润中心,具有利润生产和经营管理的职能,同时也是产品责任单位或市场责任单位,对产品设计、生产制造及销售活动担负有统一领导的职能。

课堂思考

举例说明直线职能制和事业部制。

一、责任中心设置的基本原则

(一)责权利相结合原则

责权利相结合原则要求明确各责任中心应承担的责任,同时赋予相应的管理权力,并根据其责任的履行情况给予适当的奖惩。一方面,责任中心的权限大小要与责任大小相匹配;另一方面,责任中心的利益大小要与其责任大小相适应。"责"是各个责任中心为完成目标所应当承担的经济责任,具有分工明确、责任界限清楚、可操作性强的特点,是三者的中心;"权"是各责任中心为完成目标所具备的人力、物力和财力安排的权力,是履行责任的保证;"利"是责任中心完成目标可以获得的物质利益,是不可缺少的激励因素。

(二)目标一致原则

目标一致原则就是要求各责任中心目标任务的完成要有助于企业总体目标的实现。因此,在确定责任目标、进行责任指标分解、制定业绩考核和评价标准时,应当与企业总体目标相吻合。同时要兼顾企业、部门单位和个人三者的利益,以便通过影响各级、各类责任者的行为而达到预定的总体目标,避免各自为政、单纯追求局部利益而损害企业整体利益的现象发生。

(三)公平原则

公平原则就是各责任中心之间相互经济利益的处理应该公平合理,应有利于调动各责任中心的积极性。根据这一原则,在编制责任中心责任预算时,应注意预算水平的协调性,避免出现诸如由于内部结算价格制定不当而导致不能"等价交换"等情况。贯彻公平原则,可以使责任中心在公平合理的条件下进行各自的生产经营活动,从而更好地实现企业总体目标。

(四)可控原则

可控原则,是指责任中心只能对其可控制和管理的经济活动负责。各责任中心对其权力可以控制的经济活动必须负责,对其权力以外,以及控制不了的经济活动不承担经济责任,以便企业管理当局对各责任中心的工作业绩与经营成果进行正确的监控、评价和考核。在考核中,还应尽可能排除责任中心不可控因素的互相影响,避免出现职责不清、互相混淆的状态。

二、收入中心

收入中心,是指对收入负责的责任中心,其特点是只对收入负责,不对成本负责,因此,对收入中心只考核其收入实现情况。收入中心是为了组织营销活动而设置的,典型的收入中心是公司的销售部门。各销售收入中心的汇总收入构成了整个企业的收入,因此,各收入中心的目标营业额是否能够实现,直接影响企业整体经营目标,尤其是利润目标的实现。所以,加强对各收入中心销售收入目标的控制非常重要。

收入中心主要对销售收入负责。由于现金在企业财务活动中具有重要作用,因此,收入中心的职责不仅包括将产品或劳务推向市场,还包括保证现金回收率、降低坏账比例等。具体而言,收入中心的考核指标包括销售收入目标完成百分比、销货款回收平均天数和坏账发生率等。

(一)收入中心的考核指标

1. 销售收入目标完成百分比

销售收入目标完成百分比,是将实际实现的销售收入与目标销售收入相比较,以考核销售收入的目标完成情况,这个指标是收入中心最主要的业绩评价指标。其计算公式如下:

$$\text{销售收入目标完成百分比}=\frac{\text{实际实现的销售收入}}{\text{目标销售收入}}\times 100\%$$

2. 销货款回收平均天数

销货款回收平均天数,是评价收入中心回收销售款项是否及时的指标。企业在经营过程中,经营活动是否顺利进行和发展,资金是一个重要的因素,因此,确保销售货款的及时回收是收入中心的重要职责。企业的销售过程是成品资金向货币资金转化的过程,在这个过程中,销售收入的资金能否及时收回,对企业资金的正常周转将产生重要影响。

这一指标的计算是将每一笔销售收入分别乘以该收货款的回收天数,即自收入的确认至货款的收到之间的日期,加总后除以全部销售收入。其计算公式如下:

$$销货款回收平均天数=\frac{\sum 销售收入\times 回收天数}{销售收入}$$

将实际销货款回收平均天数与计划天数相比较，能反映该收入中心销售款项的及时收回情况，从而促进收入中心加速资金回收，提高资金使用效率。

课堂思考

计算销货款回收平均天数时，是否应将本期收回的以前年度的销货款，以及本期现销额包括在内？

3. 坏账发生率

坏账发生率这一指标主要用来评价收入中心在履行其职责过程中因工作失误而导致应收账款发生损失的情况。销售产品或提供劳务的企业发生坏账的情况是不可避免的，但是，各收入中心仍然有责任来控制坏账的发生，以使企业尽量避免损失。对收入中心来说，正确判断客户的付款能力是其经营业务中的基本职责，因此，收入中心应重视控制坏账的发生。坏账发生率的计算公式如下：

$$坏账发生率=\frac{当期坏账发生数}{当期销售收入}\times 100\%$$

以坏账发生率来评价收入中心的业绩，能够促使收入中心在经营过程中保持认真谨慎的态度。

除了以上指标以外，销售中心还应提供销售数量、产品结构等数据供管理层考核评价。

销售部门等作为纯粹的收入中心不核算成本的一个重要原因是：在传统的成本计算法下，无论是其销售产品的成本还是提供劳务的成本都不能准确计量，由于缺乏配比信息，因此也就无法对其利润进行评估。但随着作业成本法以及战略成本管理法在公司中的应用，对于营销费用也可以按照作业进行准确核算，以计算与评价利润，从而有可能将收入中心转化为利润中心。因此，收入中心在分权化管理中的地位和作用将逐渐减小。

(二)收入中心的控制

对收入中心的控制，主要包括三个方面：

1. 控制企业销售目标的实现

(1)核查各收入中心的分目标与企业整体的销售目标是否协调一致。保证依据企业整体目标利润所确定的销售目标得到落实。

(2)检查各收入中心是否为实现其销售分目标制定了确实可行的推销措施，包括推销策略、推销手段、推销方法、推销技术、推销力量，以及了解掌握市场行情等。

2. 控制销售收入的资金回收

销售过程是企业的成品资金向货币资金转化的过程，对销售款回收的控制要求主要有：

(1)各收入中心对货款的回收必须建有完善的控制制度，包括对销售人员是否都定有明确的收款责任制度，对已过付款期限的客户是否定有催款制度。

(2)对销货款的回收列入各收入中心的考核范围，将收入中心各推销人员的个人利益与销货款的回收情况有效地结合起来考核。

(3) 收入中心与财务部门应建立有效的联系制度，以及时掌握销货款的回收情况。

3. 控制坏账的发生

企业发生坏账，造成坏账损失是一种很正常的现象。对于坏账的控制要求主要有：

(1)企业的每项销售业务都要签订销售合同，并在合同中对有关付款的条款作明确的陈述。

(2)在发生销售业务时，特别是与一些不熟悉的客户初次发生重要交易时，必须对客户的信用情况、财务状况、付款能力和经营情况等进行详细的了解，以预测销货款的安全性和及时回收的可能性。

课堂思考

收入中心的考核指标有哪些？收入中心是否进行成本核算？

三、成本中心

成本中心，是指对职权范围内发生的成本或费用承担经济责任的责任中心。成本中心往往没有收入，其职责是用一定的成本去完成规定的具体任务。成本中心一般包括产品生产的生产部门、提供劳务的部门和有一定费用控制指标的企业管理部门。

成本中心是责任中心中应用最为广泛的一种责任中心形式。任何发生成本的责任领域，都可以确定为成本中心，上至企业，下至车间、工段、班组，甚至个人都可以划分为成本中心。成本中心的规模不一，一个成本中心可以由若干个更小的成本中心组成，因而在企业可以形成一个逐级控制，并层层负责的成本中心体系。

（一）成本中心的类型

广义的成本中心有两种类型：标准成本中心和费用中心。狭义的成本中心将标准成本中心划分为基本成本中心和复合成本中心两种。前者是指没有下属的成本中心，属于较低层次的成本中心；后者是指有若干个下属的成本中心，属于较高层次的成本中心。

1. 标准成本中心

标准成本中心，是以实际产出量为基础，并按标准成本进行成本控制的成本中心。通常，制造业的工厂、车间、工段、班组等是典型的标准成本中心。在产品生产中，这类成本中心的投入与产出有着明确的函数对应关系，它不仅能够计量产品产出的实际数量，而且每个产品因有明确的原材料、人工和制造费用的数量标准和价格标准，从而对生产过程实施有效的弹性成本控制。

实际上，任何一项重复性活动，只要能够计量产出的实际数量，并且能够建立起投入与产出之间的函数关系，都可以作为标准成本中心。因此，各种行业都可以建立标准成本中心。银行根据经手支票的多少，医院根据接受检查或放射治疗的人数，快餐业根据售出盒饭的多少，都可以建立标准成本中心。

2. 费用中心

费用中心，是指产出物不能以财务指标衡量，或者投入与产出之间没有密切关系的有费用发生的单位。通常包括一般行政管理部门，如会计、人事、劳资、计划等；研究开发部门，如设备改造、新产品研制等；某些销售部门，如广告、宣传、仓储等。一般行政管理部门的产出难以度量，研究开发和销售活动的投入量与产出量没有密切的联系。

对于费用中心，唯一可以准确计量的是实际费用，无法通过投入和产出的比较来评价其效果和效率，从而限制无效费用的支出，因此，有人称之为“无限制的费用中心”。另外，费用中心的费用控制应重在预算总额的审批上。

（二）成本中心的责任成本与可控成本

由成本中心承担的责任成本必须是可控成本。基本成本中心的责任成本就是其可控成本，复合成本中心的责任成本既包括本中心的责任成本，也包括下属成本中心的责任成本，各成本中心的可控成本之和即是企业的总成本。

在特定时期，凡是责任中心能够控制的各种耗费为可控成本，责任中心不能控制的成本就是不可控成本。可控成本有以下几个特征：(1)责任中心能够通过一定的方式预知成本的发生。(2)责任中心能够对发生的成本进行计量。(3)责任中心能够通过自己的行为对这些成本加以调整。凡不能同时满足上述条件的成本就是不可控成本。对于特定成本中心来说，它不应当承担不可控成本的相应责任。

正确判断成本的可控性是成本中心承担责任成本的前提。对成本的可控性理解还应注意以下几个方面：

1. 责任中心权力层次和管辖范围影响成本的可控与否

成本的可控性总是与特定责任中心相关，与责任中心所处管理层次的高低、管理权限及控制范围的大小有直接关系。

(1)成本的可控性要受到责任中心层次高低的影响。有些成本对于较高层次的责任中心来说属于可控成本，而对于其下属的较低层次的责任中心来讲，可能就是不可控成本。比如，车间主任的工资，尽管要计入产品成本，但不是车间的可控成本，而它的上级则可以控制。属于较低层次责任中心的可控成本，则一定是其所属较高层次责任中心的可控成本；至于下级责任中心的某项不可控成本，对于上一级的责任中心来说，就有两种可能，要么仍然属于不可控成本，要么属于可控成本。

(2)成本的可控性要受到管理权限和控制范围的约束。同一成本项目，对于某一责任中心来讲是可控成本，而对于处在同一层次的另一责任中心来讲却是不可控成本。比如，广告费对于销售部门是可控的，但对于生产部门却是不可控的；又如，直接材料的价格差异对于采购部门来说是可控的，但对于生产耗用部门却是不可控的。

2. 时间范围影响成本的可控与否

一般来说，在消耗或支付的当期，成本是可控的，一旦消耗或支付就不再可控了。例如，公司租赁费的成本是过去决策的结果，该项费用在签订租约时是可控的，而执行契约时就无法控制了。成本的可控性是一个动态概念，随着时间的推移，成本的可控性还会随企业管理条件的变化而变化。例如，某成本中心管理人员工资过去是不可控成本，但随着用工制度的改革，该责任中心既能决定工资水平，又能决定用工人数，则管理人员工资成本就转化为可控成本了。

从整个企业的空间范围和较长时间来看，所有的成本都是人的某种决策或行为的结果，都是可控的。但是对于特定的人或时间来说，则有些是可控的，有些是不可控的。

知识链接

成本的可控性与成本性态和成本可辨认性的关系如下：

一般来讲，一个成本中心的变动成本大多是可控成本，固定成本大多是不可控成本；直接成本大多是可控成本，间接成本大多是不可控成本。但实际上也并不完全如此，需要结合有关情况具体分析。例如，广告费、研发费、教育培训费等酌量性固定成本是可控的；某个成本中心所使用的固定资产的折旧费是直接成本，但由于部门经理无权处理有关资产，则是不可控的。

(三)成本中心的责任成本与产品成本

成本中心的责任成本核算不同于传统的产品成本核算，承担责任成本还必须了解两个成本的区别与联系。责任成本和产品成本两者的主要区别有：

1. 成本核算对象不同

责任成本是以责任中心为对象归集生产或经营管理费用；而产品成本是以一定种类或批次的产品为计算对象。

2. 成本核算原则不同

责任成本的核算原则是“谁负责，谁承担”，承担责任成本的是“人”；而产品成本的核算原则是“谁受益，谁承担”，承担产品成本的是“物”。

3. 成本核算内容不同

责任成本的核算内容只包括可控成本，不可控成本只作为参考指标；而产品成本既包括可控成本，又包括不可控成本，只要归属于产品的，都是产品成本。

4. 成本核算目的不同

责任成本核算是进行成本控制和成本考核的重要手段，其目的是为了评价和考核责任预算的执行情况；而产品成本核算是为了考核成本计划完成情况及计算利润，并为制定产品价格提供依据，是实施经济核算制的重要手段。

责任成本与产品成本虽有区别，但两者又有密切的联系。首先，两者核算的原始成本信息是相同的，只是加工整理的主体不同；其次，两者归集的成本都是企业生产经营过程中实际发生的耗费。

课堂思考

如何区分成本中心责任成本与可控成本及产品成本？

(四)成本中心的考核指标

由于成本中心只对责任成本负责，对其评价和考核的主要内容是责任成本，即通过各责任成本中心的实际成本与预算责任成本的比较，以此评价各成本中心责任预算的执行情况。成本中心的考核指标包括责任成本变动额和责任成本变动率两个指标。其计算公式如下：

$$\text{责任成本变动额}=\text{实际责任成本}-\text{预算责任成本}$$

$$\text{责任成本变动率}=\frac{\text{责任成本变动额}}{\text{预算责任成本}}\times 100\%$$

在进行成本中心考核时，如果预算产量与实际产量不一致，应按弹性预算的方法进行调整预算指标，然后再按上述指标进行计算。

知识链接

弹性预算，是指在编制费用预算时，预先估计到计划期间业务量可能发生的变动，在成本习性分析的基础上，以业务量、成本和利润之间的依存关系为依据，按照预算期可预见的多种业务量水平编制出一套适用于多种业务量的费用预算，以便分别反映各种业务量情况下所应开支的费用水平。编制弹性预算所依据的业务量可以是产量、销售量、直接人工工时、机器工时、材料消耗量和直接人工工资等。

【例 13—1】 天目公司一车间生产 A 产品，该车间为一个成本中心，预算产量为 4 000 件，单位成本为 100 元；实际产量为 5 000 件，单位成本为 95 元。

要求：计算该成本中心的责任成本变动额以及责任成本变动率。

在评价该成本中心的业绩时，由于预算产量与实际产量不一致，还应按弹性预算的方法，根据实际产量对预算责任成本进行调整，从而做出合理的评价。因此，该车间按照实际产量调整的责任成本分析如下：

预算责任成本应调整为：$100\times 5\ 000=500\ 000$(元)

责任成本变动额$=95\times 5\ 000-500\ 000=-25\ 000$(元)

$$\text{责任成本变动率}=\frac{-25\ 000}{100\times 5\ 000}\times 100\%=-5\%$$

(五)成本中心责任报告

成本中心责任报告是以实际产量为基础，反映责任成本预算实际执行情况，揭示实际责任成本与预算责任成本差异的内部报告。由于各责任中心是逐级设置的，因而责任报告也应是自下而上，从最基层的成本中心逐级向上汇总，直至最高管理层。每一级的责任报告，除最基层只有本身的可控成本外，都应包括下属单位转来的责任成本和本身的可控成本。成本中心通过编制责任报告，以反映、考核和评价责任中心责任成本预算的执行情况。表 13－1 是成本中心责任报告参照表。

表 13－1　　　　成本中心责任报告

成本中心　　　　　　　　　　年　　月　　日　　　　　　　　　　单位：元

项　目	实际数	预算数	差　异	差异原因
下属单位转来的责任成本(1)				
本单位的可控成本(2)				
本单位的责任成本合计 (3)＝(1)＋(2)				

财务主管：　　　　　　复核：　　　　　　制单：

课堂思考

运用所学知识，请简要说明设计成本中心责任报告需要考虑的内容。

四、利润中心

利润中心，是指既对成本负责，又对收入和利润负责的责任中心，具有独立或相对独立的收入和生产经营决策权，但没有责任或没有权利决定该中心资产投资水平。利润中心相对于成本中心和收入中心，由于不仅要降低成本，还要提高收入，因此，其权力和责任都相对较大，一般具有独立的经营权。

(一)利润中心的类型

按照收入来源的性质不同，利润中心可分为自然利润中心和人为利润中心两类。

1. 自然利润中心

自然利润中心，是指能直接对外销售产品或提供劳务，取得实际收入的利润中心，如分公司、分厂等。这类责任中心一般具有独立的产品销售权、价格制定权、材料采购权及生产决策权，它和独立企业一样，可以在外界市场上销售产品或劳务取得收入，赚取利润。例如，某些公司采用事业部制，每个事业部均有销售、生产、采购的职能，具有很大的独立性，这些事业部就是自然利润中心。

2. 人为利润中心

人为利润中心，是指不直接对外销售产品或提供劳务，而是在企业内部各责任中心之间按照内部转移价格，相互提供产品或劳务而形成的利润中心。这类责任中心一般也具有相对独立的经营管理权，即能够自主决定本利润中心生产的产品品种(含劳务)、产品产量、作业方法、人员调配、资金使用等。但这些部门提供的产品或劳务主要在企业内部转移，很少对外销售。例如，大型钢铁公司分为采矿、炼铁、炼钢、轧钢等几个部门，这些生产部门的产品主要是在公司内部转移，它们只有少量的对外销售，或者全部对外销售由专门的销售机构去完成，这些生产部门可以视为人为利润中心。

知识链接

利润中心被看成是一个可以用利润衡量其一定时期业绩的组织单位。但是，并不是可以计量利润的组织单位都是真正意义上的利润中心。利润中心组织的真正目的是激励下级制定有利于整个公司的决策并努力工作。仅仅规定一个组织单位的产品价格并把投入的成本归集到该单位，并不能使该组织单位具有自主权或独立性，则不能构成利润中心。

(二)利润中心的考核指标

利润中心既要对其发生的成本负责，又要对其发生的收入和实现的利润负责。对利润中心进行考核的指标主要是利润,利润并不是一个十分具体的概念,在这个名词前加上不同的定语,可以得出不同的概念。在评价利润中心业绩时,主要有以下四个指标:部门边际贡献、可控边际贡献、部门可控利润、部门税前利润。现以【例 13—2】分别对这些指标进行讨论。

【例 13—2】 已知飞马公司内部某一生产车间生产经营甲产品,公司对该车间实行利润中心财务控制,20×9 年有关数据见表 13—2。

表 13—2 **飞马公司某利润中心的利润** 单位:元

项　目	成本费用	收　益	作　用
销售收入		6 000	
变动成本	4 000		
(1)部门边际贡献		2 000	
可控固定成本	320		
(2)可控边际贡献		1 680	评价部门经理经营业绩
不可控固定成本	480		
(3)部门可控利润		1 200	评价部门业绩
分配的企业共同费用	300		
(4)部门税前利润		900	提醒部门经理注意共同成本

1. 部门边际贡献

部门边际贡献,又称边际贡献,是部门营业收入与部门变动成本之间的差额,这里指的是边际贡献总额。由表 13—2 易知,该公司部门边际贡献总额为 2 000 元,如果将部门边际贡献作为业绩评价依据,是不够全面的。这是因为,部门经理可以控制某些固定成本,并且在固定成本和变动成本的划分上有一定选择余地。如果以部门边际贡献为评价依据,可能导致部门经理尽可能多地支付固定成本以减少变动成本支出,从而提高部门边际贡献,尽管这样做并不能降低总成本。

2. 可控边际贡献

可控边际贡献,又称部门经理可控边际,是部门经理在其权责范围内有能力控制的利润。该指标将部门可控固定成本也考虑在内,其计算公式如下:

可控边际贡献=部门营业收入总额－部门变动成本总额－部门经理可控固定成本
=部门边际贡献－部门经理可控固定成本

可控边际贡献反映了部门经理在其权限和控制范围内有效使用资源的能力,部门经理可以控制收入以及变动成本和部分固定成本,从而可以对可控边际贡献承担责任,通常是考核部门经理经营业绩最主要的指标。与此同时,该指标也是最符合责任利润概念的指标,通常是考核利润中心业绩最主要的指标。在【例 13—2】中,以可控边际贡献 1 680 元作为业绩评价依据,可能是最好的。

这一衡量标准的主要问题是可控固定成本和不可控固定成本的区分比较困难。例如,雇员的工资水平通常是由公司集中决定的,如果部门经理有权决定本部门雇用职工的人数,那么工资是其可控成本;如果部门经理既不能决定工资水平,又不能决定雇员人数,则工资是不可控成本。

3. 部门可控利润

部门可控利润反映了利润中心补偿共同性固定成本后为整个企业实际做出的贡献,有利于确定利润中心应有的客观地位。其计算公式如下:

部门可控利润=可控边际贡献－部门经理不可控固定成本

该指标主要用于对部门业绩的评价与考核,从而决定该部门的取舍,而不适合于对部门经理的评价,这是因为一些固定成本超出了经理人员的控制范围,是过去最高管理层投资决策的结果,现在的部门经理已较难改变。在【例13—2】中,以部门可控利润1 200元作为业绩评价依据,更适合评价该部门对公司和管理费用的贡献。

4. 部门税前利润

部门税前利润是将部门可控利润调整到与整个企业税前利润相一致的指标,意在提醒部门经理注意各部门提供的可控利润必须抵补总部的管理费用,否则公司作为一个整体就不会盈利。以部门税前利润指标评价利润中心的业绩,能够促使各个利润中心自觉地为实现企业整体目标而努力。其计算公式如下:

部门税前利润=部门可控利润-分配的公司管理费用

企业采用部门税前利润评价利润中心的业绩会存在一定的缺陷。首先,公司总部的管理费用是部门经理无法控制的成本,由于分配公司管理费用而引起部门利润的不利变化,不能由部门经理负责。其次,分配给各部门的管理费用的计算方法常常是任意的,部门本身的活动和分配来的管理费用高低并没有因果关系。普遍采用的销售百分比等,会使其他部门分配基数的变化影响本部门分配管理费用的数额。其实,通过给每个部门建立一个期望达到的可控边际贡献标准,可以更好地达到上述目的。这样,部门经理可集中精力增加收入并降低可控成本,而不必在分析那些他们不可控的分配来的管理费用上花费精力。

应该注意的是,采用利润作为评价指标存在两个缺陷:其一,利润只是一个概括性的指标,只能概括地反映该利润中心对企业所做的贡献,员工无法直接了解如何才能提高本部门的业绩。其二,利润是一个短期指标,容易被操纵,可能导致部门管理人员注重部门的眼前利润而牺牲企业的长期利益,如不注重质量管理、忽视员工的培训等。因此,对于利润中心的评价,可以采取一些非货币的衡量方法作为补充,如顾客满意度、市场地位、产品和服务的质量、员工满意度和保持力、社会责任等。

课堂思考

用于部门经理的业绩和部门业绩考核的指标分别是什么?为什么?

(三)利润中心责任报告

利润中心通过编制责任报告,可以集中反映利润预算的完成情况,并对其产生差异的原因进行具体分析。表13—3是利润中心责任报告参照表。

表13—3 **利润中心责任报告**

利润中心 年 月 日 单位:元

项 目	预算数	实际数	差 异	差异原因
营业收入				
变动成本				
部门边际贡献				
部门可控固定成本				
责任利润				
部门不可控固定成本				
部门可控利润				
分配的共同成本				
部门税前利润				

财务主管: 复核: 制单:

五、投资中心

投资中心，是指既对成本、收入和利润负责，又对投资效果负责的责任中心。投资中心和利润中心的主要区别是：利润中心没有投资决策权，需要在企业确定投资方向后组织具体的经营；而投资中心则不仅在产品生产和销售上享有较大的自主权，而且具有投资决策权，能够相对独立地运用其所掌握的资金，有权购置或处理固定资产，扩大或削减现有的生产能力。投资中心是最高层次的责任中心，它具有最大的决策权，也承担最大的责任。一般而言，大型集团所属的子公司、分公司、事业部往往都是投资中心。投资中心必然是利润中心，但利润中心并不都是投资中心。

（一）投资中心的考核指标

评价投资中心业绩的指标，通常有投资报酬率和剩余收益两种。

1. 投资报酬率

投资报酬率，是指投资中心所获得的利润与投资额之间的比率，用以反映投资中心的综合盈利能力，是最常见的考核投资中心业绩的指标。该指标对外部投资者和内部业绩考核都有着较高的价值。对外，投资报酬率是投资者用来衡量公司是否健康运转的指示器，投资报酬率的提高会使公司的股票价格升高，从而实现投资收益；对内，投资报酬率可用来评价各分部的相对业绩。其计算公式为：

$$\text{投资报酬率}=\frac{\text{利润}}{\text{投资额}}\times 100\%$$

式中，投资额为生产经营中占用的全部资产，因资金来源中包含了负债，相应分子也要采用息税前利润，即扣除利息费用和所得税费用之前的利润。根据杜邦分析法，投资报酬率指标还可以分解为资产周转率和销售利润率两者的乘积，并可进一步分解为资产的明细项目和收支的明细项目，从而对整个部门的经营状况做出评价。

$$\begin{aligned}\text{投资报酬率}&=\frac{\text{销售收入}}{\text{资产}}\times\frac{\text{利润}}{\text{销售收入}}\times 100\%\\&=\text{资产周转率}\times\text{销售利润率}\times 100\%\end{aligned}$$

值得说明的是，由于利润为期间指标，故上述总资产占用额应按平均占用额计算，通常采用期初数加期末数除以 2。

知识链接

为了考核投资中心的产权资金运用情况，也可以计算投资中心的净资产报酬率。它是投资中心的净利润与平均净资产的比率。净资产是指资产扣除负债后的余额，主要说明投资中心运用公司产权资金所取得的利润对企业整体利润贡献的大小。

企业采用投资报酬率作为评价投资中心业绩的指标，有如下优点：投资报酬率能反映投资中心的综合盈利能力，且由于剔除了因投资额不同而导致的利润差异的不可比因素，因而具有横向可比性，有利于判断各投资中心经营业绩的优劣；此外，投资报酬率可以作为选择投资机会的依据，有利于优化资源配置。

这一评价指标最大的局限性在于缺乏全局观念。当一个投资项目的投资报酬率低于某投资中心的投资报酬率而高于整个企业的投资报酬率时，虽然企业希望接受这个投资项目，但该投资中心可能拒绝该项目；或者投资中心以减少现有的投资报酬率较低的某些资产，使部门业绩获得较好的评价，从而损害公司整体利益。

【例 13－3】 红河彩印股份有限公司有 A、B 两个部门，现以其作为投资中心进行业绩考核，有关数据如表 13－4 所示。

表 13—4 红河彩印公司投资中心相关资料 单位:元

项 目	A 部门	B 部门
息税前利润	43 200	36 000
年初资产总额	340 000	210 000
年末资产总额	380 000	240 000
投资额	360 000	225 000

A 部门的投资报酬率$=\frac{43\ 200}{360\ 000}\times100\%=12\%$

B 部门的投资报酬率$=\frac{36\ 000}{225\ 000}\times100\%=16\%$

(1)假设该公司要求的投资报酬率为 11%。B 部门经理面临一个投资报酬率为 13%的投资机会,投资额为 40 000 元,每年部门息税前利润为 5 200 元。站在整个公司的利益,由于投资报酬率高于公司要求的报酬率,应当利用该投资机会,但是该项目却使 B 部门的投资报酬率由过去的 16%下降为 15.55%。

投资报酬率$=\frac{36\ 000+5\ 200}{225\ 000+40\ 000}\times100\%=15.55\%$

因此,B 部门可能选择放弃该投资机会。

(2)假设 B 部门现有一项经营资产价值 20 000 元,每年可获利 2 600 元,投资报酬率为 13%,高于公司要求的报酬率,但 B 部门经理如果放弃该项资产,其报酬率反而提高:

投资报酬率$=\frac{36\ 000-2\ 600}{225\ 000-20\ 000}\times100\%=16.29\%$

因此,B 部门经理可能为了提高部门的投资报酬率,愿意放弃该项资产。

当使用投资报酬率作为业绩评价标准时,部门经理可以通过加大公式分子或减少公式分母来提高该指标。实际上,减少分母更容易实现。这样做,会失去可以扩大股东财富的项目,也容易使企业进入“死胡同”。从引导部门经理采取与公司总体利益一致的决策来看,投资报酬率并不是评价投资中心业绩的一个很好的指标。

课堂思考

以投资报酬率的高低衡量、考核和评价投资中心的绩效有何积极意义?

2. 剩余收益

为了使投资中心的局部目标与企业的总体目标保持一致,弥补投资报酬率指标的不足,还可以采用剩余收益指标来评价、考核投资中心的业绩。

剩余收益,是指投资中心获得的利润,扣除投资额按预期(或要求)的最低投资报酬率计算的投资报酬后的余额。该指标是由通用电气公司首先推广实施的。其计算公式如下:

剩余收益=利润−投资额×预期最低投资报酬率

=投资额×(部门投资报酬率−预期最低投资报酬率)

以剩余收益作为投资中心业绩评价指标,各投资中心只要投资报酬率大于预期最低投资报酬率,即剩余收益大于零,该投资项目就是可行的。剩余收益是一个绝对数指标,指标越大,说明投资效果越好。该指标的主要优点在于,可以使投资中心的业绩评价与公司的目标协调一致,引导部门经理采纳与公司总体利益一致的决策。

【例 13—4】 续例【例 13—3】,假设 A 部门要求的报酬率为 10%,B 部门的风险较高,其要求的报酬率为12.8%。

A部门的剩余收益＝43 200－360 000×10%＝7 200(元)

B部门的剩余收益＝36 000－225 000×12.8%＝7 200(元)

B部门经理如果采纳前面提到的投资机会(投资报酬率为13%,投资额为40 000元,每年可获利5 200元),可以增加部门剩余收益:

采纳投资方案后的剩余收益＝(36 000＋5 200)－(225 000＋40 000)×12.8%＝7 280(元)

故,部门收益将会增加80元(7 280－7 200)。

B部门经理如果采纳前面提到的减少一项现有资产的方案(价值20 000元,每年可获利2 600元),则会减少部门剩余收益:

采纳减资方案后的剩余收益＝(36 000－2 600)－(225 000－20 000)×12.8%＝7 160(元)

故,部门收益将会减少40元(7 160－7 200)。

由此,B部门经理会采纳投资方案而放弃减资方案,与公司总目标一致。

剩余收益指标也有它的缺点。首先,它是一个绝对数指标,不利于不同规模责任中心之间的比较,以这种方法作为业绩衡量标准对于规模较大的责任中心来讲,由于其投资金额基数较大,因此,计算的剩余收益也较大,评价结果会更加有利。其次,这一指标未能反映现金的增量流进,而对于责任中心来说,其决策的标准不仅是增加账面上的会计利润,更重要的是能够带来实际的现金增量流入。

课堂思考

相对于投资报酬率,以剩余收益的多少衡量、考核和评价投资中心的绩效有何优缺点?

(二)投资中心责任报告

投资中心责任报告的结构与成本中心和利润中心类似。通过编制投资中心责任报告,可以反映该投资中心投资业绩的具体情况。表13－5是投资中心责任报告参照表。

表13－5　　**投资中心责任报告**

投资中心　　年　月　日　　单位:元

项　目	预算数	实际数	差　异	差异原因
部门息税前利润(1)				
投资额(2)				
投资报酬率(3)＝(1)/(2)				
按最低投资报酬率 a%计算的投资报酬(4)＝(2)×a%				
剩余收益(5)＝(1)－(4)				

财务主管:　　复核:　　制单:

第三节　内部转移价格

企业内部各责任单位既相互联系又相互独立地开展各自的活动,它们经常相互提供产品和劳务。为了正确评价企业内部各责任中心的经营业绩,明确区分各自的经济责任,使各责任中心的业绩考核建立在客观而可比的基础上,企业必须根据各责任中心业务活动的具体特点,正确制定企业内部的转移价格。

一、内部转移价格的概念及作用

内部转移价格，是指企业内部各责任中心之间转移中间产品或相互提供劳务，而发生内部结算和进行内部责任结转所使用的计价标准。例如，上一道工序加工完成的产品转移到下一道工序继续加工；辅助生产部门为基本生产车间提供劳务等，都是一个责任中心向另一个责任中心“出售”产品或提供劳务，都必须采用内部转移价格进行结算。又如，某工厂生产车间与材料采购部门是两个成本中心，若生产车间所耗用的原材料由于质量不符合原定标准，而发生的超过消耗定额的不利差异，也应由生产车间以内部转移价格结转给采购部门。

在任何企业中，各责任中心之间的相互结算，以及责任成本的转账业务都是经常发生的，它们都需要依赖一个公正、合理的内部转移价格作为计价标准。由于内部转移价格对于提供产品或劳务的生产部门来说表示收入，对于使用这些产品或劳务的购买部门来说表示成本，所以，这种内部转移价格有两个明显的特征：

(1)在内部转移价格一定的情况下，卖方必须不断改善经营管理，降低成本和费用，以其收入抵偿支出，取得更多利润。买方则必须在一定的购置成本下，千方百计地降低再生产成本，提高产品或劳务的质量，争取较高的经济效益。

(2)内部转移价格所影响的买卖双方都存在于同一企业中，在其他条件不变的情况下，内部转移价格的变化会使买卖双方的收入或内部利润向相反方向变化，但就企业整体来看，内部转移价格无论怎样变化，企业总利润是不变的，变动的只是内部利润在各责任中心之间的分配份额。

公司制定内部转移价格的目的也有两个：一是防止成本转移带来的部门间责任转嫁，使每个责任中心都能够作为单独的组织单位进行业绩评价；二是作为一种价格，引导下级部门采取明智的决策，生产部门据此确定提供产品的数量，购买部门据此确定所需要的产品数量。但是，这两个目的往往有矛盾。能够满足评价部门业绩的转移价格，可能引导部门经理采取并非对公司最理想的决策；而能够正确引导部门经理的转移价格，可能使某个部门获利水平很高而另一个部门亏损。我们很难找到理想的转移价格来兼顾业绩评价和制定决策，而只能根据公司的具体情况选择基本满意的解决办法。

知识链接

20世纪70年代中期，英国里丁大学的巴克利和卡森及拉格曼提出了内部化理论。该理论把市场不完全性作为分析研究问题的基本前提，指出市场不完全或垄断因素存在会导致企业参加市场交易的成本上升，企业就会创造内部市场进行交易。这里所指的市场不完全性主要是指中间产品市场，包括半成品，特别是技术、信息(渠道)、营销技巧、管理方式和经验等无形资产市场的不完全性。市场不完全性导致许多交易无法通过外部市场来实现，即使实现，企业也要承担较高的交易成本，必然促使企业创造其内部市场进行交易，企业便获得了扩张力。这一内部化过程如果跨越了国界就是对外直接投资。跨国企业对外直接投资的真正动因和优势是企业通过内部组织体系和信息传递网络以较低成本在内部转移这种优势的能力，并不是企业特有技术优势的本身。

该理论提供了与垄断优势理论不同的研究思路，其理论有力地解释和推动了20世纪70年代以来迅速发展的跨国直接投资行为，一度被称为跨国公司理论的核心，至今仍然是对外直接投资的主流理论之一。

二、内部转移价格制定原则

(一)全局性原则

制定内部转移价格应强调集团企业的整体利益。由于内部转移价格直接关系到各子公司经济利益的大小,各子公司在实施过程中发现对自己不利时,会改变行为,从而偏离原定目标,或引起内部矛盾与冲突,使集团企业整体的协调性下降,进而影响企业集团的整体利益。站在企业集团角度上,各责任中心应选择牺牲局部利益来维护企业集团的大利益。

(二)自主性原则

高层管理者不应干预各个部门经理的决策自由。在整体利益最大化的前提下,各部门有一定的做出决策的自主权。公司高层直接干涉分部制定具体的转移价格并不可取,但是,由它制定一些通用的指导方法是适宜的。

(三)公平性原则

没有任何一个部门经理可以牺牲其他部门的利益为代价而获利。内部转移价格的制定应避免主观随意性,客观公正地反映各部门的业绩,进行准确的考核和相应的激励,以调动各部门的工作积极性,促使各部门服从整体利益,并以最大努力来完成目标。

(四)重要性原则

企业需要制定的内部转移价格的对象往往成百上万,甚至更多。企业制定内部转移价格时,应"大宗细,零星简",对那些品种少,但价格大、耗用频繁的对象,尽可能科学地计算,从严定价;对一些品种多,但价低量多的对象,可以从简定价。

三、内部转移价格的种类

内部转移价格主要有市场价格、协商价格、双重价格和以成本为基础的内部转移价格四种。

(一)市场价格

中间产品存在完全竞争市场条件的情况下,一般采用市场价格作为内部转移价格。完全竞争的假设,意味着购买部门可以从外界供应商那里获得任意数量的产品,生产部门也可以向外界顾客销售任意数量的产品,能够促使企业内部各部门参加市场竞争,对双方都是公正的。因此,市场价格是较为理想的转让价格。

一般来说,以市场价格为基础制定的内部转移价格不得高于外部市场价格,而是按照市场价格减去外销费用作为内部转移价格。对于生产部门而言,可以节省大量的销售费用和收款费用,能节省交货、提供服务或保修等费用,还没有应收账款信用风险问题,因此较外销更有利;对于购买部门而言,从企业内部购入所需的产品,可以节省大量的采购运输费,并且能够在时间和质量上得到更加可靠的保证,因此,也较外购更有利。既然对转让双方都有利,当然就会给企业带来更好的经济效益。

如果不考虑其他更复杂的因素,购买部门应当选择从企业内部取得产品,而不是从外部采购;并且,在采用市价作为计价基础时,为了保证各责任中心的竞争建立在与企业的总目标一致的基础上,如果卖方愿意对内销售,且售价不高于市价时,买方有购买的义务,而不得拒绝。但是,如果生产部门在采用这种转移价格的情况下长期亏损,公司最好停止生产此产品,让使用部门直接到外部采购。

然而,以市场价格作为内部转让价格面临一定的困难:由于企业内部相互转让的产品或提供的劳务,往往为企业专门生产,有特定的规格,或需要经过进一步的加工才能出售,因而部门之间提供的中间产品不一定存在一个完全竞争的市场,即使有,市场价格也可能随市场变化。

知识链接

在西方国家，通常认为市场价格是制定内部转移价格的最好依据。因为市场价格客观公正，对买卖双方无所偏袒，而且还能激励卖方努力改善经营管理，不断降低成本，在企业内部创造一种竞争的市场环境，让每个利润中心都成为名副其实的独立生产经营单位，以利于相互竞争，最终通过利润指标来考核和评价其工作成果。

(二)协商价格

为了克服市场价格的缺陷，即当中间产品存在外部市场，但并不是完全竞争市场时，转让双方可以以外部市场价格为参照，采用协商的办法来确定转移价格，即协商价格。买卖双方可以就转移产品的价格、数量、质量和时间进行协商并设法取得一致意见。

比如，在不完全竞争市场中，销售部门能在满足了所有外部需求后仍有闲置生产能力，此时，中间产品的内部转移可以使其充分利用这部分生产能力，使自身获利，同时也使得公司整体获利。这种情况下，对于销售部门，只要产品的转移价高于生产中间产品的变动成本就能获益；对于采购部门，只有当中间产品的转移价低于市场价时，采购部门才会积极从内部购买并从中获益，所以，这时协商价格位于市价和变动成本之间为最佳。

通常，协商价格需要对市场价格进行适当的修订。一方面，如前所述，产品在企业内部转移比外销能给销售部门带来诸多好处，这些可避免的成本费用可以从市场价格中扣除；另一方面，为保证产品质量或让产品具有某些特性，还可附加一些额外的成本。

协商价格也存在一定的缺点：协商往往会浪费大量的时间和精力，部门获利能力大小与谈判人员的谈判技巧有很大关系；当买卖双方协商价格相持不下时，往往需要企业高层领导进行裁定，这样也就丧失了分权管理的初衷，也很难发挥激励责任单位的作用。

(三)双重价格

双重价格，是指企业内部交易双方对提供的产品或劳务分别采用不同的内部转移价格作为计价基础。例如，同一企业内部，对产品或劳务的供应部门按协商的市场价格计价；而对产品或劳务的耗用部门按单位变动成本计价，其差额由财务部门进行调整。

西方国家采用的双重价格通常有两种形式：一是双重市场价格，即当某种产品或劳务在市场上出现几种不同价格时，买方采用最低的市价，而卖方则采用最高的市价。二是双重转移价格，即卖方按市场价格或协议价格作为计价基础，买方则按照卖方的单位变动成本作为计价基础。

采用双重定价法能够使卖方部门获利而买方部门只需负担成本，或者卖方部门以成本加一定的利润作为内部转移价格，而买方部门只支付该产品的成本部分，差额记录在一个专门的集中核算账户中，为买方部门留下成本数据，通过转移价格向卖方提供了利润。因此，采用双重价格的优点是能够较好地满足买卖双方不同的需要，同时有助于激励买卖双方在生产经营上充分发挥其积极性和主动性，避免转移定价过程中由于价格单一而不能为卖方部门带来利润，降低卖方部门从事内部交易的积极性。值得注意的是，在评价企业总的业绩时，应当扣除由双重内部转移价格之差所形成的“内部利润”。

(四)以成本为基础的内部转移价格

以成本为基础的内部转移定价，是指所有的内部交易均以某种形式的成本价格进行结算，是过去许多企业最常用的办法。因为传统的会计观念认为，在企业内部各部门、各单位之间相互提供和接受产品或劳务，其性质是成本转移，并不引起企业价值增值，只有通过对外销售，才会产生利润。它适用于内部转移的产品或劳务没有市价的情况，主要包括标准成本法、完全成本定价法、完全成本加成定价法。

1. 标准成本定价法

标准成本定价法是以各中间产品标准成本作为内部转移价格。这种方法可以将管理和核算工作结合起来，并能避免上游责任中心将其工作业绩或缺陷转嫁给下游中心的现象，能明确供需双方的责任，有利于责任中心的管理和考核，而且可以及时办理内部转移手续，减少相互等待时间。其缺点是不一定能使得企业利益最大化，如中间产品的标准成本是 20 元，单位变动成本是 14 元，卖方存在闲置生产能力，当买方只能接受 16 元以下的内部转移价格时，就不能促成内部交易，从而使企业整体丧失一部分利益。

2. 完全成本定价法

完全成本定价法，就是以产品（半成品）或劳务的全部成本作为内部转移价格，此方法主要用于成本中心之间产品（半成品）或劳务转移的内部结算或内部责任结转。这种方法的优点是简单、易用，对经营规模小、内部管理水平和会计核算能力不高的企业来说较为合适。但从严格意义上来讲，这种方法确定内部转移价格可能是最差的选择。它既不是业绩评价的良好尺度，也不能引导部门经理做出有利于企业的明智决策，它唯一的优点是简单。

3. 完全成本加成定价法

它以完全成本为基础，再加上一定百分比（形成利润），作为内部价格转移的定价方法。此方法的优点在于，让产品或劳务的提供方能够取得一定的利润，有助于激励其努力工作。然而，由于此价格中也包含了实际成本，提供方的经营业绩与缺陷的转嫁问题依然不能消除。因此，此方法仍然不利于划清经济责任，也不利于调动提供方降低成本、增加利润的积极性，再加上加成利润率有一定的主观随意性，并不能实现对交易双方经营业绩的正确评价。

课堂思考

内部转移价格有哪些种类，各有何优缺点？

四、制定内部转移价格应考虑的因素及应用

内部转移价格系统在企业中能够协调部门经理的自主权与整个企业的集中决策，促进行为的一致性；能够与会计中的业绩评价方法相一致，进行有效的业绩考核；能够较为客观地反映各部门的责任和业绩；能够加强企业的经济核算，提高企业的经营管理水平，增强企业整体竞争能力。企业集团内部转移价格的制定受多种因素的影响，从价值链、内部资源高效利用等战略角度，转移定价的方法选择还应该考虑以下因素：

（一）外部供应商

企业所需产品或劳务在外部市场是否存在供应商，如果有外部供应商，则需要就内部供应产品的单位变动成本与外部市场价格进行比较；如果没有，且产品没有市场价格做参考，则转移价格以协商定价或以成本为基础确定。

（二）内部产品的单位变动成本与市场价格的比较

如果企业集团内部供应的产品单位变动成本低于市场价格，则需要考虑内部供应商的生产能力及资源利用效率；反之，则应考虑从市场上进行采购，提高企业整体利益。

（三）内部供应商的生产能力

充分考虑企业内部转移产品的供应部门是否充分利用其生产能力，如果供应部门的生产能力已经得到充分利用，则需要考虑内部销售的成本节约和生产部门失去外销机会的机会成本；反之，供应部门并没有充分利用其生产能力，则内部供应部门应当为内部耗用部门提供产品，且转移价格介于变动成本与市场价格之间，如协商价格。也就是说，如果内部购买者节约的成本大于内部生产者的销售损失，应当内部购买。

在内部转移价格的制定上，一般遵循以下策略：(1)对于成本中心之间的产品生产或服务提供，以事先商定的标准成本或预计分配率作为内部转移价格。这一策略的优点是简单、有效，能避免成本中心之间的成本转嫁。(2)对于利润中心或投资中心之间的产品生产或服务提供，则应以公允的市场价格为基础，没有市场价格的(如中间品)，则采用协商定价或成本加成等内部转移价格策略。

知识链接

内部转移价格对于跨国公司而言，更是具备着特殊的意义。一方面，转移价格是实现跨国公司内部资金、技术、设备和人员等资源优化配置的指针；另一方面，由于不同国家或地区的市场在关税、税率、汇率以及非关税贸易壁垒等方面存在巨大差异，导致交易成本及市场风险的不同，因此可以通过转移价格以规避市场风险并获得超额利润。具体而言，存在如下经济意义：

1. 规避税收，使跨国公司整体税负最小化

跨国公司利用国际税收差异，通过内部转移价格将盈利由高税率国家转移到低税率国家，从而达到避税的目的，获得最大利润。国际税收差异表现在税基差异、税率差异和税收征管差异等多个方面。国际税收差异的客观存在，尤其是众多国际“避税地”为跨国公司提供了特别的税收环境。跨国公司一般是利用转移价格来逃避关税、所得税和利用“避税地”避税。

2. 规避风险，实现跨国公司企业的自我保护

企业在跨国经营过程中常常会遇到各种风险，如政局不稳或政策变化的政治经济环境、汇率变动或外汇管制等风险。跨国公司可以通过转移价格进行实质上的内部资金转移，将资本和利润转移到安全区实现自我保护，以防范和规避风险。

3. 加强子公司在当地的竞争优势，保证市场的占领与扩张

当子公司需要扩大市场，或遇到激烈的竞争对手时，母公司可以利用内部交易，给予其子公司在原材料、中间产品、低息贷款、服务费、技术转让费等方面的低价扶植，通过这种变相的补贴行为降低该子公司的生产和销售价格，从而增加其竞争优势。或者，母公司用高价收购子公司的产品，为该子公司变相注入资本，供其扩大生产，获得市场占有率、利润的分配和调节。

另外，跨国公司利用转移价格还可以获得东道国的优惠待遇，如提高当地子公司的出口转移价格，获取更多的出口补贴、退税或其他优惠。跨国公司的产品价格太低时，会造成当地政府对公司的“反倾销”指控，所以跨国公司可以利用低的转移价格降低子公司在东道国的产品成本，以降低销售价格。①

本章小结

财务控制，是指按照一定的程序与方法，通过规范化的控制手段，对企业的财务活动进行控制和监督，确保企业及其内部机构和人员全面落实和实现财务预算的过程。它以价值形式为控制手段；以不同岗位、部门和层次的不同经济业务为综合控制对象；以控制日常现金流量为主要内容。

财务控制根据不同的划分标准有不同的种类。按财务控制的内容，分为一般控制和应用控制；按控制的功能，分为预防性控制、侦查性控制、纠正性控制、指导性控制和补偿性控制；按财务控制的时序，分为事前控制、事中控制、事后控制；按控制的手段，分为定额控制和定率控制。

财务控制的方式有授权批准控制、职务分离控制、全面预算控制、财产保全控制、独立检查控制，以及业绩评价控制等内容。

责任中心，是指在企业内部具有一定的管理权限，承担相应经济责任，并能够严格控制经济责任指标的部门、单位或个人。责任中心按其责任权限范围及业务活动的特点不同，可以分为收入中心、成本中心、利润中

① 郑传均、刘亢：《跨国公司转移价格的制定》，《洛阳师范学院学报》，2007年第6期。

心和投资中心四大类。

收入中心，是指对收入负责的责任中心，其特点是只对收入负责，不对成本负责，因此，对收入中心只考核其收入实现情况。常见的考核指标包括销售收入目标完成百分比、销货款回收平均天数和坏账发生率等。

成本中心，是指对职权范围内发生的成本或费用承担经济责任的责任中心。常见的考核指标包括责任成本变动额和责任成本变动率两种。

利润中心，是指既对成本负责，又对收入和利润负责的责任中心，具有独立或相对独立的收入和生产经营决策权。在评价利润中心业绩时，主要有以下四个指标：部门边际贡献、可控边际贡献、部门可控利润、部门税前利润。其中，可控边际贡献通常是考核部门经理经营业绩最主要的指标；部门可控利润主要用于对部门业绩的评价与考核，从而决定该部门的取舍。

投资中心，是指既对成本、收入和利润负责，又对投资效果负责的责任中心。常见的考核指标有投资报酬率和剩余收益两种。

内部转移价格，是指企业内部各责任中心之间转移中间产品或相互提供劳务，而发生内部结算和进行内部责任结转所使用的计价标准。内部转移价格主要有市场价格、协商价格、双重价格和以成本为基础的内部转移价格四种。

企业在制定内部转移价格时，应考虑是否存在外部供应商、内部供应商产品的单位变动成本与市场价格的高低，以及内部供应商的生产能力等因素。

复习思考题

1. 财务控制的意义是什么？有哪些分类？
2. 财务控制的方式有哪些？
3. 什么是责任中心？责任中心可划分为哪些？
4. 什么叫内部转移价格？主要的内部转移价格方式有哪些？
5. 如何合理制定内部价格？

第十四章 公司并购、重组与破产

学习目标

通过本章的学习，熟悉公司并购的概念和类型，了解公司并购的程序，掌握公司并购的价值评估方法；了解公司重组的概念，理解资产剥离、公司分立和股权出售的差别；了解公司破产的重整、和解和破产清算程序，掌握破产费用和共益债务等相关概念。

第一节　公司并购

并购作为一种市场竞争和扩大企业规模的行为，一直是资本市场的主角。2014 年 2 月 20 日，全球最大的社交网站脸谱网(Facebook)宣布，该公司与跨平台移动通信应用 WhatsApp 公司达成最终协议，将以约 190 亿美元的现金和股票收购 WhatsApp，这是自 2001 年以来互联网产业最大规模的并购交易。市场中的并购行为不断发生，需要市场参与者对并购行为进行充分的了解。

一、公司并购的概念

公司并购(Mergers and Acquisitions)包括兼并和收购两层含义。国际上习惯将兼并和收购合在一起使用，统称为 M&A，在我国称为并购。企业之间的兼并与收购行为，是指企业法人在平等自愿、等价有偿的基础上，以一定的经济方式取得其他法人产权的行为，是企业进行资本运作和经营的一种主要形式。

一般来说，企业并购概念有广义和狭义之分。狭义的并购是指公司合并，包括新设合并和吸收合并。广义的并购除了包括狭义的并购外，还包括收购和接管。本书采用的是广义的企业并购概念，即包括新设合并、吸收合并、收购和接管。

(一)新设合并

新设合并，是指两个或两个以上的公司合并后成立一个新的公司，原合并各方解散，取消原法人资格的合并方式。

从法律形式上讲，新设合并表现为“甲公司＋乙公司＝丙公司”，丙公司为新设立的法人企业，甲、乙公司则丧失其法人资格。合并后新设立的公司应当承接合并各方的全部资产和负债，原合并各方都应到工商行政管理部门办理相关手续。1996 年上海著名的两家证券公司申银和万国组成申银万国证券公司，就属于典型的新设合并。

(二)吸收合并

吸收合并又称兼并，是指由一家公司吸收另一家或多家公司加入本公司，吸收方存续，被吸收方解散并取消原法人资格的合并方式。存续公司应承接被吸收合并公司的所有资产和负债。

从法律形式上讲，吸收合并可表现为"甲公司＋乙公司＝甲公司"，也就是经过合并，甲公司作为实施合并的企业仍具有法人地位，但乙公司作为被合并企业已丧失法人地位，成为甲公司的一部分，即甲公司兼并了乙公司。实施合并的企业应承接被吸收合并公司的所有资产和负债，并应到工商行政管理部门办理变更登记手续。

（三）收购

收购（Acquisition）又称为控股合并，是指一家公司通过产权交易取得其他公司一定程度的控制权，以实现一定经济目标的经济行为。收购的经济意义在于一家企业的经营控制权易手，原来的投资者丧失了对该企业的经营控制权，收购方取得控制权。对于上市公司来说，《证券法》规定，收购是指持有一家上市公司发行在外的股份的30％时发出要约收购该公司股票的行为，其实质是购买被收购企业的股权。

通常收购方称为并购公司或标购公司，被收购方称为被并购公司、目标公司或标的公司。

（四）接管

接管是一个比较宽泛的概念，通常是指一家公司的控制权的变更。公司接管与并购相关，但却是不同的概念。公司的并购是站在股东立场上的，是对所有权的取得。而接管是对经营权的取得，可以从公司的治理结构角度来观察接管问题。公司控制权的变更可能是由于股权的改变，如收购；也可能是出于托管或委托股票权的原因而发生接管。因此，接管概念的外延比收购的概念大。

知识链接

新设合并，两个公司变成了一家新的公司，只需要编制新公司的个别报表；吸收合并，被吸收的公司法人资格不存在，只需要编制吸收方的个别报表；收购，即控股合并，收购方（母公司）控制被收购方（子公司），分别属于两个不同的法人主体，收购方需要站在集团整体的角度编制整个集团的报表，即合并报表。

课堂思考

脸谱网（Facebook）与WhatsApp之间发生的交易行为，属于哪一种企业并购的概念？

二、公司并购的类型

公司并购按照不同的标准可以划分为以下几种不同的类型：

（一）按并购双方所处的行业分类

按并购双方所处的行业性质，公司并购可以分为横向并购、纵向并购和混合并购。

1. 横向并购

横向并购，是指两家或两家以上生产和销售相同或相似产品公司之间的并购行为，如两家航空公司的并购、两家石油公司的结合等。

横向并购的优点在于：这是企业获取自己不具备的优势资产、削减成本、扩大市场份额和进入新的市场领域的一种快捷方式。企业可以发挥经营管理上的协同效应，便于在更大的范围内进行专业分工，同时采用先进的技术，形成集约化经营，产生规模效益。而其缺点在于：容易破坏自由竞争，形成高度垄断的局面。由于横向并购往往是竞争对手之间的并购，可能形成垄断，因此，许多国家法律对于会形成高度垄断的横向并购活动加以限制。

2. 纵向并购

纵向并购，是指生产过程或经营环节相互衔接、密切联系的企业之间，或者具有纵向协作关系的专业化企业之间的并购。纵向并购的企业之间不是直接的竞争关系，而是供应商和需求商之间的关系。例如，发电公司与煤炭公司之间的并购就属于纵向并购。

纵向并购的优点在于：通过市场交易行为内部化，有助于减少市场风险，节省交易费用，同时易于设置进入壁垒。纵向兼并使企业提高了同供应商和客户之间的讨价还价能力，有利于提高公司整体经营效率。其缺点在于：企业生存发展受市场因素影响较大，容易导致“小而全，大而全”的重复建设。

3. 混合并购

混合并购，是指与本公司生产经营活动无直接关系的公司之间的并购行为。简单地说，当并购企业与被并购企业分别处于不同的产业部门、不同的市场，且这些产业部门的产品没有密切的替代关系，并购双方企业也没有显著的投入产出关系时，这种并购就称为混合并购。例如，一家房地产企业收购一家足球俱乐部就属于混合并购行为。

混合并购的目的是扩大生产经营范围，降低长期经营一个行业所带来的特定行业风险。通过混合并购，公司可以进入一个新的行业，实现多元化经营，从而分散投资风险。

课堂思考

联想集团以29亿美元的价格从谷歌手中收购摩托罗拉移动的行为，属于上述哪一种并购方式？

(二)按出资方式分类

按出资方式的不同，公司并购可以划分为以下几种不同的类型：

1. 用现金购买资产

用现金购买资产，是指并购公司使用现金购买目标公司绝大部分资产或全部资产，以实现对目标公司的控制。

2. 用现金购买股票

用现金购买股票，是指并购公司以现金购买目标公司的大部分或全部股票，以实现对目标公司的控制。

3. 用股票购买资产

用股票购买资产，是指并购公司向目标公司发行并购公司自身的股票以交换目标公司的大部分或全部资产。

4. 用股票交换股票

用股票交换股票又称“换股”，一般是指并购公司直接向目标公司的股东发行股票，以交换目标公司的大部分或全部股票，发行的股票通常要达到控股的股数。通过这种形式进行的并购，目标公司往往会成为并购公司的子公司。

5. 债权转股权

债权转股权式企业并购，是指最大债权人在企业无力归还债务时，将债权转为投资，从而取得企业的控制权。中国金融资产管理公司控制的企业大部分为债转股而来，资产管理公司进行阶段性持股，并最终将持有的股权转让变现。

知识链接

公司并购按照出资方式划分，还有如间接控股和承债式并购等形式。间接控股，是指战略投资者通过直接并购上市公司的第一大股东来间接地获得上市公司的控制权；承债式并购，是指并购企业以全部承担目标企业债权债务的方式获得目标企业控制权。

(三)按并购程序分类

按并购程序的不同,公司并购可以分为善意并购和敌意并购。

1. 善意并购

善意并购也称友好并购,是指并购企业事先与目标企业进行协商,征得其同意并谈判达成并购条件的一致意见,从而完成并购活动的并购方式。

善意并购的程序是:一般由并购公司确定目标公司,然后设法使双方高层管理者进行接触,商讨并购事宜,诸如购买条件、价格、支付方式和收购后企业地位及目标公司人员的安排等问题,在双方都可以接受的条件下,签订并购协议。双方的并购协议需经双方董事会批准,股东大会2/3以上赞成票通过。由于双方在自愿、合作、公开的前提下进行,故善意并购成功率较高。

善意并购有利于降低并购行为的风险与成本,使并购双方能够充分交流、沟通信息,目标公司主动向并购公司提供必要的资料。同时善意行为还可避免因目标公司的抗拒而带来的额外支出。

2. 敌意并购

敌意并购也称恶意并购,是指并购方不顾目标公司的意愿而采取非协商购买的手段,强行并购目标公司,或者并购公司事先并不与目标公司进行协商,而突然直接向目标公司股东开出价格或收购要约。由于敌意并购不是建立在并购双方友好协商的基础上的,因此极有可能遭到被收购公司的抵制。

(四)按并购是否利用杠杆分类

按是否利用杠杆,公司并购可以分为杠杆并购和非杠杆并购。

1. 杠杆并购

杠杆并购,是指收购公司仅利用少量的自有资本,而主要以被收购公司的资产和将来的收益作抵押筹集大量的资本用于收购的并购行为。进行杠杆并购后,并购后公司的收入(包括拍卖资产的营业利益)刚好支付因收购而产生的高比例负债,从而达到以较少的资金赚取高额利润的目的。这种收购战略曾于20世纪80年代风行美国。

2. 非杠杆并购

非杠杆并购,是指并购公司主要利用自有资本对目标公司进行收购的并购活动。早期的公司并购活动大多数属于非杠杆并购。非杠杆并购并非不进行借贷筹资,实践中,几乎所有的并购都是利用贷款完成的,只是借贷数额的多少而已。

课堂思考

企业为何进行并购?企业并购的类型有哪些?

三、公司并购的相关理论

随着市场中并购浪潮的发生,学术界从不同角度分析了公司并购的动因、方式和效应,从而产生了各种并购理论。下面主要介绍公司并购的效率理论、代理理论和税收效应理论。

(一)效率理论

效率理论,是指公司并购和其他形式的资产重组活动都可以提高公司经营活动的效率,进而增进社会效益。效率理论认为公司并购活动能够给社会收益带来一个潜在的增量,而且对交易的参与者来说无疑能提高各自的效率。效率理论的基本逻辑顺序是:效率差异→并购行为→提高个体效率→提高整个社会经济的效率。这一理论包含两个基本要点:一是公司并购活动的发生有利于改进管理层的经营业绩;二是公司并购将导致某种形式的协同效应,产生“1+1>2”的效果。该理论暗含的政策取向是鼓励公司进行并购活动。

1. 效率差异化理论

效率差异化理论(Differential Efficiency)认为,并购活动产生的原因在于交易双方的管理效率是不一致的。通俗来说,如果A公司的管理效率优于B公司,那么在A公司并购B公司后,B公司的管理效率将被提高到A公司的标准,管理效率由于两家公司的合并而得到了促进。该理论可以形象地称为"管理协同"理论,即具有较高效率的公司将会并购有着较低效率的目标公司,并通过提高目标公司的效率而获得收益。该理论有两个基本假设:

(1)拥有过剩管理资源的公司的管理团队是一个不可分割的整体,因此解雇部分管理人员是不行的,而且由于规模经济的制约,公司也不可能通过自身的规模扩张来消化过剩的管理资源。那么通过并购交易可以使其剩余的管理资源得到充分利用。

(2)对于目标公司而言,其管理的非效率可经由外部经理人的介入和增加管理资源的投入而得到改善。

2. 非效率管理理论

非效率管理理论(Inefficient Management),是指由于现有管理层未能充分利用既有资源以达到潜在绩效,相对而言,另一控制集团的介入能使目标公司的管理更有效率;另一方面,非效率管理也可能意味着目标公司的管理是绝对无效率的,几乎任一外部经理层都能比既有管理层做得更好。该理论为混合兼并提供了理论基础。而在效率差异化理论中,收购方具有目标公司所处行业所需的特殊经验并致力于改进目标公司的管理。因此,效率差异理论更适用于解释横向兼并,与此相对,非效率管理理论更适用于分析混合兼并,即处于不相关行业的公司间的并购活动。

知识链接

非效率管理理论具有三个理论假设:(1)目标公司无法替换有效率的管理,而诉诸需要成本的收购;(2)如果只是因为经理人的无效率管理,目标公司将成为并购公司的子公司而不是合二为一;(3)当收购完成后,目标公司的管理者需被替换。

3. 经营协同效应理论

经营协同效应理论认为,由于在机器设备、人力或经费支出等方面具有不可分割性,因此产业存在规模经济的潜能。横向、纵向甚至混合并购都能实现经营协同效应。例如,A公司擅长营销但研究开发能力较弱,而B公司正好相反时,如果A公司并购了B公司,那么通过两者的优势互补将产生经营上的协同效应。

4. 多元化经营理论

公司的多元化经营不同于投资者在资本市场上进行的分散投资。作为并购效率理论的一种,多元化经营理论认为,公司并购可以实现多元化经营,有利于提高公司价值,其原因在于以下几个方面:

(1)分散经营风险。公司并购可以使企业从产品单一、经营专业领域集中的经营模式,转向经营范围较宽、产品多样的形式,此时该企业抗击市场风险的能力将大大增强。因此,很多企业选择了多元化经营战略,选择进入更多的行业、生产更多类型的产品、提供更多样性的服务。

(2)争取协同效应。通过公司并购进行多元化经营,能帮助企业获得管理、广告、商誉、销售等各方面的协同效应,使企业的人员、设备、资源的生产效率得到提高。另外,多元化经营可以让企业获得批量采购原材料、设备等的规模经济,使企业获得成本优势。

(3)充分利用剩余资源。企业在发展过程中,因科技水平的提高、人员素质的提升、管理理念和方法的改进以及企业发展方向的变化等,一般都会产生大量的剩余资源,包括设施设备等有形资源、信誉等无形资源以及人力资源等。如果企业通过并购进行多元化经营,这些剩余的资源就能得到充分利用,可为企业创造更多的效益。

知识链接

海尔并购模式的突出特点是运营主体拥有强大的产业基础，并围绕自己的产业扩展进行资本运营。吃“休克鱼”，以文化整合为手段，形成海尔产业的“联合舰队”。其主要手段是：

(1)整体兼并。如对青岛红星电器公司的兼并。

(2)投资控股。对跨地区、跨行业的兼并，海尔多采用投资控股的模式。如海尔并购武汉冷柜厂、合资组建顺德海尔电器公司以及海尔的海外扩张。

(3)品牌运作。海尔很擅长品牌运作，以无形资产作为扩张手段是海尔的一大特色。

(4)虚拟经营。作为品牌运作的高级形式，这种运作方式已超越了吃“休克鱼”模式，而是通过强强联合，形成优势互补，新造一条“活鱼”。如与杭州西湖电子集团的合作。

张瑞敏提出了所谓吃“休克鱼”的并购思路。“休克鱼”是指硬件条件很好，管理却滞后的企业，由于经营不善落到了市场的后面，一旦有一套行之有效的管理制度，把握住市场，就能重新站起来。在国内现行体制下，“活鱼不让吃，吃死鱼会闹肚子，因此只有吃休克鱼”。海尔擅长的就是管理，还有手中的“王牌”——价值 992.29 亿元(2013 年)的海尔品牌，这样就找到了海尔与“休克鱼”的结合点。

(二)代理理论

代理理论(Agency Theory)主要涉及企业资源的提供者与资源的使用者之间的契约关系。按照代理理论，经济资源的所有者是委托人；负责使用以及控制这些资源的经理人员是代理人。代理理论认为，当经理人员本身就是企业资源的所有者时，他们拥有企业全部的剩余索取权，经理人员会努力地为自己而工作，在这种环境下，就不存在什么代理问题。但是，当所有权与经营权相分离，经理人员有动机去提高在职消费，自我放松并降低工作强度。这就形成了詹森和麦克林所说的代理问题，由此而产生的成本就是代理成本。

詹森和麦克林将代理成本区分为监督成本、守约成本和剩余损失。监督成本，是指外部股东为了监督管理者的过度消费或自我放松而耗费的支出；守约成本，是指代理人为了取得外部股东信任而发生的自我约束支出(如定期向委托人报告经营情况、聘请外部独立审计等)；剩余损失，是指由于委托人和代理人的利益不一致而导致的其他损失。

代理理论从不同角度对公司并购进行了解释，可归纳为以下几点：

1. 一般的代理理论

曼尼认为，在公司内部治理结构和外部市场机制不足以控制代理问题时，并购为这一问题的解决提供了最后的外部控制手段。因为如果公司的管理层因为代理问题，导致公司经营业绩不佳，股票价格就会下跌，低股价会给管理层带来压力，促使其改变行为方式，并忠于股东的利益，否则可能被接管，面临被收购的威胁。因此，代理理论认为并购可以降低代理成本。

2. 管理主义

穆勒于 1969 年提出假说，认为代理人(公司管理层)的报酬取决于公司的规模，因此代理人有动机通过收购使公司规模扩大，而忽视公司的实际投资收益率，这种观点被称为管理主义。

可见该观点与上述并购可以解决代理问题相反，该理论认为，并购是代理问题的一种形式，而不是解决办法。当然，也有人对穆勒管理主义的基本前提提出了质疑，例如，卢埃林和亨茨曼在 1971 年的实证研究结果表明，代理人的报酬与公司的投资收益率有关，而与公司规模无关。

3. 自负假说

罗尔于 1986 年提出“自负假说”，该理论认为，代理人(公司管理层)往往高估了自身的管理能力，在规划改造目标公司时过分乐观，以致在资本市场上大规模高价收购其他公司，最后无法成功完成对目标公司的整合，从而导致并购失败，并把财富转移给了目标企业的股东。罗尔的假说在后来的实证研究中也被验证，即当并购消息传出后，并购方股价不涨反跌。当然，管理者自负假说并不能解释全部的并购活动，实际上，有许多公司并购可以为并购方带来收益。

4. 自由现金流量假说

根据詹森的定义，自由现金流量是指公司的现金在支付了所有净现值(NPV)为正的投资计划后所剩余的现金量。自由现金流量留在公司内部并不能为公司创造价值，也不能给股东带来收益，因此，詹森认为，自由现金流量应完全交付股东，降低管理层可控资源量，从而削弱管理层支配自由现金流量的权利，进而降低代理成本。公司并购是减少自由现金流量的一种重要方式，因此公司并购可以降低代理问题，提高公司价值。

(三)税收效应理论

税收效应理论是从税收有利于公司并购的角度来考虑并购活动的。从并购方看，取得税收减免的优惠是激发公司并购发生的重要因素。企业可以利用税法中亏损递延条款来达到合理避税的目的，即如果某公司在一年中出现亏损，该公司不但可以免付当年的所得税，它的亏损还可以向后递延，以抵销以后几年的盈利，企业根据抵销后的盈余缴纳所得税。例如，根据我国《税法》的规定，公司的年度亏损可以用税前利润连续弥补5年。另外，并购还可以为公司的剩余资金提供出路。

如果公司并购仅仅是出于税收方面的利益，其结果是政府税收的减少，但从整个社会角度看，这是公司与政府之间的零和博弈，不会产生社会效应。

课堂思考

公司并购的相关理论有哪些?

四、公司并购的动因

公司并购活动是十分复杂的经济现象，其动因主要体现在以下几个方面：

(一)公司并购的一般动因

追求市场份额，实现规模经济是公司并购的基本动因。自从我国国有企业改革确立市场经济运行模式后，企业成为独立的市场主体，企业为获取规模效益、降低交易成本、提高市场份额、克服贸易壁垒进入国外市场、提高竞争优势等，都需要进行并购活动，由此形成了公司并购的一般动因。

1. 发挥协同效应，提高竞争优势

传统的协同效应认为，公司并购的动机就在于释放出并购企业剩余的资源，通过并购可以扩大企业生产规模，达到规模经济的生产范围，降低生产成本，从而提高竞争优势。利用被并购企业的竞争优势，实现并购与被并购企业之间的优势互补，从而产生新的竞争优势，实现企业整体价值大于并购前各个企业价值之和。在财务领域，充分利用未使用的税收利益，开发未使用的债务能力；在人事领域，吸收关键管理技能，使研发部门进行有效融合；等等。

2. 扩大生产规模，提高经济效益

一家企业规模的大小，对其竞争具有决定性影响。一般而言，规模越大，越能赢得客户信赖，从而占领更多市场。企业通过并购，有利于形成降低单位成本、提高经济效益的规模经济优势。对于并购企业而言，发展规模经济，需要注意投入与产出之间的联系。

3. 取得税负利益，降低成本

由于公司并购会引起企业利益相关者之间的利益再分配，并购利益从债权人手中转到股东身上，或从一般员工转到股东及消费者身上，企业股东会赞同这种对其有利的并购活动。因此，对于被并购企业的所有者来说，用其在原企业的利益交换一家大企业的股份，而不是直接出售企业获得现金，可能免除税收上的负担。由于亏损企业可以在若干年内税前弥补其亏损，一家高额盈余的公司并购这家亏损的企业，无疑会使企业据此条款采取某些恰当的财务处理方法达到合理避税的目的，从而降低成本。

4. 实现多元化发展，以降低风险

多元化发展既是公司并购的重要手段，同时也是降低企业发展单一业务、回避业务萎缩和获得整体规模优势的重要途径。由于并购是企业扩张的捷径，也是企业实行多元化经营的最常见办法，因此，实现多元化发展，不仅可使企业的自身风险降低，而且还可在一定条件下增强企业核心能力的稳固性和降低企业收益的不稳定性，以达到其竞争优势的目的。

(二)公司并购的政府动因

公司并购，并不是纯粹的市场经济行为，也不是唯一的主体，政府的偏好在很大程度上会影响公司并购动机强度，在一定程度上，政府承担了并购主体的角色。

1. 采用行政手段，消除亏损企业

20 世纪 80 年代以来，我国的并购浪潮存在政府撮合、干预的特征。政府出于消除企业亏损的目的，通常采用行政手段迫使优势企业来并购亏损企业，用并购代替破产，一揽子解决被并购企业的债务、职工安排及与之相关的职工医疗、养老等问题；同时进行产业结构调整，压缩重复的、效益不佳的产业和企业，有助于进一步提高经济效益。

2. 进行产业结构调整，实现资源优化配置

为了解决我国国有企业重复建设及资源浪费问题，政府通过并购活动，对资产进行并购重组，对资源进行优化配置，提高存量资产运行的质量和效率，并引进市场竞争机制，不仅可以达到优化产业结构的目的，而且还可以大大节省调整所需的资金投入。

3. 组建企业集团，参与国际竞争

在国际经济中，公司并购对经济的发展作用是举足轻重的，它不仅是推动国际经济合作、规避国外贸易壁垒的重要方式，也是促进国内资本与国际资本市场连通对接的重要手段。因此，针对企业面临国际强有力竞争的挑战，实行企业强强联合，组建与跨国公司相抗衡的企业“航母”，已成为政府的一项重要工作。以资本为纽带，通过市场形成具有较强竞争力的跨地区、跨行业、跨部门、跨国经营的大型企业集团，积极参与国际竞争，已成为我国公司并购的主要动因。

总之，公司并购有其自身原因，也有来自政府的偏好与行政干预。但无论是哪一种形式，都必须紧紧抓住企业价值最大化的原则，只有这样，并购才显得有价值、有意义。

课堂思考

公司并购是出于何种原因？

五、公司并购的价值评估

公司并购的价值评估，是指对目标公司的价值进行评估，它关系到并购公司收购目标公司应付出多少代价。如果高估了目标公司的价值，就会导致并购公司付出过高的代价，无谓提高收购成本，增大并购风险。因此，客观合理地对目标公司进行估价，是保证并购取得预期效果的关键所在。

在企业并购活动中，对目标企业的估价是决定交易是否成交的价值基础。目标企业估价主要取决于并购企业对其未来收益的大小和时间的预期。其本质上是一种主观判断，但并不是随意估价，而是有一定的科学方法可依据的。企业一般可以使用多种方法对目标企业估值。

为了提高目标公司价值评估的准确性，并购公司应当遵循正确的价值评估步骤：

第一步，考察目标公司的基本情况。

价值评估的可靠性是建立在对目标公司的现状有充分了解的基础之上的。并购公司在对目标公司进行价值评估之前，需要考察目标公司的生产经营状况、财务状况、市场竞争力、人力资源现状和技术水平等基本情况，并对目标公司的基本情况做出初步的评估，充分掌握目标公司的优势和劣

势。

第二步,分析影响目标公司价值的主要因素。

在考察目标公司基本情况的基础上,并购公司必须全面分析影响目标公司价值的各种因素。公司价值大小受诸多因素的影响,其中最主要的因素包括三个方面:一是目标公司的资产价值,资产价值主要取决于其重置成本的大小,重置成本越高,说明资产的价值越高;二是目标公司的风险,包括目标公司的经营风险和财务风险,目标公司的风险越大,其价值就越低;三是公司的预期盈利能力,公司的预期盈利能力越强,公司的价值就越大。

第三步,确定价值评估的方法。

在对目标公司进行价值评估时,采用不同的价值评估方法可能会得出不同的评估结果。因此,并购公司应根据目标公司的实际情况来确定合适的价值评估方法。

在实践中,目标公司的价值评估方法主要有成本法、市场比较法、现金流量折现法和换股并购估价法。下面对这些方面进行大致的介绍。

(一)成本法

成本法也叫作资产基础法,是指以目标公司的资产价值为基础,对目标公司价值进行评估的方法。确定目标公司的资产价值,关键是选择合适的资产价值标准。根据资产的价值标准不同,成本法可以分为账面价值法、市场价值法和清算价值法。

1. 账面价值法

账面价值法是根据会计账簿中记录的公司净资产的价值作为目标公司价值的方法。目标公司净资产等于资产总额减去负债总额后的差额。由于净资产的账面价值是直接根据会计核算的数据来确定的,因此比较客观,不受人为因素的影响。但是,这是一种静态估价方法,它没有考虑到资产的价值变化和资产的收益情况,因而具有一定的局限性。

在实践中,资产的实际价值可能由于各种原因而偏离其账面价值,造成这种偏离的因素大致有三个方面:(1)会计上一般按历史成本确认资产的价值,但是出于通货膨胀的原因,资产的实际价值已经远远超过当初购置时的历史成本。(2)技术进步可能使某些资产(如机器设备)发生贬值。(3)由于公司的商誉、高效率的管理等组织方面的因素,使得目标公司多种资产的组合能够产生规模效应,具有很强的盈利能力,从而使资产组合的总价值大于各个单项资产的账面价值之和。采用账面价值法对目标公司进行价值评估主要适用于一些简单的并购活动,尤其适用于资产的账面价值与实际的市场价值偏离不大的非上市公司。

课堂思考

互联网公司的价值评估能否采用账面价值法?

2. 市场价值法

市场价值是资产评估中所使用的一种重要价值类型,也是评估师在评估业务中使用最频繁的价值类型。

无论评估对象是某一特定的资产还是一个企业,在评估行业中对市场价值都有一个专业的定义,它是指在公平竞争的市场上由买卖双方在自愿协商的基础上确定的交易价值。从国际惯例来看,评估对象的市场价值定义必须满足以下基本要件:(1)自愿买方;(2)自愿卖方;(3)买方、卖方具有相应的知识并谨慎行事;(4)确定的评估基准日;(5)公平交易,不受任何强迫;(6)以货币单位表示;(7)在市场上有足够的展示时间。

相对于账面价值法,市场价值法的优点在于考虑了资产实际价值的变化,并且是以公平竞争的市场环境下的资产交易为假设前提所评估出来的价值。因此,市场价值是易于被并购双方所接受的一种价值标准。

3. 清算价值法

清算价值，是指在评估对象处于被迫出售、快速变现等非正常市场条件下的价值估计数额。在无法持续经营的情况下，公司作为一个整体已经丧失了增值能力，由于深陷财务危机可能导致公司破产清算。此时，公司将被迫出售各个部门和全部实物资产，出售取得的收入扣除债务后的净额就是目标公司的清算价值。清算价值法主要适用于陷入财务困境的目标公司的价值评估。

课堂思考

成本法中的每种方法有哪些不同的适用情形？

(二)市场比较法

市场比较法也称相对价值法，是指以资本市场上与目标公司的经营业绩和风险水平相似的公司的平均市场价值作为参照标准，以此来估算目标公司价值的一种价值评估方法。市场比较法的基本假设是：在完全的市场中，类似的资产应该具有类似的价值。因此在难以通过其他方法确定评估对象的价值时，可以参照市场中类似资产的市场价值作为评估依据，并经过合理的调整之后估算出评估对象的价值。利用市场比较法评估目标公司价值，可以用以下公式来计算：

$$\text{目标公司价值}=\frac{\text{参照公司市场价值}}{\text{参照公司可观测变量}}\times\text{目标公司同类可观测变量}$$

其中的观测变量可以用净资产、销售额、净利润等指标。市场比较法根据所选择的观测变量不同，可分为市净率法、市销率法和市盈率法等。

1. 市净率法

市净率，是指公司的市场价值与其净资产的比值。对于上市公司来说，也可以用公司总市值除以净资产总额来计算。市净率法是根据参照公司的平均市净率来确定目标公司的市净率，并据此评估目标公司的价值。

$$\text{参照公司市净率}=\frac{\text{参照公司每股市价}\times\text{普通股股数}}{\text{参照公司每股净资产}\times\text{普通股股数}}$$

$$\text{目标公司价值}=\text{参照公司市净率}\times\text{目标公司净资产总额}$$

2. 市销率法

市销率，是指参照公司总市值与其年销售总额的比值，一般可以按同类上市公司的每股市价除以其每股年销售额来计算。市销率法是根据参照公司的平均市销率来确定目标公司的市销率，并据此评估目标公司的价值。

$$\text{参照公司市销率}=\frac{\text{参照公司每股市价}\times\text{普通股股数}}{\text{参照公司每股年销售额}\times\text{普通股股数}}$$

$$\text{目标公司价值}=\text{参照公司市销率}\times\text{目标公司年销售总额}$$

3. 市盈率法

市盈率，是指参照公司总市值与其净利润总额的比值，通常按同类上市公司的每股市价除以其每股收益来计算。市盈率法是根据参照公司的平均市盈率来确定目标公司的市盈率，并据此评估目标公司的价值。

$$\text{参照公司市盈率}=\frac{\text{参照公司每股市价}\times\text{普通股股数}}{\text{参照公司每股收益}\times\text{普通股股数}}$$

$$\text{目标公司价值}=\text{参照公司市盈率}\times\text{目标公司年净利润总额}$$

【例 14—1】 2010 年 3 月 28 日，中国吉利控股集团有限公司宣布已与福特汽车签署最终股权收购协议，以 18 亿美元收购沃尔沃轿车公司 100%的股权。假设与沃尔沃轿车公司类似的上市公司的平均市净率、市销率、市盈率分别为 3、1.5、16，则可以推算出在 18 亿美元收购价的情况下，沃尔沃轿车公司相关可观测变量分别为：

目标公司净资产＝18/3＝6(亿美元)

目标公司年销售额＝18/1.5＝12(亿美元)

目标公司净利润＝18/16＝1.125(亿美元)

上述三种市场比较法一般适用于股份有限公司的价值评估。因为上市公司的信息披露及时、充分,资本市场对类似的公司通常有相近的估值水平,这为采用市场比较法提供了较为合理的依据。

(三)现金流量折现法

现金流量折现法是资产价值评估的一种重要方法,其基本原理是对企业未来的现金流量及其风险进行预期,然后选择合理的折现率,将未来的现金流量折合成现值。使用此方法的关键在于:第一,预期企业未来存续期各年度的现金流量;第二,要找到一个合理的折现率,折现率的大小取决于取得的未来现金流量的风险,风险越大,要求的折现率就越高。

用现金流量折现法评估目标企业价值,同一般资本预算分析相似:估计并购后增加的现金流量和用于计算这些现金流量现值的折现率,然后计算出这些增加的现金流量的现值,这就是并购方所能支付的最高价格。如果实际成交价格高于这个价格,并购不但没有给并购企业带来好处,反而引起亏损。

1. 基本模型

根据现金流量折现法的基本原理,目标公司的价值等于其未来持续经营期间所产生的现金净流量的现值,用以下公式表示:

$$V=\sum_{t=1}^{n}\frac{NCF_t}{(1+k)^t}$$

式中,V 表示目标公司的评估价值;NCF_t 表示目标公司第 t 年的现金净流量;k 表示折现率;n 表示预测期限。

2. 评估价值的影响因素

从现金流量基本模型可以看出,影响目标公司评估价值的主要因素包括现金净流量、期限和折现率。

(1)现金净流量,是指在一定期限内目标公司的现金流入量减去现金流出量后的净额。

(2)期限,是指现金净流量的测算期限,通常以年为时间单位。期限长短对公司价值的评估结果会有较大的影响。从理论上讲,目标公司的现金净流量的持续时间应当等于公司预计经营期限,在持续经营的假设下,公司将无限期经营下去,这就为预测期限的确定带来了难题。在实践中,可根据具体情况来确定期限。如果目标公司没有一个明确的计划经营期限,则对目标公司的持续追加投资的预计内部报酬率等于资本成本的时点就为时间截止点。

(3)折现率。公司价值评估一般采用资本成本率作为折现率。资本成本与公司的风险水平密切相关,风险越高,资本成本也越高。与项目投资决策相比,并购决策所采用的折现率需要考虑更多的因素,不仅要考虑目标公司的风险大小,还需要考虑并购之后对公司整体风险的影响。由于在价值评估中采用的现金流量不同,在确定折现率时也应选择不同的资本成本率。如果现金流量采用公司自由现金流量(Free Cash Flow of Firm,FCFF),折现率就应当选择公司的加权平均资本成本率;如果现金流量采用股权自由现金流量(Free Cash Flow of Equity,FCFE),折现率就应当选择股权资本成本率。

知识链接

净现值的计算也需要考虑净现金流量、折现率和项目投资期限。

3. 公司自由现金流量折现模型

公司自由现金流量是以目标公司为主体计算出的现金流量，它是目标公司全部现金流入量扣除付现成本和必要的投资后剩余的现金流量，是公司在一定时期内为包括普通股股东、优先股股东和债权人在内的所有投资者创造的净现金流量。其计算公式如下：

公司自由现金流量（FCFF）＝息税前利润＋折旧－所得税－资本性支出－营运资本增加额
＝息税前利润＋折旧－（息税前利润－利息）×所得税税率－资本性支出－营运资本增加额
＝息税前利润×（1－所得税税率）＋利息×所得税税率＋折旧－资本性支出－营运资本增加额

在采用公司自由现金流量评估公司价值时，目标公司价值等于以公司的加权平均资本成本率作为折现率对公司自由现金流量折现的现值。计算目标公司价值时可以用基本模型，也可以根据公司成长性不同，采用零增长模型、固定增长模型和二阶段增长模型等。

(1)公司自由现金流量零增长模型。在目标公司 $FCFF$ 固定不变的情况下，公司价值的估算可采用零增长模型，类似于永续年金的折现。目标公司价值的计算公式如下：

$$V=\frac{FCFF}{k}$$

式中，k 表示加权平均资本成本率。

(2)公司自由现金流量固定增长模型。在目标公司未来 $FCFF$ 以固定增长率 g 增长的情况下，目标公司的计算模型为：

$$V=\frac{FCFF_1}{k-g}=\frac{FCFF_0(1+g)}{k-g}$$

式中，$FCFF_0$ 表示目标公司上年度自由现金流量；$FCFF_1$ 表示目标公司预测期第一年的公司自由现金流量。

(3)公司自由现金流量二阶段增长模型。有的公司成长可以分为两个或多个阶段，比如，在第一阶段，公司成长性非常好，每年的增长率不断提高。当增长到一定时期，开始进入第二阶段，即稳定增长阶段，在这个阶段，每年的增长率是固定的。目标公司价值可用下列模型进行估算：

$$V=\sum_{t=1}^{n}\frac{FCFF_0(1+g_t)^t}{(1+k)^t}+\frac{FCFF_n(1+g_m)}{k_m-g_m}\times\frac{1}{(1+k)^m}$$

式中，$FCFF_0$ 表示目标公司上一年度公司自由现金流量；$FCFF_n$ 表示目标公司预测期第 n 年的公司自由现金流量；k 表示第一增长阶段的折现率（目标公司第一增长阶段的加权平均资本成本率）；k_m 表示第二增长阶段的折现率（目标公司第二增长阶段的加权平均资本成本率）；g_m 表示目标公司在第二增长阶段的公司自由现金流量增长率；n 表示目标公司第一增长阶段的年限。

【例 14－2】 某电器集团公司欲收购张江电子股份有限公司，需要对张江电子股份有限公司进行价值评估。根据会计资料，张江电子股份有限公司总股份为 1 亿股。20×4 年度的销售收入为 27 000 万元，不包含折旧和利息费用的经营成本为 12 000 万元，折旧额为 1 000 万元，利息费用为 800 万元，资本性支出为 1 500 万元，营运资本占销售收入的比例为 20%，所得税税率为 25%。张江公司的成长性预期可分为两个阶段：第一阶段为今后 5 年（20×5～20×9 年），公司的年销售收入增长率为 10%，假设成本费用同比例增长，该阶段的加权平均资本成本率为 15%；第二阶段为 20Y0 年后公司进入零增长阶段，收入、成本费用与 20×9 年持平，该阶段的加权平均资本成本率为 10%。假定利息费用各年不变，均为 800 万元。

张江公司 20×4～20×9 年各项指标计算情况如表 14－1 所示。

表 14—1　　张江公司自由现金流量计算表　　单位:万元

项　目	20×4 年	20×5 年	20×6 年	20×7 年	20×8 年	20×9 年
销售收入	27 000	29 700	32 670	35 937	39 531	43 484
付现经营成本	12 000	13 200	14 520	15 972	17 569	19 326
折旧	1 000	1 100	1 210	1 331	1 464	1 610
利息	800	800	800	800	800	800
税前利润	13 200	14 600	16 140	17 834	19 698	21 748
所得税费用	3 300	3 650	4 035	4 459	4 925	5 437
税后利润	9 900	10 950	12 105	13 376	14 774	16 311
息前税后利润	10 700	11 750	12 905	14 176	15 574	17 111
资本性支出	1 500	1 650	1 815	1 997	2 196	2 416
营运资本	5 400	5 940	6 534	7 187	7 906	8 697
营运资本增加额		540	594	653	719	791
公司自由现金流量		10 660	11 706	12 857	14 123	15 515

张江公司的估值如下：

$$V=\frac{10\ 660}{1+15\%}+\frac{11\ 706}{(1+15\%)^2}+\frac{12\ 857}{(1+15\%)^3}+\frac{14\ 123}{(1+15\%)^4}+\frac{15\ 515}{(1+15\%)^5}+\frac{15\ 515}{10\%}\times\frac{1}{(1+15\%)^5}$$
$$=119\ 498(\text{万元})$$

以上总估值除以张江公司的普通股股数 10 000 万股,得每股价值为 11.95 元。

课堂思考

公司自由现金流量折现模型的计算与项目投资决策中经营净现金流量和净现值的计算有什么区别?

4. 股权自由现金流量折现模型

股权自由现金流量是公司普通股股东所能获得的现金流量,它是公司全部现金流入量扣除成本费用、必要的投资、偿还债权人的本金和利息以及支付优先股股息后剩余的现金流量,其计算公式为:

股权自由现金流量＝净利润＋折旧－资本性支出－营运资本增加额－偿还债务本金＋新增债务－优先股股息

在采用股权自由现金流量评估公司价值时,目标公司价值等于以公司的股权资本成本作为折现率对股权自由现金流量折现的现值。与公司自由现金流量折现模型一样,采用股权自由现金流量评估公司价值,除了可以采用基本模型外,也可以采用零增长模型、固定增长模型和二阶段增长模型,计算过程与公司自由现金流量折现模型类似,不再赘述。

(四)换股并购估价法

股份公司之间的并购,可以采用股票换股票方式实现并购,并购公司用本公司发行的股票交换目标公司股东的股票,从而实现对目标公司的收购。在有效市场假设下,股票的市场价格反映了公司价值,股东财富大小取决于股票价格的高低。因此在并购活动中,并购的协同效应也应当反映在股票价格中,只有并购后并购双方原有股东所持有的股票市值大于并购前所持有的股票市值,并购活动才能被双方股东所接受。采用换股并购时,对目标公司的价值评估主要体现在换股比例的大小上。换股比例是指1股目标公司的股票交换并购公司股票的股数。

假设A公司并购B公司，则并购后公司的股票价格可用下列公式表示：

$$P_{AB}=\frac{E_A+E_B+\Delta E}{S_A+S_B\times R}\times PE$$

式中，P_{AB} 表示并购后公司的股票价格；E_A 表示并购前A公司的净利润；E_B 表示并购前B公司的净利润；S_A 表示并购前A公司的普通股股数；S_B 表示并购前B公司的普通股股数；ΔE 表示并购产生的协同效应带来的净利润增加额；R 表示换股比例；PE 表示并购后公司的股票市盈率。

对于A公司股东来说，只有当并购后的股价 P_{AB} 大于或等于 P_A 时，股东才能接受并购，即：

$$\frac{E_A+E_B+\Delta E}{S_A+S_B\times R}\times PE\geqslant P_A$$

由上式可以推算出A公司并购B公司的最高换股比例为：

$$R=\frac{PE\times(E_A+E_B+\Delta E)-S_A\times P_A}{S_B\times P_A}$$

此时公司A并购前后的股价相等，即 $P_{AB}=P_A$，这是A公司股东所能接受的最高换股比例。

对于B公司的股东来说，只有当并购后的股价与换股比例的乘积大于或等于并购前的目标公司股份 P_B，即 $P_{AB}\times R\geqslant P_B$ 时，目标公司股东才能接受并购。该条件可用公式表示如下：

$$\frac{E_A+E_B+\Delta E}{S_A+S_B\times R}\times PE\times R\geqslant P_B$$

由上式可以推算出A公司并购B公司的最低换股比例为：

$$R=\frac{S_A\times P_B}{PE\times(E_A+E_B+\Delta E)-S_B\times P_B}$$

此时，$P_{AB}\times R=P_B$，这是B公司股东所能接受的最低换股比例。

从理论上讲，采用换股并购时，换股比例应当在最低比例与最高比例之间。但在实践中，换股比例一般是由并购双方谈判确定的。

【例14－3】 20×9年年初，W公司计划并购A公司，经双方谈判，同意以换股方式进行并购。并购前W公司20×8年度净利润为5 000万元，普通股总股数为8 000万股，目前股价9元/股；并购前，A公司20×8年度净利润为1 000万元，普通股股数为6 000万股，目前股价为6元/股。经预测，并购后实现协同效应所带来的净利润增加额为500万元，并购后公司的市盈率为20倍。

最高换股比例为：

$$R=\frac{20\times(5\,000+1\,000+500)-8\,000\times 9}{6\,000\times 9}=1.074$$

此时，并购后的股价应为9元/股。

最低换股比例为：

$$R=\frac{8\,000\times 6}{20\times(5\,000+1\,000+500)-6\,000\times 6}=0.511$$

此时，并购后公司股价为11.74元/股(6/0.511)。

因此，W公司并购A公司的换股比例应当在0.511～1.074。如果换股比例小于0.511，则A公司股东财富受损，其股东不会接受并购方案；如果换股比例大于1.074，则W公司股东财富受损，其股东也不会接受并购方案。

知识链接

换股并购有三种情形：(1)增资换股；(2)库存股换股；(3)母公司与子公司交叉换股。

六、公司并购的支付方式

并购是企业进行快速扩张的有效途径，同时也是优化配置社会资源的有效方式。在公司并购中，支付方式对并购双方的股东权益会产生影响，并且影响并购后公司的财务整合效果。而各种支付方式的财务影响各不相同。

(一)现金支付

现金支付，是指并购公司支付一定数量的现金，以取得目标公司的所有权。一旦目标企业的股东收到对其拥有股份的现金支付，就失去了对原企业的任何权益。在实际操作中，并购方的现金来源主要有自有资金、发行债券、银行借款和出售资产等方式，按付款方式又可分为即时支付和递延支付两种。

现金支付的优势是显而易见的。首先，现金支付操作简单，能迅速完成并购交易；其次，现金支付是最清楚的支付方式，目标公司可以将其虚拟资本在短时间内转化为确定的现金，股东不必承受因各种因素带来的收益不确定性等风险；最后，现金支付不会影响并购后公司的资本结构，因为普通股股数不变，并购后每股收益、每股净资产不会由于稀释原因而有所下降，有利于股价的稳定。

现金支付的缺陷在于：对并购方而言，现金支付是一项重大的即时现金负担；对目标公司而言，无法推迟确认资本利得，当期交易的所得税负亦大增。因此，对于巨额收购案，现金支付的比例一般较低。

(二)换股支付

换股支付也称换股并购，是指并购公司将本公司股票支付给目标公司股东以按一定比例换取目标公司股票，目标公司从此终止或成为并购公司的子公司。它是一种不需动用大量现金而优化资源配置的方法。

换股支付的优点主要表现在：

1. 不受并购方现金能力的制约

对并购公司而言，换股并购不需要即时支付大量现金，不会挤占公司营运资金，并购后能够保持良好的现金支付能力。因此，股权支付可使并购交易的规模相对较大。

2. 具有规避估价风险的效用

由于信息的不对称，在并购交易中，并购公司很难准确地对目标公司进行估价，如果用现金支付，并购后可能会发现目标公司内部有一些问题，那么，由此造成的全部风险都将由并购公司股东承担。但若采用股票支付，这些风险则同样转嫁给原目标公司股东，使其与并购方股东共同承担。

3. 原股东参与新公司收益分配

采用股权支付方式完成并购交易后，目标公司的原股东不但不会失去其股东权益(只是公司主体名称发生了变化)，还可分享并购后联合公司可能产生的价值增值的好处。

4. 延期纳税的好处

目标公司的股东可以推迟收益的确认时间，避免在并购后缴纳资本利得税，从而获得延期纳税的好处。

换股支付也存在很多不足，其主要表现为控制权风险、收益稀释风险和交易风险等。

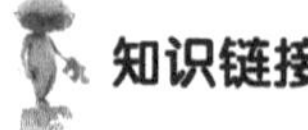

影响换股支付方式的因素包括：(1)并购公司的股权结构；(2)并购后每股利润的变化；(3)并购后每股净资产的变化；(4)并购后财务杠杆的变化；(5)当前的股价。

(三)混合证券支付

混合证券支付，是指并购公司以现金、股票、认股权证和可转换债券等多种形式的证券组合作为收购目标公司的支付方式。市场中的各种支付工具各有优劣，将若干种金融支付工具组合在一起，就能够结合各种支付工具的优势，克服劣势。

混合证券支付的风险：若各种支付工具比例安排不当，则不能发挥各种支付工具的优势，因此，无论是个人投资者还是投资机构，在辅助并购者设计混合支付工具时，要缜密计划，有必要做模拟分析以揣测市场的反应。

综上所述，企业并购的支付方式各有优劣。企业并购应以获得最佳并购效益为宗旨，结合企业自身特点与其所处的市场地位，合理选择支付方式，以便设计出最佳的并购支付方案。

课堂思考

公司并购有哪些支付方式？各有何优缺点？

第二节　公司重组

公司重组是一种经济机制和手段，其结果则是各种要素的再结合。现代市场经济中的各种生产要素，通过公司重组行为以达到资源优化配置的最终目的。

一、公司重组的概念

公司重组，是指对公司产权关系和其他债务、资产、管理结构所进行的企业改组、整顿与整合的过程，从而在整体上和战略上改善企业经营管理状况，强化企业在市场上的竞争能力，推进企业创新，实现公司组织的再造。

公司重组具有广义和狭义两种含义。狭义的公司重组仅限于公司并购，包括资产剥离、公司分立(分割)与股权出售；广义的公司重组泛指公司之间、股东与公司之间、股东之间依据公司法自治原则，为实现公司资源的合理流动与优化配置而实施的各种商事行为。本书将主要介绍狭义的公司重组行为。

通过公司重组行为，将原有生产要素从公司中释放出来并进行再组合，使各种要素得到合理的再配置。此时，在微观层面上，提高了公司的效率，并进行更有效的生产与经营；在宏观层面上，使国民经济结构不断优化，提高效率。

知识链接

公司重组往往因公司失败而起，即公司不能正常履行资金支付的责任，在资金周转和运用方面出现了入不敷出的现象。

二、公司重组的模式

公司重组一般有业务重组、资产重组、债务重组、股权重组、人员重组和管理重组等模式。

(一)业务重组

业务重组，是指对被改组企业的业务进行划分，从而决定哪一部分业务进入上市公司业务的行为，它是公司重组的基础。重组时着重划分经营性业务和非经营性业务、营利性业务和非营利性业务以及主营业务和非主营业务等，然后将经营性业务和营利性业务纳入上市公司业务，剥离非经营性业务和非营利性业务。

(二)资产重组

资产重组，是指对重组企业一定范围内的资产进行重新组合、调整和配置的活动，是公司重组的核心。公司资产重组的内涵丰富多样，既可以是物质形态资产如厂房、机器设备之类的固定资产的重组；也可以是非物质形态资产如技术专利、商标、股权和债权等的置换。公司资产重组在不同的经济环境下，其侧重点和方式也不尽相同。

(三)债务重组

债务重组,是指企业负债通过债务人负债责任的转移和负债转变为股权等方式进行重组的行为。债务重组可以采取的方式有:以资产清偿债务、将债务转为资本、修改其他债务条件和混合重组。以资产清偿债务,是指债务人转让其资产给债权人以清偿债务的债务重组方式,常用于偿债的资产主要有现金、存货、固定资产、无形资产和股权投资等;将债务转为资本,是指债务人将债务转为资本,同时债权人将债权转为股权的方式;修改其他债务条件,是指修改不包括上述两种情形在内的债务条件进行的重组方式,如减少债务本金、降低利率和免去应付未付的利息等;混合重组就是上述三种方式的组合,如将一部分债务用资产清偿,另一部分转为资本等。

(四)股权重组

股权重组,是指对企业股权进行调整的行为。它与其他重组相互关联,甚至同步进行,比如债务重组时债转股。

(五)人员重组

人员重组,是指通过减员增效,优化劳动组合,提高劳动生产效率的行为。

(六)管理重组

管理重组,是指在企业重组活动中,由于涉及企业管理组织、管理责任及管理目标的变化,而重新确立企业管理架构的一种重组形式。管理重组一般包括两部分内容:一是管理体制重组,即按照现代公司制度的要求把原本缺乏活力的管理体制向股份有限公司体制转变,这是公司转换经营机制的重要基础;二是新的所有者在公司制度的框架之内,对公司管理层进行必要的调整或改组。

三、公司重组的方式

公司重组的方式是多种多样的。目前我国公司重组实践中通常存在两个问题:一是片面理解公司重组为企业兼并或企业扩张,而忽视其售卖、剥离等企业资本收缩经营方式;二是混淆合并与兼并、剥离与分立等方式。下面主要介绍三种常见的公司重组方式:资产剥离、公司分立和股权出售。

(一)资产剥离

1. 资产剥离的概念

资产剥离,是指公司将其所拥有的资产、产品线、经营部门和子公司等出售给第三方,以获取现金、股票或现金与股票等混合形式回报的一种商业行为。由于出售这些部门或资产可以取得现金收入,因此,资产剥离一般并未减小资产的规模,只是资产形式的转化。但从公司的经营业务角度来看,则实现了经营规模的缩减。最为常见的资产剥离形式是母公司将一个子公司或者部门出售给另一家公司。

剥离并非是企业经营失败的标志,它是企业发展战略的合理选择。企业通过剥离不适合于企业长期战略、没有成长潜力或影响企业整体业务发展的部门、产品生产线或单项资产,可使资源集中于经营重点,从而更具有竞争力。同时,剥离还可以使企业资产获得更有效的配置,提高企业资产的质量和资本的市场价值。

2. 资产剥离的原因

企业进行资产剥离与企业的经营和发展战略息息相关,进行资产剥离行为主要基于以下原因:

(1)剔除亏损业务。如果公司的某一子公司或部门的盈利状况不佳,长期以来其投资报酬率无法超过公司要求的最低投资报酬率,那么公司就应考虑将其出售。公司要求的最低投资报酬率是公司用来评价各个部门业绩的最低报酬率标准,通常可以采用公司的资本成本率作为最低投资报酬率标准。有时公司管理层可能不愿意剥离盈利状况不佳的部门,该行为相当于承认其管理不力或者先前的收购决策有误。但是,从股东利益出发,公司应当尽早进行资产剥离,以免这些部门拖累公司业绩。

(2)适应公司战略目标和经营环境的改变。有些部门的业务可能与公司未来的战略目标不一致,公司可能希望脱离这一行业,此时就需要对这些部门进行剥离。尽管这些部门对公司的利润仍有贡献,但会占用公司的较多资源,并且不符合公司的未来发展方向,此时,将其出售更有利于公司的未来发展。从公司的角度来考虑,必须评估继续保留这些部门的机会成本。而从社会的角度来说,将这些部门出售给其他对此行业更有经验的公司去经营,有可能会更好地发挥这些资产的价值,创造更多的财富。

(3)改变公司形象,提升股价。通过资产剥离,公司以及被剥离出去的部门在资本市场上可能获得更多的盈利机会,结构复杂的大型公司可能会令投资者难以归类,从而影响其投资意愿。例如,制药公司属于非周期性行业,受经济周期影响较小,而房地产开发公司属于周期性较强的行业。不同的投资者对这两个行业的投资偏好不同,一家兼营制药和房地产的综合性公司,会令投资者难以识别该公司属于哪一类型企业,从而影响其投资意愿。如果该公司将其不同类型的两种业务进行剥离,就能改变公司的市场形象,给公司带来更多的资本市场机会。

知识链接

公司资产剥离的原因还包括通过资产剥离出售部分非战略性的资产和部门,满足公司的现金需要;以及迫于政府反垄断管制的压力进行被动的资产剥离。

3. 资产剥离的财务估值

公司在进行资产剥离时,应对计划出售的子公司、部门或资产进行价值评估。一般情况下,评估过程应当包括以下几个步骤:

(1)估计被剥离部门或资产的税后现金净流量。在估计被剥离部门或资产的现金流量时,必须考虑它与公司之间的相关性,因为被剥离的部门或资产可能给公司的现金流量带来积极或者消极的影响,在对其估值时必须考虑这些因素。

(2)确定被剥离部门或资产所适用的折现率。确定折现率应当考虑被剥离部门或资产的风险特性,通常可以参照与之业务相同且规模相近的公司的资本成本率来确定折现率。

(3)计算现值。用确定的折现率对被剥离部门或资产的税后净现金流量进行折现,即可计算出现值。

(4)计算被剥离资产的价值。在资产剥离中,如果出售的是公司的固定资产,不需要负担任何债务,则第三步所计算的现值就是被剥离资产的价值;如果出售的是公司的一个子公司或部门,还要减去该子公司或部门所应承担债务的市场价值,才可计算出该子公司或部门所具有的价值。之所以使用负债的市场价值,是因为市场在确定负债的当前价值时已经对其现值进行了计算。被剥离子公司或部门的价值可按下列模型计算:

$$V=\sum_{t=1}^{n}\frac{CFAT_t}{(1+k)^t}-MVL$$

式中,V 表示被剥离子公司或部门的价值;$CFAT_t$ 表示被剥离子公司或部门在第 t 年的税后现金净流量;k 表示折现率;MVL 表示被剥离子公司或部门所负担的债务市场价值。

经过以上步骤对被剥离子公司、部门或资产进行估值,就可以决策资产剥离是否可行。如果扣除交易费用后资产剥离取得的出售收入大于其在公司中所体现的价值,则说明资产剥离交易是可行的;否则,说明资产剥离交易不可行。

课堂思考

资产剥离的重组方式是否减小了公司的资产规模?

(二)公司分立

1. 公司分立的概念

公司分立,是指原有的一家公司分成两家或两家以上独立公司的法律行为。在进行公司分立时,其财产应作相应的分割。公司分立存在两种形式的分立,即存续分立(派生分立)和解散分立(新设分立)。存续分立,是指一家公司分立成两家以上公司,本公司继续存在并设立一家以上新的公司;解散分立,是指一家公司分散为两家以上公司,本公司解散并设立两家以上新的公司。在存续分立方式下,原公司继续存在但注册资本减少,原股东在本公司、新公司的股权比例可以不变。

在市场实践中,总公司为了实现资产扩张,降低投资风险,往往把其分公司改组成具有法人资格的全资子公司。此时总公司亦转化为母公司,母公司仅以其投资额为限对新设子公司债务承担有限责任。

2. 公司分立的原因

(1)实施管理激励。一家拥有多家子公司的大型公司,其内部管理机构的膨胀,以及不反映子公司各自业绩状况的合并财务报告,都有可能使不同业绩的子公司得不到相应的奖惩。当母公司处于成熟产业而子公司处于高速成长产业,或者母公司处于非管制产业而子公司处于受管制产业时,激励问题就会更加突出。此时,即使以母公司的股票期权制订激励报酬计划,也可能不会发生作用。因此,通过公司分立将管理层与公司业绩紧密地联系在一起,可以产生良好的激励效果。

(2)提高管理效率。管理效率理论认为,投资者对主营产品突出的公司股票较偏爱,不是因为投资者对市场评估大型公司的能力缺乏信心,而是他们对大型公司管理者的管理效率缺乏信心。即使是最优秀的管理队伍,随着他所控制的资产规模和范围的增大,也会达到收益的临界点。而一家公司拆分为一家或多家公司,责任分化,有利于管理行为简单化,有利于精简公司的机构;同时,原来的一个经营者也变为两个或多个经营者,有利于管理幅度的缩小、管理专业化的提高,从而提高经营管理的效率。

(3)反击敌意收购。公司分立还可以用来反击敌意收购,作为一种反敌意收购的防御手段。从上市公司的角度看,当其多元经营超过最佳水平时,市场价值可能会被严重低估。在此情况下,容易引发市场参与者的收购意向,投资者将公司收购后,再进行资产出售、分立或股权割售,可以使公司的整体市场价值得到较大提高,从而作为投资者获得巨大利益。这将迫使实施多元化经营战略的上市公司采取公司分立手段,以反击可能发生的敌意收购。

知识链接

规避政府的行政管制和获取税收优惠都是公司分立的重要原因。通过公司分立获取更好的机会,从而不再受某些规章的约束和审查。

3. 公司分立的程序

进行公司分立行为可以按照下列步骤进行:

(1)公司董事会拟定公司分立方案。公司董事会在公司分立方案的拟定中,除应当对分立的原因、目的,分立后各公司的地位,分立后公司章程及其他相关问题做出安排外,还应考虑妥善处理财产及债务分割问题。

(2)公司股东大会关于分立方案的决议。公司分立行为属于《公司法》中所规定的重大事项,对于公司董事会拟定的分立方案,应当由股东大会以特别会议决议方式决定。股东大会决议通过方案时,特别要通过公司债务的分担协议,即由未来两家或多家公司分担原公司债务的协议。为了保证分立方案的顺利执行,应当同时授权董事会具体实施分立方案,该授权包括向国家主管机关提出分立申请、编制其他相关文件等事项。

(3)董事会编制公司财务及财产文件。根据《公司法》的规定,公司分立时应当进行财产分割。

为妥善处理财产分割，应当依照相关规定编制资产负债表及财产清单，经股东大会授权后，应当由董事会负责实施。

(4)政府主管机关的批准。某些公司的分立行为应以政府批准为前提。

(5)履行债权人保护程序。根据《公司法》等相关规定，债权人保护程序主要涉及分立公告及债务清偿程序：第一，在分立决议做出后的10日内，将分立决议通知债权人，并于30日内在报纸上至少公告3次；第二，债权人自接到通知书之日起30日内，未接到通知书的自第一次公告之日起90日内，有权要求公司清偿债务或者提供相应的担保。不清偿债务或者不提供相应担保的，公司不得分立。

(6)办理分立登记手续。

4. 公司分立的财务可行性分析

公司分立是一种经济行为，是为了谋求经济利益的最大化而产生的，因此，需要对公司分立进行财务可行性分析。公司分立的财务可行性分析，可采用折现现金流量法计算出分立前后的公司价值并进行比较。只有在分立后的各公司价值之和大于分立前的公司价值的情况下，公司分立才是可行的。

【例14—4】 A公司为了提高企业的营运效率，经董事会研究决定，将公司分立为甲、乙两个公司。经财务测算，分立前A公司今后10年经营活动产生的现金净流量的现值(即公司总价值)为101 000万元；分立后甲、乙两家公司今后5年的各年现金净流量如表14—2所示。从第6年起，甲公司每年的现金净流量为8 500万元，乙公司每年的现金净流量为9 000万元。假设市场利率为10%，且在分立过程中没有分立费用。

表14—2　　　**甲、乙公司的现金净流量**　　　单位：万元

项　目	第1年	第2年	第3年	第4年	第5年
甲公司	5 200	5 800	6 400	7 000	7 500
乙公司	5 600	6 400	6 800	7 500	8 000
合　计	10 800	12 200	13 200	14 500	15 500

自第6年起，甲公司和乙公司的现金净流量合计为17 500万元。

分立后甲公司和乙公司的价值总和计算如下：

$$V=10\ 800\times(P/F,10\%,1)+12\ 200\times(P/F,10\%,2)+13\ 200\times(P/F,10\%,3)+14\ 500\times(P/F,10\%,4)+15\ 500\times(P/F,10\%,5)+17\ 500\times(P/A,10\%,5)\times(P/F,10\%,5)$$

$$=113\ 096.2(\text{万元})$$

比较分立前后A公司的价值可知，分立前A公司价值为101 000万元，分立后价值为113 096.2万元，因此A公司的分立方案在财务上是可行的。

(三)股权出售

股权出售，是指公司将持有的子公司的股份出售给其他投资者。股权出售的动机与资产剥离交易基本相同，所产生的效应也相近，但资产剥离出售的是公司的资产或部门而非股份，股权出售的则是公司所持有的子公司的全部或部分股份。

一般情况下，股权出售后，原来的母公司可能不再继续持有对子公司的控制权，子公司的股东会发生变化，也会组建新的管理团队来独立经营公司。

课堂思考

资产剥离的重组方式与股权出售存在怎样的区别？

第三节　公司破产

许多公司在财务上陷入困境时，可以进行并购重组，也可以宣告破产，进行破产清算。公司财务人员也必须了解破产的本质、成因以及可能的解救之道，以减少公司发生破产的机会。公司破产通常是指对债务人的破产清算程序，但涉及破产法律制度时，通常是从广义上进行理解，不仅包括破产清算制度，还包括以挽救债务人、避免破产为目的的重整、和解等法律制度。

一、公司破产的概念

（一）公司破产的含义

公司破产，是指企业在市场竞争中，由于各种原因不能清偿到期债务，通过重整、和解或者清算等法律程序，使债权债务关系依据重整计划或者和解协议得以调整，或者通过变卖债务人财产，使债权人公平受偿。

（二）公司破产的原因

公司破产的原因可以分为两种情况：第一种，债务人不能清偿到期债务，并且资产不足以清偿全部债务，主要适用于债务人提出破产申请且其资不抵债的情况。第二种，债务人不能清偿到期债务，并且明显缺乏清偿能力，主要适用于债权人提出破产申请，以及债务人提出破产申请但其资不抵债状况通过形式审查不易判断的情况。

公司破产是一个法律程序，具有以下法律特征：

（三）公司破产的法律特征

1. 破产以法定事实存在为前提

若债务人存在不能清偿到期债务的法定事实，不管债务人的全部财产是否足以清偿其债务，只要无法按时履行偿还义务，就面临着破产的可能，这是公司破产的基本前提。

2. 破产是清偿债务的法律手段

公司破产必须由债权人或者债务人提出破产申请，然后法院依据法律程序将债务人的破产财产公平分配给债权人，从而结束债权债务关系。

3. 破产由法院受理

破产必须由法院受理，并由法院指定管理人，负责债务人财产的管理和处分，决定债务人的内部管理事项，代表债务人参加诉讼或者其他法律程序，从而尽可能地保护双方当事人的合法权益，保证实现公平受偿。

知识链接

破产界限是指法院据以宣告债务人破产的法律标准，也称为法律破产原因。破产界限应具备两个基本特征：第一，它必须是实际存在的事实状态；第二，它必须是符合法律规定的事实状态。

二、公司破产的程序

相关利益者向法院提出破产申请后，法院裁定受理破产申请的，应当同时指定管理人。管理人可以由有关部门、机构的人员组成的清算组或者依法设立的律师事务所、会计师事务所、破产清算事务所等社会中介机构担任。

进入破产程序的企业还应建立债权人会议，其是指由全体债权人组成，以维护债权人共同利益为目的，在法院监督下讨论决定有关破产事宜，表达债权人意志的机构。

在现代公司制度中，公司破产主要包括三种基本程序，分别是重整程序、和解程序和破产清算程序。后面的内容将对三种公司破产的程序进行分别介绍。

三、重整

重整程序，又称司法再生程序，是指经利害关系人的申请，在审判机关的主持和利害关系人的参与下，对不能支付到期债务陷入财务困难的企业，进行生产经营的整顿和债权债务清理的一种特殊法律程序。

依据《企业破产法》的规定，债务人不能清偿到期债务，并且资产不足以清偿全部债务或者明显缺乏偿债能力的，或者有明显丧失清偿能力可能的，债务人或者债权人可以直接向法院申请对债务人进行重整；债权人申请对债务人进行破产清算的，在法院受理破产申请后、宣告债务人破产前，债务人或者出资额占债务人注册资本1/10以上的出资人，也可以向法院申请重整。法院经审查认为重整申请符合法律规定的，应当裁定债务人重整，并予以公告。

(一)重整计划的制订

进入重整程序后，需要拟定重整计划。重整计划是由管理人或其他利害关系人制定的，以维持债务人的继续营业、谋求债务人的再生并清理债权债务关系为内容，经过债权人会议通过和法院裁定认可的实施方案。

《企业破产法》中规定，重整计划草案应当包括下列内容：(1)债务人的经营方案；(2)债权分类；(3)债权调整方案；(4)债权受偿方案；(5)重整计划的执行期限；(6)重整计划执行的监督期限；(7)有利于债务人重整的其他方案。

(二)重整计划的执行

《企业破产法》中规定，重整计划由债务人负责执行，由管理人监督重整计划的执行。在监督期内，债务人应当向管理人报告重整计划执行情况和债务人财务状况。管理人向法院提交的监督报告，重整计划的利害关系人有权查阅。债权人在审查重整计划草案时，必须考虑重整计划草案中对债务人董事、监事、经理等高级管理人员中有违法行为者及不称职者的更换，以免重整计划在债务人执行的过程中发生问题。

债务人不能执行或者不执行重整计划的，法院经管理人或者利害关系人请求，应当裁定终止重整计划的执行。

(三)重整程序的终止

公司重整程序开始以后，应以重整计划为核心进行重整工作。若重整计划得以顺利进行，则重整计划执行完毕后，重整程序应自动结束，这种情况称为公司重整的完成。

在公司的重整过程中，也可能由于一些法定事由的出现，造成公司重整计划不能得以进行，使得公司的重整程序也相应结束，这一种情况称为公司重整的终止。

在重整期间，有下列情形之一的，经管理人或者利害关系人请求，法院应当裁定终止重整程序，并宣告债务人破产：(1)债务人的经营状况和财产状况继续恶化，缺乏挽救的可能性；(2)债务人有欺诈、恶意减少债务人财产或者其他显著不利于债权人的行为；(3)由于债务人的行为致使管理人无法执行职务。

知识链接

在重整期间，也可以设置重整人、重整监督人和关系人会议等重整机构，取代原董事会、监事会和股东大会行使职权。重整人，是指公司原董事会职权停止后为实际执行重整工作而设立的执行机构，负责重整期间公司事务的经营管理；重整监督人，是指由法院选任的监督重整人执行职务的人，其主要任务是监督重整人的职务行为，以保证重整程序的公正进行，维护各方当事人的利益；关系人会议，是指由债权人和公司股东组成的行使其自治权利的意思表示机关，其地位相当于公司重整前的股东会，是公司重整期间的最高意思机关。

四、和解

和解是预防债务人破产的法律制度之一，是指为了避免破产宣告或破产分配，由债务人提出和解申请及和解协议草案，债权人会议讨论通过并经法院许可，以解决债权人与债务人之间的债权债务问题。

需要特别注意的是，和解申请只能由债务人一方提出，这与在重整申请和破产清算申请中，可由债权人等其他主体提出有所不同。债务人可以依法直接向法院申请和解，也可以在法院受理破产申请后、宣告破产前，向法院申请和解。债务人申请和解，应当提出和解协议草案。因债务人的欺诈或者其他违法行为而成立的和解协议，法院应当裁定无效，并宣告债务人破产。

和解程序分为以下三个步骤：

(一)提出申请

企业进行和解应由债务人向法院提出申请。债权人已经向法院申请债务人破产的，债务人也可以向法院提出债务和解申请。债务人在申请和解时，应当提出债务和解协议，明确申明进行债务重组的理由，包括企业的经营状况、债务总额、不能偿付债务的理由，以及进行债务重组的必要性和可行性。

(二)签订和解协议

债权人会议通过和解协议的决议，由出席会议的有表决权的债权人过半数同意，并且其所代表的债权额占无财产担保债权总额的2/3以上。债权人会议通过和解协议的，由法院裁定认可，终止和解程序，并予以公告。经法院裁定认可的和解协议，对债务人和全体和解债权人均有约束力。债务人应当按照和解协议规定的条件清偿债务。因债务人的欺诈或者其他违法行为而成立的和解协议，法院应当裁定无效，并宣告债务人破产。

(三)和解协议的终止

按照和解协议减免的债务，自和解协议执行完毕时起，债务人不再承担清偿责任，和解程序顺利终止。债务和解也可能在以下两种情况下终止：一是和解协议草案经债权人会议表决未获通过，或者债权人会议通过的和解协议未获得法院认可的，法院应当裁定终止和解程序，并宣告债务人破产；二是债务人不能执行或者不执行和解协议的，法院经和解债权人请求，应当裁定终止和解协议的执行，并宣告债务人破产。

五、破产清算

破产清算，是指企业在终止过程中，为终结现存的各种经济关系，对企业的财产进行清查、估值和变现，清理债权和债务，分配剩余财产的行为。破产清算是基于公司面临终止的情况下发生的。公司终止的原因有两种：一种是公司的解散；另一种是公司的破产，即公司基于宣告破产而终止。这两种情况下都会引起公司的清算，只是清算组织和清算程序存在不同。

破产清算的范围为公司的出资、资产、债权、债务的审查。破产清算的目的在于使得公司与其他社会主体之间产生的权利和义务归于消灭，从而为公司的终止提供合理依据。公司的终止涉及众多利益主体的切身利益，必须对相关权利义务予以处置和解决。因此，只有在对公司清算后，才能使得相关权利义务得以消灭和转移，公司才能最终终止。

公司出现以下情形之一的，应当进行清算：(1)营业期限届满或公司章程规定的解散事由出现；(2)股东大会决议解散；(3)因公司合并或分立需要解散；(4)依法被吊销营业执照、责令关闭或者被撤销；(5)依法宣告破产。

课堂思考

公司出现哪些情形时应当进行清算?

(一)破产清算程序

《公司法》规定:“公司被依法宣告破产的,依照有关企业破产的法律实施破产清算。”破产清算的基本程序如下:

1. 提出破产申请

《企业破产法》规定可以申请破产的主体主要有:(1)债权人;(2)债务人;(3)对债务人负有清算责任的人。债务人提出申请的,还应当向法院提交财产状况说明、债务清册、债权清册、有关财务会计报告、职工安置预案以及职工工资的支付和社会保险费用的缴纳情况。债权人或债务人向法院提出破产申请的,应当提交破产申请书和有关证据。破产申请书应当载明下列事项:(1)申请人、被申请人的基本情况;(2)申请目的;(3)申请的事实和理由;(4)法院认为应当载明的其他事项。

2. 法院受理破产申请

债权人作为申请人提出申请的,法院应当自收到申请之日起 5 日内通知债务人,债务人有异议的,应当自收到法院通知之日起 7 日内向法院提出,法院应当自异议期满之日起 10 日内裁定是否受理;债务人或对债务人企业负有清算责任的人提出申请的,法院应当自收到申请之日起 15 日内裁定是否受理。有特殊情况需要延长裁定受理期限的,经上级法院批准,可以延长 15 日。

法院受理破产申请的,应当自裁定做出之日起 5 日内送达申请人;债权人提出申请的,法院应当自裁定做出之日起 5 日内送达债务人,债务人应当自裁定送达之日起 15 日内向法院提交财产状况说明、债务清册、债权清册、有关财务会计报告以及职工工资的支付和社会保险费用的缴纳情况。

法院裁定不受理破产申请的,应当自裁定做出之日起 5 日内送达申请人并说明理由。申请人对裁定不服的,可以自裁定送达之日起 10 日内向上一级法院提起上诉。

3. 指定破产管理人

法院裁定受理破产申请后,应当指定管理人。管理人的职责包括:(1)接管债务人的财产、印章和账簿、文书等资料;(2)调查债务人财产状况,制作财产状况报告;(3)决定债务人的内部管理事务;(4)决定债务人的日常开支和其他必要开支;(5)在第一次债权人会议召开之前,决定继续或者停止债务人的营业;(6)管理和处分债务人的财产;(7)提议召开债权人会议;(8)代表债务人参加诉讼、仲裁或者其他法律程序。

另外,管理人需要调查债务人财产状况。债务人财产,是指破产申请受理时属于债务人的全部财产以及破产申请受理后至破产程序终结前债务人取得的财产。法院受理破产申请前 1 年内,涉及债务人财产的下列行为,管理人有权请求法院予以撤销:(1)无偿转让财产的;(2)以明显不合理的价格进行交易的;(3)对没有财产担保的债务提供财产担保的;(4)对未到期的债务提前清偿的;(5)放弃债权的。

4. 债权人申报债权

债权申报期限自法院发布受理破产申请公告之日起计算,最短不得少于 30 日,最长不得超过 3 个月。债权人应当在法院确定的债权申报期限内向管理人申报债权。管理人收到债权申报材料后,应当登记造册,对申报的债权进行审查,并编制债权表。

5. 召开债权人会议,设立债权人委员会

债权人会议是由依法申报债权的所有债权人组成的,决定债务人在破产期间的重大事项。第一次债权人会议由法院召集,自债权申报期限届满之日起 15 日内召开。

债权人会议的决议,由出席会议的有表决权的债权人过半数通过,并且其所代表的债权额占无财产担保债权总额的 1/2 以上。

债权人会议的职权包括:(1)核查债权;(2)申请法院更换管理人,审查管理人的费用和报酬;(3)监督管理人;(4)选任和更换债权人委员会成员;(5)决定继续或者停止债务人的营业;(6)通过重整计划;(7)通过和解协议;(8)通过债务人财产的管理方案;(9)通过破产财产的变价方案;(10)通过破产财产的分配方案;(11)法院认为应当由债权人会议行使的其他职权。

债权人会议可以决定设立债权人委员会。债权人委员会由债权人会议选任的债权人代表和一名债务人的职工代表或者工会代表组成。债权人委员会成员不得超过9人,且债权人委员会成员应当经法院书面决定认可。

6. 破产宣告

法院依照《企业破产法》的规定宣告债务人破产的,应当自裁定做出之日起5日内送达债务人和管理人,自裁定做出之日起10日内通知已知债权人,并予以公告。债务人被宣告破产后,债务人称为破产人,债务人财产称为破产财产,法院受理破产申请时对债务人享有的债权称为破产债权。

7. 破产财产处置

管理人负责处置破产企业的财产。管理人应当按照债权人会议通过的或者法院裁定的破产财产变价方案,适时变价出售破产财产。破产财产在优先清偿破产费用和共益债务后,依照下列顺序清偿:(1)破产人所欠职工的工资和医疗、伤残补助、抚恤费用,所欠的应当划入职工个人账户的基本养老保险、基本医疗保险费用,以及法律、行政法规规定应当支付给职工的补偿金;(2)破产人欠缴的除前项规定以外的社会保险费用和破产人所欠税款;(3)普通破产债权。

破产财产不足以清偿同一顺序的清偿要求的,按照比例分配。破产企业的董事、监事和高级管理人员的工资按照该企业职工的平均工资计算。

课堂思考

如何正确界定公司破产财产和债务人财产?

8. 破产程序的终结

破产人无财产可供分配的,管理人应当请求法院裁定终结破产程序。管理人在最后分配完结后,应当及时向法院提交破产财产分配报告,并提请法院裁定终结破产程序。法院应当自收到管理人终结破产程序的请求之日起15日内做出是否终结破产程序的裁定。裁定终结的,应当予以公告。

管理人应当自破产程序终结之日起10日内,持法院终结破产程序的裁定,向破产人的原登记机关办理注销登记。

(二)破产费用和共益债务

1. 破产费用

破产费用,是指在破产案件中,为破产债权人的共同利益而支出的费用。破产费用包括:(1)破产案件的诉讼费用;(2)管理、变价和分配债务人财产的费用;(3)管理人执行职务的费用、报酬和聘用工作人员的费用。

2. 共益债务

共益债务,是指在破产申请受理后,为全体债权人的共同利益或者为进行破产程序所必须负担的债务,其内容包括:(1)因管理人或者债务人请求对方当事人履行双方均未履行完毕的合同所产生的债务;(2)债务人财产受无因管理所产生的债务;(3)因债务人不当得利产生的债务;(4)为债务人继续营业而应支付的劳动报酬和社会保险费用以及由此产生的其他债务;(5)管理人或者相关人员执行职务致人损害所产生的债务;(6)债务人财产致人损害所产生的债务。

3. 破产费用和共益债务的清偿

破产费用和共益债务由债务人财产随时清偿。债务人不足以清偿所有破产费用和共益债务的，先行清偿破产费用。债务人不足以清偿所有破产费用或者共益债务的，按照比例清偿。债务人财产不足以清偿破产费用的，管理人应当提请法院终结破产程序。

课堂思考

破产财产的偿还顺序是怎样的？破产费用和共益债务的清偿有哪些规定？

(三)破产的法律责任

企业董事、监事或者高级管理人员违反忠实义务、勤勉义务，致使所在企业破产的，依法承担民事责任。有上述规定情形的人员，自破产程序终结之日起 3 年内不得担任任何企业的董事、监事、高级管理人员。

债务人违反《企业破产法》的规定，拒不向法院或管理人提交或者提交不真实的财产状况说明、债务清册、债权清册、有关财务会计报告以及职工工资的支付情况和社会保险费用的缴纳情况的，法院可以对直接责任人员依法处以罚款。

管理人未依照本法规定勤勉尽责，忠实执行职务的，法院可以依法处以罚款。给债权人、债务人或者第三人造成损失的，依法承担赔偿责任。

课堂思考

企业破产，公司董事、监事或者高级管理人员有何责任？

本章小结

公司并购包括兼并和收购两层含义。企业之间的兼并与收购行为，是指企业法人在平等自愿、等价有偿的基础上，以一定的经济方式取得其他法人产权的行为，是企业进行资本运作和经营的一种主要形式。本书采用的是广义的企业并购概念，即包括新设合并、吸收合并、收购和接管。

公司并购按并购双方所处的行业性质，可分为横向并购、纵向并购和混合并购；按并购程序的不同，可分为善意并购和敌意并购；按是否利用杠杆，可分为杠杆并购和非杠杆并购等。

公司并购的相关理论中，并购效率理论，是指公司并购和其他形式的资产重组活动都可以提高公司经营活动的效率，进而增进社会效益。代理理论主要涉及企业资源的提供者与资源的使用者之间的契约关系。按照代理理论，经济资源的所有者是委托人，负责使用以及控制这些资源的经理人员是代理人。

公司并购的价值评估是指对目标公司的价值进行评估，它关系到并购公司收购目标公司应付出多少代价。在实践中，目标公司的价值评估方法主要有成本法、市场比较法、现金流量折现法和换股并购估价法。

公司重组，是指对公司产权关系和其他债务、资产、管理结构所进行的企业改组、整顿与整合的过程，从而在整体上和战略上改善企业经营管理状况，强化企业在市场上的竞争能力，推进企业创新，实现公司组织的再造。

三种常见的公司重组方式是资产剥离、公司分立和股权出售。资产剥离，是指公司将其所拥有的资产、产品线、经营部门和子公司等出售给第三方，以获取现金、股票或现金与股票等混合形式回报的一种商业行为；公司分立，是指原有的一家公司分成两家或两家以上独立公司的法律行为，在进行公司分立时，其财产应作相应的分割；股权出售，是指公司将持有的子公司的股份出售给其他投资者。

公司破产，是指企业在市场竞争中，由于各种原因不能清偿到期债务，通过重整、和解或者清算等法律程序，使债权债务关系依据重整计划或者和解协议得以调整，或者通过变卖债务人财产，使债权人公平受偿。

在现代公司制度中，公司破产主要包括三种基本程序，分别是重整程序、和解程序和破产清算程序。重整程序，是指经利害关系人的申请，在审判机关的主持和利害关系人的参与下，对不能支付到期债务陷入财务困难的企业，进行生产经营的整顿和债权债务清理的一种特殊法律程序；和解，是指为了避免破产宣告或破产分配，由债务人提出和解申请及和解协议草案，债权人会议讨论通过并经法院许可，以解决债权人与债务人之间的债权债务问题;公司清算,是指企业在终止过程中,为终结现存的各种经济关系,对企业的财产进行清查、估值和变现,清理债权和债务,分配剩余财产的行为。

破产清算的程序包括:提出破产申请;法院受理破产申请;指定破产管理人;债权人申报债权;召开债权人会议,设立债权人委员会;破产宣告;破产财产处置;破产程序的终结。

复习思考题

1. 什么是公司并购?有哪几种形式和分类?
2. 公司并购的动因是什么?
3. 什么是公司并购的价值评估?其方法有哪些?
4. 什么是公司重组?重组方式一般有哪些?
5. 什么是公司破产?什么情况下必须进行公司破产清算?
6. 破产清算的程序是什么?

第十五章
跨国公司财务管理

学习目标

通过本章的学习，了解跨国公司及其特征，跨国公司的经营特点、类型，跨国公司财务管理的形成与发展；了解跨国公司财务管理的特点；掌握跨国公司财务管理策略；熟悉国际金融市场；掌握跨国公司筹资管理方法、投资管理方法和外汇市场风险管理方法等。

第一节　跨国公司财务管理概述

当今世界，跨国公司作为一种企业国际化经营的组织形式，发挥着日益重要的作用。跨国公司(Transnational Corporation)，又称多国公司(Multi-national Enterprise)、国际公司(International Firm)、超国家公司(Supernational Enterprise)和宇宙公司(Cosmo-Corporation)等，是指一个由经济实体构成的工商企业，是在一定程度上通过集中控制、在两个或两个以上的国家从事跨国界生产经营活动的现代经济实体。其主要内容包括：(1)有一系列企业在两个或两个以上国家开展经营活动；(2)这些企业推行总公司的全球战略，并且共担风险、共享资源；(3)这些企业在一个共同控制体系下开展经营活动。

与跨国公司有关的名称有母公司、子公司、母国和东道国等。母公司，是指负责对外直接投资并控股的公司。子公司包括国内子公司和国外子公司，其中国外子公司是母公司在国外设立的公司，它虽然是在所在国政府法律下登记注册的法人实体，但隶属于母公司。母国是指母公司所在国，母公司是在母国政府登记注册的法人实体。东道国则是接受外国直接投资的国家，也就是说，跨国公司国外子公司所在的国家即为东道国。

一、跨国公司与国内公司的差异

跨国公司作为在国内外拥有较多分支机构、从事全球性生产经营活动的公司，与国内企业相比较，是有一定区别的，这些区别表现在：

(1)跨国公司的战略目标是以国际市场为导向的，目的是实现全球利润最大化，而国内企业是以国内市场为导向的。

(2)跨国公司是通过控股的方式对国外的企业实行控制，而国内企业对其较少的涉外经济活动大多是以契约的方式来实行控制。

(3)国内企业的涉外活动不涉及在国外建立经济实体问题，国内外经济活动的关系是松散的，有较大偶然性，其涉外经济活动往往在交易完成后就立即终止，不再参与以后的再生产过程；而跨国公司则在世界范围内的各个领域，全面进行资本、商品、人才、技术、管理和信息等交易活动，并且这种“一揽子”活动必须符合公司总体战略目标并处于母公司控制之下，其子公司也像外国企业一样参加当地的再生产过程。所以，跨国公司对其分支机构必然实行高度集中的统一管理。

知识链接

跨国公司之所以寻求国际扩张，主要有寻求市场、寻求资源、寻求降低成本和寻求知识四种动机。

二、跨国公司的类型

(一)按经营项目的性质分类

按照跨国公司经营项目的性质，可以将跨国公司分为资源开发型跨国公司、加工制造型跨国公司和服务提供型跨国公司。

1. 资源开发型跨国公司

资源开发型跨国公司以获得母国所短缺的各种资源和原材料为目的，对外直接投资主要涉及种植业、采矿业、石油业和铁路等领域。目前，资源开发型跨国公司仍集中于采矿业和石油开采业，如著名的埃克森—美孚公司(Exxon Mobil)、英荷壳牌公司(Royal Dutch Shell)。

2. 加工制造型跨国公司

加工制造型跨国公司主要从事机器设备制造和零配件中间产品的加工业务，以巩固和扩大市场份额为主要目的。这类公司以生产加工为主，进口大量原材料并生产各种消费品供应东道国、附近市场，或者对原材料进行加工后再出口。

3. 服务提供型跨国公司

服务提供型跨国公司，主要是指向国际市场提供技术、管理、信息、咨询、法律服务以及营销技能等无形产品的公司。这类公司包括跨国银行、保险公司、咨询公司、律师事务所以及注册会计师事务所等。20 世纪 80 年代以来，随着服务业的迅猛发展，服务业已逐渐成为当今最大的产业部门，服务提供型跨国公司也成为跨国公司的一种重要形式。

知识链接

四大会计师事务所——普华永道(PWC)、德勤(DTT)、毕马威(KPMG)、安永(EY)，属于服务提供型跨国公司。

(二)按产品种类和经营结构分类

按照跨国公司的产品种类和经营结构，可以将跨国公司分为横向型跨国公司、垂直型跨国公司和混合型跨国公司。

1. 横向型跨国公司

横向型跨国公司，是指母公司和各分支机构从事同一种产品的生产和经营活动的公司。在公司内部，母公司和各分支机构之间在生产经营上专业化分工程度很低，生产制造工艺、过程和产品基本相同。这类跨国公司的特点是母、子公司之间在公司内部相互转移生产技术、营销诀窍和商标专利等无形资产，有利于增强各自的竞争优势与公司的整体优势，减少交易成本，从而形成强大的规模经济。

2. 垂直型跨国公司

垂直型跨国公司，是指母公司和各分支机构之间实行纵向一体化专业分工的公司。纵向一体化专业分工又有两种具体形式：一是指母、子公司生产和经营不同行业的相互关联产品，如自然资源的勘探、开发、提炼、加工制造与市场销售等；二是指母、子公司生产和经营同行业不同加工程序和工艺阶段的产品，如专业化分工程度较高的汽车行业与电子行业等的关联产品。垂直型跨国公司把具有前后衔接关系的社会生产活动国际化了，母、子公司之间的生产经营活动具有显著的投入产出关系。

3. 混合型跨国公司

混合型跨国公司，是指母公司和各分支机构生产和经营互不关联产品的公司。混合型跨国公司是企业在世界范围内实行多样化经营的结果，它将没有联系的各种产品及其相关行业组合起来，加强了生产与资本的集中，规模经济效果明显；同时，跨行业非相关产品的多样化经营能有效地分散经营风险。但是，由于经营多种业务，业务的复杂性会给企业管理带来不利影响，因此具有竞争优势的跨国公司并不是向不同行业盲目扩展业务，而是倾向于围绕加强核心业务或产品的竞争优势开展国际多样化经营活动。

三、跨国公司财务管理的特点

相比于国内公司的财务管理，跨国公司财务管理主要有以下特点：

(一)财务管理环境的复杂性

跨国公司由母公司和分布在各国的子公司组成，公司置身于一个母国和多个东道国的环境之中，每种因素都会对跨国公司财务管理产生影响。

1. 经济环境

跨国公司生产经营活动既有母国经营活动，又有分布于世界各地的东道国的生产经营活动。各国的自然、文化、政治、法律和经济诸因素相互作用、相互交叉形成其相当复杂的国际经济环境。

2. 金融环境

跨国公司所面临的金融环境远比国内企业金融环境复杂，其资金筹集不仅受一个国家金融政策的影响，而且还受国际金融环境的影响。外国金融政策、利率、汇率和外汇管制程度都远比国内企业复杂得多。

3. 法律环境

跨国公司不仅受母国法律制约，又受诸多东道国法律制约，有时还受国际法影响。因此，跨国公司财务管理也与各国的法律环境息息相关。

(二)财务管理目标的全球性

现代企业追求的目标是收益和财富最大化，围绕该目标，跨国公司在做出重大业务决策时考虑的是公司的最大利益，有时会牺牲某一子公司的局部利益。跨国公司无论生产、销售、采购或资本转移都要以整个公司的最大利益为核心，保证公司取得最佳经济效益。例如，在资金管理上实行资金集中管理，建立现金结算中心，及时调动资金，降低现金持有成本，提高资本使用效益；在产品销售时实行转移价格策略，最大限度地减少税赋和外汇风险，增加整个公司的利润；内部结算时实行双边或多边净额结算法，最大限度地减少资金占用，加速资金周转，提高资金使用效益。

(三)财务管理体制的双重性

跨国公司的财务活动和财务管理内容涉及母国和诸多东道国，受其影响，其财务关系既反映母国与总公司的财务关系、东道国与子公司的财务关系，又反映跨国公司内部总公司与各子公司的财务关系。为适应这种财务关系，跨国公司财务管理制度要建立双重财务管理体制。

(四)财务管理风险的多样性

跨国公司的经营环境复杂性决定其风险与国内企业有很大差别。跨国公司除了国内企业所具有的风险外，还面临国际上政治、经济变化的各种风险。例如，在经济和企业经营方面面临汇率风险、利率风险、通货膨胀风险、经营风险、财务风险、战争风险和法律与政策风险等。因此，跨国财务管理工作要认真分析风险，采用科学的方法来预防风险，减少损失，从而实现股东财富最大化。

(五)资金筹集方式的多样性

与国内企业相比,跨国公司既可从子公司所在东道国筹集资金,又可以从母公司所在国筹集资金,还可以从国际金融市场筹集资金。资金筹集的渠道与方式都有其独特性,如公司内部调拨资金、公司提供贷款资金、公司投资入股等。

上述特点是目前跨国公司财务管理工作中比较突出的,跨国公司财务管理人员只有按照客观规律进行管理,才能较好地完成跨国公司的财务管理工作,从而使跨国公司快速、稳定和持续地发展。

课堂思考

跨国公司财务管理有何特点?

四、跨国公司财务管理策略

跨国公司财务管理策略有集权式财务管理策略和分权式财务管理策略两种。

(一)集权式财务管理策略

集权式财务管理策略,是指跨国公司把财务管理的决策权集中在公司总部,以便统一调度和使用资金,来实现公司整体利润的最大化。

1. 集权式财务管理策略的优点

(1)优化公司资源配置。由跨国公司的母公司集中财务决策,可以合理调剂公司内部各单位的资金余缺,优化资金配置,提高资金使用效率。

(2)降低资金成本。公司总部根据海内外生产经营单位的需求统一筹措款项,使某些子公司的剩余资金得到充分利用,同时可以利用整个跨国公司的财务优势和资信实力,在世界范围内选择条件优惠的资金市场筹措资金,使资金成本降低。

(3)降低公司税赋。多家子公司所在东道国的税收政策和税率不尽相同,公司总部通过综合考虑各子公司东道国的税收环境,可以统一安排公司的纳税策略,从而使整个公司的税赋降至最低。

(4)提高规避风险的能力。跨国公司总部利用其在国际上的广泛联系,灵活调整公司所持外币的种类和结构,在国际金融市场上进行外汇的买卖和保值交易,减少或避免外汇风险给公司造成的经济损失。

2. 集权式财务管理策略的缺点

(1)伤害与东道国的关系。公司总部的财务管理决策是从全球性生产经营角度出发,以实现公司整体利益最大化为根本目的。实行集权式财务管理体制,使公司总部更加方便地采用转移定价等手段转移子公司的利润,逃避子公司所在国的税收,绕过当地政府政策法规的限制,这些情况都将引起东道国政府的不满,引起两国之间的摩擦。

(2)决策速度慢。假如跨国公司的国外子公司数量相当多,实行集权式管理就会出现管理跨度大、决策速度慢的问题,使管理效率下降。但是,随着现代通信技术的发展,母公司可以很快获得子公司的信息,使决策的反应速度大大提高。

(3)对子公司经营业绩评价不公正。集权式财务管理体制是以子公司对母公司的利润贡献作为评价子公司业绩的标准。但为了服从整个公司的全局需要,有些子公司不得不放弃该公司本可得到的利益,而另外一些子公司则有可能得到本不属于它们的利益。此时,跨国公司总部难以真实、公平地考核子公司的经营业绩。

课堂思考

跨国公司为何要建立大中华区总部,并将越来越多的大中华区总部搬入中国大陆?

（二）分权式财务管理策略

分权式财务管理策略，是指公司授予区域中心和海外子公司较多的财务管理决策权，以便能在世界范围内抓住机遇、防范风险，因地制宜地运用资金，以从整体上提高公司的资金使用效益。在这种管理体制下，子公司在财务上是相对独立的，子公司经理一般拥有较多的财务决策权，子公司的业绩能够客观和公正地进行评价。

1. 分权式财务管理策略的优点

（1）发挥子公司员工的主观能动性。由于子公司的经理拥有决策权，所以它们可以根据子公司所在国的具体经营环境的变化，及时捕捉机遇，迅速采取应变措施。

（2）反应迅速。分权式管理可以使得分散经营单位在制定和实施决策过程中迅速反应，而不必使所有行动方案均等到公司总部同意后才能实施。

（3）减少规模管理引起的复杂性。人们所能解决的复杂问题是有限的。即使使用了计算机系统，也不可能集中合理地解决有限的资源分配问题。当外部环境具有不确定性时，集中决策所要求的单纯化和直接推断，易导致做出的决策不如分散做出的决策正确。分权式管理可将较大的问题分为较小的、更易管理的部分，使复杂的问题简单化。

2. 分权式财务管理策略的缺点

分权式财务管理体制的缺点也是显而易见的。首先，如果子公司过于强调其本身的利益，可能会损害整个公司的利益；其次，由于信息不对称，母公司对子公司的监控比较困难，假如子公司的权力过大，则会与母公司的行动相偏离。

 **知识链接**

集权式管理体制是把子公司所有生产经营及财务活动的过程都置于母公司的严格监控下，而分权式管理体制则意味着子公司享有较多的决策权和管理权，母公司对子公司的管理更多地体现为对结果的监督与考核，而不注重对过程的监管。

 **课堂思考**

跨国公司财务管理的策略有哪些？各有何优缺点？

第二节　国际金融市场

随着资本主义生产方式的确立和世界市场的形成，各国之间的经济关系不断发展，各国之间的贸易交往、债务清算和资本转移等活动，都需要国际金融市场的参与。国际金融市场，是指各国之间进行各种资金融通和金融交易活动的场所。

国际金融市场按照金融交易活动是否固定地点，可分为有形市场和无形市场；按照资金融通的期限长短，可分为短期资金市场（货币市场）和长期资金市场（资本市场），也可分为银行短期信贷市场、短期证券市场和贴现市场等，又可分为国际股票市场、国际债券市场、国际资本借贷市场、国际抵押市场和国际租赁市场等；此外，按照经营业务的性质和种类，可分为资金借贷市场、外汇市场、黄金市场和证券市场等。

一、国际金融市场的形成与发展

从历史发展的情况来看，国际金融市场的出现可以追溯到中世纪。当时国际贸易的发展推动了各国铸币兑换业以及与此相适应的汇兑银行的产生，因此也就出现了国际金融市场。然而，当时的国际金融市场仅仅是指各国之间的货币交易，不存在有价证券的交易、汇票的买卖以及资金的国际借贷等业务。因此，早期的国际金融市场是在国际贸易基础上产生的国际铸币兑换市场。

现代意义上的国际金融市场是伴随着资本主义的发展而逐渐形成和发展起来的。从其整个演变发展过程看，大体上经历了如下阶段：

第一阶段(19 世纪初期至第二次世界大战)：这一阶段形成了以伦敦为中心的国际金融市场。

第二阶段(第二次世界大战结束至 20 世纪 50 年代)：这一阶段形成了纽约、苏黎世与伦敦并列的三大国际金融市场。

第三阶段(20 世纪 60 年代至 70 年代)：这一阶段除了原来的三大金融市场以外，又出现了众多分散的境外金融市场。境外金融市场即离岸金融市场或欧洲货币市场，如巴黎、法兰克福、布鲁塞尔、阿姆斯特丹、米兰、斯德哥尔摩、东京、蒙特利尔、卢森堡、新加坡、巴拿马和开曼群岛等 43 个离岸金融市场。

第四阶段(20 世纪 70 年代后)：这一阶段除原有的国际金融市场外，又出现了众多发展中国家和地区的金融市场，并逐步成为国际性金融市场，如马来西亚、菲律宾、泰国、印度尼西亚、中国香港等都建立和发展了本国和本地区的国际金融市场。此外，拉美和非洲一些国家的金融市场也逐步兴起。特别是发展中国家的石油生产国，因拥有大量石油美元而积累了巨额国际收支顺差，在国际金融市场中具有十分重要的地位。这些国家的金融市场，都逐步发展成国际性金融市场。

知识链接

国际金融市场的形成需要具备以下条件：(1)稳定的政局；(2)自由的外汇制度；(3)完备的金融机构和健全的金融制度；(4)有较强的国际经济贸易活力；(5)现代化的通信设备和优良的地理环境；(6)国际金融专业人才充足，管理经验比较丰富等。

二、国际金融市场的特点与作用

国际金融市场相比于国内金融市场，具有不同的特点，也产生了有别于国内金融市场的作用。

(一)国际金融市场的特点

相对于国内金融市场，国际金融市场有其不同的特点：

(1)国际金融市场的业务经营范围超越国家的界限，在各国之间展开。

(2)国际金融市场上的资金借贷和金融交易关系为居民与非居民、非居民与非居民之间的关系。

(3)国际金融市场上的交易标的物是一些主要国家的可自由兑换的货币、国际票据、黄金和有价证券等。

(4)国际金融市场上的主要参与者是经营国际金融业务的银行和非银行金融机构、政府机构和工商企业等。

(5)国际金融市场的业务活动一般不受市场所在地国家的过多干预和管制，各种交易的进行比起国内金融市场要自由得多。

(二)国际金融市场的作用

国际金融市场在世界经济的发展中发挥着不同的作用，分别产生积极的和消极的作用。

1. 国际金融市场的积极作用

国际金融市场的积极作用主要体现在：(1)有利于为各国经济发展提供资金；(2)调节各国国际收支；(3)促进银行业务的国际化，有利于国际债权债务的清算结算；(4)促进生产和资本的国际化和全球经济一体化发展等。

2. 国际金融市场的消极作用

国际金融市场的消极作用主要体现在:(1)国际金融市场为金融投机活动创造了条件;(2)国际金融市场的无度发展,容易助长各国的通货膨胀,带来泡沫经济;(3)国际金融市场加剧国际垄断资本集团之间的矛盾和竞争,导致排他性和保护主义措施实施,不利于国际分工的推进以及各国之间经济发展及其政策的协调等。

课堂思考

国际金融市场的特点是什么?

三、国际货币市场

国际货币市场也称短期资金市场,是各国之间从事短期资金借贷业务的场所。凡期限在1年或1年以下的资金借贷均属于货币市场业务的范畴。国际货币市场的主要参与者包括商业银行、中央银行、保险公司、金融公司、证券经纪商、证券交易商、工商企业和个人等。国际货币市场根据其业务活动的不同,具体又可分为三个市场,即银行短期信贷市场、短期证券市场和短期贴现市场。此外,欧洲货币市场作为国际货币市场的一部分,在世界经济中也发挥着重要作用。

(一)国际货币市场的分类

1. 银行短期信贷市场

在国际货币市场中,银行短期信贷市场业务包括银行与银行之间的短期信贷和银行对非银行客户的短期信贷。

(1)银行与银行之间的短期信贷,也称银行同业拆借,这类业务在整个短期信贷市场业务中占据主体地位。银行同业拆借业务具有以下特点:第一,银行同业拆借金额一般都比较大;第二,银行同业拆借手续简便,主要以信用为基础,借款人无须缴纳抵押品,借贷双方也不用签订贷款协议,通过电话或电传就能达成交易;第三,银行同业拆借交易除了一部分在银行之间直接进行之外,一部分是通过货币经纪人进行;第四,银行同业拆借的期限长短不一,常见的有日拆、1星期、1个月、3个月和6个月等期限,最长不超过1年期;第五,拆借利率随市场的变化而变化。

(2)银行对非银行客户的短期信贷,是指银行对工商企业提供的短期信贷,主要是解决临时性的短期资金需要。

2. 短期证券市场

(1)国库券,是指由国家政府为满足财政需要而发行的短期债券,也可称为短期公债。比如,美国联邦政府发行的国库券,不仅是美国人的投资对象,而且也吸引了外国政府、跨国公司和银行或个人前去投资。

(2)可转让大额定期存单,是指商业银行发行的定期存款证。存单是银行和非银行金融机构获得短期资金来源的重要渠道。国际货币市场上存单的特点是:①金额固定,面额大,标准定额一般为100万美元或100万美元以上;②不记名,不能提前支付,但可以在二级市场上自由出售;③存单的期限固定,分为1个月、2个月、3个月、4个月、5个月、6个月几种,最长为1年;④存单的利率有固定和浮动两种,固定利率存单到期按票面金额和约定利率支付利息,浮动利率存单则以伦敦同业拆借利率(LIBOR)为基础,加上一定的附加利率。

(3)商业票据,也称公司票据,是指信用良好的工商企业为筹措短期资金,在国际货币市场上发行的凭信用且有固定到期日的短期借款票据。

3. 短期贴现市场

贴现,是指票据持票人把未到期的信用票据转让于银行或贴现公司,并按贴现率扣除自贴现日至票据到期日的利息,以提前换取现金的行为。贴现利率一般高于银行贷款利率。在国际货币市场中，贴现业务是短期资金市场融通资金的重要方式，在英国贴现市场占有特殊的重要地位。

知识链接

伦敦同业拆借利率(LIBOR)，是指伦敦银行业市场拆借短期资金(隔夜至1年)的利率，代表国际货币市场的拆借利率，可作为贷款或浮动利率票据的利率基准；上海银行间同业拆借利率(SHIBOR)的形成方式是：每个交易日全国银行间同业拆借中心根据各报价行的报价，剔除最高、最低各2家报价，对其余报价进行算术平均计算后，得出每一期限品种的SHIBOR，并于11∶30对外发布，SHIBOR报价银行团现由16家商业银行组成。

(二)欧洲货币市场

欧洲货币市场，又称离岸金融市场，是指非居民间以银行为中介在某种货币发行国国境之外从事该种货币借贷的市场。在理解欧洲货币市场时，要注意：(1)"欧洲"一词并不是指地理上的欧洲，而是境外的意思；(2)"欧洲货币"一词也不说明市场经营的币种范围，而是泛指欧洲货币市场上交易的境外货币。例如，存在伦敦银行的美国美元、从德国银行贷款美元等。

最早的欧洲货币市场出现在20世纪50年代。1957年，因东西方冷战，苏联政府将在美国的美元储备调往欧洲，存入伦敦，由此导致了欧洲美元的产生。从事欧洲货币业务的银行相应地被称为欧洲银行。

1. 欧洲货币市场的基本特点

欧洲货币市场是具有强大吸引力的市场，这个市场与西方国家的国内金融市场以及传统的国际金融市场有很大的不同，关键在于其是一个完全自由的国际金融市场，主要有如下特点：

(1)经营自由。欧洲货币市场是一个不受任何国家政府管制和税收限制的市场，所以经营非常自由。例如，借款条件灵活，借款不限制用途等。因此，这个市场不仅符合跨国公司和进出口商的需要，而且也符合许多西方国家和发展中国家的需要。

(2)资金庞大。欧洲货币市场的资金来自世界各地，数额极其庞大，各种主要可兑换货币应有尽有，故能满足各种不同类型的国家及其银行、企业对于不同期限与不同用途的资金需要。

(3)资金调度灵活，手续简便。欧洲货币市场资金周转极快，调度十分灵便，因为这些资金不受任何管辖。这个市场与西方国家的国内市场及传统的国际金融市场相比，有很强的竞争力。

(4)独特的利率体系。欧洲货币市场存款利率相对较高，放款利率相对较低，存放款利率的差额很小，一般只在0.5%左右波动，这是因为它不受法定准备金和存款利率最高额的限制。因此，欧洲货币市场对存款人和借款人都更具吸引力。

(5)经营以银行间交易为主。欧洲货币市场的经营以银行间交易为主，银行同业间的资金拆借占欧洲货币市场业务总量的比重很大。此外，它也是一个批发市场，由于大部分借款人和存款都是一些大客户，所以每笔交易数额很大，一般少则数万美元，多则数亿甚至数十亿美元。

2. 欧洲货币市场的组成

欧洲货币市场有特定的交易主体、交易客体和交易中介等，形成了区别于其他国际金融市场的独特性质，欧洲货币市场的交易客体是欧洲货币。若要判断一笔货币资金是否为欧洲货币，就要看这笔存款是否缴纳存款准备金，一般来说只有非居民的外币存款不用缴纳存款准备金。因此，狭义的欧洲货币是指银行对非居民的境外货币负债。欧洲货币市场的交易主体是市场所在地的非居民。

欧洲货币市场的交易中介是欧洲银行，欧洲银行专指那些经营欧洲货币业务的银行。其拥有全球性的分支机构和客户网络，利用现代化的通信工具手段，通过现金的业务技术和严格的经营管理，将世界各地的欧洲货币供求者联系在一起，形成一个以若干著名的离岸金融中心为依托、高效且高度全球一体化的欧洲货币市场整体。

课堂思考

欧洲货币市场是指欧元或其他欧洲货币所形成的市场吗?

四、国际资本市场

国际资本市场是指国际金融市场中期限在1年以上的各种资金交易活动所形成的市场。国际资本市场的中长期资金供应者大多数为商业银行、储蓄银行和保险公司。国际资本市场由国际债券市场、国际股票市场和国际银行中长期信贷市场三部分组成。对于国际银行中长期信贷市场,主要介绍欧洲银行中长期信贷市场。

(一)国际债券市场

国际债券市场可以分为欧洲债券市场和外国债券市场。欧洲债券,是指借款人在本国以外市场发行的、以第三国货币为面值的国际债券。欧洲债券并不是指在欧洲发行的债券,它并非局限于地理概念上的欧洲范围。外国债券,是指债务人在外国发行的、以发行地货币标价的债券。

1. 欧洲债券市场

欧洲债券市场,是指从事由国际辛迪加承保的、在面值货币发行国以外国家发行国际债券的活动场所。欧洲债券市场可分为美元债券市场和日元债券市场等。

(1)欧洲美元债券市场。欧洲美元债券,是指在美国境外发行的以美元为面额的债券,欧洲美元债券在欧洲债券中所占的比例最大。

欧洲美元债券市场不受美国政府的控制和监督,是一个完全自由的市场。欧洲美元债券的发行主要受汇率、利率等经济因素的影响。欧洲美元债券没有发行额和标准限制,只需根据各国交易所上市规定,编制发行说明书等书面资料。与美国的国内债券相比,欧洲美元债券具有发行手续简便、发行数额较大的优点。欧洲美元债券的发行由世界各国知名的公司组成大规模的辛迪加认购团完成,因而较容易在世界各地筹措资金。

(2)欧洲日元债券市场。欧洲日元债券,是指在日本境外发行的以日元为面额的债券。欧洲日元债券的发行不需经过层层机构的审批,但需得到日本大藏省的批准。发行日元欧洲债券不必准备大量的文件,发行费用也较低。

知识链接

辛迪加贷款(Syndicated Loan)即银团贷款,是指由获准经营贷款业务的一家或数家银行牵头,多家银行与非银行金融机构参加而组成的银行集团,采用同一贷款协议,按商定的期限和条件向同一借款人提供融资的方式。

2. 外国债券市场

各个外国债券市场都有其相应的债券存在,其债券名称也隐含了该国的某些特征。以下介绍美国的外国债券市场和日本的外国债券市场。

(1)美国的外国债券市场。美国的外国债券叫"扬基债券(Yankee Bond)",是指其他国家债务人在美国发行的外国债券,从而形成美国的外国债券市场。它有以下特点:

①发行额大,流动性强。20世纪90年代以来,每笔扬基债券的平均发行额都在7 500万～15 000万美元。扬基债券的发行地虽然在纽约证券交易所,但实际发行区域遍及美国各地,能够吸引美国各地的资金。此外,又因欧洲货币市场是扬基债券的转手市场,因此,实际上扬基债券的交易遍及世界各地。

②期限长。20世纪70年代中期扬基债券的期限一般为5～7年,到80年代中期后可以达到

20～25年。

③债券的发行者为机构投资者。债券的发行者为各国政府、国际机构和外国银行等。购买者主要是美国的商业银行、储蓄银行和人寿保险公司等。

(2)日本的外国债券市场。日本的外国债券叫“武士债券”,是指其他国家债务人在日本发行的外国债券。日元债券最初是由亚洲开发银行于1970年发行的,1981年后数量激增,1982年为33.2亿美元,1985年为63.8亿美元,超过同期的扬基债券。

目前,发行日元债券的筹资者多是需要在东京市场融资的国际机构和一些发行期限在10年以上的长期筹资者,然后是在欧洲市场上信用不好的发展中国家的企业或机构。发展中国家发行日元债券的数量占总量的60%以上。

(二)国际股票市场

国际股票市场,又称国际股权市场,是指在国际范围内发行并交易股票的市场。国际股票,是指外国公司在一个国家的股票市场发行的、用该国或第三国货币表示的股票。

1. 国际股票的发行程序

国际股票的发行一般包括四个步骤:(1)组建承销团。股票发行通常必须依赖承销商。(2)推销股票。股票推销包括制定招股说明书和进行推销展示,吸引投资者的关注。(3)发行股票的定价。股票的定价对股票的发行能否顺利至关重要。(4)后市支持。

2. 国际股票价格指数

股票价格指数,是指市场上部分或全部股票平均价格变动的百分比,即以某时间作为基期(通常基期的市场平均价格为100),再用以后各时期的股价除以基期价格而计算出来的百分比。世界证券市场上有一些影响较大的股票价格指数,主要是:

(1)道·琼斯股票价格平均指数。道·琼斯股票价格平均指数是美国历史最悠久的股票价格指数,也是世界上影响最大、使用最广的物价指数。由道·琼斯公司创始人查尔斯·道于1884年开始编制,1928年10月1日首次公布了30家工业股票平均指数。

(2)日经股票价格指数。日经股票价格指数的全称是《日本经济新闻社》道氏股票价格平均指数,是日本显示股价动向最具代表性的指标。该指数由日本经济新闻社编写,采用美国道·琼斯指数的计算方法(日本经济新闻社于1975年5月向道·琼斯买进商标),以东京证券交易所的225种(现又扩大到500种)上市股票价格加权计算求出。

(3)英国《金融时报》股票价格指数。该指数是英国伦敦证券交易所采用的股票价格指数,由英国《金融时报》编制,包括三种主要指数:第一种是包括30种工业股票的指数,每小时计算一次;第二种是由746种股票组成的综合性股价指数,每天计算一次;第三种是“福奇指数”,1984年编制,由在伦敦证券交易所上市的100种股票组成。

(4)我国香港恒生股票价格指数。这是我国香港股票市场上衡量股市行情的一种综合指标,是我国香港股市最具代表性的一种股票指数,也常常成为分析亚洲地区股票行市变动的重要参考数据。恒生指数由恒生银行根据上市的33种具有代表性的股票成分股,按其每天的收市价,算出当前这些上市公司的总市值,再与基日(1964年7月31日)的资本总市值相比,乘以100即为当前的指数。

(三)欧洲银行中长期借贷市场

欧洲银行的中长期信贷,最短在1年以上,一般为1～3年、5年、7年、10年或更长时间。此市场中的资金借贷者,大多数是世界各国私营或国有企业、社会团体、政府当局或国际机构组织。而其资金来源,少数为长期存款,多数为较短期存款。在该市场办理中,长期信贷,一般都需签订合同,有的合同还需经借款国的官方机构或政府担保。欧洲银行中长期借贷市场的利率一般以伦敦同业拆借利率为基础。根据金额大小、时间长短或借款人的资信,再加上不同幅度的附加利率,年利率一般为0.25%～2.5%。对于金额大、时间长的贷款,往往由几家甚至数十家不同国家的银行组成银行集团，由一家或几家大银行牵头，向借款人共同提供。

课堂思考

国际金融市场包括哪些内容？对跨国公司财务管理有何影响？

第三节　跨国公司筹资管理

跨国公司在资金筹措上具有远较国内公司更广泛的融资渠道和方法。跨国公司在筹资时，应实行不同的筹资战略，从而更广泛地获取资金，实现更大的利益。

一、跨国公司筹资的概念及特点

跨国公司筹资，是指跨国公司为实现理财目标，跨越国界在全球范围内筹措其所需资金的财务管理活动，主要有国际信贷筹资、吸收外国直接投资、国际证券筹资、国际租赁筹资和国际补偿贸易筹资等。

跨国公司与国内企业相比，在筹资活动及其管理方面既有共同点，也有差别。这是由跨国公司跨国经营的特征所决定的。与国内企业相比，跨国公司筹资的特点主要表现为以下几个方面：

(一)在资金需要量方面

跨国公司为实施其全球战略，在世界范围内从事各种生产经营活动，其所需资金较多；相对而言，国内企业经营规模较小，生产经营活动较少，因而其所需资金也较少。

(二)在资金来源方面

跨国公司所需资金较多，因而不是公司集团内部相互融通资金所能解决的，也非一般银行或其他单一组织能完全满足的。通常，跨国公司需要跨越国界在地区性市场或国际市场上筹措资金。因此，跨国公司有更广泛的资金来源。

(三)在筹资机会与风险方面

跨国公司不仅在公司集团内部融通资金，而且更多地在公司集团外部，尤其是在国际资本市场上筹措资金，筹资的机会相对较多。与此同时，筹资中所受的影响因素也较多，如各国的政治气候、法律环境、经济条件及文化背景等，而且大部分因素处于不断的变化之中，其不确定性较大。因此，跨国公司的筹资风险也较大。

(四)在筹资决策方面

无论是在筹资渠道及筹资方式的选择上，还是在筹资结构及综合成本的设定上，或者是在筹资方案的选择及筹资风险的防范上，跨国公司所需考虑的因素都较多，其难度较大，要求也较高。

课堂思考

跨国公司筹资和国内企业筹资存在哪些区别？

二、跨国公司筹资战略

筹资战略是跨国筹资管理的重要组成部分。由不同筹资渠道与筹资方式所决定的筹资成本的高低，直接影响跨国公司的经营成本、理财效果以及公司总体的风险水平与筹资来源。筹资结构的合理与否，也会直接影响跨国公司的后续筹资能力，进而影响其成长程度与发展水平。总之，跨国筹资的成本、风险及结构，既影响跨国理财的成效，也影响跨国公司的成长。

因此，跨国公司可从全球战略的高度，权衡各类可利用的资金来源，进行优化组合，以达到总体筹资成本最小化、避免或降低筹资风险、设定最优筹资结构三大筹资战略目标。具体来说，其主要内容是：

(一)筹资成本最小化

国际资本市场正伴随着生产与资本国际化而趋于统一。但是，由于各种人为和非人为因素的影响，国际资本市场仍可细分为众多的差异化市场。不同市场上的资金，因风险不同，又受政府补贴或缴纳税收等因素影响，其筹资成本各异，从而为跨国公司实现筹资成本最小化战略目标提供了机会。此外，跨国公司也可凭借其内部一体化的组织能力和全球战略的信息网络，及时、准确地把握筹资机会。

(二)避免或降低筹资风险

就筹资风险而言，任何重要的筹资安排都会对公司总体的风险水平产生影响。因此，跨国公司在进行筹资安排时，无论是由母公司筹资还是子公司筹资，都必须考虑风险因素，并努力避免或降低筹资风险。

(三)设定最优筹资结构

在寻求低成本和低风险的筹资来源时，跨国公司必须设立和确定最优的筹资结构。跨国公司的筹资结构，也称筹资组合或资本结构，主要是确定最佳的债务资本比率。为此，跨国公司应当考虑下列三个主要问题：

1. 跨国公司的总体资本结构

跨国公司的总体资本结构必须关注与债务筹资有关的违约或破产风险，维护公司总体的外部形象和信用。

2. 子公司或投资项目的资本结构

子公司或投资项目的资本结构必须根据跨国公司总体的资本结构，结合子公司或投资项目的具体情况而定。

3. 母公司未担保或未合并子公司的债务

对于跨国公司而言，未担保或未合并子公司的债务时，主要考虑的是这些债务对跨国公司整体价值的可能影响。

课堂思考

跨国公司的筹资战略包括哪些内容？中国企业在国际化过程中应确定怎样的筹资目标？

三、跨国公司筹资渠道和方式

为了实现筹资成本最小、筹资风险最低及筹资结构最优的筹资战略目标，跨国公司需要选择最适当的筹资渠道与筹资方式。

(一)跨国公司筹资渠道

跨国公司所需资金不仅数量庞大，而且涉及多个国家和币种，因此，其筹资渠道宜广泛且多样。归纳起来，主要有以下四个主要方面：

1. 跨国公司的内部资金

跨国公司的内部资金，是指母公司与子公司之间、子公司与子公司之间相互提供的资金。首先，母公司投入足够的股权资本，以保持对该子公司的所有权和控制权。此外，母公司还以贷款形式向国外子公司提供资金，此时子公司交给母公司的利息可以享受免税的优惠。跨国公司的子公司也会产生未分配利润，以形成跨国公司的内部资金。内部相互融通资金，对于跨国公司的重要性已越来越明显，通过这种渠道所筹集的资金，跨国公司不需要支付筹资费用，从而降低筹资成本。

2. 跨国公司母国的资金

跨国公司可以利用其与母国经济发展的密切联系，从母国银行、非银行金融机构、有关政府机构、企业甚至个人获取资金。具体来说，主要有三种途径：

(1)从母国金融机构获得贷款。从母国金融机构获得贷款是跨国公司从外部获取资金的重要途径之一。特别是一些跨国银行，通常与其母国的主要跨国公司存在着极为紧密的关系。因此它们会以支持这些公司的业务活动作为它们的国际战略目标，德国、日本和瑞士的银行就是突出的代表。

(2)在母国资本市场上发行债券筹资。在母国资本市场上发行债券筹资是跨国公司传统的筹资渠道。例如，美国投资银行、英国商业银行都为其本国跨国公司经办这类业务。它们不仅对本国跨国公司提供银行信贷，还为其承办债券发行筹资业务，并且在母国资本市场上发行债券筹资所筹措的资金数量较多。

(3)从母国有关政府机构或经济组织获得贸易信贷。跨国公司通过母国有关政府机构或经济组织获得贸易信贷获取资金，会随着贸易保护主义的增加而日益扩大。

3. 跨国公司东道国的资金

当来源于跨国公司内部及其母国的资金不能满足生产经营的需要时，跨国公司东道国(即母国以外的子公司所在国家和地区)的资金也是重要的补充来源。由于各国的经济状况与条件不同，因而跨国公司利用东道国资金的情况也存在差异。

(1)发达国家和地区的资金。在发达国家和地区，由于经济基础较好，资本市场发育程度较高，因而资本相对充裕。但各国金融环境存在着一定的差异，跨国公司的筹资渠道也有所不同。比如在美国，证券市场较为健全，是跨国公司最重要的资金来源；而在德国，金融业务较为发达，因而银行业是提供各种资金的主要机构。

(2)发展中国家和地区的资金。在发展中国家和地区，由于经济发展相对落后，证券业务起步较晚，资本市场不健全，因而通过资本市场筹措资金相当有限，主要依赖银行业提供资金。

4. 国际间的资金

来自国际间的资金，是指向上述三种渠道以外的第三国或国际组织获取的资金，它是跨国公司筹措资金的主要渠道之一。具体来说，主要有：

(1)向第三国或国际金融机构借款。当跨国公司向第三国购买货物时，一般可向该国银行获取出口信贷。目前，许多国家都设立进出口银行，为本国或他国跨国公司办理进出口融资。

(2)向国际资本市场筹资。向国际资本市场筹资的对象主要是一些大型跨国银行或国际银团。例如，跨国公司可在国际股票市场上发行股票，由一些银行或银团购买；也可在国际债券市场上发行中长期债券筹资等。此外，跨国公司还可以在国际租赁市场上融资。

课堂思考

中国跨国公司进行筹资时有哪些渠道？

(二)跨国公司筹资方式

对于上述各种渠道的资金，跨国公司可以采用不同的方式加以筹措。跨国公司的筹资方式可分为两类，即国际股票筹资和国际债务筹资。

1. 国际股票筹资

跨国公司通过在国际资本市场上发行股票向投资者筹集资本的方式，也称为国际股权筹资。采用国际股票筹资所筹集的资金，是跨国公司资金来源的基础，主要用于两个方面：一是创建新的企业，二是扩展原有的业务。

跨国公司为筹集资金所发行的国际股票，既可以在有关交易所挂牌上市交易，也可以在全球范围内通过有关金融机构进行国际股票分销。但是,大多数跨国公司从海外筹措的股权资本,却是通过在欧洲债券市场和其他国际债券市场发行可转换债券和附股权证券而获得的。

2. 国际债务筹资

除了股票筹资,跨国公司还可以通过举债方式筹措资金。跨国公司的债务筹资,具体形式可分为国际债券筹资、国际信贷筹资及国际租赁筹资等。

(1)国际债券筹资。跨国公司在国际债券市场上筹资,是其重要的资金筹措方式。这种筹资活动是一项复杂的综合性理财工作,需要考虑的因素众多、难度较大,跨国公司须充分了解国际债券及国际债券市场的有关问题。国际金融市场部分对于国际债券和债券市场已有所介绍,此处不再赘述。

(2)国际信贷筹资。跨国公司利用国际信贷筹资,主要有两种方式:国际银行信贷和国际贸易信贷。

①国际银行信贷,是指跨国公司在国际金融市场(如欧洲美元市场、亚洲美元市场)上向外国贷款银行借入资金的一种信贷方式。贷款的主要提供者是一些大的商业银行。

由于都是国际负债筹资,国际银行信贷和国际债券筹资的优缺点基本上相同。但是国际银行信贷还有不同于国际债券筹资的三个特点:一是用途不受贷款银行的限制;二是贷款供应充裕,跨国公司可以灵活选用币种;三是与国内银行信贷相比,其利率较低。

②国际贸易信贷也称跨国公司的进出口信贷,是指一国为支持和扩大本国出口,增强国际竞争力,以对本国的出口给予利息贴补或提供信贷担保的方法,鼓励本国的银行对本国出口商或外国进口商(或其银行)提供利率较低的贷款,以解决本国出口商资金周转的困难,或满足国外进口商对本国出口商支付货款需要的一种信贷方式。国际贸易信贷可以从不同角度进行分类。

③国际性或区域性经济组织信贷。一些国际经济组织积极参与国家、地区或区域性经济开发,维护了世界经济的整体稳定发展。著名的有世界银行贷款、国际货币基金组织贷款、亚洲开发银行贷款和国际商业银行贷款等。发达国家政府也设立了一些公开的融资来源,如美国进出口银行、海外私人投资公司等。

另一方面,为满足提高金融资产流动性、规避贷款风险的需要,20 世纪 70 年代末期的美国出现了资产证券化。资产证券化,是指经过一定的交易组织把公司资产转化为证券发行,实现资金融通的金融作业程序。进行资产转化的金融机构为资产证券发起人,它将持有的各种流动性相对较差的金融资产(包括住房抵押贷款、汽车贷款、信用卡应收款等),分类整理为各种资产组合,出售给特定的交易组织(Special Purpose Vehicle,SPV),再由 SPV 以购买的金融资金为担保发行以资产支持的证券,从而收回购买的资金。

(3)国际租赁筹资。国际租赁筹资也是跨国公司的一种筹资方式。在这种方式下,由于跨越国界而使得承租人和出租人分属不同的国家,故又称跨国租赁筹资,简称国际租赁或跨国租赁。

跨国公司可资利用的国际租赁种类较多。若从跨国公司利用租赁的目的和收回投资的角度分析,国际租赁可分为两种基本形式:“完全付清”的融资租赁和“不完全付清”的经营租赁。

融资租赁也称金融租赁,它是租赁公司购买跨国公司所要求的设备,在较长的契约或合同期内,将此设备租给跨国公司使用的信用业务。融资租赁是融物、融资相结合的一种独特的筹资方式。国际融资租赁作为利用外资的一种特殊形式,具有资金融通和贸易相结合的特点,可以发挥投资、融资和促销三重作用。

跨国经营租赁是一种短期的租赁,服务性强,诸如租赁物的维修、保养和管理等,均由出租人负责提供。因此,经营租赁的租金有时比融资租赁的租金高。

课堂思考

跨国公司有哪些筹资渠道和方式？各有何优缺点？

第四节　跨国公司投资管理

国际投资是商品经济发展到一定阶段的产物，并随着国际资本的发展而发展。当商品经济发展到资本主义社会以后，银行资本与生产资本相融合并日益发展，促进了资本积累的进一步扩大，并形成了规模庞大的金融资本，出现了大量的资本过剩，以资本输出为早期形态的国际投资也随之产生。随着国际经济交易内容的不断丰富，投资的内容和形式也在不断地发生着变化。从国际资本活动的历史进程来看，国际投资活动首先表现为货币资本的运动，即以国际借贷、国际证券投资为主要形式的国际间接投资，其标志是跨国银行的出现；其次表现为生产资本的运动，即国际直接投资，其标志是跨国公司的出现。

跨国公司投资与一般的国内投资相比，由于受各国不同经济、政治、法律等因素的影响，使得国际投资决策更为复杂。

一、跨国公司投资环境

跨国公司投资环境，是指在国际投资过程中影响跨国企业生产经营活动的各种外部条件或因素相互依赖、相互完善、相互制约所形成的有机统一体，是对投资者的预期目标产生有利或不利影响的外部条件的总和。根据不同的划分角度，跨国公司的投资环境可有如下分类：

(一)按投资环境包含因素的多寡

按投资环境包含因素的多寡，可以分为狭义的投资环境和广义的投资环境。狭义的投资环境指的就是经济环境，而广义的投资环境包括经济、政治、文化和法律等对投资产生直接或间接影响的各种因素。

(二)按影响因素的稳定性

按稳定性的不同，可以分为自然因素、人为自然因素以及人为因素。通常认为，人为自然因素对国际投资的影响最为关键。

(三)按投资环境的表现形态

按投资环境的表现形态，可以分为硬环境和软环境。硬环境是指与投资直接相关的物质条件。软环境是指非物质形态、社会人文条件，包括社会服务(如通信业务、商业服务、医疗卫生条件、文娱设施、信息咨询业发展水平等)、市场条件(如国际和国内产品、外汇调剂、房地产、资金融通、技术、劳动力市场)、劳动力素质(人力资源、劳动力成本、职工受教育水平、人员培训条件)和行政管理(如领导威信、办事效率、管理体制)等。

课堂思考

为什么发达国家的投资环境比较好？跨国投资是否应该考虑被投资国的投资环境？

二、跨国公司投资决策

跨国公司投资决策，是指对各种国际投资方式进行选择的决策。国际投资方式主要包括直接投资和间接投资。直接投资，是指把资本直接投入到生产经营中去，使资本得到充分利用，并产生相应的效益，如合资经营、合作经营和独资经营等。间接投资，是指证券投资，主要表现为股票投资和债券投资等。国际投资除了直接投资和间接投资外，还包括一些灵活的投资方式，如国际租赁、国际承包等。无论采用哪种形式，投资者必须做出投资决策，对各种具体方案进行可行性分析，从而做出选择。

国际投资决策是跨国公司执行全球性投资的一种战略性决策。由于世界各国地理位置不同，经济发展不平衡，政治法律不一致等，导致各国的投资环境不同。在不同的投资环境中进行投资是一种分散投资风险的途径。国际投资决策与国内投资决策相比，两者有许多共同之处，所运用的基本原则和方法是相同的。但国际投资涉及面很广，国际环境比较复杂，在做出投资决策前，要充分考虑其他国家的政治、经济、东道主国家政府的态度等因素对投资的影响。

通常情况下，测算各种方案的现金流量、投资收益率、投资回收期等指标是用来判断是否要投资或如何取得最佳投资效果的基础；同时，在测算各种指标的基础上还要考虑到各种不同的投资环境所带来的影响，从而使投资决策更为合理。

跨国公司投资决策与国内投资决策的指标测算存在以下一些不同之处：

(一)现金流量测算的复杂性

跨国公司在货币单位不同的国家进行投资，在现金流量测算中要考虑不同货币之间的换算问题。而货币换算要依据一定的汇率，由于汇率是瞬息万变的，这会对确定汇率带来一定的困难。因此在国际投资中的投资流量测算问题上，不确定的因素更多。

(二)投资成本测算不一致

资本成本在财务中是一个比较重要的指标，决策者总希望以较低的资本成本获得利益。对于国际舞台上的投资决策来讲，由于各国的利率不同，通货膨胀、税收政策存在着差异，要合理测算资本成本更困难。对于某个国家的最佳资本结构不一定是另一个国家的最佳资本结构。因此，在测算各种方案时，国际投资需考虑的方面更多、更广。

三、跨国公司投资风险分析

由于投资风险是客观存在的，只是风险的程度不同，因此投资者不应盲目地进行投资，而应在进行国际投资前对风险因素进行分析，最大限度地规避风险获得投资收益，尽可能地做出较为明智的决策。跨国公司投资所面临的风险主要有经济上的风险和政治上的风险。

(一)经济上的风险

1. 外汇风险

外汇风险，是指由各国货币的国际汇率变动而造成投资者损失的风险。跨国公司进行国际投资要受公司所在国货币价值的影响，对经营涉外业务的公司来说，业务所在国的货币相对于本国货币的价值下跌时，则本国公司的涉外经营业务就面临外汇风险。

【例15－1】 20×3年12月1日汇率为＄1＝￥6.3，12月31日汇率为＄1＝￥6.2。国内一家W跨国公司于该年12月1日在美国投资2 000万美元开办了一家子公司，若美国子公司在当年12月31日账面资产仍为2 000万美元，如果W公司的母公司按账面价值全部收回投资并将收到的美元兑换成人民币，则该公司损失200万元(2 000×6.3－2 000×6.2)。

2. 利率风险

利率风险，主要是指在投资过程中(筹集和运用资金)因受利率变动给投资者的收益带来的影响。资金总是由低收益率向高收益率的方向流动。对于相同的资金，投资者总是希望投资于利率高(假设其他投资条件相一致)的地方，但是，利率会因为各国经济发展情况及资金运转情况而不断发生变化。假设某公司买入其他公司2年期债券时，当时市场年利率为8%，债券年利率为10%，此时购买债券还有利可图。但过了一年后市场利率发生变化，市场年利率为12%，超过了债券利率，市场利率的调高对于债券投资者来说就是一项利益损失。相反，市场利率调低，对债券投资者来说又是一种潜在的盈利。因此，利率在不同市场和不同币种中的变化对投资效果的影响程度各不相同,跨国公司进行投资时,必须要分析各国货币市场利率的变化。

3. 通货膨胀风险

当一个国家的物价保持相对稳定时,投资者做出投资决策较为方便;当通货膨胀影响一国货币的购买力时,会影响国际投资。跨国公司在进行投资决策时,为了有效利用别国廉价劳动力及较为便宜的资源,会在东道国投入资金进行生产。但如果东道国发生严重的通货膨胀,物价水平大幅提高,则会导致产品成本和费用提高,使产品在国际市场上失去竞争力,最终可能导致国际投资的失败。

课堂思考

外汇、利率和通货膨胀对跨国公司的筹资有何影响?

(二)政治上的风险

1. 国际政治变动的风险

跨国公司投资需要东道国有一个相对稳定的投资环境。跨国公司在做投资决策时,最敏感的是东道国政局是否稳定,这关系到能否在东道国长久而稳妥地投资,直接影响投资者的投资收益。因此,投资者在做投资计划前,需要认真研究东道国的政局是否稳定,战争、内乱等问题是否会出现。

2. 法律政策变动的风险

无论在哪个国家进行投资,都必须按照该国的法律、法规和政策经营。每个国家都会制定与本国发展相关的各项法律、法规和政策,来规范和约束社会的行为。这些政策、法规会随着社会的变化而不断进行修改、完善、重新制定或废除。当东道国的法律、政策发生变化时,投资者必须适应新的法律、法规和政策。例如,东道国的税收政策发生了变化,投资者就应按照新的税收政策照章纳税,这也会直接影响投资者的经济利益。

无论是经济上的风险还是政治上的风险,投资者都应认真对待,在做出投资决策前要进行仔细分析。产生投资风险的各种因素互相交错,共同影响着投资者的投资决策。因此,投资者应全面考虑各风险因素的影响。

课堂思考

各个国家和地区加强反垄断的行为对跨国公司有何影响?

四、跨国公司的投资方式

跨国公司进行投资的方式多种多样,这与跨国公司的扩张行为息息相关。跨国公司的扩张战略使得跨国公司寻求越来越多的投资方式。

(一)国际契约经营

国际契约经营,是指跨国公司未在东道国企业中获取股份,而是通过与东道国企业签订有关技术、管理、销售、工程承包等方面的合约,获得提成费、技术转让费或特许权使用费等收益,取得对该东道国企业的某种管理控制权的经营方式。

国际契约经营可分为许可证协议、特许经营、OEM制造和管理合同等。具体来说,各项投资方式如下:

1. 许可证协议

许可证协议(Licensing Agreement),是指跨国企业作为许可方(Licensor),通过与作为被许可方(Licensee)的外国企业签订授权协议,转让无形资产的使用权,收取无形资产使用费。无形资产包括专利技术、专有技术、版权和商标等。许可证协议转让的不是无形资产所有权，而是使用权，故协议中应规定使用的期限、使用费的支付、使用范围或地域的限制条件等。

2. 特许经营

特许经营(Franchising)是许可证协议中的一种特殊形式，是指被特许者按合同规定，在特许者统一的业务模式下从事经营管理活动。同时，被授权使用特许方所拥有的商标、产品、技术和经营管理模式等，并向特许者交付相应的费用。在特许经营过程中，特许方不仅转让技术和商标的使用权，而且也传授统一的经营方法和管理模式，还为受许方培训相关人员等。

3. OEM 制造

OEM 制造(Original Equipment Manufacturer)，俗称代工生产，是指品牌生产者不直接生产产品，而是利用自己掌握的关键的核心技术负责设计和开发新产品，控制销售渠道，具体的加工任务通过合同订购的方式委托同类产品的其他厂家生产，之后将所订产品低价买断，并直接贴上自己品牌商标的方式。OEM 是一种"代工生产"方式，企业只是负责生产，不使用自己的品牌。这种方式是在电子产业大量发展起来以后才在世界范围内逐步形成的一种普遍现象。

4. 管理合同

管理合同，是指跨国公司与东道国企业签订协议，向东道国企业派出专业管理人员，从事日常管理工作，由此取得东道国企业一定的管理与控制权。

根据这种合同，公司全权负责管理外国企业或合营企业的全部业务，合同规定管理期限和付酬办法。管理合同明确企业的基本方针和重大决策仍由委托人自行掌握。

一个管理合同成功后可吸引另外的管理合同并最终带来在外国企业中的股权。例如，希尔顿国际集团旗下的希尔顿酒店管理公司以管理合约的方式，专门为各国大宾馆提供总经理，代为管理。

(二)国际合资经营

1. 国际合资经营的概念

国际合资经营，是指跨国企业与东道国的企业在东道国法律管辖范围内共同投资组建生产经营企业，并且共同管理、共享利润、共负亏损及经营风险的一种经营方式。

国际合资经营具有以下特征：(1)企业的投资者至少来自两个或更多国家或地区；(2)组建的合资企业具有东道国国籍的法人地位，是一个独立的经济实体；(3)各方提供现金、设备和知识产权以建立合资经营企业的独立资产，各方提供的任何资产都折算成一定股份，并按股权份额分享利润，分担亏损；(4)根据协议、合同、章程，建立合资经营企业的管理组织机构，共同管理企业。

2. 国际合资经营的优点

跨国公司进行国际合资经营具有以下优点：(1)比独资经营更容易进入东道国，能减少或避免政治风险；(2)合资经营企业除享受对外资的某些优惠外，还可以获得国民待遇(享受东道国企业同等待遇)；(3)可以利用东道国当地合伙者与政府及社会各界的公共关系，取得企业生产经营所需的各种资源，顺利开展各种经济业务活动；(4)对于拥有技术优势的跨国经营企业来说，用知识产权折股投资，实际上没有或很少投入资金，企业投产后，相当长时间内原材料、元器件、配套件、中间产品还依赖跨国经营企业供给，从而使外国投资者成了物资供应商，增加了母国产品的出口。

3. 国际合资经营的不足

跨国公司进行国际合资经营具有以下不足：(1)合资经营容易泄漏商业和技术秘密；(2)容易引发利益冲突。

课堂思考

什么是国际合资经营？有何优缺点？

(三)跨国并购

跨国并购(Cross-border Merger and Acquisition)是跨国兼并与收购的总称。兼并,是指两家或以上的企业合并成一家企业;收购,是指一家企业购买另一家企业的资产。

近年来跨国并购具有以下特点:一是跨国并购多以收购的形式;二是跨国并购作为对外投资的主要形式,20 世纪 90 年代以后占对外直接投资的 70%以上;三是北美、欧洲等地区跨国并购行为最为活跃,占全球并购的 80%以上,跨国公司在华并购也呈上升趋势,逐渐成为跨国公司在华直接投资的主要形式。

(四)跨国战略联盟

1. 跨国战略联盟的概念

跨国战略联盟(Strategic Alliance),是指两个或两个以上跨国公司为了达到共同的战略目标而达成的长期合作安排。

2. 跨国战略联盟的主要形式

跨国战略联盟主要有如下几种形式:

(1)股权型联盟。股权型联盟,是指以友善兼并、收购、建立合资企业或相互持股方式建立跨国公司之间的联盟关系。

(2)非股权型联盟。非股权型联盟主要以联合研究开发与市场销售合作为主,是一种协议型联盟方式,具体形式有许可证协议、销售代理协议、生产制造协议、技术交换与联合开发协议等。

在上述联盟方式中,股权型联盟是传统的重要联盟方式。但是,非股权型联盟最能深刻体现战略联盟的本质特征。

3. 建立跨国战略联盟的原因

建立跨国战略联盟的主要原因包括:(1)利用企业间的资源互补性,获得市场竞争优势,同时可以避免竞争;(2)获得内部化组织之外的新技术和专业技能;(3)获得规模经济和范围经济,范围经济是指单个企业联合生产两种产品或两种以上的产品时,其成本要比将它们分别放在不同的企业生产节省;(4)分担风险和不确定性。

课堂思考

为什么要建立跨国战略联盟?

第五节　外汇风险管理

外汇风险管理(Foreign Exchange Risk Management),是指外汇资产持有者通过风险识别、风险衡量、风险控制等方法,预防、规避、转移或消除外汇业务经营中的风险,从而减少或避免可能的经济损失,实现在风险一定条件下的收益最大化或收益一定条件下的风险最小化。

外汇风险管理有效的一个必要条件就是金融市场具备不完备性。由于跨国市场的不完备性要远高于国内市场的不完备性,因此,对外汇风险的套期保值能够创造和提升公司的价值。例如,跨国公司可以通过税务筹划来利用各国的抵税、退税和投资税收抵免,然而,有些政策只有当企业盈利后才能实施。同样,通过外汇风险管理可以降低破产成本从而稳定公司的现金流量。

一、外汇风险的种类

外汇风险有三种基本类型:换算风险、交易风险和经济风险。

(一)换算风险

换算风险也称会计风险,是指公司出于报告和合并报表目的的需要将跨国经营的财务报表从当地货币转换成母国货币，如果在报告期内汇率已经发生了变化，对那些以外币表示的资产、负债、收入、费用、利润或损失所进行的换算就会产生外汇的损益，这种由于汇率变动而引起外汇换算损益的不确定性就是换算风险。

跨国公司在编制合并报表时，由于控股公司和它的下属子公司是独立实体，分布在不同的国家和地区，平常各公司按照不同的货币对经济事项进行反映，但在编制合并报表时，要把每一种不同货币换算成统一的货币形式。随着汇率的变动，合并报表的数值也会受到不同程度的影响。由于外汇汇率变化会引起资产负债表、利润表的某些外汇项目金额变动的风险，这种风险具体表现在资产、负债、收入和费用的增加或减少，但这种风险只出现在编制合并报表过程中，并不影响公司的现金流量。

(二)交易风险

交易风险，是指公司以某种外币计量的交易，在买卖成立到货款收付结算过程中由于汇率变动而引起的以本国货币或另一种外币计算的差异，由此可能给公司带来收益或损失的风险。由于外汇汇率的不稳定性，交易风险是公司外汇风险的主要风险之一。

公司发生外汇业务时，一般以一种货币作为结算货币，从外汇业务发生到结算时，由于汇率变动会使公司多付或少付某国货币。

【例 15－2】 W公司对外赊购一批价值为100万美元的货物，当时汇率为＄1＝￥6.3，贷款折合人民币为630万元，付款日汇率为＄1＝￥6.2。由于美元贬值，W公司在付款时只需支出人民币620万元，比原来少支出人民币10万元。

交易风险对某个特定公司是否有利需要看具体情况。在以外币计价的交易中，当一国货币对外币贬值时，拥有债权的本国公司可以获得利益，在收回一定数量的外币时，可以多收本国货币。而当本国货币升值时，该公司拥有债务则会使公司少支付本国货币，具体如表15－1所示。

表 15－1　货币变动对债权债务的影响分析

货币变动情况	拥有外币债权	拥有外币债务
本国货币升值	少收本国货币	少付本国货币
本国货币贬值	多收本国货币	多付本国货币

在进行交易风险的测算时，先要分清公司是外币流入还是流出，然后考虑外汇汇率变动的方向及大小，最后确定外汇交易风险会使公司的现金流量增加还是减少。

(三)经济风险

经济风险，是指由于外汇汇率发生变化而引起公司收入、费用和未来收益变化的一种风险。风险的大小取决于外汇汇率变动对公司收入、费用及现金流量的影响程度。

一国货币汇率的变动会影响该国公司的生产经营情况，当一国货币升值时，在国内市场上由于受到国外商品价格(以外币计价的国外商品价格不变，折算成本国货币就少)竞争的影响，国内商品销售量会减少。另外，由于该国货币升值，商品的外币价格上升，会导致该国出口的减少，影响公司的销售规模，从而减少公司的销售收入；相反，当一国货币贬值时，在其他条件不变的情况下，该国公司的销售规模会扩大，销售收入会增加，从而影响公司的未来收益和现金流量。

二、外汇风险管理策略

针对企业所发生的外汇风险，可以使用不同的外汇风险管理策略，详述如下：

(一)完全抵补策略

完全抵补策略，是指采取各种措施消除外汇敞口额，固定预期收益或固定成本，以达到避险的目的。对银行或企业来说，就是对于持有的外汇头寸，进行全部抛补。一般情况下，采用这种策略比较稳妥，尤其适用于实力单薄、涉外经验不足、市场信息不灵敏、汇率波动幅度大等情况。

(二)部分抵补策略

部分抵补策略，是指采取措施清除部分敞口金额，保留部分受险金额，试图留下获取收益的机会，当然可能会发生亏损。

(三)完全不抵补策略

完全不抵补策略，是指任凭外汇敞口金额暴露在外汇风险之中，这种情况适合于汇率波幅不大、外汇业务量小的情况。在面对低风险、高收益、外汇汇率看涨的情况时，企业容易选择这种策略。

知识链接

外汇敞口主要来源于资产、负债及资本金的货币错配，以及外币利润和外币报表折算等方面。对于银行而言的外汇敞口，是指外汇收支不平衡，当在某一时段内银行某一币种的多头头寸与空头头寸不一致时所形成的差额，就形成了外汇敞口。

三、外汇风险管理过程

在确定外汇风险管理策略的基础上，需要了解外汇风险管理的过程，其具体内容如下所述：

(一)识别风险

企业在对外交易中要了解究竟存在哪些外汇风险，是换算风险、交易风险，还是经济风险。另外还需要了解面临的外汇风险中，哪一种是主要的，哪一种是次要的，以及哪一种货币风险较大，哪一种货币风险较小；同时，要了解外汇风险持续时间的长短。

(二)度量风险

综合分析所获得的数据和汇率情况，并将风险暴露头寸和风险损益值进行计算，把握这些汇率风险将达到多大程度，会造成多少损失。

汇率风险度量方法可以用直接风险度量方法和间接风险度量方法，根据风险的特点，从各个不同的角度去度量汇率风险，这样才能为规避风险提供更准确的依据。

(三)规避风险

规避风险，是指在识别和衡量的基础上采取措施控制外汇风险，避免产生较大损失。汇率风险规避的方案，需要企业在科学的风险识别和有效的风险度量的基础上，结合企业自身的性质进行具体的分析和确定。

企业在确定其规避战略的基础上，进一步选择可供企业选择的避险方法，归纳起来有两大类：一类是贸易谈判结合经营策略来规避汇率风险；另一类是利用金融衍生工具来规避交易风险，主要有期汇、期货、期权及其他金融衍生工具等。不同的方法对应着不同的操作，但目的都是使“不确定性”得到确定，从而规避风险。

课堂思考

外汇风险管理的策略有哪些？对外汇风险管理过程有何影响？

四、外汇风险管理方法

外汇风险的管理方法很多，通常公司可从以下几方面来防止和避免外汇风险：(1)跨国公司在进行交易时，首先要选择好计价的货币，并采用提前收付和拖延支付、外汇风险净额、转移价格和多种货币组合等方法来降低风险；(2)公司在双方签订合同时，可利用远期合约和货币期权等套期保值措施来防止外汇风险等。

根据每种外汇风险，应制定不同的外汇风险管理方法。

(一)换算风险

对于换算风险而言，母公司应选择恰当的外币换算方法，从而使风险最小。在测算换算风险时，主要考虑三方面的因素：(1)母公司对子公司的投资规模；(2)子公司所在地的选定；(3)公司所选用的会计核算方法。

当母公司对子公司的投资规模越大，控制比例越高时，那么换算风险也越大。而如果母公司对子公司投资比例达不到一定的规模时，则不需要编制合并报表，也就不存在换算风险。此外，子公司所在地货币的稳定性各不相同，有些货币币值极不稳定、波动大，在这种情况下，折算风险较大。如果货币币值较为稳定，汇率相对保持不变，则换算风险相对较小。另外，换算风险还受母公司在编制合并报表时所采用的会计方法的影响。

1. 选择合适的计价货币

通常，一家跨国公司有许多家子公司，可以使用各种资产调整技术来降低其换算风险。企业在出口时应尽量选择硬货币(其汇率趋于上升)，在进口时应尽量选择软货币(其汇价趋于下降)，以达到避免汇率风险的目的。在子公司所在地货币升值或贬值时，产生不同的风险管理策略，具体如表15－2所示。

表 15－2　　换算风险管理的基本策略

当地货币升值	当地货币贬值
增加当地货币现金的使用和有价证券投资力度	减少当地货币现金的使用和有价证券投资力度
放宽当地货币的信用销售条件	紧缩当地货币的信用销售条件
提前收取疲软货币的应收账款	延缓收取疲软货币的应收账款
减少疲软货币的货物进口	减少坚挺货币的货物进口
减少当地借款	增加当地借款

2. 提前和拖后结售汇

提前和拖后结售汇是跨国公司用于降低其外汇风险的一种操作性强的方法。提前是指提早支付或收账，而拖后是指延迟支付或收账。跨国公司应提前软货币的收账，并拖后硬货币的收账，以避免软货币贬值带来的损失，同时获得硬货币升值的收益。同理，跨国公司应该提前硬货币的付款，并拖后软货币的付款等。例如，对于当地货币比较疲软时，提前向母公司支付股利、管理费和专利权使用费，提前支付其他子公司的应付账款和延缓收取其他子公司的应收账款。而如果针对有升值预期的当地货币，则做反向操作。

(二)交易风险

交易风险是公司面临的重要风险，当一家公司有外币交易行为就产生了交易风险。由于交易会产生未来外币的现金流出或流入，因此，公司在交易发生时与实际交付现金之间，任何汇率的变动都会导致现金的流入和流出。此时公司可以采取各种相应的措施，以使公司获得利益，减少损失。

1. 外汇买卖合同法

外汇买卖合同法，是指具有外汇债权或债务的公司与外汇银行签订购买或卖出外汇的合同，以此消除外汇风险的方法。外汇买卖合同法又可分为即期外汇买卖合同法和远期外汇买卖合同法。

(1)即期外汇买卖合同法，是指购买和卖出的外汇是即期外汇，且最迟在两个交易日内进行外汇交割的方法。

【例 15－3】 中国 W 公司在两日内要向美国某公司支付一笔货款，货款金额为 100 万美元，中国公司可直接与其开户银行签订以人民币购买100万美元的即期外汇买卖合同。两日后，中国公司向开户银行交款，合同签订时的即期汇率为＄1＝￥6.25，交割日汇率为＄1＝￥6.3，则该中国公司通过签订外汇买卖合同少支出5万元人民币(100×6.3－100×6.25)，避免了本国汇率下降的不利因素，消除了人民币贬值的风险。

但是，外汇汇率变动不是人们所能预见的，外汇汇率可能会朝反方向变动，而使签订外汇即期买卖合同后受到损失。

知识链接

外汇交割日是指外汇买卖双方必须履行支付义务的日期，交易双方在这一天将各自的货币交割完毕。标准交割日是指即期外汇交易成交后第2个营业日交割，也称T+2交割。

(2)远期外汇买卖合同法，是指公司与银行签订购买或出售远期外汇合同的方法以此来避免因汇率变动而造成的损失，消除风险。

【例15－4】 假设中国W公司与银行签订3个月远期外汇买卖合同，银行卖出100万美元，最初即期汇率为＄1＝￥6.25，远期汇率为＄1＝￥6.2，到时中国公司只需支付620万元人民币(100×6.20)便能获得100万美元，而不管交割日时的汇率大小。假定在交割日的汇率为＄1＝￥6.23，则该公司因签订了远期合同，从而减少了3万元人民币(100×6.23－100×6.20)的损失，降低了部分风险。

2. 外汇期货合同法

外汇期货合同法，是指拥有外汇债权或债务的公司通过期货交易所，承诺在未来某一特定日期，以当前所约定的汇率交付(或收取)一定数量外币的方法。

【例15－5】 中国W公司9月1日向美国某公司进口一批货物，付款日期12月1日，货款金额为100万美元，9月1日即期汇率为＄1＝￥6.2，3个月交割的远期汇率为＄1＝￥6.27，该公司预测在9月份后美元会升值，中国公司为避免美元升值的风险，从外汇期货市场中买进远期美元100万元。

在现货市场，12月1日公司在支付货款时，汇率为＄1＝￥6.3，需支出人民币630万元，比9月1日的远期汇率多支出3万元，即由于汇率变动，公司损失了3万元人民币。

在期货市场，12月1日公司以＄1＝￥6.27的汇率将人民币兑换成美元，这时兑换成100万美元，只需支付人民币627万元，之后立刻将100万美元按＄1美元＝￥6.3的即期汇率换成人民币，这里可得人民币630万元，这一笔外币期货合同使公司又赚回3万元。

在考虑公司在现货市场和期货市场的损益后，公司通过使用外汇期货合约消除了汇率变动带来的风险。同样地，当公司有外币收入时，为避免外汇风险，可在外汇期货市场中签订卖出外币的合同。

知识链接

远期汇率是指外汇买卖成交后，在未来的某个确定时间内办理交割手续的外汇交易所使用的汇率。远期外汇汇率与即期外汇汇率是有差额的，这种差额叫作远期差价，用升水、贴水或平价来表示。升水表示远期汇率比即期汇率高，贴水则反之，平价表示两者相等。

3. 外汇期权合同法

外汇期权，是指持有人享有在一定期限内按既定的价格买卖一定数量外币的权利。当市场发展对持有人有利时，有权买卖外汇；当市场发展对持有人不利时，可以放弃买卖外汇的权利。

签订外汇期权合同是降低外汇风险的方法之一。当汇率发生变化，买卖外汇对期权持有人有利时，期权持有人可以使用该项权利；当汇率发生变化，买卖外汇对期权持有人无利或不利时，则该期权持有人可以放弃买卖外汇的权利。这种方法灵活性较强，期权持有人到期自己决定行使或不行使权利，通过是否行使权利的选择来减少和避免因汇率变动带来的风险，损失的最大额是购买期权所支付的成本。

4. 外汇掉期合同法

外汇掉期合同法，是指在签订买进或卖出一笔外汇的同时，再卖出或买进一笔相同货币的外汇合同，以此来防止和避免外汇风险的方法。这种方法的特点是买入的货币与卖出的货币在数量上相等，不改变交易的外汇持有额，但是在交割期限上有所不同，从而导致交易者持有货币期限的变化，因此称为“掉期”。外汇掉期可分为“即期对远期”的掉期和“远期对远期”的掉期。

【例 15－6】 某公司向外汇指定银行卖出 100 万美元，即期汇率为 $1＝￥6.3，这里获得人民币 630 万元，同时该公司又买进 3 个月的远期外汇 100 万美元，远期汇率为 $1＝￥6.2，到期只需支付 620 万元人民币就可得到 100 万美元，赚取了不同时期外汇汇率的差价人民币 10 万元并避免了因汇率变动而带来的风险。

此外，外汇持有者可以在买进或卖出一种货币的远期合同时，卖出或买进该货币较长时期的远期，来减少或避免风险。

(三)经济风险

经济风险不仅影响公司短期的盈利，更对公司的长期竞争力造成巨大的影响，所以公司应该在识别币值变动的可能影响后，及时掌握市场信息，调整公司的定价策略和产品策略，设计有利于公司竞争的经营策略来提高公司的竞争力。此外，寻找合适的投资环境，利用各地的优势进行资源优化组合，分散经营，从而达到降低风险的目的。

例如，从市场选择方面来看，出口企业应选择出口到货币坚挺的国家来提高企业自身的竞争力，而如果出口到货币疲软的国家，会降低企业本身所具备的竞争力；进口商应选择相反的策略，即从货币疲软的国家进口，不要选择从货币坚挺的国家进口。

在汇率变动比较剧烈的情况下，用生产管理来应对外汇风险是非常有必要的。例如，可以从货币疲软的国家购买更多的原材料和零部件来应对本国货币的升值。此外，当本国货币升值时，可以将生产转移到币值疲软的国家去，这时生产成本会因为外币的贬值而变小，从而可以保持企业的产品价格竞争力。

课堂思考

如何有效实施外汇风险管理？可以使用哪些方法进行外汇风险管理？

本章小结

跨国公司是指一家由经济实体构成的工商企业，是在一定程度上通过集中控制、在两个或两个以上的国家从事跨国界生产经营活动的现代经济实体。按照跨国公司经营项目的性质，可以将跨国公司分为资源开发型跨国公司、加工制造型跨国公司和服务提供型跨国公司；按照跨国公司的产品种类和经营结构，可以将跨国公司分为横向型跨国公司、垂直型跨国公司和混合型跨国公司。

国际金融市场是指各国之间进行各种资金融通和金融交易活动的场所。国际金融市场按照金融交易活动是否固定地点，可分为有形市场和无形市场；按照资金融通的期限长短，可分为短期资金市场(货币市场)和长期资金市场(资本市场)，也可分为银行短期信贷市场、短期证券市场和贴现市场等，又可分为国际股票市场、国际债券市场、国际资本借贷市场、国际抵押市场和国际租赁市场等；此外，按照经营业务的性质和种类，可分为资金借贷市场、外汇市场、黄金市场和证券市场等。

国际货币市场也称短期资金市场，是各国之间从事短期资金借贷业务的场所。国际货币市场可分为银行短期信贷市场、短期证券市场和短期贴现市场。欧洲货币市场，是指非居民间以银行为中介在某种货币发行国国境之外从事该种货币借贷的市场，又可以称为离岸金融市场。

国际资本市场是指国际金融市场中期限在1年以上的各种资金交易活动所形成的市场。国际资本市场的中长期资金供应者大多数为商业银行、储蓄银行和保险公司。国际资本市场由国际债券市场、国际股票市场和欧洲银行中长期借贷市场三部分组成。

跨国公司筹资，是指跨国公司为实现理财目标，跨越国界在全球范围内筹措其所需资金的财务管理活动。主要有国际信贷筹资、吸收外国直接投资、国际证券筹资、国际租赁筹资和国际补偿贸易筹资等。

跨国公司可从全球战略的高度，权衡各类可资利用的资金来源，进行优化组合，以达到总体筹资成本最小化、避免或降低筹资风险、设定最优筹资结构三大筹资战略目标。跨国公司所需资金不仅数量庞大，而且涉及多个国家和币种，其资金主要来源于跨国公司的内部资金、跨国公司母国的资金、跨国公司东道国的资金和国际间的资金。

跨国公司投资决策，是指对各种国际投资方式进行选择的决策。国际投资方式主要包括直接投资和间接投资。跨国公司的投资方式包括国际契约经营、国际合资经营、跨国并购和跨国战略联盟。

外汇风险管理，是指外汇资产持有者通过风险识别、风险衡量、风险控制等方法，预防、规避、转移或消除外汇业务经营中的风险，从而减少或避免可能的经济损失，实现在风险一定条件下的收益最大化或收益一定条件下的风险最小化。外汇风险有三种基本类型：换算风险、交易风险和经济风险。针对不同的外汇风险有不同的外汇风险管理方法。

复习思考题

1. 什么叫跨国公司？其经营特点和经营方式有哪些特殊性？
2. 跨国公司财务管理环境与内资公司有何异同？
3. 跨国公司财务管理策略有哪两种？
4. 如何认识国际金融市场、国际外汇市场、欧洲货币市场在跨国公司财务管理中所起的作用？
5. 跨国公司筹资战略是什么？
6. 跨国公司筹资渠道和筹资方式有哪些？
7. 跨国公司投资方式有哪些？
8. 如何有效地开展跨国公司的外汇风险管理？

附录一

复利终值系数表

利息期为 n、市场利率为 i 的 1 元复利终值 $f_{ni}=(1+i)^n$

i \ n	1/2%	1%	1½%	2%	2½%	3%
1	1.005000	1.010000	1.015000	1.020000	1.025000	1.030000
2	1.010025	1.020100	1.030225	1.040400	1.050625	1.060900
3	1.015075	1.030301	1.045678	1.061208	1.076891	1.092727
4	1.020151	1.040604	1.061364	1.082432	1.103813	1.125509
5	1.025251	1.051010	1.077284	1.104081	1.131408	1.159274
6	1.030378	1.061520	1.093443	1.126162	1.159693	1.194052
7	1.035529	1.072135	1.109845	1.148686	1.188686	1.229874
8	1.040707	1.082857	1.126493	1.171659	1.218403	1.266770
9	1.045911	1.093685	1.143390	1.195093	1.248863	1.304773
10	1.051104	1.104622	1.160541	1.218994	1.280085	1.343916
11	1.056396	1.115668	1.177949	1.243374	1.312087	1.384234
12	1.061678	1.126825	1.195618	1.268242	1.344889	1.425761
13	1.066986	1.138093	1.213552	1.293607	1.378511	1.468534
14	1.072321	1.149474	1.231756	1.319479	1.412974	1.512590
15	1.077683	1.160969	1.250232	1.345868	1.448298	1.557967
16	1.083071	1.172579	1.268986	1.372786	1.484506	1.604706
17	1.088487	1.184304	1.288020	1.400241	1.521618	1.652848
18	1.093929	1.196147	1.307341	1.428246	1.559659	1.702433
19	1.099399	1.208109	1.326951	1.456811	1.598650	1.753506
20	1.104896	1.220190	1.346855	1.485947	1.638616	1.806111
21	1.110420	1.232392	1.367058	1.515666	1.679582	1.860295
22	1.115972	1.244716	1.387564	1.545980	1.721571	1.916103
23	1.121552	1.257163	1.403877	1.576899	1.764611	1.973587
24	1.127106	1.269735	1.429503	1.608437	1.808726	2.032794
25	1.132796	1.282432	1.450945	1.640606	1.853944	2.093778
26	1.138460	1.295256	1.472710	1.673418	1.900293	2.156591
27	1.144152	1.308209	1.494800	1.706886	1.947800	2.221289
28	1.149873	1.321291	1.517222	1.741024	1.996495	2.287928
29	1.155622	1.334504	1.539981	1.775845	2.046407	2.356566
30	1.161400	1.347849	1.563080	1.811362	2.097568	2.427262
31	1.167207	1.361327	1.586526	1.847589	2.150007	2.500080
32	1.173043	1.374941	1.610324	1.884541	2.203757	2.575083
33	1.178908	1.388690	1.634479	1.922231	2.258851	2.652335
34	1.184803	1.402577	1.658996	1.960676	2.315322	2.731905
35	1.190727	1.416603	1.683881	1.999890	2.373205	2.813862
36	1.196681	1.430769	1.709140	2.039887	2.432535	2.898278
37	1.202664	1.445076	1.734777	2.080685	2.493349	2.985227
38	1.208677	1.459527	1.760798	2.122299	2.555682	3.074783
39	1.214721	1.474123	1.787201	2.164745	2.619574	3.167027
40	1.220794	1.488864	1.814018	2.208040	2.685064	3.262038
41	1.226898	1.503752	1.841229	2.252200	2.752190	3.359899
42	1.233033	1.518790	1.868847	2.297244	2.820995	3.460696
43	1.239198	1.533978	1.896880	2.343189	2.891520	3.564517
44	1.245394	1.549318	1.925333	2.390053	2.963808	3.671452
45	1.251621	1.564811	1.954213	2.437854	3.037903	3.781596
46	1.257879	1.580459	1.983526	2.486611	3.113851	3.895044
47	1.264168	1.596263	2.013279	2.536344	3.191697	4.011895
48	1.270489	1.612226	2.043478	2.587070	3.271490	4.132252
49	1.276842	1.628348	2.074130	2.638812	3.353277	4.256219
50	1.283226	1.644632	2.105242	2.691588	3.437109	4.383906

续表

i \ n	3½%	4%	4½%	5%	5½%	6%
1	1. 035000	1. 040000	1. 045000	1. 050000	1. 055000	1. 060000
2	1. 071225	1. 081600	1. 092052	1. 102500	1. 113025	1. 123600
3	1. 108718	1. 124864	1. 141166	1. 157625	1. 174241	1. 191016
4	1. 147523	1. 169859	1. 192519	1. 215506	1. 238825	1. 262477
5	1. 187686	1. 216653	1. 246182	1. 276282	1. 306960	1. 338226
6	1. 229255	1. 265319	1. 302260	1. 340096	1. 378843	1. 418519
7	1. 272279	1. 315932	1. 360862	1. 407100	1. 454679	1. 503630
8	1. 316809	1. 368569	1. 422101	1. 477455	1. 534687	1. 593848
9	1. 362897	1. 423312	1. 486095	1. 551328	1. 619094	1. 689479
10	1. 410599	1. 480244	1. 552967	1. 628895	1. 708144	1. 790848
11	1. 459970	1. 539454	1. 622853	1. 710339	1. 802092	1. 898299
12	1. 511069	1. 601032	1. 695881	1. 795865	1. 901207	2. 012196
13	1. 563956	1. 665074	1. 772196	1. 885649	2. 005774	2. 132928
14	1. 618695	1. 731676	1. 851945	1. 979932	2. 116091	2. 260904
15	1. 675349	1. 800944	1. 935282	2. 078928	2. 232476	2. 396558
16	1. 733986	1. 872981	2. 022370	2. 182875	2. 355263	2. 540352
17	1. 794676	1. 947901	2. 113377	2. 292018	2. 484802	2. 692773
18	1. 857489	2. 025817	2. 208479	2. 406619	2. 621466	2. 854339
19	1. 922501	2. 106849	2. 307860	2. 526950	2. 765647	3. 025600
20	1. 989789	2. 191123	2. 411714	2. 653298	2. 917757	3. 207135
21	2. 059431	2. 278768	2. 520241	2. 785963	3. 078234	3. 399564
22	2. 131512	2. 369919	2. 633652	2. 925261	3. 247537	3. 603537
23	2. 206114	2. 464716	2. 752166	3. 071524	3. 246152	3. 319750
24	2. 283328	2. 563304	2. 876014	3. 225100	3. 614590	4. 048935
25	2. 363245	2. 665836	3. 005434	3. 386355	3. 813392	4. 291871
26	2. 445959	2. 772470	3. 140679	3. 555673	4. 023129	4. 549383
27	2. 531567	2. 883369	3. 282010	3. 733456	4. 244401	4. 822346
28	2. 620172	2. 998703	3. 429700	3. 920129	4. 477843	5. 111687
29	2. 711878	3. 118651	3. 584036	4. 116136	4. 724124	5. 418388
30	2. 806794	3. 243398	3. 745318	4. 321942	4. 983951	5. 743491
31	2. 905031	3. 373133	3. 913857	4. 538039	5. 285069	6. 088101
32	3. 006708	3. 508059	4. 089981	4. 764941	5. 547262	6. 453387
33	3. 111942	3. 648381	4. 274030	5. 003189	5. 852362	6. 840590
34	3. 220860	3. 794316	4. 466362	5. 253348	6. 174242	7. 251025
35	3. 333590	3. 946089	4. 667348	5. 516015	6. 513825	7. 686087
36	3. 450266	4. 103933	4. 877378	5. 791816	6. 872085	8. 147252
37	3. 571025	4. 268090	5. 096860	6. 081407	7. 250050	8. 636087
38	3. 696011	4. 438813	5. 326219	6. 385477	7. 648803	9. 154252
39	3. 825372	4. 616366	5. 565899	6. 704751	8. 069487	9. 703507
40	3. 959260	4. 801021	5. 816365	7. 039989	8. 513309	10. 285718
41	4. 097834	4. 993061	6. 078101	7. 391988	8. 981541	10. 902861
42	4. 241258	5. 192784	6. 351615	7. 761588	9. 475526	11. 557033
43	4. 389702	5. 400495	6. 637438	8. 149667	9. 996679	12. 250455
44	4. 543342	5. 616515	6. 936123	8. 557150	10. 546497	12. 985482
45	4. 702359	5. 841176	7. 248248	8. 985008	11. 126554	13. 764611
46	4. 866941	6. 074823	7. 574420	9. 434258	11. 738515	14. 590487
47	5. 037284	6. 317816	7. 915268	9. 905971	12. 384133	15. 465917
48	5. 213589	6. 570528	8. 271456	10. 401270	13. 065260	16. 393872
49	5. 396065	6. 833349	8. 643671	10. 921333	13. 783849	17. 377504
50	5. 584927	7. 106683	9. 032636	11. 467440	14. 541961	18. 420154

续表

i \ n	7%	8%	9%	10%	11%	12%
1	1.070000	1.080000	1.090000	1.100000	1.120000	1.150000
2	1.144900	1.166400	1.188100	1.210000	1.254400	1.322500
3	1.225034	1.259712	1.295029	1.331000	1.404928	1.520875
4	1.310796	1.360489	1.411582	1.464100	1.573519	1.749006
5	1.402552	1.469328	1.538624	1.610510	1.762342	2.011357
6	1.500730	1.586874	1.677100	1.771561	1.973823	2.313061
7	1.605781	1.713824	1.828039	1.948717	2.210681	2.660020
8	1.718186	1.850930	1.992563	2.143589	2.475963	3.059023
9	1.838459	1.999005	2.171893	2.357948	2.773079	3.517876
10	1.967151	2.158925	2.367364	2.593742	3.105848	4.045558
11	2.104852	2.331639	2.580426	2.853117	3.478550	4.652391
12	2.252192	2.518170	2.812665	3.138428	3.895976	5.350250
13	2.409845	2.719624	3.065805	3.452271	4.363493	6.152788
14	2.578534	2.937194	3.431727	3.797498	4.887112	7.075706
15	2.759032	3.172169	3.642482	4.177248	5.473566	8.137062
16	2.952164	3.425943	3.970306	4.594973	6.130394	9.357621
17	3.158815	3.700018	4.327633	5.054470	6.866041	10.761264
18	3.379932	3.996019	4.717120	5.559917	7.689966	12.375454
19	3.616528	4.315701	5.141661	6.115909	8.612762	14.231772
20	4.869684	4.660957	5.604411	6.727500	9.646293	16.366537
21	4.140562	5.033834	6.108808	7.400250	10.803848	18.821518
22	4.430402	5.436540	6.658600	8.140275	12.100310	21.644746
23	4.740530	5.871464	7.257874	8.954302	13.552347	24.891458
24	5.072367	6.431181	7.911083	9.849733	15.178629	28.625176
25	5.427433	6.848475	8.623081	10.884706	17.000064	32.918953
26	5.807353	7.396353	9.399158	11.918177	19.040072	37.865796
27	6.213868	7.988061	10.245082	13.109994	21.324881	43.535315
28	6.648836	8.627106	11.167140	14.420994	23.883886	50.065612
29	7.114257	9.317275	12.172182	15.863093	26.749930	57.575454
30	7.612255	10.062657	13.267678	17.449402	29.959922	66.211772
31	8.145113	10.867669	14.461770	19.194342	33.555113	76.143538
32	8.715271	11.737083	15.763329	21.113777	37.581726	87.565068
33	9.325340	12.676050	17.182028	23.225154	42.091533	100.699829
34	9.978114	13.690134	18.728411	25.547670	47.142517	115.804803
35	10.676581	14.785344	20.413968	28.102437	52.799620	133.175523
36	11.423942	15.968172	22.251225	30.912681	59.135574	153.151852
37	12.223618	17.245626	24.253835	34.003949	66.231843	176.124630
38	13.079271	18.625276	26.436680	37.404343	74.179664	202.543324
39	13.994820	20.115298	28.815982	41.144778	83.081224	232.924823
40	14.974458	21.724521	31.409420	45.259256	93.050970	267.863546
41	16.022670	23.462483	34.236268	49.785181	104.217087	308.043078
42	17.144257	25.339482	37.317532	54.763699	116.723137	354.249540
43	18.344355	27.366640	40.676110	60.240069	130.729914	407.386971
44	19.268460	29.555972	44.336960	66.264076	146.417503	468.495071
45	21.002452	31.920449	48.327286	72.890484	163.987604	538.769269
46	22.472623	34.474085	52.676742	80.179532	183.666116	619.584659
47	24.045707	37.232012	57.417649	88.197485	205.706050	712.522358
48	25.728907	40.210573	62.585237	97.017234	230.390776	819.400712
49	27.529930	43.427419	68.217908	106.718957	258.037669	942.310819
50	29.457025	46.901613	74.357520	117.390853	289.002190	1083.657442

附录二

复利现值系数表

利息期为 n、市场利率为 i 的 1 元复利现值 $p_{ni}=\frac{1}{(1+i)^n}$

n \ i	1/2%	1%	1½%	2%	2½%	3%
1	0.995025	0.990099	0.985222	0.980392	0.975610	0.970874
2	0.990075	0.980296	0.970662	0.961169	0.951814	0.942596
3	0.985149	0.970590	0.956317	0.942322	0.928599	0.915142
4	0.980248	0.960980	0.942184	0.923845	0.905951	0.888487
5	0.975317	0.951466	0.928260	0.905731	0.883854	0.862609
6	0.970518	0.942045	0.914542	0.887971	0.862297	0.837484
7	0.965690	0.932178	0.901027	0.870560	0.841265	0.813092
8	0.960885	0.923483	0.887711	0.853490	0.820747	0.789409
9	0.956105	0.914340	0.874592	0.836755	0.800728	0.766417
10	0.951348	0.905287	0.861667	0.820348	0.781198	0.744094
11	0.946615	0.896324	0.848933	0.804263	0.762145	0.722421
12	0.941905	0.887449	0.836387	0.788493	0.743556	0.701380
13	0.937219	0.878663	0.824027	0.773033	0.725420	0.680951
14	0.932556	0.869963	0.811849	0.757875	0.707727	0.661118
15	0.927917	0.861349	0.799852	0.743015	0.690466	0.641862
16	0.913300	0.852821	0.788031	0.728446	0.673625	0.623167
17	0.918707	0.844377	0.776385	0.714163	0.657195	0.605016
18	0.914136	0.836017	0.764912	0.700159	0.641166	0.537395
19	0.909588	0.827740	0.753607	0.686431	0.625528	0.570286
20	0.905063	0.810544	0.742470	0.672971	0.610271	0.553676
21	0.900560	0.811430	0.731498	0.659776	0.595386	0.537549
22	0.896080	0.803396	0.720688	0.646839	0.580865	0.521893
23	0.891622	0.795442	0.710037	0.634156	0.566697	0.506692
24	0.887186	0.787566	0.699544	0.621721	0.552875	0.491934
25	0.882772	0.779768	0.689206	0.609531	0.539391	0.447606
26	0.878380	0.772048	0.679021	0.597579	0.526235	0.463695
27	0.874010	0.764404	0.668986	0.585862	0 513400	0.450189
28	0.869662	0.756837	0.659099	0.574375	0.500878	0.437077
29	0.865335	0.749342	0.649359	0.563112	0.488661	0.424346
30	0.861030	0.741923	0.639762	0.552071	0.476743	0.411987
31	0.856746	0.734577	0.630308	0.541246	0.465115	0.399987
32	0.852484	0.727304	0.620993	0.530633	0.453771	0.388337
33	0.948242	0.720103	0.611816	0.520229	0.442703	0.377026
34	0.844022	0.712973	0.602774	0.510028	0.431905	0.366045
35	0.839823	0.705914	0.593866	0.500028	0.421371	0.355383
36	0.835645	0.698925	0.585090	0.490223	0.411094	0.345032
37	0.831487	0.692005	0.576443	0.480611	0.401067	0.334983
38	0.827351	0.685153	0.567924	0.471187	0.391285	0.325226
39	0.823235	0.678370	0.559531	0.461948	0.381741	0.315754
40	0.819139	0.671653	0.551262	0.452890	0.372431	0.306557
41	0.815064	0.665003	0.543116	0.444010	0.363347	0.297628
42	0.811009	0.658419	0.535089	0.435304	0.354485	0.288959
43	0.806974	0.651900	0.527182	0.426769	0.345839	0.280543
44	0.802959	0.645445	0.519391	0.418401	0.337404	0.272372
45	0.798964	0.639055	0.511715	0.410197	0.329174	0.264439
46	0.794989	0.632728	0.504153	0.402154	0.321146	0.256737
47	0.791034	0.626463	0.496702	0.384268	0.313313	0.249259
48	0.787098	0.620260	0.489362	0.386538	0.305671	0.241999
49	0.783183	0.614119	0.482130	0.378958	0.298216	0.234950
50	0.779286	0.608039	0.475005	0.371528	0.290942	0.228107

续表

i \ n	3½%	4%	4½%	5%	5½%	6%
1	0.966184	0.961538	0.956938	0.952381	0.947867	0.943396
2	0.933511	0.924556	0.915730	0.907029	0.898452	0.889996
3	0.901943	0.888996	0.876297	0.863838	0.851614	0.839619
4	0.871442	0.854804	0.838516	0.822702	0.807217	0.792094
5	0.841973	0.821927	0.802451	0.783526	0.765134	0.747258
6	0.813501	0.790315	0.767896	0.746215	0.725246	0.704961
7	0.785991	0.759981	0.734828	0.710681	0.687437	0.665057
8	0.759412	0.730690	0.703185	0.676839	0.651599	0.627412
9	0.733731	0.702587	0.672904	0.644609	0.617629	0.591898
10	0.708919	0.675564	0.643928	0.613913	0.585431	0.558395
11	0.684946	0.649581	0.616199	0.584679	0.554911	0.526788
12	0.661783	0.624597	0.589664	0.556837	0.525982	0.496969
13	0.639404	0.600574	0.564272	0.530321	0.498561	0.468839
14	0.617782	0.577475	0.539973	0.505068	0.472569	0.442301
15	0.596891	0.555265	0.516720	0.481017	0.447933	0.417265
16	0.576706	0.533908	0.494469	0.458112	0.424581	0.393646
17	0.557204	0.513373	0.473176	0.436297	0.402447	0.371364
18	0.538361	0.493628	0.452800	0.415521	0.381466	0.350344
19	0.520156	0.476642	0.433302	0.395734	0.361579	0.330513
20	0.502566	0.456387	0.414643	0.376889	0.342729	0.311805
21	0.485571	0.438834	0.396787	0.358942	0.324862	0.294155
22	0.469151	0.421955	0.379701	0.341850	0.307926	0.177505
23	0.453286	0.405726	0.363350	0.325571	0.291873	0.261797
24	0.437957	0.390121	0.347703	0.310068	0.276657	0.246979
25	0.423147	0.375117	0.332731	0.295303	0.262234	0.232999
26	0.408838	0.360689	0.318402	0.281241	0.248563	0.219810
27	0.395012	0.346817	0.304691	0.267848	0.235605	0.207363
28	0.381654	0.333477	0.291571	0.255094	0.223322	0.195630
29	0.368748	0.320651	0.279015	0.242946	0.211679	0.184557
30	0.356278	0.308319	0.267000	0.231377	0.200644	0.174110
31	0.344230	0.296460	0.255502	0.220359	0.190184	0.164255
32	0.332590	0.285058	0.244500	0.209873	0.180269	0.154957
33	0.321343	0.274094	0.233971	0.199873	0.170871	0.146180
34	0.310476	0.263552	0.223896	0.190355	0.161963	0.137912
35	0.299977	0.253415	0.214254	0.181209	0.153520	0.130105
36	0.289833	0.243669	0.205028	0.172657	0.145516	0.122741
37	0.280032	0.234297	0.196199	0.164436	0.137930	0.115793
38	0.270562	0.225285	0.187750	0.156605	0.130739	0.109239
39	0.261413	0.216621	0.179665	0.149148	0.123924	0.103056
40	0.252572	0.208289	0.171929	0.142046	0.117463	0.097222
41	0.244031	0.200278	0.164525	0.135282	0.111339	0.091719
42	0.235779	0.192575	0.157440	0.128840	0.105535	0.086527
43	0.227806	0.185168	0.150661	0.122704	0.100033	0.081630
44	0.220102	0.178046	0.144173	0.116861	0.094818	0.077009
45	0.212659	0.171198	0.137964	0.111297	0.089875	0.072650
46	0.205468	0.164614	0.132023	0.105997	0.085190	0.068538
47	0.198520	0.158283	0.126338	0.100949	0.080748	0.064658
48	0.191806	0.152195	0.120898	0.096142	0.076539	0.060998
49	0.185320	0.146341	0.115692	0.091564	0.072549	0.057546
50	0.179053	0.140713	0.110710	0.087204	0.068767	0.054288

续表

n i	7%	8%	9%	10%	12%	15%
1	0.934580	0.925926	0.917431	0.909091	0.892857	0.869565
2	0.873439	0.857339	0.841680	0.826446	0.797194	0.756144
3	0.816298	0.793832	0.772183	0.751315	0.711780	0.657516
4	0.762896	0.735030	0.708425	0.683013	0.635518	0.571753
5	0.712986	0.680583	0.649931	0.620921	0.567427	0.497177
6	0.666342	0.630170	0.596267	0.564474	0.506631	0.432328
7	0.622750	0.583490	0.547034	0.513158	0.452349	0.375937
8	0.582009	0.540269	0.501866	0.466507	0.403883	0.326902
9	0.543934	0.500249	0.460428	0.424098	0.360610	0.284261
10	0.508349	0.463193	0.422411	0.385543	0.321973	0.247185
11	0.475093	0.428883	0.387533	0.350494	0.287476	0.214943
12	0.444012	0.397114	0.355535	0.318631	0.256675	0.186907
13	0.414964	0.367698	0.326179	0.289664	0.229174	0.162528
14	0.387817	0.340461	0.299246	0.263331	0.204620	0.141329
15	0.362446	0.315242	0.274538	0.239392	0.182696	0.122894
16	0.338735	0.291890	0.251870	0.217629	0.163122	0.106865
17	0.316574	0.270269	0.231073	0.197845	0.145644	0.092926
18	0.295864	0.250249	0.211994	0.179859	0.130040	0.080805
19	0.276508	0.231712	0.194490	0.163508	0.116107	0.070265
20	0.258419	0.214548	0.178431	0.148644	0.103667	0.061100
21	0.241513	0.198656	0.163692	0.153131	0.092560	0.053131
22	0.225713	0.183941	0.150182	0.122846	0.082643	0.046201
23	0.210947	0.170315	0.137781	0.111678	0.073788	0.040170
24	0.197147	0.157699	0.126405	0.101526	0.065882	0.034934
25	0.184249	0.146018	0.115968	0.092296	0.058823	0.030378
26	0.172195	0.135202	0.106393	0.083905	0.052521	0.026415
27	0.160930	0.125187	0.097608	0.076278	0.046894	0.022970
28	0.150402	0.115914	0.089548	0.069343	0.041869	0.019974
29	0.140563	0.107328	0.082155	0.063039	0.037383	0.017369
30	0.131367	0.099377	0.075371	0.057309	0.033378	0.015103
31	0.122773	0.092016	0.069148	0.052099	0.029802	0.013133
32	0.114741	0.085200	0.063438	0.047362	0.026609	0.011420
33	0.107235	0.078889	0.058200	0.043057	0.023758	0.009931
34	0.100219	0.073045	0.053395	0.039143	0.021212	0.008635
35	0.093663	0.067635	0.048986	0.035584	0.018940	0.007509
36	0.087535	0.062625	0.044941	0.032349	0.016910	0.006529
37	0.081809	0.057986	0.041231	0.029408	0.015098	0.005678
38	0.076457	0.053690	0.037826	0.026735	0.013481	0.004937
39	0.071455	0.049713	0.034703	0.024304	0.012036	0.004293
40	0.066780	0.046031	0.031838	0.022095	0.010747	0.003733
41	0.062412	0.042621	0.029209	0.020086	0.009595	0.003246
42	0.058329	0.039464	0.026797	0.018260	0.008567	0.002823
43	0.054513	0.036541	0.024584	0.016600	0.007649	0.002455
44	0.050946	0.033834	0.022555	0.015091	0.006830	0.002134
45	0.047613	0.031328	0.020692	0.013719	0.006098	0.001856
46	0.044499	0.029007	0.018984	0.012472	0.005445	0.001614
47	0.041587	0.026859	0.017416	0.011338	0.004861	0.001403
48	0.038867	0.024869	0.015978	0.010307	0.004340	0.001220
49	0.036324	0.023027	0.014659	0.009370	0.003875	0.001061
50	0.033948	0.021321	0.013449	0.008519	0.003460	0.000923

附录三

年金终值系数表

利息期为 n、市场利率为 i 的 1 元年金终值 $F_{ni}=\frac{(1+i)^n-1}{i}$

i ＼ n	1/2%	1%	1½%	2%	2½%	3%
1	1.000000	1.000000	1.000000	1.000000	1.000000	1.000000
2	2.005000	2.010000	2.015000	2.020000	2.025000	2.030000
3	3.015025	3.030100	3.045225	3.060400	3.075625	3.090900
4	4.030100	4.060401	4.090903	4.121608	4.152516	4.183627
5	5.050251	5.101005	5.152267	5.204040	5.256329	5.309136
6	6.075502	6.152015	6.229551	6.308121	6.387737	6.468401
7	7.105879	7.213535	7.322994	7.434283	7.547430	7.662462
8	8.141409	8.285671	8.432839	8.582969	8.736116	8.892336
9	9.182116	9.368527	9.559332	9.754628	9.954519	10.159106
10	10.228026	10.462213	10.702722	11.949721	11.203382	11.463879
11	11.279167	11.566835	11.863262	12.168715	12.483466	12.807796
12	12.335562	12.682503	13.041211	13.412090	13.795553	14.192030
13	13.397240	13.809328	14.236830	14.608332	15.140442	15.617790
14	14.464226	14.947421	15.450382	15.973938	16.518953	17.086324
15	15.536548	16.096896	16.682138	17.293417	17.931927	18.598914
16	16.614230	17.257864	17.932370	18.639285	19.380225	20.156881
17	17.697301	18.430443	19.201355	20.012071	20.864730	21.761588
18	18.785788	19.614748	20.489376	21.412312	22.386349	23.414435
19	19.879717	20.810895	21.796716	22.840559	23.946007	25.116868
20	20.979115	22.019004	23.123667	24.297370	25.544658	26.870374
21	22.084011	23.239194	24.470522	25.783317	27.183274	28.676484
22	23.194431	24.471586	25.837580	27.298984	28.862856	30.536780
23	24.310403	25.716302	27.225144	28.844963	30.584427	32.452884
24	25.431955	26.973465	28.633521	30.421862	32.349038	35.426470
25	26.559115	28.243200	30.063024	32.030300	34.157764	36.459264
26	27.691911	29.525632	31.513969	33.670906	36.011708	38.553042
27	28.830370	30.820888	32.986679	32.344324	37.912001	40.709634
28	29.974522	32.129097	34.481479	34.051210	39.589801	42.930923
29	31.124395	33.450388	35.998701	35.792235	41.856296	45.218850
30	32.280017	34.784892	37.538681	37.568079	43.902703	47.575416
31	33.441417	36.132740	39.101762	42.379441	46.000271	50.002678
32	34.608624	37.494068	40.688288	44.227030	48.150278	52.502759
33	35.781667	38.869009	42.598612	46.111570	50.354034	55.077841
34	36.960575	40.257699	43.933092	48.033802	52.612885	57.730177
35	38.145378	41.660276	45.592088	49.994478	54.928207	60.462082
36	39.336105	43.076878	47.575969	51.994367	57.301413	63.275944
37	40.532785	44.507647	48.985109	54.034255	59.733948	66.174223
38	41.735449	45.952724	50.719885	56.114940	62.227297	69.159449
39	42.944127	47.412251	52.480684	58.237238	64.782979	72.234233
40	44.158847	48.886373	54.267894	60.401983	67.402554	75.401260
41	45.379642	50.375237	56.081912	62.610023	70.087617	78.663298
42	46.606540	51.878989	57.923141	64.862223	72.839808	82.023196
43	47.839572	53.397779	59.791988	67.159468	75.660803	85.483892
44	49.078770	54.931757	61.688868	69.502657	78.552323	89.048409
45	50.324164	56.481075	63.614201	71.892710	81.516131	92.719861
46	51.575785	58.045885	65.568414	74.330564	84.554034	96.501457
47	52.833664	59.626344	67.551940	76.817176	87.667885	100.396501
48	54.097832	61.222608	69.565219	79.353519	90.859582	104.408396
49	55.368321	62.834834	71.608698	81.940590	94.131072	108.540643
50	56.645163	64.463182	73.682828	84.579410	97.484349	112.796867

续表

n / i	3½%	4%	4½%	5%	5½%	6%
1	1.000000	1.000000	1.000000	1.000000	1.000000	1.000000
2	2.035000	2.040000	2.045000	2.050000	2.055000	2.060000
3	3.106225	3.121600	3.137025	3.152500	3.168025	3.183600
4	4.214943	4.246464	4.278191	4.310125	4.342266	4.374616
5	5.362466	5.416323	5.470710	5.525631	5.581091	5.637093
6	6.550152	6.632975	6.716892	6.801913	6.888051	6.975317
7	7.779408	7.898294	8.019152	8.142008	8.266894	8.393838
8	9.051687	9.214226	9.380014	9.549109	9.721573	9.897468
9	10.368496	10.582795	10.802114	11.026546	11.256260	11.491316
10	11.731393	12.006107	12.188209	12.577893	12.875354	13.180795
11	13.1414	13.486351	13.841179	14.206787	14.583498	14.971643
12	14.992	15.025805	15.464032	15.917127	16.385591	16.869941
13	16.601962	16.626838	17.159913	17.712983	18.286798	18.882138
14	17.113030	18.291911	18.932109	19.598632	20.292572	21.015066
15	19.676986	20.0232588	20.784054	21.578564	22.408664	23.275970
16	20.971030	21.824531	22.719337	23.657492	24.641140	25.672528
17	22.705016	23.697512	24.741707	25.840366	26.996403	28.212880
18	24.499691	25.645431	26.855084	28.132385	29.481205	30.905653
19	26.357181	27.671229	29.063561	30.539004	32.102671	33.759992
20	28.279682	29.778079	31.371423	33.065954	34.868318	36.785591
21	30.269471	31.969202	33.783137	35.719252	37.786076	39.992727
22	32.328902	34.247970	36.303378	38.505214	40.864310	43.392290
23	34.460414	36.617889	38.937030	41.430475	44.111847	46.995828
24	36.666528	39.082604	41.689196	44.501999	47.537998	50.815577
25	38.949857	41.645908	44.565210	47.727099	51.152588	54.864512
26	41.313102	44.311745	47.570645	51.113454	54.965981	59.156383
27	43.759060	47.084214	50.711324	54.669126	58.989109	63.705766
28	46.290527	49.967583	53.993333	58.402583	63.233510	38.528112
29	48.910799	52.966286	57.423033	62.322712	67.711354	73.629798
30	51.622677	56.084938	61.007070	66.438848	72.435478	79.058186
31	54.429471	59.328335	64.752388	70.760790	77.419429	84.801677
32	57.334052	62.701496	68.666245	75.298829	82.677498	90.889778
33	60.341210	66.209527	72.756226	80.063771	88.224760	97.343165
34	63.453052	69.857909	77.030256	85.066959	94.077122	104.183755
35	66.674013	73.652225	81.496618	90.320307	100.251364	111.434780
36	70.007603	77.598314	86.163966	95.836323	106.765189	119.120867
37	73.457869	81.702246	91.041344	101.628139	113.637274	127.268119
38	77.028895	85.970336	96.138205	107.709546	120.887324	135.904206
39	80.724906	90.409150	101.464424	114.095023	128.536127	145.058458
40	84.550278	95.025516	107.030323	120.799774	136.605614	154761966
41	88.509537	99.826536	112.846688	127.839763	145.118923	165.047684
42	92.607371	104.819598	118.924789	135.231751	154.100464	175.950545
43	96.848629	110.012382	125.276404	142.993339	163.575989	187.507577
44	101.238331	115.412877	131.913842	151.143006	173.572669	199.758032
45	105.781673	121.029392	138.849965	159.700156	184.119165	212.743514
46	110.484031	126.870568	146.098214	168.685164	195.245719	226.508125
47	115.350973	132.945390	153.672633	178.119422	206.984234	241.098612
48	120.388257	139.263206	161.587902	188.025393	219.368367	256.654529
49	125.601846	145.833734	169.859357	198.426663	232.433627	272.958401
50	130.997910	152.667084	178.503028	209.347996	246.217476	290.335905

续表

n / i	7%	8%	9%	10%	12%	15%
1	1.000000	1.000000	1.000000	1.000000	1.000000	1.000000
2	2.070000	2.080000	2.090000	2.100000	2.120000	2.150000
3	3.214900	3.246400	3.278100	3.310000	3.374400	3.472500
4	4.439943	4.506112	4.573129	4.641000	4.779328	4.993375
5	5.750740	5.866601	5.984711	6.105100	6.352847	6.472381
6	7.153291	7.335929	7.523335	7.715610	8.115189	8.753738
7	8.654021	8.922803	9.200435	9.487171	10.089012	11.066799
8	10.259803	10.636628	11.028474	11.435888	12.299693	13.726819
9	11.977989	12.487558	13.021036	13.579477	14.775656	16.785842
10	13.816448	14.486562	15.192930	15.937425	17.548735	20.303718
11	15.783599	16.645487	17.560293	18.531167	20.654583	24.349276
12	17.888451	18.977126	20.140720	21.384284	24.133133	29.001667
13	20.140643	21.495297	22.953385	24.522712	28.029109	34.351917
14	22.550488	24.214920	26.019189	27.947983	32.392602	40.540705
15	25.129022	27.152114	29.360916	31.772482	37.279715	47.580411
16	27.888054	30.324283	33.003399	35.949730	42.753280	55.717472
17	30.840217	33.750226	36.973705	40.544703	48.883674	65.075093
18	33.999033	37.450244	41.301338	45.599173	55.749715	75.836357
19	37.378965	41.446263	46.018458	51.159090	63.439681	88.211811
20	40.995492	45.761964	51.160120	57.274999	72.052442	102.443583
21	44.865177	50.422921	56.764530	64.002499	81.498736	118.810120
22	49.005739	55.456755	62.873338	71.402749	92.502584	137.631638
23	53.436141	60.893296	69.531939	79.543024	104.602894	159.276384
24	58.176671	66.764759	76.789813	88.497327	118.155241	184.167814
25	63.249038	73.105940	84.700896	98.347059	133.333870	212.793017
26	68.676470	79.954415	93.323977	109.181765	150.333934	245.711970
27	74.483823	87.350768	102.723135	121.099942	169.374007	283.568766
28	80.697691	95.338830	112.968217	134.209936	190.698887	327.104080
29	87.346529	103.965936	124.135356	148.630930	214.582754	377.169693
30	94.460786	113.283211	136.307539	164.494023	241.332684	434.745146
31	102.073041	123.345868	149.575217	181.943425	271.292606	500.956918
32	112.218154	134.213537	164.036987	201.137767	304.847719	577.100456
33	118.933425	145.950620	179.800315	222.251544	342.429446	644.665525
34	128.258765	158.626670	196.982344	245.476699	384.520979	765.365353
35	138.236878	172.316804	215.710755	271.024368	431.663496	881.170156
36	148.913460	187.102148	236.124723	299.126805	484.463116	1014.345680
37	160.337402	203.070320	258.375948	330.039486	543.598690	1167.497532
38	172.561020	220.315945	282.629783	364.043434	609.830533	1343.622161
39	185.640292	238.941221	309.066463	401.447778	684.010197	1546.165485
40	199.635112	259.056519	337.882445	442.592556	767.091420	1779.090308
41	214.609570	280.781040	369.291865	487.851811	860.142391	2046.953854
42	230.632240	304.243523	403.528133	537.636992	964.359478	2354.996933
43	247.776497	329.583005	440.845665	592.400692	1081.082615	2709.246473
44	266.120851	356.949646	481.521775	652.640761	1211.812529	3116.633443
45	285.749311	386.505617	525.858734	718.904837	1358.230032	3585.128460
46	306.751763	418.426067	574.186021	791.795321	1522.217636	4123.897729
47	329.224386	452.900152	626.862762	871.974853	1705.883752	4743.482388
48	353.270093	490.132164	684.280411	960.172338	1911.589803	5466.004746
49	378.999000	530.342737	746.865548	1057.189527	2141.980579	6275.405458
50	406.528929	573.770156	815.083556	1163.908529	2400.018249	7217.716277

附录四

年金现值系数表

利息期为 n、市场利率为 i 的 1 元年金现值 $P_{ni}=\frac{1-(1+i)^{-n}}{i}$

i \ n	1/2%	1%	1½%	2%	2½%	3%
1	0.995025	0.990099	0.985222	0.980392	0.975610	0.970874
2	1.985099	1.970395	1.955883	1.941561	1.927424	1.913470
3	2.970248	2.940985	2.912200	2.883883	2.856024	2.828611
4	3.950496	3.901966	3.854385	3.807729	3.761974	3.717098
5	4.925866	4.853431	4.782645	4.713460	4.645829	4.579707
6	5.896384	5.795476	5.697187	5.601431	5.508125	5.417191
7	6.862074	6.728195	6.598214	6.471991	6.349391	6.230283
8	7.822959	7.651678	7.485925	7.325481	7.170137	7.019692
9	8.779064	8.566018	8.360517	8.162237	7.970866	7.786109
10	9.730412	9.471305	9.222185	8.982585	8.752064	8.530203
11	10.677027	10.367628	10.071118	9.786848	9.514209	9.252624
12	11.618932	11.255077	10.907505	10.575341	10.257765	9.954004
13	12.556151	12.133740	11.731532	11.348374	10.983185	10.634955
14	13.488708	13.003703	12.543382	12.106249	11.690912	11.296073
15	14.416625	13.865053	13.343233	12.849264	12.381378	11.937935
16	15.339925	14.717874	14.131264	13.577709	13.055003	12.561102
17	16.258632	15.562251	14.907649	14.291872	13.712198	13.166118
18	17.172768	16.398269	15.672561	14.992031	14.353364	13.753513
19	18.082356	17.226009	16.426168	15.678462	14.978891	14.323799
20	18.987419	18.045553	17.168639	16.351433	15.589162	14.877475
21	19.887979	18.856983	17.900137	17.011209	16.184549	15.415024
22	20.784059	19.660379	18.620824	17.658048	16.765413	15.936917
23	21.675681	20.455821	19.330861	18.292204	17.332110	16.443608
24	22.562866	21.243387	20.030405	18.913926	17.884986	16.935542
25	23.445638	22.023156	20.719611	19.523456	18.424376	17.413148
26	24.324018	22.795240	21.398632	20.121036	18.950611	17.876842
27	25.198028	23.559608	22.067617	20.706898	19.464011	18.327031
28	26.067689	24.316443	22.726717	21.281272	19.964889	18.764108
29	26.933024	25.065785	23.376076	21.844385	20.453500	19.188455
30	27.794054	25.807708	24.015838	22.396456	20.930293	19.600441
31	28.650800	26.542285	24.646146	22.937702	21.395407	20.000428
32	29.503284	27.269589	25.267139	23.648335	21.849178	20.388766
33	30.351526	27.989693	25.878954	23.988564	22.291881	20.765792
34	31.195548	28.702666	26.481728	24.498592	22.723786	21.131837
35	32.035371	29.408580	27.075595	24.998619	23.145157	21.487220
36	32.871016	30.107505	27.660684	25.488842	23.556251	21.832253
37	33.702504	30.799510	28.237127	25.969453	23.957318	22.167235
38	34.529854	31.484663	28.805052	26.440641	24.348603	22.492462
39	35.353089	32.163033	29.364583	26.902589	24.730344	22.808215
40	36.172228	32.834686	29.915845	27.355479	25.102775	23.114772
41	36.987291	33.499689	30.458961	27.799489	25.466122	23.412400
42	37.798300	34.158108	30.994050	28.234794	25.920607	23.701359
43	38.605274	34.810008	31.521232	28.661652	26.166446	23.981902
44	39.408232	35.455454	32.040622	29.079963	26.503849	24.254274
45	40.207196	36.094508	32.552337	29.490160	26.833024	24.518713
46	41.002185	36.727236	33.056490	29.892314	27.154170	24.775449
47	41.793219	37.353699	33.553192	30.286582	27.467483	25.024708
48	42.580318	37.973959	34.042554	30.673120	27.773154	25.266707
49	43.363500	38.588079	34.524683	31.052078	28.071369	25.501657
50	44.142786	39.196118	34.999688	31.423060	28.362312	25.729764

续表

i \ n	3½%	4%	4½%	5%	5½%	6%
1	0.966184	0.961538	0.956938	0.952381	0.947867	0.943396
2	1.899694	1.886095	1.872668	1.859410	1.846320	1.833393
3	2.801637	2.775091	2.748964	2.723248	2.697933	2.673012
4	3.673079	3.629895	3.587526	3.545951	3.505150	3.465106
5	4.515052	4.451822	4.389977	4.329477	4.270284	4.212364
6	5.328553	5.242137	5.157872	5.075692	4.995530	4.917324
7	6.114544	6.002055	5.892701	5.786373	5.682967	5.582381
8	6.873956	6.732745	6.595886	6.463213	6.334566	6.209794
9	7.607687	7.435332	7.268791	7.107822	6.952195	6.801692
10	8.316605	8.110896	7.912718	7.721735	7.537626	7.360087
11	9.001551	8.760477	8.528917	8.306414	8.092536	7.886875
12	9.663334	9.385074	9.118581	8.863252	8.618518	8.383844
13	10.302738	9.985648	9.682852	9.393573	9.117079	8.852683
14	10.920520	10.563123	10.222825	9.898641	9.589648	9.294984
15	11.517411	11.118387	10.739546	10.379658	10.037581	9.712249
16	12.094117	11.652296	11.234015	10.837770	10.462162	10.105895
17	12.651321	12.165669	11.707191	11.274066	10.864609	10.477260
18	13.189682	12.659297	12.159992	11.689587	11.246074	10.827603
19	13.709837	13.133939	12.593294	12.085321	11.607654	11.158116
20	14.212403	13.590326	13.007936	12.462210	11.950382	11.469921
21	14.697974	14.029160	13.404724	12.821153	12.275244	11.764077
22	15.167125	14.451115	13.784425	13.163003	12.583170	12.041582
23	15.620410	14.856842	14.147775	13.488574	12.875042	12.303379
24	16.058368	15.246963	14.495478	13.795642	13.151699	12.550358
25	16.481515	15.622080	14.828209	14.093945	13.413933	12.783356
26	16.890352	15.982769	15.146611	14.375185	13.662495	13.003166
27	17.285365	16.329586	15.451303	14.643034	13.898100	13.210534
28	17.667019	16.663063	15.742874	14.898127	14.121422	13.406164
29	18.035767	16.983715	16.021889	15.141074	14.333101	13.590721
30	18.392045	17.292033	16.288889	15.372451	14.533745	13.764831
31	18.736276	17.588494	16.544391	15.592811	14.723929	13.929086
32	19.068865	17.873552	16.788891	15.802677	14.904198	14.084043
33	19.390208	18.147646	17.022862	16.002549	15.075069	14.230230
34	19.700684	18.411198	17.246758	16.192904	15.237033	14.368141
35	20.000661	18.664613	17.461012	16.374194	15.390552	14.498246
36	20.290494	18.908282	17.666041	16.546852	15.536068	14.620987
37	20.570525	19.142579	17.862240	16.711287	15.673999	14.736780
38	20.841087	19.367864	18.049990	16.867893	15.804738	14.846019
39	21.102500	19.584485	18.229656	17.017041	15.928662	14.949075
40	21.355072	19.792774	18.401584	17.159076	16.046125	15.046297
41	21.599104	19.993052	18.566109	17.294368	16.157464	15.138016
42	21.834883	20.185627	18.723550	17.423208	16.262999	15.224543
43	22.062689	20.370795	18.874210	17.545912	16.363032	15.306173
44	22.282791	20.548841	19.018383	17.662773	16.457851	15.383182
45	22.495450	20.720040	19.156347	17.774070	16.547726	15.455832
46	22.700918	20.884654	19.288371	17.880067	16.632915	15.524370
47	22.899438	21.042936	19.414709	17.981016	16.713664	15.589028
48	23.091244	21.195131	19.535607	18.077158	16.790203	15.650027
49	23.276565	21.341472	19.651298	18.168722	16.862751	15.707572
50	23.455618	21.482185	19.762008	18.588925	16.931518	15.761861

R 参考文献 EFERENCE

1. 财政部:《企业财务通则》,中国财政经济出版社 2008 年版。
2. 中国注册会计师协会:《财务成本管理》,经济科学出版社 2013 年版。
3. 张鸣:《财务管理学——理论与实务》,上海财经大学出版社 2013 年版。
4. 曹惠民:《财务管理》,立信会计出版社 2008 年版。
5. 迟艳琴:《财务管理》(第二版),上海财经大学出版社 2013 年版。
6. 姚晓民:《财务管理学》,上海财经大学出版社 2013 年版。

续表

i \ n	7%	8%	9%	10%	12%	15%
1	0.934579	0.925926	0.917431	0.909091	0.892857	0.869565
2	1.808018	1.783265	1.759111	1.735537	1.690051	1.625709
3	2.624316	2.577097	2.531295	2.486852	2.401831	2.283225
4	3.387211	3.312127	3.239720	3.169865	3.037349	2.854978
5	4.100197	3.992710	3.889651	3.790787	3.604776	3.352155
6	4.766540	4.622880	4.485919	4.355261	4.111407	3.784483
7	5.389287	5.206370	5.032953	4.868419	4.563757	4.160420
8	5.971299	5.746639	5.534819	5.334926	4.967640	4.487322
9	6.515232	6.246888	5.995247	5.759024	5.328250	4.771584
10	7.023582	6.710081	6.417658	6.144567	5.650223	5.018769
11	7.498674	7.138964	6.805191	6.495061	5.937699	5.233712
12	7.942686	7.536078	7.160725	6.813692	6.164374	5.420619
13	8.357651	7.903776	7.486904	7.103356	6.423548	5.583147
14	8.745468	8.244237	7.786150	7.366687	6.628168	5.724476
15	9.107914	8.559479	8.060688	7.606080	6.810864	5.847370
16	9.446649	8.851369	8.312558	7.823709	6.973986	5.954235
17	9.763223	9.121638	8.543631	8.021553	7.119630	6.047161
18	10.059087	9.371887	8.755625	8.201412	7.426970	6.127966
19	10.335595	9.603599	8.950115	8.364920	7.365777	6.198231
20	10.594014	9.818147	9.128546	8.513564	7.469444	6.259331
21	10.835527	10.016803	9.292244	8.648694	7.562003	6.312462
22	11.061241	10.200744	9.442425	8.771540	7.644646	6.358663
23	11.272187	10.371059	9.580207	8.883218	7.718434	6.398837
24	11.469334	10.528758	9.706612	8.984744	7.784316	6.433771
25	11.653583	10.674776	9.822580	9.077040	7.843139	6.464149
26	11.825779	10.809978	9.928972	9.160945	7.895660	6.490564
27	11.986709	10.935165	10.026580	9.237223	7.942554	6.513534
28	12.137111	11.051078	10.116128	9.306567	7.984423	6.533508
29	12.277674	11.158406	10.198283	9.369606	8.021806	6.550877
30	12.409041	11.257783	10.273654	9.426914	8.055184	6.565980
31	12.531814	11.349799	10.342802	9.479013	8.084986	6.579113
32	12.646555	11.434999	10.406240	9.526376	8.111594	6.590533
33	12.753790	11.513888	10.464441	9.569432	8.135352	6.600463
34	12.854009	11.586934	10.517835	9.608575	8.156564	6.609099
35	12.947672	11.654568	10.566821	9.644159	8.175504	6.616607
36	13.035208	11.717193	10.611763	9.676508	8.192414	6.623137
37	13.117017	11.775179	10.652993	9.705914	8.207513	6.628815
38	13.193473	11.828869	10.690820	9.732651	8.220993	6.633752
39	13.264928	11.878582	10.725523	9.756956	8.233030	6.638045
40	13.331709	11.924613	10.757360	9.779051	8.243777	6.641778
41	13.394120	11.967235	10.786569	9.799137	8.253372	6.645025
42	13.452449	12.006699	10.813366	9.817397	8.261939	6.647848
43	13.506962	12.043240	10.837950	9.833998	8.269589	6.650302
44	13.557908	12.077074	10.860505	9.849089	8.276418	6.652437
45	13.605522	12.108402	10.881197	9.862808	8.282516	6.654293
46	13.650020	12.137409	10.900181	9.875280	8.287961	6.655907
47	13.691608	12.164267	10.917597	9.886618	8.292822	6.657310
48	13.730474	12.189136	10.933575	9.896926	8.297163	6.658531
49	13.766799	12.212163	10.948234	9.906296	8.301038	6.659592
50	13.800746	12.233485	10.961683	9.914814	8.304498	6.660515